한국정치와 정부

김계동, 김 욱, 박명호, 박재욱, 박형준,
배종윤, 백승현, 서주석, 양재진, 이종수,
이준한, 이헌환, 조영호, 조진만, 한규섭 지음

명인문화사

한국정치와 정부

제1쇄 펴낸 날   2020년 8월 27일

지은이   김계동, 김 욱, 박명호, 박재욱, 박형준, 배종윤, 백승현, 서주석,
　　　　 양재진, 이종수, 이준한, 이헌환, 조영호, 조진만, 한규섭
펴낸이   박선영
주 간   김계동
디자인   전수연

펴낸곳   명인문화사
등 록   제2005-77호(2005.11.10)
주 소   서울시 송파구 백제고분로 36가길 15 미주빌딩 202호
이메일   myunginbooks@hanmail.net
전 화   02)416-3059
팩 스   02)417-3095
I S B N   979-11-6193-032-9
가 격   27,000원

ⓒ 명인문화사

이 도서의 국립중앙도서관 출판예정도서목록(CIP)은 서지정보유통지원시스템 홈페이지(http://seoji.nl.go.kr)와 국가자료종합목록 구축시스템 (http://kolis-net.nl.go.kr)에서 이용하실 수 있습니다. (CIP제어번호 : CIP2020034255)

간략목차

세부목차

제2부 체제와 제도

제3부 정책

도해목차

글상자

표

도표

서문

한국정치를 논평할 때 자주 언급되는 부정적 문구가 있다. "경제는 기적을 이루었는데, 정치는 후진성을 면치 못하고 있다." 객관적으로 평가해서 틀린 말이 아니고, 과장된 말도 아니다. 그렇다고 한국정치에 미래가 없는 것은 아니다. 현대 한국정치의 역사는 70년 밖에 안되었다. 수백년 동안 진화해 온 서유럽 민주국가들과 비교하기에는 역사가 너무 짧다. 우리와 비슷한 역사를 가진 국가들 중에서 한국 이상의 민주화와 정치발전을 이룬 국가는 드물다. 그만큼 정치라는 것은 물질적 발전만 필요한 경제발전과는 다른 것이다.

경제 기적을 이룬 만큼은 아니지만, 한국의 정치도 진화하고 있는 것은 분명하다. 정치가 진화하고 발전할 수 있는 긍정적 요소들이 다분히 있다. 우선 한국정치는 이 세계에 존재하는 정치제도를 거의 다 경험했기 때문에 어느 제도가 한국에 어울리는지 답을 알고 있다. 실현만 하지 못하고 있을 뿐이다. 대통령제와 의회제의 권력구조를 모두 경험했고, 현재의 제도는 총리가 존재하는 변형된 이원집정제 형식을 원용하고 있다. 세계에 존재하는 대부분의 주요 선거제도를 모두 경험하고 채택하고 있다. 소선거구, 중대선거구, 비례대표제뿐만 아니라 전 세계 유례없는 '준연동형 선거제도'까지 다양한 선거제도를 경험했다. 또한, 민간인 독재, 군부독재, 민주주의체제를 모두 경험했다. 학생들에 의하여 독재정권이 무너지기도 했고, 넥타이 부대와 촛불시위 등 일반 시민들의 힘으로 정권을 교체한 경험도 있다. 연방국가가 아니면서도 지방자치가 활성화되어 있다. 미국, 영국, 독일, 프랑스 등 정치 선진국들이 경험하지 못한 다양한 정치제도와 과정을 경험했다. 이러한 경험을 바탕으로 이제 어느 제도가 한국에 가장 적합한지, 어떠한 절차의 민주주의를 실현해야 하는지에 대한 논의가 전개되고 있다.

다음으로 한국정치가 진화할 것이라는 긍정적 논평을 할 수 있는 요인은 국민들의 정치적 수준이다. 독재정부에 항거하는 민주화운동을 수차례 거치면서 한국인들의 정치의식이 크게 제고되었고, 민주주의에 대한 응집력이 강화되었다. 1960년 마산상고의 김주열열사, 1987년 서울대의 박종철열사, 연세대의 이한열열사의 고귀한 생명이 한국인들의 정치의식과 민주화에 대한 열기를 더욱 불살랐다. 1990년대 후반 IMF사태 때 보여준 국민들의 자기희생, 20015년 혹독한 겨울에 들었던 촛불은 국민들의 정의와 공정성에 기반한 정치의식을 크게 제고했다. 2020년 초부터 전 세계적으로 발생한 코로나19 감염병에 대한 대처에 있어서 한국이 모범국가로 된 것도 국민들의 준법정신과 단결력이 큰 역할을 하고 있다. 이러한 험난한 과정을 거치면서 한국정치의 발전에 토대가 자리잡게 되었다.

정치는 사람이 하는 것이다. 정치하는 극소수의 사람들을 국민들이 선택을 하고 책임을 맡기고 있다. 정치하는 사람들의 수준이 미흡할 때 국민들은 선거라는 과정을 통하여 올바른 사람을 선택하고 바람직한 방향을 제시한다. 새로운 정치를 원하는 국민들은 선거혁명을 통하여 정치발전을 모색한다. 선거에 의하여 구성된 정치조직의 정치발전과 개혁조치가 미흡하게 되면 직접 행동으로 나서 정치개혁을 모색한다. 한국인들은 선거에 의하지 않고도 정치개혁을 할 수 있는 능력을 보유하고 있다. 한국인들의 높은 정치의식, 준법정신, 질서의식은 한국정치의 발전을 경제 기적 이상으로 실현시킬 것으로 기대된다.

이와 같이 여전히 발전하고 있고, 진행 중인 한국정치에 대하여 우리는 얼마나 정확하게, 객관적으로 파악하고 있을까? 한국정치와 정부를 논리적으로 설명하기 위해 1인의 저서가 아닌 각 분야의 전문가들이 참여해 이 책을 기획하고 집필하였다. 무엇보다 단순한 사실을 전달하는 데에 머물지 않고, 주제마다 이론과 다양한 자료, 타 국가와의 비교를 통해 비교정치적 측면을 강조하고 있다. 이는 한국정치라는 단독 분야를 넘어서 한국만의 독특한 정치와 정부구조를 객관적으로 분석할 수 있도록 돕고 있다. 더불어 국내정치, 국제정치, 사회학, 행정학, 언론학, 안보학 등 다양한 학제 간 연구를 통해 한국정치를 분석하고 있다.

이 책의 구조

이 책의 목표는 한국정치를 연구·공부하고, 이해하려는 독자들이 한국정치의 구조와 정부제도를 이해할 수 있도록 안내하는 동시에 정부정책을 소개하려는 것이다. 따라서 이 책은 한국정치와 정부의 토대, 체제와 제도, 정책이라는 3개의 부로 나누어 해당 주제들을 살펴보고 있다.

먼저 1부 토대는 5개의 장으로 구성되어 있다. 1장 국가체제의 형성과 변천에서는 대한민국 정부의 수립과정과 문재인 정부까지 어떻게 변화했는지 그 역사적 토대를 살펴보고 있다. 2장은 국가를 운영하도록 공동체의 구성원들이 합의해 제정된 국가의 기초가 되는 헌법을 소개하고 있다. 3장에서는 한국만의 독특한 정치이념(보수-진보) 대립과 오늘날 새로이 등장하는 정치이데올로기를 소개하고 중요성을 설명한다. 4장은 한국 국민들이 가진 독특한 '정치문화'를 소개하고, 정치문화가 정치행위자와 정치현상에 어떠한 역할을 미치는지 소개하고 있다. 5장은 국가의 운영과 발전, 정치적 기능을 하기 위한 제도적 장치인 권력구조를 다룬다.

7개의 장으로 구성된 2부는 한국정치의 체제와 제도를 다룬다. 여기서는 국가운영을 주도하는 삼권분립의 요소인 입법·행정·사법부를 소개한다. 6장 입법부는 국회의 기능, 구조, 운영방식을 비롯해 행정부에 대한 견제 기능으로서의 역할을 다루고 있다. 7장 행정부는 법을 구체화하고 집행하여 국가목적을 실현하고 대통령을 수반으로 하는 정부의 구조와 기능에 대하여 소개하고 있다. 8장 사법부는 견제와 균형의 역할로서 사법부의 근대와 현대에서의 개념, 국가권력을 어떻게 견제하고, 어떠한 구조로 기능을 하는지 설명한다. 이러한 3부요소와 더불어 시민들이 정부에 영향을 미칠 수 있는 기제인 정당과 선거제도를 설명하는 챕터들도 따로 분리했는데, 9장 정당에서는 한국의 정당 역사를 한눈에 살펴볼 수 있도록 정리하고, 정당의 역할과 영향을 다룬다. 10장 선거제도에서는 시민들이 직접 참여하는 선거제도의 변천과 방식 등을 소개하고 있다. 11장 지방자치는 오늘날 한국의 지방자치의 현주소와 문제점, 지방자치의 발전을 위해 나아갈 방향을 제시한다. 12장 미디어에서는 오늘날 정치와 뗄 수 없는 미디어와 언론이 정치에 어떠한 영향을 미치는지 제4부로 불리는 미디어와 언론을 소개한다.

마지막으로 3부는 정책분야를 다루고 있다. 13장 복지정책에서는 서구의 복지국가이론을 토대로 한국복지정책의 태동과 한국복지정책이 산업화와 민주화 과정 속에서 어떻게 전개되어 왔는지 살펴보고 있다. 14장 외교정책에서는 국제사회에서 국가가 최대의 국익을 얻기 위한 중요한 분야인 외교정책의 결정체계 등을 통해 외교정책의 과거와 현재, 국익을 위한 최선의 외교정책이 무엇인지 설명하고 있다. 15장 국방정책에서는 국가의 생존과 자구력을 담당하는 군사, 국방분야의 정책들에 관한 역사적, 이론적 접근을 비롯해 주요 의제별 상황과 진행 과정, 국방정책의 결정과정 등을 살펴보고 있다. 16장 대북/통일정책에서는 분단국인 한반도의 평화를 위한 대북정책의 변화, 결정, 집행 등에 대해 살펴보고, 장기적인 시각에서 통일정책을 분석하고 있다.

15명의 저자들은 한국정치와 정부를 구성하는 16개의 주제에 대해 이론, 역사, 사실, 나아갈 방향 등을 제시하여 자유와 민주주의를 수호하는 국민이 주권자인 한국의 정치가 변화무쌍하게 변화하는 작금의 시대에 발전하기 위한 염원을 이 책에 담았다.

이 책을 기획하고 집필하는 과정에서 각 주제 집필자들의 헌신과 기다림이 없었다면, 이 책이 제대로 출판되지 않았을 것이다. 2020년 4월 15일 총선의 결과를 기다리며 집필을 수없이 수정한 장들도 있었고, 갑작스러운 코로나19 사태에 맞물려 여러 가지 어려움도 있었지만, 이 모든 것을 하나라도 담으려 했던 모든 집필진에게 감사의 인사를 전한다. 더불어 명인문화사의 최대의 숙원 사업이라며 최고의 집필자를 구성하지 않으면 한국정치 책을 내지 않겠다고 10년을 기다리며 2018년 겨울부터 기획과 집필진 구성에 공을 들인 명인문화사의 박선영 대표에게 정치학자를 대표해 감사의 인사를 전한다. 그리고 이 책을 편집한 명인문화사 전수연 디자이너에게도 감사의 인사를 전한다.

마지막으로 학자에게 한국정치는 어려우면서도 희망의 끈을 놓지 않게 되는 중요한 학문이다. 한국, 미국, 영국, 독일 등 여러 국가에서 수학한 학자들에게 있어 한국은 후학들에게만큼은 자랑스러운 국가, 좋은 체제와 제도, 정책이 조화로운 국가이길 늘 바라고 있다. 아직은 부족하고 끊임없는 채찍을 통해 발전해 나가야 하지만 이 책이 한국정치와 정부의 발전에 조금이나마 보탬이 되길 간절히 바란다.

2020년 8월
집필진을 대표하여
김계동

제1부
토대

1장

국가체제의 형성과 변천

김계동(건국대 초빙교수)

1945년 분단 이후 대한민국 정부의 수립과정과 그 이후 정치변동에 대해서 조망해 본다. 시작이 중요한데 한국정치는 그러지 못했다. 36년 동안 식민통치를 한 일본이 패전하면서 해방이 된 한반도는 해방과 동시에 강대국의 분할된 점령을 받으면서 자주적인 국가형성에 많은 어려움을 겪었다. 미국과 소련이 한반도를 분할하여 일본의 항복을 받을 목적으로 그어진 38선은 자본주의와 공산주의의 냉전 시작과 함께 분단선으로 고착되면서 다양한 형태의 이념적이고 정치적인 대립과 갈등이 점철되었다.

해방정국에서 북한지역은 소련이 조기에 점령하여 소련식 공산주의체제를 확립하였으나, 남한지역은 미 점령군의 도착이 지연되면서 좌익부터 우익까지 다양한 세력이 대립하면서 혼란이 조성되었다. 점령 이후 미국은 군사정부를 수립했고, 미 군정은 이승만의 손을 들어주면서 남한의 단독정부를 수립하는 데 주도적인 역할을 하면서 김구를 중심으로 한 임시정부 세력의 통일 노력을 무시했다. 1948년 8월 15일 정부수립과 함께 권력을 장악한 이승만정부는 내부적으로 반란이 발생하는 등 불안하게 시작되었고, 북한의 침략을 받아 전쟁을 겪기도 했다. 하지만 이승만은 안보적 불안요인을 제거한다는 목적으로 독선적인 정치와 외교를 시행하다가 독재정치를 했고, 결국은 학생과 시민들의 시위로 하야했다.

아직 정치적으로 선진화되지 못하고 민주주의 경험도 부족한 상황에서 1960년 4·19혁명으로 들어선 의회제(의원내각제 또는 내각책임제)의 민주정부는 1년도 가지 않아서 군사쿠데타에 의해서 붕괴되고, 이후 박정희, 전두환으로 이어지는 군사독재가 27년 계속되었다. 정치의식의 제고와 사회발전으로 민주주의를 깨우친 학생들과 시민들에 의해서 독재정치는 형식적, 제도적으로 1987년에 마감하고 새로운 헌법과 함께 민주주의가 시작되었다.

민주화 이후 30년 이상 동안 한국정치는 우여곡절이 많았다. 제도적 민주화는 이루어졌지만, 실질적인 민주화는 매우 더디게 진전되었다. 민주화 이후 첫 대통령은 5공을 탄생시킨 신군부 세력의 핵심 인물이었고, 이후 소위 민주인사로 지칭되던 김영삼과 김대중은 과거 자기들이 투쟁하던 군사쿠데타의 주역들과 손을 잡고 대통령이 되었다. 그나마 김대중과 노무현정부 시절에는 보다 진전된 민주주의가 시행되었으나, 정치와 사회개혁에 실패하여 결국은 정권을 보수세력에 넘겨주었고, 민주주의의 후퇴가 조장되었다. 이후 사상 초유의 대통령 탄핵이 이루어졌고, 민주화 이후에도 두 명의 대통령이 비리와 부정부패로 동시에 구속되는 진기록을 남기기도 했다.

이 장은 1945년 분할점령 이후 분단이 고착화되어 가는 과정에서의 한국의 국내정치, 1948년 대한민국 정부수립 과정에서의 국내적 갈등에 대해서 고찰하고자 한다. 그리고 1948년 이후의 한국정치 전개과정을 두 시기로 구분하여 전반기는 독재정치의 계승 관점에서 살피고, 후반부는 형식적이고 제도적인 민주화는 이루어졌지만, 실질적인 정치에 있어서는 비민주적이고 반민주적인 요소들이 상존한다는 측면에 대해서 고찰한다.

1. 해방정국의 정치환경

제2차 세계대전이 종식되면서 많은 식민지국가들이 독립하였고, 일본의 점령하에 있던 한반도도 독립의 기회를 맞게 되었다. 식민지 보유를 국력으로 상징하던 제국주의 시대가 끝나면서, 특히 세계대전의 패전국들이 소유했던 식민지 지역들의 독립문제에 대해서 승전국들이 심도 있는 논의를 하였으며, 일본에 점령되어 있던 한반도도 제2차 세계대전 처리과정에 포함되었다.

제2차 세계대전 이후 새로운 강대국으로 등장한 미국은 전후처리 과정의 하나로 식민지 지역들에 대한 신탁통치를 구상하여 영국과 소련 등에 제의했다. 신탁통치 구상은 장기간 식민지 지역으로 있던 독립 예정 국가들에 대해서 토착세력이 국가를 통치할 수준이 될 때까지 강대국들이 맡아 통치하면서 통치 기술을 전수해 주는 목적으로 고안되었다. 한반도도 이에 포함되었다. 1945년 2월 얄타에서 개최된 미국, 영국, 소련의 정상회담에서 미국의 루스벨트(Franklin D. Roosevelt) 대통령이 한반도에 대한 신탁통치 구상을 제시했고, 스탈린(Joseph Stalin)의 동의를 받아냈다.[1]

이와 같이 전쟁 중의 외교를 통하여 한반도의 신탁통치가 합의되었음에도 전쟁이 예상보다 빨리 종결되었기 때문에 한반도의 해방과 동시에 신탁통치가 실현되지 않았다. 1945년 봄 이후 일본의 전투력은 급격하게 저하되었고, 미국이 8월 6일과 9일에 히로시마와 나가사키에 원자탄 투하를 한 이후 일본은 무조건 항복을 하게 되었다.

유럽전쟁에 몰두하느라고 아시아전쟁에 개입하지 않고 있던 소련은, 소련의 참전 이전에 아시아전쟁이 끝나게 되면 전후 처리과정에 소련이 배제될 것을 우려하여, 미국이 히로시마에 원자탄을 투하한 지 이틀 뒤인 8월 8일에 긴급하게 대일 선전포고를 하고 진격을 시작했다. 만주에 주둔하던 100만 명 이상의 일본 관동군은 일본본토를 사수하기 위해서 대부분 철수한 상태였기 때문에 소련군은 빠른 속도로 진격을 하였고, 며칠 지나지 않아 한반도 북부지역을 점령하기 시작했다. 그대로 두면 소련군이 한반도 전체를 점령할 상황이 전개되었다.

이에 당황한 미국은 북위 38도 선을 경계로 하여 그 이북은 소련이 일본의 항복을 받고 이남은 미국이 항복을 받자는 분할점령 제안을 했다. 이 제안을 스탈린이 받아들였고, 결국 한반도는 제2차 세계대전의 종료와 함께 미국과 소련의 분할점령을 받게 되었다.

전쟁이 끝나가면서 일본이 패전한다는 소식이 한반도에 알려지기 시작하자, 종전 이후 한국인들의 보복을 두려워한 일본인들은 신변 보호를 받기 위해서 한국의 지도자들을 방문하여 협상을 벌였다. 총독부의 정무총감이었던 엔도 류사쿠(遠藤柳作)는 우익 민족지도자였던 송진우에게 접촉하여 한반도에 대한 통치권을 넘겨줄 테

니 자신들의 신변을 보호해 달라는 제안을 했다. 그러나 송진우는 모든 한국인들은 중경의 임시정부가 귀환하기를 기다려야 한다며 일본의 제의를 거절했다.

송진우에게서 거절을 당한 정무총감은 여운형을 찾아가서 같은 제안을 했다. 여운형은 정치범 석방 등 몇 가지 조건을 제시하고 일본의 제의를 받아들였다. 일본인들로부터 통치권을 이양받은 여운형은 자신이 조직한 비밀지하조직인 '조선건국동맹'의 첫 번째 공개 회합을 개최했다. 이 조직은 여운형이 항일 지하활동을 하기 위하여 1944년 8월에 설립하였고, 일본이 패망할 때까지 독립운동을 계속한 국내 유일의 지하조직이었다. 이 동맹은 전국에 걸쳐 약 7만 명의 조직원을 확보하고 '불언(不言), 불문(不文), 불명(不名)'을 행동 3대 원칙으로 삼았으며, 식량공급, 치안유지와 군사에 관한 위원회도 보유하고 있었다.[2]

여운형은 송진우를 비롯한 한국의 많은 지도자들과 접촉을 하며 협력을 요청하였으나 거의 모든 우익지도자들은 중경 임시정부의 정통성을 내세우며 여운형에게 협조하기를 꺼렸다. 이러한 상황에서 여운형은 8월 16일 자신을 위원장으로 하는 '건국준비위원회(약칭 건준)'를 창설했다. 건준은 스스로를 모든 정치세력이 참여하는 민족통일전선체라고 주장하면서 특정한 이념적 성향을 보이지 않으면서 선 국가건설, 후 사회변혁의 방향을 지향했다.

일본의 패망을 앞두고 한반도 내에서 가장 강력하게 정치세력화한 건준은 전국 각 지역에 인민위원회를 설립했는데, 이 인민위원회들은 한반

도의 질서를 효율적으로 유지시킨 지역적인 기반을 가진 책임 있는 조직이 되었다. 실제로 대다수 한국인들은 인민위원회에 적극적인 협조를 하며 자치정부수립 능력을 대외적으로 입증하기 위한 노력을 기울였다. 8월 말까지 한반도 전체에 145개의 인민위원회가 설치되었고 이들은 각 지역의 주요 인사에 의하여 통솔되었다. 북한지역을 점령한 소련도 비공산주의자였던 조만식이 위원장으로 취임한 평양인민위원회를 인정하고, 이를 통해서 통치했다. 조만식은 지속적으로 여운형과 접촉하며 서울의 건국준비위원회를 중앙기구로 인정을 하였고, 건준의 지국 역할을 했다.

소련은 1945년 8월 15일 종전(終戰)과 함께 북한지역을 점령했으나, 미군의 남한지역 점령은 9월 8일에야 이루어졌다. 미군의 진주가 늦어지자 여운형은 미군이 진주하기 이전에 과도정부를 세울 필요성을 느꼈다. 9월 6일 건준은 1,000명의 대의원이 참석한 국민대회를 개최하고 '조선인민공화국'의 이름으로 정부를 구성한 뒤 한반도 전역에 대한 지배권을 선포하였다. 이 정부는 좌우익을 총망라한 연합정부의 성격을 가지고 있었으며, 이승만을 주석, 여운형을 부주석으로 선정하였다. 각부 장관은 좌익과 우익에서 동등한 비율로 배분하였다.[3]

일본의 점령을 받는 동안 한반도 내에는 우익 민족주의자들과 좌익 공산주의자들이 제한적이나마 정치활동을 하고 있었다. 그들이 직접통치를 하지 않았기 때문에 이념적 갈등과 대립이 심각한 정도는 아니었으나, 독립운동에 대한 시각 차이와 해방 이후의 주도권을 예상하여 대립적인

모습을 보이기도 했다. 우익진영은 대부분이 기업을 운영하는 등 재정적으로 부유한 편에 속했으며, 일제 말기에는 재산과 권위를 유지하기 위해서 일부 일본에 협조하는 모습을 보이기도 했다. 이와 달리 좌익진영은 해방되는 날까지 일본 제국주의를 반대하며 한반도의 독립을 위해서 투옥 등 저항을 지속적으로 했다.

인민공화국이 한반도 내에서 가장 강력한 정치단체로 부상하였으나, 다른 정치단체들의 도전도 만만치 않았다. 첫째, 중경에 있던 임시정부가 인민공화국을 지지하지 않았다. 인민공화국은 임시정부의 대통령이었던 김구를 내무장관으로 임명하고 임시정부와 인민공화국의 합병을 제의하였다. 그러나 김구는 인민공화국이 임시정부의 정통성을 훼손시켰다는 이유로 이를 거부하였다. 둘째, 1945년 9월 12일 박헌영에 의하여 서울에 재건된 공산당이 인민공화국의 가장 위험스러운 상대였다. 극단적 공산당이 출현함에 따라 연합정부 형태의 인민공화국은 모호한 성격을 가진 조직이라는 평을 듣게 되었다.

하지(John R. Hodge) 장군의 지휘를 받는 7만 2,000명의 24군단이 9월 8일 남한지역을 점령하자 여운형이 한반도의 새로운 정부의 행정기구로서 각 지역에 인민위원회가 설립되어 있다는 내용을 알리는 문서를 전달하였다. 그러나 미군은 이를 인정하지 않고 직접통치를 위한 군사정부를 수립하고, 이 정부를 남한에서의 유일 합법 정부로 공포하였다. 인민위원회의 존재를 부정한 미 군사정부는 지방의 법과 질서를 유지하는 데 있어서 인민위원회에 대한 의존을 줄이기 위해

서 1945년 10월 5일 11명의 한국인들로 국가고문회의를 구성했다. 11명의 고문회의 위원 중에 9명은 지주와 기업가들을 중심으로 9월 16일 설립된 한국민주당으로부터 선정되었다. 위원장은 한국민주당의 지도자였던 김성수가 맡았는데 그는 일제 말기 친일활동을 하였다는 비판을 받고 있었다. 여운형도 위원으로 선정되었으나 참여를 거부하였다. 임명된 위원 중 대부분은 친일파로 알려진 인사들이었을 뿐 아니라, 한국인들은 고문회의 설치를 미국이 오랫동안 점령 통치하려 한다는 것으로 해석하였다.

미국이 군사정부를 수립하고 인민공화국의 존재를 인정하지 않자 인민공화국은 거세게 반발했다. 포스터와 팸플릿을 만들어 미 군정을 비난하며, 인민공화국이 설립한 인민위원회가 38선 이북지역에서 인정을 받고 있기 때문에 인민공화국은 분단선을 초월한 통일정부라고 주장하였다. 1945년 11월 21~22일에 개최된 전국인민위원회 대표자 회의에서 보고한 내용에 따르면, 북한지역에는 564개의 면, 28개의 읍, 70개의 군, 9개의 시, 6개의 도가 있는데 이곳 전체에 인민위원회가 설립되어 있으며, 남한지역은 1,680개의 면 중 1,667개, 75개의 읍 중 75개, 148개의 군 중 145개의 인민위원회가 설치되어 있었다.[4]

미 군사정부는 인민공화국을 불법화하는 동시에 남한에 존재하던 모든 정치단체의 등록을 요구했다. 그 결과 공산당, 민족정당, 중도정당을 포함한 54개의 정당이 등록을 하였다. 미 군사정부는 민주주의 원칙에 따라 공산당도 법을 준수하는 한 다른 정당들과 같은 대우를 받아야 한다

며 형식적으로 모든 정당에 대하여 중립적 태도를 보였다. 그러나 미 군정은 급진 좌익이 한국정치에 있어서 불필요한 집단이라 간주하고, 보수 우익정당들이 강한 대중적 지지를 획득하고 미국의 목표에 동참하기를 희망하였다. 그러나 우익정당들은 대체로 지지기반이 약했고 유능한 지도력을 결하고 있었으며, 대개가 친일파들이었다. 따라서 하지는 임시정부가 중국에서 환국하기를 바랐고, 이승만도 미 군사정부에 협력하고 당시 고문회의 위원들과 동등한 조건으로 이 회의에 참여한다는 조건하에 개인 자격으로 귀국하기를 희망하였다.

1945년 10월 16일 귀국한 이승만은 지지자들을 결속하며 한국의 정치권을 지배하기 위한 목적으로 독립촉성중앙협의회를 조직했다. 이 협의회는 임시정부를 전적으로 지지하였고, 임정의 조속한 환국을 강조하였다. 협의회는 남한에 존재하던 54개의 정당 중 43개 정당의 지지를 받음으로써 임시나마 우익정당들의 결속을 도모하는 데 성공했다. 미 군정은 이승만의 존재를 부각하며 그를 미래 한국 지도자로 고려했으나, 워싱턴 정부는 이승만에 대해서 별로 좋은 시각을 갖고 있지 않았다. 제2차 세계대전 기간 임시정부의 승인을 요구하는 이승만의 끈질긴 투쟁으로 일부 미국 관료들은 이승만을 '불평분자'로 간주하고 있었다. 또한 미 국무부는 남한지역에 반소(反蘇) 성향의 정치조직을 설립하게 되면 소련을 자극하여 소련도 북한지역에서 유사한 방식을 택하게 될 것이고, 이는 한반도 통일에 장애가 될 것이라고 우려했다.[5] 미국은 제2차 세계대전 기간에 이

루어진 미국의 소련과의 협력이 아직 유지되고 있었기 때문에 이러한 우려를 했다.

2. 분단체제 형성과 대한민국 정부수립

점령 초기 미국인들은 한국정치에 미국식 정치이념을 주입하는 것이 별로 어렵지 않을 것이라고 생각하였다. 이 목적으로 한국에 존재하던 모든 정치단체들을 불법화하고 미국에 협조하는 조직만을 육성하였다. 그러나 한국의 강한 민족주의는 이에 대하여 거부반응을 보였으며, 이러한 상황에서 분단된 남한에 친미정부를 세우는 것은 시간도 걸리고 매우 어려운 작업이 될 것이라고 느끼기 시작했다. 남한에서 미 점령군의 인기가 날로 실추하게 되자, 미국은 4개국 신탁통치안을 부활시켰다. 신탁통치를 실시하게 되면, 4개국 중에서 미국, 영국, 중국(장개석정부)이 자본주의 국가들이었기 때문에 한반도에 미국의 세력을 뿌리내리게 하는 절호의 방안이기도 했다.

이러한 미국의 정책이 한국인들에게 알려지자, 자신들의 미래에는 신탁통치 이외에 다른 대안이 없다는 것을 알게 된 한국인들은 격렬하게 반탁운동을 전개하였다. 1945년 11월 초 한국의 모든 정치단체들이 회합하는 자리를 마련하였다. 이 회합에서 발표된 선언서에서 한국인들은 한반도의 분단은 자신들이 자초하지 않은 '매우 심각한 실책'이라고 규정하면서 한국인들 스스로가 통일된 정부를 수립할 수 있는 기회가 주어져야

한다는 내용의 공동선언을 했다.[6]

한국인들의 반대에도 불구하고 1948년 12월 모스크바에서 개최된 미국·영국·소련 3국의 외상회담에서 한반도 신탁통치의 구체적 안이 논의되었다. 미국이 먼저 4개국 신탁통치 기간을 5년으로 하되 4국의 합의에 의하여 10년으로 할 수 있도록 하고, 신탁통치의 방법으로 4개국의 대표가 단일행정부를 구성하여 직접통치하자는 제의를 하였다. 이에 대해서 소련 대표는 신탁통치 기간을 5년으로 제한하고, 한국인들에 의한 임시정부를 수립하여 이를 통한 신탁통치를 하자고 제의하였다. 회의 기간 내내 미국의 일본 독점에 대한 소련의 공세 때문에 수세에 몰리던 미국은 결국 소련의 제의를 받아들여서 5년 기간의 신탁통치에 활용될 한국임시정부를 수립하기 위하여 공동위원회를 설치하기로 합의하였다.

예상했던 대로 모스크바협정 직후 한국인들의 반탁운동은 더 거세졌다. 김구는 신탁통치반대국민총동원위원회를 설립하고, 모든 국민이 자유와 평등을 누릴 수 있고, 자치할 수 있는 권리를 가져야 한다고 주장했다. 좌우를 막론하고 모든 한국인들은 신탁통치가 한반도의 독립을 지연시킬 것이라는 불안감을 가지게 되었다. 이승만과 김구를 중심으로 한 정당·사회단체에서는 신탁통치에 찬성하는 반동주의자들을 일소할 것, 임시정부를 중심으로 연합할 것, 임시정부의 법통을 회복할 것, 일본에 협력한 자를 처벌할 것, 군정을 철폐하고 외국점령군대를 철수시킬 것 등을 행동강령으로 내세워 반탁시위를 연일 계속했다.

초기에 김일성과 공산주의자들도 신탁통치를

적극적으로 반대했기 때문에 며칠 동안 한반도 전체의 국민 여론은 만장일치로 신탁통치를 거부하는 것이었다. 그러나 1946년 1월 2일 북한 공산당은 모스크바 3상회의에서의 신탁통치협정은 '정의와 진실의 표현'이라고 하며, 이 협정을 지지한다는 성명을 발표하면서 찬탁으로 돌아섰다. 소련의 지시를 받은 남쪽의 공산주의자들도 입장을 전환하였다. 1946년 1월 2일 평양을 다녀온 박헌영은 신탁통치 결정이 '배신행위', '기만'도 아니고, '국제법 위반'도 아니라면서 신탁통치를 지지했다.[7] 결국 신탁통치에 대한 한반도 내 좌우익의 입장 차이와 갈등이 시작되었다.

하지는 신뢰하고 있던 보수층들의 신탁통치 반대로 매우 곤란한 입장에 놓이게 되었다. 하지는 자신이 남한의 우익인사들을 지지한다면 소련이 미국을 모스크바 계획을 방해하는 배신자라고 비난할 것이라고 우려했다. 그러나 하지는 우익인사들이 소련의 팽창주의를 봉쇄하는 유일한 장벽 역할을 할 것이기 때문에 그들을 지지하지 않을 수 없었다. 하지는 1946년 2월 14일 이승만을 의장으로 하고, 김구와 김규식을 부의장으로 하는 대표민주의원(代表民主議院)을 설치하였다. 이는 점령정책 수립에 있어서 한국인들의 역할을 증대시키기 위한 자문기구였다. 하지는 25명의 위원 중 거의 대부분을 우익인사들로 충원했지만, 광범위한 정치적 협력을 획득하기 위하여 공산주의자들도 참여하도록 요청하였다.

그러나 박헌영과 여운형을 비롯한 좌익인사들은 이 요청을 거부하고 1946년 2월 16일 민주주의민족전선(민전)을 설립하였다. 민전에는 여운형의 인민당, 박헌영의 조선공산당, 노동자들의 전평, 농민들의 전농 등 50여 개 좌익 정치조직의 2,000여 명의 대표가 참여했다. 민전의 구성원은 좌익 정치조직뿐만 아니라 종교집단, 산업, 문화, 그리고 여러 사회조직에 열려 있었다. 북한의 김일성을 중심으로 하여 같은 날 설립된 임시인민위원회에 대한 남한 좌익들의 대응적 조직인 민전은 대표민주의원을 '반역자, 친일주의자와 파시스트의 소굴'이라 비난했다.[8]

이러한 찬탁과 반탁, 좌익과 우익의 갈등 속에서 신탁통치 실시를 위한 미소공동위원회가 1946년 3월 20일 개최되었다. 미국과 소련 대표는 임시정부를 수립하기 위한 남북한의 대표를 선정하는 협상에서 갈등을 겪게 되었다. 소련 측은 모스크바합의에 대하여 이의를 제기하는 한국인 단체를 비민주적이라고 규정하며 그들의 임시정부 참여를 반대했다. 이 의미는 남한의 반공주의적인 우익인사 대부분을 임시정부로부터 배제하는 결과를 초래할 것으로 예상되었다. 미국인들은 특정 단체를 배제하는 것은 민주주의 원칙에 어긋나기 때문에 동의할 수 없다는 입장을 밝혔다. 소련 측이 반탁운동자들을 거부하는 입장을 계속 보이자, 미국은 많은 좌익단체들이 비민주적이라고 하며 이들 또한 제외하기를 요구하였다. 24차례에 걸친 회의 동안 아무런 합의점을 도출하지 못한 상황에서 결국은 미소공동위원회의 협상은 결렬되었다.

소련인들과 달리 미국 관리들은 남한지역에 새로운 정치질서를 수립하는 데 있어서 여러 가지 어려움에 봉착하였다. 첫째, 반탁이 격화되었고 반소운동도 점차 확대되어 나갔다. 공동위원회 기간 남한에서 좌익과 우익단체 간 갈등도 고조되기 시작하였다. 둘째, 미 군사정부가 의존하고 있는 보수층의 반대 때문에 사회개혁과 토지개혁이 불가능한 상황이었다. 대개가 친일경력을 보유한 보수주의자들은 상당한 토지를 소유하고 있었으며, 관료나 경찰 지위를 가지고 있었다.

이러한 혼란 상황에서 하지와 그의 정치 자문관들은 한국인들 중 어느 집단을 지지하여야 할지 결론을 내리지 못하고 있었다. '민전'에 '진실로 애국적 한국인들'이 많이 있다고 생각한 하지는 이 애국자들을 공산주의의 지배를 봉쇄하도록 부추기고 싶었고, 하지가 창설하려고 구상 중이었던 한국인들로 구성된 내각과 입법기구에 그들이 참여하기를 기대하였다. 미소공동위원회 기간 하지는 소련과 협상을 하는 데 있어서 가장 큰 걸림돌이었던 남한의 우익진영을 보호하는 데 염증을 느끼기 시작했다. 따라서 남한지역에 새로운 정치구조를 건설하여야 한다고 생각한 하지는 온건주의자들을 지원하기 위한 '좌우합작위원회'를 설립하였다. 좌우합작위원회는 미 군정의 정치고문관들이 주도하였다. 이 위원회에 참여한 주요 인사로는 우익의 김규식, 원세훈, 김명준, 안재홍, 최동오 등이었고, 좌익에서는 여운형, 허헌, 정노식, 이강국, 성주경 등이었다.

이와 동시에 한국인들에 의한 좌우합작운동도 전개되었다. 남한의 중도 좌파와 중도 우파의 지도자인 여운형과 김규식이 좌우합작운동을 주도하였다. 좌우합작위원회가 가동되기 시작한 1946년 5월부터 8월까지는 허헌, 이강국 등 좌익진영의 핵심인사들이 민주주의민족전선(민전) 소속으로 참여하였으며, 우익진영에서 한민당의 원세훈 등과 임시정부의 김봉준, 최동오 등도 대표민주의원 소속으로 참여하여 명실상부한 좌우합작을 시도하였다. 그러나 1946년 8월 말 이후 미 군정이 좌익진영을 탄압하려는 움직임을 보이자 공산주의자들이 이탈했다. 또한 10월 4일 좌우합작위원회 위원들이 합의한 좌우합작 7원칙에 대해 한민당이 10월 8일 반대성명을 발표하고 탈퇴했다. 이에 따라 좌우합작은 좌우익 모두 탈퇴하고 중간파들만 남아 온건한 집단이 되었다.[9]

하지는 좌우합작을 지원하기 위한 경제개혁과 정치개혁을 모색했다. 경제개혁이 김규식과 여운형의 입지를 강화할 것이라는 판단하에 하지는 토지와 부의 재분배를 계획하였다. 정치분야에 있어서 하지는 8월 24일 '과도입법의원'을 설치한다는 법령을 포고하였다. 90명으로 구성되는 의원의 반은 선거를 통해 선출하고 나머지 45명은 임명되도록 하였다. 하지는 10월로 예정되어 있는 입법의원선거에서 온건파가 우위를 점한다면 이 체제는 소련을 설득하여 통일과 독립을 달성할 것이라고 기대하였다. 미국은 좌우합작을 추진하여 과도입법기구를 설치하고, 민주적 개혁안을 수립·실천함으로써, 한국인들이 미국정책을 지지하는 동시에 소련이 미소공위에서 미국 측 주장을 수용하도록 하는 전략을 구상하고 있었다.

미국의 의도와 달리 온건주의자들을 고무하기 위한 선거는 이승만이 권력을 장악하는 기회로 작용하였다. 지주 등 부유한 보수주의자들과 미

군사정부 내의 한국인 근로자들은 성향상 또한 자신들의 신분보장을 위하여 이승만을 지지하였다. 선거가 다가오면서 하지는 선거 방해공작을 막기 위하여 공산주의자들을 탄압하기 시작하였다. 극좌 성향의 신문과 출판물의 발행을 금지시켰고, 공산주의 지도자들의 체포를 명령하였다. 이러한 통제를 시작하자 공산주의자들의 폭동이 광범위하게 일어나면서 점차 격화되었다.

공산주의자들에 의한 폭동의 단초가 된 사건은 '정판사 위폐사건'이었다. 1946년 5월 초, 경찰은 16명의 조선공산당 간부와 당원들이 관련된 위조지폐단을 적발했다. 위조지폐 3,000만 원이 압수되었고, 위폐범에 대한 재판과정에서 무죄를 주장하는 일부 군중들은 폭도화하였다. 결국 위폐범 중 3명이 종신형을 선고받았다. 8월 16일에는 '조선노동조합전국평의회(전평)' 본부가 기습 조사를 받았으며, 9월 7일에는 조선인민보, 중앙신문, 현대일보 등 좌익 성향의 신문들이 폐간되었다. 박헌영, 이강국, 이주하 등 조선공산당 인물의 체포 명령이 떨어짐과 동시에 조선공산당이 불법화되었다.

이러한 탄압에 대항하여 좌익세력은 대규모 파업운동을 전개하였다. 1946년 9월 13일 서울 용산에 소재하고 있는 3,000명의 경성공장 철도노조의 노동자들이 시작한 총파업은 전국 각지로 확산되었다. 9월 23일 부산 철도노동자 8,000여 명, 다음날 서울 1만 5,000명의 노동자들의 파업이 이어졌다. 9월 26일 전평은 서울 용산에 '남조선 총파업투쟁위원회'를 조직하고, 남한의 4만 철도노동자를 선두로 하여 투쟁을 개시했다.

이러한 총파업에 대하여 미 군정은 경찰과 함께 우익청년단을 동원하여 진압에 나섰다. 하지는 과거 중국 망명정부의 일원으로 장개석과 긴밀한 관계를 가졌던 이범석 장군에게 '조선민족청년단(족청)'을 무장하고 훈련에 사용하도록 자금도 지원하였다. 폭력성을 띤 이 단체는 파시스트로 불렸으며, 그들의 훈련과 조직은 '나치청년단의 방식'과 유사하다는 평을 받았다. 이승만의 청년단체였던 대한독립촉성전국청년총연맹도 파업진압에 동원되었다. 9월 30일 용산의 총파업투쟁위원회에 경찰과 청년단이 습격하여 3명의 노동자가 살해되었고, 40명이 부상당했으며, 1,700명이 검거되었다. 결국 9월 총파업에서 1만 1,624명의 노동자가 검거되었다. 미 군정이 총파업을 강경탄압하자 10월부터 친일파 지주를 제거하고 토지개혁을 요구해 온 농민들이 이에 합세하여 160만 명의 노동자와 농민들이 민중봉기를 일으켰다.

이러한 혼란 가운데 1946년 10월 17일부터 22일까지 실시된 과도입법의원선거에서 우익진영이 45석 중 38석을 차지했다. 좌익진영은 이승만이 선거결과를 남한지역만의 독립을 위한 국민투표로 사용할 것을 우려하며 선거를 거부하였다. 10월 13일 하지는 자신이 임명하게 되어 있는 45명의 위원 대부분을 대체로 좌우합작위원회에서 임명한 후 '남조선 과도입법의원'을 설립하였다. 45명 중 17명은 김규식을 지지하는 중립적 우익인사로, 15명은 지방을 대표하는 중도인사로, 나머지 12명은 여운형 계열의 좌익인사로 충당하였다. 결국 하지는 강력하고 대중적인 그룹을 상실하는 대신 미약한 온건주의자들만 옹호세력화하게 되었다. 하지의 정책에 불만을 품은 이승만은 1946년 12월 미국을 방문하여 소련과의 협상이 성공할 가능성이 거의 없어졌기 때문에 남한지역에 단독정부를 수립하여야 한다는 주장을 하였다.

미국이 좌우합작위원회를 추진하면서 신탁통치를 위하여 설립될 임시정부에 참여할 남한 대표로 온건한 인사들을 추천하려는 의사를 보임에 따라 1947년 5월 21일 서울에서 개최된 제2차 미소공동위원회는 순조롭게 진행되었다. 소련 측은 과거에 반탁운동을 하였지만 앞으로 공동위원회에 협조하겠다는 약속을 하는 단체를 임시정부에 포함시킬 용의가 있다는 선까지 양보하였다. 미국과 소련의 합의 가능성이 높아지자 임시정부에서 소외되지 않기 위해서 이승만은 반탁 입장을 선회하였다. 자신이 하지와 미 군사정부에 대하여 적대감을 지속하게 되면 미국이 김규식, 여운형 등 온건세력을 중심으로 하여 소련과 합의를 할 가능성이 높아질 것이라는 우려를 가지고 있었다.

제2차 미소공동위원회의 순항은 세계적으로 자본주의와 공산주의가 본격적으로 대립함에 따라 제동이 걸리게 되었다. 1947년 3월 미국이 트루먼독트린을 발표하여 소련 공산주의의 팽창에 대한 무력대응을 불사하겠다는 경고를 한 다음부터 세계는 냉전으로 돌입했고, 한반도에도 이 영향이 미쳐서 미국과 소련의 협상도 더 이상 진전되지 않았다.

소련과의 협상이 더 이상 불가능하다고 판단한 미국은 1947년 10월 17일 한국문제를 유엔에 상정했다. 소련은 한국문제를 유엔에 상정시킨 미국의 정책을 유엔의 권위를 이용하여 한국에서 일방적이고 비합법적인 행동을 하려는 정치적인 음모라고 비난하였다. 소련의 반대에도 불구하고 미국은 유엔 감시하에 1948년 3월 31일까지 한반도 각 지역에서의 점령군에 의한 선거실시, 정부수립, 자체군대 창설과 점령군 철수를 제의하였다. 유엔은 한반도 총선거를 감시할 유엔한국임시위원단(UNTCOK: United Nations Temporary Commission on Korea)을 설립하고, 새 정부수립 이후 90일 이내에 점령군이 동시 철수하는 내용의 미국 결의안을 11월 14일 통과시켰다.

임시위원단은 1948년 1월 12일 서울에서 활동을 시작했고, 북한에서의 활동을 위해서 입북하려 했으나 북한 측이 받아들이지 않았다. 결국 북한지역에서 선거를 치르기 어려운 상황이 되자 임시위원단은 유엔 임시총회에 자문을 구했다. 미국은 총선거가 가능한 남한지역에서만 선거를 실시하는 새로운 제의를 했다. 토의 과정에서 전통적으로 미국의 우호국이었던 인도, 캐나다, 호주 등 영연방 국가들이 남한지역에 단독정부를 수립하려는 미국의 정책에 반대 입장을 보여 미국은 난처한 상황에 처하게 되었다.

일부 서방국가들의 반대에도 불구하고 미국의 주도하에 유엔 임시총회는 한국임시위원단이 감시 가능한 지역에서만 총선거를 실시하도록 하는 미국 결의안을 통과시켰다. 남한지역만의 총선거에 대해서 남한 내의 국론이 분열되었다. 이승만과 그를 지지하는 세력은 공산주의자들의 침투를 막기 위해서는 남한에 강력한 정부가 수립되어야 한다는 견해를 가지고 있었다. 반면, 좌익진영은 남한의 단독선거는 단일 민족국가의 팔과 다리를 자르고 중간을 반 동강 내려는 미 제국주의자들의 획책이라고 비난하였다. 우익진영에서도 김구와 김규식은 남한지역에 단독정부를 수립하면 소련은 북한에 공산정부를 수립하여 한반도 분단이 고착화될 것이라고 경고하면서, 단독선거에의 불참을 선언했다.

이와 동시에 김구와 김규식은 김일성과 김두봉에게 편지를 보내 민주적인 통일정부를 수립하기 위한 남북한 정치지도자회의를 제의했다. 3월 말, 김일성은 이 제의를 받아들여 15명의 우익지도자들과 좌익단체 전체를 초청했다. 이승만은 두 김 씨가 나라를 공산주의자들에게 팔아먹으려 한다면서 남북정치회담을 적극 반대하였다. 하지는 그가 지지하던 김규식이 그에게서 등을 돌려 매우 거북한 상태에 빠지게 되었으며, 결국 남북회의를 비난하며 국민들에게 지지하지 말도록 성명을 발표하였다.

평양에서 1948년 4월 19일에 개최된 남북정치회담에는 양측 16개 정당과 40개의 사회단체로부터 695명(남측 240명, 북측 455명)의 대표가 참석하였다. 4월 30일 발표된 공동성명서의 내용은 외국군이 즉시 철수하고, 외국군 철수 이후 내전 또는 무질서가 발생하지 않는 점을 확인하며, 외국군 철수 이후 정치회담을 소집하여 민주주의 임시정부를 수립하고, 이 임시정부는 일반, 직접, 평등, 비밀투표로 통일된 조선입법기관의 선거를 실시하며, 이 입법기관이 헌법을 제정

하여 통일된 민주정부를 수립한다는 내용을 골자로 했다. 또한 이 성명서에 서명한 정당과 사회단체들은 남한의 단독선거를 인정하지 않을 것임을 천명했다.

남북한 연석회의 결과는 시행되지 않았는데, 그 이유는 시기적으로 유엔 감시하에 실시될 총선거를 취소시키기에는 너무 늦었고, 이승만 세력과 미 군정이 적극적으로 반대하고 무시했기 때문이었다. 남한 주민들은 대체로 남북 정치회의 결과를 지지했으나, 미국과 이승만이 뜻하는 대로 남한에서의 단독선거가 실시되었다.

선거 날짜가 다가오면서 우익과 좌익은 테러단을 조직하는 등 극렬한 선거 캠페인을 실시하였다. 두 김 씨와 마찬가지로 공산주의자들도 총선거를 거부하고 선거를 방해하기 위한 물리적 행사에 돌입하였다. 1948년 2월 7일부터 5월 9일까지 선거 지지파와 반대파의 무력충돌로 245명이 사망하였고, 559명이 부상당하였으며, 선거 당일인 5월 10일 44명이 사망하고 62명이 부상당하였다.

1948년 5월 10일 선거권자의 75%인 750만 명이 참여한 총선거 결과 이승만의 대한독립촉성국민회와 한국민주당이 승리했다. 국회의석은 300석이었으나, 통일 이후 북한지역을 위하여 100석은 남겨 두고 200석만 선출했다. 200석 중에 이승만 계열이 55석, 한국민주당 29석, 이청천의 대동청년단 12석, 6석은 조선민족청년단, 13석은 기타 군소정당이 차지했고, 나머지 85석은 무소속이 당선되었다. 무소속의 분포를 보면 45석이 우익진영에 속하였는데, 7석은 이승만 지지,

38석은 한국민주당을 지지하였다. 나머지 40명은 온건 우익인사들이었다. 그리고 선거에 당선된 사람들 중 지주가 84명, 자본가 32명, 부일 협력자 23명이 포함되어 있었다.

해방일로부터 만 3년이 되는 1948년 8월 15일에 대한민국 정부가 공식적으로 수립되었다. 7월 17일 제헌국회가 헌법을 제정하였고, 7월 29일 이승만이 초대 대통령으로 선출되었으며, 8월 4일 내각을 구성하였다. 정치제도로는 미국식의 대통령제를 채택하였다. 원래 헌법기초위원회는 의회제(의원내각제)를 구상하였다. 헌법기초위원들은 제도원리적 측면에서 정치안정과 독재방지를 위하여 의회제가 더 바람직하다는 의견을 제시했으나, 차기 대통령으로 예정되어 있던 이승만은 오히려 정부의 안정을 위하여 임기가 보장되는 대통령제가 바람직하다고 주장하였다. 헌법기초위원들이 의회제 헌법을 고수하자 이승만은 헌법기초위원회에 출석하여 "이 헌법 하에서는 어떠한 지위에도 참여하지 않고 민간에 남아 국민운동을 하겠다"고 정치적 협박을 했다. 한민당 의원들은 이승만의 압력을 받아 대통령제를 지지했고, 결국 6월 22일 헌법기초위원회는 대통령제 초안을 통과시켰다.[10]

정부는 수립되었으나 정국이 안정되지 못하고 내부의 혼란이 지속되었다. 특히 공산주의자들에 의한 반란사건이 이어졌다. 대표적인 것은 1948년 10월에 일어난 여수, 순천 반란사건이었다. 한국군 14연대에 침투한 공산주의자들이 폭동을 일으켜 10월 20일 두 도시를 점령해 버렸다. 이 반란을 제압하기 위하여 광주에서 파견된 4연대도 이 폭동에 가담하였고, 2,000명의 반란군은 근처 도시들까지 폭동을 확대했다. 진압군이 이 도시들을 탈환하였을 때 수백 명의 반란군은 산악지대에 피신하여 게릴라 활동을 계속하였다. 이와 유사한 폭동이 11월 2일 대구에서 발생하였다. 많은 지역에서 낮에는 한국정부가 장악하고 밤에는 공산 게릴라가 통치하는 상태가 지속되었다. 11월 13일 이승만 대통령은 남한의 1/4에 이르는 지역에 계엄령을 선포하기에 이르렀다.

3. 한국전쟁과 정치외교

대한민국 정부는 김구를 중심으로 한 일부 우익 세력이 불참한 가운데 치러진 선거에 의해서 수립이 되었기 때문에 전 국민의 전폭적인 지지를 받는 정부는 아니라는 한계가 있었다. 그리고 정부수립 이후 국내적으로 여러 도시에서 폭동이 발생하는 혼란상태가 지속되었다. 한반도를 분단시킨 38선에서는 북한과의 크고 작은 무력분쟁이 연일 지속되고 있었다.

미국이 점령하고 있을 당시에는 남한만의 단독선거와 단독정부수립을 주장하던 이승만은 대통령이 된 이후에는 북한지역을 공산주의로부터 해방시켜서 자신이 한반도 전체의 지도자가 되겠다는 의지를 자주 보였다. 그는 공공연하게 평양을 사흘 만에 점령할 자신이 있고, 한만(韓滿)국경선이 38선보다 방어하기에 수월할 것이라고 주장하였다. 미국 관리들과 만날 때마다 이승만은 남한의 군대가 북한군을 패배시킬 자신이 있다고 허세를 부렸다.

이승만은 북진하여 전 한반도의 지도자가 되겠다는 원대한 꿈을 가지고 있었지만, 그의 남한에서의 정치적 기반은 그리 탄탄하지 않았다. 특히 이승만은 민국당을 비롯한 국회 내의 반이승만 세력을 효율적으로 통제하지 못하였다. 야당은 의회제로의 개헌 요구와 예산안 심의 거부로 이승만을 압박하였고, 결국 이승만은 제2대 국회의원선거를 1950년 5월 10일에서 5월 30일로 연기하였다. 예상했던 대로 선거결과는 이승만 지지세력이 210의석 중 49석만을 차지하고, 무소속 온건 중도파가 총 의석의 70% 가까이 차지하여 이승만이 대패하는 정치적 위기를 맞이하게 되었다. 어쩌면 가능성이 희박한데도 북진을 계속 주장하는 것은 국내적으로 잃어버린 인기를 북한 정복이라는 모험으로 만회해 보거나, 국민들의 관심사를 돌리려는 의도가 다분히 있었다.

마침내 1950년 6월 25일 한반도에서 전면전이 발생했다.[11] 이승만의 북침이 아니라 북한의 남침으로 시작된 이 전쟁은 한반도의 정치외교적 지형을 완전히 바꾸어 놓았다. 1948년 분단정부가 수립될 때부터 남북한 사이의 갈등과 대립은 지속적으로 전개되었으나, 실제로 전쟁이 발생할 것이라는 예상은 별로 하지 않았다. 남북한을 정치적으로 지배하던 김일성과 이승만은 서로가 무력통일을 해야 한다고 공언하고 있었지만, 신생국가가 전쟁을 수행할 정도로 체제가 안정되고 강력하지는 못한 상황이었다.

북한의 기습 공격 후 이승만은 전쟁상황을 정치·외교적으로 자신의 입지를 강화하는 데 적극 활용했다. 그리고 실제로 한국전쟁 기간 남한의 정치와 외교는 이승만의 독무대였다. 그는 국내 정치적으로 안보적 위기를 독재정치를 실시하는 기반을 닦는 데 적극 활용했고, 대외안보적으로 강력한 반공주의를 내세우면서 북한과의 강경대립정책을 구사했다. 이러한 독선적인 정치·외교적 강경한 자세 때문에 미국은 두 번이나 이승만을 제거하려는 계획을 수립하기도 했다.

국내정치적으로 이승만의 독선적 정치가 표출되기 시작한 것은 1952년의 부산정치파동이 그 대표적 사례이다. 부산정치파동의 근본적인 원인은 정치권력을 유지하려는 이승만 대통령과 그를 반대하는 국회의원들과의 투쟁이었다. 국회 내에 야당인 민주국민당이 주도하는 반대세력이 우세하여, 당시 헌법대로 국회에서 대통령을 선출할 경우 자신의 낙선이 확실해지자, 이 대통령은 무슨 수를 써서라도 대통령을 국민이 직선하도록 헌법을 개정하려 했다. 이와 반대로 대다수의 국회의원들은 의회제로 개헌을 하려는 움직임을 보였다. 1952년 1월 8일 실시한 대통령직선제와 국회 양원제 개헌안은 재적 163명 중 찬성 19표, 반대 143표, 기권 1표의 압도적인 다수로 부결되었다.

정상적인 방법으로는 자기 뜻을 이룰 수 없게 되자, 이승만은 비정상적인 비상수단을 동원하기로 결정하고, 1952년 5월 24일 자정을 기하여 부산지방에 계엄령을 선포하였다. 몇 시간 후 50여 명의 국회의원이 체포되었고, 이 중 9명의 의원에 대한 감금상태는 이후에도 오랫동안 계속되었다. 이승만은 이 체포된 의원들이 국제공산당 음모에 가담하였다는 죄를 부과하였다. 5월 말 국회는 부산지방의 계엄령을 해제하고 체포된 국회 의원을 즉각 석방하라는 결의안을 통과시켰으나, 이승만은 계엄령을 부산지방의 게릴라 활동을 분쇄하기 위한 조치라고 정당화하면서 국회의 결의를 묵살했다.

이러한 정치파동에 대하여 미국은 혹시나 유럽의 연합국들이 이승만의 독재에 항의하여 별로 인기가 없던 한국전쟁에서 군대를 철수할까 우려했다. 이 경우 군사작전에의 영향은 물론이고 트루먼 행정부도 심각한 정치적 문제에 직면하게 될 것이라고 염려하였다. 미 국무부와 외교관들은 이승만에게 민주주의 회복을 요구하고 이를 거절할 경우 대통령을 '보호감금'한 후, 부산지방의 한국 경찰과 군대시설을 장악하고 체포된 의원들을 석방하는 무력개입을 고려해야 한다고 주장했다. 그러나 군부는 이는 정치적인 문제이기 때문에 국무부가 외교적인 방법으로 해결하기를 원했다. 그리고 이승만이 민주주의 원칙을 준수하지 않더라도 미국은 공산군과의 교전상황에 해를 끼칠만한 '경솔한 행동'은 삼가야 한다고 강조하였다.[12]

이와 같이 미국 내에서 국무부와 군부의 의견이 차이를 보이고 있을 때, 이승만은 1952년 6월 2일 국무회의에서 만약 국회가 자신의 개헌안을 24시간 이내에 통과시키지 않는다면 국회를 해산할 것이라고 선언하였다. 이 소식을 들은 트루먼 대통령은 즉시 민주적 절차를 지키고 '되돌이킬 수 없는' 조치를 삼가라는 내용의 각서를 이승만에게 보냈다. 이에 대해 이 대통령은 한국 내정에 미국이 간섭하지 말기를 요구하였고 이를 계속할

경우 두 나라의 우호관계에 금이 갈 것이라고 경고하였다.[13]

미국은 이승만의 정치행위에 대해 불만을 가졌지만, 철저한 반공주의자인 이승만이 통치하는 한국정부의 유지가 유엔사령부의 안전과 기능을 유지하고, 공산주의와 대립하는 미국의 국익과 부합된다고 여겼다. 능력이나 국민들의 지지도에 있어서 이승만을 대체할 수 있는 인물이 한국에 없다는 것이 미국인들의 일반적인 견해였다. 이에 미국은 한국정치에 대한 군사개입을 보류하기로 결정했다.

그러나 이러한 결정은 다시 번복되었다. 이 대통령은 계엄령을 해제하고 체포의원을 석방하라는 미국의 제안을 완전히 묵살했고, 남한 내의 '정치적인 내전'으로까지 확대되어 유엔의 집단 군사작전에까지 영향을 미치도록 심각한 상황으로 빠져들고 있었다. 국무부는 클라크 사령관에게 책임을 맡겨 미국이 한국 내 두 개의 정치세력에 대한 '심판관' 역할을 하여야 한다고 주장하였다. 마침내 1952년 6월 25일 클라크는 이 대통령이 미국의 제안을 묵살할 경우 한국 육군참모총장에게 모든 한국 육군의 지휘권을 장악하고 부산지방의 계엄령을 관장하도록 명령할 수 있는 권한을 부여받았다.[14]

일단 미 국무부가 외교적인 압력을 가하고, 이 압력이 실패할 경우를 대비하여 클라크는 궁극적으로 수백 명의 미군을 축으로 하는 군사정부를 세우는 것을 골자로 하는 계획을 세웠다. 우선 이 대통령이 부산을 벗어난 지역을 방문하도록 유도하고, 유엔군이 이승만의 독재에 동참한 주요 지

도자 5~10명을 체포한 후 한국 육군참모총장을 통하여 계엄령의 지휘권을 장악하며, 이승만에게 계엄령을 해제한다는 내용의 선언문에 서명하도록 요구한다. 이승만이 거부할 경우 이승만을 감금하고 국무총리 장택상에게 서명을 요구하며, 장택상도 거부할 경우 유엔사령부가 임시정부를 설립하도록 했다.[15]

이러한 계획을 수립했지만, 한국에서의 상황이 종료되어 미국의 한국 국내정치에 대한 군사개입이나 군사정부 설립계획은 시행되지 않았다. 장택상 국무총리가 주도하는 국회 내의 '신라회'가 양측의 개헌안을 절충하여 제시한 발췌개헌안이 국회에서 통과되어 정치적 혼란이 평정된 것이다. 공산주의에 동조하였다는 음모로 재판 중이던 7명의 의원은 경찰의 호위 하에 등원하여 개헌표결에 참여하였다. 7월 4일 밤, 찬성 163, 반대 0, 기권 3의 결과로 통과된 개헌안의 주요 골자는 정·부통령 직선, 양원제와 제한된 의회제를 골자로 하였다.

한국 국내정치가 별 큰 소용돌이 없이 평정되자 미국인들은 안도의 한숨을 쉬었다. 왜냐하면 미국인들이 이승만을 감금하고 새 정부를 수립했다면 '미 제국주의'에 대한 비난을 면치 못했을 것이고 한국에서의 유엔군 활동에도 많은 문제가 야기될 것이 확실하였기 때문이었다. 미국으로서는 국내외적인 비난의 여론을 피하면서 외교적인 압력을 통하여 이 대통령이 더욱 극단적인 조치를 취하는 것을 막을 수 있었고, 비록 독재적인 방법에 의하여 안정을 되찾았지만, 미국의 국익에 합치되는 반공주의자인 이승만이 정권유지를

하여 일단은 안심할 수 있게 된 것이다.

한국전쟁에 임하는 이승만의 입장도 분명했다. 전쟁을 수행하는 과정에서 이승만은 한국의 안전을 확실하게 보장받기 위해서 미국의 정책에 도전하는 태도를 보였다. 자신의 정치적 권력강화와 더불어 국가지도자의 위상을 유지하기 위해서는 철저한 반공주의를 바탕으로 하여 유엔과 서방국들의 안전보장을 받는 것이 절실하게 필요한 사항이었다. 그러한 이유로 이승만은 미국이 한국전쟁을 정치적 협상에 의한 휴전을 하는 데 대해서 극렬한 반대의 입장을 보였다. 전쟁을 군사적 승리로 끝내기 어려운 상황에서 미국은 빠른 시일 내에 전쟁을 종결하기를 원했고, 이승만은 남침한 공산주의자들을 완전하게 응징하지 않은 채 휴전하는 데 대해서 적극적인 반대의 태도를 보였다.

이승만은 북한지역에 공산주의자들이 남아 있는 상태에서 휴전을 하게 되면, 언젠가 그들이 전쟁을 다시 시작할 가능성이 있기 때문에 한국의 안보에 대한 확실한 보장을 받기 전에는 휴전을 받아들일 자세를 보이지 않았다. 휴전을 반대한 이승만은 학생과 시민들을 동원하여 관제시위까지 벌이며, 만약 유엔군이 휴전을 계속 추진한다면 한국군을 유엔사령부에서 철수시켜서 단독으로 북진하겠다는 엄포도 놓았다. 휴전을 반대한 이승만의 궁극적인 목표는 휴전 이후의 한국의 안전에 대해서 미국이 보장을 하라는 의미가 내포되어 있었다. 다시 말해서 이승만은 미국이 한국과 동맹조약을 체결해 주기를 원했던 것이다.[16]

유엔을 활용하여 한국전쟁에 서방국들과 함께

참전한 미국은 한국과 단독으로 동맹조약을 체결하는 것을 원하지 않았다. 한미동맹을 체결하게 되면 유엔군으로 참전한 다른 서방국들의 적극성이 저하될 우려가 있고, 유엔사령부의 기능과 역할이 축소될 것을 우려하고 있었다. 미국의 입장에서 한미동맹보다는 유엔사령부를 통해서 한국의 안보에 개입하는 것이 서방진영의 결속과 협력을 유도할 수 있는 방안으로 생각하고 있었던 것이다. 이러한 이유로 미국의 트루먼과 아이젠하워 대통령은 이승만의 휴전반대를 설득하고 한미동맹을 체결하는 것이 바람직하지 않다는 내용으로 서신을 보내서 이승만을 설득하였다.

이러한 미국 행정부의 설득에도 불구하고 이승만은 지속적으로 휴전을 반대하며 단독북진 위협을 발표했다. 미국의 압력과 설득을 받아들이지 않고 이승만의 경직된 태도가 계속되자 미국은 급기야 이승만을 제거하는 에버레디작전(Operation Everready)을 수립했다. 이승만을 임시수도였던 부산에서 서울로 유인하여 감금한 후 부산지역에 계엄령을 선포하고 미국에 협조하는 한국 지도자를 선정하여 한국의 지도자로 옹립하는 것이 에버레디 작전의 골자였다. 주요 내용은 1952년 부산정치파동 당시 수립했던 이승만 제거계획과 유사했으며, 이번에는 내용이 더 구체화되고 작전 이름까지 붙였다.

부산정치파동 때와 마찬가지로 미국정부는 이승만 제거작전을 계획대로 수행할지에 대해서 심도있는 논의했다. 결론은 이번에도 이승만을 제거하지 않고, 이승만이 원하는 동맹조약을 체결해 주는 것으로 정해졌다. 이승만은 미국의 한국

전쟁 휴전정책에 대해서 도전적인 태도를 보이고 있지만, 이승만을 제거하더라도 이승만 이상의 반공주의 사상을 지닌 한국인을 지도자로 선정하기가 어려울 것이라는 예상 때문에 이승만의 요구를 들어주기로 한 것이었다. 이승만은 단기적으로 미국의 정책에 도전을 하지만, 장기적으로 미국의 이익과 이념에 부합되는 인물이기에 이승만의 손을 들어주기로 결정한 것이다.

결국 1953년 7월 27일 휴전협정을 체결한 이후 약 3개월 후인 10월 1일에 한국과 미국은 동맹조약인 한미상호방위조약을 체결했다. 한미동맹을 체결함으로써 이승만은 외부로부터의 위협에 신경을 쓰지 않으면서 자신의 정치권력을 강화할 수 있었다. 철저한 반공주의를 기반으로 해서 우익세력의 강력한 지지를 바탕으로 독재권력을 유지하는 데 큰 어려움이 없었다. 이러한 미국에의 안보적 의존은 군사비에 대한 투자를 아끼면서 경제건설을 할 수 있는 긍정적인 측면이 있었는가 하면, 70년 이상이 지나면서 변하지 않고 안보적 자주성을 확보하지 못한 채 미국과의 동맹에 한국의 안보를 맡기는 의존적이고 종속형의 안보정책을 벗어나지 못하는 결과를 초래했다.

4. 독재정치의 계승

한국전쟁을 거치면서 정치적 주도권을 장악한 이승만은 1인 독재정치를 기반으로 한 자신의 세력을 점차 확대해 나갔다. 한국전쟁을 활용한 안보논리를 펴면서 이승만은 장기집권을 위한 방안을

강구하기 시작했다. 1952년 부산정치파동 이후 단일 집권당으로 정착한 자유당은 이승만을 종신 대통령으로 만들기 위해 개헌을 시도했다. 이것이 소위 말하는 1954년 11월 27일의 '사사오입(四捨五入)' 개헌이었다.

1954년 11월 18일에 국회 본회의에 상정된 개헌안은 초대 대통령에 한해 중임 제한을 철폐한다는 내용을 골자로 했다. 11월 27일 국회에서 투표 결과 재적의원 203명 중 찬성 135표, 반대 60표, 기권 7표, 결석 1표가 나왔다. 헌법개정에 필요한 재적의원 3분의 2는 136명이었기 때문에 부결되었다. 그러나 이틀 뒤에 재적의원 203명의 3분의 2는 135.3명이고, 이를 사사오입하면 135명이기 때문에 개헌안은 가결되었다고 번복되었다. 이 개헌안의 통과로 이승만은 중임제한을 영구히 면제받는 특권을 향유하게 되었고, 독재정치가 본격적으로 시작되었다.

이후 이승만정부는 오만하고, 국민들을 기만하는 정치행태를 보였다. 선거 때마다 부정선거를 일삼았으며, 경찰마저 선거에 개입했다. 독재정권의 전형적인 형태인 언론에 대한 탄압도 있었다. 『동아일보』가 1개월간 정간(停刊)된 적이 있으며, 『대구매일신문』 같은 지방신문에 대한 탄압도 가해졌다. 민주당을 지지했던 『경향신문』은 1959년에 폐간되기도 했다. 정치적으로 야당에 대한 탄압도 이루어졌다. 야당에 대한 선거자금 지원이 제한되었고, 선거 때마다 경찰이 조직적으로 야당에 대한 간섭과 개입을 일삼았다.

1950년대 중반부터 이승만정권이 불안해지기 시작했다. 1956년의 대선에서 민주당 후보 신익희의 갑작스러운 사망으로 정권교체를 이루지 못했으나, 부통령은 민주당의 장면이 자유당의 이기붕을 누르고 당선되었다. 대통령선거의 경우 정권교체를 이루지 못했으나, 혁신계를 대표한 진보당의 조봉암이 유효표의 30%에 달하는 216만 표(이승만 504만 표)를 획득했는데, 이는 이승만과 보수세력에게 큰 충격으로 받아들여졌다. 결국 진보당의 돌풍은 1959년 7월 당수 조봉암이 사형되면서 일단락되었다. 이때부터 이승만세력은 정치적 반대자들에게는 공산주의의 올가미를 씌워 처벌하는 전형적인 독재정치의 수법을 활용하곤 했다.

1960년 3월 15일의 부정선거가 제1공화국 붕괴의 도화선이 되었다. 이승만정권의 부정부패와 독재정치에 염증이 난 국민들은 이승만으로부터 등을 돌리기 시작했다. 이러한 상황에서 실시된 대통령선거에서 자유당은 온갖 수단을 동원하여 부정선거를 자행했다. 부정선거의 유형으로는 야당 출신 입후보자의 후보등록시 폭력행위에 의한 방해, 다수의 유령 유권자의 조작, 야당 참관인의 접수 거부, 기권 강요와 대리 투표, 투표 개시 전에 무더기표 투입, 내통식 기표소 설치, 3인조 강제 편성 투표, 공개 투표 강요 등이 포함되었다.

이러한 부정선거에 대해서 학생들과 국민들이 강하게 저항했다. 3월 15일 선거 당일에는 마산에서 부정선거를 규탄하고 선거무효를 주장하는 학생과 시민들의 대규모 시위가 발생했다. 이 시위과정에서 경찰이 발포한 최루탄에 맞아 한 학생(김주열)이 사망한 사건이 발생했다. 경찰이 비밀리에 바다에 던졌던 그 학생의 시신이 약 1개월 후 발견되면서, 이에 분노한 마산의 학생과 시민들은 다시 부정선거를 규탄하는 시위를 벌였고, 이 시위는 전국으로 확산되었다.

이승만정권은 전국 경찰을 동원하여 시위를 진압하는 동시에 폭력배들을 동원하여 시위대를 습격하거나 총기를 발사하여 시위를 진압하려고 시도했다. 경무대로 돌진하던 시위대를 향해 경무대 경비경찰이 발포하여 수많은 학생들이 총탄에 쓰러졌으며, 이를 계기로 반정부 시위가 전국으로 확대되면서 격화되기 시작했다. 4월 19일 저녁, 이승만정부는 계엄령을 선포하고 1개 사단 병력을 서울에 투입하여 시위를 진압하려 했으나 진압을 위하여 서울에 진주한 계엄군은 시위대에 발포하지 않았고 진압하려는 의지도 보이지 않았다. 4월 25일 서울지역 대학교수들이 14개 조항의 시국선언을 발표했는데, 이것이 수많은 학생들의 시위를 유발했으며 계엄군도 학생 시위대를 강제 진압하지 않고 보호하였다. 계엄군의 지원을 받지 못한 이승만은 12년간 지속해 온 독재지배를 포기하고, 1960년 4월 26일 대통령직을 사임한다는 성명을 발표한 후 하와이로 망명했다.

이승만정부가 붕괴된 이후 급격한 정치변동이 이루어졌다. 새롭게 개정된 제2공화국의 헌법은 의회제와 국회의 양원제를 핵심으로 하는 권력구조를 채택했다. 이 헌법에 의하여 시행된 총선거에서 민주당이 승리하여 윤보선 대통령과 장면 총리가 선출되었다. 새 정부 출범 후 이승만 시대의 독재정치를 청산하고 새로운 정치환경을 조성하기 위한 민주화의 움직임이 거세게 일어났다. 민주화를 주도한 학생들에 의한 학원 민주화운동

과 더불어 노동민주화운동도 활성화되었다. 이승만정부의 반공통일 또는 승전통일과 달리 학생 및 진보세력은 자주, 민주, 평화의 원칙하에 남북협상과 통일운동을 전개했다.

4·19를 주도한 학생들과 혁신세력을 기반으로 하는 민주당 정부는 허약했다. 당내 파벌 사이의 권력투쟁 때문에 4·19혁명의 이념을 실천할 수 있는 능력과 의지를 보여주지 못했다. 또한 이승만 시대의 부정부패 정치가 또는 부정축재자들을 처벌하는 데 적극적이지 못했고, 오히려 각종 법을 제정하여 민주화를 요구하는 시위 또는 사회운동을 탄압했다. 특히 진보세력이 주장하는 평화통일과 남북협상에 대해서 사회혼란이라는 비판을 하며 부정적인 태도를 보였다. 결국 민주당 정권은 민주주의와 평화통일에 대한 열망을 제대로 실현하지 못했고, 4·19혁명은 미완의 혁명으로 끝나고 군부에 의한 5·16쿠데타로 이어졌다. 결국 제2공화국은 새로운 권력구조인 의회제의 실험을 1년도 하지 못한 채 단명하였다.

1961년 5월 16일 박정희를 지도자로 하고 육사 8기생들이 주축이 된 일부 군 장교들이 일으킨 쿠데타를 시작으로 기나긴 군부독재가 시작되었다. 쿠데타세력은 국가재건최고회의를 구성하여 군정을 실시하면서, 반공을 국시로 내걸고 경제개발과 사회안정을 목표로 내세웠다. 부정축재자들을 처벌하고 부랑배들을 소탕했으며, 농어촌 부채를 줄여 주고, 농산물 가격을 안정시키는 정책을 구사했다. 군사정부는 쿠데타 반대 및 비판세력에 대한 탄압을 실시했으며, 중앙정보부를 설치하고 반공법을 제정하여 혁신적인 통일운

동가들 대부분을 체포하고 활동을 금지했다. 제2공화국 헌법에 의해 구성된 국회와 정당, 사회단체들을 해산하고 정치인들의 활동을 금지했으며, 군정에 비판적인 언론도 폐지하고 언론을 검열하는 동시에 비판적인 언론인들을 구속했다.

권력을 민간 정치인들에게 맡기고 군은 군대로 복귀하라는 사회적 요구가 거세지면서 쿠데타세력은 사회 전반에 대한 통제권을 장악한 상태에서 정부형태를 민정으로 전환하여 정권을 유지하려 했다. 이를 위해 비밀리에 민주공화당을 만들고 자신들이 조정할 수 있는 민정이양을 시도했다. 그 일환으로 강력한 대통령제와 단원제 국회를 중심으로 하는 헌법개정을 하여 제3공화국이 출범하였다. 1963년 10월 민정이양을 위한 대통령선거가 실시되어, 박정희가 윤보선을 15만 표의 근소한 차이로 눌러서 승리했다. 군복을 벗은 박정희가 이끄는 제3공화국 정부는 겉으로는 민간정부였지만 실제로는 쿠데타세력이 주도했다. 제3공화국 헌법 자체는 권력분립을 기반으로 하고 대통령의 임기를 4년 연임으로 제한하는 민주적인 권력구조를 중심으로 했으나, 실질적인 정치과정에서 정치자금 스캔들 등 일부 일탈적인 행태가 이루어졌다.

1967년에 박정희는 대통령 재선에 성공하여 연임하였다. 연임의 임기는 1971년에 끝나게 되어 있으나, 박정희는 1969년에 3선개헌을 하여 권력연장을 시도했다. 지속적인 경제개발 추진, 북한의 위협에 대응할 수 있는 확실한 안보, 그리고 사회적 안정을 위해서는 자신이 대통령직을 더 수행해야 한다는 명분을 내세우면서, 학생, 시민, 야당, 심지어는 일부 여당세력의 반대를 무릅쓰고 장기집권을 모색했다. 일부 3선개헌 반대 시위가 있었지만, 대다수의 국민들은 무관심했고, 경제성장을 가져온 박정희정권에 대해 대체로 호의적인 생각을 하고 있었다.

1971년 공화당의 박정희와 신민당의 김대중이 겨룬 제7대 대통령선거에서 박정희가 근소한 표 차이로 승리했다. 두 후보는 영남과 호남 출신이었기 때문에 선거가 과열되면서 한국정치의 고질병이 되어 버린 지역감정이 시작되었다. 결국 막강한 조직력과 재력을 동원할 수 있는 여당 후보가 승리했다. 김대중 후보는 패배했지만, 그가 선거유세 중에 강조한 박정희의 영구집권 획책이 이듬해에 입증되었다. 대통령에 당선된 다음 해인 1972년 10월 17일에 박정희는 비상계엄령을 내리고 국회를 해산시키고 정당과 정치인들의 정치활동을 금지시켰다. 이와 함께 유신을 선포하고 헌정을 중단시킨 후, 영구집권과 독재를 위한 유신헌법을 공포했다. 이렇게 해서 1961년 쿠데타를 시발점으로 한 제3공화국은 박정희의 영구집권 획책에 의해서 11년 만인 1972년에 끝나고 유신헌법에 의한 제4공화국이 시작되었다. 유신은 1971년부터 준비되었다. 1971년 12월 박정희는 국가비상사태를 선언하고 대통령에게 초법적인 비상대권을 부여했다.

유신헌법에서 대통령의 임기는 6년으로 늘어났으며, 연임제한 규정도 정하지 않아서 종신 대통령을 할 수 있도록 했다. 대통령은 직접선거가 아니라 통일주체국민회의에서 간접선거로 뽑도록 했는데, 이 기구의 의장은 대통령이 맡도록 했다. 즉 자신이 의장인 기구에서 자신을 대통령으로 선출하도록 한 것이다. 국회는 대통령이 임명하는 유신정우회(유정회)를 만들어 이 유정회가 국회 의석의 3분의 1을 점유하도록 했다. 대통령에게 각종 법률의 효력을 정지시킬 수 있는 '긴급조치'라는 초법적인 권리를 부여했다.[17]

국민들은 유신에 대해서 격렬하게 저항했다. 1973년부터 학생들과 재야인사들이 민주회복과 유신철폐를 요구하기 시작하자, 정부는 긴급조치를 발동하여 개헌논의를 중단시켰으나, 민주주의 회복에 대한 요구는 사회전반으로 확산되어 나갔다. 유신 반대세력은 다양한 조직을 만들며 민주화운동을 전개했고, 긴급조치 철폐와 유신정권의 퇴진을 요구했다. 박정희정권의 인권탄압에 대해서 미국과 일본 등 국제사회도 비판하면서 한국 정부를 압박했다.

1970년대 말 제2차 석유파동 등으로 한국의 경제상황도 어려워지면서 국민들의 박정희정권에 대한 불만도 급속도로 확산되었다. 국내외의 비판에 직면한 박정희정권은 민주화운동과 야당에 대한 탄압을 더욱 강화하면서 위기에서 벗어나려고 했다. 그럼에도 불구하고 1979년 10월 부산, 마산, 창원 등에서 유신체제에 반대하는 학생과 시민들이 주도하는 소위 부·마 민주화운동이 발생했다. 박정희정부는 부산에 비상계엄, 마산과 창원에 위수령을 선포하고 군대를 동원하여 시위를 진압했다. 이러한 진압방식에 대해서 정부 내에서 갈등이 발생했고, 이 과정에서 중앙정보부장 김재규가 1979년 10월 26일 박정희를 암살하면서 제4공화국 유신체제가 끝났다.

박정희는 정치적으로 비민주적인 독재정치를 실시한 데 대해서 비판을 받고 있지만, 일부 보수진영에서는 박정희가 산업화를 이룩하여 국민들이 절대 빈곤에서 벗어나게 했다는 긍정적인 평가를 하고 있다. 중화학 공업에 집중적인 투자를 하고 수출증대 정책을 추구하여 고도의 경제발전을 이룩했다는 평가이다. 그러나 이러한 산업화와 경제성장의 과정에 다양한 부작용이 나타난 것도 사실이다. 중화학 공업에 과도하게 치중하는 정책으로 농수산업이 극도로 침체되었다. 수출 경쟁력 확보를 위한 저임금 및 저곡가 정책으로 노동자와 농민들이 희생되었다.

박정희의 사망과 함께 유신독재체제는 붕괴되었고, 민주주의가 회복될 수 있는 기회를 맞이하였으나 새로운 군부의 등장으로 다시 독재정치가 이어졌다. 박정희 사망에 따른 힘의 공백을 민주화 세력이 아니라 군부가 다시 채운 것이다. 전두환, 노태우를 포함한 육사 11기 출신의 신군부 세력은 1979년 12월 병력을 동원하여 군대 내의 온건파를 제거하고 군사권을 장악했다. 이들은 1980년 들어서 과도적인 정부 내에서 요직을 차지하면서 정치적 영향력을 확대해 나갔다.

박정희 군사정권에 이은 군부의 권력 찬탈 시도에 대해서 학생과 국민들이 강력하게 저항했다. 이른바 1980년 봄부터 시작된 '서울의 봄'이라는 민주화의 열기는 유신헌법의 폐지, 전두환 퇴진, 10·26사태에 따른 비상계엄의 철폐, 민주적 절차를 통한 민간정부수립 등을 요구했다. 5월 14일과 15일 전국 각지에서는 계엄령 철폐를 요구하는 대학생들의 가두시위가 벌어졌고, 서울에서는 수만 명의 학생들이 서울역과 시청 앞에 모여 시위를 벌였다. 사회저명인사 100여 명도 학생들의 주장을 옹호하는 시국선언을 했다.

1980년 5월 17일 정부는 비상계엄을 전국으로 확대하고, 학생운동의 주동자들과 김대중을 비롯한 주요 정치인들을 체포하고 구속했다. 결국 '서울의 봄'은 계엄군을 앞세운 신군부의 무력 앞에 무력하게 사라져갔다. 가장 최악의 사태는 광주에서 전개되었다. 계엄군이 시위대에 발포를 하면서 많은 사상자가 발생했다. 이에 맞서 시민들은 경찰서나 파출소에 보관되어 있던 총기로 무장하고 시민군을 조직하여 계엄군을 광주 시내에서 몰아냈다. 광주시내를 장악한 시민군은 계엄군과 협상을 벌이는 한편, 다른 지역으로 시위를 확산시키려는 시도를 했다. 신군부는 계엄군의 병력을 증강시켜 광주 외곽을 완전히 봉쇄했으며, 결국 계엄군은 무력으로 시민군을 진압함으로써 '5·18광주민주화운동'은 시위가 시작된 지 열흘 만에 끝났다.

비상계엄을 확대하고 5·18민주화운동을 폭력으로 진압한 신군부는 전두환을 위원장으로 하는 국가보위비상대책위원회(국보위)를 만들어 통치권을 장악했다. 사회정의를 실현한다는 명분으로 반대세력의 정치활동을 금지하고, 많은 공무원과 언론인들을 해직시켰다. 또한 부랑배들을 순화시킨다는 명목으로 수만 명의 시민들을 체포하여 삼청교육대에서 가혹한 군대식 훈련과 노동을 시켰다. 이어 국보위를 국가보위입법회의로 개편하여, 선거인단의 간접선거로 7년 단임의 대통령 선출을 핵심으로 하는 헌법개정을 하고, 민주정의당

을 창립했다. 1981년 개정된 헌법에 따라 전두환이 대통령에 선출되어 제5공화국이 시작되었다.

전두환정권은 정의사회구현과 복지사회건설을 국정지표로 내세웠지만, 권력을 동원한 강압적인 독재정치를 기반으로 했다. 정권은 안정화되었으나 각종 권력형 부정과 비리 사건이 터지면서 국민들의 정부에 대한 불신은 높아졌다. 대학생과 진보세력을 중심으로 민주화운동이 벌어졌고, 광주민주화운동의 진상규명과 책임자 처벌, 미국의 사과를 요구하는 구호가 등장했다. 이러한 민주화운동은 대통령직선제 개헌에 대한 요구로 이어졌다.

부천경찰서 성고문사건과 박종철 고문치사사건이 국민들의 전두환정권에 대한 강력한 정면 도전의 도화선이 되었다. 국민들의 직선제 개헌 요구에 대해서 전두환은 강경한 자세로 일관했다. 전두환은 개헌에 대한 정치권의 합의가 이루어지지 않았다는 핑계를 대면서 1987년 4·13호헌조치를 발표했다. 호헌조치에 대한 국민들의 저항은 1987년 6월 들어 더욱 거세졌고 시위가 끊임없이 이어지면서 연세대의 이한열 학생이 최루탄에 맞아 사망하는 사건이 기폭제가 되어 '6·10민주항쟁'으로 불리는 대규모 시위로 이어졌다.

학생들뿐만 아니라 직장인과 일반 시민들까지 시위에 합류하면서 결국 정부 여당은 굴복하고, '6·29선언'을 발표(글상자 1.1)하여 대통령직선제 개헌과 구속인사 석방, 정치활동 규제의 철폐를 약속했다. 이에 따라 5년 단임의 대통령직선제 개헌이 이루어졌다. 개정된 헌법에 의해 시행된 1987년 12월의 국민 직접선거로 노태우가 당

선되어 제6공화국이 시작되었다. 초대 대통령 이승만으로부터 박정희, 전두환으로 이어지는 독재정치의 계승이 형식적으로나마 일단 종식되는 계기가 마련되었다.

5. 민주화의 역설: 제6공화국

제6공화국체제는 30년 이상 이어지고 있다. 형식적이고 제도적인 민주화는 이루어졌지만, 실질적인 민주화까지 이루어졌는지에 대해서는 많은 비평가들이 의문을 제기한다. 민주화라는 명분을 가지고 독선적인 정치가 이루어졌는가 하면, 민주화의 역설로 오히려 비민주적인 정부가 탄생하는 결과가 초래되었다는 평도 받고 있다. 민주화 이후 비리와 부정부패는 끊이지 않았고, 두 명의 대통령이 구속되는 상황까지 전개되었다.

제6공화국 헌법은 제5공화국 헌법에 적시되어 있던 대통령의 비상조치권, 국회해산권 등을 폐지하여 대통령의 권한을 축소하였고, 국회의 국정감사권을 부활하여 국민의 대표인 국회의 대정부 견제 기능을 강화했다. 제6공화국 헌법은 제5공화국 헌법보다는 민주적인 정치제도와 질서를 다양하게 포함하고 있었지만, 헌법제정 과정이 폐쇄적이었고 내용이 제한적이었다는 평가를 받고 있다. 개헌을 논의하는 과정에 6월 민주화항쟁의 주역이었던 국민운동본부와 일반 국민들의 참여가 배제되었다. 국회는 예정되어 있던 공청회를 한 번도 개최하지 않음으로써 제도권의 정치 엘리트들만이 참여한 폐쇄적인 절차에 의해서 제정된 헌법이었다는 평을 받았다.[18]

제6공화국 개헌 이후 첫 대통령선거에서 김대중과 김영삼 등 야당 후보들의 분열로 박정희 시절부터 수십 년 동안 독재에 항거한 민주화 세력이 집권하는 데 실패했다. 통일민주당 내에서 파당적 우세를 유지하고 있던 김영삼은 당내 경선을 통해 대통령 후보자를 결정하자고 제의했으나, 전국적인 지지도에서 앞선 김대중은 국민지지도에 따라 후보를 선출하자는 제안을 했다. 결국 두 사람 사이의 후보 단일화 협상이 결렬되었고, 김영삼이 공식적으로 통일민주당(이하 민주당)의 대통령 후보로 추대되었다. 이에 반발하여 김대중은 통일민주당을 탈당하고 평화민주당(이하 평민당)을 창당하였고, 이 당은 김대중을 대통령 후보로 선출했다.

결국 1987년 12월 16일에 실시된 대통령선거에서 육사 11기 신군부 출신의 노태우가 대통령에 당선되었다. 투표율은 89.2%로 과거 어느 대선 투표율보다 앞섰다. 개표결과 노태우 36.5%, 김영삼 28.0%, 김대중 27.1%, 김종필 8.1%를 획득하였다. 이에 따라 노태우는 역대 대통령선거에서 가장 낮은 득표율로 대통령에 당선되었다. 제6공화국은 제도는 민주화의 길로 들어섰지만, 지도자 인물은 1980년 군사쿠데타의 주역이 당선되었다.

대통령선거에서는 신군부 출신의 노태우가 당선되었지만, 다음 해인 1988년 4월 26일에 실시된 총선거에서는 집권 여당인 민정당이 국회의석 과반수 획득에 실패함에 따라 여소야대의 상황이 벌어졌다. 총선에서도 대선과 마찬가지로 민주당과 평민당이 야권통합을 논의했으나, 양 김 씨의 대립과 경쟁이 봉합되지 못한 채 실패로 돌아갔다. 개표결과 지역구에서 민정당은 33.96% 득표에 87석, 평민당은 19.26% 득표에 54석, 민주당은 23.83% 득표에 46석, 공화당은 15.59% 득표에 27석을 획득했다. 전국구 75석을 배분하여 합산한 결과 최종적으로 민정당 125석, 평민당 70석, 민주당 59석, 신민주공화당 35석, 한겨레민주당 1석, 무소속 9석의 의석분포를 보여주었다.

이 총선이 보여준 특징은 과거 어느 선거들과 마찬가지로 지역감정이 선거결과에 크게 작용되었다는 점이다. 예를 들어, 평민당은 민주당에 비해서 지역구에서 적은 표의 지지를 받았으나, 의석은 더 많이 차지했다. 이는 영남지역에서 민주당 표의 분산과 호남지역에서의 평민당 몰표가 원인이었다. 영남지역에서는 대구 경북의 지지를 받은 민정당과 부산 경남의 지지를 받은 민주당

이 표를 나눠 가진 반면, 호남지역은 김대중의 평민당이 싹쓸이 했던 것이었다.

여소야대의 결과 국회의 권한이 크게 강화되었고, 이러한 분위기에서 과거 청산을 위한 청문회가 개최되었다. 박정희 암살로 유신체제가 끝난 이후 신군부가 12·12사태와 광주민주화운동에 대한 무력진압을 통해서 권력을 장악하는 과정을 파헤치는 광주 청문회와 제5공화국 동안 저질러졌던 권력형 부패와 비리에 대한 5공 청문회가 개최되었다. 광주 청문회와 5공 청문회가 TV로 생중계되었기 때문에 국민들의 정치에 대한 의식 수준이 제고되었고, 후일 대통령이 되는 노무현 등 스타급의 정치인들이 탄생하게 되었다.

민주화가 이루어지면서 사회 각층에서 민주화와 자유화 바람이 불기 시작했고, 조직적인 운동이 전개되었다. 1989년 1월 260여 개의 진보적 정치, 사회단체들이 연합하여 전국민족민주운동연합(전민련)을 창설했는데, 5공 청산, 광주민주화운동 관련자 처벌, 반민주 악법 철폐 등을 활동 목표로 설정했다. 노동운동도 크게 확대되었으며, 1990년 1월 전국 770여 개 단위노조의 약 20만 명의 노동자들이 참여하는 전국노동조합협의회(전노협)가 출범되어 조직적이고 체계적인 노동운동을 전개했다. 이와 더불어 1988년 5월에 민주사회를 위한 변호사모임(민변)이 결성되었고, 1989년 5월에는 전국교직원노동조합(전교조)이 조직되었다. 빈곤, 불평등과 기업윤리 등 경제문제를 다루기 위한 경제정의실천시민운동연합(경실련)이 1989년 7월에 설립되었다.

대통령제 정치체제에서 여소야대의 상황이 되

면 정부가 정책을 수립하고 시행하는 데 많은 어려움을 겪는다. 의회제의 경우 의석에 따라서 정부가 구성되기 때문에 여소야대가 발생하기 어렵고, 여러 야당들의 의석 합계가 여당 의석을 앞서게 되면 통상적으로 연합정부가 탄생하여 정권교체가 이루어지지만, 대통령제에서 야당들은 과반수 의석을 차지해도 정권을 장악하기 어렵고 그저 할 수 있는 것은 정부를 비판하거나, 속된 말로 '발목 잡기'를 해서 존재감을 드러내기 때문에 정책적 효율성이 매우 저하된다.

결국 여소야대의 상황에서 국정운영이 어려워진 노태우정부와 여당은 1990년 2월 김영삼의 민주당, 김종필의 공화당과 통합을 하여 새로운 여당인 민주자유당(민자당)을 설립하는 3당 합당을 실시했다. 김종필의 공화당은 여당인 민정당과 이념적으로 큰 차이가 없었지만, 김영삼의 민주당은 과거 군부독재에 맞서서 투쟁해 온 경력이 있기 때문에 합당이 불가능해 보였으나, 결국은 정권욕 때문에 군사쿠데타세력과 손을 잡게 되는 정치적 행로를 택한 것이다. 노태우 총재, 김영삼 대표최고위원, 김종필 최고위원을 중심으로 한 민자당은 국회의석 299석 중에서 215석을 확보하여 개헌선인 2/3 이상의 의석을 가진 정당이 되었다. 국민들의 총선거에서의 표심이 무시되고 여소야대가 역전되어 거대 여당이 등장한 것이다.

지난 총선거의 표심을 무시한 인위적인 3당 합당은 1992년 3월 24일에 실시된 제14대 총선에서 혹독한 심판을 받았다. 여당인 민자당과 야당인 민주당 사이의 경쟁이 될 것이라는 예상과 달리 현대그룹 회장인 정주영이 창립한 통일국민당이 선전을 하여 비중있는 제3당으로 자리잡고, 여당인 민자당은 과반수 의석 획득에 실패했다. 민자당은 3당 합당 이후 215석이던 의석 중에서 66석을 잃은 149석으로 과반수에서 1석 모자라는 의석을 획득했다. 민주당은 27석을 증가하여 97석을 차지했고, 국민당이 31석이나 차지했다. 제6공화국 출범 이후 민주화를 갈망하던 국민들은 3당 합당은 비민주적인 정치행위 또는 야합으로 판단한 것으로 평가되었고, 근소하나마 다시 여소야대가 되었다.

노태우 대통령 시대의 특징은 국제정치가 급변하는 상황이 전개된 것이다. 1989년 냉전종식으로 세계는 진영 간의 갈등과 대립을 끝내고 화해와 협력의 시대로 접어들었다. 이 와중에 1988년 서울올림픽이 개최될 예정이라서 노태우정부는 보다 많은 국가들, 특히 공산권 국가들이 참여하도록 하기 위한 북방외교를 추진했다. 이와 더불어 북한에 대해서 1988년 7·7선언을 발표하여 북한을 개방시키고 북한과의 협력을 시도하는 정책을 추진했다. 1989년부터 남북한의 물자교역도 시작되었다. 1990년부터 남북한은 고위급회담을 서울과 평양을 오가면서 개최했고, 1991년 12월의 5차 회담에서 남북한 기본합의서를 체결했다.

이러한 성과를 바탕으로 노태우정부의 임기가 끝나가면서 국민들의 비민주적인 3당 합당에 대한 비판과 비난은 줄어들었다. 1992년 12월 18일에 실시된 제14대 대통령선거에서는 3당 합당에 대한 국민들의 심판이 이어지지 않고 민자당의 후보인 김영삼이 당선되어 정권 재창출에 성공했다. 야당인 민주당은 민주 대 반민주의 구도로 선거전략을 수립했으며, 국민당의 정주영 후보가 보수진영의 표를 잠식하고 대구 경북지역에서 많은 득표를 할 것이기 때문에 김대중 후보가 당선될 것이라는 기대감을 가졌다. 이에 대해서 민자당은 김대중의 친공 사상을 확대 유포하면서 이념적 공세를 펼쳤다. 이러한 열기 속에서 실시된 대선 투표율은 81.9%였고, 개표결과 김영삼 후보가 42%로 33.8%를 득표한 김대중 후보를 여유 있게 물리치고 당선되었다. 정주영 후보는 16.3%, 신정당의 박찬종 후보가 6.4%를 득표했다.

당시의 대선도 지역감정이 결과에 큰 영향을 미쳤다. 독재시대에 민주화 투쟁을 함께 한 영원한 정치적 동반자이면서 경쟁자였던 김대중과의 일전에서 김영삼이 영남지역 유권자들, 신군부와 보수진영의 지원을 등에 업고 승리한 것이다. 과거 1971년 대통령선거에서 박정희-김대중 대결시 등장했던 영호남의 지역경쟁과 갈등이 재연되었다. 박정희, 전두환, 노태우로 이어지는 대구 중심의 영남세력에 대항해서 호남의 김대중은 계속 권력에 도전했으나, 결국은 부산 출신의 김영삼의 세력마저도 넘어서지 못한 것이다.

김영삼이 대통령으로 취임한 1993년 2월 25일은 한국정치사에 있어서 역사적인 날이었다. 1961년 5월 16일 박정희의 군사쿠데타 이후 32년 만에 민간인 출신이 대통령에 선출되어 취임하는 날이었다. 어떠한 과정에 의하여 정권을 장악했든 김영삼정부는 1987년 민주화항쟁에 의해서 제정된 민주적인 헌법에 따른 국민이 직접 선출한 '문민정부'였다. 그만큼 국민들의 정치적 민주화와 사회경제적 개혁에 대한 기대가 컸다.

이러한 국민들의 기대에 부응하여 김영삼은 우선 권위주의 청산부터 시작했다. 청와대를 개방하고 청와대 주변의 안가 12채를 철거하고, 지방에 있는 대통령 별장들을 문화복지 시설로 활용토록 했다. 정보기관인 국가안전기획부의 권능도 축소하여 정치개입 및 월권행위를 중단시켰다. 군부 내의 사조직인 하나회를 해체시켜서 군의 정치개입을 사전에 방지하는 극단적인 조치를 취했다. 특히 경제사회적 정의구현을 목적으로 그동안 음성적으로 거래되던 자금과 부동산에 대한 실명제를 전격적으로 도입한 것이 김영삼정부의 가장 큰 실적으로 손꼽히고 있다. 1993년 8월 12일 자금흐름의 투명성을 제고하고 음성소득과 불건전 거래를 차단하기 위한 '금융실명거래 및 비밀보장에 관한 긴급재정경제명령'(금융실명제)을 발표했다. 이 금융실명제를 통해 정경유착, 부정부패, 지하경제를 근절할 수 있었다. 1995년 7월 1일에는 부동산에 대한 등기는 반드시 실소유자의 명의로만 하는 부동산실명제를 실시하여 부동산투기, 조세포탈과 재산은닉을 방지하는 정책을 도입했다.

문민정부는 깨끗한 정부를 만든다는 구상 하에 입법부, 사법부, 행정부 및 공공기관에 종사하는 고위 공직자들의 재산을 공개 및 등록하도록 했다. 재산공개에 따라 불법의 의혹이 있는 다수의 정치인, 고위관료들이 사퇴 및 사법처리되었다. 김영삼의 취임 후 1년 동안 1,363명의 비위 공무원이 파면·해임·면직되었고, 민간인들 중에

는 호화별장으로 31명이, 부동산투기로 64명이, 법조비리로 602명이 구속되었다.[19]

김영삼 대통령은 재임 중에 전임 대통령인 노태우를 정치자금법 위반 혐의로 1995년 11월 16일 구속했다. 그해 10월 19일 민주당의 박계동 의원이 노태우의 비자금에 대해서 폭로하였고, 10월 27일 노태우는 대국민 사과문을 통해서 "재임 중 5,000억 원의 통치자금을 조성해 현재 1,700억 원이 남았다"고 밝혔다. 이 과정에서 김대중이 14대 대선기간 중에 노태우 대통령으로부터 20억 원을 받아 선거운동자금으로 사용했다는 발표를 했고, 김영삼도 정치자금을 받았는지에 대해서 많은 논란이 계속되었다. 그러자 김영삼은 전격적으로 노태우를 구속하고, 그동안 소극적이었던 12·12와 5·18의 진상조사와 관련자 처벌에 대해서 적극적인 태도를 보이며 특별법을 제정하고 관련 인사들에 대한 수사를 하는 등 민심의 동요를 막으려는 시도를 했다.

김영삼은 다양한 개혁조치를 실시한 것은 틀림없으나, 그 개혁은 한국의 사회와 국민들을 전부 아우르고 모두에게 정의, 공정, 평등을 실현시켜 주는 개혁에는 미치지 못했다는 평을 받고 있다. 그 이유는 김영삼정권 자체가 군사독재 세력과의 야합에 의해서 탄생했다는 태생적 한계와 김영삼이라는 지도자 개인의 보수적인 성향에 기인했다. 금융 및 부동산 실명제, 정치인과 공직자의 부정부패 척결, 안기부 정치개입 금지, 군부 내 사조직 해체 등은 제도적이고 절차적인 민주적 개혁으로 인정되지만, 소외되고 배제된 사회 계층에 대한 정책적 고려는 거의 이루어지지 않았다. 국가보안법, 노동관계법, 전교조 등 민중 및 민생과 관련된 개혁은 거의 이루어지지 않고 과거 권위주의 정권들과 별 차이가 없었다는 비판을 받았다.

무엇보다도 김영삼 집권 말기에는 외환위기가 발생하여 국제통화기금(IMF)의 구제자금에 의존해야 하는 불명예로 정권을 끝냈다. 1997년 초부터 한보그룹을 시작으로 삼미그룹, 진로그룹, 대농, 한신공영이 도산했고, 급기야는 재계서열 8위인 자동차회사 기아가 도산하는 등 대기업들의 도산 행렬이 이어졌다. 이러한 상황에서 국내 25개 은행과 7개 특수은행들은 대출금의 원금과 이자를 받지 못해 심각한 경영난에 처하게 되었다. 1996년 말에 1달러당 844원이었던 환율이 1997년 10월에는 965원으로 급등했다. 국제신용평가기관인 무디스(Moodys)와 스탠더드 앤 프어스(Standard & Poor's)는 한국의 신용등급을 대폭 낮추기 시작했다. 이에 환차손을 우려한 외국투자자들이 1997년 10월에 9,641억 원의 주식을 매도하여, 1996년에 평균 651을 기록하던 주가지수가 100선 이하로 급락했다.

해외투자자들의 자금회수와 국제 신용등급의 하락으로 해외차입이 불가능해지면서 외환보유고가 바닥을 드러내기 시작했다. 1997년 10월 말 223억 달러에 달하던 외환보유고가 11월 말에는 73억 달러로 줄어들었다. 한국정부는 환율을 보호하기 위해서 11월에 150억 달러를 투입했지만, 환율의 폭등과 외환의 고갈을 막아내기에는 역부족이었다. 결국 김영삼정부는 1997년 11월 21일 공식적으로 IMF에 구제금융을 신청했다.

외환위기뿐만 아니라 김영삼정부의 대북정책도 부정적인 결과로 끝났다. 노태우정부 시절에 고위급회담과 기본합의서 체결, 남북교역 시작 등 남북한 관계는 많은 진전을 했으나, 김영삼정부에 들어서서 남북한 관계는 다시 적대적인 상태로 돌아갔다. 특히 1993년 3월 북한이 핵확산금지조약(NPT)을 탈퇴하여 북한의 핵개발 의혹이 불거지면서 한국이 대북문제를 미국에 맡기고 스스로 고립되는 정책적인 실패를 자초했다. 김영삼정부가 핵문제 등 북한문제에 대해서 한미공조를 주장하며 미국에 의존을 하자 북한은 통미봉남 정책을 구사하며 한국정부를 소외시키고 적대적인 태도를 보였다.

정치적으로도 김영삼정부는 위기를 맞게 되었다. 이질적인 요소의 3당 통합은 1995년에 붕괴되었다. 민자당 내 민주계의 일방적 주도에 대한 반발로 김종필이 탈당하여 충청지역을 기반으로 한 보수인사들을 모아서 자유민주연합(자민련)을 설립했다. 1992년 12월 대선에서 김영삼에게 패배하여 정계은퇴를 하고 영국으로 떠났던 김대중도 정계에 복귀하여 소위 '후 3김시대'가 새로 열렸다.

이러한 혼란한 상황에서 치러진 1997년 12월의 제15대 대통령선거에서 한국정치사에서 처음으로 선거에 의한 정권교체가 이루어졌다. 1971년 처음으로 박정희와 대통령선거에서 맞붙은 김대중이 4수 만에 대통령에 당선된 것이다. 기본적으로 한국정치에서 진보세력이 보수진영에 비해 수적으로 열세이고, 호남 유권자가 영남 유권자들보다 인원수가 적은 점을 감안하여 김대중은

5·16군사쿠데타의 주역이면서 충청도 지분을 갖고 있는 김종필과 의회제 도입을 조건으로 DJP 연합을 하여 대선에서 승리했다. 가장 적극적으로 군사독재정치에 항거했던 김영삼과 김대중이 결국은 군사쿠데타의 주역들과 손잡고 정권을 장악하는 아이러니한 상황이 연출되었다. 한나라당으로 출마한 이회창은 '3김 청산'을 강조하며 김대중-김종필 연대는 3김시대 연장을 위한 정치적 야합에 불과하다고 비판했다. 국민신당을 창당하여 후보로 나선 경기도 지사였던 이인제는 한나라당도 3김 정치의 유산이 낳은 수구 정당임을 강조하면서 3김 청산과 세대교체를 강조했다.

1997년 12월 19일에 실시된 대통령선거에서 김대중이 이회창을 누르고 승리한 동기는 크게 두 가지인데, 하나는 이회창의 두 아들 병역문제였고, 다른 하나는 김영삼정권 말기에 발생한 외환위기였다. 이 두 가지 이슈가 주요 쟁점이 된 선거결과는 김대중 40.3%, 이회창 38.7%의 박빙으로 39만여 표 차이가 났다. 좌경사상의 공격을 받은 김대중이 승리할 수 있었던 데에는 김종필과의 연합이 결정적 역할을 했고, 보수여당에서 이회창과 이인제 두 후보가 나와서 표를 분산시켰기 때문이었다.

외환위기와 함께 정권을 시작한 김대중정부는 초기부터 경제민주화를 위한 개혁을 시도했다. 부실기업들의 정리, 기업지배구조 개선을 위한 제도 마련, 기업부채비율의 개선, 재벌기업 내 상호채무보증의 해소 등의 분야에서 적지 않은 성과를 거두었지만, 재벌기업들의 족벌식 경영체제는 뿌리 뽑지 못하는 한계를 드러냈다. 금융기관

에 대한 구조개혁도 실시했다. 외환위기를 거치면서 경영정상화가 어렵다고 판단되는 5개 은행(동화, 동남, 대동, 경기, 충북)을 퇴출시켰고, 부실하지만 회생이 가능한 기타 금융사들에 대해서는 증자, 합병, 감자, 조직과 인력의 감축 등을 요구하며 경영정상화를 촉구했다.

김대중정부는 김영삼정부가 물려준 또 다른 유산인 최악의 대북관계를 개선하기 위해서 대북 포용정책을 추진하면서 한반도 문제가 북미관계의 축으로 움직이던 것을 남북한 관계로 돌려놓는 데 성공했다. 인내심을 가지며 북한과의 관계개선을 꾸준하게 추진한 결과 역사적인 남북한 정상회담까지 이끌어냈다. 1998년 11월부터는 금강산 관광을 시작하여 남한 주민들이 제한적이나마 북한 땅을 밟는 기회를 제공했고, 남북한이 물자교역을 넘어 공업단지까지 합작하는 개성공단 사업을 추진했다.

2002년 12월에 실시된 대선에서 김대중정부는 정권 재창출에 성공했다. 새천년에 들어서면서 선거전의 방식도 한 단계 업그레이드되었다. 여당인 새천년민주당과 제1야당인 한나라당은 전국 16개 시도를 순회하며 일반시민들도 참여한 경선대회를 하여 후보를 선출하였다. 새천년민주당의 경우 경선 시작할 때 대세론으로 불리던 이인제 후보를 노무현 후보가 누르고 승리했고, 한나라당은 시작부터 대세였던 이회창 후보가 선출되었다.

2002년에는 12월에 대선이 실시되기 이전에 유독 다른 선거가 많았다. 4월 13일에 총선거가 있었고, 6월 13일에는 지방선거가 있었으며, 8월 8일에는 재·보궐선거가 있었는데, 이 세 번의 선거에서 한나라당이 모두 승리했다. 이 결과에 도취하여 한나라당은 이회창 대세론을 굳게 믿으며 정권교체를 자신하고 있었다. 한국 대통령선거에서 이전 정부에 대한 평가에 따른 회고적 투표의 경향이 높은 점을 고려하여 야당은 김대중정부의 실정(失政)을 부각시키면서 정권심판론과 정권교체론을 강조했다. 한나라당의 네거티브적 공세에 대해서 집권 여당인 새천년민주당은 노무현의 참신한 이미지를 부각시키면서 대체로 포지티브한 성격의 선거운동을 전개했다.

70.9%의 투표율을 기록한 2002년 12월 19일의 제16대 대통령선거에서 노무현이 48.9%를 득표하여 46.6%를 득표한 이회창을 2.3%의 근소한 차이로 누르고 승리했다. 57만 980표의 차이가 났다. 이 대선에서는 과거의 아날로그식의 선거활동에서 벗어나 인터넷과 미디어를 통한 디지털 방식의 선거운동이 위력을 발휘했다. 특히 TV 토론이 유권자의 선택에 큰 영향을 미쳤으며, '노사모'와 같은 후보자의 팬클럽이 선거결과를 좌지우지할 정도로 위력을 보였다.

김대중의 비교적 순조로운 국정운영이 노무현으로 하여금 대통령에 당선되도록 하는 데 큰 기여를 했기 때문에 노무현은 김대중이 추진했던 정책들을 대부분 계승했다. 노무현은 부산 출신이면서 호남지역 진보세력의 지지를 받아서 당선되었기 때문에 한국정치에서 지역감정이 어느 정도 순화되는 효과가 있었다. 노무현정부는 스스로를 '참여정부'라고 칭하며 국민들의 능동적이고 자발적인 참여를 유도하는 정치를 모색했다.

대북관계에 있어서 노무현정부는 제2차 북핵위기가 시작되었으나 대체로 성공적인 정책을 실시했다. 핵 문제로 미국과 북한의 관계가 최악의 상황으로 치달았으나, 노무현정부는 북한과의 우호관계를 유지하면서 김대중정부에서 추진하던 철도·도로 연결사업, 개성공단 건설사업, 금강산 관광사업 등 대부분의 대북정책들을 성공적으로 계승 발전시켰다. 임기 말에는 제2차 남북한 정상회담도 개최했다.

노무현정부가 김대중정부와 다른 점은 대통령의 정치적 통합의 과제였다. 수십 년간 정치적 기반을 닦아 온 김대중은 여당을 결속시키면서 정치적 안정을 도모했지만, 정치적 기반보다는 국민적 인기가 더 높았던 노무현의 경우는 여당을 하나로 결속시키지 못하고 친노, 비노, 반노 등 여러 정파가 대립하다가 결국은 여당이 분당하는 유례없는 경험을 하게 되었다. 집권 여당인 민주당의 신주류와 구주류의 갈등 속에서 노무현 대통령은 2003년 9월 29일 민주당을 탈당하여 당적이 없는 대통령이 되었다. 결국 노무현 세력은 민주당에서 갈라져 나와 열린우리당을 창당하여 새로운 집권 여당이 탄생했다. 3김시대의 청산을 내세우며 창당된 열린우리당은 정동영, 천정배, 신기남 등이 주도하였고, 한나라당 내의 개혁세력인 이부영, 김부겸, 김영춘 등 5명이 탈당하여 신당에 합류했으며, 개혁국민정당의 유시민도 합류하여 47명의 국회의원을 포함한 소수 여당으로 2003년 11월에 출범했다.

소수 여당을 기반으로 한 노무현정부의 야당과의 관계는 순탄치 못했고, 결국 2004년 3월 12일 한나라당과 민주당은 국회에서 대통령 탄핵소추안을 통과시켰다. 노무현 대통령이 17대 총선을 앞두고 열린우리당에 대한 지지를 호소하는 발언을 하여 헌법과 법률을 위반했다는 것, 대통령 측근들이 불법자금과 뇌물수수에 관련되어 있다는 의혹, 그리고 수차례에 걸친 대통령의 말실수가 탄핵의 주요 사유였다. 대통령의 말실수들은 "대통령직을 못해 먹겠다는 위기감이 든다", "불법선거 자금이 한나라당의 1/10이 넘으면 대통령직을 사임하고 정계를 은퇴하겠다", "국민들이 열린우리당을 압도적으로 지지해 줄 것으로 기대한다" 등이었다.

특히 노무현 대통령의 "열린우리당이 총선에서 과반수를 차지할 수 있도록 무엇이든지 하겠다"는 발언에 대해서 야당들이 공직자의 선거 중립의무를 위반한 것이라고 대통령의 사과를 요구했으나 노 대통령이 이를 받아들이지 않으면서 탄핵이 시도되었다. 결국 야당들은 대통령이 선거법을 위반했다는 명분으로 탄핵안을 국회의원 157명 발의, 참석의원 195명 중에서 193명의 찬성으로 통과시켰다. 헌정사상 처음으로 대통령 탄핵안이 국회를 통과했고, 대통령직이 중단되면서 국무총리가 대통령 권한대행이 되었다.

대중적 인기가 높았던 노무현 대통령에 대한 국회의 탄핵결의는 국민들의 거센 저항을 불러일으켰다. 일반시민들의 대규모 탄핵반대 서명운동과 촛불시위가 전국에서 계속되었다. 각종 NGO, 노동조합, 온라인 커뮤니티 등 550여 개 단체들이 한 달 이상 촛불시위를 주도했고, 정부 여당을 지지하는 네티즌들이 온라인에서 탄핵을 결의

한 야당 정치인들에 대해서 거센 비난과 비판을 이어갔다. 이러한 탄핵반대의 분위기하에 탄핵소추안이 국회에서 통과된 지 2개월 후인 5월 14일 헌법재판소가 탄핵안을 기각했다. 헌법재판소는 노무현 대통령의 선거법위반 혐의는 인정되지만, 대통령이 물러날 만큼 중대 사안은 아니라고 판결했다.

한나라당과 민주당의 대통령 탄핵 시도는 2004년 4월 15일에 실시된 17대 총선에서 부메랑이 되어 두 야당에게 패배를 안겨 주었다. 한나라당은 16대 국회에 비해서 12석을 잃어 121석을 확보했고, 민주당은 9석을 차지하여 군소정당으로 전락했다. 16대 국회에서 49석에 불과하던 열린우리당은 17대에서 152석을 확보하여 과반수에서 2석을 초과하는 제1당으로 부상했다. 그리고 자민련도 4석밖에 확보하지 못하여 군소정당이 되었다.

17대 총선에서 열린우리당이 승리했으나, 2007년 12월에 실시된 제17대 대통령선거는 실패했다. 이 당시의 대선은 회고적 투표의 성향이 짙었다. 노무현정부의 사회경제 정책의 실패로 양극화 현상이 심각해진 결과가 투표에 많이 반영되었다. 열린우리당과 민주당 일부가 통합하여 창설한 민주신당의 정동영이 여당의 대표주자로 나섰다. 한나라당의 경우 이명박과 박근혜가 경쟁했는데, 선거인단 투표에서는 박근혜가 근소한 차이로 이겼지만, 여론조사에서 크게 앞선 이명박이 최종 후보가 되었다.

17대 대선은 후보 개인의 의혹제기와 비난이 주를 이루는 선거전이 전개되었다. 이명박의 BBK 주가조작 사실이 거의 분명하게 밝혀졌으나, 노무현정부의 실정을 비판하는 반노정서와 이명박에 대한 경제대통령론이 이명박 대세론을 크게 변경시키지 못했다. 국민들의 선거에 대한 열기가 별로 일어나지 못한 결과, 투표율이 역대 최저인 62.9%를 기록했다. 결과는 이명박이 48.7% 지지를 받아서 당선되었다. 정동영은 26.1%, 무소속으로 출마한 이회창이 15.1%를 받았다. 이명박과 정동영의 표 차이는 531만 표였으며, 이는 제6공화국 헌법에 의해 실시된 대선 중에서 가장 표 차이가 많이 난 선거였다.

노무현정부는 정권 재창출에 실패하고 보수진영의 이명박에게로 정권이 넘어갔다. 이명박정부는 박근혜정부로 정권 재창출에 성공하였으나, 이명박과 박근혜 대통령은 실패한 대통령으로 기록에 남게 되었다. 특히 박근혜는 대통령제 국가에서 이루어지기가 쉽지 않은 탄핵소추를 받아서 임기를 1년 남겨 놓고 강제 퇴진하게 되었다.

박 대통령은 최순실이라는 정치경력이 일천한 민간인의 조종을 받으며 국정을 농단하고, 최순실이 국정에 참여하여 재벌들로부터 자금을 거두어들이는 등 국기문란의 행위로 인해서 임기를 채우지 못하고 퇴진했다. 국정농단과 국기문란 행위가 밝혀진 이후, 연일 국민들의 촛불시위 속에서 박 대통령의 지지율이 5%로 떨어지는 최악의 상황이 벌어졌다. 국민들의 하야 요구를 거부하다가 결국은 2016년 12월 9일 국회에서 탄핵소추 결의를 받게 되었다. 투표자 299명의 의원 중 찬성 234명, 반대 56명, 기권 2명, 무효 7명으로 탄핵안을 가결시켰다. 헌법재판소는 2017년 3월

10일 헌법재판관 10명 전원 찬성에 의해서 대통령의 파면을 결정하였고, 박근혜 대통령은 구속까지 되는 운명을 맞게 되었다. 박근혜 대통령의 구속과 더불어 이명박 대통령도 임기 중의 비리로 인하여 구속되는 운명을 맞게 되었다.

1987년의 6·10민주항쟁에 의하여 제도적인 민주주의가 정착되었으나, 실제 정치에 있어서는 완전한 민주주의를 정착시키지 못하고 혼돈과 무질서 속에서 비민주적인 행태가 등장하는 후진적인 정치를 면하지 못하고 있다. 민주주의 헌법에 기반한 제6공화국이 시작된 직후 제5공화국을 수립한 군사쿠데타의 주동자가 대통령이 됨으로써 실질적으로 완전한 민주주의를 정착시키지 못했고, 정치권력욕 때문에 정치적 양심을 버리고 군사쿠데타세력과 손을 잡은 김영삼정권도 일부 개혁적인 정책을 추진했으나 완전한 민주주의를 정착시키기 못했다. 김대중도 마찬가지로 5·16군사쿠데타 주역인 김종필과 연합하여 대통령에 당선되었다.

6. 제7공화국: 제왕적 대통령제의 개선?

박근혜 대통령의 탄핵 이후 2016년 5월에 새로 선출된 문재인 대통령은 제6공화국 헌법의 제도적 모순 때문에 민주주의가 정착되지 않았다는 명분 하에 보다 민주적인 제도를 포괄하는 새로운 헌법제정을 추진했다. 특히 1948년부터 거의 70년간 유지되어 온 대통령제에 대한 비판여론이

일어나기 시작했다. 사실 제6공화국 헌법은 순수한 대통령제라기보다는 대통령제를 표방한 어중간한 제도였으며, 대통령에게 권한이 집중되어 있어서 '제왕적 대통령'이라는 비판을 받았다. 다른 대통령제 국가에는 존재하지 않는 국무총리가 존재하는 것이 대통령의 권한을 분산시키는 것이 아니라 국무총리에게 대통령을 보좌하는 역할을 부여함으로써 대통령 권한을 강화하는 역할을 하는 것으로 비판되고 있다. 또한 대통령제의 기본 요소인 삼권분립이 헌법에 명시되어 있지 않아서 대통령의 권한에 대한 국회의 견제와 균형이 이루어지지 않고 있다는 비평을 받고 있다. 예를 들어, 국회의원이 장관직을 겸임할 수 있도록 하여 견제와 균형을 토대로 하는 대통령제 민주주의의 가치를 훼손시켰다는 비평이 있다.

박근혜 대통령의 탄핵으로 임기가 축소되는 바람에 전격적으로 2017년 5월 9일에 실시된 대통령선거에서 당선된 문재인 대통령은 2018년 6월에 실시될 예정이었던 지방선거와 동시에 헌법을 개정하겠다는 공약을 했고, 실제로 추진했으나 야당의 반대로 무산되었다. 이후 다른 정치적 이슈들의 등장으로 개헌에 대한 열기는 일단 식어가고 있는 듯이 보인다. 개헌의 명분은 기존의 대통령제가 제왕적 대통령을 등장하게 한다는 논리 하에 대통령의 권한을 축소 또는 분산시키는 개헌을 목표로 하고 있다. 국회에서는 프랑스 또는 오스트리아식의 분권형 대통령제를 제시하고 있으나, 문재인 대통령은 임기 4년의 연임제 대통령제를 선호했다. 제7공화국 헌법제정의 필요성은 인식하고 있으나 각 정파의 정치적 이익 때

문에 순조로운 논의와 협상이 이루어지지 않고 있다.

이러한 상황에서 헌법개정은 뒤로 미루고, 헌법에 포함되지 않는 선거법만 2019년 12월 27일 국회 본회의를 통과하여 개정했다. 비례성과 등가성을 높인다는 취지에서 독일에서 시행되고 있는 연동형 비례대표 제도를 도입하려 했으나, 제1 야당인 자유한국당의 극렬한 반대와 정치인들의 정치적 이익 때문에 논의를 거듭하다가 변형된 제도인 준연동형 비례대표를 통과시켰다. 당시의 자유한국당은 새로운 선거제도가 독일식 제도를 왜곡되게 수정하여 오히려 비비례성을 더욱 심화시키는 제도이고 어렵게 변형시켜서 국민들이 제도를 제대로 이해하지 못하고 투표를 해야 하는 문제가 있다고 끝까지 반대하면서 표결에 참여하지 않았다. 새로운 제도에 의해서 비례대표를 획득하지 못할 것으로 예상되자, 야당은 비례대표용 위성정당을 만들었고, 여당도 같은 정치행태를 보였다.

2020년 4월 15일 실시된 총선에서 집권여당인 더불어민주당이 300석 중에 180석을 차지하는 승리를 거두었다. 보수야당에 친박세력이 남아 있는한 한국의 민주주의는 실현되기 어렵다는 국민들의 판단이 선거 결과로 나타난 것이다. 국민들이 투표를 통하여 적폐청산을 한 것이다.

대한민국 정부가 수립된 지 70여 년이 지났고, 민주화가 된 지는 30년이 조금 넘었다.세계정치사의 시각에서 보면 짧은 기간이라 할 수 있다. 이 짧은 기간 동안 이 정도의 민주화를 이룩한 것은 실패한 것은 아니라고 자평할 수 있다. 그러나 국민들의 의식수준과 경제가 발전하는만큼 정치가 발전하지 못하는 것은 사실이다. 아직도 몇 차례의 시행착오를 겪은 후에야 한국의 민주주의가 공정하고 정의롭게 발전할지 두고 볼 문제이다.

❖ 주

1) 제2차 세계대전 이후의 전후 처리과정을 위한 연합국들의 논의와 합의에 대해서는 김계동, 『한반도 분단, 누구의 책임인가』 (서울: 명인문화사, 2012), pp. 38-58을 참조.

2) 강만길, 『한국현대사』 (서울: 창작과 비평사, 1984), p.194; 송광성, 『미군점령 4년사』 (서울: 한울, 1993), p. 82.

3) 여운형의 건국준비위원회, 인민위원회, 인민공화국의 설립에 대한 구체적 내용은 김계동 (2012), pp. 97-105를 참조.

4) 박명림, 『한국전쟁의 발발과 기원 Ⅱ: 기원과 원인』 (서울: 나남출판, 1996), p. 40.

5) *Vincent to War Department*, 7 November 1945, FRUS(Foreign Relations of the United States) 1945, 6:1113-1114.

6) 한국인들의 반탁운동에 대해서는 김계동 (2012), pp. 126-134를 참조.

7) 북한 사회과학원, 『조선통사』 (평양: 노동신문 출판사, 1958), 제3권, p. 458; 윤진헌, 『한반도 분단사의 재조명: 분단의 과정과 책임』 (서울: 문우사, 1993), p. 137; 『서울신문』, 1946년 1월 4일.

8) 최상용, 『미군정과 한국민족주의』 (서울: 나남, 1989), pp. 214-215; 송광성 (1993), p. 135; *Hodge to State Department*, TFGCG 301, 22 February 1946, DS Records, 740.00119 Control (Korea)/5-446, NA (National Archive; 미국가문서보관소).

9) 이완범, "해방 직후 남한 좌우합작 평가: 국제적 제약요인과 관련하여, 1946-1947," 『국제정치논총』 제47집 4호 (2007), p. 111.

10) 서희경, "대한민국 건국기의 정부형태와 운영에 관한 연구: '대통령 권한의 통제'에 관한 논쟁을 중심으로," 『한국정치학회보』 제35집 1호 (2001년 봄), pp. 86-88.

11) 한국전쟁의 기원과 전개과정에 대해서는 김계동, 『한국전쟁: 불가피한 선택이었나』 (서울: 명인문화사, 2014)를 참조.

12) *Lightner to State Department*, No.1228, 1 June 1952, FRUS 1952-54, 15:1:279-281; *Johnson to Acheson*, 2 June 1952, ibid., 15:1:281-285; *Clark to Collins*, CX69393, 31 May 1952, ibid., 15:1:274-276.

13) *Truman to Syngman Rhee*, 2 June 1952, FRUS 1952-54, 15:1:285-286; 『동아일보』, 1952년 6월 5일; *Lightner to State Department*, No.1252, 3 June 1952, FRUS 1952-54, 15:1:290-293; *Syngman Rhee to Truman*, 5 June 1952, ibid., 15:1:316-317.

14) *Muccio to State Department*, No. 1395, 18 June 1952, FRUS 1952-54, 15:1: 341-343; *Chiefs of Staff to CINCUNC*, JCS 912098, 25 June 1952, FRUS 1952-54, 15:1:358-360.

15) Barton J. Bernstein, "Syngman Rhee: The Pawn as Rook, The Struggle to End the Korean War", *Bulletin of Concerned Asian Scholars* 10-1 (1978), pp. 39-40; *CINCUNC to Chiefs of Staff*, CX51399, 5 July 1952, FRUS 1952-54, 15:1:377-379.

16) 이승만의 휴전반대와 한미동맹의 체결과정에 대해서는 김계동, 『정전협정 전후 한미상호방위조약 체결협상』 (국립외교원 외교안보연구소 프로젝트, 2019)을 참조.

17) 한배호, 『한국정치사』 (서울: 일조각, 2008), pp. 296-297.

18) 지병문 외, 『현대 한국의 정치: 전개과정과 동인』 (서울: 피앤씨미디어, 2014), p. 282.

19) 『한국연감』 (서울: 한국일보사, 1994), p. 220.

❖ 참고문헌

1. 한글문헌

강만길. 『한국현대사』. 서울: 창작과 비평사, 1984.
김계동. "강대국 군사개입의 국내정치적 영향: 한국전쟁시 미국의 이대통령 제거 계획." 『국제정치논총』 제32집 1호. 1992.
_____. 『정전협정 전후 한미상호방위조약 체결협상』. 서울: 국립외교원 프로젝트, 2019.
_____. 『한국전쟁, 불가피한 선택이었나』. 서울: 명인문화사, 2014
_____. 『한반도 분단, 누구의 책임인가』. 서울: 명인문화사, 2012.
김영명. 『한국의 정치변동』. 서울: 을유문화사, 2006.
박명림. 『한국전쟁의 발발과 기원 I : 결정과 발발』. 서울: 나남출판, 1996.
_____. 『한국전쟁의 발발과 기원 II : 기원과 원인』. 서울: 나남출판, 1996.
송광성. 『미군점령 4년사』. 서울: 한울, 1993.
송남헌. 『해방 삼년사』, 1, 2권. 서울: 까치, 1985.
윤진헌. 『한반도 분단사의 재조명: 분단의 과정과 책임』. 서울: 문우사, 1993.
지병문 외. 『현대 한국의 정치』. 서울: 피앤시미디어, 2014.
최상용. 『미군정과 한국민족주의』. 서울: 나남, 1989.
한국역사연구회 현대사연구반. 『한국현대사 1: 해방 직후의 변혁운동과 미군정』. 서울: 풀빛, 1991.
한배호. 『한국정치사』. 서울: 일조각, 2008.
한성인. 『독재자 이승만』. 서울: 일월서각, 1984.
한태수. 『한국 정당사』. 서울: 신태양사, 1961.

2. 영어문헌

Cumings, Bruce. *The Origins of the Korean War: Liberation and the Emergence of Separate Regimes, 1945–47*. Princeton: Princeton University Press, 1981.
_____. *The Origins of the Korean War: The Roaring of the Cataract 1947–1950*. Princeton: Princeton University Press, 1990.
Henderson, Gregory. *Korea: The Politics of the Vortex*. Cambridge, Mass.: Harvard University Press, 1968.
Oliver, Robert T. *Syngman Rhee: The Man behind the Myth*. New York: Dodd Mead and Company, 1955.
Kim, Gye-Dong. *Foreign Intervention in Korea*. Aldershot: Dartmouth Publishing Company, 1993.
Meade, Edward Grant. *American Military Government in Korea*. New York: King's Crown Press, 1951.

헌법

이종수(연세대 법학전문대학원)

법의 세계에서 민법과 형법은 천년을 훌쩍 뛰어넘는 오랜 시간을 가진 반면에, 헌법은 그 역사가 비교적 짧다. 즉 근대의 산물이다. 그런데 오늘날 일상에서 자주 회자되고 있는 헌법이 어느 날 갑자기 하늘에서 뚝 떨어지거나, 그저 주어진 게 아니다. 고대 그리스의 플라톤과 아리스토텔레스 등 그동안 많은 사상가들이 공동체의 질서와 평화를 희구하면서 꾸준히 나름의 국가철학을 펼쳐왔다. 특히 유럽에서 중세 이래로 절대권력에 항거해오면서 대헌장(Magna Carta, 1215년), 권리청원(Petition of Right, 1628년), 권리장전(Bill of Rights, 1689년)과 같은 여러 전(前) 헌법적 문건들이 어렵사리 쟁취되었다. 이후 17~18세기에 영국, 북미대륙과 프랑스에서 명예혁명, 독립전쟁과 시민혁명이 일어났고, 이로써 근대 입헌주의의 시대가 활짝 문을 열게 되었다. 이렇듯 우리가 오늘날 마주하는 헌법이 있기까지 오랜 투쟁 끝에 피와 눈물이 값비싼 대가로 치러졌다.

헌법이 근대 시민혁명의 산물이기에 이후에 앞서거니 뒤서거니 시기를 달리하면서 성립된 대다수 자유민주주의 입헌국가들에서 헌법은 거의 유사한 여러 기본이념과 기본원리에 입각하고 있다. 민주주의, 공화주의, 자유주의, 법치주의, 사회국가원리, 권력분립원리, 국제평화주의 등이 그러하다. 헌법은 이 같은 여러 이념과 원리들이 한곳에 담겨져 있는 용광로와 같다고 말할 수 있다. 그런데 각각의 이념과 원리는 그것을 일방적으로 끝까지 고수할 경우에 서로 모순 내지는 충돌되기 마련이다. 그렇기 때문에 개개의 이념과 원리는 그 자체로 관철되기보다는 때로 정치적 결정 또는 헌법해석을 통해 다른 이념 및 원리와의 조화적 양립이 적극 모색되어야 한다. 예컨대 민주주의와 법치주의가 때로 충돌하기도 한다. 즉 다수의 민주적 결정이 법질서에 반하는 경우가 그러하다. 스위스의 어느 칸톤에서 주민투표로 지역 내 외국인의 이주 금지를 결정했던 사례가 대표적이다. 또한 개인의 자유를 앞세우는 자유주의와 공동체 구성원들의 연대를 강조하는 사회국가원리가 서로 충돌할 수도 있다. 이렇듯 헌법은 여러 기본이념과 원리들이 적절히 조화될 수 있도록 동시대의 공감대를 최대한 수렴하면서 규범력을 발휘해야 한다.

1. 헌법의 성립과 발전: 입헌주의와 헌정주의

공동체의 구성원들이 합의해서 제정된 헌법에 따라서 국가를 운영하려는 정치사상을 입헌주의(立憲主義) 또는 헌정주의(憲政主義)라고 부른다. 영어로는 Constitution, 독일어로는 Verfassung인 그 사전(辭典)적 의미가 그렇듯이 헌법은 마치 밀가루로 빚은 반죽덩어리와도 같이 무정형(無定型)한 사회(공동체)를 조직화된 국가로 '구성하는' 규범이다. 이로써 국가는 하나의 독자적인 행동단위가 된다. 그러므로 헌법이 성립하려면 먼저 사람들이 모여서 나름 자율적으로 살아가고

있는 사회(공동체), 그리고 조직화된 국가 형성의 의지가 전제되어야 한다. 즉 헌법을 통해 정치공동체인 국가가 만들어진다. 그리고 헌법을 통해 공동체의 질서와 평화가 확보되고, 권력이 통제되고 개인의 자유와 권리가 보장된다. 이러한 까닭에 근대 입헌주의의 주된 요소이자 특징으로 기본권의 보장, 권력분립과 법치주의를 손꼽는다. 1789년 시민혁명 직후에 제정된 프랑스 인권선언문 제16조는 "권리의 보장이 규정되어 있지 않고, 권력의 분립이 확정되어 있지 않은 사회는 헌법을 갖고 있지 않은 것이다"라며 근대 입헌주의의 성격을 분명히 밝혔다.

근대 이전에도 국가는 나름 존재했었고, 공동체의 질서와 규율을 확보해야 할 필요성은 마찬가지로 컸었다. 따라서 당시 동서양(東西洋)의 대부분 나라들에서 통치를 위한 나름의 법규범이 '국법(國法)' 또는 '국가법(國家法)'이라는 이름으로 권력자들에 의해 일방적으로 마련되었다. 우리의 경국대전(經國大典)도 마찬가지로 이에 해당한다. 헌법학의 시대구분에 따르면 '고유한 의미의 헌법'에 해당한다. 이를 위해서는 어느 정도로는 정치공동체로 형성되어있는 국가가 먼저 존재해야 하는데, 이러한 까닭에 홉스(Thomas Hobbes)는 '리바이어던(Leviathan)', 즉 설령 괴물 같은 존재일지라도 질서와 평화를 위해 국가가 필요하다고 토로했고, 마키아벨리(Noccolò Machiavelli)도 자신의 저서에서 'stato'를 언급했다. 오늘날 국가를 뜻하는 영어 state, 독일어 Staat는 마키아벨리가 이렇듯 국가를 지칭하기 위해 고안해낸 신조어에서 비롯한 단어다. 여기서 stato는 '상태'를

뜻하는 라틴어 status에서 착안한 단어로 알려져 있다. 국가는 '고정된 상태', 즉 권력자와 영토, 그리고 백성이 확정된 것이어야 한다는 말이다. 그래야 불분명한 영토와 권력 등으로 인한 더 이상의 불필요한 분쟁이 없이 여러 나라들이 평화롭게 공존할 수 있을 것이기 때문이었다. 이 같은 맥락에서 이후에 옐리네크(Georg Jellinek)가 국가는 영토와 국민 그리고 주권, 이 세 가지로 이루어져 있다는 이른바 '국가 3요소설'을 주장했다.

한 나라 안에서 최고의 권력을 뜻하는 주권(主權) 개념은 16세기의 프랑스를 휩쓴 종교전쟁(위그노전쟁)을 거치면서 보댕(Jean Bodin)에 의해서 고안되었다. 그는 종교전쟁의 원인이 종교 갈등뿐만 아니라 프랑스 내부 권력구조의 문제에 있다고 보았다. 즉 당시 프랑스라는 국가 안에 프랑스 전체를 다스리는 국왕의 권력, 영지를 다스리는 영주의 권력, 그리고 각 교구마다 배치된 주교들을 통한 바티칸의 권력이 서로 중첩하여 혼재해 있는 상황이었다. 나라 전체가 가톨릭을 중심으로 하는 단일하고 공고한 신앙공동체일 때에는 이 같은 권력의 혼재 상황 아래에서도 별문제가 없었으나, 개신교가 등장하고 이 단일한 신앙공동체에 균열이 생기면서는 권력구조에 내재해 있던 문제점이 비로소 불거진 것이라고 그는 간파했다. 따라서 그가 꺼낸 해법은 혼재해 있는 여러 권력을 정리하고 단일한 최고의 권력을 만드는 데에 있었다. 그리고서 '최고의 권력(suprema potestas)'이라는 이름을 붙였다. 즉 주권이 탄생하는 순간이다.

이어서 최고의 권력인 이 주권을 누구에게 줄 것인가가 또한 문제였다. 주권의 속성이 단일하고 불가분·불가양의 권력이니만큼 자연인으로서 단일한 인격적 주체, 즉 프랑스 국왕 이외에 언뜻 다른 대안이 없었을 법하다. 이렇게 해서 '군주주권'이 생겨났다. 게다가 '왕권신수설(王權神授說)'을 통해 그것의 정당성이 더해졌다. 이로써 프랑스는 유럽에서 가장 먼저 주권을 가진 군주가 지배하는 절대국가로 나아갔고, 아이러니하게도 이 때문에 절대권력의 폐해가 노정되다가 시민혁명을 통해 다시 '국민주권'으로 뒤바뀌는 길을 걷는다. 그리고 이 와중에 프랑스를 좇아서 뒤늦게 군주주권으로 들어선 이웃하는 독일에서는 더 이상 군주주권을 고수하기도 어렵고, 국민주권도 마땅치가 않은 딜레마 속에서 '국가주권'과 '법주권론'이 등장하기도 했다.

헌법에 그 본연의 의미가 붙게 된 때는 1787년 미합중국헌법, 1791년 프랑스 제1공화국헌법에서 비롯하는 '근대적 의미의 헌법'부터이다. 통치질서의 확립이라는 고전적인 의미에다가 기본권의 보장, 권력분립과 법치주의 등의 내용이 새로이 더해졌다. 비록 형식적이나마 국민이 비로소 주권자로 등장하는 입헌주의가 본격적으로 시작되었다. 시민혁명으로 쟁취된 새로운 나라이고 체제였으나 그것이 지닌 나름의 한계도 분명했다. 중세의 영국에서 '자유민'이 특권 신분계급인 귀족을 지칭했듯이, 프랑스혁명 이후의 새로운 체제 아래에서도 참정권은 부르주아 시민계급에게만 제한적이었다. 재산권 등 주로 자유권 중심의 기본권 목록도 주로 부르주아와 같은 새로운 기득권세력의 이익에 부합할 따름이었다. 이러한 가운데 투표권을 갖는 시민은 '능동적 시민', 그렇지 못한 시민은 '수동적 시민'으로 따로 구별되었다. 마찬가지로 "모든 사람이 자유롭고 평등하게 태어났다"고 밝히는 미국 독립선언서의 그 사람들 속에 수많은 흑인노예들은 포함되지 못했다.

'법 앞의 평등'으로 징표되는 법치주의도 그 자체로는 진보이고 획기적인 발전이나, 그저 형식적 법치주의에 머물렀다. 이 같은 형식적 법치주의는 사실상 불평등한 현실을 정당화하고 더욱 공고히 하는 데에 기여했는데, 대표적으로 1804년 나폴레옹에 의해 제정된 근대 최초의 성문 민법인 프랑스민법(code civil)이 그러했다. 소유권의 절대적 보장과 계약자유의 원칙이 그것의 주된 골자였다. 그 이후 작가 프랑스(Anatole France)는 당시의 시대 상황을 이렇게 표현한다. "법은 부자든 가난한 자든, 모두에게 다리 아래에서 잠자는 것을 금지하고, 길거리에서 구걸하는 것을 금지한다." 즉 법이 형식적으로는 모든 사람을 차별 없이 똑같이 다루고 있지만, 실질적으로는 가난한 이들에게만 그 금지가 적용되는 허구적 현실이 날카롭게 비판된다.

이후 산업혁명을 거치면서 여러 나라들에서 농촌사회의 붕괴, 도시집중화 등에 따른 불평등한 사회현실이 더욱 심각해져 갔고, 여기서 본격적으로 노동, 주거, 빈곤 및 건강 등을 중심으로 이른바 '사회문제'라는 개념이 등장했다. 사회 내 계층갈등이 더욱 증폭되면서 공동체의 통합성이 약화되던 중에 17세기 영국에서는 구빈법(救貧法)이 제정되고, 19세기 독일에서는 비스마르크에 의해 사회보험제도가 전격적으로 도입되었다.

이후 1919년에 제정된 독일의 바이마르헌법에서는 그간 여러 자유권이 대부분인 기본권 목록에 사회적 기본권이 새로이 삽입되었다. 이로써 형식적 평등, 형식적 법치주의를 벗어나서 실질적 평등과 실질적 법치주의로 나아가는 중요한 계기가 마련되었기 때문에 바이마르헌법 이후의 헌법을 따로 '현대적 의미의 헌법'으로 부른다.

2. 헌법의 제정과 개정: 한국헌정사 개요

헌법의 제정

통시적 관점에서 보자면, 헌법은 그간 인류가 묵묵히 지탱해온 오랜 역사적 발전과정의 산물이지만, 또한 혁명 내지 개혁과 같은 당대(當代)의 정치적 과정의 산물이기도 하다. 근대적 의미의 헌법 이래로 미국의 식민지 독립과 프랑스의 시민혁명과도 같은 중요한 정치적 변혁은 어김없이 새로운 헌법의 제정(制定)을 가져왔다. 정치공동체의 구성원 대다수가 합의하는 헌법을 통해 새로운 국가건설 내지 새로운 체제의 성립을 매듭지으려 의도했기 때문이다. 그 이후 어느새 전 세계 모든 나라들이 예외 없이 나름의 헌법을 갖게 되었다. 말 그대로 헌법의 글로벌화가 이루어진 셈이다. 이를 전 지구적인 '헌법화 현상'이라고 말할 수 있겠다.

헌법의 제정은 헌법을 새로이 만드는 '법창조 행위'를 뜻한다. 헌법만 새로이 만들어지는 게 아니다. 헌법의 제정을 통해 최고 규범인 헌법을 정점(頂點)으로 하는 새로운 법질서체계와 법공동체가 만들어지고, 이로써 헌법국가로 불린다. 헌법이 없었던 가운데 새롭게 헌법을 만들어서 비로소 헌법국가로 자리매김하거나, 이전의 헌법을 폐기하고 새로운 헌법으로 갈음하면서 또 다른 헌법국가로 거듭나는 경우가 그러하다.

오늘날 헌법제정의 주체는 '국민주권주의'가 뜻하는 바와 같이 당연히 국민이다. 헌법을 만드는 권력, 즉 헌법제정 권력의 정당성 문제가 불거졌었다. 과거 군주주권 시절의 흠정헌법(欽定憲法)에서는 왕권신수설 등이 그것의 정당성 논거가 되었으나, 국민주권의 새로운 시대에는 새로운 정당화 근거가 필요해졌기 때문이다. 프랑스 시민혁명의 이론가였던 쉬이예스(Abbè Sieyés)가 헌법제정 권력(pouvoir constituant)과 헌법개정 권력(pouvoir constitué)을 구분하면서 무에서 유를 창조하는 시원적 권력인 헌법제정 권력의 시원성(始原性)에서 그 정당성을 찾는가 하면, 슈미트(Carl Schmitt)는 헌법제정 권력자의 '결단적 의지'에서 그것의 정당성을 논증하려 했다.

그렇다면 헌법제정 권력의 행사에는 아무런 제약이 없을까? 이에 대한 대답에서 한계부정설과 한계긍정설로 나뉜다. 그러나 헌법도 법이기에 지니는 법원리적인 속성, 헌법제정 당시의 보편적인 시대정신, 그리고 헌법제정 당시의 국제정치적 여건 등에 기속되어서 헌법제정 권력도 사실상 일정한 한계를 지닌다는 게 다수 학자들의 견해이다.

이어서 헌법의 제정에 있어서 통상적인 입법 절차와 유사하게 나름 정해진 절차가 있는지가 또한 쟁점이다. 비교헌법적으로 제헌의회의 소집, 국민투표 실시 또는 연방국가를 구성하는 여러 주들의 승인 등 여러 나라들의 다양한 제헌절차를 확인할 수는 있겠으나, 나라들마다 제헌 당시의 주어진 상황과 여건이 제각각 다르기 때문에 제헌절차를 미리 규범화할 수는 없다. 이러한 까닭에 한국의 현행 헌법이 그렇듯이 전문(前文)에서 그간의 제헌 및 개헌의 경과를 밝히고, 부칙에서 따로 헌법개정 절차를 규율하고 있을 따름이다. 설령 헌법에서 제헌절차를 미리 규율한다 하더라도, 이는 헌법적 자살(自殺)을 뜻하는 자가당착적인 시도일 뿐이며, 새로운 헌법제정 권력이 기존의 권력이 미리 정해놓은 제헌절차에 기속되지도 않을 것이기 때문이다. 즉 제정되는 헌법의 정당성을 높이기 위해 제헌 당시의 국민적 동의와 지지를 최대한 많이 확보할 수 있는 나름의 제정 절차가 채택될 것이고, 그렇지 않으면 그 헌법은 해당 정치공동체에서 규범력을 제대로 발휘하지 못하거나 오랫동안 지속되지 못할 것이다.

헌법의 개정

헌법개정(改正)은 헌법의 규범력을 높이기 위해서 헌법이 정하는 일정한 절차에 따라 헌법전의 조문 내지 문구를 명시적으로 고치거나 바꾸는 것을 의미한다.[1] 즉 헌법개정이기 위해서는 헌법이 정하는 절차에 따를 것이라는 형식적 요건과 이전 헌법과의 동일성 유지라는 실질적 요건 모두를 충족해야 한다. 이 두 가지 요건 중 어느 하나라도 빠진다면, 규범적 관점에서는 제대로 된 개헌이라고 말할 수가 없다. 즉 헌법이 미리 정해둔 개헌절차를 따르지 않는 헌법개정은 말 그대로 위헌적인 개헌이다. 그리고 헌법을 고치고서 이전 헌법과의 동일성이 유지되지 않으면 이는 개헌이 아니라 새로운 헌법의 제정에 다름이 아니다.

다소 형용모순적인 표현이지만 개헌절차를 위반하는 '위헌적인 헌법개정'의 문제가 유감스럽게도 정치현실에서 자주 불거져왔다. 규범론자의 입장이라면 이 경우에 개헌이 위헌이라고 끝까지 주장해야 마땅한데, 이 같은 딜레마 상황에서 옐리네크는 "완성된 사실은 그 자체로 규범력을 갖는다"는 '페타 꼼블리(fait accompli, 기정사실)' 이론을 꺼낸다. 즉 설령 위헌적인 개헌일지라도 어느 정도의 시간이 흐르고서 사실상 그 효력이 관철되고 있으면, 이로써 나름 규범력을 갖는다는 것이다. 1979년 신군부에 의한 12·12군사쿠데타의 주범들에 대한 기소 여부를 두고서 처음에 검찰이 불기소를 결정하면서 "성공한 쿠데타는 처벌할 수 없다"하던 논리가 이와 흡사하다. 그러나 헌법재판소는 "내란행위의 정당성이 인정되지 아니할 경우에는 설사 내란행위자들이 그 목적을 달성하여 국가권력을 장악하고 국민을 지배하였다고 하더라도 그 행위의 위법성은 소멸되지 아니하며 처벌될 수 있다고 보아야 한다"며 위 논리를 배척했다.[2]

헌법개정은 해석개헌으로도 불리는 헌법변천(변질), 헌법침식 등과 같은 유사개념과도 구별된다. 헌법의 변천은 어떤 헌법 규범이 외형상으로는 고쳐지지 않은 채, 시대의 변천이나 역사의 발전에 따라 헌법제정 당시와는 다른 내용으로 해석되는 것을 뜻한다. 예컨대 미국의 건국헌법에서 애당초 자유롭고 평등한 모든 사람들의 범주에 흑인노예들이 포함되지 않았으나, 이후 민권운동을 통해 흑인노예들도 당연히 자유롭고 평등한 사람이라는 사실이 확인되는 경우가 해당한다. 그리고 일본의 경우 모든 무력의 보유를 금지하는 평화헌법 개정이 어렵게 되자 지난 2014년에 아베정부가 해석개헌을 통해 자위대의 집단자위권 행사를 적극 인정하려는 시도가 또한 그러하다. 잠복식(潛伏式) 헌법개정으로도 불리는 헌법침식(侵蝕)은 헌법전을 명시적으로 고치지 않은 채 헌법개정에 필요한 정족수의 의결절차만을 거쳐서 헌법의 어떤 규범 내용과 다른 조치를 취하는 것을 뜻한다.[3] 대표적으로 1919년에 제정된 독일 바이마르헌법이 히틀러의 집권 이후에 1933년 악명 높은 이른바 '수권법(授權法)' 제정과 함께 사실상 규범력을 상실한 경우가 그러하다. 수권법 제2조는 다음과 같이 정한다. "행정부는 제국의회 및 제국참사원의 설치에 영향을 미치지 않는 범위 내에서 헌법에서 정한 것과 다른 내용의 법률을 제정할 수 있다."

비교헌법적으로 각 나라들마다 헌법에서 정하고 있는 다양한 개헌절차가 확인된다. 즉 한국의 경우처럼 최종적으로 국민투표를 통해 개헌안이 확정되거나 또는 독일처럼 국민투표 없이 의회의 가중다수결로 개헌법률안을 최종 확정하는 경우, 그리고 미국과 같은 연방국가에서 연방을 구성하는 주들의 동의절차 등 여러 다양한 개헌절차들이 존재한다.

한국 헌법은 제128조 이하에서 헌법개정 절차 등에 관한 규정을 두고 있다. 즉 개헌안의 발의 주체를 이원화해서 국회 재적의원 과반수 또는 대통령이 개헌안을 제안할 수 있고, 제안된 개헌안을 대통령이 20일 이상 공고하며, 국회는 공고 이후 60일 이내에 의결하고, 의결에는 재적의원 3분의 2 이상의 찬성이 요구된다. 개헌안이 국회에서 의결되면, 30일 이내에 국민투표에 붙여서 최종적으로 확정된다. 헌법개정에 있어서 각 절차마다 일정한 기간을 마련하고 있는 주된 취지는 무엇보다도 중차대한 개헌과정에서 주권자인 국민들의 공감대를 폭넓게 수렴하는 데에 있다. 한국 헌법은 과거에 현직 대통령의 임기 연장을 위해 빈번하게 이루어졌던 개헌의 부정적 경험으로 인해 헌법 제128조 제2항에서 "대통령의 임기 연장 또는 중임변경을 위한 헌법개정은 그 헌법개정 제안 당시의 대통령에 대하여는 효력이 없다"고 못 박고 있다. 이 조항은 특정한 헌법 조항의 개정을 금지하는 이른바 '헌법개정금지 조항'은 아니며, '개헌 효력의 한계조항'으로 이해된다.[4]

헌정사 요약

1945년 8월 일본의 태평양전쟁 패전과 함께 주어진 해방공간에서 여러 정치세력들에 의해 다시 되찾은 나라를 비로소 진정한 헌법국가로 만들려는 많은 노력이 행해졌다. 그러나 해방과 함께 불행하게도 한반도의 가운데를 나누어서 미국과 소련이 각각 분할통치하는 가운데, 유엔의 신탁통치안 등의 논의들이 거듭되다가 1948년 2월 27일자 유엔 결의에 따라 1948년 5월 10일에 우선 선거가 가능한 38선 이남지역에서만 헌법제정을 위한 제헌의회선거가 실시되었다. 제헌의회는 헌법초안을 마련하기 위해 헌법기초위원회를 구성하였고, 헌법기초위원회에서는 의회제(의원내각제) 정부형태를 골격으로 삼아서 유진오안, 권승렬안, 행정위원회안 등 여러 안들이 논의되었다. 그러나 대통령제 정부형태를 끝내 고집하는 이승

▶ 글상자 2.1　헌법개정의 필요성을 밝히는 헌법재판소 결정 사례

헌법을 개정하거나 다른 내용의 헌법을 모색하는 것은 주권자인 국민이 보유하는 가장 기본적인 권리로서, 가장 강력하게 보호되어야 할 권리 중의 권리에 해당하고, 집권세력의 정책과 도덕성, 혹은 정당성에 대하여 정치적인 반대의사를 표시하는 것은 헌법이 보장하는 정치적 자유의 가장 핵심적인 부분이다. 정부에 대한 비판 일체를 원천적으로 배제하고 이를 처벌하는 긴급조치 제1호, 제2호는 대한민국 헌법의 근본원리인 국민주권주의와 자유민주적 기본질서에 부합하지 아니하므로 기본권 제한에 있어서 준수하여야 할 목적의 정당성과 방법의 적절성이 인정되지 않는다. 긴급조치 제1호, 제2호는 국민의 유신헌법 반대운동을 통제하고 정치적 표현의 자유를 과도하게 침해하는 내용이어서 국가긴급권이 갖는 내재적 한계를 일탈한 것으로서, 이 점에서도 목적의 정당성이나 방법의 적절성을 갖추지 못하였다. (헌재 2013. 3. 21. 2010헌바132등)

만 국회의장의 완강한 반대로 최종적으로는 단원제 국회와 대통령제에다가 의회제 요소인 국무원과 국무총리제가 더해진 절충안이 마련되어서 6월 23일에 국회 본회의에 상정되었다. 국회는 이 헌법안을 7월 12일에 의결하였고, 7월 17일에 제헌헌법이 공포·시행되었다. 이어서 국회는 헌법이 정하는 절차에 따라 초대 대통령으로 당시 이승만 국회의장을 선출하였고, 이로써 정부수립이 이루어졌다.

제헌헌법에 따라 국회에서 간선으로 초대 대통령으로 선출된 이승만정부는 국회에서의 다수 확보가 어렵다고 판단하여 전쟁 중의 임시수도인 부산에서 1952년 7월 7일에 대통령직선제가 골자인 개헌을 무리하게 밀어붙였다. 국회가 제출한 의회제 개헌안과 정부개헌안이 국회에서 모두 부결된 후에 두 개헌안의 내용을 짜깁기한 이른바 '발췌(拔萃)개헌안'이다. 제1차 개헌인 이 발췌개헌은 일사부재의원칙 위배, 국회에서의 자유로운 토론 제한, 그리고 공고되지 않은 개헌안을 기립투표 방식으로 강제 통과시키는 등 헌법개정 절차를 위반하였다.

이후 대통령에 대한 중임제한 규정으로 인해 더 이상 연임이 불가능해지자, 1954년 11월 29일에 부칙규정을 통해 초대 대통령에 한해서만 중임제한을 폐지하는 개헌안이 국회를 통과하였다. 국회에서 개헌안 통과에 필요한 의결정족수에서 1명이 부족한데도 원칙에 어긋나는 사사오입을 적용했기에 이 2차 개정헌법을 이른바 '사사오입(四捨五入) 개헌'으로 부른다.

독재의 연장을 위해 그간 무리한 개헌을 강행

했을 뿐만 아니라 1960년에 벌어진 3·15부정선거, 그리고 이에 항거하는 4·19의거가 일어나면서 이승만정부가 결국 무너졌다. 이어서 1960년 6월 15일에 제헌 당시에 공감대를 형성했던 의회제 정부형태를 골자로 하는 제3차 개헌이 이루어졌고, 이로써 제2공화국이 출범했다. 그리고 같은 해 11월 29일에 반민주행위자처벌을 위한 제4차 개헌이 있었다. 그러나 이 개헌도 헌법상 소급입법금지원리에 위배되는 내용을 포함하고 있었다.

1961년 5월 16일에 박정희 장군이 주도하는 군사쿠데타로 인해 헌정이 중단되고, 국가재건최고회의 설치와 함께 군정이 실시되었다. 군사정부는 1962년 12월 26일에 대통령제 정부형태를 골자로 하는 제5차 개헌을 단행하였다. 그리고서 이후 헌법 규정상 박정희 대통령의 계속 재임이 불가능해지자, 여야를 포함한 정치권의 반대에도 불구하고 1969년 10월 21일에 대통령의 재임을 3기로 연장하는 개헌이 단행되었다. 이 제6차 개헌을 '공화당 3선개헌'으로 부른다.

이로써 3선에 성공한 박정희 대통령은 더 이상의 연임이 불가해지자, 1972년 10월 이른바 '유신조치'를 단행하여 국회를 해산하고 주요 정치인들의 정치활동을 금지시켰다. 이어서 같은 해 12월 27일에 대통령간선제 및 중임·연임조항 삭제 등이 골자인 제7차 개헌을 결행한다. 이 개헌을 '유신헌법', 그리고 그 이후를 '유신시대' 또는 대통령이 발동한 긴급조치가 내내 지속되었기 때문에 '긴급조치시대'로도 부른다. 그리고서 박정희 대통령의 강압적 통치가 지속되던 중에

1979년 10월 26일에 현직 대통령이 측근에 의해 시해되는 초유의 사태가 발생하고서 유신시대는 막을 내린다.

현직 대통령의 유고 상황에서 같은 해 12월 12일에 전두환 장군이 주도하는 신군부세력에 의해 다시 군사쿠데타가 발생했다. 1980년 5월 광주에서 터진 민주화항쟁을 무력으로 진압한 신군부세력은 같은 해 10월 27일에 간선제를 그대로 유지하면서 대통령단임제가 골자인 제8차 개헌을 단행했다.

이후 많은 학생들과 재야세력이 독재정권에 맞서서 민주화항쟁을 지속하던 가운데 1987년 6월 민주화항쟁을 기점으로 대통령직선제를 골자로 하는 제9차 개헌이 이루어졌고, 지금까지 계속해서 이어지고 있다. 현행 헌법 아래에서도 그동안 개헌 논의가 정치권과 시민사회에서 줄곧 불거졌으나, 무산되기가 일쑤였다. 그간의 헌법 개정이 주로 대통령의 임기 연장을 위한 수단으로 악용되어온 부정적 경험과 더불어서 통치구조의 변경을 둘러싸고서 정치권의 이해관계가 복잡한 때문이다.

이러한 가운데 현직 대통령이 탄핵으로 물러나는 헌정사상 초유의 일이 있고서 새로이 출범한 문재인정부가 2018년 3월에 대통령 연임제를 골자로 하는 정부개헌안을 발의했으나, 이 개헌안은 국회에서 심의조차 않고서 그대로 폐기되었다. 국민이 헌법개정권자이고 개헌안은 최종적으로 국민투표를 통해 그 가부가 확정되어야 하는데, 국회에서 개헌안이 부결되었다면 몰라도 심의조차 하지 않고서 그대로 폐기한 것은 그 자체로 헌법이 정하는 개헌절차의 위반이며, 국민이 갖는 헌법개정 권한의 침해로도 볼 수 있다. 이러한 가운데 현행 헌법은 역대 헌법들 가운데 나름의 규범력을 유지하면서 가장 오랫동안 지금까지 지속되고 있다.

3. 한국헌법의 기본원리

민주주의원리와 공화주의원리

현행 헌법 제1조 제1항은 "대한민국은 민주공화국이다"고 밝힌다. 그런데 국호(國號)에서부터 이미 제국(帝國)이 아니라 '민국(民國)'이기에 뒤따르는 서술에서 중복적인 문제가 있다. 하나의 국가를 구성하려는 나름의 정체성을 갖는 공동체가 먼저 주어로 등장하고, 그리고 이어서 해당 국가의 성격을 규정하는 '민주공화국'과 같은 술어가 뒤따르는 게 순리다. 국호와 관련해서는 헌법기초위원회에서 대한민국 이외에도 고려공화국, 조선공화국, 한국으로 정하자는 주장이 엇갈려서 결국 표결에 부쳐졌다.[5] 어쨌든 해방과 함께 독립된 주권국가임을 만방에 천명하려는 의지가 헌법 제1조 제1항의 규범화에 강하게 담겨 있다고 이해된다. 반면에 나치의 전체주의체제를 반성하면서 1949년에 제정된 서독 기본법은 제1조를 "인간의 존엄은 불가침적이다. 이를 존중하고 보호하는 것이 국가권력의 의무이다"라고 정하고 있다. 이렇듯 헌법 제1조의 비교를 통해 우리의 경우에 여전히 국가주의가 강하다고 말할 수 있겠다.

'다수의 지배'를 뜻하는 민주주의(Democracy)는 고대 그리스의 플라톤 이래로 많은 사상가들에 의해 논의되어왔다. 특히 플라톤은 다수의 무지한 대중들에 의해 중우정치(衆愚政治)로 귀결될 수 있는 위험을 내포하고 있는 민주주의를 곱게 보지 않았기에 가장 저급한 정치형태로 폄하했었다. 그런데 아이러니하게도 오랜 시간이 흐르고서 오늘날 지구상에서 스스로 '민주국가'임을 천명하지 않는 국가를 찾기가 어려울 만큼 민주주의가 압도하고 있다. 자유민주주의든 사회민주주의든 간에 민주주의가 다른 여러 정치체제들과의 오랜 경쟁에서 끝내 승리한 셈이다. 이를 두고서 혹자는 민주주의가 비록 최선의 정치체제는 아니지만, 인류가 그간의 역사적 경험 속에서 독재를 이겨내기에 이보다 더 나은 정치제제를 찾지 못한 까닭으로 설명한다. 그러나 다수의 지배는 또한 다수의 독재로도 이어질 수 있다. 다수의 지배와 소수의 지배는 질적 차이가 아니라 단지 피치자의 양적 차이에 불과하다고 지적된다. 민주주의에서 소수자 보호가 특히 강조되는 이유가 바로 여기에 있다. 민주주의를 둘러싸고서 여러 곳에서 다양하게 개념정의가 시도되지만, 규범적으로는 "민주국가는 더 이상 독재체제가 아니다"라고 정의될 수 있다.

민주주의는 또한 국민주권주의, 대의제와 결합하면서 자신의 입지를 더욱 공고히 해왔다. 현행 헌법 제1조 제2항이 그러하다. 이 조항은 주권자인 국민이 직접통치하는 게 아니라 "국민으로부터 나온 모든 권력이" 통치한다는 민주주의의 작동원리, 즉 대의제원리, 민주적 정당성의 원리, 그리고 권력분립원리를 함께 내포하고 있다. 국민에게서 위임받아서 통치하는 국가권력을 갖는 대의기관의 창설, 그리고 그 권한 행사에는 언제나 주권자인 국민의 지지와 동의를 통한 민주적 정당성의 연쇄사슬이 끊기지 않아야 한다. 여기서 국민은 일종의 추상적 단위를 뜻하고, 추상적 크기인 국민은 그 자체로는 구체적인 행동 주체가 되지 못하기 때문에 국가권력을 직접 행사하는 대의기관이 필요하다는 게 국민주권주의와 결합한 대의제원리의 정당화 논거였다. 오늘날의 대의제는 분업의 원리와 책임정치의 실현이라는 측면에서 나름의 장점을 갖는다. 복잡하게 분화된 현대 사회에서 각 분야의 전문지식을 갖춘 정치인들이 국가의사를 결정한다는 분업의 원리에 보다 충실하고, 대의기관이 내리는 결정에 대해 추후 법적, 정치적 책임을 물을 수 있다는 책임정치의 실현이 대의제가 갖는 장점이다. 예컨대 만일 국민투표를 통해 내린 결정이 그릇된 경우에 추후 국민에게 그 책임을 따질 다른 방법이 없다. 그렇기 때문에 대의자 또는 대표자가 적어도 나보다는 더 나을 것이라는 신뢰와 함께 책임정치가 실현되지 않으면 대의제는 그 존재 의미를 상실한다.

공화주의는 고대 로마의 공화정(共和政)에서 비롯한다. 이와 관련해서 키케로(Cicero)는 로마가 어느 한 사람, 즉 군주의 전유물이 아니라 '시민 모두의 것(res publica)'이라고 표현했다. 오늘날 공화국을 뜻하는 영어 Republic이 여기서 유래한다. 전통적인 해석에 따르면 민주정은 정체(政體)로 그리고 공화국은 국체(國體)로도 설명한다. 공화주의 개념을 둘러싸고서도 그간 여러 다양한 논의들이 있어왔는데, 지속적 공존을 위해 정치공동체 안에 굳게 합의된 특정의 가치와 덕목이 전제되어 있다는 의미에서 다수의 결정, 즉 민주주의를 견제하는 기능을 갖는다. 따라서 민주주의가 과잉적이라고 여기는 이들이 때로 공화주의의 가치를 적극 앞세우곤 한다. 그 의미가 다양하게 해석되는 가운데 결론적으로 헌법 제1조 제1항이 뜻하는 '민주공화국'은 대한민국이 "더 이상 독재국가도 그리고 왕조국가도 아니다"라는 의미로 압축해서 이해된다.

자유주의원리와 사회국가원리

자유는 인류의 다수가 오랫동안 염원해온 가치였다. 자유(Freedom)는 본래 '~로부터 벗어남' 또는 '~이 없음'을 뜻한다. 인류가 일찍이 당면했던 '공포(재난, 맹수)로부터의 자유', '궁핍으로부터의 자유' 등이 그러했고, 이후 무리 안에서 권력자가 있고서는 '전제(專制)적인 지배로부터의 자유'가 또한 갈구되었다. 그런데 공포와 궁핍에서 벗어나기 위해서는 한편으로는 공동체 안에서 협업(協業)과 분업(分業)이 필요하고, 다른 한편으로는 이를 조직화하는 과정에서 질서와 권력이 자연스레 생겨나고, 마침내 국가가 성립되어왔기에 자유는 이후에도 내내 인류에게 큰 딜레마로 주어져 왔다.

전제적 지배권력으로부터의 자유를 확보한 역사적 문건이 권리대장전으로 불리는 1215년의 마그나 카르타(Magna Charta)이다. 여기서 당시의 '자유민(自由民)'은 일부 신분귀족들이었기 때문에 자유는 또한 '신분적 특권'을 뜻했다. 그럼에도 불구하고 이 자유가 평등의식이 고조되면서 이후에 모든 시민들의 자유로 점차 확대되어 왔기 때문에 그 역사적 의미가 자못 크다. 이렇듯 개인의 자유를 강조하는 자유주의는 그동안 정치적 자유주의, 경제적 자유주의 등으로 다양하게 전개되어왔다. 인간의 자유의지에 바탕하는 자유에는 또한 책임이 뒤따른다. 책임을 망각한 자유는 그 자체로 방종(放縱)에 다름이 아니다. 자유주의는 무엇보다도 여러 기본권들의 보장을 통해 헌법전 안에 깊게 뿌리내렸다. 자유주의는 오늘날 '작은 정부론', 그리고 '신자유주의' 등을 통해 여전히 그 의미를 확대해가고 있다.

시민혁명과 산업혁명을 통한 근대사회의 발전은 정치적 자유주의와 더불어 특히 경제적 자유주의에 그 위력을 더해갔다. 이와 함께 도시로의 인구집중과 주거 문제, 산업재해의 증가와 계층 간 불평등 심화 등이 심각한 사회문제로 등장했고, 이로써 사회통합의 위기와 함께 체제 자체를 위협하기에 이르렀다. 즉 자본주의체제의 변혁을 주장하는 사회주의가 세력을 키우기 시작했다. 이러한 가운데 영국에서는 구빈(救貧)제도를 마련했고, 사회보장과 사회보험에 관한 베버리지보고서를 중심으로 체계적인 복지개혁에 착수했다. 그리고 독일에서는 체제를 위협하는 사회주의자들을 탄압하는 한편, 다른 한편으로는 세계최초로 노동자들을 위한 3대 사회보험, 즉 질병보험법(1883년), 산업재해보험법(1884년), 노령 및 폐질보험법(1889년)이 제정되었다. 이로써 자본주의체제 아래에서 복지국가 또는 사회국가로 나아가는 길이 열렸다. 이러한 까닭에 비스마르크의 사회보험개혁을 두고서 혹자는 이로써 자본주의를 다시 되살렸다고 표현한다. 이후 1919년에 제정된 독일 바이마르헌법에서 최초로 여러 사회적 기본권들이 기본권 목록에 포함되었고, 이와 더불어서 기존의 헌법적 틀 안에서 사회민주주의와 사회적 법치국가가 적극 논의되었다. 한국의 헌법재판소도 현행 헌법 하의 경제질서와 관련해서 사회적 시장경제질서의 헌법이념을 줄곧 강조하고 있다.[6]

법치주의원리와 권력분립원리

모든 정치공동체가 나름의 질서와 규율을 필요로 하기 때문에 이를 위한 권력의 존재가 불가결하고, 이후 홉스가 말하듯이 설령 괴물일지라도 국가는 시민들에게 불가피한 실체가 되었다. 이후에 자의(恣意)적인 국가권력을 법의 기속 아래에 묶어두려는 노력이 부단히 지속되었으며, 그 결실이 바로 법치주의다. 따라서 법치주의 내지 법치국가는 법이 국가와 맺고 있는 특별한 관계를 드러낸다. 법치국가에 대응하는 개념은 권력국가다. 법치주의 내지 법치국가는 이후 점차적으로 모든 국가작용을 법의 기속 아래에 두는 데에 성공했다. 이를 상징하는 대표적인 개념이 '법치행정'과 '사법심사'이다. 즉 모든 행정작용은 반드시 법과 법률에 근거해야 하는데, 위법하고 부당한 행정작용은 그 자체로 무효이거나, 법원의 재판을 통해 취소될 수 있다는 것이다.

근대 초기의 법치주의는 모든 시민들이 똑같이 '법 앞의 평등'을 누린다고 간주하는 이른바 '형식적 법치주의'였다. 그러나 이미 내용상으로 불평등한 법을 형식적으로 평등하게 적용하는 것이 결국 사실상 사회적 불평등을 더욱 심화하는 셈이어서, 실질적 평등과 사회적 정의를 지향하는 '실질적 법치주의'가 등장했다.

인간들이 무리 지어 함께 살아가는 공동체 안에서 권력은 어떻게든 존재하기 마련이다. 설령 권력을 없애더라도, 권력이 사라진 공백에 어느새 그 틈을 메우는 새로운 권력이 반드시 자리 잡는다. 따라서 실재하는 권력을 권한 내지 권능으로 순치시켜서 법의 기속 아래에 두는 한편, 하나의 국가권력을 여러 개로 나누어서 분업의 이점과 함께 상호견제의 메커니즘을 갖추기를 의도해 왔다.

액튼(Acton) 경의 "절대권력은 절대적으로 부패한다"는 유명한 표현이 그렇듯이 권력은 통제되어야 한다. 플라톤 이래로 많은 사상가들이 권력의 문제에 천착해온 가운데 로크(John Locke)와 몽테스키외(Montesqieu)가 본격적으로 권력분립론을 체계적으로 구상했다. 특히 국가권력을 입법권, 집행권, 사법권으로 나눈 몽테스키외의 삼권분립론은 이후 미국, 프랑스 등 많은 나라들의 새로운 헌법에 큰 영향을 미쳤다. 이후 20세기에 접어들어서 정당이 정치와 국가운영의 중심에 자리하면서 이른바 '정당국가' 내지 '정당제민주주의'가 본격화되었다. 이 같은 정당국가 현상은 기존의 권력분립론을 다소 무용지물로 만든다. 왜냐하면, 권력이 형식적으로는 입법, 집행, 사법으로 나뉘어져 있지만, 이들 권력의 배후에 자리하는 집권정당을 중심으로 권력이 사실상 통합 내지 융합되기 때문이다. 따라서 기존의 권력분립에다가 여당과 야당 간의, 중앙정부와 지방정부 간의 그리고 정치세력과 관료 간의 권력통제 등 새로운 권력통제의 메커니즘이 새로이 모색되었다.[7]

게다가 여러 권력들 간의 기계적이고 형식적인 분리와 견제만이 능사가 아니라, 권력분립의 배후에 놓여있는 궁극적인 목적이 무엇보다도 국민의 자유와 권리의 효율적인 보장에 있기 때문에 권력들 간의 유기적인 협력 또한 필요하다는 인식이 보편화되었다. 이러한 가운데 권력의 분립과 통제에 관한 새로운 사고전환이 요청되었다. 즉 국민의 자유와 권리를 보장하기 위해 국가가 떠안아야 할 기능을 먼저 확인하고서, 각각의 기능에 필요한 권력을 만들어서 배분하는 것이다. 이 여러 기능에 입법기능, 집행기능 그리고 사법기능이 포함되고, 각 기능이 한 국가기관에 전유되지 않고서 필요하다면 기능의 일부가 다른 기관에게도 맡겨진다. 예컨대 현행 헌법은 제40조에서 "입법권은 국회에 속한다"고 밝히는데, 제75조와 제95조에서도 대통령령, 총리령 및 부령과 같은 행정입법권에 관한 헌법적 근거를 별도로 규정하고 있다. 이로써 의회는 원칙을 만들고, 행정부는 이 같은 원칙의 집행을 위한 구체적인 기준을 만들면서 입법기능의 배분이 이루어지고 있다. 이를 두고서 몽테스키외의 고전적 권력분립론과 구별해서 현대의 기능적 권력통제모델이라고 부른다.

국제평화주의

인류는 지금도 그렇듯이 오랫동안 끊임없이 전쟁을 겪어왔다. 농경민족과 유목민족 간에 식량을 두고서 빚어졌던 원초적인 약탈전쟁에서부터 이후에는 여러 나라들이 서로 영토와 자원, 그리고 권력을 다투었고, 심지어는 종교전쟁 그리고 여러 국가들이 가담하는 본격적인 세계대전으로까지 불거졌다. 이러한 가운데 1648년에 체결된 베스트팔렌 평화조약은 스위스, 네덜란드에게 독립된 주권국가로서의 지위를 인정하는 등으로 유럽을 개별 민족단위의 주권국가들이 공존하는 평화로운 공동체로 거듭나게 했다. 한 국가의 평화가 단지 국내적 여건만으로는 성취되지 않는다. 또한 국가의 안전과 평화를 위협하는 외부적 요인도 없어야 한다. 따라서 국내적 평화가 법질서를 통해 확보되듯이, 국제사회의 평화도 국가 간의 조약 체결을 통해 담보되기에 이르렀다. 네덜란드의 법학자인 그로티우스(Hugo Grotius)가 주창했던 "pacta sunt servanda(약속은 지켜져야 한다)"와 함께 비로소 국제법이 형성되었고, 이후 국제사회는 여러 국가들이 양자 간 조약, 다자 간 조약을 활발하게 체결하고, 특히 20세기에 접어들어서 양차 세계대전의 비참함을 겪은 국제사회는 국가 간에 불거진 갈등을 중재하고 세계평화를 담보하기 위한 기구로 유엔(UN)을 창설하였다.

한국도 마찬가지로 평화로운 공존을 추구하는 국제사회의 당당한 일원이기에 현행 헌법은 국제평화주의에 터 잡아서, 헌법 전문에서 "밖으로는 세계평화와 인류공영에 이바지함으로써" 그리고

제5조 제1항은 국제평화의 유지에 노력함과 침략적 전쟁의 부인을 밝힌다. 특히 제6조 제1항에서 "헌법에 의하여 체결·공포된 조약과 일반적으로 승인된 국제법규는 국내법과 같은 효력을 갖는다"고 정하고 있다. 이로써 통상적인 조약에는 국내법적 수용절차가 따로 요구되지만, 대부분 국가들이 이미 승인한 국제법규는 별도의 국내법적인 수용절차 없이도 바로 국내법으로서의 효력을 갖는다.

현행 헌법은 제4조에서 한반도 분단 상황 속에서 통일이 지향해야 할 국가과업이고, 통일의 방식 역시 평화적 통일이어야 한다고 밝히고 있다. 이러한 가운데 1991년 남북한의 UN 동시가입, 1992년 남북기본합의서 채택, 2000년 6·15 남북공동선언, 2007년 10·4남북공동선언, 그리고 2018년 판문점선언이 이어졌다. 특히 1992년 남북기본합의서에서 남북한이 국가 간 관계가 아닌 통일을 지향하는 과정에서 잠정적으로 형성되는 특수한 관계이고, 따라서 남북한 간의 거래는 국가 간 거래가 아니라 한민족공동체 내부의 특수관계를 바탕으로 한 거래로 이해되고 있다. 이로써 북한에 대해서 반국가단체일 뿐만 아니라 통일을 위한 대화와 협력의 동반자로서의 이중적 지위가 인정된다.[8]

글상자 2.2 헌법의 기본원리를 담고 있는 헌법재판소 결정 사례

헌법은 국민적 합의에 의해 제정된 국민생활의 최고 도덕규범이며 정치생활의 가치규범으로서 정치와 사회질서의 지침을 제공하고 있기 때문에 민주사회에서는 헌법의 규범을 준수하고 그 권위를 보존하는 것을 기본으로 한다. 우리 헌법의 전문과 본문 전체에 담겨 있는 최고 이념은 국민주권주의와 자유민주주의에 입각한 입헌민주헌법의 본질적 기본원리에 기초하고 있다. 기타 헌법상의 여러 원칙도 여기에서 연유되는 것이므로 이는 헌법전을 비롯한 모든 법령해석의 기준이 되고, 입법형성권 행사의 한계와 정책결정의 방향을 제시하며, 나아가 모든 국가기관과 국민이 존중하고 지켜가야 하는 최고의 가치규범이다.

권력, 인권, 주권, 자유의 문제는 고리와 같이 서로 연결된 하나의 문제이지 각각 떨어진 각개의 별개문제가 아니다. 그러므로 권력원리의 분석과 주권이론에 대한 본질적인 통찰과 대책이 없이 인권이나 자유나 평등을 아무리 주장한다 하더라도 그것은 공허한 주장이 되기 일쑤이며, 헌법전상 인권규정이 아무리 풍부히 열거되고 예리한 해석론으로 뒷받침되고 있다 하더라도, 권력이나 주권 자체가 실제로 국민의 것이 되지 아니하는 한 인간의 존엄성과 자유의 침해는 근절되기 어렵다는 것은 역사와 이론이 증명하고 있다. 지금까지 우리나라의 헌법체제하에서의 국민주권론은 실질적인 국민주권론이 되지 못하고 형식적인 국민주권론을 합리화하는 데 공헌하였으며, 국민대표론은 민의를 실제로 반영하는 현대적 대표론이 되지 못하고 민의와 동떨어진 권력의 자의적, 독단적 행사만을 합리화하는 전근대적 대표론에 머무르고 있는 점이 적지 않았다. (헌재 1989. 9. 8. 88헌가6)

4. 기본권의 형성과 발전

기본권 목록의 작성과 확장

기본권은 헌법이 보장하는 국민의 기본적인 권리인데, 최고 규범인 헌법의 중요한 일부를 구성하고 있다. 즉 기본권 자체가 바로 최고 규범이기에, 모든 국가권력이 기본권에 기속된다. 오늘날 기본권은 국가와 국민 간에 전도(顚倒)된 관계를 그대로 상징한다. 과거에 국민은 단지 군주의 복종적 신민(臣民)에 불과했으나, 주권과 기본권을 통해 국가는 더 이상 헤겔이 바라는 절대이성 또는 자기목적적인 우월한 존재가 아니라 기본권 주체인 국민의 자유와 권리를 실현하기 위해 마련된 수단적인 존재로 각인되었다. 그간의 역사적 과정을 통해 초기에 자유권 중심의 기본권, 그리고 지금의 여러 사회적 기본권에 이르기까지 헌법전의 기본권 목록(Catalogue)이 계속해서 확장되어왔다.

기본권 목록의 작성과 확장은 크게 두 가지 동인(動因)에 의해 이루어져 왔다. 하나는 개인과 집단에게 국가권력이 가해온 역사적이고 전형적인 공격 양태에 대한 대응이다. 예컨대 자의적인 인신구속과 고문, 사생활 침해, 재산 박탈, 그리고 종교탄압 등이 그러하다. 이로써 근대 초기에 입헌주의와 함께 자유권 중심의 기본권 목록이 작성되었다. 다른 하나는 생활관계, 사회구조 및 과학기술의 변화에 따른 새로운 보호 필요성이다. 산업화와 근대화로 인해 더욱 열악한 처지에 놓인 사회적 약자들을 위해 노동기본권, 인간다운 생활을 할 권리와 같은 여러 사회적 기본권

이 목록에 추가되었다. 그리고 오늘날 생활환경에 대한 여러 위협이 점증하는 가운데 환경권, 인터넷시대와 정보화사회로 접어들면서 개인정보자기결정권이 목록에 추가된 것은 이 같은 새로운 보호 필요성을 헌법이 적극 수용한 결과다.

또한 지난 세월호참사와 함께 일각에서 요구되는 안전권, 인터넷상에서 자신의 흔적을 지울 잊힐 권리, 그리고 2008년에 독일연방헌법재판소가 기본권 목록에 새로이 포함시킨 이른바 '컴퓨터기본권' 등은 생활관계와 과학기술의 변화에 따른 새로운 요청과 대응으로 이해된다. 독일연방헌재는 이 컴퓨터기본권을 정보기술적 시스템의 신뢰와 통합성의 보장에 관한 기본권으로 설명한다.[9] 그러므로 기본권 목록은 이렇듯 앞으로도 더욱 확장될 것이다. 무엇보다도 기본권의 원천은 인권(人權)에 있다. 그동안의 인류 역사에서 끊임없이 행해져 온 인권 투쟁의 결과가 기본권으로서의 규범화이고, 이러한 노력은 앞으로도 계속될 것이기 때문이다. 지금으로서는 당연한 차별이라고 대다수가 공감하는 것들이 나중에야 얼마나 말도 안 되는 인권 침해이고 불평등한 것인지는 노예제, 흑인차별, 성차별의 역사와 이에 맞서온 그간의 힘겨운 투쟁이 그대로 방증하고 있다.

기본권의 성격과 효력의 변화

전통적인 자유권적 기본권은 시민 개인이 국가의 공격에 맞서서 자신의 자유를 방어하는 주관적인 공권(公權)으로 이해되어왔다. 이러한 가운데

옐리네크(G. Jellinek)는 국가와의 관계에서 국민이 갖는 네 가지 지위를 중심으로 기본권 분류의 체계화를 시도했다. 즉 국민이 국가에 대해 갖는 소극적 지위에서 자유권적 기본권, 적극적 지위에서 청구권적 기본권, 능동적 지위에서 참정권이 도출되고, 마지막으로 수동적 지위로부터는 국민의 의무가 비롯한다고 보았다. 이 지위이론에 따라서 이후에 기본권의 체계화와 분류가 행해져왔는데, 최근에는 국가가 아니라 시민 개인을 중심에 두고서 사생활 영역, 정신문화생활 영역, 정치생활 영역, 경제생활 영역 등 생활 영역별로 범주화하는 기본권의 체계화와 분류가 시도되기도 한다.

역사적으로 개인의 자유를 위협해온 주된 주체가 국가 내지 국가권력이었기에 기본권은 일찍부터 국가를 상대로 개인이 스스로를 방어하는 주관적 공권으로 파악되었다. 그런데 오늘날 변화된 사회현실에서 개인의 자유는 국가뿐만 아니라 또한 사회로부터도 위협되고 있다. 특히 사회적 강자(強者)들이 그러하다. 예컨대 오늘날의 정보화 사회에서 시민들의 민감한 개인정보는 국가뿐만 아니라 은행, 보험회사 등도 대량으로 확보하고 있다. 그리고 노동기본권은 노동조합의 결성을 방해하는 사용자에 의해서도 위협된다. 또한 개인의 사생활은 언론의 무분별한 보도를 통해서도 위협당한다. 이렇듯 개인의 자유가 사회 내 다른 제삼자에 의해서 침해되는 데도 기본권을 국가를 상대로 주장할 수 있는 주관적 공권으로만 파악한다면, 결국 기본권 보장의 취지가 무의미해지고 만다.

이러한 문제 상황 속에서 기본권의 성격이 재구성된다. 즉 기본권을 주관적 공권인 동시에 객관적 법질서로 이해하는 '기본권의 양면성(이중성)이론'이 그러하다. 도로(道路)상에서 우리 모두가 자신의 안전과 질서를 위해 객관적 법인 도로교통법을 준수하듯이, 마찬가지로 기본권도 원활한 사회생활을 위해 우리 모두가 준수해야 하는 객관적 법질서로 파악하는 것이다. 예컨대 자신의 인격과 존엄이 소중하다면, 또한 타인의 인격과 존엄성을 존중하는 태도가 마찬가지로 중요하다. 이렇듯 인간의 존엄성이 최대한 보장되려면, 국가로부터의 침해도 물론 없어야 하겠지만 인간의 존엄성이 시민 모두가 지켜야 할 객관적 법질서로서 사회 전체에 확산되고 내재해야 하겠기 때문이다.

객관적 법에 근거해서 개인이 자신의 권리를 주장하듯이 기본권의 객관적 법질서성에 바탕해서 개인은 또한 타인을 상대로도 헌법이 보장하는 기본권을 주장할 수가 있게 된다. 이로써 기본권은 개인이 국가를 상대로 주장하고 관철하는 대국가적(對國家的) 효력뿐만 아니라, 사회 내 제삼자를 상대로도 주장할 수 있는 대사인적(對私人的) 효력(제삼자효)을 갖게 된다. 그러나 시민이 타인을 상대로 자신의 기본권을 직접 주장하는 것은 다소 제한적이다. 만일 누군가에게서 폭행을 당하면 폭행죄를 정하고 있는 형법이 먼저 적용되어야지, 여기서 헌법상의 신체의 자유는 뒤로 물러서야 한다. 마찬가지로 빌려준 돈을 못 받으면 민법상의 채권을 따져야지, 채권자가 헌법상의 재산권 침해를 주장해서는 곤란하다. 그렇다면 마찬가지로 채무자도 헌법상의 생존권을 주장할 것이기 때문이다. 이렇듯 이른바 '헌법만능주의' 속에서 본래 시민들의 일상생활을 규율하려고 마련된 민법, 형법과 같은 법률이 형해(形骸)화되고 무용해지고 만다. 따라서 기본권이 대사인적 효력을 갖는다 하더라도 바로 직접적으로 적용되기보다는(직접효력설) 해당 법률에 포함된 일반조항의 해석을 통해서 대부분 간접적으로 적용된다 (간접효력설).

기본권의 보장과 제한

헌법은 기본권을 보장하지만, 기본권은 또한 제한될 수 있다. 몇몇 기본권은 헌법의 해당 조항에서 아예 직접적으로 제한을 두고 있다. 예컨대 헌법 제21조 제4항은 "언론·출판은 타인의 명예나 권리 또는 공중도덕이나 사회윤리를 침해하여서는 아니 된다"고 정하고 있다. 그리고 헌법 제33조 제2항에서도 "공무원인 근로자는 법률이 정하는 자에 한하여 단결권·단체교섭권 및 단체행동권을 갖는다"고 규정하고 있다. 이 같은 제한형식은 '헌법직접적 제한' 또는 '헌법유보'로 설명된다. 해당 기본권의 행사에 뒤따르는 남용의 위험성이 특별히 크거나, 법률을 통한 제한으로는 그 정당성을 확보하기가 어려운 경우에 적용되는 규율방식이다.

기본권 제한이 행해지는 가장 빈번하고 통례적인 방법은 '법률에 의한 제한'이다. 한국 헌법은 제10조 이하에서 여러 기본권을 명시적으로 보장하면서도, 제37조 제2항에서 "국민의 모든 자유와 권리는 국가안전보장, 질서유지 또는 공공복리를 위하여 필요한 경우에 한하여 법률로써 제한할 수 있다"고 밝히고 있다. 이 조항은 기본권 제한을 위한 '일반적인 법률유보조항'으로 이해된다. 이와는 달리 개별 기본권조항마다 법률로써 제한이 가능하다는 별도의 유보조항을 두고

글상자 2.3　기본권의 양면성을 밝히는 헌법재판소 결정 사례

헌법 제15조에 의한 직업선택의 자유라 함은 자신이 원하는 직업 내지 직종을 자유롭게 선택하는 직업선택의 자유뿐만 아니라 자신이 선택한 직업을 자기가 결정한 방식으로 자유롭게 수행할 수 있는 직업수행의 자유를 포함한다고 할 것인바, 이 자유는 각자의 생활의 기본적 수요를 충족시키는 방편이 되고 개성 신장의 바탕이 된다는 점에서 주관적 공권의 성격을 가지면서도 국민 개개인이 선택한 직업의 수행에 의하여 국가의 사회질서와 경제질서가 형성된다는 점에서 사회적 시장경제질서라고 하는 객관적 법질서의 구성요소이기도 하다. 따라서 이와 같은 자유도 다른 기본권의 경우와 마찬가지로 국가의 안전보장·질서유지 또는 공공복리를 위하여 필요한 경우에는 제한이 가하여질 수 있는 것은 물론이지만 그 제한의 방법은 법률로써만 가능하고 제한의 정도도 필요한 최소한도에 그쳐야 하며 과잉금지의 원칙에 위배되거나 직업선택의 자유의 본질적인 내용을 침해하는 것이어서는 아니 된다고 할 것이다. (헌재 1995. 7. 21. 94헌마125)

있는 경우를 '개별적 법률유보'로 부른다. 대표적으로 독일 헌법상의 기본권조항들이 그러하다. 이렇듯 기본권의 보장과 제한 간의 길항관계 속에서 불거진 구체적인 사안을 어떻게 다루는가가 해당 헌법국가의 민주성과 법치성의 현재적 수준을 드러내는 바로미터로 작용한다. 먼저 기본권은 "법률로써", 즉 국민을 대표하는 국회에서 제정한 법률에 근거해서만 제한이 허용된다. 이는 특히 유럽에서 개인의 자유를 보장하기 위해 중세 이후로 꾸준히 전개되어온 '의회주의'와 '법치주의'의 주된 성과이기도 하다. 그런데 이 법률유보조차도 "법률만 있으면 언제든 제한이 가능하다"고 여겨진다면 민주적인 헌법국가가 아니다.

그리고 "필요한 경우에 한하여"라는 말이 그렇듯이 기본권은 가능한 한 최대한으로 보장됨이 원칙이다. 이 원칙을 보다 구체화한 것이 바로 '과잉금지원칙' 내지 '비례성원칙'이다. 즉 기본권에 대한 필요 이상의 과도한 제한은 기본권의 침해로 귀결된다. 이 과잉금지원칙에 따른 기본권 제한 시의 비례성심사는 보다 세부적으로는 목적의 정당성, 수단의 적합성, 피해의 최소성, 법익의 균형성이라는 네 가지 기준에 따라서 순차적으로 행해진다. 반면에 사회적 기본권에 대한 제한과 국가의 기본권 보호의무의 합헌성 여부가 심사되는 경우에는 이른바 '과소보호금지'가 적용된다. 여기서는 국가가 필요한 최소한의 효율적이고 적절한 조치를 행했는지 여부를 판단한다.

이에 덧붙여서 헌법 제37조 제2항 후단은 "제한하는 경우에도 자유와 권리의 본질적인 내용을 침해할 수 없다"고 정하고 있다. 그런데 기본권의 본질적인 내용을 파악함에 있어서 논란이 있다. 이른바 '절대설'과 '상대설'이 대립한다. 절대설에서는 개별 기본권마다 절대적으로 보호되는 본질적인 내용이 미리 정해져 있다고 주장한다. 반면에 상대설에서는 해당 기본권의 본질적인 내용이 미리 정해져 있는 게 아니라, 기본권에 대한 제한이 행해지는 구체적인 정황마다 상대적으로 달리 파악된다고 주장한다. 예컨대 테러리스트들이 다수의 시민을 인질로 붙잡고서 요구조건을 들어주지 않으면 인질들을 하나씩 죽이겠다고 실제로 위협하고 있는 급박한 상황에서 다수의 생명을 구하기 위해서는 테러리스트에 대한 저격 사살이 경찰 당국에게는 하나의 선택지가 될 수도 있다. 그런데 여기서 절대설에 따르면 테러리스트에 대한 저격 사살은 헌법상 보장되는 생명권의 본질적인 내용을 침해하는 것이어서 여하튼간에 절대로 허용되지 않는다. 그러므로 상대설로 이해해야만 다수의 생명을 구하기 위해 선택한 불가피한 저격 사살이 헌법적으로 정당화될 수가 있다. 헌법재판소는 다음과 같이 밝히면서 현행 사형제도의 정당화 논거로 상대설을 채택하고 있다. "사형이 비례의 원칙에 따라서 최소한 동등한 가치가 있는 다른 생명 또는 그에 못지 아니한 공공의 이익을 보호하기 위한 불가피성이 충족되는 예외적인 경우에만 적용되는 한, 그것이 비록 생명을 빼앗는 형벌이라 하더라도 헌법 제37조 제2항 단서에 위반되는 것으로 볼 수는 없다."[10]

그리고 법률에 의한 제한과는 무관하게 모든 기본권에는 타인의 권리, 합헌적 질서 및 도덕률을 침해해서는 아니 된다는 내재적 한계가 있다. 예컨대 간통죄사건을 다룬 초기 결정에서 헌법재판소는 성적 자기결정권도 국가적·사회적·공공복리 등의 존중에 의한 내재적 한계가 있다고 강조했다.[11] 무제한한 자유는 그 자체로 폭력과 하등 다를 바가 없다. 만일 많은 인파로 북적대는 복잡한 길거리에서 팔을 마음대로 휘젓고 걷는 게 자유라 한다면, 휘젓는 팔에 맞은 타인에게는 폭행이다. 그래서 혹자는 "길거리에서 팔을 휘젓고 다니는 자유는 타인의 코앞에서 끝난다"고 지적한다. 철학자 칸트가 자유를 '한 사람의 자의(恣意)가 타인의 자의와 조화될 수 있는 조건들의 총합'으로 이해하고, '타인의 자유를 방해하지 않는 범위 내에서 자기의 자유를 확장하는 것이 자유의 법칙'이라고 강조하는 까닭이 바로 여기에 있다.

자유권과 사회권

흔히 다루어지는 기본권에는 자유권과 사회권이 있다. 자유권은 소극적인 권리로서 국가가 개인의 자유 영역에서 가급적 멀리 떨어져 있을수록 최대한 보장된다. 반면에 사회권은 국가에게 적극적인 급부 제공을 요구하는 권리여서 국가가 가급적 시민의 가까이에 위치해야 한다. 벌린(Isaiah Berlin)도 이와 유사한 맥락에서 자유의 두 개념으로 소극적 자유와 적극적 자유로 나누어서 설명하고 있다.[12] 그리고 자유권과 사회권은 기본권의 주체에서도 구별된다. 인권적 내용을 포함하고 있는 대부분의 자유권은 예컨대 인간의 존엄성이 그렇듯이 내·외국인을 불문하고 모든 인간이 기본권의 주체가 된다. 반면에 사회권에 있어서는 기본권의 주체가 국민으로 한정된다. 사회권은 국가를 상대로 적극적인 급부 제공을 요구하는 것이고, 또한 그 급부 여하가 해당 국가의 재정적 여건에 종속적이기 때문이다.

그러나 자유권과 사회권이라는 전통적인 구별이 오늘날에 와서는 그리 분명하지 않다. 사회권으로 분류되는 인간답게 살 권리나 노동기본권 역시 자유권적인 성격을 지니기 때문이다. 특히나 인간의 존엄성은 고문이나 가혹행위의 금지뿐만 아니라 문화·경제적 관점에서도 문화적, 경제적 최저수준의 보장을 뜻한다. 이렇듯 오늘날의 국가에게는 기본권을 앞세워서 제기되는 여러 상반되는 요구들에 대응하는 것이 결코 쉽지 않은 과업으로 주어져 있다.

5. 사법심사와 헌법재판소

규범의 위반 시에 이에 대한 강제적인 제재 여부에서 도덕과 법이 구별된다. 헌법을 최고법이라고 치켜세워도, 헌법을 위반하거나 침해하는 행위에 대해 아무런 제재를 가할 수가 없다면, 예나 지금이나 국제법이 그렇듯이 헌법은 그저 미사여구가 나열된 종이 쪼가리에 불과하다. 이런 헌법을 특히 '장식적(裝飾的) 헌법'이라고 부른다. 더욱이 헌법이 요청하거나 보장하는 법치주의원리, 권력분립원리, 그리고 기본권의 가장 유력한 잠재적 침해 주체는 바로 국가권력이다. 헌법이 재판의 준거규범이 되어 국가권력이 행하는 부당한 공권력 작용에 대한 사법심사가 제대로 행해지고 서야 비로소 헌법이 명실상부하게 최고법으로 자리 잡는다.

본격적인 헌법재판의 시작은 1803년 미국 연방대법원이 행한 마버리 대 매디슨(Marbury vs. Madison) 사건의 재판으로 알려져 있다. 정권교체 시점에 벌어진 복잡하고 미묘한 정치적 사건을 다루었던 이 사건에서 미국 연방대법원은 헌법을 준거규범으로 삼고서 "헌법이 무엇인지를 말하는 것은 우리(연방대법원)의 고유한 권한이다"라고 선언하면서, 헌법에 위반되는 하위법률을 위헌으로 결정했다. 하위규범인 법률에 대한 위헌심사, 즉 규범통제가 시작되었다. 이로써 헌법이 최고법이라는 규범적 사실이 확인된 셈이다. 헌법에 반하는 법률이 존재하는 데도 그 법률이 그대로 효력을 유지한다면 헌법은 더 이상 최고법이 아니기 때문이다. 오늘날의 법치주의는 입법, 집행, 사법 등 모든 국가작용이 법에 기속되기를 요구하는데, 그 위반 시에 사법심사(judicial review)가 행해짐이 원칙이다.

한국의 경우에도 1948년 제헌헌법 이래로 제도로서의 헌법재판은 줄곧 있어왔다. 그동안 헌법위원회, 탄핵재판소, 대법원에서 헌법재판의 과업을 맡았으나, 권력의 눈치를 보느라 제대로 기능하지 못했었다. 예컨대 1972년 유신헌법 때부터 1987년까지 설치되었던 헌법위원회는 사실상 개점휴업의 상태였다. 그곳에서 십수 년 동안 단 한 건의 위헌법률심사도 행해지지 않았다. 권위주의 정권 아래 헌법이 보장하는 여러 기본권이 일방적으로 침해되는 데도 그저 속수무책이었

다. 시민들의 자유를 옥죄는 여러 악법(惡法)들이 헌법보다 우위에 놓여있는 꼴이었다.

그리고서 1987년 민주화항쟁을 통해 마련된 현행 헌법과 함께 1988년에 처음으로 헌법재판소가 설치되었다. 1960년 헌법(제2공화국 헌법)에서 본래 헌법재판소 설치가 예정되었으나, 그 이듬해에 터진 5·16군사쿠데타로 인해 실제로 설치되지는 못했다. 즉 헌법재판소는 지난 민주화항쟁의 대표적인 산물인 셈이다. 이후 기본권 보장과 권력통제의 측면에서 헌법재판소가 내디딘 그간의 족적은 현행 헌법 하에서 가장 큰 성과의 하나로 평가된다. 현행 헌법이 그간 개정 없이 가장 오랫동안 안정적으로 지속되어온 비결도 헌법재판소에 있다고 해도 과언이 아니다. 그 와중에 지난 십수 년 동안 우리사회에서 헌법재판소를 중심으로 이른바 '헌법투쟁의 시대'가 본격화되었다. 이는 본격적으로 헌법해석을 두고서 다투는 정치투쟁인데, 결국 권력투쟁이 본질인 점에는 이전과 다르지 않다. 즉 선거를 통해 연이어 권력을 상실한 보수세력이 헌법재판소를 디딤돌로 삼아서 전개하는 권력투쟁인데, 이로써 '정치의 사법화현상'이 더욱 심화되었다고 평가된다. 대표적으로 노무현 대통령 탄핵심판사건, 신행정수도이전 특별법사건, 국회선진화법사건 등이 그러하다.

헌법재판을 담당하는 기구와 관련해서는 각 나라마다 다양한 유형이 있다. 미국이나 일본처럼 기존의 최고법원이 헌법재판을 추가로 떠맡기도 하고(분산형 헌법재판), 독일, 오스트리아 그리고 한국처럼 별도로 설치된 헌법재판소에게 헌

법재판을 맡기기도(집중형 헌법재판) 한다. 그런데 어떤 유형에서라도 모든 각급 법원들은 사실상 헌법재판을 행한다. 따라서 모든 법원들이 '작은 헌법재판소'인 셈이다. 예컨대 따로 헌법재판소를 갖고 있는 한국의 경우에도 헌법 제103조에서 "법관은 헌법과 법률에 의하여 … 심판한다"고 규정하듯이 모든 법관들에게 헌법은 재판의 준거규범이기 때문이다.

일반법원들과는 따로 헌법재판소가 설치되는 경우에 어떠어떠한 법적인 분쟁들이 헌법재판을 통해 다루어져야 하는지는 각 나라마다의 헌법정책적인 결정사항이다. 한국의 경우에 헌법 제111조는 헌법재판소의 심판관장 사항으로 다섯 개를 열거하고 있다. 즉 위헌법률심판(규범통제), 탄핵심판, 정당해산심판, 권한쟁의심판, 그리고 헌법소원심판이 그것이다. 독일연방헌법재판소는 여기에 추가해서 선거심사, 중요사안에 대한 유권해석 등을 다룬다.

1988년에 한국 헌법재판소가 설치된 이래로 가장 주목받아온 것이 헌법소원제도이다. 국가가 행사하는 공권력 작용을 통해 기본권을 침해받은 국민이 헌법재판소에 직접 그 구제를 청구하는 헌법소원심판은 현행 헌법에서 처음으로 도입되었다. 이로써 헌법이 보장하는 기본권이 헌법전에서 더 이상 허울뿐인 선언적 규정이 아니라, 최고법인 헌법의 중요한 부분으로 터 잡게 되었다. 어쨌든 헌법소원심판의 청구 건수가 헌법재판소에 접수되는 사건 통계에서 압도적으로 많다. 그러나 다른 사법적 구제절차를 모두 거치고 나서야 청구할 수 있도록 한 '보충성원칙'에도 불구하고,

법원의 판결이 헌법소원의 심판대상(재판소원)에서 배제된 까닭에 제대로 기능하지 못하고 있어서 '기형적인 헌법소원제도'로 비판되기도 한다.

위헌법률심판(규범통제)은 헌법재판의 역사에서 가장 고유한 심판사항이다. 즉 위헌법률심판을 빼고서는 헌법재판을 말할 수가 없다. 그런데 삼권 간의 엄격한 분리를 전제하는 전통적인 삼권분립론의 입장에서는 도무지 상상할 수가 없는 제도이다. 국민의 대표들로 구성되는 입법부가 제정한 법률을 그대로 적용하기만 하면 될 법원이나 헌법재판소가 위헌·무효로 결정하기 때문이다. 그러나 헌법의 최고규범성이 확립되지 못했던 시절에 정립되었던 전통적인 삼권분립론을 그대로 고수할 수는 없다. 위헌적인 법률을 마냥 내버려 둘 수는 없기 때문이다. 따라서 헌법재판에서 입법권을 가급적 존중하는 가운데 헌법합치적 법률해석이 요구되는 이유가 여기에 있다. 또한 사법소극주의 내지 사법자제(judicial restraint)의 원칙이 요청되는 이유이기도 하다. 반면에 입법부가 제정한 법률의 대부분이 사회 내 다수의 입장이 반영된 결과물이기 때문에 소수자 보호의 관점에서는 법원과 헌법재판소에게 때로 사법적 극주의(judicial activism)가 요청된다는 견해가 있다.

민법, 형법과 같은 일반법률을 재판에서 적용할 때에도 나름 법률규정의 해석이 필요한데, 특히나 추상적인 규율형식을 취하는 헌법의 경우에 해석을 당연히 전제하고 있다. 학자와 언론 등 사회 내 여러 주체들이 논란되는 헌법조항의 해석에 가담할 수 있는데, 어쨌든 최종적이고 유권적인

해석기관은 헌법재판소이다. 여기서 해석의 방법론을 두고서 주관론과 객관론이 대립한다. 주관론은 법해석의 올바른 방법이 법제정 당시에 가졌던 입법자의 주관적인 의도를 확인하는 데에 있다고 주장한다. 반면에 객관론은 법해석은 더 이상 입법자의 주관적인 의도가 아니라 해석 시점에서 법 자체가 지니고 있는 객관적인 목적을 발견하는 데에 있다고 강조한다. "법률은 그 아버지보다 더 현명하다"는 말은 객관론을 설명하는 유명한 법격언이다. 마찬가지로 미국 헌법의 해석을 두고서 헌법을 쓰여진 문자의 원래 뜻대로 해석해야 한다고 생각하는 원전주의자(原典主義者, originalist, textualist)와 그렇지 않다고 보는 비(非)원전주의자 간의 논쟁 또한 이와 유사하다.

헌법재판소와 입법자는 모두 헌법에 기속되나, 그 기속의 성질은 서로 다르다. 헌법은 입법자와 같이 적극적으로 형성적 활동을 하는 국가기관에게는 행위의 지침이자 한계인 행위규범을 의미하나, 헌법재판소에게는 다른 국가기관의 행위의 합헌성을 심사하는 기준으로서의 재판규범 즉 통제규범을 의미한다.[13] 우리는 구체적인 재판에서 적용될 법률조항의 위헌성이 문제시되는 경우에만 당해 법원이 헌법재판소에 위헌법률심판을 제청하는 구체적 규범통제를 취하고 있다. 반면에 구체적인 재판의 전제성이 없이도 청구 주체를 제한하는 가운데 해당 법률조항의 위헌 여부를 판단할 수 있는 제도를 추상적 규범통제라고 한다.

그밖에도 통합진보당사건에서와 같은 정당해산심판, 국정농단의 책임을 물어서 박근혜 대통령을 파면시킨 탄핵심판, 그리고 국가기관 상호간, 국가와 지방자치단체 간, 그리고 지방자치단체 상호간에 권한의 존부를 다투는 권한쟁의심판이 헌법재판을 통해 다루어지고 있다. 이로써 지난 30년 동안 헌법재판소는 기본권 보장에서뿐만 아니라 권력통제에 있어서도 과거의 여느 헌법재판기구들과는 달리 뚜렷한 성과를 보이고 있다.

6. 헌법의 과제와 미래

근대 이후로 오늘날까지 헌법은 주권개념을 중심

글상자 2.4   헌법해석에 관한 헌법재판소 결정 사례

헌법의 해석은 헌법이 담고 추구하는 이상과 이념에 따른 역사적, 사회적 요구를 올바르게 수용하여 헌법적 방향을 제시하는 헌법의 창조적 기능을 수행하여 국민적 욕구와 의식에 알맞은 실질적 국민주권의 실현을 보장하는 것이어야 한다. 그러므로 헌법의 해석과 헌법의 적용이 우리 헌법이 지향하고 추구하는 방향에 부합하는 것이 아닐 때에는, 헌법적용의 방향 제시와 헌법적 지도로써 정치적 불안과 사회적 혼란을 막는 가치관을 설정하여야 한다. (헌재 1989. 9. 8. 88헌가6)

으로 정치공동체의 대내외적인 평화를 이끌어왔다. 또한 자유와 평등 개념은 공동체의 평화와 통합을 지탱하는 주된 추동력으로 작용해왔다. 이렇듯 헌법의 주된 과제가 공동체의 평화와 통합에 놓여있다는 점에는 앞으로도 내내 변함이 없을 것이다. 그러나 헌법 앞에 주어진 여러 소여(所與)와 조건이 이전과 같지는 않다.

글로벌한 국제사회는 유럽연합(EU)과 같은 폐쇄된 블록체제로 점점 더 변화하고 있으며, 이러한 가운데 조약이 세계질서의 평화를 보장하고 실현하는 주된 기제로 전면에 등장하고 있다. 유럽연합의 내부에서도 마스트리흐트조약(1991년)과 리스본조약(2007년) 체결을 두고서 주권의 문제가 다시 불거졌었다. 조약 체결과 함께 구성국가들에게 고유한 주권 일부의 제약이 불가피해지기 때문이다. 개별 구성국가에게는 최고법인 자국의 헌법보다도 EU법이 더 우월한 지위를 갖게 된다. 주권의 속성이 최고성, 불가분·불가양성인데도 주권의 분할과 공유가 진행되고 있다. 그러나 본래 주권의 태생적 본질이 평화의 확보에 있었기에 그것의 속성이 다소 바뀌더라도 대내외적인 평화 추구라는 주권의 본질과 기능은 여전하리라고 짐작된다. 다른 한편으로 이 같은 주권의 일부 분할이 공동체 내에서 개별 국가주권의 확장으로도 평가된다.[14] 또한 최근에 심각한 문제로 불거져있는 전 세계적인 기후변화는 한 국가 단위를 넘어서는 초국가적인 공조협력을 더욱 재촉하고 있으며, 이를 위한 국제조약의 체결 그리고 헌법의 규범 변경 역시 불가피해 보인다.

공동체의 평화와 통합이라는 과제를 앞에 둔 헌법은 여전히 새로운 위기와 도전에 직면하고 있다. 최근에 전 지구상으로 확산되고서 세계보건기구(WHO)가 팬데믹을 선언한 코로나바이러스 사태와 함께 당면한 위기를 타개하기 위해 국가의 통제권한이 보다 강화되고 있다. 이로써 스마트폰 위치추적, 이동통제 등으로 개인의 자유 제한이 당연시되는 등으로 그간의 헌법국가를 지탱해온 법치주의가 크게 위협받고 있으며, 개인의 자유를 강조해온 작은 정부론(small government)이 후퇴하는 가운데 국가의 역할 증대에 따라서 큰 정부(Big Government)의 부활, 그리고 국가주의 사고가 점점 더 강화되고 있다. 그리고 AI 기술 등 4차 산업혁명도 인간의 자유의지와 책임에 기초한 법의 토대에 급격한 변화를 초래할 것이다.

이 모든 도전들에 직면해서 헌법이 공동체의 평화와 통합을 목표로 그간 맡아온 역할과 기능을 제대로 수행할 것인지는 결국 헌법국가를 구성하는 시민들의 적극적인 태도와 노력 여하에 달려 있다.

❖ 주

1) 허영, 『한국헌법론』(서울: 박영사, 2019), p. 48 참조.
2) 헌재 1995. 12. 14. 95헌마221 등 참조.
3) 허영 (2019), p. 49 참조.
4) 허영(2019), p. 62 참조.
5) 이선민, 『'대한민국' 국호의 탄생』(서울: 나남, 2013), p. 13 참조.
6) 헌재 1997. 12. 24. 96헌가19; 헌재 2003. 1. 30. 2001헌바61 등; 헌재 2005. 12. 22. 2003헌바88 참조.
7) 허영 (2019), p. 706 이하 참조.
8) 헌재 1993. 7. 29. 92헌바48.
9) BVerfGE 120, 274 ff. 참조.
10) 헌재 1996. 11. 28. 95헌바1.
11) 헌재 1990. 9. 10. 89헌마82.
12) 헨리 하디 엮음, 박동천 옮김, 『이사야 벌린의 자유론』(서울: 아카넷, 2006).
13) 헌재 1997. 1. 16. 90헌마110 등(교통사고처리특례법 제4조 등에 대한 헌법소원사건).
14) 허영 편저, 『세계화와 법적과제』(서울: 경세원, 2008). p. 92 이하 참조.

❖ 참고문헌

이선민, 『'대한민국' 국호의 탄생』. 서울: 나남, 2013.
허영, 『한국헌법론』. 서울: 박영사, 2019.
허영 편저, 『세계화와 법적과제』. 서울: 경세원, 2008.
헨리 하디 엮음, 박동천 옮김. 『이사야 벌린의 자유론』. 서울: 아카넷, 2006.

3장

정치이데올로기

백승현(경희대 정치외교학과)

최근 정부가 최저임금제와 주 52시간 근로제를 도입해 점진적으로 시행범위를 넓혀오다 모든 사업장에 확대 및 강제시행하려 하고 있다. 이를 둘러싸고 크게 두 갈래로 의견들이 나뉘어 대립한다. 한쪽에는 그 제도의 시행이 근로자들의 소득을 증대시킴으로써 궁극적으로 소비촉진을 가져올 것이고, 나아가 국내 경기 활성화의 지렛대가 될 것이라는 의견을 가진 사람들이 있다. 그런가 하면, 반대로 그것이 대기업과 중소기업은 물론이고 특히 소규모 자영업자들이 감내할 수 있는 범위를 넘어서고, 더욱이 그들의 경영의욕을 꺾어버리는 점에서, 경기침체의 근본요인으로 작용할 것이라는 입장을 피력하는 사람들이 있다. 경영자 입장에서는 대부분 후자에 동조할 것이라고 쉽게 짐작가지만, 근로자 계층에 해당하는 사람들 사이에서는 입장이 둘로 갈리는 편이다. 이 제도 시행으로 봉급이 더 올라가게 되었다고 반기는 사람들도 있는 반면, 근로자의 이익보호와 소득증대를 위해 도입한 정책인데 오히려 실업자가 늘고 일자리 찾기가 더 어려워졌다고 불평하는 사람들도 있다.

이 사례에서 우리는 두 가지 중요한 포인트를 발견할 수 있다. 첫째, 대부분의 정부정책을 둘러싸고 긍정적 입장과 부정적 관점 등 대립적 견해들 사이의 논란이 있기 마련인데, 양측 입장 모두에 대해 설득력 있는 주장이 펼쳐지고 있는 점이다. 둘째, 사람들은 대부분 자기

이익의 관점에서 선호하는 입장에 동조하는 경향을 보인다는 점이다. 그러나 그렇다고 해서 양측 모두 사실적으로나 논리적으로나 똑같이 타당하다는 것을 의미하는 것은 아니다. 또 자기이익에 대한 각자의 관점이나 의견들이 항상 일관되거나 일치하는 것도 아니다. 여하튼 이러한 모습이 지속적으로 일어나고 있는 것이 정치의 현실이자 정치적으로 중요한 흐름이기도 하다.

우리는 좋든 싫든 이데올로기의 시대에 살고 있다. 1960년 벨(Daniel Bell)은 정치의 바람직한 목표에 대한 합의가 증대함에 따라 최소한 서구에서는 '이데올로기의 종언'이 도래할 것이라고 기대 섞인 이야기를 했었다. 그리고 1990년대 소련과 동유럽 공산권이 붕괴되자, 마르크스-레닌주의가 사멸하고 이데올로기의 시대가 끝날 것이라고 하는 기대가 없지 않았다. 그러나 소련의 붕괴로 이데올로기가 종언을 고한 것은 결코 아니었다. 시장경제에 토대한 유사사회주의적 권위주의체제의 러시아나, '시장경제사회주의'를 표방한 중국이 여전히 이데올로기적 특성에서 자유민주주의체제와 대립하는 모양새를 보이는 점에서 이데올로기의 시대는 아직 끝나지 않았다. 또한, 1980년대 이후 이슬람근본주의에 토대하여 등장한 이란의 이슬람공화정과 탈레반 등도 이데올로기에 근거한 정치세력이다. 무엇보다도 이데올로기의 시대가 끝나지 않을 것임을 확인할 수 있는 분명한 증거는 미국 중심의 자유주의체제도 이데올로기에 토대한 정치질서이기 때문이다. 여하튼 이데올로기는 현대정치에서 매우 중요한 요소임이 틀림없다. 그러므로 현대정치를 이해하는

데 있어서 정치이데올로기에 관한 탐구는 핵심적인 일이 아닐 수 없다. 이러한 점은 한국정치에 있어서도 마찬가지이다.

1. 정치이데올로기의 일반적 개념과 정의

사전트(Lyman Tower Sargent)의 정의에 의하면, "이데올로기는 어떤 집단에 의해 사실이나 진리로 받아들여지고 있는 가치체계나 신념체계"이다. 그것은 사회의 다양한 제도와 과정들에 대한 일련의 태도들로 구성된다. 이데올로기는 그 신봉자에게 세계에 대한 그림을 '있는 그대로의 것'으로서나 '당위적인 것'으로서 제공해 준다. 그렇게 함으로써 세계의 복잡성을 단순하고 이해할만하게 정리해 준다."[1]

이데올로기 용어는 '지식' 또는 '이념'을 뜻하는 eidos와 '말' 또는 '학문'을 의미하는 logos 등 두 개의 그리스어가 합성된 것으로, 문자적으로는 '이념의 학문'을 뜻한다. 이데올로기 용어가 등장한 것은 대중의 정치개입이 인류 정치역사상 최초로 일어난 프랑스혁명 이후의 일로서, 계몽주의 사상가 드 트라시(Destutt de Tracy)가 1800년대 초 이 용어를 처음 사용하면서였다. 1826년 출간된 『이데올로기의 요소(*Elements d'Ideologie*)』에서 그는 진리탐구에 있어서 형식논리적이고 정교한 방법을 통한 '이념의 과학'을 시행할 것을 제안하였다. 그는 사람들의 감각적 경험과 사상 사이의 인과론적 관계를 규명하는

시도로 '이념의 과학'이 성공하면 인간사회의 정치적 문제들도 해결될 것으로 기대했던 것이다.

현대 사회과학자들 중 일부는 이 용어를 '신념체계'의 의미로 묘사적이고 중립적인 관점에서 사용한다. 그러나 이데올로기는 일상적인 대화나 정치적 토론에서 부정적, 폄하적, 심지어 경멸적인 의미로 사용되는 경우가 더 많다. 대화나 논의 과정에서 이데올로기로 지칭되는 주장은 보편타당한 관점에서 충분한 사유와 추론을 거쳐 갖게 된 관점이나 보편적으로 공유되는 것이라기보다, 자기이익이나 주장의 합리화와 정당화를 위해 한쪽으로 치우친 관점에서 완고하게 논리를 전개하며 교조적으로 신봉, 추종하는 모습을 보일 때 그런 태도를 지칭하는 것으로 사용되기 때문이다. 이데올로기 용어를 폄하적으로 사용한 첫 사례는 나폴레옹이다. 자신을 보좌하던 계몽주의자들의 한쪽으로 치우친 완고한 태도에 질린 나머지, 나폴레옹은 그들을 경멸적으로 '이데올로그(ideologues)'라고 불렀다.

또한, 마르크스는 이데올로기를 사회에 관한 관찰을 통해 얻은 '바른 이념'에 반대되는 '허위이념'으로 정의함으로써, 이데올로기의 함의를 부정적인 방향으로 낙인찍는 데 결정적 기여를 하였다. 그는 한 사회의 경제구조가 그 구성원들의 사상과 이념뿐 아니라, 법, 정치, 문화, 전통 등 모든 제도와 관계들까지 근본적으로 형성한다고 주장했다. 이데올로기를 부정적 함의로 재정의하면서 마르크스가 강조한 것은 공산주의 이론은 과학이라는 것이었다. 그러나 그의 의도와 달리, 공산주의가 후대로부터 가장 대표적 '이데올로기'

로 평가받고 있는 것은 아이러니가 아닐 수 없다.

요약하면, 정치이데올로기는 어떤 것이 가치 있는 것이고 어떤 것이 그렇지 않은 것인지, 어떤 것이 유지돼야 하고 어떤 것이 변화되어야 하는지를 분명히 구분하는, 그리고 그것을 공유하고 있는 사람들의 사고방식과 태도를 형성하는 하나의 이념체이다. 즉, 정치이데올로기는 사회의 병폐를 치유하고자 하는 신념체계이다. 그렇기 때문에 그것들은 한 사회에 속한 개인과 집단들을 정치적으로 행동하도록 결집시키고 격동시키는, 광범위하면서 확실한 형태가 없는 사상적 조각들의 집적체인 추상적 관념들이다. 한 마디로 그것들은 행동을 위한 프로그램들이다.

2. 정치이데올로기의 기능과 특성

정치학자들은 정치이데올로기의 기능으로 몇 가지를 들고 있는데, 그중 첫 번째로 꼽을 수 있는 가장 중요한 것이 "정당하고 지지할만한 가치가 있는 어떤 사회적 행동 프로그램을 정의하는 일",[2] 즉 정치적 정당화(legitimation) 또는 합리화(rationalization)의 기능이다. 한 공동체 안에서 정치가 이뤄지는 근본적 가치들에 대해 명료화함으로써, 그 체제와 프로그램 및 정책들에 대해 정당성을 부여해 주는 것이다. 정치체제나 정권이 정당성이 있는지, 그 권력의 집행에 복종할 가치가 있는지를 정의하는 기능이다. 어떤 정권이나 운동의 도덕적 타당성을 강하게 믿는 사람들은 그

운동이나 정권을 위해 위험한 행동도 불사할 정도로 쉽게 설득당하기도 한다. 열성적 옹호자들의 강한 이데올로기적 신념은 자기확신과 사명감을 더욱 강고하게 강화시키고, 추종자들을 설득하고 동원하는 데서도 큰 성과를 거둔다.

두 번째 기능은 첫 번째 것과 연결되는 것인데, 개개인의 정치사회화를 돕고 그들에게 정치적 정체성과 정향성을 공유케 하는 것이다. 이데올로기는 신념과 가치의 틀 안에서 사람들의 관심과 주의를 이끌어 모으고, 각 개인들 간의 소통을 촉진시킴으로써 공동체 구성원들 사이에 공유되는 의미를 제공해 준다. 역사와 사회에 대한 이해의 의미를 마련해 주고, 또 어떤 종류의 일들에 관심을 기울여야 할지 또는 무시해야 할지 등에 관한 단서를 제공해 준다. 예를 들면, 이념적 진보주의자들은 역사를 구태의연한 전통적 가치와 제도들의 권위로부터 사회경제적 평등과 해방을 향해 더욱 강하게 전진하는 과정으로 이해하려는 경향이 강하다. 이에 비해 보수주의자들은 전통적, 애국적, 종교적 가치와 제도들에 강한 애착을 갖고 있고, 또 자유로운 기업활동과 능력에 따라 보상하는 차등적 보상에 의해 경제적, 사회적 진보가 이룩될 수 있다고 믿는다.

세 번째는 그 신봉자들을 격동시켜 움직이게 하는 정치적 동원의 기능이다. 이런 기능이 발현되는 과정에서 이데올로기는 정치적 안정과 단결의 근원이 되기도 하고, 반대로 정치적 불안정과 갈등의 근원이 되기도 한다. 매크리디스(Roy Macridis)는 "정치의 역동성은 … 사람들이 발전시키는 이념에 달려 있다"[3]고 하였고, 바라다트(Leon Baradat)는 "현재의 이데올로기들에 대해 분명하게 이해하는 일은 우리 시대의 정치적 현실에 대해 이해하고자 하는 사람에게 있어서 본질적인 일"[4]이라고 하였다. 특정 사회의 지배이데올로기가 주장하는 바와 배치되거나 또는 그것을 논박하는 주장을 담고 있는 점에서 탈정당화의 기능이라고 할 수도 있다. 이런 저항이데올로기는 적대적 입장인 지배이데올로기의 주장을 반박함으로써, 그에 토대하고 있는 정권의 정당성을 불신하게 만들고 약화시킨다.

다양한 정치이데올로기들에서 발견할 수 있는 공통적인 특성은 — 기능과 겹치는 부분이 적지 않지만 — 1) 행동지향적, 2) 대중지향적, 3) 축소주의적, 4) 유물론적인 것, 5) 현실을 단순화하는 점, 6) 정치사회의 '완성'을 약속하고 있는 점 등을 들 수 있다. 정치이데올로기들은 현실사회의 문제점을 타파하거나, 또는 저항적 운동으로부터 현 체제를 옹호하고자 하는 등 각기 대중을 대상으로 설득하고자 한다. 그러므로 이데올로기들은 확실하고 단순명료한 논리와 용어를 사용한다. 그것들은 신봉자로 하여금 다양한 사건들을 일관된 방식으로 인식하고 대응할 수 있도록 논리적으로 인도해 준다. 또한, 동일 이데올로기 옹호자들 간에 특정 용어들이 공유되기 때문에, 그들 사이에서는 소통이 원활하고 단순화된다. 예를 들면, '종북좌파', '빨갱이', '보수꼴통', '적폐청산' 등과 같은 용어가 동일집단 내 구성원들 간에 어떤 이념이나 대상을 표현하는 약칭 코드로 통용된다. 또한, 운동, 정당, 혁명적 세력들을 결집해 투쟁하고 희생도 감수하도록 할 만큼, 이데올로기는 동기부여를 한다. 그러나 정치이데올로기에 대한 극렬한 몰입은 그 신봉자로 하여금, 자신이 믿어온 세계관과 일치하지 않는 사실들에 직면하게 될 때, 그것들을 무시하거나 왜곡하도록 이끌기도 한다.

3. 한국 정치이데올로기의 유형과 특징: 1987년 이전

정치이데올로기의 유형에 대해 윌호이테(Fred H. Wilhoite)는 '합리화 이데올로기(rationalization ideology)'와 '세계관 이데올로기(worldview ideology)'를 구분하면서, 어떤 집단의 재화나 권력 등 이해를 정당화 내지 합법화하고자 하는 합리화 이데올로기들이, 20세기에 들어서면서 역사적 경향과 이데올로기의 함의변화로 인해 합리화의 범주를 넘어 더 넓은 범주를 포괄하는 세계관 이데올로기들로 발전했다고 한다.[5] 그는 또 세계관 이데올로기들을 '포괄적 이데올로기'와 '제한적 이데올로기'로, '지지적 이데올로기'와 '비판적 이데올로기'로 나누고 있다. 스키드모어(Max J. Skidmore)는 변화를 지향하는지 여부와 변화 추구의 방법에 따라, 현존질서를 보존하고자 하는 '현상유지적 이데올로기', 현존질서 범위 내에서 변화를 추구하는 '개혁적 이데올로기', 그리고 현존질서를 대체하고자 하는 '혁명적 이데올로기' 등 세 가지로 구분한다.[6] 래니(Austin Ranney)는 '정부권력의 제약에 관심 갖는 이데올로기', '경제문제에서 정부의 역할에 관심 갖는 이데올로기',

그리고 '정치적 결정에서 최종권력의 위치에 관심 갖는 이데올로기' 등으로 구분하면서, 첫 번째의 예로 입헌주의, 고전적 자유주의와 전체주의를 들고 있고, 두 번째의 예로 자본주의, 자유방임주의와 사회주의를, 그리고 세 번째의 예로 민주주의와 권위주의를 들고 있다.[7]

한국에서 민주주의 정치질서의 정착을 위한 대장정은 1987년을 기점으로 둘로 나눌 수 있다. 첫 단계는 1948년 대한민국 정부수립을 첫 출발점으로 민주주의를 표방한 새로운 정치체가 첫걸음을 내디딘 이후 40년이 지난 1987년까지의 기간이다. 제1공화국부터 제5공화국까지 다섯 번의 헌법이 폐기되고, 여섯 번째 헌법체제가 등장한 이 기간 동안, 한국에서 민주주의 정치는 실패와 시련의 연속으로 점철되었다. 그런 점에서 '도전과 시련의 시기'로 부를 수 있다. 1987년을 전환점으로 하여 지금까지 30여 년간 한국의 민주주의 정치지형은 크게 성장, 변화, 발전하였다. 촛불집회로 상징되는 다중의 정치참여가 점진적으로 증대됨에 따라 참여민주주의의 양태가 가히 폭발적일 정도로 확산되어 대통령 탄핵에 의한 평화적 정치변동이 이뤄지는 단계까지 경험하기에 이르렀다. 이 기간을 '성숙을 향한 성장통의 시기'라고 부를 수 있다. 이 절과 다음 절에서 1987년 이전과 이후 두 단계로 나눠 한국 정치이데올로기의 유형과 특징 및 그 변천양상을 살펴보고자 한다.

한국정치체제에 도입되어 현재까지 정치현실에 영향을 끼치고 있는 중추적 토대 이데올로기는 자유민주주의이다. 자유민주주의로 지칭되는 정치질서에서는 민주주의의 토대 위에 자유주의, 입헌주의, 대의제도, 공화주의 등이 함께 융합되어 작동되는 것이 일반적인 모습이다. 그러나 이론과 제도상으로 자유민주주의를 채택했지만, 실제 한국정치 현실에서 나타난 것은 권위주의였다. 한국정치체제가 표방하거나 또는 현실적으로 등장하거나 하여 그 정치질서의 근간을 이뤄온 이데올로기들을 그 발현 양태와 영향범주 등을 토대로 주요 이데올로기와 부차적 이데올로기로 나눌 수 있는데, 민주주의, 자유주의, 권위주의를 주요 이데올로기로, 입헌주의, 보수주의, 반공주의, 민족주의를 기타 이데올로기로 나누어 살펴고자 한다.

주요 이데올로기

민주주의   이데올로기를 다루는 많은 저작들에서 민주주의를 다루고 있으나, 엄밀히 말하면 민주주의는 이데올로기가 아니다. 한국의 민주주의 정치에 대해 살펴기에 앞서서 먼저 "민주주의가 이데올로기인가?"에 대해 살펴볼 필요가 있다. 민주주의가 이데올로기가 아닌 첫 번째 이유는, 민주주의가 본래 통치자의 수를 기준으로 정치체제의 유형을 구분할 때, 다중에 의한 지배를 의미하는 정치체의 명칭이기 때문이다. 그리스어로 다중이란 뜻의 데모스(demos)와 정치체를 뜻하는 크라티아(kratia)의 합성어인 데모크라시는 '민주주의(democratism)'보다 '민주정'으로 번역하는 것이 타당하다.

두 번째 이유는 거의 모든 국가들이 자신을 민주주의라고 주장하고 있는 점이다.[8] 아리스토텔레스가 고대적 의미의 민주정, 즉 직접민주정을 중우정으로 비판한 이래 19세기 초까지 민주주의는 부정적 함의를 지닌 것으로 인식되었다 (글상자 3.1 참조). 그러나 루소(Jean Jacques Rousseau)의 이론이 소개되고, 미국이 독립혁명을 거쳐 건국한 1700년대 후반 이후 민주정에 대한 향수가 서양 근대인들 의식 속에 싹트면서 민주주의에 대한 함의는 긍정적인 방향으로 선회하기 시작했다. 그리고 근대 국민국가의 등장 이후, 국가의 규모 면에서 직접민주정의 실현이 현실적으로 불가능해진 만큼, 대의제도와 연합된 민주정, 즉 대

글상자 3.1   아리스토텔레스의 democracy에 대한 비판

아리스토텔레스는 그의 대표적 저작인 『정치학(*The Politics*)』에서 정치체제의 유형을 지배자의 수와 올바른 체제-잘못된 체제의 두 가지 기준으로 구분하였다. 1인 지배체제가 공동선을 위해 기능할 때, 군주정, 소수지배체제가 공동선을 추구할 경우 귀족정으로 불렀고, 자유시민이 정치에 직접 참여하는 다수지배체제가 올바르게 기능할 때, 그것을 폴리티(polity)라고 불렀다. 그 왜곡된 체제를 각기 폭군정, 과두정, 중우정(democracy)으로 분류했는데, 잘못된 체제 중 최악이 폭군정, 그 다음이 과두정이고, 중우정은 그중 견딜만한 체제라고 하였다.

의민주주의가 민주주의를 표상하는 의미로 확고히 자리 잡기 시작했다. 그런 점에서, 영국이 군주국임에도 입헌자유민주주의 국가로 분류하는 것이다.

사실 고대 그리스 정치이론에 따르면, 현대 민주국가는 혼합정치체제(mixed regime)라고 불러야 맞을 것이다. 20세기에 들어와서 거의 모든 사람들이 민주주의는 자유, 평등, 정의와 그 밖의 많은 정치적 가치들에 대한 희망을 성취시켜줄 최상의 체제를 표상하는 것으로 인식하고 있다. 그리하여 독재국가의 철권통치자도 자기 체제를 민주주의로 부를 만큼 그 명칭이 남용되고 있다. 무솔리니(Benito Mussolini)는 "이탈리아 파시즘은 진정한 민주주의의 실현"이라고 했고, 괴벨스(Joseph Goebbels)도 "나치독일이 가장 고귀한 근대 민주주의 국가형태"라고 주장했다. 소련도 "낡은 부르주아 의회민주주의와 비교할 때, 인민민주주의는 새롭고 차원 높은 민주주의의 형태"이며, "소련이 세상에서 가장 민주적인 체제"라고 주장했다. 파시스트도 민주주의를 신봉하고, 공산주의자, 보수주의자, 자유주의자도 민주주의를 선호하고 있는 것이다. 중동 일부 나라의 왕들만 자신들 체제가 민주적이라고 불리는 것을 경멸할 뿐이다. 여러 나라들이 상반되는 가치정향의 이데올로기를 추구하면서도 각자 '민주주의'로 자부하고 있는 점에서, 민주주의는 이데올로기라고 할 수 없다.

세 번째 이유는, 이데올로기에 대한 계몽주의자들의 이해와 달리, 민주주의가 유물론과 감각주의의 토대 위에 서 있다고 단언할 수 없기 때문이다.[9] 계몽주의자들의 연장선상에 있는 대다수 근대인들은 그런 단언에 대해, 민주주의 정치를 경험할 수 있는 여건이 물리적인 토대에 제한될 수밖에 없기 때문이라고 반론할는지 모르겠지만, 고대적 전통의 관점에서 이런 근대적 입장은 수용 불가하다. 왜냐하면, 아리스토텔레스는 민주정, 즉 중우정의 다중인민도 영혼적 존재라는 전제에서 논의를 펼쳤기 때문이다. 그에게 있어서 영혼은 감각적 차원과 분리해 다룰 수 있는 초월적 차원을 의미하는 것으로서, 실재적인 것이고, 육체적·물리적 차원을 넘어서는 영역인 것이다.

여하튼 민주주의에 대한 이해와 용례가 다양할지라도, 오늘날 민주주의라고 할 때, 그것은 대체로 입헌, 대의, 자유민주주의 정치체제를 함의한다. 오늘날 자유민주주의체제로 평가할만한 국가의 수는 전 세계 주권국가 중 3분의 1을 넘어서는 정도에 불과한데, 그 이유는 무엇인가? 이런 문제에 연구노력을 기울여온 다알(Robert Dahl) 등 여러 정치학자들의 연구결과를 종합하면 (글상자 3.2 참조), 현대사회에서 민주주의 정치라고 지칭할 때, 그것은 대체로 다음과 같은 두 가지 차원의 요소와 요건들을 함유하고 있는 정치질서를 일컫는다. 첫 번째 차원은, 자유민주주의 정치질서의 기본적 요소들이다. 1) 대중적 대의제도, 2) 정부의 국민에 대한 책임성, 3) 정부에 대한 국민의 지지, 4) 경쟁적 다수정당체제: 자유로운 정치적 경쟁 및 평화적 정권교체, 5) 질적 의미에서의 다수지배, 6) 반대의견 제기와 불복종의 권리 및 정치적 관용, 7) 사유재산제도와 시장경제 등 일곱 가지를 들 수 있다. 둘째는 민주평생 경험적 이론에 토대하여 민주주의 연구에 매진한 다알(Robert Dahl, 1915~2014)은 정치적 다원주의(political pluralism)로 불리는 다원주의적 민주주의이론을 제시하였다. 미국정치에 관한 그의 이론은, 미국이 군-산-정(軍産政)으로 유착된 소수 유력인들 그룹에 의해 움직여진다고 하는 밀스(C. Wright Mills) 등의 파워엘리트이론을 침잠시켰다. 그는 민주주의 정치에 대한 정의, 그 기준 및 조건과 현실정치에서 민주주의가 작동되기 위한 제도 및 성공요건 등에 대해 연구하였다.

고대 그리스와 로마 공화정에 뿌리를 두고 있는 공화주의는 법에 의한 지배(rule of law)와 함께, 정치권력이 공동체 구성원 모두의 공동선을 위해 봉사할 것을 강조하는 이데올로기이다. 또한, 대통령과 국회의원 등 시민들에 의해 선출된 대표들이 일정한 임기 동안 공동체 전체의 이익을 위해 봉사하는 대의제 정부형태와 권력분립체제를 지지한다.

주의 정치질서가 성공적으로 정착, 발전하기 위해 필요한 선결요건들이다. 1) 폭력적 혁명보다 평화적 진보의 역사발전의 전통, 2) 사회경제적 다원성, 3) 발전된 경제수준, 4) 하위공동체 간 격렬한 갈등과 분쟁의 부재, 5) 정치엘리트 및 적극적 정치참여자들의 입헌, 자유민주주의에 대한 신념과 의지, 6) 시민들의 교육수준 등 여섯 가지가 그것이다.

자유주의 서유럽과 미국에서 민주주의와 공화주의, 자유주의는 각기 별개의 개념이었다. 그러나 선출된 대표들에 의해 정부가 구성되는 대의제도가 직접민주정의 부정적 이미지를 희석시키면서 '민주주의'와 '공화주의'(글상자 3.3 참조)가 접합되어 사용되기 시작했다. 또 미국 연방헌법의 제정과정에서 개인의 자유 등 개인적 요소의 보호가

입헌주의에 포함되면서, 입헌민주주의와 자유민주주의가 거의 동일한 의미를 지닌 것으로 통용되기 시작하였다. 이러한 미국식 정치이데올로기의 토대 위에서 한국은 자유민주주의를 도입하였다. 민주공화국을 표방한 한국의 정치와 제도들은 근본적으로 자유주의에 의거해 형성된 것이다.

민주주의와 자유주의가 융합돼 사용되는 게 일반적이지만, 민주주의에 비해 자유주의는 근대 정치이데올로기로서 분명한 정체성을 갖고 있다. 그 명칭은 '자유(free)'를 뜻하는 라틴어의 'liber'에서 비롯되었다. 사회와 개인이 정부간섭으로부터 가능한 한 자유로워야 한다는 것, 즉 개인적 자유가 자유주의의 핵심요소 중 하나이다. 사회의 기본요소로 개인에 주목하여 개인들의 선택에 의한 계약으로 사회가 존재하게 되었다는 가설을 세운 홉스(Thomas Hobbes)의 토대 위에서 자유주의 정치이론의 본격적인 틀을 세운 것은 로크(John Locke)이다. 재산권 보호를 위해 사회가 결성되었다는 로크의 관점은 근본적인 자유주의적 사고의 단초가 되었고, 또한 자유주의 정치이

론이 고전적 자본주의의 발흥을 가능케 하는 이론적 토대가 되었다.

자유주의의 또 다른 핵심요소인 제한정부론은, 시민들이 정부에 권력을 '위임(trustee)'한 게 아니라 '수탁(fiduciary)'한 것이므로, 주권자인 시민들이 정부를 교체할 수 있다는 것이다. "가장 적게 통치하는 정부가 가장 좋은 정부"라는 제퍼슨(Thomas Jefferson)의 말이 자유주의의 요체를 간명하게 요약한다. 영국지배로부터 벗어나 대의제도에 토대한 민주공화정을 처음 시작한 미국인들, 특히 경제활동 영역에서 자유를 선호하는 사람들에게 고전적 자유주의는 마치 오리가 물을 만난 것과 다름없었다. 종교와 언론의 자유, 표현과 결사의 자유 등을 정부가 감독, 통제해서는 안 된다는 것이 또한 자유주의의 요소이다. 미국의 영향으로 미국식 자유민주주의가 한국의 정치이데올로기로 도입된 것은 자연스러운 일이었다.

권위주의 권위주의는 국민의 요구나 의사에 대해 책임 있는 반응을 하지 않으면서, 지배자 한 사람, 또는 정당이나 군부 등에 의해 권력이 독점되는 독재정치를 의미한다. 권위주의와 전체주의는 모두 독재정치이므로 혼동되는 경우가 많으나, 둘 사이에는 차이가 있다. 전체주의 국가에는 인간 삶의 모든 영역에 관여하는 포괄적 이데올로기가 있고, 그것이 그 국가의 선과 악을 판단하는 기준이 된다. 정부 관리들은 이데올로기의 무오류성과 독점성을 전제로 인간의 모든 삶을 조정, 통제, 지시하려 한다. 이에 비해, 권위주의체제에는 지배이데올로기가 없거나, 강하게 작동되

지 않는다. 그리고 주도정당 외에 야당들도 있고 기능하지만, 정권교체를 넘볼 정도까지 허용되지는 않는다. 또한, 권위주의에서는 기업활동이 비교적 활발하게 이뤄지기도 한다.

제2차 세계대전 이후 독립한 아시아와 아프리카의 많은 국가들에서 민주주의 정치문화는 오래 지속되지 못하고 좌절되기 일쑤였다. 권력을 장악한 지배자들은 국민들이 원하는 바에 따라 국가를 이끌기보다, 권위주의 지배형태로 전락하였다. 한국의 경우도 예외가 아니었다. 단명으로 끝난 장면정부의 경우를 예외로 하면, "해방과 분단 이후 한국에는 줄곧 무소불위의 권력을 휘두르는 독재정권이 등장했다. 이런 통치형태는 왕조시대나 일제 식민시대의 전통적 지배형태로부터 어느 정도 영향을 받았고, 분단과 전쟁 후 남북 간 치열한 대립에서 국가안보의 필요성이 강조됨에 따라 정당화"[10]된 면도 없지 않다. 한국의 민주정치체제는 이론상 민주주의였지만, 많은 결함을 드러냈던 것이다.

전쟁의 상흔으로 인해 반공주의의 보수적 입장을 취했던 이승만정부는 집권연장을 위한 무리한 정치적 사건들을 추진하였다. 독재정치와 부정부패가 갈수록 심각해지다 4·19학생혁명으로 막을 내렸다. 제2공화국은 의회제(의원내각제)와 양원제 국회를 도입하고, 자유민주주의 정치를 충실히 이행하고자 하였으나, 통일논의와 진보성향 정치활동의 허용으로 인한 다중의 요구와 시위가 빈발한 데다, 경기침체와 식량난 등 경제마저 어려운 상황에서 출범 9개월 만에 5·16군사쿠데타로 종막을 고하였다. 박정희정부는 강력한

반공주의 정책을 견지하여 이전 정부보다 더욱 보수적인 태도를 취했고, 경제개발계획을 추진하였다. 장기집권을 획책한 박 대통령은 1972년 친위 쿠데타로 국회를 해산하고, 국무회의에서 '유신헌법'을 제정해 간접선거에 의한 6년 임기 대통령에 선출되었다. 중임제한을 없애 종신집권의 길을 열었고, 대통령이 의회와 사법부까지 통제할 수 있도록 하는 등, 대통령 권한을 무소불위로 보장한 '유신체제'는 권위주의 독재정치의 극치였다. 정부는 이를 '한국적 민주주의'라고 선전했으나, 권위주의 독재를 분식하는 수사에 불과했다.

유신체제를 지탱해준 힘은 공포와 물리력, 그리고 대통령의 주도하에 이뤄낸 괄목할만한 경제성장이었다. 박정희정부는 경제제일주의를 표방하여 강력한 국가주도 성장정책을 밀고 나갔으나, 정치적 일탈과 부정이 경제성장의 구호 아래 이른바 '개발독재'라는 말로 정당화되었다. 경제정책의 기본방향은 외국자본과 기술을 도입해 공업을 육성하고 양질의 값싼 노동력으로 만든 제품을 수출해 자본을 축적하는 수출주도형 공업화 정책이었다. 1977년부터 중화학공업 우선정책으로 변환해 산업구조의 고도화에 성공하였다. 그러나 재벌중심 경제구조로 인한 산업불균형, 재벌과 정치권의 유착으로 인한 부패만연, 지역발전의 편차, 농촌의 피폐와 도시빈민층의 형성 및 환경공해 등의 문제가 대두되었다. 유신체제 붕괴 이후 군부 내 쿠데타와 광주 민주화항쟁의 과잉진압을 거쳐 등장한 전두환정부는 대통령 임기를 7년 단위로 하는 등 유신헌법의 일부만 수정한 새 헌법을 제정하였다. 언론매체를 통폐합하고 반정부 성향의 기자들을 강제 해직해 언론을 장악했다. 경제는 성공적인 편이었으나, 정치는 여전히 낙후된 상태로, 정권의 최고 실세만 바뀌었을 뿐 유신체제나 5공 신군부나 민족주의, 반공주의에 토대한 권위주의적 독재정치는 변함없이 지속되었다.

기타 이데올로기

입헌주의 입헌주의는 정부권력이 헌법에 의해 제한되는 것을 의미하는데, 그 시초는 1215년 '대헌장(*Magna Carta*)'이다. 영국 존 왕(King John)이, 예를 들어 전쟁을 위해 병력과 세금을 징발하려 할 때, 귀족들과 협의를 거친다는 등 당시 귀족들의 요구를 인정하는 내용을 담은 것으로, 왕의 권리가 법에 의해 제한될 수 있고, 몇 가지 권리는 포기하며, 법적 절차를 존중할 것임을 왕이 동의한 것이다. 대헌장에 민주주의에 대한 직접 언급은 없지만, 왕권의 제한이 거기에 담긴 큰 의미이다. 수 세기 동안 대헌장은 영국, 미국, 캐나다 등에서 민주주의와 개인의 자유를 증진시키는 데 이용되었다. 그 후 헌법에 의해 통치되는 국가들에서는 정부가 언론, 종교 및 자의적(恣意的) 인신구속으로부터의 자유 등 기본적인 시민적 권리를 보장하기 위해 정부권력이 법과 제도에 의해 제한되는 원칙이 확립, 통용되고 있다.

이에 반해, 전체주의 또는 권위주의 국가들에서는, 정부권력이 헌법에 의해 제한되지 않는다. 그 국가들에서는 헌법이 있어도 시민적 권리의 보장에 관한 언급이 없거나 애매모호하여 개인과 일부 집단들이 정부의 자의적 권력행사로부터 보호받지 못한다. 헌법체계를 갖고 있지 않은 현대국가는 없다. 그러므로 헌법의 존재유무가 입헌주의 여부의 기준이 아니라, 정부권력의 자의적 행사를 제한하는 헌법적 가치와 정신이 실제로 존중되는지 여부가 입헌주의의 핵심이라고 할 수 있다.

보수주의, 반공주의　고전적 보수주의의 원조인 버크(Edmund Burke) 사상의 기본맥락은 자유주의와 다르지 않다. 그러나 버크는 프랑스혁명에 적용된 자유주의 사상에 강한 반대를 표명했다. 프랑스에서 자유주의는 급진주의로 변질되었는데, 동일한 이데올로기가 다른 환경에선 뒤틀리고 변질될 수 있음을 보여준 것이다. 프랑스 급진파들은 기존 제도와 질서를 모두 다 없애버렸고, 대두되는 문제들을 단두대로 해결하려 했다. 그들은 인간이성에 대해 지나친 확신을 갖고 있었는데, 그것은 비이성적 열정과 충동으로 쉽게 변질되었고, 결국 무질서의 혼란을 야기했다. 이 점을 프랑스 급진적 자유주의자들의 큰 실수로 보았던 버크는 그런 과격한 행태를 억제하기 위해 사회가 전통, 제도, 도덕 기준 등을 발전시키는 것임을 강조하였고, 또한 영국적 전통을 온존시킨 명예혁명과 프랑스혁명은 질적으로 서로 다른 것임을 주장하였다. 이것이 고전적 보수주의의 근간이다.

　남북분단과 한국전쟁, 북한 공산집단과의 격렬한 대치라는 한반도의 특수한 상황으로 인해, 한국정치에서는 이승만정부로부터 1998년 김대중정부가 등장하기 이전까지 50여 년간, 자유민주주의와 보수주의가 마치 동전의 양면같이 한 짝으로 대세를 이루고 있었다. 북한과의 대척점에서 자유민주주의 정치체제를 옹호 유지하는 것이 곧 보수주의 입장이었다. 또한, 보수주의는 반공주의와 일맥상통하였다. 그러므로 한국의 보수주의는 체계적 이론과 철학에 토대한 이념적 지향의 가치요소가 명료하게 언명되기보다, 현실적 필요에 의해 주장된 정치적 구호나 수사, 정치적 입장에 지나지 않는 특징을 주로 보였다.[11]

민족주의　민족주의는 특정 민족단위 구성원들에게 공통의 역사적 연원을 강조하고, 민족자결과 자치를 추구하도록 추동하는 이데올로기로서, 다른 이데올로기나 정치사회적 운동과 융합되어 나타나는 것이 일반적 현상이다. 혈통적·문화적으로 세계에서 단일성이 가장 높고, 단일 언어와 문자를 가진 민족으로서 1500여 년 이상 단일정치체로 존속해온 한국인들이 독립국가를 세운 후, 한국사회에 강한 민족주의 흐름이 형성된 것은 당연한 일이었다. 그러나 민족주의 경향은 한국 정치사회에 그보다 한층 더 강한 정치적 추동 요인으로 자리 잡게 된 반공주의로 인해 단조로워질 수밖에 없었다. 정치적 동력이 시민사회보다 집권세력에게 상대적으로 강하게 주어져 있었던 1948년부터 1987년까지 민족주의의 발현 및 전개양상은 자연히 정권의 보조역할에 그치는 수준이었다. 유신정권은 민족주의 열기를 정권차원의 통치이념으로 활용하고자 '주체적 민족사관'을 강조하고, '민족중흥'을 주장하며, 국사교육을 강화하기도 하였다. 이 당시 민족주의적 시책들이 민족주체성에 대한 자각을 회복시키는 계기가 되기도 했으나, 권위주의 정권의 수단화하여 개발독재 강화에 기여한 점을 부인할 수 없다.

4. 한국 정치이데올로기의 토대와 변천: 1987년 이후

박정희 대통령과 전두환 대통령에 의한 권위주의 독재정권 시절, 한국의 경제부문은 급속히 성장하고 본격적인 산업사회로 진입하기에 이르렀으나, 정치부문은 시간이 멈춘 듯했다. 정치의 후진성은 정치권뿐 아니라 시민, 학생과 각계각층의 불만을 고조시켜 마침내 1980년대 중반부터 강력한 반정부 세력이 등장했다. 현대 한국정치에서 1987년은 매우 의미 깊은 해이다. 1987년 중반 '6월항쟁'이라 불린 거국적 민주항쟁의 결과로 집권당 대표가 시국수습방안을 내놓았고, 5년 임기의 단임 대통령직선제 개헌이 확정되어 노태우정부가 등장했다. 이후 한국 정치사회는 권위주의에서 자유민주주의로, 강압적 독재정치에서 법치사회로 점진적으로 변해가는 전환점이 됐다. 민주주의로 향하는 새로운 길로서 제6공화국 민주화시대가 시작된 것이다. '88 서울올림픽' 개최를 계기로 소련, 동구권 및 중국 등과 외교관계가 수립되었고, 1991년 남북한 동시 유엔가입이 실현되었다. 이런 전반적 사회분위기에 맞춰 민주화, 자율화를 위한 제도개선 등이 사회 여러 영역들에서 이뤄졌고, 민주화 바람을 타고 노동조합운동이 전 사회로 확산되었다. 한마디로 한국정치에서 권위주의의 때가 벗겨지고, 색채가 엷어지기 시작한 것이다.

그 뒤 들어선 김영삼정부는 장면정부 이후 최초의 정통성 있는 민간정부였다. 그런 점에서 이전 정부들에 비해 훨씬 민주적 개혁제도와 절차들을 도입하였다. 도덕성 회복을 최우선 과제로 내걸고 비리와 부정을 시정코자 했고, 공직자 재산등록제, 금융실명제를 도입해 경제개혁의 기초를 놓았다. 그 후 등장한 김대중정부는 한국정치 역사상 최초로 여야 간 정권교체에 의해 등장한 정부였다. 이때부터 경실련 등 NGO들의 활동이 대폭 증대하였고, 그 활동 영역이 점차 정치로 확산되었다. 과거 반정부투쟁을 했던 인사들이 각종 이슈들을 중심으로 NGO를 결성하면서 한국정치 사회에 각종 이념적 정치지형의 백가쟁명식 대분출이 일어나기 시작하였다. 민주화로 인해 제도권 정치 및 사회운동의 합법적 활동공간이 보장됨에 따라 시민운동이 성장하기 시작한 것이다. 그동안 한국 정치이데올로기가 대체로 집권세력의 주도에 의해 정부제도와 구조, 법과 정책에 도입 시행되었다면, 김대중정부 이후 한국에서 이데올로기들은 그동안 다뤄지지 않았던 환경, 여성, 인권, 지역, 복지 등의 문제가 시민사회 영역에서 공론화되는 아래로부터의 표출양태를 보이고 있다. 이 시기의 주요 이데올로기로 현대 자유주의, 현대 보수주의, 신자유주의를 살피고, 기타 이데올로기로 여성주의(페미니즘), 환경주의 등에 대해 살펴보고자 한다.

주요 이데올로기

현대 자유주의, 진보좌파   오늘날 자유주의라는 용어와 관련해 겪게 되는 혼란 중의 하나는 그 용어의 함의가 고전적 자유주의와 다르다는 점이다. 현대 자유주의라 불리는 새 자유주의적 입장은 시민의 사적 영역의 삶에서는 정부간섭의 최소화를 지향하면서, 경제적 영역에서는 상당한 정도의 정부개입을 지지하는 것이다. 20세기 들어 사회주의 세력이 온건 사회민주주의 강령을 채택한 유럽에서는 자유주의가 대체로 퇴조했다. 미국에서는 19~20세기 동안 자유주의가 주도적 이데올로기로 자리 잡아 왔으나, 1930년대 민주당이 사회민주주의 이념을 수용해 자유주의 입장에 수정을 가하면서 현대 자유주의라 불리는 이데올로기가 형성되었다. 뉴딜정책을 추진한 루스벨트(Franklin D. Roosevelt) 행정부는, 진정한 자유주의는 '적극적 자유주의'가 돼야 한다고 주장했다. 정부가 모든 시민에게 기본적 정의의 차원에서 최소한의 품위 있는 삶을 누리도록 보장해주는 체계, 즉 복지국가를 만듦으로써 진정한 자유가 보장될 수 있다는 것이다. 이리하여 복지국가론이 20세기 현대 자유주의의 브랜드가 되었다. 복지국가론자들은 구체적 실현방법 등을 놓고 의견이 갈리기도 하지만, 정부가 모든 시민에게 일정 정도의 공적 교육과 의료혜택을 제공해야 하고, 그 재정충당을 위해 부자들이 세금을 더 내야 한다는 데 일치된 주장을 하고 있다.

비경제분야에 대한 현대 자유주의자들의 주장은 다섯 가지로 정리할 수 있다.[12] 1) 정부는 교회-국가 간 절대분리 원칙을 유지해야 한다. 어느 특정 종교가 다른 종교에 비해 특혜를 받거나, 어느 종교든 무신론이나 불가지론에 비해 선호돼서도 안 되며, 일체의 조직적 신앙행위가 공립학교 교육과정에서 허용돼선 안 된다. 2) 정부는 원치 않는 아이의 출산을 막기 위한 낙태결정권을 모든 여성에게 인정해야 하고, 그 권리에 간섭해선 안 된다. 3) 정부는 시민이 어떤 책이나 잡지를 읽든, 어떤 영화나 TV 프로그램을 보든, 개인적 결정에 개입해선 안 된다. 포르노그래피나 다른 어떤 형태의 표현도 금지해선 안 된다. 4) 성적 선호는 전적으로 사적 영역의 문제이므로, 정부는 동성애나 그 밖의 성적 취향을 폄하하거나 만류해선 안 된다. 취향에 따라 그런 행동을 하는 사람을 처벌해서도 안 된다. 5) 정부는 소수자와 여성에게 행해져 온 차별행위들을 시정하고 바로잡아야 한다. 고용을 위해선 '긍정적 행위원칙'을, 임금결정을 위해선 '남녀동일임금원칙'을 시행해야 하고, 세금은 진보적이어야 한다. 즉, 고소득자에게 상대적으로 더 높은 세율을 적용해야 한다. 그것이 모든 사람에게 동일세율을 적용하는 것보다 공정할 뿐 아니라, 부자의 소득을 재분배함으로써 부를 더욱 평등하게 나누는 것이다. 요컨대, 현대 자유주의는 경제문제에는 정부가 상당한 정도로 개입할 것을 주장하면서, 도덕, 종교 및 지적인 문제들에는 최소한의 간섭만 할 것을 선호한다. 진보주의 또는 진보좌파로 불리는 현대 자유주의자들은 평등지상주의(egalitarianism)에 강하게 집착한다. 2010년대 들어 그 위세가 나날이 커져가는 한국 진보좌파는 (글상자 3.4 참조) 기본적으로 현대 자유주의 강령의 대부분을 실현시키고자 전방위적 공세를 가하며 움직이고 있다.

현대 보수주의, 보수우파   자유민주주의가 공식 정치이데올로기로 표방된 토대에서 권위주의 독재정치가 주된 흐름을 이루고, 그에 반공주의와 보수주의가 덧입혀졌던 시절, 한국 보수주의는 그 명확한 원리와 내용을 결여한 채 단지 북한 공산집단의 위협과 그것을 용인 방조하는 세력의 위협으로부터 현존체제와 질서의 보전, 유지를 추구하는 것에 그쳤었다. 민주화 이후 현대 보수주의가 추구하는 가치의 요체는 번영과 안정으로 정리할 수 있지만, 그 기본강령에 대한 지지자

글상자 3.4   한국 진보세력의 계보

1987년 민주화 이전까지 한국 진보세력은 권위주의 정권에 대한 저항차원의 민주화운동세력으로 대체로 결집돼 있었다. 그러나 민주화 이후, 정치권, 재야, 대학 등의 각종 진보세력들은 대체로 연대를 유지하면서도 제각기 세력증대를 위해 '각개약진'하기 시작했다. 이념적으로 대동소이하면서 방법론을 둘러싸고 분화한 대표적인 예로 대학운동권을 들 수 있다. 민족자주(NL)파와 인민민주(PD)파로 나뉜 운동권세력이 각 대학의 총학생회 장악경쟁을 벌여, 결국 전국대학생자치조직이 진보세력에 의해 독점 당했다. '386세대'로 시작해 오늘날 '586세대'로 불리는 이들은 진보좌파세력의 핵심 중추가 되었다. 그 후 좌파세력은 시민운동, 통일운동, 노동운동, 여성운동, 환경운동, 성소수자운동 등 사회전반의 영역으로 분화, 확산돼 왔다.

1987년 민주항쟁 과정에서 최루탄과 고문 등으로 인한 희생사건을 겪은 후 젊은 운동권 책략가들이 투쟁운동 접근방식의 근본적 전환을 위한 장기대책을 숙의한 끝에, 이탈리아 공산주의자 그람시(Antonio Gramsci)의 '진지론(陣地論)'을 도입하기로 뜻을 모은 일은 이후 한국 진보세력의 확산과 관련해 주목할 만한 일이다. 재야 원로인사들의 공감을 얻은 후, 진보세력은 정치지형의 변화를 위한 진지구축작업의 '대장정'에 나섰다. 진지구축의 첫 대상으로 교육계가 선택되어, 때마침 일던 '참교육교사운동'을 모태로 하여 전교조가 등장하였다. 전교조의 활약에 힘입어 좌파 이데올로기 추종 내지 동조자들이 지속적으로 배출돼 나오면서 그들의 사회진출에 따라 문화(특히 영화), 예술, 방송언론, 노동, 법조, 관계 및 군부 등으로까지 세력이 확산되었다. 이데올로기 신봉자들의 조직적 기획과 연대노력의 산물이 오늘날 한국사회에서 진보좌파가 다수 세력으로 상대적 우위를 점하는 경우가 잦아지게 된 주요인 중 하나가 된 것이다. 2020년 제21대 국회의원 총선거의 결과, 진보좌파의 정부 여당세력이 전 의석의 3분의 2 가까이 차지할 만큼 일방적 승리를 거둔 것은 유권자의 선택에 이데올로기적 경향이 큰 영향을 끼치고 있음을 반증한다. 특히 문재인정부가 관련된 몇몇 정치적 의혹과 부패사례가 드러나고, 국민통합보다 진영결집을 우선하는 분위기 등 때문에, 예전 같았으면 여당의 승리가 쉽지 않았을 상황에서 나온 결과인 점에서 이런 분석이 뒷받침된다.

들의 이해의 일치성이나, 이념적 강고성, 동원적 응집력 등은 여전히 크게 달라지지 않은 상태이다. 그러므로 한국 보수우파와 대체로 맥을 같이하는 미국 보수주의를 살피는 것이, 현대 보수주의의 특징과 입장을 이해하는 데 적절할 것이다.

1930년대까지 미국 보수주의는 고전적 보수주의로서, 본질적으로 유럽에서 이해되던 것과 동일하였다. 그러나 1930년대 이후 미국 보수주의는 뉴딜정책과 복지국가 철학에 반대하는 입장을 지칭했다. 21세기에 들어선 이후, 미국 보수주의에는 두 가지 입장이 포괄되어 있는데, 경제적 보수주의와 도덕적 보수주의이다. 전자는 정부예산에서 국방비 지출을 줄이기보다 사회복지 예산을 줄여야 한다는 것을 강조하면서, 세금 규모를 줄일 것을 강조하는 입장이다. 후자는 미국 사회가 건국 이래 지켜온 도덕적 종교적 전통의 가치 존중을 강조한다.

대부분의 현대 보수주의자들은 정부가 사기업에 대한 규제를 전혀 하지 말거나 최소화해야 하고, 사유재산보호를 통해 자유경쟁의 기본규칙을 유지해야 한다고 주장한다. 창의적 기업가들이 새롭고 흥미로운 상품들을 개발해 시장에서 팔기 때문에, 기업가들에게는 기업활동의 자유가 최대한 허용돼야 한다는 것이다. 그래야 기업가들이 새 기업을 창출하고, 일자리와 번영의 기회를 제공할 수 있다. 그러나 기업가들이 정부규제에 의해 제약받고, 그들의 성취가 고율세금으로 인해 마치 징벌당하는 것처럼 된다면, 새로운 투자가 위축되고, 생산은 감소하며, 일자리가 사라지게 된다고 많은 보수주의자들은 믿고 있다.

한편, 현대 보수주의는 경제 이외의 많은 분야에서는 정부간섭의 최소화가 아니라 그 반대 입장을 취한다. 복음적 기독교 보수주의자들은 정부의 최고 책무는 예를 들면, 자녀에 대한 부모의 권위, 일부일처제 및 이성(異性)결혼 등 결혼의 정결성, 청결하고 품위 있는 잡지, 영화, TV프로그램 등의 문제에서 사람들의 삶이 전통적 가치와 제도에 의해 인도되도록 해주는 것이라고 생각한다. 그들은 또 산모의 목숨을 구해야 할 필요가 있는 경우를 제외하고, 낙태금지를 시행해야 할 권리와 책임이 정부에게 있다고 믿는다. 포르노그래피 같은 잡지, 영화, TV프로그램들을 금지하거나, 최소한 아이들로부터 절연시키는 것이 또한 정부의 마땅한 권리이자 책임이라고 믿는다. 어떤 보수주의자들은 정부가 교육 등 특정 직종에서 동성애자들을 배제시키는 것도 정부의 권리이자 책임이라고 생각한다. 요컨대, 현대 보수주의는 사람들의 경제적 삶의 문제에 대해선 정부의 최소 개입을 지지하는 반면, 도덕, 종교 및 지적인 문제들에 대해선 상당한 정도의 개입을 지지한다.

한국 정치지형에서 진보좌파가 약진하며 전방위적으로 세력을 불려가기 시작한 2000년대 이후, 특히 김대중, 노무현, 문재인 등 진보정권을 거치면서, 조직적 응집력과 이념적 강고성 등에서 상대적으로 취약한 보수우파는 점차 약세화되었다. 2002년 대선 당시 온-오프라인 상에서 활약한 진보세력의 활동에 자극받은 보수세력이 신보수(뉴라이트) 등을 표방하며 범보수연대에 힘쓴 결과, 이명박, 박근혜정부가 연속 등장하기도 했다. 한때 되살아나는 듯했던 보수우파는 박근혜정부 당시 4차산업혁명 등 새로운 시대흐름에 걸맞은 정책비전과 대안제시를 적극적으로 하지 못한 채 계파싸움의 자중지란에 빠져 헌정사상 초유의 대통령 탄핵을 겪으며 사분오열, 결국 지리멸렬 상태로 급전직하하였다. 2016년 제20대 총선부터 2020년 제21대 총선까지 치러진 네 차례의 선거에서 보수세력이 연거푸 패배한 데다, 특히 제21대 총선에서 궤멸 수준의 참패를 함으로써 한국정치사에서 보수세력은 최대의 위기와 시련을 맞고 있다.

신자유주의   신자유주의는 자유방임적(laissez-faire) 경제자유주의 및 자유시장적 자본주의와 연결된 19세기 사상이 20세기에 들어서서 재등장한 것이다. 정의와 평등 등 자유주의의 기본가치들을 믿고 있지만, 사회문제 해결을 위한 정부 능력에 회의를 품게 된 자유주의자들의 좌절로부터 배태되었다. 즉, 국가권력의 개입증대를 가져온 복지국가 철학에 대항해 경제문제에서 국가권력의 시장개입을 비판하고, 자유로운 시장경쟁의 가치를 강조하며, 개인의 자유로운 활동을 중시하는 입장이다. 신자유주의자들은 특히 인간사회의 진보를 이룩하기 위한 수단으로 지속적인 경제성장, 자원의 효율적 배분으로서의 자유시장, 경제사회문제에 대한 정부개입의 최소화, 그리고 경제와 사회에서 사적 영역의 역할을 증대시키기 위한 정부지출 축소 등을 주장한다. 이외에도 사유화, 탈규제, 세계화, 자유무역, 내핍생활 등에 대한 신념을 강조한다.

제3공화국 이래 추진된 정부 주도의 경제개발은 신자유주의에 토대한 것이었지만, 권위주의체제에서 이뤄진 '개발독재'의 결과로서의 성격이 더 강할 수밖에 없었다. 그러므로 정부정책에서 신자유주의가 본격 작동되기 시작한 것은 민주화 시대로 진입한 후 '세계화'를 천명한 김영삼정부부터라고 할 수 있다. 과거 '선(先)성장 후(後)분배'의 미명아래 유보돼 왔던 분배와 형평성 문제로 금융실명제, 토지공개념, 형평조세제도의 실시, 의료보험과 국민연금 등의 사회복지, 노동시장의 유연화, 규제완화 등 신자유주의적 경제민주화 정책이 추진되었고, 자유무역체제인 우루과이라운드와 OECD에 가입한 것도 그때이다.[13] 이후 김대중정부와 노무현정부 등 연달아 등장한 중도좌파 정권에서도 IMF 경제위기로 인한 구조조정프로그램의 이행 등으로 신자유주의적 정책이 계속 유지됐다. 특히 노무현정부의 법인세, 소득세 인하 등 감세정책, 균형재정과 물가안정을 위한 재정정책, 서비스산업 및 재벌의 규제완화, 한미FTA와 경제자유구역 지정 등은 대표적 신자유주의 정책으로 꼽을 수 있다. 문재인정부가 등장한 후, 소득주도성장, 최저임금제, 주 52시간 근무제를 강행하는 상황에서 신자유주의의 정책기조는 분명히 퇴조했다.

기타 이데올로기

여성주의(페미니즘)   여성에 대한 성차별과 억압에 반대하는 지적 관점이자 사회운동으로 뿌리내린 페미니즘에는 여성의 기회범위 확대를 추구하는 온건한 입장으로부터, 사회에 편만해있는 차별과 억압의 특징으로 가부장제를 꼽는 급진적 관점에 이르기까지 여러 분파들이 존재한다.

자유주의적 여성주의자(페미니스트)들은 정치를 포함한 남성지배의 각종 영역에 여성의 대표성 증대를 추구하며, 다양한 정책들을 공적 의제로 실현시키고자 분투한다. 그 의제들로 성별 간의 동등한 경쟁기회 보장, 동등한 노동가치에 대한 동등한 임금지불, 고용기회 확대, 아동보호시설 기관의 확충 등을 들 수 있다.

계급적 억압을 성적 불평등의 근원으로 보고 있는 사회주의적 여성주의자들은, 가난의 불균형 분배를 제일선에서 체험하고 있는 것은 여성이라면서, 사회를 재구조화할 것을 주장한다. 그래야 여성이 모든 활동에서 동등한 몫을 배분받을 수 있다는 것이다.

남성에 의한 여성억압을 인간사회의 가장 큰 특징이자 악이라고 주장하는 급진적 여성주의자들은, 남성은 그 의지의 강요 관철을 위해 폭력을 사용하는 적(敵)이므로 남성으로부터 권력을 빼앗지 않으면 안 된다고 주장한다. 그들은 아이출산과 가족보양의 생물적 기능 때문에 여성이 예속화되었다고 하며, 여성이 물리적으로(수명이 더 길므로), 지적·도덕적으로 남성에 비해 우월하다고 생각한다. 이들은 성(gender)이 계급, 인종보다 더 중요한 사회적 균열의 현장이므로 사회의 재구조화를 위해 사회혁명이 필요하다고 믿으며, 여성지배의 세계가 남성지배 세상에 비해 덜 폭력적, 더 인간적일 것이라고 주장한다.

어떤 급진주의자들은 가부장적 사회패턴을 철폐하기 위해 시험관 아기에 의한 출산과 사회기관들에 의한 아이양육을 주장하기도 한다. 새로운 조류를 따라 다양한 배경에서 페미니스트들이 출현하여, 어떤 페미니스트들은 젠더 섹슈얼리티와 인종이나 계급 등 기타 사회적 정체성과의 교차점에 집중하기도 한다. 또한, 페미니즘이 문화적으로 지역화되어, 아프리카의 여성할례나 선진국의 유리천장 현상 등 특정 사회의 여성에게 중요한 문제들을 다루거나, 또는 강간, 근친상간, 모성 등 특정 현상들에 대해 집중하기도 한다.

한국의 여성주의(페미니즘)운동은 1980년대 여성노동자들의 근로환경 이슈가 부각되면서 급진주의, 사회주의 등에 기초한 여성주의 담론이 형성되었고, 1990년대 이후 포스트모던 담론과 함께 성담론이 확장되며 활발한 논의가 진행되고 있다. 2000년대 한국의 페미니즘은 호주제 폐지 같은 정책과 제도차원에 집중하는 모습을 띠었으나, 2010년대 이후 급진적 페미니즘과 포스트모던 페미니즘이 뒤섞인 양태 등 다양한 페미니즘이 모습을 보이고 있다.

환경주의 환경주의는 유토피아적 마르크스주의를 자연의 영역에서 승계한 것이라고 할 수 있다. 환경주의자들은 전통적 이데올로기들이 인간과 지구를 착취 남용하는 산업주의를 지지한다고 비판한다. 1980년대부터 등장해 성장해온 유럽의 녹색당들은 기술발전에 대한 반대 입장을 반핵주의, 반제국주의와 연결시켜 주장하고 있다. 마르크스주의자들이 노동자계급을 위한 사회통제를 주장했다고 한다면, 환경주의자들은 자연보호를 위한 사회통제를 주장한다.[14] 그들은 재화와 용역의 계속 확장을 가져오는 지속불가능한 산업화를 거부한다. 온건한 환경주의자들은 공해, 자원남용, 환경악화를 비판하는 데 비해, 근본주의적 환경주의자들은 환경파괴 조장효과 때문에 소비주의와 경제성장을 거부한다. 그들은 재생불가능한 자원보전을 토대로 한 새로운 삶의 유형을 성취하고자 범세계적 접근을 강조한다. 즉, 사람들이 더 작은 규모의 생산단위들에 더 가까이 접할수 있도록 하자는 뜻에서 국제통합, 탈집중화 및 민주화를 주장한다.

1988년 이후 시민사회단체 주도로 자연보호운동이 벌어지면서 한국에서 환경주의운동이 등장한 후, 1990년대에 신도시개발로 인한 그린벨트 해제와 재산권 문제 등이 맞물리며 환경주의 활동이 본격적으로 전개되기 시작했다. 환경운동 조직들이 성장하는 한편으로 생태공생주의운동 등 급진적 환경주의도 나타났고, 2000년대 이후엔 깨끗한 물지키기운동과 과도한 개발에 반대하는 운동으로 나뉘는 양상을 보였다. 2004년 경부고속철 천성산 터널공사반대, 이명박정부의 4대강사업반대, 제주 해군기지 건설반대 등이 대표적 운동사례이다.

5. 한국정치의 대립적 구조와 이데올로기: 성숙을 향한 성장통

1987년 민주항쟁 이후, 몇 차례의 정권교체가 이뤄짐과 더불어 한국정치에서 자유민주주의와 권위주의 독재 사이의 갈등과 투쟁은 막을 내렸다. 한국은 현대 정치역사에서 자유민주주의 정치질서와 자유시장 경제질서를 성공적으로 정착시켜 번영과 안정을 이룩한 드문 예의 하나이다. 즉, 지배자로부터 국민을 보호하는 문제, 각 개인의 자유를 억압하는 장애물을 제거하는 싸움에서는 이제 한국정치가 확실한 성공을 거두었다고 할 수 있다. 또한, 최근 몇 년 사이 전국각지에서 수백만 명의 시민이 운집해 정치적 의견을 표출하는 길거리 촛불시위 행태가 이뤄지는 등 온-오프라인(on & off-line)상에서 '국민에 의한 지배' 형태로 나아가는 참여정치의 모습을 보인 것은 2010년대 한국정치의 특징적 양태로서 놀랍고 새로운 양상이기도 하다. 한국정치에서 시민의 직접참여는 이미 양적인 면에서 충분하다 할 정도를 넘어섰다고 해도 과언이 아니다.

민주화가 제도적 차원에서 성취된 후 30여 년이 흐르는 동안 한국정치에 자리 잡기 시작한, 가히 폭발적이라 할 정도로 증대한 참여정치의 근저에는 정치이데올로기에 의한 대립적 구조가 그 토대로 자리 잡고 있다. 그 대립의 주된 토대는 진보와 보수, 좌파와 우파 간의 이데올로기적 균열이다. 2010년대 이후 한국정치에서 이데올로기적 균열은 과거에 비해 더욱 강하게 영향을 끼치고 있다. 많은 정치사회적 사건과 이슈들을 둘러싸고 이데올로기적 대립 대결이 한층 더 심화되어 구조화되고 있는 모습은 한국정치의 앞날에 대해 새로운 우려를 제기하고 있다. 더욱이 군중집회 방식의 대중동원 양태를 통해 주요 정치적 이슈들을 처리하려는 양상은 네오파시즘으로 불리는 포퓰리즘과 쉽게 연결될 수 있는 점에서 그 우려는 더욱 커지고 있다.

사실 상당수의 한국인들이 좌-우 정치이데올로기의 어느 한쪽에 서 있다는 사실 자체는 큰 문제가 아니다. 오히려 문제는 민주화 이후 한국정치사회에서 좌-우파 간의 대결양상이 시간이 지날수록 '이데올로기 과도화' 현상, 즉 정치이데올로기에 대해 극렬한 몰입현상을 강하게 보이고 있는 점이다. 정치사회의 나아갈 방향과 관련된 주제에 대해 논의하거나, 각종 선거에서 정당과 후보를 선택하기 위한 공론을 벌이는 데 있어서, 이성적 숙고와 사려분별을 통해 성숙한 의견교환과 품위 있고 격조 높은 토론이 이뤄지기보다 갈등과 적대를 심화시키는 격정적 용어와 편벽한 논리로 인해 상대방과의 감정자극과 대립이 도를 넘고 있는 것이다. '촛불혁명'과 그에 뒤이은 대통령 탄핵의 비상상황에서 성숙한 민주주의를 갈망하는 대다수 국민염원에 힘입어 등장한 문재인정부는 민주주의를 더 한층 공고히 할 절호의 기회를 맞았다. 그러나 기대와 달리, 문 정권은 관용, 상생으로 통합을 이루려 하기보다, '적폐청산'을 구호로 내세우고, 친일-반일로 편을 가르는 등 불신, 갈등으로 대립을 오히려 조장, 방치하는 경향도 있다. 대통령 측근 인사의 개인비리를 둘러싸고 빚어진 '조국반대' 대 '조국수호', 즉 태극기부대로 불리는 우파의 광화문집회 대 좌파의 서초동집회는 양극화로 치닫는 한국정치의 볼썽사나운 단면을 그대로 드러냈다. 문재인정부 출범 이후 한국정치는 "오히려 정치적 양극화, 민주적 규범의 훼손, 국수주의적 포퓰리즘 행보 등

으로 인해 민주주의 침체의 늪으로 빠지고 있다." 대통령 극렬 지지층의 자기들과 견해가 다른 사람이나 그룹에 대한 가치전도적인 사이버 테러행위가 한국 민주주의 발전을 저해하는 요인으로 우려되고 있다. "개인 간, 집단 간 상호불신이 커지고 흑백논리와 진영논리가 득세하며 곳곳에서 민주주의 후퇴의 징후가 나타나고"[15] 있는 모습은 심히 우려스러운 일이 아닐 수 없다.

이런 모습을 '성숙을 향한 성장통'으로 볼 수도 있겠지만, 단순히 민주화를 향한 성장통으로 여기기에는 이미 화농(化膿)의 정도가 깊어진 듯한 점에서 결코 가벼이 여기고 지나칠 문제가 아니다. 한국이 현대사에서 이룩한 경제적·정치적 성공의 역사는 보수우파만의 전유물이 돼서도 안 되고, 진보좌파만의 전리품이 돼서도 안 될 것이다. 산업화와 경제성장을 위해 모든 국민들이 함께 분투하는 중에, 권위주의의 억압과 싸우며 힘겹게 이룩한 자유민주주의 정치질서가 좌든 우든 일부 극렬시민들의 이데올로기적 과도화와 극단화로 인해 퇴행하지 않도록 하기 위해선 보수우파든 진보좌파든 "나(우리)만 옳고, 나(우리)만 정의롭다"는 진영논리, 흑백논리, 단순논리에서 벗어나야 한다. 어느 한 세력의 과도한 폭주가 계속되면, 그 세력은 외연을 넓히지 못한 채 결국 몰락의 길로 들어서게 된다. 앞으로 한국 민주정치의 성숙이 안정적으로 이뤄질 수 있을지 여부는 정치엘리트들을 비롯한 정치리더십의 바른 분별력과 판단뿐만 아니라, 시민적 참여의 질, 즉 성숙한 민주정치 실현을 위한 시민 개개인의 건강한 정치의식의 계발 여부에 달려있다. 오늘의

정치현실에서 마주하게 된 일견 볼썽사나운 성장통의 모습과 그 과정을 슬기롭게 넘어설 때, 한국 정치에서 진정한 자유민주주의 정치질서의 수준 높은 성취, 참된 성숙이 이뤄질 수 있을 것이다.

6. 한국 정치이데올로기의 평가와 방향

정치에서 이데올로기는 운동, 정당 등의 구성원이나 지지자들을 공고히 결집시켜주는 시멘트와 같은 역할을 한다. 그것을 신봉, 추종하는 개인과 집단의 행동에 일관성, 논리, 응집성을 가져다주는 것이다. 불완전한 현실에서 완전한 사회를 꿈꾸며 희생을 감수하고 투쟁대열에 헌신하는 사람들은 이데올로기적 동기부여를 필요로 한다. 그러나 이데올로기는 정치참여를 증진시키는 반면, 문제를 일으키기도 한다. 매일의 인간 삶의 여러 영역들에서 제시되는 객관적 증거가 자신이 믿는 신념체계와 상치됨에도 불구하고, 자신이 믿고 따르는 이데올로기를 고수하려 드는 것이 이데올로그들의 일반적 현상이다. 그 상치되는 증거를 사실로 받아들이는 것은 지금까지 살아온 자신의 삶의 방식을 바꾸고, 심지어 부정해야 하는 것을 의미하기 때문이다. 어떤 사람들은 자신이 믿어온 이데올로기의 가르침과 모순되는 상황에 직면했을 때, 그 이데올로기에 대한 자신의 결단과 믿음을 더욱 강변하기까지 한다. 이런 방식으로 그들은 자신의 믿음에 반하는 정보와 현실에는 종종 눈을 감아버리고 부정하려 든다. 강한 좌파 성향의 당파색을 지닌 사람은 우파세력이 내놓는 메시지에 귀 기울이지도 주목하지도 않는다. 그 반대도 마찬가지이다. 이런 행태는 결국 논쟁과 갈등, 적대감을 고조시켜 비관용성과 경직성을 가져오게 된다.

각기 다른 유토피아적 목표에 토대하고 있는, 서로 대립, 갈등하는 각양의 정치이데올로기들은 완벽한 사회를 어떻게 이룩할 수 있는지에 관해 다른 이념과 방법론들을 제기한다. 이데올로기들은 지도자들에 의해 현존사회의 역사적, 사회적, 문화적, 경제적 상황들에 도입된 것이다. 그러나 현실세계의 어느 정당이나, 운동, 정권도 어떤 이데올로기를 완벽하게 실현하고 있는 것은 없다. 또, 완벽한 지식체계를 이루고 있는 완벽한 이데올로기는 어느 곳에도 없다. 이데올로기는 인류에게 엄청난 파괴와 재앙을 몰고 온 20세기 두 차례의 세계대전을 일으킨 근본 원인 중 하나였다. 또한 이데올로기 체계들은 그 당사자들과 열혈추종자들을 전체주의나 전쟁으로 몰아넣는 과격주의와 편벽함의 정치적 비타협적 태도를 부추기는 근원이기도 하다.

이데올로기는 복잡다단한 정치사회 현실의 모습과 문제점 등을 간명하게 설명하고 쉽게 이해하여 활력적으로 행동에 나서도록 유인하는 점에서 하나의 지도와 같다고 할 수 있다. 목적지를 향해 갈 때, 그 길이나 주변 지형과 표지물 등 상황을 표기해 정확한 목표지점에 쉽게 찾아가도록 도움을 주는 것이 지도이다. 그러나 지도는 어디까지나 복잡한 지리적 현실을 각종 사용 목적에 맞게 필요한 사항을 취사선택한 후 단순화해

표기 안내한다. 그러므로 복잡한 현실의 모습 모두를 빠짐없이 그려 넣는 것이 아니라, 해양지도, 산악지도, 관광지도, 산업지도, 기후지도 등 사용 용도와 목적에 따라 지리적 현실을 단순화하고 왜곡하고 있다. 교통지도에 표기돼야 할 것은 도로와 건물 등 운전 중 표식 될 만한 것들이고, 그 목적에 부합하지 않는 다른 지리적 현실들은 무시하거나, 축약 생략한다. 결국 모든 지도는 지리적 현실을 왜곡하고 있는 것이다. 모든 지리적 현실을 다 담은 완벽한 지도는 존재하지 않는다.

이와 똑같은 것이 정치이데올로기이다. 정치이데올로기들은 그 창시자들에 의해 정치현실의 여러 요소들 중에서 강조하고 싶은 문제 현상만을 중심으로 특정한 요소들을 클로즈업해 강조하고, 나머지 요소들은 무시, 축약, 생략한 것이다. 결과적으로 정치현실을 단순화하는 과정에서 왜곡이 있을 수밖에 없다. 그러나 정치현실을 단순화하는 것은 인간 삶의 중요한 요소들을 포괄하고 있는 현실과 직결된 문제인 만큼 대단히 위험한 일이다. 이데올로기가 전체주의화 하여 20세기의 양차 대전을 가져오게 된 근본 원인으로 작용한 것도 바로 특정 목적달성을 위해 복잡다단한 정치현실을 축약, 단순화, 왜곡한 데서 기인한다.

고대 정치철학의 위대한 전통을 강조한 20세기 정치철학자인 보에글린(Eric Voegelin)은 나치즘, 마르크스주의 같은 정치이데올로기적 운동들을 '영지주의(靈知主義, gnosticism)'라고 부르며 비판하였다.[16] 그는 근대에 등장한 정치이데올로기들이 정치의 고질적인 문제들을 인위적으로 해결해 보겠다는 잘못된 시도를 하고 있

다는 의미에서 그렇게 명명하였다. 종교적 차원에서 내세의 함의로 운위된 '완벽한 세계(천년왕국)'를 인간이성의 힘으로 이 땅 위에 실현하겠다는 의욕 하에 인간사회의 정치현실을 왜곡하고 있는 것이 마치 초대 기독교회의 이단적 종말론들을 지칭하는 영지주의와 닮았다는 의미에서, 보에글린은 '근대 영지주의'라고 표현한 것이다. 현실 정치세계에는 깊이 있는 정치적 사유를 하지 않으면서, 단지 자기가 속한 집단에서 공유되는 정치이데올로기에 의존해 정치적 삶을 영위하는 용감하고도 실용적인 사람들이 꽤 많이 있다. 지도를 이용하면 편리한 것처럼, 이데올로기에 의지하는 것이 정치현실을 이해하고 자기 견해를 세우는 데 일정 정도 도움이 되는 것을 부인할 수 없다.

그러나 의식 있는 건강한 민주시민이 되기 위해, 그리고 현대 민주정치를 건강하고 질 높은 정치가 되도록 하기 위해, 현대인들은 정치에 관한 사유, 즉 비판적 사유역량을 갖추기 위해 '철학적'으로 홀로서기를 노력할 필요가 있다. 시민들에게 그런 역량이 부족하거나 그 역량이 제대로 작동되지 않으면, 즉 도그마적 사상에서 헤어 나오지 못하면 인간사회에는 인간의 정치적 삶 자체가 상실되는 상황 — 나치독일이나 소비에트 공산체제에서와 같은 — 까지 초래될 수 있다. 도그마적 사상이란 시공을 초월하는 보편적 타당성에 토대한 이성적, 논리적 비판과 주체적 자기비판을 도외시하고, 참되게 진리와 합치되는 지식을 외면한 채, 단지 한 집단 내에서 공유되는 일시적 지적 유행의 결과로 또는 습관적으로 도그

마를 갖고서, 마치 자신이 정치에 관한 참된 지식을 갖게 됐다고 여기는 것을 말한다.

이데올로기적 사고, 즉 도그마적 사고의 특징은 이데올로기의 내용이 아니라 그 내용을 받아들이는 각 개인의 태도에 달려있는 것이다. 즉, 그 신념을 유지하는 방식, 그것들을 믿고 따르는 방식을 특징으로 한다. 자신의 사고와 판단에 무오류성(infallibility)을 주장하고, 일체의 의문제기에 대해 오불관언하며, 폐쇄적 진리로 강변하는 태도로 일관하는 것이 그러한 사고의 특징이다. 반면, 비이데올로기적, 비도그마적 사고는 자신의 사고와 판단에 오류가능성(fallibility)을 용인하고, 추가적 및 상충적 정보와 견해들에 대해서도 개방적 수용태도로 반응한다. 그것은 진리를 철학적으로 대하고 있다는 반증인 것이다.

많은 사람들이 도그마적 사상에 젖어있으면, 그 사회는 정치질서를 건강하게 유지하지 못하여 결국 선이 악이 되고, 악이 선이 되는 무질서의 사회를 맞이하게 될 가능성이 높아진다. 마치 눈 위를 스키를 이용해 나아가듯 이데올로기를 활용하되, 스키를 과신해 드넓은 설원(雪原)을 얕보지 않도록 정치에 관한 '철학적' 사유의 홀로서기 역량을 갖추는 것이 건강하고 성숙한 민주시민이 되고, 나아가 그럼으로써 한국정치에 건강하고 성숙한 민주사회를 실현하는 길이 될 것이다.

❖ 주

1) Lyman Tower Sargent, *Contemporary Political Ideologies: A Comparative Analysis*, 9th ed. (Belmont, CA: Wadsworth, 1993), p. 3.
2) Harry Johnson, "Ideology and the Social System," in David L. Sills (eds.), *International Encyclopedia of the Social Sciences*, vol. 7 (New York: Macmillan and Free Press, 1968), p. 81.
3) Roy Macridis, *Contemporary Political Ideologies*, 4th ed. (Glenview, IL: Scott, Foresman, 1989), p. 12.
4) Leon P. Baradat, *Political Ideologies: Their Origins and Impact*, 3rd ed. (Englewood Cliffs, NJ: Prentice Hall, 1994), p. x.
5) Fred H. Wilhoite, *Power and Governments: An Introduction to Politics* (Pacific Grove, CA: Brooks/Cole Publishing Co., 1988), pp. 55–56.
6) Max J. Skidmore, *Ideologies: Politics in Action*, 2nd ed. (New York: Harcourt Brace & Co., 1993), p. 8.
7) Austin Ranney, *Governing: An Introduction to Political Science* (Upper Saddle River, NJ: Prentice-Hall, 2001), pp. 72–91.
8) John J. Schrems, *Principles of Politics: An Introduction* (Englewood Cliffs, NJ: Prentice-Hall, 1986), p. 150.
9) Schrems (1986), p. 150.
10) Don Oberdorfer, *The Two Koreas: A Contemporary History*, rev. ed. (Basic Books: 2001), p. 161; 돈 오버도퍼 지음, 이종길 역, 『두 개의 한국』 (고양: 길산, 2003), p. 253.
11) 김병국, "한국적 보수: 전통문화의 허와 실," 김병국 외, 『한국의 보수주의』 (서울: 인간사랑, 1999), p. 254.
12) Ranney (2001), pp. 86–87.
13) 윤상우, "한국 성장지상주의 이데올로기의 역사적 변천과 재생산," 『한국사회』 제17집 1호 (2016), pp. 20–25.
14) Ronald Inglehart and Hans D. Klingemann, "Ideological Conceptualization and Value Priorities," in Samuel H. Barns and Max Kasse (eds.), *Political Action: Mass Participation in Five Western Democracies* (New York: Sage Publishers, 1979).

15) 신기욱, "'가랑비에 옷 젖듯' 무너지는 한국 민주주의," 『신동아』, 2020년 4월호.

16) Eric Voegelin, *The New Science of Politics: An Intro-duction* (Chicago: University of Chicago Press, 1952), pp. 107-132.

❖ 참고문헌

1. 한글문헌

강정인 외. 『민주주의의 한국적 수용: 한국의 민주화, 민주주의의 한국화』. 서울: 책세상, 2002.
김병국 외. 『한국의 보수주의』. 서울: 인간사랑, 1999.
윤상우. "한국 성장지상주의 이데올로기의 역사적 변천과 재생산," 『한국사회』 제17집 1호 (2016).

2. 영어문헌

Baradat, Leon P. *Political Ideologies: Their Origins and Impact*, 3rd ed. Englewood Cliffs, NJ: Prentice Hall, 1994.

Barns, Samuel H., and Max Kasse, eds. *Political Action: Mass Participation in Five Western Democracies*. New York: Sage Publishers, 1979.

Freeden, Michael. *Ideologies and Political Theory: A Conceptual Approach*. Oxford: Clarendon, 1996.

Love, Nancy S., ed., *Dogmas and Dreams: A Reader in Modern Political Ideologies*, 2nd ed. New York: Chatham House, 1998.

Macridis, Roy. *Contemporary Political Ideologies*, 4th ed. Glenview, IL: Scott, Foresman, 1989.

Oberdorfer, Don. *The Two Koreas: A Contemporary History*, rev. ed, New York: Basic Books, 2001.

Ranney, Austin. *Governing: An Introduction to Political Science*. Upper Saddle River, NJ: Prentice-Hall, 2001.

Roskin, Michael G., Robert L. Gord, James A. Medeiros and Walter S. Jones. *Political Science: An Introduction*, 8th ed. Upper Saddle River, NJ: Prentice Hall, 2003.

Sargent, Lyman Tower. *Contemporary Political Ideologies: A Comparative Analysis*, 9th ed. Belmont, CA: Wadsworth, 1993.

Schrems, John J. *Principles of Politics: An Introduction*. Englewood Cliffs, NJ: Prentice-Hall, 1986.

Skidmore, Max J. *Ideologies: Politics in Action*, 2nd ed. New York: Harcourt Brace & Co., 1993.

Voegelin, Eric. *The New Science of Politics: An Introduction*. Chicago: University of Chicago Press, 1952.

Wilhoite, Fred H. *Power and Governments: An Introduction to Politics*. Pacific Grove, CA: Brooks/Cole Publishing Co., 1988.

3. 언론사 자료

"'가랑비에 옷 젖듯' 무너지는 한국 민주주의." 『신동아』. 2020년 4월호.

"문재인 호위무사 '문빠'의 실체." 『월간중앙』. 2020년 4월호.

정치문화

조영호(서강대 정치외교학과)

한국인들은 다른 나라 사람들과 구분되는 나름의 문화적 특징을 가지고 있다. 가령 한국인들은 정과 한이 많고 때로는 조급하여 화를 잘 내면서도 친구를 쉽게 사귀거나 변화에 직면했을 때 개방적으로 도전하는 마음을 가지고 있다. 한국인들이 미국인, 일본인, 중국인들과 다르듯 한국인들이 실행하고 보여주는 정치의 양상도 다를 것이다.

간단한 예로 한국에서 국민들이 정부의 행태에 분개하여 거리시위에 나서고 정권을 교체하는 역동적 정치변동이 1960년, 1987년, 그리고 2016~2017년에 있었고, 광화문에는 그와 같은 시위가 늘 있다. 프랑스에서도 고속도로를 막고 바리케이드를 치는 시위가 종종 일어나고 때론 정당하다고 받아들여진다. 하지만, 영국, 미국, 북유럽의 나라들에서는 거의 용납되지 않는다. 이는 나라마다 정치적 전통이 다르고 사람들이 정치와 국민, 그리고 법에 대한 생각과 문화가 다르기 때문이다.

한국정치는 어떠하고 왜 그러한가라는 질문에 대해 법과 제도의 영향, 주요 정치세력들의 합리적 계산, 불평등과 같은 구조적 요인 등이 중요할 것이다. 그러나 한국인의 정치적 내면에 존재하는 주관적 차원, 즉 눈에 보이지 않는 부분들은 눈에 보이는 한국정치의 실상에 영향을 준다는 점은 우리가 이를 얼마나 잘 이해하고 있는가와 상관없이 자명한 사실이다. 따라서 한 나라의 정치를 잘 알기 위해서는 그 나라 사람과 문화를 먼저 이해해야 할 필요가 있다.

그렇다면 문화와 정치문화는 왜 중요한가? 정치의 주관적 및 내면적 세계인 정치문화란 무엇인가? 선행 연구자들은 정치문화에 관해서 어떤 중요한 발견을 해 왔는가? 정치문화는 어떻게 형성되며, 어떤 방식으로 정치에 영향을 주는가? 한국 정치문화의 특징들은 무엇이고, 이들은 한국정치에 관해 어떤 시사점을 주는가? 이번 장은 이러한 질문들에 답하려고 한다.

1. 문화와 정치문화의 중요성

한 사회의 정치문화는 너무나 거대한 영역으로, 이를 단순화하여 이해하고 하나의 짧은 글로 요약하는 것은 늘 어려운 작업이다. 이는 우리 눈에 보이는 정치현상과 행위자들의 행동들이 보이지 않고 손에 잡히지도 않는 문화에 기초하고 있기 때문이다. 나아가 정치문화는 공동체 및 집단이 역사적 경험과 역사 이전 시대로부터 물려받은 총체적 유산들로 정치·사회에 대한 관념, 지도자에 대한 기대, 공동체와 개인에 대한 관계, 동료·남녀·가족의 바른 역할, 교육의 핵심 윤리 등을 포괄한다. 그리고 이러한 문화적 요소들은 오늘날을 살아가는 정치행위자들과 이들이 벌이는 정치현상에 영향을 미친다.

가령 농업에 기초한 문명이 위계적 정치문화를 발달시킨 반면, 농업에 기초하지 않는 비농업 문명사회나 상업 및 목축에 기초한 사회는 평등한 정치문화를 형성한다. 농업 문명 내에서도 밀

농사 중심의 서양의 정치문화와 쌀농사 중심의 동아시아 정치문화는 개인주의와 집단주의로 간단히 구분할 수 있지만, 이 두 가지로 환원할 수 없는 거대한 문화적 차이점들을 가진다는 점은 널리 알려져 있다.[1] 또한, 쟁기를 논밭갈이에 사용하는 문화권에서 쟁기사용은 남성적 근육에 의존한다는 점에서 남성 중심 정치문화가 발달하고, 남녀불평등의 제도와 관행이 오늘날에도 높다고 보고된다.[2]

지금으로부터 2500여 년 전 각 문명들이 축의 시대로 진입하면서 문명 내 지배적 핵심문화를 문자로 기록하고, 이를 종교 혹은 정통 사상의 이름으로 널리 확대시키면서, 우리는 현재 문자로 남겨진 기록물들을 통해 각 나라와 문명들의 문화적 특징들을 알아 나가고 있다. 그러나 문자 이전 농업은 1만 년 전 세계의 다양한 환경과 지역에서 시작되었고 역사 기록 이전에도 약 7000년 동안의 도전과 응전의 경험이 문화적으로 축적되었음을 고려한다면, 문자와 사상으로 정리되지 않은 문화적 요소들도 상당하리라는 점을 우리는 논리적으로 추정할 수 있고 인류학자들과 고고학자들은 실제로 이를 연구하고 있다. 아울러 인간이라는 영장류가 지금으로부터 수십만 년 전 동부 아프리카에서 출발하여 중동과 유럽 및 인도, 중앙아시아, 동아시아로 이동하면서 문화적 분화와 진화는 시작되었으며, 이는 오늘날 우리들의 행동에 영향을 미치고 있다.

문명 진화의 결과로 인간은 과거로부터 내려온 문화의 담지자이자 전승자 및 창조자로서 우리들의 정치활동은 고유의 문화로부터 의식적으

로나 무의식적으로 영향을 받기 마련이다. 오늘날 국가 중심적 세계에서 국제화에 따른 국가 간 빈번한 교류는 문화적 대화와 통합을 촉진시키기는 동시에 나라와 민족들 간 문화가 얼마나 다르며, 우리는 도대체 누구인가라고 하는 정체성 자각의 정치를 촉발시킨다.

문화차이의 사례로, 해외여행을 하다가 보면 다수의 한국인들은 상대방의 출신, 나이 등을 통해서 관계 맺기를 본능적으로 해나간다. 그리고 한국인들은 다른 나라 사람들에 비해 "빨리빨리" 빠른 속도로 살아간다. 따라서 한국인들의 관광은 짧은 시간에 많은 관광지를 찍고 넘어가는 경향을 보인다. 이와 같은 한국인 고유의 문화적 특징들은 한국에서 일어나는 독특한 정치현상 및 한국인들의 정치행동에 영향을 준다.

요컨대 정치문화연구는 보이는 정치현상에 보이지 않는 문화가 미치는 영향을 추적해 나가야 하기 때문에 늘 보이지 않는 대상과 씨름하는 작업이 될 수밖에 없다. 그간 학자들의 많은 노력에도 불구하고 정치문화에 대한 이해는 여전히 부족하고 문화적 설명은 늘 불완전한 것이 학계의 공통된 인식이다. 그럼에도 불구하고, 유명한 정치학자인 헌팅턴(Samuel Huntington)이 한국에 관해 글상자 4.1에서 강조했듯이, 문화는 정말 중요하다.

글상자 4.1　한국과 가나의 발전에서 문화의 중요성

1990년대 초 나는 가나와 한국의 1960년대 초반 경제 자료들을 우연히 검토하게 되었는데, 1960년대 당시 두 나라의 경제상황이 아주 비슷했다는 사실을 발견하고는 깜짝 놀랐다. 무엇보다 양국의 1인당 국민총생산(GNP) 수준이 아주 비슷했으며 1차 제품(농산품), 2차 제품(공산품), 서비스의 분포도 비슷했다. 특히 농산품의 경제 점유율이 아주 유사했다. 당시 한국은 완제품으로 생산하는 2차 제품이 별로 없었다. 게다가 양국은 상당한 경제원조를 받고 있었다. 30년 뒤 한국은 세계 14위의 경제 규모를 가진 산업 강국으로 발전했다. 유수한 다국적기업을 거느리고 자동차, 전자 장비, 고도로 기술집약적인 2차 제품 등을 수출하는 나라로 부상했다. 국민총생산은 5,000억 달러대에 육박했다. 더욱이 한국은 민주제도를 착실히 실천하며 다져가고 있는 중이다.

반면 가나에서는 이런 비약적 발전이 이루어지지 않았다. 가나의 1인당 국민총생산은 한국의 15분의 1 수준이다. 이런 엄청난 발전의 차이를 어떻게 설명할 수 있을까. 물론 여러 가지 요인이 작용하겠지만, 내가 볼 때, '문화'가 결정적 요인이라고 생각한다. 한국인들은 검약, 투자, 근면, 교육, 조직, 기강, 극기정신 등을 하나의 가치로 생각한다. 가나 국민들은 다른 가치관을 갖고 있다. 그러니 간단히 말해서 문화가 결정적으로 중요하다고 생각한다.

출처: Samuel Huntington, "Cultures Count," in Lawrence Harrison and Samuel Huntington (eds.), *Culture Matters* (New York, NY: Basic Books, 2000), p. 8.

2. 정치문화의 배경과 개념

정치문화에 대한 학자들의 관심은 매우 오랜 역사를 가지고 있다. 많은 고대 그리스의 학자들은 아테네의 전사적·평등적·민주적 문화를 페르시아의 위계적·전제적·복종적 문화와 비교하였고, 몽테스키외(Montesquieu)와 볼테르(Vontaire)는 영국과 네덜란드의 자유주의적 문화와 프랑스의 위계적·귀족적 문화를 대비하였다. 정치문화 연구의 고전으로 1835년 출간된 토크빌(Alexis de Tocqueville)의 『미국의 민주주의』는 미국정치가 미국인들의 개인주의, 평등주의, 공화주의, 자기책임주의, 참여주의 등 초기 미국인들이 간직한 마음의 습속으로부터 기인한다는 점을 밝혔다. 또한, 베버(Max Weber)는 1905년 출간한 『프로테스탄티즘의 윤리와 자본주의 정신』에서 서구자본주의 발전은 하느님으로부터 운명이 예정된 칼뱅파 개신교도들이 신성한 소명에 부응하는 과정에서 파생된 경제활동에의 긍정, 성실, 자기 책임 등 자본주의 친화적인 문화와 더불어 시작되었다는 점을 강조하였다.

이와 같은 고전적 연구들은 정치학이 20세기 초반 미국에서 태동하기 이전에 축적된 지식들로서 이후 정치문화연구에 지대한 영향을 미쳤다. 특히 20세기 중반까지 정치문화연구는 국가정치제도 연구와 더불어 정치학 내 가장 중요한 연구영역으로 발전하였다. 당시 정치문화 연구자들은 인류학, 역사학 및 정신분석학의 개념과 접근들을 활용하여, 각국의 국민성(national character)과 정치문화를 분류해 나갔다. 미국의 자유주의,

영국의 엘리트주의와 순종적 문화, 프랑스의 엘리트적 권위주의와 혁명적 민중주의의 충돌, 북유럽의 비권위주의적 평등주의, 중국의 집단적 위계주의, 중동의 부족적 전통과 정치적 이슬람주의, 일본의 사무라이적 위계와 조화, 남이탈리아의 비도덕적 가족주의와 만연한 불신, 한국의 중앙집중적 소용돌이 정치문화 등은 각국의 고유한 정치문화적 특성을 조명하고, 각국의 정치가 왜 특정한 정치양태를 반복적으로 보이는가에 대한 지적인 통찰을 제공하였다.

그러나 이들 국민성 중심의 정치문화연구들은 두 가지 문제점을 내포하고 있는데, 먼저 각국의 정치양상이 그 나라의 국민성으로부터 기인하였다는 논리적 주장은 자칫 인종주의(racism) 혹은 동어반복으로 연결될 수 있다는 점이다. 사이드(Edward Said)는 이 같은 연구들이 서구문화는 우월하고 비서구는 열등하다는 서구중심주의적 오리엔탈리즘과 연결되어 있다고 비판한 바 있다.[3]

두 번째 문제는 국민성이 현실정치의 변화를 원인-결과적 관점에서 설명해 내지 못한다는 점이다. 가령 유교문화는 19세기 말 서세동점(西勢東漸) 시대에 아시아 저발전의 문화적 원인으로 지목되었지만, 20세기 후반 동아시아의 경제가 급격히 성장함에 따라 발전의 원동력으로 찬양받았다.[4] 유교문화는 정적인(static) 요소인 반면, 발전은 동적인(dynamic) 현상이라는 점에서 변화하지 않는 원인이 변화하는 결과를 논리적으로 설명할 수는 없다. 사회과학적 용어로 말하자면, 문화는 변수(variable)가 아니라 상수(constant)이고, 상수는 정치적 변화를 설명할 수 없다는 실

증주의 사회과학의 원칙을 위반한다는 문제점을 보였다. 즉, 국가건설, 민주화, 경제발전, 내전 등은 변화를 동반하는 변수들인 반면, 국민성 혹은 국민문화는 고정된 상수이기 때문에 정치적 변화는 문화 이외의 요인에 달려 있다는 도전에 직면하였다. 결과적으로 정치문화연구는 1970년대 이후 제도주의, 합리적 선택, 정치경제학적 계급이론 등에 비해 학문적 관심이 상대적으로 낮아졌다. 이 문제에 관해서 레이틴과 웨인게스트는 정치문화연구는 우리들의 이해를 높여 주는 장점이 있는 반면, 설명은 제대로 해내지 못한다고 지적한 바 있다.[5]

그러나 돌아보면 이 같은 비판과 문제점들이 정치문화연구를 위축시켰다기보다는 국민성 연구로부터 연구경향을 다변화시켜 정치문화연구를 발전시키는 계기를 제공하였다. 특히 1963년 알몬드(Gabriel Almond)와 버바(Sidney Verba)의 『시민문화(*Civic Culture*)』출간을 계기로 정치문화연구는 개념적·분석적 차원에서 지속적으로 개선을 해 왔고, 1990년대 이후 정치문화라는 논쟁적 메가개념(mega-concept)을 사용하지 않으면서도 정치문화에 대한 연구는 새로운 학문적 르네상스를 맞이하고 있다.[6]

학자들이 연구하는 정치문화의 구체적인 요소들을 살펴보면, 정체성, 세계관, 규범, 가치, 신조, 믿음, 태도, 심리, 정향, 정서, 기질, 지식, 정신, 여론, 기억, 인식, 서사, 아이디어, 담론, 상징, 의미, 의식, 의례, 언어, 감정, 이념, 사회화, 권위관계, 멘탈모델, 사회적 자본, 신뢰 등이다. 이들은 모두 우리들의 눈에는 보이지 않는 정치에 관한 요소들로서 사회과학적 방법들에 의해 추출된다는 점에서 정치문화에 속한다.

그렇다면 정치문화란 무엇인가? 정치문화는 사람들이 정치를 수행하는 사회문화적 양식과 정치세계에 대해 가지고 있는 주관적 내용으로 정의할 수 있다. 따라서 정치문화는 정치가 기반하고 있는 깊은 차원의 문화와 정치과정에 직접적으로 투입되는 시민들의 정치적 정향(political orientations)으로 구성된다.

그러나 학자들은 정치적 정향으로서의 정치문화와 정치가 기반하고 있는 사회문화에 대한 구분을 느슨하게 사용하고, 글상자 4.2에서 보듯이 문화 혹은 정치문화를 다양하게 정의한다. 또한, 상술한 수많은 문화적 요소들을 하나의 정치문화라는 개념의 그릇에 담아낸다는 것은 매우 어려울뿐더러 개념적 불완전성으로 인해 불필요한 논쟁을 촉발하지 않을 수 없다. 그럼에도 불구하고 이 글은 정치문화를 정치가 기반하고 있는 깊은 차원의 문화와 사람들이 정치세계에 관해 가지고 있는 주관적 정향으로 구성된다고 정의한다.

따라서 정치문화는 깊고 두터운 차원과 얇고 옅은 차원으로 편의상 구별할 수 있고, 수많은 정치문화의 요소들은 양극단 사이에 존재할 것이다.[7] 정체성, 정신, 세계관 및 가치관과 같이 두터운 층에 존재하는 문화적 요소들은 정치공동체의 역사적 경험을 통해 축적되고 공유되어 상식 혹은 당연한 것으로 광범위하게 받아들여지기 때문에 여론조사와 같은 실증적 방법을 통해서 밝혀내기 쉽지 않다. 반면 정치현상 및 행동과 직접적으로 연관된 정치적 정향과 태도는 개인에 대

글상자 4.2 문화와 정치문화에 대한 다양한 정의들

유네스코(UNESCO)	문화는 특정사회 또는 사회집단이 갖고 있는 일련의 독특한 정신적 … 지적 감정적 특성들로서, 문화는 예술 및 문학은 물론 이에 더하여 생활양식, 함께 사는 방식, 가치체계, 전통, 신앙 등을 포함
헌팅턴(Samuel Huntington)	문화는 순수하게 주관적인 것들로 한 사회의 구성원들 사이에 퍼져 있는 가치, 귀속성, 신념, 정향, 내재된 가정들로 구성
기어츠(Clifford Geertz)	문화는 역사적으로 전이되고 유지되는 상징과 의미, 개념들로서 이를 통해 사람들이 소통하고 지식과 태도를 발전
알몬드(Gabriel Almond)와 버바(Sidney Verba)	정치문화는 시민들이 정치적 대상에 관해 가지는 정서적·인지적·평가적 정향(orientation)으로서 정치적 대상에는 국가, 정치적 규범, 정부기관, 정당과 정치인 등을 포괄하며, 정향은 정치행동의 바탕이 되며, 전통, 역사적 기억, 동기, 개념, 감정, 상징 등에 의해 결정
린츠(Juan Linz)	정치문화는 여러 상이한 환경에 대해 비체계적으로 대응하는 생각과 느낌의 방식으로서 이성적이라기보다는 감정적 경향이 강한 특성을 가짐
파이(Lucian Pye)	정치문화는 정치과정에 형식과 내용을 부여하는 근본적인 가치와 감정, 지식 등의 총합
위아르다(Howard Wiarda)	정치문화는 정치세계 내에서 사람들이 마음과 내면에 깊이 뿌리내린 생각들, 믿음들, 가치들, 행태적 기질들을 의미
달(Robert Dahl)	정치문화는 문제해결의 정향, 집단행동의 정향, 정치체제에 대한 정향, 다른 국민들에 대한 정향으로 구성

출처: UNESCO, *Universal Declaration of Cultural Diversity* (New York, NY: UNESCO, 2002); Samuel Huntington, "Cultures Count," in Lawrence Harrison and Samuel Huntington (eds.), *Cultures Matters* (New York, NY: Basic Books, 2000); Clifford Geertz, *Interpretation of Cultures* (New York, NY: Basic Books, 1973); Gabriel Almond and Sidney Verba, *Civic Culture: Political Attitudes and Democracy in Five Nations* (Princeton, NJ: Princeton University Press, 1963); Juan Linz, *Totalitarian and Authoritarian Regimes* (Boulder, CO: Lynne Rienner, 1975); Lucian Pye, *Asian Power and Politics* (Cambridge, MA: Harvard University Press, 1985); Howard Wiarda, *Political Culture, Political Science, and Identity Politics* (New York, NY: Routledge, 2014); Robert Dahl, *Political Oppositions in Western Democracies* (New Haven, CT: Yale University Press, 1966).

한 조사를 통해서 실증적으로 추적하고 집단별 및 나라별로 비교가능하다.

정치가 기반하고 있는 사회문화는 그것을 직접적으로 확인할 수 없다는 점에서 학자들은 역사계보학적 방법, 참여관찰과 같은 민속지학 및 인류학적 방법, 문학작품과 문화기록을 통한 간접적 추적 등을 통해 접근한다. 학자들은 정치가 기초하고 있는 문화를 원형적(primordial)이고 본질적이며 사회에 전체적으로 실존하는 고정적 실체로 간주하는 반면, 정치와 직접 연관되는 정치적 정향들을 구성주의적(constructivist)이며 개인적 변수로서 측정가능한 변수로 인식한다. 정치문화의 깊은 차원을 연구하는 학자들은 이해의 증진을 목적으로 정치현상을 새롭게 해석하여 드러내려고 하는 반면, 정치와 직접적으로 연관된 행태(behaviors)를 연구하는 학자들은 정치현상의 원인으로서 정치문화적 요인을 실증적으로 분석하는 데 충실하고자 한다.

정치문화에 대한 '깊은 및 얕은' 개념적 분리는 정치문화를 이해하는 데 유용한 시각을 제공하지만, 개념적 분리가 실제로 이에 속하는 문화적 요소들이 반드시 분리된다는 것을 뜻하지 않는다. 정치문화의 다층적, 다면적 및 다각적 요소들은 서로 느슨하게 혹은 강하게 연결되어 있고, 이 같은 연결성은 문화의 본질적 특징이다. 아울러 정치문화의 다양한 요소들이 연결되어 있다는 점이 반드시 이들의 합일성 혹은 조화를 전제하지 않는다. 정치문화의 요소들이 부조화할 경우가 개인 차원에서 정서적 및 인지적 부조화를 불러일으키고 이것이 심각할 경우 혼란으로 인해 규범이 사라진 아노미 상태로 나아갈 수 있다는 점에서 정치문화는 평형과 조화의 경향을 가지지만, 반드시 이들 요소들이 비갈등적이지는 않다.[8] 한 사회 내에서도 문화전쟁이나 문화적 갈등과 차이 등이 일어나듯이 문화적 요소들은 갈등, 재구성, 조정의 과정을 늘 경험한다.

3. 정치문화의 형성과 영향

정치문화가 정치의 장을 규정하는 사회문화적 기반과 정치세계에 관해 사람들이 가지고 있는 의식적 혹은 무의식적 기대, 생각, 신념, 믿음, 가치, 및 태도들로서 정의된다면 정치문화는 어떻게 형성되며, 어떤 방식으로 정치에 영향을 미치는가?

일반적으로 깊은 차원의 원형적 정치문화는 역사적으로 장기간에 걸쳐 형성된다. 장기간에 걸쳐 형성된다고 하여 막연히 시간적 변수에 의해서만 정치문화가 형성되는 것은 아니며, 원인들을 좀 나누어 보자면, 1) 초기 정착자 효과, 2) 환경과 농경, 3) 역사적 중대사건에 의해 영향을 받는다.

먼저 초기정착자 효과는 조상의 영향으로서 특정 나라 혹은 지역에 초기 정착한 이들이 어떤 문화를 담지하고 생존하여 지배적으로 번성하였는가 하는 점을 강조한다.[9] 유라시아 대륙의 다양한 문명과 나라들은 초기 조상이 누구인지 제대로 알 수 있는 기록이 부족하고, 이후 문명 간 교류와 영향이 많이 이루어졌기 때문에 초기 정착자들의 문화유전자를 파악하는 것은 매우 어렵다. 그러나 16세기 대항해(大航海) 시대 이후 다양한 유럽인들이 아메리카 및 오세아니아의 여러 지역에 정착했다는 점에서 이들 신세계는 초기정착자이론의 유용한 사례들을 제공한다.

특히 미국과 아메리카 대륙의 경우 초기 정착자들의 영향을 비교적 자세히 알 수 있다.[10] 가령 미국의 동북부에는 개신교적 노동윤리와 교육·계몽주의, 자치공화정부와 개인책임주의 신념을 지닌 영국과 서유럽 청교도들이 정착하였는데, 이들이 초기 미국의 정치적 신조와 정신을 형성하였다.[11] 반면 17세기 카리브해 지역에서 노예제를 도입하고 환금성 작물을 대규모로 생산 및 수출하였던 상업농장주들과 17세기 영국 내전에서 패배하여 점차 몰락한 기사 및 귀족들이 신대륙 남부로 이주해 유럽식 장원체제(manorial system)를 이식했다는 점에서 미국의 북부와 남부는 서로 다른 문화에 기초한 지역이었다.

두 개의 거대 문화는 남북전쟁(1860~1864년)으로 충돌하였고, 북부의 승리로 청교도적 자유주의 문화가 지배하는 것처럼 보이지만, 남부의 정치문화, 즉 백인중심적 위계주의, 대중영합주의적 인민주의, 상업적 자본주의, 반국가주의 등은 여전히 강력한 전통으로 남아 있다. 오늘날 교육 측면에서도 북부는 공립학교와 명문대학들이 남부에 비해 월등히 많으며, 경제적 수준도 북부가 남부에 비해 높은 편이다.

아메리카 대륙의 지도를 좀 더 넓게 펼쳐보면, 앵글로아메리카와 라틴아메리카의 초기 정착자들은 완전히 다른 문화를 보유하였다. 앵글로아메리카는 노동윤리, 개인책임주의, 공화정부, 자유주의, 자본주의 등의 문화가 초기부터 발흥된 반면, 라틴 아메리카에 정착한 스페인과 포르투갈의 군인 및 전사들은 약탈주의, 지배주의, 명예주의 등을 신봉하였으며 노동, 교육, 제한정부, 합리주의 등을 무시하였다. 오늘날까지도 북미의 앵글로아메리카와 라틴아메리카 간 안정적 자유민주주의와 사회경제적 차이는 뚜렷하다.

다음으로 환경 및 농업적 전통은 후대의 정치문화를 형성하는 데 큰 영향을 미친다. 농업전통을 가진 나라들일수록 정치사회적 위계성이 뚜렷한 반면, 상업 혹은 유목에 기초한 나라들에서 그와 같은 위계성은 낮다. 같은 농업전통을 가진 나라와 지역 중에서도 쌀농사와 밀농사는 큰 문화적 차이를 낳는 것으로 알려져 있다. 일반적으로 쌀농사 기반의 문화가 집단적 상호의존 경향을, 밀농사 기반의 문화가 개인주의적 자립 경향을 보인다. 니스벳(Richard Nisbe)에 따르면, 한국과 일본 및 미국 사람들에게 자신과 남을 종이에 그려보라고 하면 일반적으로 한국과 일본 사람들은 자신을 남보다 작게, 미국 사람들은 자신을 크게 그리는 경향을 보이는데 동아시아와 미국의 문화는 각각 집단우선주의 및 개인우선주의의 특징을 보인다.[12]

따라서 개척지의 밀농사 지역은 개인주의적 및 분석적 사고방식에 개방적이었고, 18~19세기 서유럽과 미국에서 과학적 분석과 실험은 산업근대화와 대규모 기계영농으로 발전하였다. 반면 같은 시기 동아시아 쌀농사 지역에서는 고강도의 노동집약적인 가족영농 및 상호부조에 기초한 마을 영농이 지배적인 생산양식으로 발전하였고, 이와 같은 고강도의 협동적 노동집약적 생산문화가 오늘날 동아시아의 제조업 발전에 기여했다는 점은 잘 알려져 있다.[13]

물론 같은 농업문화권에서도 정치문화의 양상은 다를 수 있다. 가령 일반적으로 미국인들이 개인중심적이고 한국인과 일본인들이 집단과 관계를 중시한다는 점은 널리 알려져 있지만, 한국인과 일본인들이 조직과 관계를 맺는 방식은 다르다.[14] 한국인들이 집단 속에서 개인의 임무를 넘어 상호 개입하는 능동적 양상을 보이며 때론 집단규율을 넘어서 일을 실행할 정도로 주체적 조직주의가 강한 반면, 일본인들은 개인적 취향들을 서로 간섭하지 않고 집단 내의 자기 위치를 끝까지 지키는 보수적 조직주의가 지배적이다. 이를 정치의 장으로 연결하면, 임진왜란 당시 왕조 바깥의 의병들이 주체적으로 일어나고, 최근 한일 갈등 속에서 한국시민들이 자발적 불매운동을 전개하는 양상을 일본에서는 보기 힘들다. 이는 같은 농업문화권 내에서도 정치가 조직되는 문화적 기제가 다를 수 있다는 점을 시사한다.

　세 번째로 중대사건은 정치문화의 형성과 변화에 영향을 미친다. 중대 사건은 주로 외부의 침입과 내부의 붕괴로 인해 발생하는데, 이는 기존의 지배적 규범, 가치, 신념 등이 그 유용성을 잃은 상태로 더 이상 정치공동체가 유지할 수 없는 상태와 연관된다. 가령 이탈리아의 북부는 정치안정, 경제적 부 및 사회적 활기를 가진 반면, 남부는 정치불안, 경제적 후진 및 사회적 침체를 보이는데, 퍼트남은 이탈리아 남부와 북부의 사회적 자본에서 역사적 분기는 11~12세기 중세 초 안보위기를 극복하는 과정에서 시작했다고 지적한다.[15] 구체적으로 당시 이탈리아반도는 비잔틴과 북부 게르만에 의한 제국적 안보질서가 해체된 위기 상태에서 새로운 정치적 실험에 돌입한다. 이탈리아의 남부와 시칠리아 지방은 노르만족에 의해서 지배되고, 노르만족 왕은 정치안정을 제공함으로써 남부 이탈리아는 초기 발전을 이룩한 반면, 장기적으로 지배집단과 사회집단 간 불신과 비공식적 후견주의(clientelism) 및 마피아식 문

제해결 등이 결합하면서 사회적 자본은 낮은 수준에서 고착화된다. 반면 이탈리아 북부 도시들은 공동체적 공화주의(communal republicanism)에 기초하여 안보, 경제, 사회를 자치적으로 조직해 나갔다. 이와 같은 정치적 실험은 높은 수준의 사회적 자본을 낳았고, 한번 높아진 사회문화적 자본은 역사적으로 쉽게 유실되지 않았다는 점에서 오늘날까지도 이탈리아 북부는 남부에 비해 안정과 발전 수준이 높다.

　마찬가지로 한국과 일본에서 보이는 유럽 및 미국 중심의 사대주의는 19세기 말 서세동점 시기 중대사건에 따른 결과이다. 1842년과 1860년 동아시아의 중심국가인 중국이 1차 및 2차 아편전쟁에서 영국, 프랑스 등에 계속 패배하면서 한국과 일본은 일시에 국가의 존망을 걱정하는 처지로 전락한다. 일본은 천황을 제외하고 모든 것을 서구의 최고·최신 것으로 바꾼다는 각오로 의회정치와 상업은 영국으로부터, 법은 프랑스로부터, 육군과 고등교육은 독일로부터, 초등교육은 미국으로부터 수입하여 근대화에 돌입한다. 일본은 제2차 세계대전의 패망에도 불구하고 근대화된 체제를 성공적으로 구축했기에 서구국가들과 대등하다는 관점에서 외교적 차원에서만 미국을 중시하는 실리주의를 유지하고 있다.

　반면 한국은 근대화에 실패하면서 조선이 패망하고 민족이 식민화되는 완전한 대실패를 겪게 된다. 이러한 대실패의 경험은 최강의 나라를 배워서 강력한 조국을 건설해야 한다는 신념으로 전환되었다. 20세기 전반기에는 일본을 싫어하면서도 배우려는 일본중심주의를, 일본이 미국에

패배한 다음에는 미국을 배우려는 미국중심주의로 전환되어 많은 한국 학생들은 미국에서 교육받고, 한국인들은 미국의 제도와 문물에 개방적 태도를 보인다.

다음으로 정치문화의 여러 요소들은 어떻게 정치에 영향을 미치는가? 일반적으로 한 사회가 보유한 정치문화는 크게 두 가지 방식으로 정치에 영향을 미친다. 먼저 구조적 차원에서 한 사회의 정치문화는 정치적 선택의 폭을 제한하고 가능성이 높은 선택지로 결정을 몰아가는 경향을 가진다.[16]

예를 들면, 한국에서 민족주의는 일종의 신화에 가까운 정치문화의 산물로서 한국정치와 외교에 영향을 미친다. 가령 한국, 일본, 미국은 합리적 이익의 관점에서 동아시아 질서를 두고 상호협력을 강화할 수도 있다. 그러나 한국과 일본의 강력한 민족주의는 이와 같은 협력을 허용하지 않는다는 점에서 한일 상호협력의 이익이 크다 할지라도 애초에 불가능하게 만들거나, 혹은 협력이 이루어지더라도 형식에 그치게 만드는 문화적 힘으로 작용한다.

다음으로 행위자적 차원에서 정치문화는 정치인들과 시민들의 정치에 대한 기대, 생각, 행동에 영향을 미친다. 가령 봉건적 관계로부터 개인을 해방시킨 서구의 정치문화에서 개인의 사적 행동과 공적 행동은 분리된 방식으로 이해되는 반면, 집단적 정치문화가 지배적인 한국이나 일본에서 정치인들의 사적 행동과 공적 행동은 긴밀히 연결된다. 언론과 미디어도 정치적 사건을 보도할 때 미국은 정치인들의 행동과 사실을 위주로 보도하는 반면, 한국과 일본은 정치적 사건은 물론 관련자 가족들의 배경과 맥락 등을 깊이 있게 다룬다. 이러한 이유는 무엇보다 동아시아 사람들이 심리적으로 배경과 맥락에 궁금증과 관심이 많기 때문이고 사실 위주의 보도에 만족을 느끼지 못하기 때문이다.

대표적인 사례로 미국의 대통령은 개인적으로 친분이 있거나 지지하는 정치인들을 위해 캠페인에서 지지연설을 하는 것이 공적으로 문제가 되지는 않는다. 하지만 한국 대통령의 특정 정당에 대한 지지는 법적으로 금지일 뿐 아니라 이와 비슷한 행위를 할 경우 큰 문제가 되기도 한다. 가령 노무현 대통령은 2004년 3월 12일 국회에서 탄핵되었는데, 그 사유가 바로 그해 2월 12일 언론사들과의 인터뷰에서 "개헌 저지선까지 무너지면 그 뒤에 어떤 일이 생길지는 나도 정말 말씀드릴 수가 없다"는 발언이 특정 정당을 지지했다고 당시 야당들이 주장했기 때문이다. 그리고 이들은 노무현 대통령을 국회에서 탄핵했지만, 탄핵소추안이 헌재에서 기각되면서 노무현 대통령은 64일 만에 직무에 복귀할 수 있었다. 이 글에서 노무현 대통령이 실제로 특정 정당을 공개적으로 지지하는 행위를 하였는가 아닌가 하는 점을 밝힐 수 없지만, 이것이 어떻게 시작되었는가, 행위자들이 무엇을 문제로 생각하고, 어떤 행동을 감행하였는가 하는 점은 한국 정치문화에 대한 고려가 없이는 제대로 이해할 수 없다.

마지막으로 한 가지 강조하고 싶은 점은 과거로부터 전승되어 온 정치문화의 다양한 요소들이 보수적인 속성을 가지지만, 정치문화도 불변하는

것이 아닌 가변적이라는 사실이다. 앞서 깊고 두
터운 문화와 얕은 문화의 개념적 구분을 적용하자
면, 표층에 존재하는 얕은 문화는 깊은 문화에 비
해 변화에 민감할 것이고, 변화가 지속되면 깊은
차원의 문화적 변화로 연결된다.[17] 또한, 정치문
화가 정치현상과 행위자들의 행동에 영향을 미치
기도 하지만, 정치행위자들의 자각과 목적의식적
인 노력이 정치문화 변화의 씨앗을 심어 놓고, 이
것이 장기적으로 거대한 전환을 낳기도 한다. 특
히 특정 정치문화의 요소들이 정치권력과 만났을
경우 정치문화의 전환이 가속화되거나 기존의 것
들은 새로운 방식으로 조정된다. 가령 기독교, 유
교, 불교 등은 주로 권력과의 유착 혹은 권력에 대
한 저항을 통해 세계적으로 확대되었고, 각지의
토착문화와 결합하면서 새로운 정치문화를 낳았
으며, 오늘날 우리는 과거로부터 전승된 정치문화
로부터 영향을 받으면서 정치활동을 이어 간다.

4. 한국 정치문화의 깊은 차원: 한국정치의 문화적 기반

이 절에서는 한국 정치문화의 깊은 차원과 한국
정치가 기반하고 있는 사회문화를 소개한다. 이
에 대한 이해를 돕기 위해 먼저 한국 정치문화에
관한 기존 연구들을 요약하고, 경험적 자료를 추
가할 것이다.

　먼저 한국 정치문화에 관해 거시적이고 종합적
인 시도를 한 고전적 연구를 곱자면, 핸더슨(Gregory
Henderson)의 『소용돌이의 한국정치』(1968)일

것이다. 핸더슨은 1947년부터 1950년대 한국 주
재 미국대사관원으로 근무하면서 자신의 경험과
학문적 연구를 바탕으로 이 책을 저술하였다. 핸
더슨에 따르면, 조선조에서부터 현대에 이르는
한국 정치문화의 독특한 특징은 모래알과 같은
양반선비, 지사, 시민, 학자, 민중들이 상승기류
를 타고 역동적으로 중앙권력에 돌진하고, 중앙
의 주류세력 및 파당들은 이 기류를 이용하여 정
치적 소용돌이를 일으켜 권력을 쟁탈하는 양상을
보인다는 점이다.

　핸더슨에 따르면, 이와 같은 소용돌이 경향성
은 세 가지 사회 및 정치적 조건에 기인하는데,
먼저 한국이 지정학적으로 중국으로부터 고립된
상태에서 사회적·언어적·민족적 동질성을 높은
수준으로 형성했다는 제1조건과 일본과 중국은
물론 서구의 나라들에 비해서도 중앙집권적 권력
기구가 일찍이, 즉 조선 초 확립되었다는 제2조
건으로부터 연유하는데, 두 가지 조건은 다원적
및 중간적 정치기구들의 부재 혹은 비제도화라는
제3의 정치과정적 조건을 만들어 낸다.

　일반적으로 사회, 경제, 문화적 갈등과 문제들
은 정치로 분출되고, 정치는 누가 권력을 잡는가
에 의해 결정된다는 점에서 정치적 경쟁은 격렬
하지 않을 수 없다. 서구의 여러 나라에서 다양한
인종적, 종교적, 민족적, 계급적 세력들이 시민사
회 및 정치적 중간기구(political intermediaries)
들을 형성하고, 이들이 대표집단 혹은 정당들을
통해 경쟁하는 양상을 보인다. 반면 사회적 단원
성이 강하고 중간적 기구들이 유명무실한 한국에
서 중앙권력이 강력하다는 사실은 사회의 균등한

모래알들을 정치화시키고 모든 것을 정치의 장으로 빨아들이는 경향을 촉발시킨다. 이 과정에서 아래로부터의 상승기류가 엘리트들의 기회주의적 하강기류와 만나면 정치폭풍이 되어 정치는 소용돌이치고 역동적 정치변화가 일어나지만 진지한 토론이나 이성적 대화는 물론 관용은 마비되고 만다.

강력한 중앙권력에 비해 사회적 다원성, 지방자치, 중간기구의 낮은 제도화는 이와 같은 상승-하강기류에 의한 정치적 소용돌이를 완화하지 못한다는 점에서 소용돌이의 정치문화는 조선시대 당파싸움과 세도정치에서부터 이승만 시대 1인 권력정치, 1960년 4·19 및 박정희의 쿠데타와 군부통치에서도 강도만 다를 뿐 반복된다고 핸더슨은 지적한다. 이를 오늘날로 확장하자면 2016~2017년 촛불시위는 한국민주주의에 기여한 점이 분명하지만, 상술한 특징들을 그대로 보여준다는 점에서 한국정치는 핸더슨의 소용돌이 문화를 극복했다기보다 그 문화적 특징들을 일부 지속하고 있는 것으로 보인다.

비교론적으로 한국의 지방자치는 중앙정부에 대한 의존성이 높고, 한국의 이익단체들은 당파성에 따라 정부와 유착성이 높으며, 정당들의 제도화와 사회적 기반은 낮다. 이는 한국의 사회적 및 정치적 중간기구들이 다원 및 다층적 차원에서 정치를 체계적으로 수행하지 못하고, 정당들은 친정부 혹은 반정부를 중심으로 국민들에게 호소하여 소용돌이를 만들려 한다는 점을 시사한다. 물론 민주정치는 민중주의적 소용돌이를 활력으로 삼고 있는 독특한 체제이다. 그럼에도 불구하고 현대 정치가 국민과 정치인의 역할 분리에 기초한 대의제, 삼권분립, 지방자치, 정당 등과 같은 체계적인 제도와 조직들에 의해서 수행된다는 점에서 낮은 제도화에 기초한 소용돌이 한국 정치문화는 역동적 정치변동을 만들지라도 체계적 정치발전과는 거리가 있다.

김영명은 핸더슨의 소용돌이 한국 정치문화를 좀 더 세밀하게 발전시키고 있다. 김영명에 따르면 한국사회가 단일성이 높다는 점과 더불어 밀집성이 높다는 점을 근본 조건으로 제시한다.[18] 김영명은 한국이 언어적, 민족적, 인종적 단일성이 세계에서 가장 높다는 점이 그 자체로 한국정치의 역동적 변화를 만들어 내지 못한다고 지적한다. 한국은 다른 나라들과 달리 산이 많고 평야가 특정 지역에 몰려 있기 때문에 한국정치의 여러 특징들은 한국인들이 밀집하여 모여 살기 때문에 발생한다고 김영명은 주장한다.

그렇다면 동질성과 밀집성이 만들어 내는 한국 정치문화의 특징은 무엇인가? 김영명은 획일성, 집중성, 극단성, 조급성, 역동성 이렇게 5가지를 한국 정치문화의 주된 특징으로 지적한다. 즉 동질성과 밀집성이 높은 한국사회에서 일어나는 정치의 양상은 획일적이고, 집중적이며, 극단적이고 조급하기에 결과적으로 역동적 성격을 보인다는 것이다. 한국의 독재자들은 다른 나라 독재자들에 비해 재임기간이 상대적으로 짧고 이들은 모두 대중봉기로부터 촉발된 정치적 위기를 극복하지 못했다는 점에서 한국정치의 문화적 특징을 보여준다.

역동적이면서도 소용돌이치는 한국 정치문화

의 특징은 민주화 이후 변화하였는가? 일반적으로 민주화는 사회적 불만을 정당과 같은 제도적 기구를 통해서 인입하고 의회와 행정부의 정책결정을 통해 처리함으로써 시민저항을 완화하는 경향을 가진다. 제도론자들은 민주주의 제도들이 제대로 된 효과를 발휘하기 위해서는 시간이 필요하다고 주장하지만, 민주화 이후 20년과 30년이 지나는 시점에 발생한 2008년 광우병 시위 및 2016~2017년 촛불시위가 보여 주듯이 한국정치의 양상은 크게 변화하지 않은 것으로 보인다.

핸더슨과 김영명의 연구가 한국 정치문화의 인상주의적 특징을 소용돌이와 역동성으로 정의하였다면, 어떤 행위자 혹은 세력들이 경합을 하고 있는가? 함재봉은 『한국사람 만들기 I, II』에서 역동성을 만들어 내는 5개 세력과 담론을 계보학적으로 분석하였다. 그는 한국인은 과거 조선인으로부터 변화된 정체성을 가지지만 그 문화적 원형과 실체는 논쟁적 담론의 결과이기 때문에 19세기 말 이후 어떤 담론이 존재하는지 추적함으로써 '정치적 한국인'은 누구인가라는 질문에 답할 수 있다고 주장한다. 함재봉은 정치적 한국인을 규정하는 5개의 거시적 담론이 1) 친중위정척사파, 2) 친일개화파, 3) 친미개화파, 4) 친소공산주의파, 5) 인종적 민족주의파로 구분되고, 이들은 20세기 이후 한국인들의 정파, 이념, 사상 및 운동에 큰 영향을 미쳤다고 주장한다.

핸더슨, 김영명 및 함재봉의 연구들을 종합할 경우, 한국 정치문화의 특징인 소용돌이와 역동성은 역사적으로 형성된 여러 정치세력들에 의해 전개된다는 점을 알 수 있다. 가령, 동학농민운동과 조선의 몰락은 친중위정척사파와 친일개화파 간 갈등의 결과로, 해방 후 좌우대결과 한국전쟁은 친일·친미개화파와 친소공산주의·민족주의파 간 대결의 결과로, 이후 민주화 투쟁은 이들이 분화 및 재결합되면서 새로운 소용돌이를 만들어 낸 것으로 이해할 수 있다.

위 연구들은 공통적으로 한국 정치문화가 여러 정치세력들이 합종연횡하면서 지속적 및 역동적 정치변동을 만들어 내는 특징을 가진다는 점을 시사한다. 이를 행위자의 차원으로 재구성하자면, 정치적 한국인, 즉 조선 이후에 탄생한 근대 한국인은 정치적 장에서 한국정치를 역동적으로 변화시켜온 강인함 혹은 독함을 가지고 있다고 결론지을 수 있다. 이와 같은 정치적 변동의 에너지는 어디에서 오는 것인가?

최정운에 따르면 '강한 혹은 지독한 한국인'의 특징은 19세기 말과 20세기 초에 만들어진 것이라고 주장한다.[19] 최정운은 한국정치사회 변동의 역동성과 소용돌이를 밀고 나가는 강인한 한국인은 19세기 말 조선이 패망하고 일제의 노예 상태로 전락한 홉스적 자연상태에서 이를 벗어나고 극복하려는 지적인 시도에서 시작되었다고 지적한다. 그는 19세기 말부터 출간된 근대한국문학에 나타난 인물상을 계보학적으로 분석하였는데, 강한 민족, 강인한 한국인의 정체성은 나라가 망하고 기댈 곳 없이 망연자실한 한국인들이 이를 극복하기 위한 대안적 모델로서 탐구되었을 뿐만 아니라 실천적으로 추구되었다. 정치적 실천이 봉쇄된 일제강점기가 지나가면서 힘과 부를 갈망했던 강한 한국인들은 좌우 투쟁과 한국전쟁

동안 매우 잔인하고 혹독한 정치를 이끌었다. 나아가 강하고 정열적인 한국인들은 다른 가치들을 배제하고, 물질적 성장이라는 단일 목표에만 집중하는 성장의 정치 및 반지성의 정치를 보였다는 것이 최정운의 핵심 논지이다.

상술한 연구들은 한국 정치문화의 조건과 특징에 관해 인상주의적 및 분석적 이해를 돕고 있다. 가령 한국은 외세의 영향을 크게 받는 지정학적 반도국가로서 사회적 동질성과 밀집성이 높기에 강인한 한국인들은 생존과 힘을 추구하며 지도자들에게 도전하고 때론 이들을 교체하는 역동적 정치변동을 보여준다. 위 연구들의 적실성과 기여점은 분명하나 여전히 왜 그러한 정치문화가 한국정치의 특징으로 나타나는가 혹은 왜 한국인들은 역동적인 힘을 보여 주는가에 관해서는 추가적인 검토가 필요하다.

일반적으로 정치문화의 원형적 특징을 연구하는 학자들은 근대 이전 특정 사회가 공유한 전통과 종교문화의 특징들이 근대 이후 나타난 정치현상에 영향을 미친다는 점에 동의한다. 따라서 오늘날 한국 정치문화를 좀 더 자세히 이해하기 위해서는 문명비교론적 관점에서 근대 이전 한국 전통문화를 검토할 필요가 있다. 다수의 학자들은 한국의 전통문화가 신라시대 이전의 토착적 기복신앙인 무교의 강력한 기초 위에 유교적 영향들이 합쳐져 형성되었다는 데 동의한다.[20] 물론 불교가 한국문화에 미친 영향은 분명하지만, 불교는 기본적으로 현세를 부정하고 권력에 의존하는 관학으로서 시작되었고, 이후 산신각 및 칠성각을 세우고, 신자들의 생로병사를 위해 제사를 지내는 기복적 특징을 수용했다는 점에서 한국무교의 강력한 원형문화를 변화시켰다기보다는 오히려 이를 수용하고 계승한 것으로 보인다.

이 글에서 무교, 유교 및 불교의 역사적 상호작용을 밝히는 작업을 할 수도 없고, 그것은 이번 장의 목적에서도 벗어난다. 다만 한국 정치문화의 민중적 및 역동적 특징을 밝히기 위해서 현세 기복적 무교와 관계중심적 유교의 영향은 비교론적 및 역사적 고찰이 필요하기 때문인데, 먼저 비교론적으로 한반도의 무교와 유교는 서구의 종교들과 달리 현세적인 기복을 중시한다는 거대한 차이점을 보인다.

서구의 종교는 절대적 힘을 가진 단일신을 내 안에 모시고 그 분과 계약을 맺고, 그분의 대리인으로서 세상의 삶을 살다가 죽은 후 그분의 곁으로 가는 보편적 구조를 가지고 있으며, 그분의 뜻과 명령을 이행하는 사업을 '역사적' 사명으로 받아들인다. 따라서 서구의 고등종교들은 본능적 및 현세적 행복을 금기시하고, 이를 억제하기 위한 계율을 발전시켜 개인들에게 강제한다.

반면 무교와 유교적 전통에서 인간은 이와 같은 초월적인 신과의 맹약 혹은 계약을 맺는 과정이 없고, 살아 있는 동안 안락과 행복을 끊임없이 그리고 전략적으로 추구하는 역동적 존재이다. 서구의 신이 절대적인 힘을 가지고 있기 때문에 서구인들은 한편 두려워하고, 다른 한편 이해하기 위해 이성적 학문을 활용하여 신을 탐구하는 형이상학을 발전시킨 반면, 한국의 무교와 유교에는 그런 초월적인 세계, 절대적 선과 악, 역사적 사명 등이 존재하지 않는다. 아울러 신과 자유롭게 계약을 맺고, 그 계약을 실천하는 개인을 보호해야 한다는 개인주의 및 관용주의도 나타나기 힘들다.

베버의 연구에서 신의 계시를 받은 유럽의 개신교도들이 천국으로의 운명이 예정되어 있기에 편안한 마음을 가진 것이 아니라 오히려 불안을 느끼고 이를 극복하기 위해서 노동과 경제활동을 긍정하는 자본주의 경제발달의 코페르니쿠스적인 인식전환을 했다면,[21] 한국인들은 초월적 신과의 계약 과정이 없이 고통을 피하고 안락과 행복을 위해서 가족 중심의 관계를 활용하고 전략적으로 노력하는 양상을 보인다. 요컨대 한국인들의 행태에는 외부적, 종교적, 계시적 제약이 별로 없는 반면, 한국인들은 관계와 공동체에 자극받고 거침없이 그리고 두려움 없이 행동을 전개하는 경향을 가진다.

역사적으로 한국정치사를 왕조 중심으로 볼 경우 신라, 고려, 조선으로 이어지는 상층부의 변화가 보이지만, 민중적 관점에서 한국인들은 지속적인 문화전통을 발전시켜 왔다. 즉 한반도에 농사가 시작된 이래로 마을과 가족을 중심으로 농사 절기에 따라 봄의 단오, 가을의 제천축제, 겨울의 동지와 같은 집단적 행사를 일제강점기 혹은 1960년대 이전까지도 지속해 왔다. 물론 마을 축제의 이름은 설날, 추석 등과 혼합되어 변화되었을 것이지만, 기본적으로 마을 중심의 농어촌 공동체는 풍년과 풍어를 빌었고 아이와 어른들은 집단적으로 놀이를 즐겼으며, 이를 통해 생존과 기복을 위한 협동문화를 발전시켰다. 신라, 고려, 조선으로 이어지는 왕조정치의 중앙집권적 발전과 지방에 대한 지배 강화는 한국인들의 다양한

농경적 집단문화를 동질화시켰을 것이다. 나아가 7세기 당, 11세기 거란, 12세기 여진, 13세기 몽골, 14세기 홍건적, 16세기 일본, 17세기 청, 19세기 말 일본 등 외세에 의한 침략과 뒤이어 생존과 정치공동체를 지켜내기 위해 몸부림쳤던 한국인들은 자신들의 정체성을 자각하였을 것이다.

이와 같은 한국문화의 조건과 특징이 서구와 다르다는 점은 비교문명적 관점에서 분명하다. 아울러 외세의 침략을 한 번도 받지 않고 봉건적 전통문화를 간직한 채 외국의 문물을 토착화시킨 일본과 2300여 년 전 진나라에 의해 초기 제국을 형성하였음에도 수차례 내전과 통일을 반복한 중국과도 다르다. 특히 한국은 중국에 비해 상대적으로 규모가 작고, 외세의 잦은 침략의 와중에도 공동체의 동질성과 연속성을 유지해 왔기에,[22] 문화적으로 기복을 중시하는 무교와 내세보다는 현세와의 관계를 중시하는 유교적 전통이 결합하여 한국인들은 물질적 행복과 생존 및 성공을 적극적으로 그리고 제약 없이 추구하는 경향을 보인다.

이는 지정학적으로 외세의 영향이 크기에 외국의 사상이 쉽게 유입된다는 점에도 불구하고 현세중심적 한국사회에서 수입된 사상이 깊이 뿌리내려 한국인들의 행동을 제약하기가 어렵다는 점을 시사한다. 한국정치에서 새로운 이론과 이념이 종종 등장하여 소용돌이를 일으키긴 하지만, 서구에서 볼 수 있는 이론과 이념에 대한 지적인 탐구와 원칙에의 헌신보다는 정치적 목적을 위해 이론과 이념을 이용하는 경향이 한국역사에서는 지배적이다.

결과적으로 한국이라는 정치공동체는 사회적

동질성과 응집성이 높은 조건 아래에서 강인한 물질주의적 생존능력과 집단적 노력에 의해서 유지되는 것으로 보인다. 최근 외국 종교들과 이념들이 유입되고 있음에도 한국인들의 행동을 제약하는 문화적 제약 장치들은 별로 없는 것으로 보인다.

따라서 한국의 사회공동체 위에서 구축된 정치공동체로서 국가는 강력해 보임에도 불구하고 한번 소용돌이치면 한국인들은 무엇이든 할 태세를 갖추고, 역동적인 변화를 만들어 낸다. 아울러 정치를 운영하는 민주적 제도와 정당 조직들은 여전히 미약하고 제도화 수준이 낮아 사람에 의한 통치(인치)를 통제하지 못하고 정치안정을 이루지 못하고 있다. 이와 같은 정치변동과 민주적 제도화의 한계점은 현세의 물질적 기복을 중시하고 관계론적 전략과 집단적 분위기를 중시하는 조급한 한국인들의 정치문화와 조응한다.

상술한 한국 정치문화의 깊은 차원에 대한 논의는 한국인의 가치와 행태에 관해 인상주의적 및 역사주의적 해석을 제공한다. 사회과학적 용어를 사용하자면, 한국 정치문화에 대한 역사계보학적 설명은 한국인들이 이러이러한 가치를 가질 것이라는 가설을 제시한다.

한국 정치문화의 다층·복합적인 특성을 지금의 실증적 사회과학으로 설명하기에는 한계가 있다. 이는 이론적 해석과 논의는 많지만, 실증적 지표가 빈약하기 때문이다. 하지만 이를 고려하면서도 실증적 사회과학계의 성과를 바탕으로 물질주의-탈물질주의 가치, 개인주의-집단주의 가치, 사회규범관용-통제 수준을 비교해 보도록 하

자. 이 세 가지 차원을 보는 이유는 한국 정치문화의 깊고 두터운 차원에 관한 논의가 한국인들은 물질주의적이고, 집단지향적이며, 한국이 개인에 대한 사회적 통제는 높은 관계제약적 사회라는 점을 시사하기 때문이다. 이와 같은 특징들은 한국정치가 역동적이면서도 집단적이며 또 한편 각종 규제가 높은 모순적 양상을 동시에 그리고 중첩적으로 보인다는 점과 연결된다.

먼저 물질주의-탈물질주의(materialist/post-materialist) 가치를 다른 나라와 비교해 보자. 세계가치관 조사(World Values Survey)는 정치사회학자인 미국 미시간대학의 잉글하트(Ronald Inglehart)에 의해 1960년 유럽에서부터 시작되어 1980년대 이후 전세계적으로 확대된 국제적 가치설문조사이다.[23] 한국은 1980년대 초기부터 이 설문조사에 참가하였는데, 도표 4.1은 2005~2008년 조사를 바탕으로 물질주의-탈물질주의 가치와 소득 수준에 따라 각국의 위치를 보여 주고 있다. 물질주의-탈물질주의 가치지표는 관련 문항에 관해 각국의 시민들이 답한 내용을 바탕으로 계량 수치화한 것으로서, 물질주의적일수록 안보, 경제성장, 돈을 중시하는 반면, 탈물질주의적일수록 인권, 자유, 삶의 질 등을 강조하는 경향을 보인다. 아울러 잉글하트가 경제수준이 높아질수록 가치문화가 물질주의에서 탈물질주의로 전환된다고 주장했다는 점에서 경제소득을 X-축으로 삼았다.[24]

도표 4.1에 따르면 한국인들은 물질주의적인 가치가 높은 것으로 나타났다. 탈물질주의적 가치가 상대적으로 뚜렷한 나라들은 유럽과 북미의

도표 4.1 물질주의-탈물질주의 가치 국제 비교

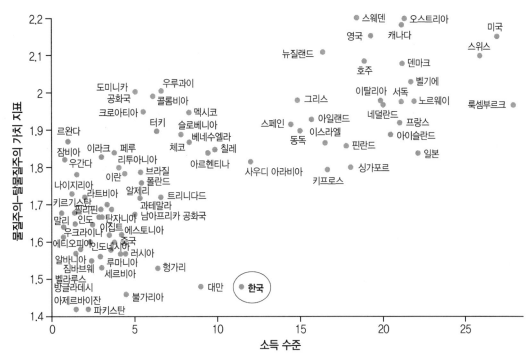

출처: 2005~2008 세계가치관 조사 결과(Inglehart 2008).

국가들로서 스웨덴, 오스트리아, 캐나다 등 경제 선진국들인 반면, 물질주의적 가치가 높은 나라들은 아제르바이잔, 파키스탄, 불가리아 등 상대적으로 경제가 낙후된 국가들이었다. 특이하게도 2000년대 중반 동아시아의 한국과 타이완은 경제수준은 중진국임에도 불구하고, 물질주의적 가치는 매우 높은 특성을 보인다. 당시 일본도 선진국들 중에서는 물질주의 가치가 높게 나타나는데, 동아시아 국가들은 다른 지역 및 나라들에 비해서 물질주의적 가치를 중시하는 경향을 보여준다. 요컨대 한국사회의 높은 물질주의 가치는 한국인들이 삶의 질, 자유, 인권 등 비물질적인 정치사회적 가치를 실천할 여유가 부족하고, 안보,

경제, 물질적 부과 같은 눈에 보이는 성장에 치중하고 있음을 뜻한다.

물론 한국인들의 물질주의적 가치가 미래 어느 시점까지 지속될 것인가 하는 점은 여전히 논쟁 중이다. 계량화된 수치에 따르면 한국의 탈물질주의적 가치는 1980년 첫 조사 이래 높아지고 있는 추세이고, 특히 젊고 교육 수준이 높은 사람들 사이에서 탈물질주의적 가치는 높게 조사된다.[25] 이와 같은 물질주의적 가치의 완화와 새로운 계층에서의 탈물질주의적 가치변화에도 불구하고, 국제비교에서 한국인들의 물질주의적 속성은 여전히 높은 편이고 젊고 교육받은 사람들이 생계활동에 진입하면서 물질주의적이고 현실적

인 가치로 이동하기도 한다. 특히 1997년 IMF 경제 위기 이후 대졸자들을 위한 안정된 정규직 일자리가 줄어들어, 가정을 이루고 집을 장만해야 하는 등 삶의 부담이 상대적으로 커진 이 시대에 젊은 대졸 사회인들이 탈물질주의적 가치를 추구하기란 여전히 어렵고, 생존 혹은 생계 문제가 삶의 질, 인권 및 자유를 위한 정치사회활동을 제약하고 있는 것도 현실이다.

다음으로 한국 정치문화의 깊고 두터운 차원에 대한 역사계보학적 논의는 한국인들이 개인주의적이라기보다는 집단지향적이고, 사회관계의 통제가 상한 특성을 보일 것이라는 점을 시사한다. 도표 4.2는 비교문화심리학자인 네덜란드의 홉스테더(Geert Hofstede)의 개인주의-집단주의와 사회통제 수준에 관해 한국, 일본, 독일, 미국이 어떻게 다른가를 보여주고 있다.[26] 1960년대 홉스테더는 각국에 소재한 IBM 직원들이 어떤 문화심리적 차이를 보이는가를 조사하기 시작하면서 문명권과 나라에 따라서 문화가 다르다는 점을 발견하였고, 1980년대 이후 보다 확대된 회사들과 샘플을 통해서 각국의 문화적 특징을 6가지 차원으로 분류하였는데, 이번 장에서는 2개의 차원만을 검토하고 비교 대상 국가들은 아시아의 일본, 영미문명권의 미국, 유럽대륙문명권의 독일을 선택하였다.

도표 4.2에서 한국은 개인주의-집단주의 가치 차원에서 4개국 중 집단 대 개인주의 가치와 사회규범적 관용 수준은 낮은 것으로 나타났다. 도표 4.2에서 보는 바와 같이 미국은 사회규범에 대한 강요와 통제가 가장 낮은 반면, 개인주의 가

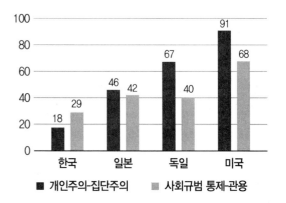

도표 4.2 개인주의-집단주의 및 사회규범 관용-통제 국가 간 비교

치는 매우 높기 때문에, 미국문화는 개인주의적이고 혹은 그로 인한 방종과 자기책임도 높은 사회로 해석할 수 있다. 독일은 미국과 같이 서구권 국가이면서도 사회규범적 통제의 수준은 일본과 비슷한 수준을 보이는데, 이는 유럽대륙 국가들이 미국과 같은 앵글로 색슨 국가와는 다른 사회관계적 문화를 가지고 있다는 점을 보여준다.

흥미로운 점은 일본이 한국에 비해서 사회규범적 관용 수준이 높다는 것인데, 일반적으로 한국인들이 조직 내에서 주체적인 판단과 주도성을 중시하는 유연한 조직문화를 가지는 반면, 일본인들은 집단 내 주어진 일을 묵묵히 수행하는 경직된 조직문화를 보인다는 점에서 한국인들의 조직 내 사회규범적 자유가 일본에 비해 높다고 볼 수도 있기 때문이다. 물론 한국과 일본의 조직문화는 다소 차이가 있지만, 사회적 영역에서 규범의 강요와 관용을 살펴보면 한국인들이 서로에 대해 기대하고 강요하는 사회규범과 동질화의 압박은 일본에 비해서 높다는 점을 도표 4.2는 보

여준다. 즉 사회적 다양성과 개인에 대한 관용은 일본이 한국에 비해서 높다. 참고로 한국인들의 집단 대 개인주의적 가치는 홉스테더가 조사한 OECD 국가들 중 가장 낮았고, 일반 시민들을 조사한 세계가치관 조사를 수행한 OECD 국가들 중에서도 가장 낮았다.[27]

물질주의-탈물질주의, 개인주의-집단주의, 사회규범통제-관용 이 세 가지 문화차원을 결합하자면, 한국은 집단중심적이고 개인에 대한 사회규범적 통제와 물질주의적 가치가 높다고 결론지을 수 있다. 이 같은 종합적 진단이 반드시 사회규범적 통제가 높아 한국인들의 주체적 개인성이 집단에 의해 억눌려 있다고 추론할 필요는 없다. 오히려 한국정치 및 사회의 규범적 무게가 상시적으로 높음에도 불구하고 물질주의적 가치에 기초한 주체성과 개방성이 강한 한국인들이 특수한 환경에서 집단적으로 행동하기 시작하면 한국정치는 역동적 변화를 경험한다. 물론 추가적인 경험연구가 필요할 테지만, 한국에서 반복되는 민중적 저항운동과 정권 붕괴의 반복은 한국 고유의 정치문화와 한국인들의 주관적 특성과 연관성이 있는 것으로 보인다.

5. 한국 정치문화의 얕은 차원: 한국인들의 정치적 태도

한국 정치문화의 깊고 두터운 차원이 사회문화적 가치와 연결되어 있다면, 얕은 차원은 현실 정치와 보다 직접적인 관련성을 가진다. 구체적으로

알몬드와 버바의 행태주의적 전통을 따르는 연구자들은 사람들이 정치에 관해서 어떻게 생각하고 어떤 태도를 가지고 있는가를 중심으로 정치적 변화를 예측하고 설명한다.

구체적으로 학자들은 정치적 공간 내에 존재하는 다양한 대상들에 대해 시민들이 가지는 태도를 정치문화로 정의하고, 측정과 분석을 수행한다. 가령 알몬드와 동료들은 정치문화의 3가지 차원을 체계(system), 과정(process), 정책(policy)으로 구분하고, 국가에 대한 지지와 정부의 정통성은 체계에, 시민의 역할과 권리에 대한 태도는 과정에, 정부의 역할과 정책태도를 정책 차원으로 분류하였다.[28] 노리스(Pippa Norris)는 국가, 체제, 기관, 정치인 등으로 이를 좀 더 세분화하였다.[29]

각 정치적 대상에 관해서 시민들은 정서적, 인지적, 평가적 차원의 정향들을 마음속에 간직하고, 이들 정향들은 특정한 조건에서 정치행동으로 발전하며, 개별적 행동들은 정치현상과 변화로 연결된다. 따라서 행태주의 연구자들은 사람들이 국가와 정부 그리고 민주주의 등에 관해 가지고 있는 생각과 태도가 개인의 행동은 물론 정치변화에 영향을 미친다고 가정한다.

정치세계에 대한 정서적, 인지적, 평가적 정향들은 다양한 정치적 대상에 대한 생각, 태도, 감정, 인식, 지식, 신뢰, 실망 등을 포괄하기 때문에 이번 절에서는 크게 국가, 정부, 민주주의에 대한 한국인들의 태도를 중심으로 논의를 전개한다. 앞선 절에서와 마찬가지로 비교 대상 국가들은 일본, 독일, 미국이고, 활용한 자료는 세계가치관

자료이다. 한국인들은 국가와 정부를 잘 구분하지 않기 때문에 이 둘을 교환적으로 사용한다.

먼저 한국인들의 국가에 대한 태도는 만일 전쟁 발생 시 자국을 지키기 위해서 얼마나 싸울 의지가 있는가를 통해 알아볼 수 있다. 도표 4.3에 따르면 한국인들 중 전쟁 중 나라를 위해서 싸울 의지를 가진 사람들은 미국, 일본, 독일에 비해서 높은 것으로 나타났다. 구체적으로 1990년대 중반을 기준으로 한국인들 중 참전의지를 보인 비율은 82%로 미국에 비해 약 14%, 독일에 비해 40%, 일본에 비해 65% 정도 높았다. 이는 한국인들이 대한민국이라는 국가의 필요성을 매우 중요하게 인식하고 있다는 점을 뜻한다.

그러나 한국인들이 국가를 전쟁으로부터 보호하고자 하는 의지가 고정적인 것은 아니다. 도표 4.3에 따르면 1995년과 2010년 조사에서 참전의향은 82%에서 63%로 19% 하락하였고 이 하락의 수치는 일본의 2% 및 미국의 10% 비해서는 높은 것으로 나타났다. 이와 같은 변화에는 크게 3가지 요인이 영향을 준 것으로 추정된다. 먼저 냉전 이후 한반도의 위기가 북한의 핵개발과 미국의 대결로 지속되고 있음에도 불구하고 대북위험은 전체적으로 냉전 시기의 그것에 비해서 높다고 볼 수는 없다. 다음으로 2000년대 남북 간 교류의 확대와 긴장완화의 노력은 한국인들의 참전의지에 영향을 주었을 것으로 판단된다. 마지막으로 1990년대 이후 한국경제는 IMF 경제위기에도 불구하고 지속적으로 성장하였고 민주화와 자유화는 사회적 분위기를 친평화적으로 만들어 왔기 때문에 전쟁 시 참전의지의 하락에 영향

도표 4.3 전쟁 시 참전 의지 국가 간 비교

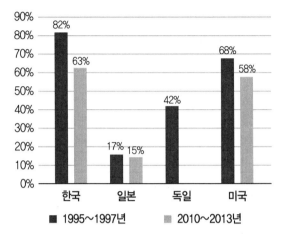

참조: 1997년 독일은 서독을 뜻하며, 2013년 위 조사항목은 누락되었음.

을 준 것으로 보인다. 물론 상술한 진단은 추가적인 실증적 연구에 의해서 검증되어야 하겠지만, 도표 4.3의 결론은 한국인들이 국가를 다른 나라 사람들에 비해 중요하게 생각하고, 이것이 지속된다는 점이다.

다음으로 한국인들은 국가의 사회에 대한 책임 혹은 정부의 개입에 관해서 어떻게 생각하고 있는가? 국가-사회관계는 나라마다 다른 양상으로 나타나는데 가령 미국은 최소국가를 지향하기에 사회적 자유를 최대한 관용하고 정부의 개입을 줄이는 경향을 보인다. 반면 유럽국가들은 복지, 노동, 경제, 사회적 갈등에 대해 국가개입의 필요성을 인정하는 문화를 가지고 있다. 국가-사회관계는 다방면에서 발생하기 때문에 복지분야에 있어 국가개입에 대한 한국인들의 태도를 중심으로 살펴 보자.

도표 4.4에 따르면 한국인들 중 복지 분야에

서 국가 개입주의를 적극 찬성하는 비율이 1995년 78%, 2010년 73%로, 미국, 독일, 일본에 비해 매우 높은 것으로 나타났다. 한국에서는 복지에 관한 국가개입주의적 접근이 높은 지지를 받고 있음에도 불구하고 복지제도가 더디게 갖추어지고 있는데, 이는 복지국가에 대한 높은 지지에도 불구하고 한국이 직면한 다른 구조적 과제들, 가령 남북관계, 안보, 성장 등이 복지에 비해 중요하기 때문으로 보인다. 결국 한국정치는 정부가 개입해야 하는 여러 문제 중 하나를 선택해야 하는 위치에 있기 때문이다.

요컨대 도표 4.4를 통해 한국인들은 사회문제에 관해서 국가의 개입을 긍정적으로 인식하고 있다고 결론 내릴 수 있다. 한국인들이 국가개입에 관해서 긍정적이라는 점은 공기업-사기업 확대에 대한 태도에서도 확인되는데, 2010년 세계가치관 조사에 따르면 사기업확대를 지지한 한국인의 비율은 27%, 중립 24%, 공기업 확대 61%였

다. 이는 미국인들이 사기업 확대에 61%가 찬성하고 공기업 확대에 15%만 찬성하는 것과 대조적이다. 한국인들의 공기업에 대한 확대 선호와 사기업에 대한 불신은 부분적으로 한국자본주의 성장에서 재벌과 기업들이 국가에 의존해 왔고 정상적 방법은 물론 부도덕적인 방법을 통해 부를 축적해 왔다는 역사적 사실로부터 기인된다.[30] 결론적으로 도표 4.4는 한국자본주의의 특수한 역사적 발전과 더불어 한국 정치문화에서 사회경제적 문제에 대한 국가개입을 찬성하는 분위기가 여전히 강하다는 점을 보여준다.

국가의 사회개입에 대한 한국인들의 긍정적 태도는 크게 세 가지 정치현상과 연결될 수 있다. 먼저 한국의 국가주도 및 정부개입주의가 국민들의 광범위한 지지에 의해서 유지되고 있다는 점이다. 일반적으로 한국은 국가주도와 정부개입에 의해서 경제성장을 이룩한 발전국가의 전형으로 학계에서 인정된다.[31] 발전국가는 박정희와 같은 강력한 지도자 효과 혹은 경제기획원과 같은 제도적 요인이 아닌 국민문화적 요인에 의해서도 뒷받침되는 것으로 보인다. 흥미로운 점은 일반적으로 학계에서 발전국가 및 개입주의적 정부가 1997년 IMF위기를 계기로 사회로부터 후퇴하여 국가-사회관계가 사회 중심으로 전환 중이라는 것이다. 그러나 한국인들의 국가와 정부개입에 대한 요구는 여전히 높고, 이는 향후에 발생되는 여러 문제들에 대해 정부주도적 접근이 지속될 것임을 시사한다.

둘째, 한국 정치문화에서 정부개입을 긍정하는 특징은 구조적 문제나 혹은 사회적 문제가 발

도표 4.4　정부의 복지 개입에 대한 각국 국민들의 태도 비교

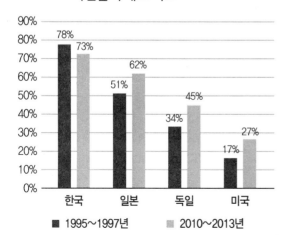

■ 1995~1997년　　2010~2013년

생할 경우 한국인들이 정부의 적극적 개입을 기대하게 만드는 경향과 연결된다. 한국의 정치제도는 중앙과 지방이 분리되어 있고 의사결정의 책임 또한 삼권분립에 의해 분할되어 있으며, 나아가 정부와 시민사회는 구분되어 있다. 그러나 문제는 한국에서 특정한 사건이 일어나면 한국 정치구조의 체계성은 상대적으로 무시되고, 국민들은 자연스럽게 중앙정부에 의한 해결을 기대하고, 만약 국민들의 기대에 못 미칠 경우 그 책임 소재를 정부로 돌리는 현상이 발생한다는 점이다. 한국에서 그 책임의 궁극적 대상은 대통령이고, 갈등의 장은 자연스럽게 분화된 정부 내 기관들의 소재와 무관하게 청와대 앞 광화문광장이 된다. 그 결과, 한국의 대통령은 자신이 가진 권한과 책임을 넘어선 사안이라 할지라도 일반 대중들이 국가와 사회에 대해 기대하는 것들에 대한 책임을 추가적으로 감당해야 할 수밖에 없다. 만일 한국인들이 한국정치제도들의 체계적 분화와 개인과 시민사회의 구분된 역할을 새롭게 인식한다면 대통령에게로 향하는 기대와 책임은 어느 정도 완화될 수 있을 것이다.

셋째, 한국인들의 국가개입주의에 대한 긍정적인 태도는 시민사회의 자율성 및 시민개인의 자유와는 상생하기 어렵다는 점이다. 국가의 개입이 경제, 복지, 사회문제 등으로 확대되고 국민들이 이를 원한다면 시민사회와 개인의 자유는 상대적으로 줄어들게 된다. 자유롭고 민주적인 사회 및 사회적 창의성에 기반한 발전을 추구해야 함에도 불구하고 한국인들이 국가개입을 긍정한다는 점은 한국정치발전에서 딜레마적인 문제로 볼 수 있다. 특히 오랜 독재정치의 영향으로 시민사회 단체들의 국가의존성이 높은 한국에서 시민사회의 국가와의 분리 및 자율적 성장은 한국인들의 인식전환 없이는 단기간에 가능하지 않을 가능성이 높다. 아울러 한국인들의 자유주의적 습속과 자기책임 의식도 국가의 개입을 찬성하는 분위기 속에서 빠르게 성장하기 어려울 것으로 예상된다.

다음으로 한국인들의 민주주의에 대한 태도를 살펴보자. 여기서 민주주의에 대한 태도는 민주적 가치에 대한 내면화 정도라기보다는 민주주의와 권위주의 정치체제를 얼마나 지지 혹은 거부하는가를 통해서 검토할 것이다. 자유민주적 가치와 규범이 다수의 구성원들 사이에서 깊이 있게 내면화된 사회에서 민주주의가 안정적으로 작동될 가능성은 당연히 높을 것이다. 그러나 한국과 같은 신생민주주의 국가에서 자유민주적 가치와 규범은 서구의 오래된 나라에 비해서 뿌리 깊게 자리 잡지 못했을 가능성이 높다.

나아가 좀 더 중요한 점은 미국과 서유럽 나라들에서 자유주의, 대의정부, 민주주의, 법치, 인권, 관용 등은 그들의 정치적 전통이다. 하지만 한국에서 이들 정치원리와 규범들은 외래적인 것들로 수입되었으며, 1987년 이전 독재정치에 의해서 왜곡되었다. 그럼에도 불구하고 한국 민주주의가 지난 30년간 지속되어 오고 유지되어 온 이유 중 하나는 한국인들이 민주주의를 지지하고 독재에 대한 거부를 분명히 했기 때문이다. 이를 학자들은 민주주의와 권위주의에 대한 포괄적 지지(diffuse support for democracy and authoritarianism)라고 명명하는데, 이는 민주주의의 생존과 발전에 직접적으로 영향을 미친다.

한국인들이 얼마나 민주주의를 지지하고 권위주의를 거부하는지를 일본, 독일, 미국 등과 비교해 보도록 하자. 권위주의체제에는 전제왕정, 식민지통치, 공산주의 등 다양한 유형이 포함되지만 본 분석에는 군부통치와 의회·정당에 개의치 않는 강력한 지도자에 의한 통치 이 두 가지를 비교한다. 그 이유는 군부통치가 한국이 가장 최근까지 경험한 권위주의 유형이고, 정치과정을 무시하는 강력한 지도자에 의한 통치는 최근 새롭게 등장하는 독재유형이기 때문이다.

도표 4.5의 첫 번째와 두 번째 그래프들에 따르면, 한국인들의 민주주의에 대한 지지는 1995년 84%에서 2010년 74%로 10%가량 낮아진 반면, 군부통치와 강력한 지도자 통치에 대한 거부는 3%와 18%가량 낮아졌다. 1995년과 2010년 모두에서 군부통치에 대한 국민적 거부감은 90%

이상으로 매우 공고한 것으로 나타났고, 이는 일본과 미국보다도 높으며 독일과는 비슷했다.

흥미로운 점은 의회와 정당에 개의치 않는 강력한 지도자에 대한 한국인들의 태도인데, 2010년 부정적인 태도는 50% 불과하였다. 반대로 말하면 한국인들이 거의 반에 해당하는 사람들이 의회와 정당과 같은 민주적 제도들에 개의치 않는 강력한 지도자가 나타나 통치하는 것에 찬성하고 있다는 의미이다. 이와 같은 수치는 일본과 비슷한 수준인데, 일본인들의 약 20%가 주어진 질문에 대해 모른다고 답하고 한국인들은 모두 응답하는 경향을 고려할 경우, 즉 일본인의 20%가 분석결과에 누락된 점을 고려하면 한국인들의 강력한 지도자에 대한 호감은 매우 높은 것으로 보인다. 반면 독일과 미국에서 강력한 지도자 통치에 관한 거부감은 상대적으로 높다.

그렇다면 최근 한국인들이 강력한 지도자에 의한 통치를 긍정적으로 인식하는 이유는 무엇이

도표 4.5 민주주의, 군부통치, 강력한 지도자 통치에 대한 각국 국민들의 태도

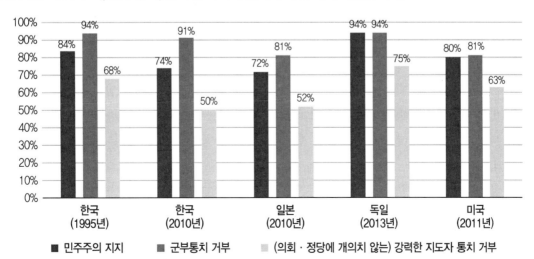

고, 이것은 한국정치에 관해 어떤 시사점을 제공하는가? 도표 4.5를 종합하면, 한국인들의 민주주의에 대한 지지와 군부독재에 대한 거부감은 공고한 반면, 의회와 정당을 무시하고 정부를 이끄는 강력한 지도자에 대한 요구는 상대적으로 높아진 것으로 보인다. 여기에는 여러 가지 이유들이 있을 수 있지만, 현재 뚜렷한 학문적 연구가 부족하기 때문에 가설적 수준에서만 해석할 수 있는데, 강력한 지도자에 대한 국민적 요구의 증가 원인에는 민주정치에 대한 불신이 자리 잡고 있다.

구체적으로 한국국회와 정당에 의한 정치과정이 비효율적이고 갈등이 만연하며 국민들에게 실망을 안겨주기 때문이다. 일반적으로 민주적 정치과정은 사회의 다양한 이해, 가치, 요구 등이 충돌하기 마련이고, 이것을 외부의 강력한 독재적 힘에 의해 해결이 불가능하기 때문에, 사회를 대변하는 정당들은 의회와 공론의 장에서 대립하고 조정하여 결론에 이른다. 여기에 민주사회는 표현과 결사의 자유가 보장되고 언론이라는 제4의 대표기관이 존재하기 때문에 늘 갈등과 불만이 상존하고 사회경제적 문제에 대한 근본적 해결보다는 중간에서 어중간하게 타협하는 일이 늘 있다.

이런 점을 고려할 때, 민주정치가 한국에서만 갈등이 만연하고 비효율적이거나 국민들에게 실망감을 더 많이 안겨준다고 보기는 어렵고, 현대 민주주의가 효율적이지만, 한편 파괴적인 독재의 폐혜를 극복하는 과정에서 파생된 내재적 문제들을 안고 있는 체제라는 점을 좀 더 이해해야 한다. 특히 한국에서 군부독재 시절 정부의 의사결정이 상대적으로 은밀했던 반면, 민주화 이후 정부의 의사결정이 사안마다 공개적으로 갈등적이고 느리다는 점은 국민들에게 실망감과 불신을 안겨 준 것으로 보인다. 따라서 민주정치에 대한 실망과 불신은 강력한 지도자가 나와서 성가신 정치과정에 개의치 않고 사회경제적 문제들에 대한 해결을 주도해 줄 것으로 기대하는 국민적 태도로 연결된 것으로 보인다.

그러나 독일과 미국도 경제성장률은 낮고 정당 간 갈등이 낮다고 보긴 힘들지만, 의회와 정당에 개의치 않는 강력한 통치자에 대한 요구는 한국에 비해 낮다. 즉 미국과 독일 국민들은 정치적 갈등과 비효율에도 불구하고 강력한 지도자가 나와서 민주적 절차와 과정을 무시하는 통치 방식을 허용하지 않는다는 의미이다. 요컨대 독일과 미국 시민들은 민주주의 문제점에도 불구하고 권위주의적 해결방식을 선호하지 않는 반면, 한국 시민들은 민주정치의 문제점에 대해 권위주의적 해결방법을 선호해 가고 있는 것으로 보인다.

이와 같은 민주주의와 권위주의에 대한 국민적 태도변화는 한국정치의 미래에 관해서 중요한 시사점을 제공한다. 먼저 예상되는 점은 한국민주주의가 쉽게 역진되거나 붕괴되기 어렵다는 것이다. 특히 아프리카와 동남아에서는 정치를 위협하는 군부집단들이 종종 발견되는데 군부통치에 대한 국민적 반감이 높은 한국에서 이는 거의 불가능에 가깝다. 그러나 절반에 해당하는 한국인들이 의회와 정당이 주도하는 정치과정을 무시하고 강력한 권한을 행사하는 지도자를 선호한다는 점은 한국정치에서 권위주의의 위협이 종식되지 못했다는 점을 뜻한다. 현재 민주주의의 역진을 경험하고 있는 폴란드, 헝가리, 필리핀, 터키 등의 지도자들은 먼저 선거로 선출되고 국민들의 인기에 힘입어 민주주의의 정치적 및 법적 근간을 붕괴시키는 전략을 통해 장기독재를 구축해 나가고 있다. 물론 한국에서는 민주주의에 대한 국민적 지지가 높고 대통령은 단임제이며, 2016~2017년 촛불항쟁을 통해 지도자를 교체한 경험이 있기 때문에 민주주의 자체가 역진되는 현상은 일어나지 않을 것이다.

그럼에도 한 가지 예상되는 현상은 선출된 지도자인 대통령이 의회와 정당을 존중하지 않고 국민적 인기에 영합하여 사회경제적인 문제를 해결해 나가려는 경향은 지속될 것이라는 점이다. 실제로 한국 대통령들은 국회는 비생산·비효율적이고 정당들은 싸움만 하고 일하지 않는다고 비난하면서 정치과정과 거리를 두고 국민과 국가만 바라보고 일하겠다는 야망을 보여 왔다. 문제는 한국의 정부/정치제도에서 대통령이 정치과정 바깥에 초월적으로 존재하는 것이 아니라 그 안에, 그것도 핵심에 존재한다는 점이다. 특히 삼권분립에 기초한 정부형태는 국가의 중요한 사안에 관해 국회와 대통령이 합의할 것을 헌법적으로 요구하기 때문에 국민만 바라보고 강력한 통치를 하겠다는 대통령과 이를 기대하는 국민들은 현대 민주주의와 대의정부의 시스템을 무시하는 것이다. 따라서 도표 4.5에서 한국정치의 민주주의는 쉽게 붕괴되지는 않을 것이지만 대통령을 중심으로 하는 권위주의적 통치 스타일은 지속될 가능성이 높다는 전망을 도출할 수 있다.

6. 한국 정치문화의 다른 요소들: 상징, 언어, 그리고 담론

결론으로 넘어가기에 앞서 본론에서 다루지 못한 정치문화의 중요한 분야에 대한 간략한 소개가 필요하다. 이 글은 서두에서부터 정치문화가 매우 거대한 분야이고 사회의 일반적 문화와 연결되어 있다는 점을 제기하였다. 연결성은 문화의 핵심적 특징인데 이는 무엇보다 정치, 경제, 사회, 생활 등 분야는 다양하지만 행동하는 인간은 하나이기 때문이다. 정치문화의 거대한 범위를 고려할 경우 본 연구에서 다루고 실증적 분석을 통해 제시한 부분은 여전히 제한적이다.

정치문화가 눈에 보이지 않지만 실제로 존재하고 우리의 현실정치에 영향을 미친다는 점을 고려하면서 이 글에서 다루지 못한 세 가지 주제를 간략히 소개한다. 첫째, 한 사회가 정치적으로 숭배하고 기념하는 인물, 사건, 국경일, 교과 내용, 화폐 도안 등은 그 사회의 구성원들이 전개하는 정치의 장을 규정하고 제한한다. 가령 북한 최대의 명절은 설날과 추석이 아닌 김일성과 김정일의 생일이고, 북한은 예수 탄생으로부터 시작되는 서양 달력이 아닌 김일성의 생일로부터 시작되는 주체력을 사용하며, 북한 한국사 교육에서 김일성의 비중은 절반이 넘는다. 북한 화폐도안에는 김일성 초상과 생가, 김정일 출생지, 북한노동당 로고 등이 나타난다. 마찬가지로 한국에서도 이승만 대통령 시절 화폐도안에는 이승만 대통령의 얼굴이 있었고, 군부통치 시절 국군의 날은 휴일이었으며 군사퍼레이드 행사를 했다.

반면 지난 2018년 국군의 날 70주년 기념행사에는 대중가수인 싸이가 공연을 했다. 권위주의 정부들이 시공간에 대한 정치적 의미화 및 상징적 의례의 정치화에 집중하는 이유는 무엇보다 정치가 국민의식을 압도하여 국민들이 다른 생각을 못하게 하려는 의도가 반영되어 있다.

민주주의 국가들 사이에서도 나라마다 기념하는 상징과 의례는 다양하다. 가령 미국 뉴욕의 자유의 여신상(statue of liberty)은 미국을 대표하는 상징으로서 미국인은 물론 외국인들에게도 각인되어 있다. 반면 한국의 정치적 상징물을 찾아보면 청와대의 봉황과 국회의 무궁화가 있고, 광화문에는 세종대왕과 이순신장군 동상이 서 있다. 단순히 비교하자면 자유의 여신상과 같은 미국의 상징은 자유를 중시한다는 혹은 해야만 한다는 의미와 기대를 만들지만, 한국의 봉황과 국화는 뚜렷한 정치적 의미를 만들어 내지 못한다. 반면 세종대왕과 이순신은 서울 광화문에 동상으로 서 있을 뿐만 아니라 화폐도안에도 등장하는데, 이는 민족주의를 상상하게 만든다. 이는 한국에서 민족적 상징과 의례는 강하지만 정치적 상징은 약하다는 점을 시사하고, 한국인들이 정치적으로 통합되기보다는 민족적으로 통합되어 있다는 점을 보여준다. 미국이 인종, 종교, 지역적으로 다원화 및 분열되어 있지만, 자유민주적 헌법에 의해서 정치적으로 통합되어 있다는 점은 미국의 상징과 의례 및 교육과정을 통해서 확인된다.

다음으로 언어는 나라마다 다르며 의사소통과 관계에 중요한 영향을 준다. 정치적 관점에서 한국어는 영어와 두 가지 차원에서 다르다. 먼저 한국어에는 '나'와 같은 주어가 생략되거나 '우리'와 같이 두리뭉실한 주어의 사용을 관대하게 허용하는 언어인 반면, 영어는 반드시 'I'와 같은 주어로부터 문장을 시작하고 'I'와 'We'를 구분하여 사용하기를 강요한다. 따라서 영어사용 국가들에서는 말의 책임소재가 분명해지는 반면, 한국에서는 주어로서 '나'를 사용하지 않고 '우리'를 쓰거나 주어를 생략하는 경향이 강하기 때문에 정치적인 책임문제가 발생할 경우 회피가 용이하다. 한국 정치인들 사이에서 잘되는 일은 모두 자신의 성과라고 자랑하며 정작 책임을 져야 할 경우에는 그 주체가 누구인지가 불분명한 책임돌리기 현상이 발생하기 쉽다.

또한, 한국어는 상대에 대한 높임과 존칭이 맥락과 대상에 따라 광범위하게 사용되는 언어인 반면, 영어는 위아래에 대한 구분을 허용하지 않는 평등성이 강한 언어이다. 영어에서는 상대를 지위와 무관하게 'You'로 통칭하는 반면, 한국어에서는 상대의 직위와 지위에 따라서 응대하는 대명사, 접미사, 동사가 위계적으로 구분된다. 언어의 위계성은 정치사회적 위계성과 공생하는 경향을 보이는데, 가령 같은 유럽 내에서도 네덜란드어에는 상대에 대한 높임과 낮춤이 없지만, 프랑스어는 상대를 높이거나 낮추는 대명사가 자주 활용되는데, 네덜란드에 비해 프랑스는 정치사회적 위계성이 높은 나라로 알려져 있다. 즉 언어적 사고는 실제 정치적 사고와 행동을 제약하고, 한국어의 위계적 혹은 전근대적 특성은 한국정치가 이익과 가치의 합리적 갈등과 더불어 예의, 체면, 대접의 문제로 정치인과 정당 간은 물론 정치인과 유권자 관계 및 사회집단 관계에서도 추가적 일과 갈등을 겪게 된다는 점을 시사한다.

마지막 요소는 담론(discourse)과 서사(narrative)에 관한 것이다. 정치공동체에는 통합을 위한 국가적 서사와 갈등·경쟁을 위한 담론이 존재한다. 일반 유권자들은 일상적인 경제, 가족, 사회 활동에 주로 시간을 보내기 때문에 정치에 대한 참여 혹은 관여의 수준이 높은 편은 아니다. 나아가 정치의 장으로 다양한 사회적 갈등이 인입되어 정치는 복잡하고 불확실하기 때문에 일반 시민들이 정치에 관해 세련된 이해를 갖기란 매우 어렵다. 이런 이유로 인해 슘페터는 전문적인 정치인에게 정치를 담당하게 하는 대의민주주의가 매우 훌륭한 제도이며 현대정치에서 제아무리 사회 전문가라도 전문정치인에 비해서 그 정치의식수준은 원시인에 불과하다고 지적했다.[32] 따라서 일반 유권자들에게 서사와 담론이 제도와 더불어 필수적이다. 따라서 국부(founding fathers), 역사학자 및 정치인들은 정치적 서사 혹은 신화를 개발하고 이를 다양한 방식으로 시민들에게 주입시키려고 하는데 정치적 서사의 내용은 나라마다 다르고, 이것이 정치화되는 방식 또한 같을 수 없다.

최근 한국에서 보수주의자들은 북한공산주의 침략과 위협에서 미국과 이승만 대통령이 나라를 구했고, 박정희 대통령이 가난에서 경제성장을 이끌었으며 그들과 함께 그렇게 고생하여 지켜내고 성취한 나라를 보존해야 한다는 담론을 지지한다. 반면 진보주의자들은 한국의 지배자들과 자본가들은 일제와 반민족적 독재에 부역하였으며, 이승만과 박정희는 이기적이고 잔인한 독재

자에 불과하며 나라의 경제성장은 노동자와 서민들의 피땀으로 이룩한 것이며 진정한 한국의 정치적 발전은 민주화에 의한 것이라는 담론을 수용한다. 따라서 한국의 보수는 친미외교와 북한 반대를 요구하는 반면, 진보는 미국을 중시하지만 친미적이지 않고 북한을 민족통일의 대상으로 간주한다. 아울러 한국의 보수는 부와 권력을 가진 자들의 의무를 존중하지만, 진보는 이를 특권으로 간주하고 폐지해야 한다고 생각한다.

한국 담론정치의 문제점은 담론이 사실에 기초하지 않을 수 있고, 이성적 논의를 제약하여 실제 정부정책을 호도할 수 있다는 점이다. 미국은 정치적 쟁점들이 의회로 수용되고 분화된 상임위에서 전문가들이 논의하는 다원화되는 정치구조를 갖추고 있기 때문에 국민적 담론정치의 영향이 정부 전체와 정책보다는 선거에 국한되는 경향을 보인다. 하지만 한국의 경우 진보와 보수의 담론 대결은 상시적이고 전면적으로 충돌하여 정부정책 전반에 영향을 미친다.

아울러 한국의 지배적 담론서사는 여러 사실들을 간과하고 있는데, 가령 박정희와 이승만 대통령은 반공을 국시로 하면서도 민족을 앞세워 미국의 골치를 아프게 할 정도의 자주외교를 전개하였지만 보수담론은 친미와 반공만을 중시한다. 마찬가지로 진보적 대통령인 김대중과 노무현 재임 시절 로스쿨, 의학전문대학원, 개방형 공무원 임용, 자율적 교육개혁 등 미국식 유연 교육 및 엘리트 충원 방식들은 특권폐지와 공정을 목적으로 도입되었다. 문제는 이 같은 미국식 엘리트 충원 방식이 시험에 기초한 기존의 실적주

의 채용(meritocratic recruitment)을 약화시키고 가족 및 인맥의 영향이 개입될 수 있는 여지를 만들어 냈다는 점이다. 결과적으로 이는 한국사회의 불공정과 특권을 강화시켰는데, 진보담론은 이러한 사실을 간과한 채 "개혁은 좋을 것이다"라는 기대를 전제한다. 추가적 문제는 이와 같은 담론의 정치화가 강력하여 합리적 정책논의를 방해한다는 점이다. 한국의 미래를 위해서는 지켜야 할 보수의 내용과 개혁해야 할 진보의 내용이 모두 중요한데, 현재와 같은 담론정치는 사실적 분석과 이성적 토론에 역행하는 것으로 보인다.

7. 자유민주적 정치발전을 위한 제안

정치에 대한 연구는 무엇보다 더 나은 정치의 미래를 위해 나와 우리는 어떠하며 무엇을 해야 하는가에 관한 정당한 의문으로부터 출발한다. 정치문화연구는 주로 더 나은 미래에 관해서보다는 우리는 누구이며 어떠한가에 주목한다. 이 글은 한국인들의 정치문화를 역사적 및 분석적 연구결과에 기초하여 소개하였다. 이 글의 마지막 결론은 더 나은 정치의 미래는 무엇이고 우리는 무엇을 해야 하는가를 논의함으로써 균형을 잡고자 한다.

한국정치의 미래, 즉 가야할 길은 무엇인가? 서유럽이 18세기부터 열어낸 근대화와 세계화는 다양한 정치적 모델들의 경쟁, 투쟁, 죽음을 촉발하였고, 우리는 이들이 전개하는 거대하고 웅장한, 때론 잔인하고 고통스러운 역사적 파노라마를 목격해 왔다. 19세기 이전 조선에서 자유민주주의와 같은 서양오랑캐(?) 모델은 부정되었고, 유교적 왕정제는 다수의 유학자 및 척사위정파에 의해서 이상적 정치모델로서 끝까지 옹호되었다. 그러나 왕정제는 현재 중동 일부 국가에만 남아 있고 누구도 이것이 정치의 미래라고 생각하지 않는다. 마찬가지로 다양한 민족들과 인종들을 포괄하는 제국(empire)은 국민국가에 길을 내주었고, 공산주의, 파시즘, 군부독재, 일당독재 등도 현재 일부 국가에서 유지되고 있지만, 그것들이 더 나은 정치의 미래라고 감히 주장할 사람들은 많지 않을 것이다.

후쿠야마에 따르면 근대 200년간 경쟁한 정치모델들 중 가장 우수한 체제는 바로 자유민주주의이다.[33] 자유민주주의가 무엇이냐에 관해서는 여전히 논쟁 중이지만, 몇 가지 특징들은 다음과 같다. 자유민주주의는 개인의 자유를 존중하고, 자유로운 개인들이 자발적으로 시민사회를 구성하며, 정부는 시민들의 권리를 보호하는 목적을 가진다는 원리에 기초하고 있다. 실천적 관점에서 자유민주주의는 현대 거대사회에서 실행되기 때문에 선거를 통해 선출된 대표자들이 정부를 구성하고 다음 선거에서 책임과 심판을 받으며, 제한된 권력을 법에 기초하여 권한을 행사한다. 따라서 자유민주주의 정치체제는 법적인 평등에 기초하고 인치보다는 법치를 존중하며, 시민사회와 개인의 자율적 활동을 장려한다. 요컨대 자유민주주의는 개인의 자유확대와 시민사회의 성장에 정부가 이를 보호하고 보조해 나간다.

정치문화적 관점에서 자유민주주의 정치체제

는 자유민주적 정치문화에 조응하였을 때 제대로 작동되고 안정과 효과를 보이는데, 문제는 세계 여러 나라의 정치문화에는 자유민주주의와 친화적인 요소들과 그렇지 못한 것들이 혼재되어 있다는 것이다. 마찬가지로 한국 정치문화와 전통의 일부는 자유민주주의 실행에 도움이 되는 반면, 다른 일부는 그렇지 못할 것이다.

이 글에서 저자는 한국인들이 주체적이고 역동적이며 변화에 개방적인 반면, 물질주의적이고 관계·집단지향적이라는 점을 한국 정치문화의 깊은 차원에서 지적하였다. 아울러 한국은 20세기 여러 차례 정치사회적 변동을 경험하면서 서구에 비해 사람들이 지켜야 할 정치적 전통, 규범, 원리가 깊이 뿌리 내리지 못했음을 고찰하였다. 나아가 한국인들은 정치적 원리보다는 민족을 중심으로 공동체를 유지하고, 국가와 민주주의의 중요성을 인정함에도 권위주의적 문제해결 방식을 일부 선호하는 모순적인 태도도 보였다.

그렇다면 무엇을 어떻게 할 것인가? 한국이 이미 자유민주주의의 하드웨어인 정치제도들을 갖추고 있다는 점은 이들을 새롭게 만들어야 하는 권위주의 국가들에 비해 유리하다고 볼 수 있다. 그렇다면, 이미 갖추어진 제도들을 잘 운용하는 것이 한국에서는 중요한 과제일 텐데, 한국정치를 지도(guide)하는 정치적 규범과 원리가 민족주의를 제외하고 부족하다는 점은 오히려 한국이 앞으로 새로운 정치원리와 전통, 즉 자유민주주의에 조응하는 문화적 소프트웨어와 앱(applications)을 만들어 낼 수 있다는 점을 시사한다. 아울러 국가와 민족·인종적 정체성이 달라

갈등과 혼란을 경험하는 나라에 비해 한국의 국가와 민족공동체는 견고하다고 볼 수 있다. 따라서 한국의 정치지도자들과 시민들이 자유민주주의에 대한 교육을 강화하고 이를 실천해 나감으로써 한국은 새로운 미래로 나아갈 수 있을 것이다. 과정에서 정치인들과 엘리트들이 우리의 문화와 전통에 내재하는 자유민주주의와 친화적인 요소들을 재발견하고 실행에 옮기고 일반시민들 또한 그 방향을 분명히 해 나간다면 한국인들은 보다 많은 자유를 누리고 한국의 정치는 좀 더 발전해 나갈 것이다.

한국에 애정이 많은 미국 정치학자인 시카고대 커밍스(Bruce Cumings)는 지난 반세기 동안 한국인들이 이룩한 국가건설, 경제성장, 민주화를 경이로운 일이라고 지적하면서도 한국인이 가진 역사문화적 잠재력과 마음의 습속을 고려할 때 진정한 한국의 시대는 좀 더 기다려야 한다고 전망했다.[34] 그에 따르면 한국인들은 여전히 세계에 보여 줄 것이 많이 있다. 현재 세계를 둘러보아도 자유민주주의를 제대로 구현되고 있는 나라는 드물다. 학자들의 미래전망은 부정확한 소망에 가까운데, 한국인들이 우리의 정체성을 살리면서도 자유민주주의와 번영을 향한 새로운 도약을 역동적으로 만들어 내기를 전망해 본다.

❖ 주

1) T. Talhelm, X. Zhang, S. Oishi, C. Shimin, D. Duan, X. Lan, and S. Kitayama, "Large-Scale Psychological Differences Within China Explained by Rice Versus Wheat Agriculture," *Science* 344-6184, (2014), pp. 603-608.

2) Alberto Alesina, Paola Giuliano, and Nathan Nunn, "On the Origins of Gender Roles: Women and the Plough," *Quarterly Journal of Economics* 128-2 (2013), pp. 469-530.

3) Edward Said, *Orientalism* (New York, NY: Pantheon Books, 1978).

4) Lucian Pye, ""Asian Values": From Dynamos to Dominoes?," in Lawrence Harrison and Samuel Huntington (eds.), *Culture Matters* (New York, NY: Basic Books, 2000); Fareed Zakaria and Lee Kuan Yew, "Culture Is Destiny," *Foreign Affairs* 73-2 (1994), pp. 109-126.

5) David D. Laitin and Barry Weingast, "An Equilibrium Alternative to the Study of Culture," *Good Society* 15-1 (2006), pp. 15-20.

6) Samuel Huntington, "Cultures Count," in Lawrence Harrison and Samuel Huntington (eds.), *Culture Matters* (New York, NY: Basic Books, 2000); Ronald Inglehart, *Modernization and Postmodernization* (Princeton: Princeton University Press, 1997); Howard Wiarda, *Political Culture, Political Science, and Identity Politics* (New York, NY: Routledge, 2014).

7) Samuel Huntington, *Who Are We? The Challenges to America's National Identity* (New York, NY: Simon & Schuster, 2004); William Mishler and Detlef Pollack, "On Culture, Thick and Thin: Toward a Neo-Cultural Synthesis," in Detlef Pollack and Jorg Jacobs (eds.), *Political Culture in Post-communist Europe* (London: Ashgate, 2003); Lucian Pye, "Political Culture Revisited," *Political Psychology* 12(3), 1991, pp. 487-508; Wiarda (2014).

8) Harry Eckstein, "A Culturalist Theory of Political Change," *American Political Science Review* 82(3), 1988, pp. 789-804; Aaron Wildavsky, "Choosing Preferences by Constructing Institutions," *American Political Science Review* 81-1 (1987), pp. 1-21.

9) Louis Hartz, *The Founding of New Societies: Studies in the History of the United States, Latin America, South Africa, Canada, and Australia* (New York, NY: Mariner Books, 1964); Samuel Huntington, *Who Are We? The Challenges to America's National Identity* (New York, NY: Simon & Schuster, 2004).

10) David Hackett Fischer, *Albion's Seed: Four British Folkways in America* (New York, NY: Oxford University Press, 1989).

11) Huntington (2004).

12) Richard Nisbet, *The Geography of Thought.* (NY: Free Press, 2003).

13) Akira Hayami, *Japan's Industrious Revolution: Economic and Social Transformations in the Early Modern Period* (Tokyo: Springer, 2015).

14) 한민, 이누야마 요시유키, 김소혜, 장웨이, "새로운 문화-자기관 이론의 국가간 비교연구: 한국, 중국, 일본 대학생들의 자기관," 『한국심리학회지』 제28집 1호 (2009), pp. 49-66.

15) Putnam (1993).

16) Eckstein (1988); Hartz (1954); Huntington (2004).

17) Misher and Pollack (2003).

18) 김영명, 『한국정치의 성격: 쏠림과 휩쓸림, 인물 정치와 당파싸움, 응집성과 안정성』 (서울: 오름, 2016).

19) 최정운, 『한국인의 탄생』 (서울: 미지북스, 2013).

20) 윤이흠, 『한국의 종교와 종교사』 (서울: 아카넷, 2016); 정재식, 『전통의 연속과 변화』 (서울: 아카넷, 2003); 최준식, 『한국의 종교, 문화로 읽는다 I』 (서울: 사계절, 1999).

21) 막스 베버 지음, 박성수 옮김, 『프로테스탄티즘의 윤리와 자본주의 정신』 (서울: 문예출판사, 1996).

22) 도이힐러 마르티나 지음, 김우영·문옥표 역, 『조상의 눈 아래에서』 (서울: 너머북스, 2018).

23) Ronald Inglehart, *Modernization and Postmodernization* (Princeton: Princeton University Press, 1997).

24) Inglehart (2008).

25) 양해만, 조영호, "한국의 사회경제적 변화와 탈물질주의," 『한국정치학회보』 제52집 1호 (2018), pp. 75-100.

26) Geert Hofstede, Gert Jan Hofstede and Michael Minkov, *Cultures and Organizations: Software of*

the Mind (New York, NY: McGraw-Hill Education, 2010).

27) Eunkook Suh, Ed Diener, Shigehiro Oishi and Harry C. Triandis, "The Shifting Basis of Life Satisfaction Judgments Across Cultures: Emotions Versus Norms," *Journal of Personality and Social Psychology* 74-2 (1998), pp. 482-493.; Kwang-Il Yoon, "Political Culture of Individualism and Collectivism," in *Political Science at University of Michigan-Ann Harbor*, 2010.

28) Gabriel Almond, G. Bingham Powell, Russell Dalton, and Kaare Strom, *Comparative Politics Today* (Boston, MA: Pearson Longman, 2010).

29) Pippa Norris, *Critical Citizens*. New York (NY: Oxford University Press, 1999).

30) Carter Eckert, *Offspring of Empire: The Koch'ang Kims and the Colonial Origins of Korean Capitalism, 1876-1945* (Seatle, WA: University of Washington Press, 1991).

31) Meredith Woo-Cumings, *Developmental State*. Ithaca (NY: Cornell University Press, 1999).

32) Joseph Schumpeter, *Capitalism, Socialism, and Democracy* (New York, NY: Harper and Brothers, 1942).

33) Francis Fukuyama, *The End of History and The Last Man* (New York, NY: Free Press, 1992)

34) Bruce Cumings, *Korea's Place in the Sun* (New York, NY: W.W. Norton, 2005).

❖ 참고문헌

1. 한글문헌

김영명. 『한국정치의 성격: 쏠림과 휩쓸림, 인물 정치와 당파싸움, 응집성과 안정성』. 서울: 오름, 2016.

도이힐러 마르티나 지음. 김우영·문옥표 역. 『조상의 눈 아래에서』. 서울: 너머북스, 2018.

루이 하츠 지음. 백창재 역. 『미국의 자유주의 전통』. 서울: 나남, 2012.

막스 베버 지음. 박성수 역. 『프로테스탄티즘의 윤리와 자본주의 정신』. 서울: 문예출판사, 1996[1905].

몽테스키외. 이재형 역. 『법의 정신』. 서울: 문예, 2015.

볼테르 지음. 이병애 역. 『철학 편지』. 서울: 동문선, 2014.

양해만·조영호. "한국의 사회경제적 변화와 탈물질주의." 『한국정치학회보』 제52집 1호 (2018): 75-100.

윤이흠. 『한국의 종교와 종교사』. 서울: 아카넷, 2016.

정재식. 『전통의 연속과 변화』. 서울: 아카넷, 2003.

최정운. 『한국인의 탄생』. 서울: 미지북스, 2013.

최준식. 『한국의 종교, 문화로 읽는다 I』. 서울: 사계절, 1999.

함재봉. 『한국사람 만들기 I, II』. 서울: 아산서원, 2017.

헤로도토스 지음. 박현태 역. 『헤로도토스 역사』. 서울: 동서문화사, 2008.

2. 영어문헌

Alesina, Alberto, Paola Giuliano and Nathan Nunn. "On the Origins of Gender Roles: Women and the Plough." *Quarterly Journal of Economics* 128-2 (2013): 469-530.

Almond, Gabriel, and Sidney Verba. *Civic Culture: Political Attitudes and Democracy in Five Nations*. Princeton, NJ: Princeton University Press, 1963.

Almond, Gabriel, G. Bingham Powell, Russell Dalton and Kaare Strom. *Comparative Politics Today*. Boston, MA: Pearson Longman, 2010.

Banfield, Edward. *The Moral Basis of a Backward Society*. New York, NY: Free Press, 1955.

Benedict, Ruth. *The Chrysanthemum and the Sword: Patterns of Japanese Culture*. Boston, MA: Houghton Mifflin, 1946.

Brown, Roger, and Albert Gilman. "The Pronouns

of Power and Solidarity." in T.A. Seboek (eds.), *Style in Language*. Cambridge, MA: MIT Press, 1960.

Crozier, Michel. *The Bureaucratic Phenomenon* Chicago, IL: Chicago University Press, 1964.

Cumings, Bruce. Korea's Place in the Sun. New York, NY: W.W. Norton, 2005.

Dahl, Robert. *Political Oppositions in Western Democracies*. New Haven, CT: Yale University Press, 1966.

Eckert, Carter. *Offspring of Empire: The Koch'ang Kims and the Colonial Origins of Korean Capitalism, 1876-1945*. Seatle, WA: University of Washington Press, 1991.

Eckstein, Harry. "A Culturalist Theory of Political Change." *American Political Science Review* 82-3 (1988): 789-804.

_____. *Division and Cohesion in Democracy: A Study of Norway*. Princeton, NJ: Princeton University Press, 1966.

Eisenstadt, S. N. "Multiple Modernities." *Daedalus* 129-1 (2000): 1-29.

Fischer, David Hackett. *Albion's Seed: Four British Folkways in America*. New York, NY: Oxford University Press, 1989.

Fukuyama, Francis. *The End of History and The Last Man*. New York, NY: Free Press, 1992.

Gamson, William. *Talking about Politics*. New York, NY: Cambridge University Press, 1992.

Geertz, Clifford. *Interpretation of Cultures*. New York, NY: Basic Books, 1973.

Greenstein, Fred, and Sidney G. Tarrow. "The Study of French Political Socialization: Toward the Revocation of Paradox." *World Politics* 22-1 (1969): 95-137.

Harrison, Lawrence, and Samuel Huntington. *Culture Matters*. New York, NY: Basic Books, 2000.

Hartz, Louis. *The Founding of New Societies: Studies in the History of the United States, Latin America, South Africa, Canada, and Australia* New York, NY: Mariner Books, 1964.

Hayami, Akira. *Japan's Industrious Revolution: Economic and Social Transformations in the Early Modern Period*. Tokyo: Springer, 2015.

Henderson, Gregory. *Korea: The Politics of the Vortex*. Cambridge, MA: Harvard University Press, 1968.

Hofstede, Geert, Gert Jan Hofstede and Michael Minkov. *Cultures and Organizations: Software of the Mind*. New York, NY: McGraw-Hill Education, 2010.

Huntington, Samuel. "Cultures Count." in Lawrence Harrison and Samuel Huntington (eds.), *Culture Matters*. New York, NY: Basic Books, 2000.

_____. *The Clash of Civilizations and the Remaking of World Order*. New York, NY: Touchstone, 1996.

_____. *Who Are We? The Challenges to America's National Identity*. New York, NY: Simon & Schuster, 2004.

Inglehart, Ronald. "Changing Values among Western Publics from 1970 to 2006." *West European Politics* 31-1, 2 (2008): 130-146.

_____. *Modernization and Postmodernization*. Princeton: Princeton University Press, 1997.

Laitin, David D., and Barry Weingast. "An Equilibrium Alternative to the Study of Culture." *Good Society* 15-1 (2006): 15-20.

Levitsky, Steven, and Lucan Way. *Competitive Authoritarianism*. New York, NY: Cambridge University Press, 2010.

Lewis, Benard. *The Assassins: A Radical Sect in Islam*. London: Oxford University Press, 1967.

Linz, Juan. *Totalitarian and Authoritarian Regimes*. Boulder, CO: Lynne Rienner, 1975.

Lokeach, Milton. *Beliefs, Attitudes, and Values*. San Francisco, CA: Jossey-Bass, 1968.

Mishler, William, and Detlef Pollack. "On Culture, Thick and Thin: Toward a Neo-Cultural Synthesis." in Detlef Pollack and Jorg Jacobs (eds.), *Political Culture in Post-communist Europe*. London: Ashgate, 2003.

Nisbet, Richard. *The Geography of Thought*. New York, NY: Free Press, 2003.

Nordlinger, Eric A. *The Working Class Tories: Authority, Deference and Stable Democracy*. London: MacGibbon & Kee, 1967.

Norris, Pippa. *Critical Citizens*. New York, NY:

Oxford University Press, 1999.

Putnam, Robert. *Making Democracy Work: Civic Traditions in Modern Italy*. Princeton, NJ: Princeton University Press, 1993.

Pye, Lucian. *Asian Power and Politics*. Cambridge, MA: Harvard University Press, 1985.

_____. "'Asian Values': From Dynamos to Dominoes?" in Lawrence Harrison and Samuel Huntington (eds.), *Culture Matters*. New York, NY: Basic Books, 2000.

_____. "Political Culture Revisited." *Political Psychology* 12-3 (1991): 487-508.

_____. *The Spirit of Chinese Politics*. Cambridge, MA: MIT Press, 1968.

Said, Edward. *Orientatlism*. New York, NY: Pantheon Books, 1978.

Schumpeter, Joseph. *Capitalism, Socialism, and Democracy*. New York, NY: Harper and Brothers, 1942.

Shin, Doh. *Mass Politics and Culture in Democratizing Korea*. New York, NY: Cambridge University Press, 1999.

Suh, Eunkook, Ed Diener, Shigehiro Oishi and Harry C. Triandis. "The Shifting Basis of Life Satisfaction Judgments Across Cultures: Emotions Versus Norms." *Journal of Personality and Social Psychology* 74-2 (1998): 482-493.

Talhelm, T., X. Zhang, S. Oishi, C. Shimin, D. Duan, X. Lan and S. Kitayama. "Large-Scale Psychological Differences Within China Explained by Rice Versus Wheat Agriculture." *Science* 344-6184 (2014): 603-608.

Tocqueville, Alexis de. *Democracy in America*. Chicago, IL: University of Chicago Press.

UNESCO, *Universal Declaration of Cultural Diversity*. New York, NY: UNESCO, 2002.

Wedeen, Lisa. "Conceptualizing Culture: Possibilities for Political Science." *American Political Science Review* 96-4 (2002): 713-728.

Wiarda, Howard. *Political Culture, Political Science, and Identity Politics*. New York, NY: Routledge, 2014.

Wildavsky, Aaron. "Choosing Preferences by Constructing Institutions." *American Political Science Review* 81-1 (1987): 1-21.

Woo-Cumings, Meredith. *Developmental State*. Ithaca, NY: Cornell University Press, 1999.

Yoon, Kwang-Il. "Political Culture of Individualism and Collectivism." in *Political Science at University of Michigan-Ann Harbor*, 2010.

Zakaria, Fareed, and Lee Kuan Yew. "Culture Is Destiny." *Foreign Affairs* 73-2 (1994): 109-126.

권력구조

박명호(동국대 정치외교학과)

인간의 집단생활 중 가장 규모가 크고 우리 인간에게 최고의 집단생활은 국가다. 정치권력이 한 국가 내에서 정치적 기능을 위해 조직화될 때 국가와 사회의 다양한 구성요소들은 국가운영과 발전의 근간으로 역할하게 된다. 정치권력이 제도적으로 완성되는 것이다. 따라서 국가권력은 가장 전형적이며 최고의 정치권력이다.

한 국가의 정치권력으로서 국가권력은 한 국가 공동체내에서 수직적·수평적으로 조직되어 그 기능을 수행하게 된다. 정치권력의 존재 이유는 국가 정치공동체의 유지와 발전이다. 이는 한 정치공동체의 권력구조에 있어서 가장 중요한 과제가 권력의 수직적·수평적 책임성과 문제해결 능력이라는 의미이다.

한국의 수직적 권력구조는 중앙집권적인 단방제를 원칙으로 하면서 지방자치를 실시하고 있으며, 수평적 권력구조는 대통령제를 기본으로 하면서 의회제적 요소를 가진 '혼합형 권력구조'라 할 수 있다.

1. 권력구조의 이론적 논의

권력구조의 지역적 또는 수직적 권력배분과 기능적 또는 수평적 권력배분은 국가형태와 정부형태를 각각 의미한다. 우선 중앙정부와 지방정부 또는 구성국 정부 간 수직적 또는 지역적 권력분산은 그 정도에 따라 국가형태를 달리한다. 국가권력이 지방정부보다 중앙정부에 집중되어 있는 국가형태가 단방제, 중앙정부와 지방정부 또는 구성국 정부 간 권력을 동등하게 또는 지방 중심으로 분산시킨 국가형태가 연방제다. 나아가 국가권력이 중앙정부보다 구성국 정부에 더 많이 집중된 경우가 연합국가제다.

일반적으로 연방제는 다음과 같은 특징이 있다.[1] 첫째, 연방제는 계약에 의해서 수립되는 참여단위의 동반자 관계의 정치적 장치다. 둘째, 연방제는 연방에 참여하는 구성원의 정체성을 상호 인정하고, 구성원들이 각자의 독자성을 유지하면서 연방의 공동목적을 추구한다. 이를 위해 연방주의는 대체로 성문헌법을 통해 정치권력을 지방으로 분산시키며 공동의 정책결정, 법과 행정절차 등을 공유한다. 셋째, 중앙정부는 연방 구성원의 정체성을 침범하지 않는 범위에서 그 기능을 수행하며, 이를 위해 구성원의 생존과 권한보호는 양원제 의회를 통한 권력의 지역적 분산으로 지켜진다.

연방제는 미국, 캐나다, 스위스, 독일, 호주처럼 다양한 인종, 광대한 지역과 다양한 문화를 가진 국가에서 채택한 경우가 많다. 이때 국가별 연방제도는 강력한 분권화부터 느슨한 형태의 분권화에 이르기까지 다양한 유형과 정도의 지방분권화를 보인다. 물론 어떤 형태든 연방제는 단방제와는 달리 국가권력이 중앙정부와 구성국 정부에 분산되어 지방분권화의 정도가 높은 게 일반적이다.

단방제는 국가권력의 통치권을 중앙에 집중하여 통일시키는 중앙집권화(centralization)된 국가를 의미한다. 한국은 단방제로서 권력이 중앙정부로 집중되는 지방자치를 실시하고 있지만, 지방자치단체의 관할사무와 그 범위 등은 중앙정부의 법률에 의하여 결정되는 상황이다.

한편, 한 국가가 정치권력을 수평적으로 또는 기능적으로 어느 정도로 분산시키느냐에 따라 정부형태가 결정된다. 정부형태는 대통령제와 의회제, 양자의 혼합형으로 대별되는데, 대통령제 권력구조는 국민이 대통령을 직접 선출하여 행정부 수반(동시에 국가원수)으로 기능하도록 권력을 부여하는 정부형태이다. 이때 대통령과 의회는 모두 각각 일정한 임기를 보장받고 국민직선으로 선출된다. 동시에 이들의 임기는 상대방의 영향으로부터 독립되어 있다.[2]

대통령제 권력구조는 행정부를 대통령이 구성하고, 모든 정부권력이 대통령에게 집중되어 대통령을 중심으로 정부가 위계적으로 구성되고 운영된다. 대통령 직선을 통한 '국민의 위임(mandate)'에 따라 정치적 책임은 전적으로 대통령에 있다. 동시에 대통령제는 대통령과 의회 간의 권력분립을 통한 견제와 균형을 추구한다.[3]

대통령과 의회 사이에는 '견제와 균형'을 위한 제도적 장치가 있고, 이를 어떻게 활용하느냐에 따라 대통령제 권력구조의 성패가 좌우된다. 권력분립을 지향하는 대통령제 권력구조이지만, 현실적으로는 대통령으로의 권력집중 현상이 나타날 가능성을 내포한다. 선출된 대통령이 국민으로부터 위임받은 권력을 사적인 것으로 인식 해 임기동안 자기의 판단 대로 통치할 권한을 부여받았다는 전체 하에 이루어지는 통치형태인 '위임 민주주의(delegative democracy)'가 대표적이다. 동시에 대통령제는 태생적으로 대립과 교착상태에 빠질 위험을 갖고 있다. 바로 분점정부(divided government)인데, 이는 대통령과 의회의 다수파가 일치하지 않아 발생하는 정치적 균열과 대립상태를 말한다. 여소야대는 분점정부의 한국적 표현이다.

한편, 의회제 권력구조는 입법권과 행정권의 융합체제이다. 의회제에서 정부의 수반(수상)은 의회에 의해 선출되고, 수상과 내각은 의회의 정치적 신임 여부에 의존한다. 대체로 의회 총선거에서 과반수 의석을 획득한 정당 또는 정당연합이 정부를 구성한다. 정부가 의회를 기반으로 하고 의회에 정치적 책임을 지면서 정부정책 집행과 운영의 효율성을 높일 수 있고, 정부 구성과 진퇴가 국민의 대표기구인 의회를 통해 이루어져 민주적 책임성(accountability)을 높이는 것으로 기대되는 권력구조다.

의회제 권력구조에서는 권력의 성공 여부에 정당의 역할이 핵심적이다.[4] 의회제 권력구조는 정당이 정부구성의 책임을 지는 집단책임(collective accountability)으로 '의회와 정당 중심의 권력구조'이기 때문이다. 정부와 의회 운영의 주체인 정당은 이념과 정책을 중심으로 집권을 위해 경쟁하며, 이에 따라 궁극적으로 정당정치의 제도화와 정당체계의 구조화가 촉진된다. 의회제는 '잠재적 지도자들을 키워 내는 학교'라고 할 만큼 집권주체가 인물이 아니라 정당이며, 내각과 의회 운영의 주체로서 정당은 이념적·정책적 연합세력이 된다.[5]

의회제 권력구조에서 내각은 기본적으로 집합체적 성격을 가지며, 의회제는 합의제 민주주의(consensus democracy) 특성이 정치적 안정과 책임정치, 국정의 효율성을 제고하는 데 도움이 되는 권력구조이다.[6] 이러한 이유로 의회제 권력구조의 성공 요건으로 정당의 규율과 제도화, 그리고 정당체제의 공고화 등이 제시되고 있다.[7]

현실적으로 대통령제와 의회제 권력구조는 한 나라의 역사적 경험과 문화적 전통 등에 따라 다양한 모습으로 존재한다. 예를 들면, 대통령제 권력구조는 한국에서 '제왕적 대통령제'와 '대통령 중심적 대통령제'로 진화했으며, 의회제 권력구조는 '내각 우위형', '의회 우위형', '정당 우위형' 등으로 구분되기도 한다.

수평적 권력구조의 대표적 유형으로 원형의 대통령제와 의회제가 있는데, 이 둘은 근본적으로 대비된다. 대통령제 권력구조에서 대통령과 의회 모두 국민직선으로 선출되지만, 의회제는 의회선거를 통해 집권세력을 결정한다. 따라서 대통령제 권력구조의 대통령은 의회의 신임여부와 상관없지만, 의회제 권력구조의 수상은 의회의 정치적 신임여부에 최종적으로 의존한다. 같은 맥락에서 대통령제 권력구조에서는 대통령이 의회의 불신임을 받지 않는 것과 마찬가지로 대통령 역시 의회를 해산할 수 없다.

권력의 수직적 배분으로서 국가구조와 권력의 수평적 배분으로서 정부형태는 책임성의 측면에서 다양하게 평가된다. 구체적으로 대통령제 권력구조에서는 대통령-의회 간의 견제와 균형을 어떻게 재조정할 것인가, 그리고 중앙지방 간의 분권, 즉 지방분권을 어느 수준으로 디자인할 것인가가 중요한 쟁점이다. 이는 수직적이든 수평적이든 한 국가공동체의 권력구조가 어느 정도의 정치적 안정성(stability)과 체제수행능력(performance)을 보여주느냐가 핵심이라는 의미이다.

2. 한국 국가공동체의 운영방식: 권력구조

국가는 인간 집단생활의 최대 규모이자 최고단계이다. 한 국가에서 권력이 공동체의 여러 구성요소들이 사회운영과 발전에 기여하도록 조직화되었을 때 정치권력으로 탄생하며, 정치권력은 국가에 의해 완성된다. 정치권력의 가장 전형적 형태가 바로 국가권력이다.[8] 한 국가의 정치권력, 즉 국가권력은 한 국가 공동체내에서 수직적이자 수평적으로 조직되어 그 기능을 수행하게 된다.

한 국가 공동체내의 권력구조의 기본적인 구성 원리를 밝혀 놓은 것은 헌법이다. 헌법에 따라 선거제도, 의회제도, 관료제도, 사법체제, 지방자치 등이 법률로 규정된다. 한국 정치공동체의 운영방식으로서 권력구조는 헌법과 법률에 명문화된다. 대한민국의 권력구조는 수직적으로는 지방자치이며, 수평적으로는 대통령제이다.

수직적 권력구조는 중앙과 지방관계의 권력구조를 말하는데, 한국은 단방제이면서 지방자치를 실시한다. 한국의 지방자치는 광역지방자치와 기초지방자치로 구분되는데, 광역지방자치는 특별

시, 광역시, 특별자치시, 도, 특별자치도를 말한다. 현재 1개의 특별시(서울), 6개의 광역시(부산, 대구, 인천, 광주, 대전, 울산), 1개의 특별자치시(세종), 6개의 도(경기도, 강원도, 충청북도, 충청남도, 전라북도, 전라남도)와 1개의 특별자치도(제주)가 있다. 기초지방자치는 시, 군, 자치구로 구성되는데 2019년 8월 현재 226개가 있다.

한국의 지방자치는 각급 지방자치단체에 '자치입법권, 자치행정권, 자치조직권, 자치재정권' 등을 인정한다.[9] 자치입법권은 지방자치단체가 독자적으로 법규를 제정하는 권한으로 자치입법은 법령에 위반되지 않는 범위 내에서 효력을 가진다. 자치입법은 조례와 규칙으로 나뉘는데 조례는 지방의회, 규칙은 지방자치단체의 장이 제정한다.

자치행정권은 지방자치단체가 독자적으로 자치사무를 처리하는 권한으로 지방자치단체가 스스로의 책임과 노력으로 행하는 고유한 사무이다. 지방자치단체는 자치사무 이외에도 법령에 따라 국가 또는 다른 지방자치단체로부터 위임받아 처리하는 단체위임사무와 기관위임사무를 갖는다. 자치행정권의 범위는 자치단체의 종류에 따라 다르다.

자치조직권은 조례나 규칙 등에 따라 지방자치단체의 조직을 독자적으로 구성할 수 있는 권한이다. 이에 따라 지방자치단체는 자체의 조직 구성에 필요한 정원과 이들의 충원, 배치와 교육, 보수 등의 자치인사권을 갖는다. 자치조직권은 지방의회와 자치단체장의 소속기관과 하급 행정기관 등의 기구와 인력운영 등에 관한 구성 권한

등을 포함한다.

자치재정권은 지방자치단체가 자신에게 부여된 자치기능과 사무를 수행하는 데 필요한 경비를 자체적으로 조달하고 관리하는 권한이다. 자치재정권은 원칙적으로 중앙정부나 상급 지방자치단체의 간섭이 배제된 지방자치단체의 독자권한으로 해당 지방의회가 예산의 심의, 확정, 결산의 승인, 그리고 중요한 재정적인 활동 등에 대한 의결권을 갖는다.

한편, 수평적 권력구조는 정부기능의 기능적 분화를 의미한다. 정부기능은 대체로 입법, 행정, 사법기능을 말하는데, 입법권과 행정권을 상호 분립시키는지 아니면 융합시키는지가 중요하다. 한국은 권력분립의 대통령제 권력구조를 기본으로 하면서 동시에 다양한 의회제의 요소를 갖고 있는 '혼합형' 권력구조의 정부형태이다. 국민직선의 5년 단임 대통령제와 함께 국무총리제, 국회의원의 장관겸직, 그리고 국회의 국무위원 해임건의 등의 제도적 장치를 갖고 있기 때문이다.

3. 한국 권력구조의 역사적 전개

수직적 측면에서 한국의 권력구조는 1948년 제헌헌법에 지방자치를 명문화하면서부터 단방제이면서 지방자치를 실시하는 구조로 시작되었다. 제헌헌법은 "지방자치단체는 법령의 범위 내에서 그 자치에 관한 행정사무와 국가가 위임한 행정사무를 처리하며 재산을 관리한다. 지방자치단체는 법령의 범위 내에서 자치에 관한 규정을 제정

할 수 있다(제96조)"고 하며, "지방자치단체의 조직과 운영에 관한 사항은 법률로써 정한다. 지방자치단체에는 각각 의회를 둔다. 지방의회의 조직, 권한과 의원의 선거는 법률로써 정한다(제97조)"고 규정했다.

이에 따라 지방자치법이 1949년 7월 제정되었지만, 이승만 대통령은 국내외 정세를 이유로 거부권을 행사하고 국회재의를 요구했다. 하지만 국회는 정부의 요구는 위헌이며 일사부재의 원칙에도 위배된다는 이유로 관련법을 정부에 반송했다. 결국 시, 읍, 면장은 지방의회가 선출하고, 도지사 및 서울특별시장은 대통령이 임명하며 선거 실시가 곤란할 때 선거중지 또는 정지권한을 대통령에게 부여하는 등의 내용으로 지방자치법은 정리되었다. 결국 제1공화국의 수직적 권력구조는 "일제가 효율적인 식민통치를 위해 만든 중앙집권적 행정체제의 바탕 위에 지방의회 및 지방자치단체장 선거와 임명규정만 추가"한 셈이 된 것이다.[10]

1952년 '갑작스럽게' 첫 지방자치선거가 실시되었다. 1952년 4월 25일, 시·읍·면 의회선거가, 5월 10일 도의회 의원선거가 실시되었으나, 당시는 한국전쟁 중이었기 때문에 일부 지역에서 지방선거가 실시되지는 못했다.

지방자치법은 제1공화국 기간 동안 여러 차례 개정되었다.[11] 1956년 2월 지방의회의 단체장 불신임제도와 단체장의 의회해산제도를 폐지하였다. 지방의회 정원도 축소했고 의회 개회일수도 제한했으며, 임기도 3년으로 줄이는 등 권한을 축소했다. 또한, 시·읍·면 의회에서 선출하던

시·읍·면의 장을 주민이 직접 선출하도록 했다. 다만 자치단체장 선출은 시·읍·면장에 국한되었다. 이에 따라 1956년 8월 8일 시·읍·면의 단체장과 의회 의원선거, 8월 13일 서울특별시와 도의원선거가 실시되었다.

1958년 12월 지방자치법은 다시 개정되는데 이전까지 주민직선으로 구성되던 시·읍·면장을 임명제로 바꾸고 의원 임기를 3년에서 다시 4년으로 연장했다. 결국 제1공화국에서 지방자치는 도입되었지만, 주민자치와 풀뿌리 민주주의 실현의 취지는 사라지고 최고 권력자의 정치적 이해관계를 위한 수단으로 변질되고 말았다.

제2공화국이 들어서면서 지방자치제도는 다시 변화했다. 중앙정부가 임명하던 서울특별시장, 도지사를 포함하여 시·읍·면장 및 동·이장까지 모두 주민직선으로 선출하게 되었다. 이에 따라 서울특별시 및 도의회 의원선거는 1960년 12월 12일, 시·읍·면 의회 의원선거는 12월 19일, 단체장인 시·읍·면장 선거는 12월 26일, 그리고 서울특별시장 및 도지사 선거는 12월 29일 실시되었다.

제3공화국 권력구조도 헌법에 지방자치 규정을 갖고는 있었다. 헌법은 "① 지방자치단체는 주민의 복리에 관한 사무를 처리하고 재산을 관리하며 법령의 범위 안에서 자치에 관한 규정을 제정할 수 있다. ② 지방자치단체의 종류는 법률로 정한다"(제109조)고 했고, "① 지방자치단체에는 의회를 둔다. ② 지방의회의 조직, 권한, 의원선거와 지방자치단체의 장의 선임 방법 기타 지방자치단체의 조직과 운영에 관한 사항은 법률

로 정한다"(제110조)고 규정했다. 다만 헌법 부칙에 "이 헌법에 의한 최초의 지방의회의 구성시기에 관하여는 법률로 정한다"(제7조 3항)고 하여 지방자치는 실시되지 않았다. 1972년의 유신헌법도 제3공화국 헌법처럼 지방자치 규정이 그대로 있었지만 역시 부칙을 통해 "이 헌법에 의한 지방의회는 조국통일이 이루어질 때까지 구상하지 아니한다"(제10조)고 규정하였다.

제5공화국 권력구조를 밝힌 헌법도 제3공화국 헌법의 지방자치 규정을 그대로 따랐지만, 부칙에 "이 헌법에 의한 지방의회는 지방자치단체의 재정 자립도를 감안하여 순차적으로 구성하되, 그 구성 시기는 법률로 정한다"(제10조)고 규정하여 역시 지방자치는 실시되지 못했다. 이처럼 제3공화국부터 권위주의 시절 동안에 수직적 권력구조로서의 지방자치는 헌법에 명목상으로 규정만 되고 부칙의 형식으로 실행되지는 못했다.

1987년 6월 항쟁을 통해 절차적 민주주의는 회복되었지만, 지방자치는 다시 실시되기까지 시간이 더 걸렸다.[12] 1989년 3월 야3당이 지방선거 실시에 합의했지만, 당시 노태우 대통령은 거부권을 행사했다. 여야 협상 끝에 1989년 12월 여야 4당 합의로 지방자치법을 통과시켜 다음해 4월 지방의회를 구성하기로 했다.

그러나 1990년 1월, 3당 합당 이후 민주자유당과 노태우정부는 경제안정을 명분으로 지방선거를 연기했다. 이에 1990년 10월 김대중 민주당 총재가 지방자치제 실시를 요구하며 단식농성을 시작했다. 이를 계기로 12월 정기국회에서 여야합의로 '지방자치 법률개정안', '지방의회의원

선거법 개정 법률안', 그리고 '지방자치단체장선거법안' 등이 처리되었다. 이에 따라 1991년 3월 26일 시·군·구 기초의회선거가 실시되었고, 같은 해 6월 20일 시·도 광역의회선거가 실시되었다. 그러나 지방자치단체장은 여전히 대통령이 임명했다.

3년 후인 1994년 3월 지방자치단체장을 포함한 기초의회, 기초단체장, 광역의회, 광역단체장 등 4대 지방선거의 동시 실시를 골자로 하는 지방자치법이 제정되었다. 이때 그동안 별도의 법률로 존재하던 대통령선거법, 국회의원선거법, 지방자치단체의장선거법, 지방의회의원선거법 등이 '공직선거및선거부정방지법'으로 단일화되었다. 지금 우리가 '통합선거법'으로 부르는 법이다. 이에 따라 1995년 6월 27일 사상 첫 4대 동시지방선거가 실시되었고, 오늘날과 같은 지방자치가 완성되었다. 2010년에는 교육감과 교육위원선거도 실시되어 교육자치의 시대가 열리기도 했다.

한국의 지방자치발전과 관련하여 가장 큰 역할을 한 사람은 노무현 대통령이다. 노무현 대통령은 분권과 정치개혁을 지향하며 지방분권을 가장 우선적인 국가발전의 방향으로 설정했다.[13] 노 대통령은 지방분권과 균형발전을 위해 '지방분권특별법', '신행정수도건설을 위한 특별조치법', '국가균형발전특별법' 등 지방분권 관련 3법을 제정했다. 주민투표법 역시 노무현정부시기에 제정되었다. 2006년 7월 단일광역자치단체로서 제주특별자치도가 출범하기도 했다. 나아가 노무현 대통령은 '국가균형발전특별법'에 따라 국가균형발전 5개년 계획을 수립하는 한편, 지방양여금제 폐지와 국고보조금제 정비 등을 통해 2005년에는 국가균형발전특별회계를 신설했다.

한편, 한국의 수평적 권력구조는 대통령제 정부형태다. 물론 제헌의회의 헌법초안은 의회제였다. 그러나 이승만은 대통령제를 요구했다.[14] 결과는 대통령제와 의회제의 모호한 타협으로 최초의 한국형 권력구조는 대통령제를 기본으로 의회제적 요소를 추가한 '혼합형 권력구조'의 탄생이었다.

제헌헌법에 따라 국회는 대통령과 부통령을 선출했다. 하지만 국회에서 선출된 대통령과 부통령의 임기는 국회의 정치적 신임과 관계없이 4년중임이 가능했다. 대통령과 국무총리 및 국무위원들로 구성된 국무원은 의결기구였고, 대통령의 국무에 관한 모든 행위에는 국무총리 및 국무위원의 부서가 있어야 했다(제68~72조). 국무총리와 국무위원, 정부위원들은 국회에 출석하여 의견을 진술하고 질문에 응답할 수 있고(제44조), 국회는 국정을 감사할 수 있는 권한을 가졌다(제43조). 국무총리는 국회의 동의를 거쳐 대통령이 임명하고(제69조), 국회의원이 국무총리와 국무위원 또는 정부위원 등을 겸직하는 것을 금지하지 않았다.

제2공화국은 국회를 중심으로 입법부와 행정부를 융합하는 의회제 권력구조였다. 하지만 의회제 권력구조는 실시 9개월 만인 1961년 5·16 군사구데타를 통해 무너졌다. 결과는 대통령제 권력구조로의 회귀였다. "국가질서를 유지하고 조속한 국민경제의 부흥을 도모하기 위하여, 우리는 안정되고 일할 수 있는 정부형태를 가져야 하겠습니다. 그래서 정부형태는 대통령제를 택하여서 대통령에게 행정의 모든 책임을 귀일시키는 동시에 정국의 안전을 기하였습니다."[15] 제3공화국 대통령제 권력구조의 출범이다.

제3공화국 권력구조는 제1공화국의 혼합형 권력구조에서 의회제적 요소를 줄여 미국형에 가까운 대통령제 권력구조를 지향하여 대통령 권한을 강화시켰다. 이를 위해 제3공화국 권력구조는 국무회의를 의결기구에서 심의기구로 낮췄다(제83조). 또한, 국무총리도 대통령이 국회의 동의를 받지 않고 임명하도록(제84조)하며 국회의원의 행정부직 겸직도 금지(제39조)시켰다. 동시에 대통령의 입법권이 강화되는데, 특히 "내우·외환·천재·지변 또는 중대한 재정·경제상의 위기에 있어서 공공의 안녕질서를 유지하기 위하여 긴급한 조치가 필요하고 국회의 집회를 기다릴 여유가 없을 때에 한하여 '대통령이 법률의 효력을 가지는 명령'을 발동할 수 있는(제73조) 비상입법권(decree power)"이 대통령에게 부여되었다.

물론 제3공화국 권력구조에서 의회제적 요소가 완전히 사라진 건 아니었다. 예를 들면, 대통령행위에 대한 국무위원 부서제(제80조)와 국무위원의 국회출석권(제58조), 국회의 국정감사권(제57조)과 국무위원 해임건의권(제59조)은 그대로 존치되었다.[16]

제4공화국과 제5공화국의 권력구조는 대통령에게 모든 권한을 더욱 집중시켰다. 대통령은 국회를 해산할 수 있지만, 국회는 대통령을 탄핵할 수 없었고 국회의 국정감사권은 폐지되었다. 대통령이 국회의원의 3분의 1을 지명할 수 있기도

했다. 국회 개회일수도 정기국회는 90일, 임시국회는 30일을 넘을 수 없어 국회는 1년 동안 150일 이상 열 수 없도록 했다.

권위주의 권력구조에서 대통령 권력의 강화를 위해 사법부도 예외는 아니었다. 제3공화국 권력구조에 있었던 법관추천회의를 폐지하고, 대통령이 대법원장과 대법원 판사, 법관들을 임명할 수 있도록 했다. 대법원장은 6년, 일반 법관은 10년의 임기를 부여했고 연임을 위해서는 재임용 절차를 밟아야 해서 대통령의 사법부 장악력은 더 높아졌다.

제4공화국 권력구조에서는 대통령과 국회의원 선출 방식도 바뀌었다. 대통령직선제를 폐지하고 통일주체국민회의 대의원선거를 통한 간접선거로 대통령을 선출했다. 대통령과 국회의원의 임기도 6년으로 늘렸지만 대통령이 지명하는 유신정우회(유정회) 의원의 임기는 3년으로 하되, 이들은 통일주체국민회의의 동의를 얻어야 했다. 국회의원선거제도 역시 한 선거구에서 2명을 뽑도록 하여 대통령은 유신정우회 의석 3분의 1과 함께 언제나 국회의석의 3분의 2를 확보할 수 있었다 (자세한 사항은 10장 선거 참조).

헌법개정 권한도 대통령에게 더 집중되었다. 개헌은 대통령이 제안하면 국회동의 없이 바로 국민투표에 회부되지만, 국회에서 개헌을 제안하는 경우 국회 과반수의 동의로 발의하고 재적 3분의 2의 찬성으로 통과되며, 통일주체국민회의 동의를 거쳐야 최종적으로 국민투표에 회부될 수 있었다. 통일주체국민회의 의장은 대통령이었기 때문에 대통령의 재가 없이 개헌은 거의 불가능

했다. 유신헌법으로 대통령에게 부여된 권한 중 국민의 기본권을 가장 크게 침해하는 권한은 긴급조치발령권이었다.

제5공화국의 권력구조도 앞선 제4공화국의 그것과 크게 다르지 않았다. 다만 통일주체국민회의를 폐지하고 대통령 선거인단 제도를 도입하여 대통령을 간접선거로 선출하는 제도를 유지했다. 대통령 선거인단으로 명칭만 바뀌었을 뿐 사실상 유신시대의 '체육관 선거' 그대로였다. 대통령 임기는 7년 단임이었고, 대법원장과 대법관의 임기는 5년으로 단축되었다. 대통령이 국회의원의 3분의 1을 시명하는 유신정우회 세도는 폐지했지만, 비례대표 전국구 의원의 배분방식을 집권당에 유리하게 바꾸어 거의 유사한 정치적 효과를 거두었다.

제6공화국 권력구조로 이어진 1987년 개헌의 가장 큰 특징은 국회위상의 복원과 강화다. 국회는 '법률 제정권, 예산심의권, 국정조사권, 국정감사권, 국무총리 임명동의권 그리고 국무위원 해임 건의권' 등을 통해 대통령을 견제할 수 있게 되었다. 헌법의 의회제적 요소가 민주화 이후 국회의 대통령 견제도구로 전환된 것이다.

돌이켜 보면 제헌헌법 이후 1987년까지 모두 아홉 차례 헌법개정이 있었다 (표 5.1 참조). 이 중 4·19혁명 이후 '반민주행위자에 대한 소급 처벌'을 가능토록 했던 1960년 11월의 4차 개정을 제외하면, 여덟 번의 헌법개정은 권력구조의 변경의 개정이었다. 그리고 1960년 4·19혁명과 1987년 6월 민주화항쟁에 따른 헌법개정을 제외하면, 나머지 여섯 번의 헌법개정은 권위주의 통

표 5.1 권력구조 개헌의 역사

구분	시기	개헌규모	권력구조	권력구조의 주요내용	비고
헌법제정	1948.07.17	제정	대통령제	국회간선, 단원제	제헌헌법
1차 개헌	1952.07.07	일부개정	대통령제	직선제, 불신임, 양원제	발췌개헌
2차 개헌	1954.11.29	일부개정	대통령제	3선제한 철폐, 국민투표	사사오입개헌
3차 개헌	1960.06.15	일부개정	의회제	의회제, 지방자치제, 헌법재판소	4·19혁명
4차 개헌	1960.11.29	일부개정	의회제	반민주행위특별처벌법	4·19혁명
5차 개헌	1962.12.26	전부개정	대통령제	대통령제, 단원제, 공천제, 국무총리제	5·16혁명
6차 개헌	1969.10.21	일부개정	대통령제	3선 연임, 탄핵소추요건 강화, 각료겸임 허용	3선개헌
7차 개헌	1972.12.27	전부개정	대통령제	대통령 간선 및 무제한 연임	유신헌법
8차 개헌	1980.10.27	전부개정	대통령제	7년 단임 간선제, 통일주체국민회의 폐지, 국정조사권 인정	전두환 신군부
9차 개헌	1987.10.29	전부개정	대통령제	기본권 강화, 직선제 5년 단임, 국회해산권 불인정, 국정감사권, 헌법재판소 설치	민주화헌법

치자의 권력 장악과 연장 또는 권력 강화를 위한 개헌이기도 했다.[17] "정치행위자의 정치적 목적이 중요한 요인으로 작용했고, 정치권력은 권력의 획득과 유지를 가장 우선"[18]한 개헌이었다는 말이다.

4. 한국 권력구조의 진화

수직적 권력구조로서 한국의 지방자치는 제헌헌법부터 시작되었지만, 제1공화국에서는 대통령의 독선과 정치적 이해관계와 필요에 따라 수시로 변경되며 왜곡되었다. 제2공화국에서 비로소 주민직선으로 자치단체장과 지방의회 의원을 선출했다. 하지만 제3공화국부터 제5공화국의 권위주의 시절 한국의 지방자치는 사라졌다. 헌법에 지방자치 실시를 명문화했지만 "조국통일 때까지" 또는 "재정자립도를 감안하여 … 법률로 정한다"는 부칙을 통해 무력화시켰다. 1987년 절차적 민주주의 회복 이후 우여곡절 끝에 지방자치는 비로소 재개되어 오늘과 같은 모습으로 전개된다.

종합적으로 보면, 수직적 권력구조로서 한국의 지방자치는 다음과 같은 문제점을 갖고 있다.[19] 첫째, 한국은 오랜 중앙집권의 역사적 전통을 갖고 있어 지역별 또는 권역별 자치의 경험이 상대적으로 적은 편이다. 둘째, 현재의 권력구조가 중앙집권적이어서 지방분권 시대의 역동적이고 분권지향적인 변화 요구를 수용하기 어렵다. 셋째, 헌법에 지방자치를 보장하지만 실질적인 보장이 없는 '공허한 보장'이다.

넷째, 지방분권 또는 지방자치의 내실화를 위한 구체적 노력이 체계적으로 전개되지 못했다. 민주화 노력은 중앙정치를 중심으로 진행되어 왔다. 권력의 견제와 균형은 중앙정치, 즉 수평적 차원에 집중되어 대통령의 권한을 어떻게 약화시키고, 국회의 권한은 어떤 방향으로 강화할지가 핵심 주제였다. 분권과 견제와 균형의 원리를 중앙-지방의 수직적 차원에서 어떻게 어떤 방향으로 추진할지에 대해서는 진지하게 논의하지 못했다. 그 결과가 바로 서울과 수도권으로의 과도한 인구집중과 서울과 지방 간 심각한 사회경제적 격차확대다.

한국의 지방자치가 이와 같은 평가를 받는 이유는 '중앙집권적 중앙우위의 중앙-지방관계'[20] 때문이다. 첫째, 제도(구조)에서는 지방사무 비율과 기구정원에서 지방정부의 자율성이 증대되었지만, 정치제도와 재정·감사제도 등에서는 여전히 중앙정부의 권력비중이 높다. '중앙우위의 상호의존관계'이다. 둘째, 조정양식에서 중앙정부는 지시, 명령, 직권취소, 사업권 회수 등과 같은 계층제적·권력적 조정양식에 의존하고, '중앙우위의 상호의존관계'에 있다. 셋째, 자원의 측면에서 중앙정부는 재정과 정보자원에서 우위에 있어 중앙우위의 상호의존관계 속에서 최근 대등한 상호의존관계로 전화하려는 노력을 전개하고 있다.

결국 한국의 수직적 권력구조는 여러 가지 측면에서 지방정부의 자율성을 높여 중앙-지방의 대등한 상호의존관계를 '원칙적으로는' 지향하지만 아직도 중앙정부의 수직적 통제력이 강한 편이다. 중앙정부가 지방에 대한 계층적이며 권력

적 수단을 통해 '중앙우위의 상호의존관계'에 있
는 것이다.

결과적으로 한국의 수직적 권력구조는 중앙중
심적이며, 지방자치는 명목상으로 존재하여 행정
적으로나 재정적으로 취약한 형편이다.[21] 이는 지
방정부의 권한과 역할이 불분명하고 권력구조에
서 중앙과 지방의 역할분담도 명확하지 않아 중
앙정부의 위임 사안인지 지방정부의 고유 업무인
지 구별하기 쉽지 않다는 의미이다. 이러한 현상
이 나타난 것은 한국의 수직적 권력구조에서 지
방자치가 기본적으로 중앙정부가 설정해놓은 매
우 획일적인 형태에 머물러 있기 때문이다.[22] 광
역자치와 기초자치 여부에 상관없이 지방자치단
체는 중앙정부가 정해 놓은 법적·제도적 표준에
따라 획일적이다. 이에 따라 지방 간 사회경제적
특성과 공간적 차이 등이 지방자치의 구조에 반
영되지 못하고 있다.

이러한 맥락에서 지방의회의 조례제정 권한
범위를 확대하고 광역의회에 정책지원을 위해 전
문 인력을 배치하려는 노력이 전개된다. 중앙정
치와 마찬가지로 지방정치에서도 행정권 우위현
상이 계속되었기 때문이다. 이와 함께 지방의회
재정과 인사에 관한 자율성과 독립성을 강화하려
는 시도도 이어진다. 수직적 권력구조에서 중앙
과 지방의 견제와 균형을 실현하려는 노력이 지
방단위의 입법과 행정 간에도 구현하고자 하는
것이다.

결론적으로 한국의 수직적 권력구조에서 지
방자치는 자율성과 다양성을 우선 확보하는 것이
첫 출발이다. 지방의 고유한 환경과 특성을 반영

한 한국적 지방자치의 다양성과 경쟁성이 필요하
다는 말이다. 예를 들면, 지금과 같은 획일적 동
시지방선거 방식에서 벗어나 지역특성과 환경에
맞는 선거제도와 지방정부 구성방식도 고민할 수
있다.[23] 그래야 "지방자치 선거가 분명 중앙정치
의 연장선상에서 치른 하위리그 게임[24]"에서 탈
피할 수 있다는 것이다.

한편, 수평적 권력구조로서 한국의 정부형태
는 의회제 요소를 가진 대통령제로 출발했다. 제
2공화국의 짧은 의회제 권력구조의 시기를 제외
하면 한국의 정부형태는 기본적으로 대통령제였
다. 다만 제3공화국 권력구조는 '혼합형 대통령
제'에서 보다 원형의 대통령제에 가깝게 진화했
고, 제4공화국과 제5공화국의 권력구조는 대통
령에게 사실상 모든 권한을 집중시킨 권위주의적
대통령제였다. 권위주의적 대통령제 권력구조는
제6공화국 들어 과거의 관행과 전통에 따라 '제
왕적 대통령제'를 거쳐 '대통령 중심적 대통령제'
로 진화하게 된다.

1987년 절차적 민주주의의 회복을 통해 탄생
한 제6공화국의 권력구조는 제도권 정치세력 간
의 보수적이고 신속한 협약의 정치적 산물이다.
제6공화국의 권력구조는 제3공화국의 강한 대통
령제 권력구조를 중심으로 하되 민주화 요구에
따라 국회의 권한을 이전보다 강화하고 대통령의
권한을 제한하였다. 권력 분립적인 제도적 장치
를 통한 대통령과 국회의 견제와 균형을 지향한
것이다.

하지만 제6공화국의 권력구조가 대통령과 국
회의 생산적이며 효과적인 견제와 균형을 통한

정치의 성공을 가져오지는 못했다. 오히려 대통령과 국회는 대립과 교착의 악순환을 거듭하여 정치의 실패에 따른 국민실망을 반복하는 결과를 가져왔다.[25] 특히 한국에서의 '대립과 교착의 악순환 정치'는 순수 혹은 원형 대통령제의 모델에서 나타나거나 예상할 수 있는 수준보다 심하다는 게 문제다.[26]

특히 권력구조의 의회제 요소는 국회의 영향력을 실질적으로 증대시키는 역할도 했지만 동시에 대통령이 입법부의 정치과정에 다양한 수단을 통해 적극적으로 개입할 수 있는 계기이자 정치적 수단이기도 했다. 결국 대통령은 견제와 균형에 기초한 삼권분립의 행정부 수반이기보다는 국가수반으로서 입법과 행정, 사법부 위에 존재하게 되었다. 3김(김영삼, 김대중, 김종필)시대와 함께 한 '제왕적 대통령제'다.

'대립과 교착의 정치'는 분점정부 또는 여소야대에 따른 자연스러운 결과물이다. 표 5.2에서 보듯이 민주화 이후 9번의 총선에서 2020년 선거는 집권여당이 다수의 의석을 획득하기도 했지만, 2016년까지의 선거를 살펴보면 5회 분점정부가 탄생했고, 집권여당이 총선에서 승리한 3번(2004, 2008, 2012년)의 경우도 과반에서 불과 2~3석 많은 것에 불과했다. 행정부와 입법부의 권력분립과 이원적 민주정통성은 대통령제의 가장 중요한 특징이다.[27]

한국에 이러한 갈등을 해결할 수 있는 수단뿐만 아니라 경험도 없다는 점은 아쉽다.[28] 분점정부와 이에 따른 대립과 교착의 악순환은 그동안 합당 등 인위적 정계개편과 다수파 연대 등의 정치적 방식으로 '일시적으로' 해결되었다. 1990년 노태우 대통령의 민주정의당(여당), 김영삼의 통일민주당, 김종필의 신민주공화당이 합당한 3당 합당이 대표적이다. 이때 일시적이라는 건 인위적으로 만들어진 다수파는 다음 선거에서 해체되는 현상이 반복되었기 때문이다. 이를 통해 '대립

표 5.2 1987년 민주화 이후 여당 의석			
	여당	여당 의석 (비율)	여당 과반의석
1988년 총선	민정당	125석 (41.8%)	−25석
1992년 총선	민자당	149석 (48.9%)	−1석
1996년 총선	신한국당	139석 (43.5%)	−11석
2000년 총선	새천년민주당	115석 (42.1%)	−22석
2004년 총선	열린우리당	152석 (50.8%)	+2석
2008년 총선	한나라당	153석 (51.2%)	+3석
2012년 총선	새누리당	152석 (50.8%)	+2석
2016년 총선	새누리당	122석 (40.7%)	−28석
2020년 총선	더불어민주당	163석 (54.3%)	+13석

과 교착의 악순환 정치'는 더욱 강화되고 말았다.

분점정부가 등장하는 이유는 다양하다. 분점정부는 구조적 요인과 한국적 요인이 합쳐진 결과물이다.[29] 대선과 총선의 단순다수제의 선거제도와 지역주의 결합에 따른 다당제 경향으로 민주화 이후 3개 이상의 지역정당이 경쟁하는 구도가 계속된다. 한국선거는 기본적으로 양자대결이면서도 동시에 (지역적이든 이념적이든 정책적이든) 다자대결 양상을 보인다. 그러면서도 정당 또는 후보자 간 연대 또는 연합의 정치는 상대적으로 적었다. 여기에 대통령과 국회의원의 임기가 5년과 4년으로 달리하면서 선거가 엇갈리게 되는 비동시적 선거(non-concurrent election)도 분점정부를 촉진한다.

행정부-입법부 간의 비대칭성도 '대립과 교착의 악순환 정치'에 기여했다. 한국에서 대통령과 국회의 관계가 양자의 협력보다 갈등으로 치닫는 원인 중 하나는 국정운영에 있어 행정부의 국회에 대한 우위 때문이기도 하다.[30] 물론 한국 대통령은 의회해산권, 상원의원 임명권, 입법안에 한 강제심의 요구권 등을 가진 남미형의 '절대대통령제(Absolute Presidentialism)' 수준으로 권력을 보유하고 있지는 않다. 그럼에도 한국 대통령은 입법 거부권(헌법 제53조)과 법률안 제출권(제52조)을 갖고 있다. 동시에 대통령은 예산 편성권, 사면권, 전쟁 선포권, 조약체결권을 보유하고 있으며, 대통령 직속 정보기관, 감사원, 경찰, 검찰, 국세청 등을 통한 권력행사가 가능하다.

나아가 정부의 법률안 제출권(제52조)은 압도적 전문성과 정치적 자원을 가진 행정부가 제출하는 법안이 국회의안의 절대다수를 차지하기도 했다. 행정부가 사실상 국회의 의제설정에 주도적이며 결정적 역할을 한다는 의미이다. 정부의 국회출석·발언권(제62조)도 같은 맥락이다. 이는 원형의 대통령제에서는 볼 수 없는 것으로 권력분립의 원칙에서 벗어난 것이다.

한국의 수평적 권력구조에서 나타나는 '헌정제도의 부정합성'은 대통령제를 원칙으로 하면서도 권력구조에 포함된 의회제 요소 때문이다. 예를 들면, 국무위원의 의원직 겸직 허용은 행정부와 행정부를 감시·견제해야 하는 의회의 경계를 무디게 하는 것으로 원형의 대통령제 권력구조에 대한 중대한 제도적 일탈이다.[31] 이에 따라 대립과 교착의 정치는 악화되고 결과적으로 정치의 문제해결 능력은 지속적으로 약화되게 된다.

여기에 한국의 권력구조에서는 감사원도 대통령의 산하에 있다(제97~100조). 국회는 감사에 전문적이지 않으면서도 여야 간 정치적 합의가 있어야 가능한 국정조사권과 매년 일정한 시기 동안만 실시하는 국정감사권(제61조)만을 갖고 있을 뿐이다. 이에 따라 대통령은 선거를 통한 국민위임(mandate)을 하향적(top-down) 집행권의 부여로 확대해석하고, '당선득표율의 한계를 넘어서 역사의 평가를 향하며 국가와 민족을 위한 권력의 위험한 사명감'을 자연스럽게 갖게 된다. 바로 '제왕적 대통령제'이다.

제왕적 대통령제는 대통령의 여당 장악력을 의미하는 정당파워(partisan power)가 막강하여 대통령이 헌법상의 강한 권한을 마음대로 휘두르는 것을 말한다. 대통령은 당직과 국회직, 정치자금 등을 통해 여당에 영향력을 행사한다. 김영삼과 김대중 대통령은 거의 '머신정당(political machine-type party)'에 가까운 대통령당을 통해 국회를 장악했다. 대표적인 사례로 양 김 대통령 시대에 있었던 청와대의 국회의장 지명이다. 공식적으로는 삼권분립의 대통령제이지만, 현실적으로는 대통령-국회관계가 '제왕적 대통령-종속적 국회'였던 것이다.[32]

한국의 수평적 권력구조에서 대통령제의 성격이 '제왕적 대통령제에서 대통령 중심적 대통령제'로 진화한 결정적 요인은 대통령의 정당파워 때문이다. 이때 '대통령 중심적 대통령제(president-centered presidentialism)'는 대통령에게 권한이 집중되어 있고, 입법부나 사법부의 기능이 상대적으로 약하여 대통령과 행정부에 대한 견제가 제대로 이루어지지 않는다. 그리고 행정뿐만 아니라 입법을 비롯한 전체 통치과정에서 대통령의 권한이 상대적으로 비대하지만 대통령의 정당파워가 약하여 제왕적 대통령제에 미치지 못하는 경우다.[33]

3김 이후 모든 대통령은 당정분리의 제도화와 집권당내 파벌싸움 등으로 인해 대통령당을 완전히 장악할 수 없었다. 대통령의 정당파워가 현저히 약화되었기 때문이다. 동시에 3김 이후의 모든 대통령들은 청와대 독주를 견제하는 국회와 시민사회의 강한 저항에 부딪치게 된다. 국회의 대통령 탄핵과 미국산 쇠고기 관련 촛불집회 등이 대표적이다. 여기에 2002년부터 시작된 '대권-당권 분리와 대선후보 경선제도 도입, 그리고 상향식 공천제' 등의 정치개혁도 대통령의 정당 파워 약화에 기여하여 결과적으로 "정치의 실패라는 누구도 의도하지 않은 결과"를 가져 온다.

민주화가 이루어지고 3김시대가 마감된 이후의 첫 대통령은 노무현 대통령이다. 노무현 대통령의 등장은 3김식 정치의 마감과 함께 한다. 3김으로 상징되는 '제왕적 대통령'이 사라졌다는 의미이다. 노무현 대통령 스스로도 원하지 않았지만, 그는 지역패권과 가신, 대통령당 장악 등을 통한 국회지배를 시도하지 않았다. 노무현 대통령 이후 대통령들도 국회지배를 위한 다양한 시도를 했으나 결국 실패했다. 여기에 '합의 지향형 국회운영'의 관례와 전통이 더해지면서 집권당 역할실패는 더욱 악화되고 시대적 요구인 협치는 고사하고 정치의 실패는 반복되고 만다.

5. 직접민주주의와 한국의 권력구조

최근 시민들의 민주주의 제도와 제도적 기제 등에 대한 신뢰는 떨어지고 국민들의 정치적 불만은 계속 높아지는 추세다. 이는 어느 특정 국가만의 현상이나 문제가 아니다. 모든 민주주의 국가의 공통된 과제이다. 이렇게 된 데는 무엇보다 '대립과 교착의 정치'가 일상화되고 정치의 문제해결 능력이 지속적으로 약화되었기 때문이다. 이에 따라 민주주의에 대한 시민들의 믿음은 줄어들고 '생활 속의 민주주의'를 통한 민주주의 심화는 더 어렵게 되었다. 이때 제시되는 것이 '참여민주주의 또는 직접민주주의의 대안'이다.

수평적 권력구조의 차원에서 거론되는 대표적인 '참여 또는 직접민주주의의 대안'은 국회의원의 국민소환이다.[34] 국회의원의 국민소환은 현재 지방자치에서만 가능한 주민소환의 중앙정치 확대적용이다. 20대 국회에는 모두 3건의 국회의원 국민소환 법률안이 제출되었다. 선거권자 15% 이상의 발의로 국민소환투표를 실시하되 투표권자 3분의 1이상 투표와 유효투표 과반수의 찬성으로 소환 여부를 결정하는 방식이 대표적이다. 물론 실제로 국민소환이 이루어질 가능성이 높지는 않다. 2006년 '주민소환에 관한 법률'이 제정된 이래 주민소환투표 청구가 80여 건인데 투표가 실시된 것은 8건에 불과하기 때문이다. 그 중에서 개표가 이루어진 건 한 건에 불과하다.

국민발안제도 있다. 국민발안은 정책발의와 그 결정에서 국민의 참여를 제도적으로 보장하는 것이다. 일정 수 이상 국민의 요구에 의하여 헌법안이나 법률안이나 또는 정책이 발의되면 국민투표에 붙여 헌법이나 법률 등이 확정되거나 정책이 결정된다. 국민투표는 주어진 사안에 대한 투표에 참여하는 수동적인 성격을 가지는 데 비하여 국민발안제는 보다 능동적이거나 민주적이다. 20대 국회에서는 국민이 직접 개헌안을 발의할 수 있는 '헌법 국민 발안제도' 도입을 위한 헌법 개정안이 재적 국회의원 과반의 서명으로 발의되기도 했다.[35]

수직적 권력구조의 차원에서 거론되는 '참여 또는 직접민주주의의 대안'들은 이미 시행 중인 경우가 많다. 주민투표, 주민소환, 주민감사청구, 그리고 주민소송 등이 대표적 제도이다. 따라서 법률 등으로 명문화되어 있는 주민참여제도가 보다 실질적으로 주민 삶의 개선과 문제해결에 도움이 되도록 운용되는 것이 중요하다. 그것이 중앙권력이든 지방권력이든 권력의 존재 이유이기 때문이다.

주민투표는 2004년부터 시행되고 있는데 주민이 지역의 중요 사항에 대해서 결정권을 직접 행사함으로써 지방의회의 의결 기능을 보완하는 제도이다. 주민투표는 주민, 지방의회 또는 지방자치단체장이 모두 주민투표 실시를 요구할 수 있다.

주민소환은 2006년 5월에 도입된 것으로 지방단체장과 지방의회 의원 등 선출직 공직자에 대해 임기 이전에 주민들이 해직을 청구하는 제도이다. 주민소환 투표 청구의 요건은 광역단체장의 경우 주민 투표권자의 10%, 기초단체장의 경우 15%, 그리고 지방의회 의원의 경우에는 20% 이상의 서명을 요구한다.

주민감사청구는 지방정부와 그 장의 권한에 속하는 사무의 처리가 법령에 위반되거나 공익을 현저히 해친다고 인정되는 경우 주민들이 감사를 청구하는 제도이다.[36] 시·도의 경우에는 주무부서 장관, 시군 및 자치구의 경우에는 시장, 도지사에게 감사를 청할 수 있다. 한편, 주민소송은 사법적 방법에 의한 주민참여제도로서 주민들에게 손해를 입힌 지방자치단체장이나 공직자에게 그 손해를 집단적으로 배상하도록 하는 제도를 말한다.

이 장을 시작하면서 언급했지만, 수직적이든 수평적이든 정치권력의 존재 이유는 국가라는 정치공동체를 유지하고 발전시키는 것이다. 그리고 정치공동체의 권력구조에 있어서 가장 중요한 것은 권력의 수직적·수평적 책임성과 문제해결 능력이다.

수직적 차원에서 정치권력의 책임성과 문제해결 능력을 제고하기 위해서는 중앙-지방의 권력분립을 구체화하여 주민자치의 실효성을 높이는 지방분권이 중요하다. 지방분권의 강화는 지방이 "하나의 완전한 삶의 공동체이자 완결성을 갖는 정치적·경제적·문화적 생태계"가 되어야 한다는 것을 말한다. 이는 지방이 전국의 한 부분이 아니라, 지방이 자체적으로 완결성을 갖는 정치적 공동체가 된다는 것이다.[37]

지방분권을 실현할 수 있는 대안은 다양하다. 대표적으로 단일체제 국가형태를 연방체제로 변경하는 방안, 양원제를 통해 국민 대표성과 함께 지역 대표성을 인정하는 방안, 지방자치단체의 입법권, 행정권, 재정권 등을 획기적으로 보장하는 방안, 그리고 중앙과 지방정부 간 사무분장의 재조정을 통한 지방분권화 등이 있다.

이러한 수직적·수평적 권력구조 차원에서의 변화 모습은 한국 정치권력을 보다 민주적이며 발전적으로 나아가게 할 것이다.

6. 한국 권력구조의 미래와 과제

국가권력의 수평적 분리와 기능화, 즉 삼권분립의 실질화 또는 대통령-의회 간의 견제와 균형은 권력구조의 수평적 책임성을 강화하는 핵심이다. 수평적 차원에서 한국의 권력구조는 이미 '견제와 균형의 불균형'으로 그 책임성에 심각한 문제점을 드러내고 있다. 한국의 권력구조를 수평적 차원에서 그 책임성을 제고하는 방안은 다양하다.[38] 현재의 한국 대통령제의 문제점을 수정 보완하여 대통령제 민주주의의 발전을 시도할 수 있다. 이를 위해 미국형 권력분립의 원칙에 따라 대통령의 강력한 권한을 축소하며 국무총리제와 국회의원의 장관겸직 등의 의회제 요소를 폐지할 필요가 있다. 동시에 대통령제 권력구조의 원활한 작동을 위해 선거, 정당, 국회제도 등의 정치개혁도 요청된다.

문재인 대통령의 개헌안도 수평적 분권의 핵심을 '대통령 권력분산과 국회 권한, 기능의 확대'로 본다. 그래서 대통령의 '국가원수' 지위를 삭제하고 자의적 사면권 행사를 제한했다. 대통령이 국회동의를 거쳐 임명했던 헌법재판소장을 재판관들이 호선(互選)하도록 했다. 감사원장 제청형식을 거치긴 했지만 대통령이 전원 임명했던 감사위원 중 3명을 국회에서 선출토록 했다. 정부의 법률안 제출권은 기본적으로 보장하되 국회의원 10인 이상의 동의를 받도록 하여 견제장치를 신설했다.

그러나 문재인 대통령 개헌안도 대통령 권력분산을 지향하지만 제한적이다. 헌법재판소와 감사원 관련 대통령 인사권을 일부 축소했지만, 검찰, 경찰, 국세청, 국정원장 등에 대한 대통령의 권력기관장 인사권은 손대지 않았다. 이른바 '청부입법'이 존재하는 상황에서 정부제출 법안의 국회의원 10인 이상 동의는 형식적으로 보인다.

권력제도의 개편과 이를 위한 개헌에 대하여

논의들이 있었지만, 이루어지지는 않았다. 대통령제 권력구조를 지금처럼 유지한다면 한국의 대통령제가 '제왕적'이라고 할 수 있을 정도는 아니라 하더라도 민주주의를 위기에 빠트릴 수도 있다. 이러한 맥락에서 현행 대통령제 권력구조를 의회제나 이원집정부제의 권력구조로 바꿀 수 있다. 대통령제 권력구조는 불안정하며 사회적 요구에 부응하지 못하는 '허약한 민주주의'이기 때문이다.

의회제 권력구조가 책임성과 반응성은 대통령제보다 좋다는 게 일반적이다. 정치적 책임소재가 의회제 권력구조에서 더 명확하게 인식되는 경우도 많다. 한국의 권력구조 변경논의는 대통령제와 의회제 옹호의 서로 엇갈리는 논리의 충돌이다. 어제 오늘의 얘기도 아니다. 원형의 순수 대통령제 또는 의회제 권력구조로의 개편논란은 오랜 기간 논란의 대상이긴 했어도 소리만 요란했지 뚜렷한 진전은 없었다.

이렇게 된 데는 무엇보다 권력구조 개편논의가 이상형(理想型, ideal types)의 대통령과 의회제 권력구조를 중심으로 진행되었기 때문이다. 대통령제든 의회제든 이상형으로서의 권력구조는 교과서에나 존재하는 것이지 어떤 권력구조든 현실에서는 이상형의 그것과는 전혀 다르게 작동한다. 여러 의견이 있을 수 있지만, 향후의 권력구조 변경논의는 지난 70여 년 동안 한국정치가 경험한 '혼합형 권력구조'의 역사적 경험과 오랜 중앙집권지향적인 문화적 전통을 고려해야 하는 측면도 있다.

같은 맥락에서 권력구조 개편논의는 특히 현실적이어야 한다. 기존의 정치세력 관계의 틀을 근본적으로 변경시키지 않는 범위 내에서 권력구조 변경이 가능하기 때문이다. 정치세력 간 현실적으로 합의할 수 있는 틀 내에서만 권력구조의 개편이 가능하다는 의미다. 결국 한국 권력구조의 변화는 대통령제의 기본적 범위를 벗어나기가 어려운 측면이 존재한다. 따라서 '대통령제의 부분적 변형'이 우리가 고려할 수 있는 현실적 대안일 수 있다.[39]

정부형태와 관련된 권력구조의 변경논의가 현실적 성과로 이어지기 위해서는 논의의 시기도 중요하다. 두 가지 조건을 충족시켜야 하는데, 하나는 당분간 정치세력 관계의 틀이 바뀌지 않아야 하고, 두 번째는 앞으로 누가 집권할지 어느 정당이 정권을 잡을지 예측할 수 없는 시기여야 한다. 이 두 가지 조건이 충족되면 권력구조의 변경논의가 결실을 맺을 가능성이 높아진다. 이런 경우는 대체로 대통령 임기 초다. 따라서 2022년 대선 후 한국정치 발전과 민주주의 심화를 위한 대통령의 통찰과 역할이 중요하다.

한국의 권력구조에는 국무총리제를 고리로 여러 가지 의회제 요소가 있지만 기본적으로는 대통령제 권력구조다. 제헌 이후 한국의 권력구조에는 대통령 권력을 더 강화하거나 대통령 권력의 일부를 약화시키면서 국회의 권한과 기능을 강화하는 등의 변화가 있었다. 짧게는 1987년 절차적 민주주의의 회복 이후는 물론이고, 길게는 제헌 이후부터 오늘까지 한국에는 대통령제 권력구조의 역사적 의존경로가 만들어졌다. 그 동안의 무수한 개헌논의가 현실적 성과로 진전되지

못한 것은 한국 헌정사의 역사적 경험과 전통을 무시했던 '발상의 한계' 때문이기도 하다.[40]

중앙과 지방 간 관계는 물론이고 입법-행정-사법의 견제와 균형의 분권과 상호견제의 불균형에 따른 책임성과 문제해결 능력의 약화를 해결해야 한다. 특히 수평적 권력구조의 개선을 선도적으로 추진하며 자율적 선택과 다양화의 지방분권을 함께 추진해야 한다.

따라서 대립과 교착의 악순환에 따른 정치의 실패를 극복하기 위해서는 대통령과 의회 간의 대립과 교착을 해소하는 정치적 기제 또는 장치를 현재의 권력구조 내에서 찾아내야 한다. 이때 대통령제 권력구조의 역사적 경험과 전통을 유지하면서 동시에 의회제 권력구조의 유연성과 반응성을 통해 대립과 교착을 해소할 수 있는 한국 헌정체제의 제도적 장치로 주목해야 할 것이 바로 국무총리제다.

국무총리제를 고리로 대통령제를 기본으로 하면서 의회제 요소를 가진 '혼합형 권력구조'에 내재한 대통령제와 의회제의 장점을 동시에 극대화시킬 수 있다. 즉 대통령제의 임기고정에 따른 권력의 안정성을 유지하면서 이와 함께 의회제의 국회 다수파를 기반으로 한 정치적 유연성과 정책적 반응성을 확보할 수 있다는 것이다. 이는 총리 선임방식으로부터 시작된다. 총리 선임방식을 '국회의 총리후보 (복수)추천, 대통령 지명(선택), 국회동의 그리고 대통령 임명의 순으로 진행한다. 대통령이 총리후보를 지명하기 전 단계에서 국회가 총리후보를 추천하기 때문에 개헌 없이도 정치적으로 실천 가능하다. 물론 국회의 총리추

천제가 안정적으로 자리 잡은 일정시간 후 최종적으로 국회의 총리선출을 제도화하기 위해서는 권력구조의 변경을 위한 개헌이 필요할 것이다.

국회가 총리후보를 추천할 때 가장 좋은 경우는 국회 내 여러 정파가 정치적 합의를 통해 단일화된 총리후보를 추천하는 것이다. 하지만 이런 상황은 현실적으로 거의 불가능할 것이다. 가장 낮은 수준부터 출발해야 하는 이유가 바로 여기에 있다. 가장 초보적인 수준은 모든 국회 내 정파가 각자의 총리후보를 추천하는 방식이다. 계속 진전되면 진보-보수의 정파별로 진영 내 의견조율을 통해 총리후보를 복수로 추천하되 이전보다는 그 수가 줄어드는 경우로 진화할 수 있다.

단수추천이든 복수추천이든 대통령은 국회가 추천한 총리후보 중에서 총리를 지명한다. 물론 대통령과 국회가 '총리추천과 지명, 그리고 동의와 임명 등의 절차'로 진행한다는 공통인식과 최소한의 정치적 신뢰가 전제되어야 한다. 그래야 개헌 없이도 총리 추천제는 정치적으로 가능하다.

'분권과 견제와 균형의 권력구조'를 지향하기 위해 '대통령 권력의 분산과 국회 권한과 기능의 확대'를 추진할 때 총리 선임방식은 총리의 역할과 기능을 어떻게 설정하느냐와 직결되는 사안이다. 총리선임이 어떻게 이뤄지느냐에 따라 총리의 기능과 역할은 달라지게 된다. 우리가 이미 경험한 이른바 '책임총리제의 실패' 이유가 바로 여기에 있다.

책임총리제는 노무현 대통령의 실험이었다. 노무현 대통령은 국무총리에게 당파적 정부수반의 역할을 부여하고 내치에 있어 정책조정권을

위임함으로써 국무총리의 역할과 권한을 강화했다. 겉으로 보면 이원정부제의 단점정부, 즉 여대야소이다.

그럼에도 권력구조의 한계, 집권당 리더십, 낮은 국무총리 역할과 권한의 제도화 수준, 그리고 어떤 캐릭터의 인물들이 대통령과 총리, 내각, 집권당 리더십을 수행하느냐에 따라 책임총리제의 모습은 다양하다. 결국 책임총리제는 한국의 '혼합형 대통령제' 권력구조에서 나타난 일종의 행정부 운영의 분담 시스템인 셈이다.[41] 국무총리제를 가진 '혼합형 대통령제' 권력구조에서 대통령과 국무총리의 관계에 따라 다양한 모습이 있다면, 노무현 대통령의 책임총리제는 그 중 하나이다 (글상자 5.1 참조).

하지만 책임총리제는 실패했다. 실패할 수밖에 없는 구조였다. 왜냐하면 '책임'총리의 선임이 국회 추천이 아니었기 때문이다. 책임총리든 아니든 총리는 국회의 정치적 의사와 관계없이 대통령의 정치적 신임에 전적으로 의존한다. 그 이유는 총리가 대통령에 대해 정치적 책임을 지기 때문이다.

총리의 권한과 역할이 강력하고 총리가 정책

글상자 5.1 책임총리제

책임총리제 구상은 오래전부터 다양한 형태로 제시되었다. 1987년 민주화 이전에도 제1공화국의 이재학 구상, 제3공화국의 김성곤 구상, 1980년 6인 학자들의 제안, 그리고 1987년 민주정의당의 제안 등이 있었고, 민주화 이후에는 1997년 신한국당 대선후보경선 때 이회창과 박찬종 후보의 책임총리제와 책임내각제 구상, 2002년 노무현, 이회창, 정몽준 후보들의 공약, 2012년 박근혜와 문재인 후보의 책임총리제 공약 등이 있었다. 노무현 대통령은 '처음으로' 책임총리제를 시도했고 제도화하기 위해 노력했다. 그때는 '파격' 그 자체였던 노 대통령의 '대연정 제안'도 지금의 관점에서 보면 국회 다수파 중심의 내각구성과 책임총리를 통한 권력분점의 협치를 시도한 것이었다. 안타깝게도 대선을 앞둔 정치권은 노무현 대통령 제안을 진지하게 검토하진 못했다. '노무현 대연정 제안'이 국회의 총리 복수추천과 대통령 지명 그리고 각료임명과 해임 건의권을 가진 총리부터 시작했다면, 지금쯤 노무현 대통령의 책임총리제는 제도화되어 다음 단계로의 진전을 시도할 수 있었을지도 모른다. 정파적 이익보다 공동체 발전을 우선하는 정치권과 그들을 통제하지 못한 유권자들의 책임이다.

노무현 책임총리제의 특징은 다음과 같다.

첫째, 당정분리와 국무총리 중심의 당정협조 체제 강화, 국무총리의 의회와 집권당 전담, 즉 총리가 국회관계와 집권당 관리를 책임진다. 둘째, 총리의 장관임명 제청권, 해임건의권 그리고 내각 통할권의 실질적 행사, 셋째, 국무총리 중심의 행정부 정책조정체계 정립, 넷째, 대통령과 국무총리의 업무분담을 통해 대통령은 국가전략과 국민통합과제에 집중하고 총리는 일반 국정의 내각관리 전담, 다섯째, 총리 중심의 각종 정부 내 회의와 차관인사권 부여, 여섯째, 장관급 국무조정실장과 2차관제를 통한 국무총리실의 위상과 역할 강화. 일곱째, 총리 중심의 정당내각 성격 강화 등이다.

과정을 실효적으로 장악하였다 하더라도 이는 대통령과 총리의 권력분점이 아니다. 대통령의 정치적 의지에 따른 포괄적인 권력위임에 기초한 것이기 때문이다. '책임총리'는 언제나 가능한 것이 아니라 어떤 사람들이 대통령과 총리이냐에 따라 일시적으로 나타난 특수한 인적결합의 결과물이다.

현재와 같은 대통령의 총리지명과 국회의 임명동의가 총리에 대한 국회의 정치적 신임은 아니다. 총리가 국회의 정치적 신임 특히 국회 다수파의 정치적 신임에 기반하도록 하는 최선의 방법은 국회의 총리선출이다. 이는 국민직선의 대통령과 국회선출의 총리가 행정권을 분점하는 경우다. 물론 지금과는 전혀 다른 권력구조이고 헌법개정이 전제되어야 한다.

궁극적으로 국회의 총리선출까지 가는 데는 상당한 시간이 걸릴 것이다. 따라서 혼합형 권력구조로서 의회제 요소를 가진 대통령제 권력구조의 역사적 경험과 전통을 존중하며, 정치세력 간의 타협 또는 합의 가능성을 높이며, 분권과 견제와 균형의 시대정신에 부응하는 첫걸음은 국회의 총리 복수추천제다.

국민직선 대통령과 국회추천 총리제는 분권과 견제와 균형의 권력구조를 향한 논의와 정치적 타협의 출발점이다. 대통령과 총리의 역할과 권한에 초점을 맞추어 분권과 견제와 균형의 시대정신을 국민직선 대통령과 국회추천 총리제를 통해 구현할 수 있다는 말이다.

국회의 총리 추천제는 출발의 계기에 불과하며 정교한 제도설계 능력이 요구되는 대목이다.

특히 대통령의 내각 구성권과 국회해산권, 그리고 총리의 각료 제청권과 해임건의권 등이 중요하다. 국회의 총리 복수추천과 대통령 임명 그리고 해임건의권을 가진 총리가 출발점인 것이다. 장단기 시간표를 정해놓고 단계적으로 국회의 총리 단수추천을 거쳐 최종적으로 국회의 총리선출로 진행할 수 있다. 이 과정에서 대통령 권력과 역할을 변화하는 총리위상과 어떻게 제도적으로 조화시킬지 함께 논의하는 것도 중요하다.

앞서 소개한 책임총리제로의 권력제도의 개편이 가장 현실적이고 개헌없이도 정치적 합의만으로 실천가능한 대안으로 평가받는다. 향후 현재의 제도가 개헌 없이 그대로 유지될지, 어떠한 형태로 개헌이 이루어질지에 대해서는 정치발전과 국민들의 의사에 의하여 결정될 것으로 보인다.

❖ 주

1) 전득주, 『한국의 국가권력조의 개혁방향』 (서울: 지식과 교양, 2013).

2) Giovanni Sartori, *Comparative Constitutional Engineering: An Inquiry into Structures. Incentives and Outcomes*, 2nd Ed. (London: Macmillan, 1997), pp. 83–86; Juan J. Linz, "Presidential or Parliamentary Democracy: Does It Make a Difference," Juan J. Linz and Arturo Valenzuela (eds), *The Failure of Presidential Democracy: Comparative Perspective* (Baltimore: Johns Hopkins University Press, 1994); Matthew Soberg Shugart and John M. Carey, *Presidents and Assemblies Constitutional design and Electoral Dynamics* (Cambridge: Cambridge University press, 1992), p. 19; Douglas V. Verney, *The Analysis of Political Systems* (London: Routledge & Kegan Paul, 1959), pp. 39–57.

3) Linz (1994); Sartori (1997).

4) Linz (1994).

5) 안순철, "내각제와 다정당체제," 『한국 권력구조의 이해』 (서울: 박영사, 2004).

6) Andrew Heywood, *Politics* (London: Macmillan Press, 1997); 김재한·아렌트 레입하트, "합의제와 한국의 권력구조," 『한국정치학회보』 제31집 1호 (1997); 곽진영, "권력구조와 정당체계의 운영," 국제평화전략연구원 편, 『한국의 권력구조 논쟁』 (서울: 풀빛, 1997).

7) Scott Mainwaring, "Presidentialism, Multipartism, and Democracy: The Difficult Combination," *Comparative Political Studies* 26–2 (1993), p. 225.

8) 박명호, "권력," 한국정치학회 편, 『정치학: 인간과 사회 그리고 정치』 (서울: 박영사, 2015).

9) 이용마, "거버넌스의 다양화를 통한 지방자치의 활성화," 강원택 편, 『한국 지방자치의 현실과 개혁 과제: 지방 없는 지방자치를 넘어서』 (서울: 사회평론아카데미, 2014).

10) 엄태석, "우리나라 지방정치 발전사," 강원택 편, 『지방정치의 이해 1』 (서울: 박영사, 2016).

11) 엄태석 (2016).

12) 강원택, "한국민주주의와 지방 분권: 성공을 위한 제도적 고려사항," 『한국과 국제정치』 제34집 1호 (2018a), p. 29.

13) 소순창, "미완의 분권형 선진국가 건설 새로운 방향 모색," 조기숙·정태호 외, 『한국 민주주의 어디까지 왔나』 (고양: 인간사랑, 2012).

14) 서희경, "대한민국 건국기의 정부형태와 운영에 관한 연구," 『한국정치학회보』 제35집 1호 (2001), pp. 86–88.

15) 대통령비서실, 『박정희장군 담화문집』, 1965, p. 310.

16) 이완범, "박정희 군사정부 '5차 헌법개정'과정의 권력구조 논의와 그 성격: 집권을 위한 '강력한 대통령제' 도입," 『한국정치학회보』 제34집 2호 (2000); 김영명, 『고쳐 쓴 한국 현대한국정치사』 (서울: 을유문화사, 1999).

17) 차재권, "헌법개정과 권력구조 변화의 정치동학," 『미래정치연구』 제8집 (2017), pp. 5–41.

18) 이상묵, "한국의 권력구조 변화의 원인분석," 『한국정치연구』 제17집 1호 (2008), pp. 59–85.

19) 강원택 (2018a); 김성호, 『지방분권 개헌』 (서울: 삼영사, 2014).

20) 하혜수·전성만, "우리나라 중앙-지방관계 분석," 『한국지방자치학회보』 제31집 2호 (2019).

21) 최준영, "지방의회와 주민 참여: 현황과 개선 방안," 강원택 편, 『한국 지방자치의 현실과 개혁과제: 지방 없는 지방자치를 넘어서』 (서울: 사회평론아카데미, 2014).

22) 강원택, 『한국정치론』 (서울: 박영사, 2018b).

23) 강원택, "총론: 지방자치를 보는 시각," 강원택 편, 『한국 지방자치의 현실과 개혁과제: 지방 없는 지방자치를 넘어서』 (서울: 사회평론아카데미, 2014).

24) 강명구, "한국의 분권과 자치 : 발전론적 해석," 『지방행정연구』 제23집 3호 (2009).

25) 장훈, "한국 대통령제의 불안정성의 기원: 분점정부의 제도적, 사회적, 정치적 기원," 『한국정치학회보』 제35집 4호 (2002).

26) 조정관, "대통령제 민주주의의 원형과 변형," 『한국 권력구조의 이해』 (파주: 나남, 2004).

27) Arend Lijphart, *Democracies: Patterns of Majoritarian and Consensus Government in Twenty-one Counties* (New Haven. CT: Yale University Press, 1984).

28) Linz (1994).

29) 김용호, "한국의 대통령제 헌정질서의 불안정 요인분석," 『국제정치연구』 제8집 1호 (2005).

30) 조정관, "대통령제 민주주의의 원형과 변형," 한국정

치학회 주최, '한국의 권력구조 논쟁'에 한 추계학술회 발표 논문, 프레스센터. 2003년 10월 17일; Peter M. Siavelis, "Executive-Legislative Relations in Post-Pinochet Chile: A Preliminary Assessment," in Scott Mainwaring and Matthew Soberg Shugart (eds), *Presidentialism and Democracy in Latin America* (Cambridge University Press, 1997).

31) 강원택, "의회정치와 정당," 한국정치학회 편, 『한국 의회정치론』 (서울: 건국대학교 출판부, 1999).
32) 김용호, "민주화 이후 한국 대통령제의 진화과정," 『의 정연구』 제23집 1호 (2017).
33) 박경미 외, 『한국의 민주주의: 공고화를 넘어서 심화 로』 (서울: 오름, 2012).
34) 김종서, "권력구조의 민주적 재편," 『민주법학』 제64 집 (2017).
35) 『조선일보』, 2020년 3월 8일.
36) 장우영, "주민참여제도와 민주주의," 강원택 편, 『지 방정치의 이해 2』 (서울: 박영사, 2016).
37) 강원택 (2018b).
38) 김용호, "민주화 이후 한국 대통령제의 진화과정," 『의 정연구』 23(1), 2017.
39) 장훈, "개헌정치의 정치학," 『21세기 정치학회보』 21 (3), 2011.
40) 차재권 (2017).
41) 한상익, "한국 혼합대통령제에서 책임총리제의 특징 과 한계," 『현대정치연구』 제6집 1호 (2013).

❖ 참고문헌

1. 한글문헌

강명구. "한국의 분권과 자치: 발전론적 해석." 『지방 행정연구』 제23집 3호 (2009).
강원택. "의회정치와 정당." 한국정치학회 편. 『한국의 회정치론』. 서울: 건국대학교 출판부, 1999.
_____. "총론: 지방자치를 보는 시각." 강원택 편. 『한 국 지방자치의 현실과 개혁과제: 지방 없는 지방자 치를 넘어서』. 서울: 사회평론아카데미, 2014.
_____. "한국민주주의와 지방 분권: 성공을 위한 제도 적 고려사항." 『한국과 국제정치』 제34집 1호 (2018a).
_____. 『한국정치론』. 서울: 박영사, 2018b.
곽진영. "권력구조와 정당체계의 운영." 국제평화전략 연구원 편. 『한국의 권력구조 논쟁 1』. 서울: 풀빛, 1997.
김성호. 『지방분권 개헌』. 서울: 삼영사, 2014.
김영명. 『고쳐 쓴 한국 현대한국정치사』. 서울: 을유문 화사, 1999.
김용호. "민주화 이후 한국 대통령제의 진화과정." 『의 정연구』 23(1), 2017
_____. "한국의 대통령제 헌정질서의 불안정 요인분 석." 『국제정치연구』 제8집 1호 (2005).
김재한·아렌트 레입하트. "합의제와 한국의 권력구조." 『한국정치학회보』 제31집 1호 (1997).
김종서. "권력구조의 민주적 재편." 『민주법학』 제64집 (2017).
대통령비서실. 『박정희장군 담화문집』, 1965.
박경미 외. 『한국의 민주주의: 공고화를 넘어서 심화로』. 서울: 오름, 2012.
박명호. "권력." 한국정치학회 편. 『정치학: 인간과 사 회 그리고 정치』. 서울: 박영사, 2015.
서희경. "대한민국 건국기의 정부형태와 운영에 관한 연구." 『한국정치학회보』 35(1), 2001.
소순창. "미완의 분권형 선진국가 건설 새로운 방향 모 색." 조기숙, 정태호 외. 『한국 민주주의 어디까지 왔 나』. 고양: 인간사랑, 2012.
안순철. "내각제와 다정당체제." 『한국 권력구조의 이 해』. 파주: 나남, 2004.
엄태석. "우리나라 지방정치 발전사." 강원택 편. 『지방 정치의 이해 1』. 서울: 박영사, 2016.
이상묵. "한국의 권력구조 변화의 원인분석." 『한국정치연구』제17집 1호 (2008).

이완범. "박정희 군사정부 '5차 헌법개정'과정의 권력구조 논의와 그 성격: 집권을 위한 '강력한 대통령제' 도입."『한국정치학회보』제34집 2호 (2000).

이용마. "거버넌스의 다양화를 통한 지방자치의 활성화." 강원택 편.『한국 지방자치의 현실과 개혁 과제: 지방 없는 지방자치를 넘어서』. 서울: 사회평론아카데미, 2014.

장우영. "주민참여제도와 민주주의." 강원택 편.『지방정치의 이해 2』. 서울: 박영사, 2016.

장훈. "개헌정치의 정치학."『21세기 정치학회보』제21집 3호 (2011).

_____. "한국 대통령제의 불안정성의 기원: 분점정부의 제도적, 사회적, 정치적 기원."『한국정치학회보』제35집 4호 (2002).

전득주.『한국의 국가권력구조의 개혁방향』. 서울: 지식과 교양, 2013.

조정관. "대통령제 민주주의의 원형과 변형."『한국 권력구조의 이해』. 파주: 나남, 2004.

_____. "대통령제 민주주의의 원형과 변형." 한국정치학회 주최. '한국의 권력구조 논쟁'에 한 추계학술회 발표 논문. 프레스센터. 2003년 10월 17일.

차재권. "헌법개정과 권력구조 변화의 정치동학."『미래정치연구』제8집 (2017).

최장집. "민주주의와 헌정주의: 미국과 한국(한국어판 서문)." Robert A. Dahl 지음. 박상훈·박수형 옮김.『미국헌법과 민주주의』. 서울: 후마니타스, 2004.

최준영. "지방의회와 주민 참여: 현황과 개선 방안." 강원택 편.『한국 지방자치의 현실과 개혁과제: 지방 없는 지방자치를 넘어서』. 서울: 사회평론아카데미, 2014.

하혜수·전성만. "우리나라 중앙-지방관계 분석."『한국지방자치학회보』제31집 2호 (2019).

한상익. "한국 혼합대통령제에서 책임총리제의 특징과 한계."『현대정치연구』제6집 1호 (2013).

2. 영어문헌

Heywood, Andrew. *Politics*. London: Macmillan Press, 1997.

Lijphart, Arend. *Democracies: Patterns of Majoritarian and Consensus Government in Twenty-one Counties*. New Haven, CT: Yale University Press, 1984.

Linz, Juan J. "Presidential or Parliamentary Democracy: Does It Make a Difference." Juan J. Linz and Arturo Valenzuela (eds). *The Failure of Presidential Democracy: Comparative Perspective*. Baltimore: Johns Hopkins University Press, 1994.

Mainwaring, Scott. "Presidentialism, Multipartism, and Democracy: The Difficult Combination." *Comparative Political Studies* 26-2 (1993).

Sartori, Giovanni. *Comparative Constitutional Engineering: An Inquiry into Structures. Incentives and Outcomes*. 2nd Ed. London: Macmillan, 1997.

Shugart, Matthew Soberg, and John M. Carey. *Presidents and Assemblies Constitutional design and Electoral Dimamics*. Cambridge: Cambridge University press, 1992.

Siavelis, Peter M. "Executive-Legislative Relations in Post-Pinochet Chile: A Preliminary Assessment." in Scott Mainwaring and Matthew Soberg Shugart (eds), *Presidentialism and Democracy in Latin America*. Cambridge: Cambridge University Press, 1997.

Verney, Douglas V. *The Analysis of political Systems*. London: Routledge & Kegan Paul, 1959.

제2부
체제와 제도

6장

입법부

조진만(덕성여대 글로벌융합대학 사회과학부 정치외교학 전공)

많은 사람들이 한국은 정치만 삼류라는 말을 자주 한다. 정치에 대한 불만이 높고, 냉소주의가 팽배하다는 점을 단적으로 나타내는 말이다. 특히 한국에서 정치권에 대한 불만과 불신은 국회에 집중되어 있다. 각종 설문조사상 국회에 대한 신뢰도가 10%대에도 못 미치는 경우들이 자주 목격되고 있다. 역대 최악의 국회라는 평가는 매 국회마다 기록을 갱신하고 있다. 국회 위기론을 넘어 무용론과 폐지론까지 제기되고 있는 실정이다.

일 국가의 민주주의 수준을 파악하기 위해서는 의회정치가 어떻게 돌아가고 있는가를 보면 된다는 말이 있다. 의회정치는 서로 다른 정책적 입장과 이해관계를 갖고 있는 정당들이 모여 집합적 의사결정을 하는 것을 기반으로 이루어진다.[1] 그러므로 의회정치는 사회의 다양한 의견과 이해관계들이 수렴되고 논의되는 과정에서 치열한 갈등과 논쟁이 발생할 수밖에 없다. 차별적인 정책 입장과 이해관계를 대변하는 정당들이 합의를 도출하는 데에도 많은 시간과 노력이 요구된다. 의회에 대한 신뢰도가 다른 정치기구들과 비교하여 일반적으로 낮게 나타나는 이유도 이와 같은 의회정치의 갈등적인 성격과 비효율성에 기인한다.[2]

한국과 같은 대통령제 국가에서 의회는 입법부로서 법을 만들고 행정부를 견제하는 기능을 수행한다. 오늘날 한국에서 제왕적 대통령제라는 말이 빈번하게 나올 정도로 행정부가 비대하고 권한을 행사하는 영역이 점점 넓어지고 있다. 이러한 점을 고려할 때, 한국에서 삼권분립에 기반한 대통령제의 민주적 거버넌스가 제대로 기능하기 위해서는 국회의 역할이 매우 중요하다.

이 장에서는 한국의 국회가 제도적으로, 그리고 실제로 운영되는 과정에서 어떠한 특징을 보이는지를 살펴보고 있다. 뿐만 아니라 한국의 국회가 국민들로부터 신뢰를 받는 대의기관으로서 그 위상을 새롭게 정립할 수 있는 방안들에 대해서도 논의를 하고 있다. 한국의 국회가 제자리를 찾기 위해서는 국회를 둘러싼 한국정치의 특성을 제도적인 차원과 과정적인 차원에서 잘 이해하는 것이 무엇보다도 중요하다.

1. 국회의원의 유형과 사회경제적 배경

국회의원의 유형: 지역구 국회의원과 비례대표 국회의원

한국의 국회의원선거제도는 지역구 차원에서 후보자에게 한 표를 던지고, 전국적인 차원에서 정당에 한 표를 던지는 1인 2표 혼합제를 채택하고 있다. 이러한 이유로 한국의 국회에는 지역구 국회의원과 비례대표 국회의원이라는 두 유형의 국회의원이 존재한다. 지역구 국회의원과 비례대표 국회의원은 모두 국민의 대표로서 국회에서 동일한 지위와 역할을 부여받는다. 하지만 지역구 국회의원과 비례대표 국회의원은 충원 목적과 선출 방식 등이 다르기 때문에 국회 내에서 의정활동을 수행할 때 차이를 보일 수 있다.

지역구 국회의원은 자신이 선출되는 선거구와 대변해야 하는 지역 유권자들이 분명하게 존재한다. 이러한 이유로 지역구 국회의원은 국회에서 자신의 선거구 이익을 대변하고 지역구 유권자들의 민원을 해결하기 위하여 많은 시간을 투자하고 노력을 기울인다. 다시 말해 지역구 국회의원은 국회의 일원으로서 입법활동과 행정부 견제활동을 수행하면서 자신이 대표해야 하는 지역 유권자들의 다양한 민원들을 해결하고, 그 이해관계를 국회에 적극적으로 반영해야 한다는 의무를 동시에 가진다. 이러한 이유로 지역구 국회의원의 경우 국가적으로 아무리 필요한 법안이라고 하더라도 자신의 선거구 이익을 침해하는 법안인 경우에는 국회에서 통과되는 것을 막는 역할을 수행한다. 뿐만 아니라 지역구 예산 배분 등에 있어서 적극적으로 이익을 챙기기 위한 모습을 보인다.

지역구 국회의원은 자신의 선거구에 시간이 날 때마다 찾아가서 활동을 하기 때문에 매우 바쁜 일정을 소화해야 한다. 특히 지역구가 국회가 위치한 서울에서 멀리 떨어져 있을 경우와 지역구가 큰 경우에는 더 많은 시간을 지역구 활동에 투자해야 하는 상황이 발생한다. 대부분의 지역구 국회의원들은 선거구와 학연, 지연, 혈연 등과 관련하여 연고를 가지고 있는 경우가 많다. 왜냐하면 이러한 차원을 고려하여 지역구 국회의원 후보자를 공천하는 것이 선거에 유리하다는 인식이 존재하기 때문이다.

반면 비례대표 국회의원은 지역구가 존재하지 않고, 지역구 국회의원과는 다른 목적으로 충원된다. 비례대표 국회의원을 선출하는 이유는 비례적으로 의석이 배분되는 정당투표를 통하여 군소정당의 국회에 진출하는 것을 용이하게 하기 위해서다. 지역구 차원의 국회의원선거에서는 최다 득표를 한 후보자가 당선되기 때문에 거대정당 후보자가 절대적으로 유리하다.[3] 지역구 국회의원선거에서 당선 가능성이 낮은 군소정당의 후보자를 지지하는 유권자의 경우 자신의 선호에 입각하여 투표할 경우 그 표는 선거결과에 아무런 영향을 못 미치는 사표(死票)가 될 가능성이 높다. 그리고 그 결과 가장 원하지 않는 거대정당 후보자가 당선되는 결과를 초래할 수도 있다. 이러한 이유로 군소정당 후보자를 지지하는 유권자는 지역구 국회의원선거에서 당선 가능성이 높은 차선호의 거대정당 후보자에 전략적으로 표를 던지는 행태를 보인다.

비례대표 국회의원선거를 통하여 군소정당의 국회 진출이 용이해지면, 그만큼 사회의 다양한 집단과 계층의 목소리들이 국회에서 입법을 통하여 대변될 수 있는 길이 열리게 된다. 사회적으로 관심은 적지만 국가적인 차원에서 꼭 필요한 정책들이 입법화될 가능성이 커지는 것이다. 또한 비례대표 국회의원은 각 정당이 꼭 필요로 하는 전문가들을 국회에 진출시키는 용도로도 유용하게 작용한다. 지역구 국회의원선거에서는 정당에서 공천을 하더라도 선거구 유권자 다수의 지지를 반드시 받아야 한다는 또 다른 장벽을 넘어야 국회의원이 될 수 있다. 하지만 비례대표 국회의원의 경우 정당이 꼭 필요한 인사라고 판단되면 당선 가능한 순위에 위치에 포진시키는 것이 가능하다.

문제는 제21대 국회의원선거에서 비례대표 국회의원의 수가 총 300명 중 47명(15.7%)에 불과하다는 점에 있다. 상황이 이렇다 보니 다양한 집단과 계층을 대변하는 전문가들이 비례대표 국회의원으로 얼마나 충원되는가에 대한 의문이 끊임없이 제기되고 있다. 더불어 비례대표 국회의원은 공천을 받는 데 있어 정당의 영향력이 지역구 국회의원보다 더욱 크게 작용한다. 그러므로 비례대표 국회의원은 의정활동을 수행하는 과정에서 지역구 국회의원과 비교하여 상대적으로 정당의 입장을 보다 충실하게 반영하는 모습을 보일 가능성이 높다. 더욱이 비례대표 국회의원은 재선하기 위하여 지역구 국회의원선거에 도전을 해야 한다. 이러한 이유로 차기 국회의원선거를 염두에 두고 의정활동을 수행할 경우 비례대표 국회의원으로서의 직분을 제대로 수행하지 못하는 모습을 보일 수도 있다. 이러한 점을 고려할 때, 비례대표 국회의원의 공천 과정을 좀 더 투명하게 함으로써 정당 지도부의 영향력을 줄여나가고, 재선을 다양한 방식으로 보장해줄 수 있는 제도적 개선방안을 고민해볼 필요도 있다.

국회의원의 사회경제적 배경

대의민주주의하에서 유권자는 선거를 통하여 자신의 정치적 권한을 대표자에게 위임한다. 그리고 선거를 통하여 구성된 국회에서 대표자들 간의 토의와 논의를 거쳐 사회의 다양하고 상충되는 이해관계가 제도적인 차원에서 조정된다. 이때 다양한 이해관계를 반영해야 할 국회가 일부 직업군 출신으로 과다 대표되어 있다면, 유권자들의 의사인 민의를 대변하는 기능을 충실하게 수행하지 못할 가능성이 높다.[4]

특히 한국의 국회는 특정 직업군에 의하여 장악되어 있는 경향이 있으며, 그중에서도 법조인의 비율이 상당히 높게 나타난다. 2012년을 기준으로 판사는 2,700여 명, 검사는 1,700여 명, 변호사는 1만 2,600여 명 정도 존재하였다. 이것은 대한민국 인구수를 5,000만 명으로 산정하였을 때, 법조인이 전체 국민들 중에서 차지하는 비율은 단지 0.034%에 불과하다.[5] 하지만 도표 6.1에서 볼 수 있듯이 민주화 이후 국회에서 법조인 출신 국회의원의 비율은 제14대 국회를 제외하고는 10%를 크게 상회할 정도로 높게 나타나고 있다.

이렇게 특정 직업군에 속하는 인사들이 국회에 많이 포진되어 있을 경우 국회는 다양성을 잃고 대표성이 훼손될 위험에 처할 수 있다. 즉 다양성과 대표성이 취약한 국회는 국민들의 다양한 의견을 제대로 반영하지 못하게 됨으로써 대의민주주의의 근간을 흔들 수 있다. 국회가 입법부로서 전문성을 갖추어야 한다는 점을 감안하더라도 전체 국가의 소우주(microcosm)로서의 모습을 가져야 할 국회에 특정 직업과 계층 출신의 국회의원들이 과도하게 많이 진출하고 있는 것에 대한 문제점은 지적될 필요가 있다.

국민의 대의기관이자 입법부인 국회에 특정 직업군의 국회의원이 많은 이유는 무엇일까? 이점에 대해서는 정당의 공천과 유권자의 선택이라는 두 수준으로 나누어 유추해볼 수 있다. 먼저 정당의 공천문제와 관련하여 법조인 경력을 가진 후보자를 우선시하는 이유는 국회는 입법기관으로서 이에 맞는 전문성을 갖춘 인사를 공천하는 것이 바람직하다는 인식이 존재하기 때문이다. 국회에서의 입법활동은 법률을 다루는 것이기 때문에 법률의 제정 및 개정 작업에 헌법정신을 반영하고 조문을 조정하는 일 등에서 법조인 경력이 큰 도움이 된다고 판단하는 것이다.

다음으로 유권자의 선택문제와 관련하여 유권자들은 후보자를 선택할 때 후보자의 개인적 배경과 스펙을 중시하는 경향을 보이는데 좋은 학력과 고시라는 어려운 국가시험을 통과한 법조인들을 높게 평가하는 경향이 존재한다. 즉 유권자들은 학력이 높거나 법조 경력, 관직 경력, 의정 경력을 지닌 후보자들이 당선되면 성공적으로 의정활동을 할 것이라 기대하고 이러한 후보들에게 표를 던진다.[6]

도표 6.1 한국국회의 법조인 출신 국회의원 비율

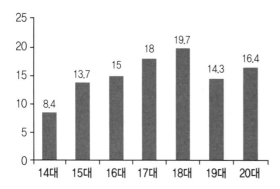

출처: 『경향신문』, 2013년 1월 31일자; 『머니투데이』, 2019년 9월 5일자.

국회의 충원방식과 관련된 기존 연구들을 살펴보면, 한국의 국회가 충원문제와 관련하여 대표성이 낮은 특징을 보이고 있다는 점을 공통적으로 지적하고 있다. 예를 들어, 유승익, 문우진[7]은 제7대 국회부터 제17대 국회까지의 국회의원 관련 데이터를 수집하여 한국의 국회가 학력과 이념에 편향적인 충원을 함으로써 대표성이 낮은 특징을 보이고 있다고 지적하였다. 그리고 이러한 특징으로 인하여 한국의 국회는 보수적인 이해관계를 대변할 가능성이 높다고 주장하였다. 더불어 이 문제에 대한 해결책으로, 대표성 강화를 위한 제도적 장치로서 비례대표제를 적극적으로 활용할 필요가 있다고 강조하였다. 뿐만 아니라 김보전, 함지현, 조진만[8]은 법조인 출신 국회의원들이 다른 사회경제적 배경을 가진 국회의원들과 비교하여 법안 제안이나 가결과 관련한 입법활동을 더 적극적으로 수행한다고 보기 힘들다는 점을 경험적으로 밝혀내기도 하였다.

국회의원의 사회경제적 배경은 다양한 차원에서 살펴볼 수 있는데, 여기서는 선수(당선 횟수), 성별, 연령의 세 가지를 기준으로 파악해보면 다음과 같다. 첫째, 선수와 관련하여 도표 6.2에서 볼 수 있듯이, 한국의 국회는 초선 국회의원의 비율이 상당히 높은 특징을 나타낸다. 민주화 이후 거의 절반에 가까운 수준의 초선 국회의원들이 매 국회마다 충원된다는 점은 한국 유권자들의 국회에 대한 불만과 불신이 높아 현역 국회의원들에 대한 심판이 선거를 통하여 이루어지는 경향을 보인다는 점을 시사한다. 다만 이렇게 국회에 초선 국회의원들이 많을 경우 상대적으로 전문성이 떨어져 효과적으로 행정부를 통제할 수 없는 측면도 존재한다.

둘째, 성별을 기준으로 여성 국회의원의 비율이 꾸준히 증가하는 추세를 보이기는 하지만 여전히 남성 국회의원과 비교하여 그 비율이 낮다는 점을 도표 6.3을 통하여 파악할 수 있다. 특

도표 6.2 한국국회의 초선 국회의원 비율

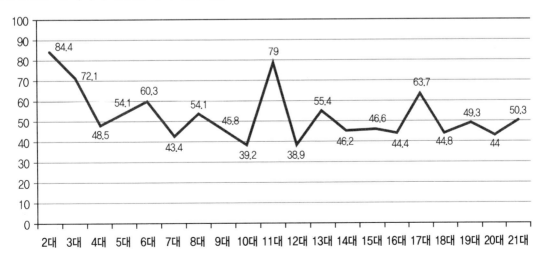

도표 6.3   한국국회의 여성 국회의원 비율

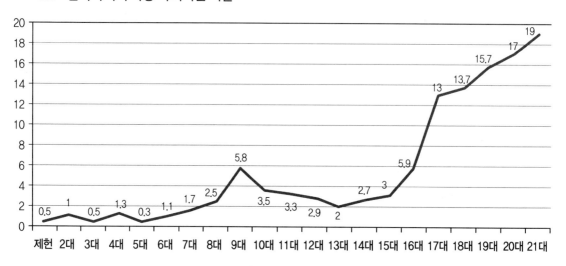

히 2004년 정당법 개정 이후 비례대표 국회의원 선거의 50% 이상을 여성에게 교호순번제로 할당(홀수 번호 후보자)하도록 한 효과로 여성 국회의원 비율이 10%를 넘게 된 것이 사실이다. 그러므로 향후 정치권이 보다 많은 여성을 국회에 진출할 수 있도록 다양한 방안들을 고민하고 실천하는 노력이 요구된다.

셋째, 연령과 관련하여 국회의원의 평균 연령은 다소 상향되는 추세를 보이고 있다 (도표 6.4 참조). 이것은 전반적인 사회의 고령화 현상을 반영한 것으로 볼 수도 있다. 하지만 청년대표로 일부 비례대표 국회의원들이 충원되고 있음에도 불

도표 6.4   한국 국회의원의 평균 연령

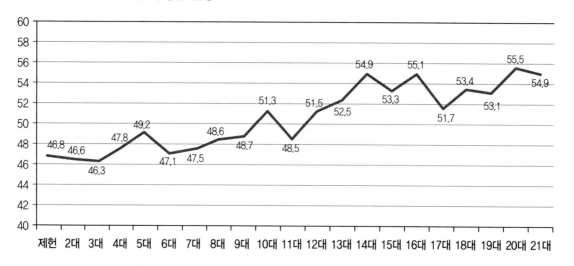

구하고 국회의원의 평균 연령이 높아지고 있다는 것은 국회에 젊은 피 수혈이 제대로 이루어지지 않고 있다는 점을 보여준다. 최근 주요 민주국가들에서 젊은 지도자들이 많이 출현하고 있다는 점을 감안하면 국회에 보다 젊은 정치인들이 충원되어 활동할 수 있는 길을 열어줄 필요가 있다.

2. 국회의 구조

국회의원 정수

의회정치에 있어서 규모의 문제, 다시 말해 얼마만큼의 의원으로 의회가 구성되는가는 중요한 의미를 갖는다. 의회의 규모가 클 경우 의원 한 명이 대표해야 하는 선거구민의 수는 상대적으로 적을 가능성이 높다. 그리고 이와 같은 상황에서 의원은 상대적으로 적은 수의 선거구민의 이익을 의회에서 대변한다는 점에서 대표성이 높은 특징이 있다. 반면 의회의 규모가 클 경우 시민사회의 다양한 선호들을 대변하는 다수의 의원들이 의회의 의사결정과정에 참여하게 된다는 점에서 원만한 의사 진행을 통하여 정치적 합의에 도달하는 데 어려움을 겪을 수 있다. 다시 말해 의회의 규모가 클 경우 의회정치의 대표성은 높아지지만, 효율성은 떨어질 수 있다.[9]

그렇다면 의회의 규모는 어느 정도 수준으로 설정되는 것이 바람직한 것인가? 이 질문에 대한 정답은 존재하지 않는다. 의회의 규모는 대표성과 효율성의 가치 중 어느 것을 더 중시할 것인가에 따라 차이를 보일 수 있다. 다만 정치학자들은 경험적인 차원에서 현존하는 국가들이 인구수 대비 어느 정도 규모의 의회를 구성하고 있는지, 특히 그중에서도 경제 수준이 높고 민주주의가 잘 이루어지고 있는 국가들이 어느 정도의 의회 규모를 유지하고 있는지를 파악하여 적정 수준의 의회 규모를 가늠하는 모습을 보였다.[10]

실제로 2019년 OECD 회원국들을 기준으로 살펴볼 때, 국민 10만 명 당 한국의 국회의원 수는 0.58명을 기록하여 평균 0.97명과 큰 차이를 보였다.[11] 이것은 국회의원 한 명당 대표해야 하는 국민이 많아 대표성이 떨어질 수 있다는 점을 시사한다. OECD 회원국들의 평균을 대입하면 한국의 국회의원 수는 502명이 되어야 한다.

이처럼 한국의 국회는 그 규모가 상대적으로 작지만, 국회의원 수를 늘리지 못하는 이유는 무엇일까? 국민들이 국회에 대하여 갖고 있는 반감이 크게 작용하기 때문이다. 제21대 국회의원선거를 앞두고 준연동형 비례대표제가 채택되었다. 이와 관련하여 학계와 시민단체들은 국회의원 수를 늘리더라도 선거제도의 비례성을 높이는 개혁을 추진할 것을 정치권에 요구하였다. 하지만 국회의원 수를 늘리는 것에 대한 여론의 비판을 우려하여 결국 선거제도의 비례성을 획기적으로 높일 수 있는 선거제도 개혁을 이루지 못하였다.

그렇다면 한국국회의 규모는 지금까지 어떠한 변화의 모습을 보여왔을까? 한국국회의 규모와 관련한 헌법 조항은 제헌국회 당시 마련되어 현재까지 수정 없이 유지되고 있다. 즉 현행 한국의 헌법 제41조 2항에서는 "국회의원의 수는 법률로 정하되, 200인 이상으로 한다"라고 규정하고 있다. 하지만 한국의 국회 규모는 헌법이 규정하고 있는 범위 내에서 시기별로 다양한 차이를 보여주고 있다 (10장 선거의 p. 261, 표 10.2 참조).

제헌국회에서 국회의원 정수는 200명이었다 (글상자 6.1 참조). 제헌국회에서 어떠한 이유로 국회의 규모를 200명으로 설정하였는지 정확한 근거를 찾기는 쉽지 않다. 한국에서 국회의 규모와 관련된 최초의 기록은 1944년 4월 14일 제정된 대한민국임시헌장 제3장 10조에서 "임시의정원 의원은 경기도, 충청도, 경상도, 전라도, 함경도, 평안도에 각 6명, 강원도와 황해도에 각 3명, 중국영토(中領)급의 러시아연방(俄領) 교민에게 각 6명, 그리고 미국교민에게 3명을 배정한다"고 규정한 것이다. 이후 1946년 12월 12일 개원한 남조선과도입법의원의 경우 민선으로 45명이 선출되고, 나머지 45명은 관선으로 선출된 바가 있다. 하지만 왜 제헌국회에서 헌법에도 규정해놓지 않은 국회의원 정수를 200명으로 설정하여 선출하였는지를 파악하기는 쉽지 않다. 즉 한국에서 국회의 규모는 당초부터 별다른 논의와 고민 없이 결정된 측면이 존재한다.

뿐만 아니라 한국국회의 규모는 편의적으로 또는 사회적 분위기에 편승하여 조정되는 모습을 보이기도 하였다. 제헌국회 당시 200명이었던 국회의원 정수는 제5대 국회까지 꾸준히 증가하는 추세를 보였다. 하지만 박정희정부의 제6대 국회에서 175명으로 급격하게 줄어들었다. 이것은 당시 군부 권위주의체제 하에서 국회의 간여를 분열 내지는 비능률로 간주하여 그 규모가 작을수록 정치적으로 유리할 수 있다는 판단이 작용한 결과이다.[12] 그리고 제16대 국회의원선거를 앞둔 2000년 1월에 국회의 규모가 299명에서 273명으로 10% 감축되었는데 이것은 경제위기 상황 속에서 구조 조정의 논리가 국회의 영역에도 확산된 결과였다. 하지만 제16대 국회의 경우 국회의원 정수의 감축에도 불구하고 그 예산이 감소되지 않고 오히려 30%나 증가하여 실질적으로 구조 조정의 효과는 없는 것으로 나타났다.[13]

글상자 6.1   제헌국회 의석수: 200석 또는 300석?

1948년 제헌국회의 의석수에 대해서 300석이었다는 주장도 있다. 당시 국회의원 정수는 300석이었는데 200명만 남한에서 선출하였고, 100석은 통일 이후 북한지역을 위하여 남겨두었다는 주장이다. 다만 이에 대한 명확한 공식 기록이 남아 있지 않고, 200명만 뽑았기 때문에 제헌회 정원이 200석이었다는 설이 대세를 이루고 있다. 300석이었다고 주장을 하는 학자들의 논리는 이렇다. 1950년 10월 한국전쟁 당시 유엔군이 북진에 성공하여 한반도 통일이 다가왔을 때, 이승만 대통령이 북한지역 총선거를 염두에 두고 100석을 남겨두었다는 것이다. 이것은 대한민국 국회와 정부가 북한지역에 주권을 확대 행사하여 흡수하겠다는 의도가 있었다는 주장이다.[14]

국회의 구성: 단원제와 양원제

근대 의회는 중세 유럽에서 각 계층을 대변하는 신분회의를 원형으로 하여 귀족과 고위 성직자를 중심으로 한 상원(House of Lords)과 하급 성직자, 기사, 도시의 시민 대표자를 중심으로 한 하원(House of Commons)을 중심으로 구성되었다. 하지만 상원은 하원과 달리 간접적으로 선출 또는 임명·세습되기 때문에 민주주의가 발전함에 따라 정치적 대표성 문제와 관련하여 비판이 제기되었다. 이러한 과정 속에서 국민의 진정한 의사를 대변하는 기관으로서 하원의 역할이 점차 대두되었고, 단원제 의회를 채택하는 국가들이 생겨나게 되었다. 전통적으로 상원은 급진적인 하원 또는 하원의 다수 세력이 지배하는 정부를 견제하는 보수적 의미에서의 수정원(House of Revision) 역할을 수행한다.[15]

한국의 경우 정부수립 시기 헌법기초위원회에서는 양원제에 기반한 의회제(의원내각제)를 채택하는 것으로 헌법 초안을 제출하였다. 이것은 당시 헌법기초위원회 위원들이 행정부와 국회 간의 대립을 제도적으로 해결하여 정치적 안정을 도모하고, 대통령 1인에 권력이 집중되는 현상을 방지하는 데 있어 영국식 의회제가 유용할 수 있다고 판단한 결과이다.[16] 이같은 헌법기초위원회의 헌법 초안은 당시 이승만 국회의장이 대통령제를 강력하게 주장하여 채택되지 못하였고, 결국 제헌헌법에서는 단원제에 기반한 대통령제가 채택되었다.

당시 한국의 경우 소규모 국가로서 연방제를 채택하고 있지 않았기 때문에 양원제를 채택할 유인은 크지 않았다. 또한 서유럽국가들과 같이 신분회의를 기반으로 상원과 하원이 구분되어 의회가 발전해온 전통도 없었기 때문에 양원제를 도입할 이유가 크게 부각되지 않았다. 실제로 제헌국회 당시 정부 형태와 관련한 국회 속기록을 살펴보면 건국 시기 비상 상황을 신속하게 안정시켜 독립국가를 구축하기 위해서는 단원제에 기반한 대통령제가 상대적으로 유리할 수 있다는 주장들이 많이 제기되었음을 파악할 수 있다.[17] 특히 당시 단원제와 양원제의 문제는 의회제와 대통령제의 문제와 비교하여 그 중요성이 상대적으로 떨어졌기 때문에 필요시 헌법을 개정하여 양원제를 채택해도 문제가 되지 않을 것이라는 주장도 제기되었다.[18]

역사적으로 볼 때 한국의 경우 4·19혁명으로 이승만 대통령이 하야(下野)한 이후 구성된 제5대 국회에서만 양원제(민의원, 참의원)의 의회제를 채택하였을 뿐 나머지 기간 동안은 모두 단원제에 기반한 대통령제를 채택하였다. 이처럼 한국의 국회가 단원제를 지배적으로 유지되어온 이유로 신생 독립국가로서 국가를 신속하게 재건할 필요가 있었다는 점, 사회의 다양한 입법적 수요들을 효율적으로 처리해야 할 필요가 있었다는 점, 권위주의정부 시기 국가 주도 경제발전모델을 능률적으로 추진하는 데 양원제보다 단원제가 유용한 측면이 있었다는 점 등이 지적되었다.[19]

향후 한국국회의 구성은 남북한 통일 이후 연방제 채택 여부 등과 연관하여 다양한 차원에서 논의될 수 있는 소지가 충분히 존재한다. 그럴 경우 하원과 상원의 선출방식, 지역대표성, 실질적인 권한 등과 관련한 논의들이 다양한 차원에서 이루어진 후 그 채택 여부를 결정하는 것이 바람직할 것이다.

국회의 지원기구

20세기에 들어서면서 정부의 비대화와 전문화 현상이 나타났고, 의회는 쇠퇴하는 모습을 보였다. 민주국가에서 의회는 선거를 통한 대표자들로 구성이 되기 때문에 전문성보다는 사회적 대표성이 중시된다. 또한 정년이 보장되는 공무원과 달리 의원의 지위는 재선 여부에 따라 항상 가변적이다. 그러므로 비대해지고 전문화된 행정부와 비교하여 의회의원들이 개별적인 수준에서 입법활동과 행정부 견제활동을 수행하는 데에는 한계가 있을 수 있다. 그리고 이것은 전문성과 정보의 부족문제로 인하여 의회와 행정부 사이의 정보 비대칭 문제를 발생시키고, 공무원의 도덕적 해이를 불러일으킬 수 있다. 이러한 문제를 해결하기 위해서는 의회의 활동을 전문적으로 지원하는 기구가 필요하다.

실제로 세계 최고 수준의 의회지원체제를 구축하고 있는 미국의 경우 1970년대 베트남전쟁과 워터게이트 사건 등으로 말미암아 행정부에 대한 의회의 불신이 깊어졌던 상황 속에서 의회지원기구가 확충되었다.[20] 그리고 그 결과 정보의 수집, 업무의 분산, 의원 개인의 위상 강화, 정책 대안 제시 등과 관련한 의회의 역할이 강화되는 효과가 나타났다.

현재 국회를 지원하는 기구들로는 국회사무처, 국회도서관, 국회예산정책처, 국회입법조사처가 존재한다. 국회사무처는 1948년 제헌국회 개원과 함께 설치되었다. 국회의 지원기구들 중 가장 오래된 역사를 가지고 있다. 국회사무처는 기본적으로 국회의장의 지휘와 감독을 받아 국회 및 국회의원의 입법활동을 지원하고, 국회의 각종 행정 업무를 처리하는 기능을 수행한다. 제헌국회 당시 총무국, 의사국, 법제조사국의 3국의 직제로 출발하였다는 점을 고려할 때, 현재 국회사무처의 조직과 규모는 비약적으로 발전한 것이다. 이것은 시대의 변화에 따른 국회사무처 업무의 증대를 반영하는 동시에 국회의 권한이 강화되는 상황 속에서 이를 지원하는 기구 역시 발전하는 모습을 보였다는 사실을 반영한다.

국회도서관은 국회의 도서 및 입법자료에 관한 업무 처리를 수행한다. 국회도서관은 국회의 입법활동을 지원하기 위하여 일반도서, 정기간행물, 신문, 멀티미디어, 비도서자료 등을 수집, 정리, 보존하는 역할을 수행한다. 그리고 과거 국회입법조사처가 설립되기 이전까지는 국회의원 및 관계 직원에게 입법활동과 국정 심의에 필요한 각종 정보를 수집, 정리, 분석하여 제공하는 기능도 수행하였다. 국회도서관은 1952년 한국전쟁 중 피난지 부산에서 처음 신설되었다. 이 점만 보더라도 의회에서 도서관의 기능이 얼마나 중요한지를 알 수 있다.

국회예산정책처는 국가의 예산과 결산, 기금 및 재정 운용과 관련된 사항을 분석하고 평가함으로써 국회의 의정활동을 지원하기 위한 목적으로 설립되었다. 즉 국회예산정책처는 국회가 예·결산문제와 관련한 행정부의 독주를 효율적으로 견제하고 감시할 목적으로 설립되었다. 그리고 재정 분야의 전문인력을 충원하여 방대한 예산과 결산 관련 심의를 전문적으로 지원하는 역할을 수행한다. 구체적으로 국회예산정책처는 예·결산, 기금운용계획안, 기금 결산에 대한 연구 및 분석, 예산 또는 기금상의 조치가 수반되는 법률안 등에 대한 소요비용의 추계, 국가재정 운용 및 거시경제 동향 분석 및 전망, 국가의 주요 사업에 대한 분석과 평가, 중장기 재정 소요에 대한 분석, 국회의 상임위원회 또는 국회의원이 요구하는 사항에 대한 조사와 분석 등의 기능을 수행한다. 국회예산정책처는 1994년에 국회사무처 법제예산실이 신설되고, 2001년 국회사무처에 예산정책국이 출범하여 기존 법제예산실이 법제실과 예산정책국으로 확대 개편됨으로써 출범의 기반을 마련하였다. 그리고 2003년에 오늘날과 같은 국회예산정책처가 정식으로 출범하였다.

국회입법조사처는 국회의 입법과 정책개발 역량을 강화하기 위하여 설립된 입법·정책 조사연구기관이다. 국회입법조사처는 입법과 정책 관련 사항들을 중립적인 차원에서 전문적으로 조사하고 연구하여 그 결과를 다양한 방식으로 국회의 상임위원회와 국회의원에게 제공한다. 구체적으로 국회입법조사처는 국회의 상임위원회와 국회의원이 요구하는 사항에 대한 조사 회답 업무, 다양한 입법 및 정책 현안을 조사하고 연구하여 국회의원의 입법활동과 정책개발 활동을 지원하는 업무, 입법과 정책 관련 자료들을 수집하여 적시

에 상임위원회와 국회의원에게 제공하는 업무, 의원연구단체의 연구주제를 개발하는 업무, 전문가와 자료원에 대한 정보제공을 지원하는 업무, 세계적인 입법과 정책 동향을 수집하고 분석하여 제공하는 업무, 행정기관의 위법 사항이나 법령·제도 또는 행정상의 개선이 필요한 사항을 소관 상임위원회에 보고하는 업무 등을 수행한다. 국회입법조사처는 2005년 국회입법조사처 설립에 관한 의원발의법안들이 제출됨에 따라 설립 근거가 마련되었으며, 2006년 운영위원회 대안으로 국회입법조사처법안이 본회의에서 의결됨으로써 2007년에 출범하였다.

3. 국회의 원구성과 운영방식

국회의 원구성

국회의원선거가 마무리되면 새롭게 선출된 국회의원들로 국회가 열린다. 이것을 개원(開院)이라고 지칭한다. 국회가 개원을 하면 가장 먼저 하는 것이 원구성에 대한 정당들 간의 협상이다. 원구성은 국회의장 1명, 부의장 2명, 상임위원장 선출, 국회의원 상임위원회 배정을 의미한다.

제헌국회부터 제5대 국회까지는 원구성 방식에 대한 제도화가 제대로 이루어지지 않아 자유경선의 형식을 통하여 인물 위주의 국회의장, 국회부의장, 상임위원장을 선출하는 모습을 보였다.[21] 민주화 이전인 제6대 국회부터 제12대 국회까지는 권위주의체제 하에서 다수당인 여당이 국

회의장과 상임위원장을 모두 차지하였다. 이 시기 국회는 대통령(행정부)의 거수기 내지는 통법부(행정부가 제출한 법을 통과시켜 주는 역할만 하는 기관)의 역할을 수행하였기 때문에 국회의 요직도 대통령이 실질적으로 임명하거나 낙점하는 경우가 많았다. 다만 별 실권이 없는 국회부의장직은 야당을 배려한다는 차원에서 양보하였다.

민주화 이후 국회의 원구성은 원내 정당들 간의 협의와 합의를 통하여 이루어진다. 국회의장의 경우 일반적으로 제1당이 과반수 이상의 의석을 차지할 경우 국회의장을 가져갈 가능성이 높다. 하시만 최근에는 여야의 복수 후보자가 경쟁하여 본회의에서 투표로 결정하는 상황이 전개되고 있다. 국회부의장은 여당과 야당이 한 석씩 나누어 갖던 관행이 존재하였다. 하지만 이 역시 최근에 와서는 반드시 지켜지는 것은 아니고, 국회의장과 마찬가지로 본회의에서 투표를 통하여 결정되고 있다.

각 정당은 당헌과 당규에 따라 국회의장과 국회부의장 후보를 의원총회를 통하여 선출한다. 국회의장과 국회부의장 후보자들에 대해서는 국회 본회의에서 무기명 투표를 실시한다. 그리고 재적 국회의원 과반수 이상(151명 이상)의 지지를 얻어야 최종적으로 선출된다. 국회의장과 국회부의장에 대한 본회의 투표에서 재적 국회의원 과반수의 지지를 받은 후보자가 없을 경우 2차 투표를 실시한다. 그리고 2차 투표에서도 재적 국회의원 과반수의 지지를 받은 후보가 없는 경우에는 1위와 2위 득표자를 대상으로 3차 결선투표를 진행한다.

상임위원회 위원장은 각 정당의 의석 비율에 따라 몇 석을 배분할 것인가를 결정하고, 어느 상임위원회 위원장을 어떤 정당이 차지할 것인가를 대한 협상을 진행하는 방식으로 이루어진다. 이

글상자 6.2 국회의장의 직무와 권한

국회의장은 국내외적으로 입법부인 국회를 대표한다. 주요 권한으로는 의사정리권, 질서유지권, 사무감독권이 있다. 의사정리권은 국회 운영 기본일정, 회기 전체 의사일정, 안건심사기간, 발언 원칙, 5분 자유발언, 긴급현안질문 등 회의에 관한 사안에 관한 결정권한이다. 2012년 5월 국회선진화법이 제정된 이후 그 권한 행사가 천재지변, 전시·사변 또는 이에 준하는 국가비상사태, 각 교섭단체 대표의원과 합의한 경우로 크게 축소되었지만 직권 상정 권한도 의사정리권에 속한다. 질서유지권은 국회의 질서를 유지하기 위하여 행사할 수 있는 경호권과 가택권(家宅權: 국회의사당 출입 금지와 퇴장 요구)을 의미한다. 사무감독권은 국회 행정 사무를 처리하는 국회사무처와 같은 기관들을 지휘하고 감독하는 권한이다. 국회의장은 2002년 3월에 국회법이 개정된 이후 당적을 보유할 수 없다. 국회의장이 자신의 직무와 권한을 행사함에 있어 정치적 중립을 지켜야 한다는 것을 요구하고 있는 것이다. 하지만 실질적으로 국회의장이 정치적 중립성을 잘 지키고 있는가에 대해서는 여전히 논란이 존재하는 상황이다.

와 같이 정당들 간의 협상과 합의에 기반하여 상임위원회 위원장을 배분하는 전통은 민주화 이후 제13대 국회에서 마련되었다. 제13대 국회의원선거 결과, 여당인 민주정의당은 총 299석 중 125석(41.8%)만을 차지하였다. 여당이 과반수 이상의 국회 의석을 확보하지 못한 상황에서 민주정의당은 과거와 같이 여당이고 제1당이라는 이유만으로 상임위원회 위원장직을 모두 차지하기 힘든 상황이 전개된 것이다. 그래서 제13대 국회에서는 정당별 의석 비율에 따라 상임위원회 위원장을 배분하였다. 이와 같은 정치적 합의는 1990년 2월에 3당 합당으로 거대 여당인 민주자유당이 출현함으로써 깨질 수 있었다. 하지만 이 상황에서도 정당별 의석 비율에 따라 상임위원회 위원장이 배분됨으로써 지금까지 그 전통이 이어져 오고 있다.

정당들 간의 합의에 따라 각 정당이 차지할 상임위원회 위원장 수가 결정되면, 상임위원회 위원장을 어떤 정당에게 배정할 것인가를 놓고 또 다시 협상을 하게 된다. 한국의 국회는 상임위원회 중심주의를 채택하고 있기 때문에 입법 과정에서 상임위원회의 역할은 절대적으로 중요하다. 그러므로 각 정당이 제한된 수를 배정받은 상황 속에서 어느 상임위원회 위원장을 차지할 것인가에 대한 고민도 크다. 특정 상임위원회 위원장을 요구하는 정당이 복수로 존재할 경우 이로 인하여 발생하는 갈등을 조정하는 상황에서 국회법이 규정한 원구성 시한을 맞추지 못하는 경우도 빈번하게 발생한다. 상임위원회 배분과 관련하여 관례적으로 여당이 운영위원회 위원장을 가져가

고, 야당이 체계와 자구심사를 통하여 입법 과정의 수문장(gate keeping) 역할을 수행하는 법제사법위원회의 위원장을 가져간다. 이 외의 상임위원회 위원장은 각 정당의 정책적 관심 사항과 필요성 등을 고려하여 배분된다. 상임위원장도 절차적으로는 본회의에서 한 명씩 재적 국회의원 과반수의 지지를 통하여 선출된다.

마지막으로 국회의원의 상임위원회 배정은 각 정당별로 마련된 절차에 따라 진행된다. 각 정당은 소속 국회의원들이 어떠한 상임위원회를 선호하는지를 사전에 조사한 후 이를 반영하여 배정하는 모습을 보인다. 다만 국회의원들 사이에 선호하는 상임위원회가 중복되거나 충돌할 경우 정당 지도부가 나서서 조정한다. 각 정당이 소속 국회의원들의 상임위원회 배정을 마치면 그 명단을 임시회가 열린 후 2일 이내에 국회의장에게 제출하여 승인을 받는 절차를 거쳐 마무리된다.

국회의원들은 상임위원회 배정과 관련하여 다양한 선호를 가질 수 있다. 다만 국회의원 설문조사 결과 등을 놓고 보면 외교통일위원회, 국토교통위원회, 기획재정위원회가 선호도가 높은 상임위원회라는 특징을 보인다.[22] 그 이유는 외교통일위원회는 국가의 중요한 외교 및 통일 관련 사안을 다루고, 국토교통위원회는 지역구 선심성 사업을 유치하는 데 있어 유리하기 때문이다. 또한 기획재정위원회는 국가의 예산을 다루는 기획재정부에 영향력을 행사할 수 있다는 점에서 국회의원들이 선호한다. 반면 법제사법위원회, 환경노동위원회, 여성가족위원회는 선호도가 낮은 상임위원회이다. 법제사법위원회는 모든 법률안

과 국회규칙안에 대한 체계와 자구심사를 진행해야 하는 이유로 업무가 과중하다. 환경노동위원회는 사무가 복잡하고 합의를 이루기 힘든 사안을 다루고, 여성가족위원회는 관할권이 적다. 선호하는 상임위원회에 배정되지 못한 국회의원들의 경우 각 정당은 이를 보상해줄 수 있는 방법으로 예산결산특별위원회의 위원으로 활동할 수 있는 기회를 제공하기도 한다.

국회의 원구성은 전반기와 후반기 두 차례 진행된다. 국회의원 임기는 4년인데 원구성은 2년마다 두 차례 진행되는 것이다. 이와 같은 원구성 방식은 국회의원이 다양한 상임위원회에서 활동할 수 있는 기회를 제공하는 측면이 있지만, 국회의 전문성이 떨어질 수 있다는 문제점을 가지고 있다. 비대하고 전문화된 행정부를 견제하기 위해서는 국회의 전문성 제고가 필수적이라는 점, 원구성 협상으로 국회의 업무가 지연되는 경우가 많다는 점, 초선 국회의원의 비율이 높다는 점 등을 고려하면 향후 2년마다 원구성 협상을 하는 방식에 대해서는 개선이 필요하다.

본회의와 상임위원회

의회의 운영방식은 크게 본회의 중심주의와 상임위원회 중심주의라는 두 가지 방식으로 구분된다. 본회의 중심주의를 채택하고 있는 국가에서는 의원 전원이 모인 본회의 장에서 토론과 심의를 거쳐 의회의 의사결정이 이루어진다. 한편 상임위원회 중심주의를 채택하고 있는 국가에서는 전문성을 갖춘 소수의 의원들을 중심으로 분야별

상임위원회를 구성하여 일차적으로 관련 사안들에 대한 의사결정을 내린 다음, 그 결정을 본회의에서 최종 승인하는 과정을 거친다.

근대 의회의 발전과정을 살펴보면 당초 의회의 의사결정은 본회의를 중심으로 이루어졌다. 하지만 의회의 권한이 지속적으로 증가하는 상황 속에서 사회의 다양한 요구들을 효율적·전문적으로 입법화하기 위한 상임위원회제도 도입의 필요성이 제기되었다. 특히 권력분립을 원칙으로 하는 대통령제 국가의 경우 의회의 자체적인 정책개발 능력과 행정부 견제기능이 강조되는 상황 속에서 상임위원회제도가 더욱 발진한 측면이 존재한다.[23]

의회의 운영방식과 관련하여 다음의 한 가지 점은 짚고 넘어갈 필요가 있다. 그것은 의회가 국민의 대표자들로 구성된 대의기구라는 점을 고려할 때, 의원 전체가 참여하는 본회의의 선호와 상임위원회의 선호가 일치하는지, 아니면 차이를 보이는지의 문제이다. 만약 본회의의 선호와 상임위원회의 선호가 일치하는 특징을 보인다면 의회의 전문성과 효율성을 고려하여 상임위원회 중심주의를 채택하는 것이 바람직할 수 있다. 하지만 본회의의 선호와 상임위원회의 선호가 차이가 있다면 상임위원회 중심주의를 채택하는 것은 대표성과 관련해서는 중요한 문제가 제기될 수 있다.

이 문제와 관련하여 상호 경쟁적인 이론들이 미국의회에 대한 연구를 중심으로 제시되어 왔다.[24] 본회의의 선호와 상임위원회의 선호가 차이를 보인다는 주장으로는 이익분배이론(distributive theory)이 존재한다. 이익분배이론의 경우

의원들은 재선의 목적을 위하여 선거구민에게 서비스를 제공할 수 있는 상임위원회를 스스로 선택하는 경향이 있다고 주장한다. 한편 본회의의 선호와 상임위원회의 선호가 일치하는 특징을 보인다는 주장으로는 정보확산이론(informational theory)이 존재한다. 정보확산이론의 경우 상임위원회가 원하는 입법을 하기 위해서는 본회의로부터 다수의 지지를 받아야 하기 때문에 그들의 선호가 모체인 의회와 다르지 않다는 점을 강조한다. 다만 오늘날 의회가 정당을 중심으로 운영되기 때문에 본회의와 상임위원회의 선호가 큰 차이를 보이지 않는 측면도 존재한다.

한국은 제헌국회에서 전원위원회제도를 도입하여 본회의 중심으로 국회를 운영하였다. 이것은 당시 국가의 조속한 재건이라는 지상 과제를 앞에 두고 국회의원 전체가 참여하는 본회의를 중심으로 국론을 통합해나가는 것이 중요하다는 인식이 작용한 결과였다. 이러한 제헌국회의 전원위원회제도는 제5대 국회에 접어들어 폐지되었다. 이 시기부터 상임위원회가 일반 국정감사의 주관자가 될 수 있게 하는 등 상임위원회의 권한이 점차 커지게 되었다. 그리고 제6대 국회부터 상임위원회 중심주의가 본격적으로 채택되어 지금까지 이어져 오고 있다. 한편 제16대 국회에서는 상임위원회 중심주의의 문제점을 개선하고, 본회의를 활성화시키기 위한 방안으로 본회의 이전 단계에서 국회의원 전원이 참석하여 의안을 심사하는 전원위원회제도를 2000년에 도입하였다. 하지만 전원위원회는 지금까지 2003년 이라크 파병동의안 처리와 관련하여 단 한 번 열렸을 뿐이다.

한국국회의 운영방식은 대표성과 효율성이라는 두 가치를 고려하는 상황 속에서 본회의 중심주의와 상임위원회 중심주의를 채택하는 모습을 보였다고 평가할 수 있다. 그리고 오늘날 양자 간의 일정한 조화를 꾀하려는 시도가 진행되고 있다고 평가할 수 있다. 하지만 한편으로 한국국회의 운영방식은 정치적인 고려 속에서 변화된 측면도 존재한다.

예를 들어, 1963년 제6대 국회에서 본회의 중심주의를 폐기하고 상임위원회 중심주의를 채택하게 된 것은 국회 운영의 합리화를 도모하고자 하는 목적보다는 박정희정부의 정치적인 고려가 크게 작용하였다. 당시 박정희정부가 상임위원회 중심주의를 채택한 것은 본회의 중심의 요란스러운 국회 운영방식을 탈피하는 것이 정치적으로 유리할 수 있다는 판단과 법안을 관할에 따라 분류하여 소규모의 상임위원회에서 심의 처리하는 것이 효율적이고 막후 조정을 보다 용이하게 할 수 있다는 판단에 따른 것이었다.[25]

상임위원회 중심으로 국회가 운영될 경우 정부도 법안을 제안하고 가결시키는 데 있어 고려해야 할 대상이 비교적 전문화된 소수의 상임위원회 위원들로 집약된다. 이 점은 정부의 각 행정부처가 자신들의 세부적 업무들에 대한 이해도와 관심도가 낮은 전체 국회의원들을 상대로 법안의 취지와 목적을 이해시키고 지지를 얻어내는 것보다 용이하게 작용한다. 특히 상임위원회에서 가결된 법안이 본회의에서 수정되거나 부결되는 경우가 적다는 점을 고려할 때, 정부는 각 행정부처의 세부적 업무들에 대한 이해도가 높은 소수의 상임위원회 위원들을 상대로 국회 관련 업무를 수행하는 것이 효율적일 수 있다. 실제로 한국의 경우 본회의 중심주의를 채택하였던 제헌국회부터 제5대 국회까지는 의원발의법안의 비중이 상대적으로 높았고, 정부제출법안의 폐기율이 의원발의법안의 폐기율보다 높았다. 하지만 상임위원회 중심주의를 채택한 제6대 국회부터는 정부제출법안의 비중이 상대적으로 높았고, 의원발의법안의 폐기율이 정부제출법안의 폐기율보다 높았다.[26]

제헌국회 당시 법제사법위원회, 외무국방위원회, 내무치안위원회, 재정경제위원회, 산업위원회, 문교사회위원회, 교통체신위원회, 징계자격위원회의 총 8개 상임위원회가 존재하였다. 이것이 시대의 변화에 따른 사회적 요구를 반영하기 위하여 그 명칭과 구성 등에 변화를 겪었다. 현재 제20대 국회에서는 총 17개의 상임위원회가 정부 부처와 대응 구조를 이루면서 구성되어 있다.

이밖에 국회는 복수의 상임위원회 소관과 관련되거나 특히 필요하다고 인정한 안건을 효율적으로 심사하기 위하여 본회의의 의결로 특별위원회를 둘 수 있다. 현재 국회의 특별위원회는 예산결산특별위원회, 윤리특별위원회, 인사청문특별위원회, 기타 특별위원회가 존재한다. 이 중 예산결산특별위원회만 상설로 운영되고, 나머지 특별위원회는 활동 기한을 정하여 별도로 구성되고 운영된다.

국회의 상임위원회는 특정한 안건의 심사를 위하여 소위원회를 둘 수 있다. 정보위원회를 제외한 상임위원회는 그 소관사항을 분담하고 심사하기 위하여 법안심사소위원회, 예산결산소위원회, 청원심사소위원회 등 세 개 이상의 소위원회를 두고 있다. 특히 모든 상임위원회의 내부기관인 소위원회는 국회가 폐회 중일 때에도 활동을 할 수 있으며, 그 의결로 의안의 심사와 직접 관련된 보고 또는 서류의 제출을 정부 및 행정기관 등에 요구할 수 있다. 또한 의안심사와 관련하여 증인, 감정인, 참고인의 출석을 요구할 수도 있다.

국회의 상임위원회는 법안의 개발과 심의를 위하여 행정부로부터 독립하고, 독자적인 권력을 행사해야 한다. 하지만 국회는 행정부 주도의 법안 작성과 맞물려 그 기능을 충분히 수행하고 있지 못하고 있다는 비판을 많이 받았다.[27] 또한 상임위원회에서 합의된 법안이 본회의에서 수정되거나 부결되는 경우가 매우 드물기 때문에 상임위원회에 대한 정당의 통제가 강한 측면도 존재한다. 국회의 상임위원회가 대통령제하의 엄격한 권력분립의 원칙에 의거하여 법안의 작성이나 정책의 개발 등의 기능을 적극적으로 수행하지 못하고 있는 것이다. 그러므로 국회가 상임위원회 중심주의를 지속적으로 유지할 경우 국회의원들의 전문성과 자율성을 바탕으로 그 기능을 좀 더 활성화시킬 수 있는 방안들을 다각적으로 모색할 필요가 있다.

교섭단체

국회법 제33조 1항에 따르면 20명 이상의 국회의원을 보유한 정당과 단체는 교섭단체를 구성할 수 있다. 정당들이 교섭단체를 구성하려는 이유는 무엇보다도 국회 운영이 교섭단체를 중심으로 이루어지는 것과 밀접한 관련이 있다.

일단 교섭단체를 구성한 정당만이 국회의장과 국회부의장 선출, 상임위원회 위원장직 배분, 상임위원회와 특별위원회의 위원 선임 등과 관련한 원구성 협상에 참여할 수 있다. 또한 국회의 전반적인 운영이 국회의 의장단과 교섭단체 대표의원들 간의 협의 과정을 토대로 이루어진다는 점에서도 정당이 교섭단체로서의 지위를 보유하고 있는가의 문제는 중요하다. 뿐만 아니라 교섭단체는 예산결산특별위원회 위원이나 윤리심사자문위원회 위원 등 국회 내의 다양한 직책들에 대한 인사권을 행사할 수 있는 권한도 가지고 있다. 그리고 무엇보다도 교섭단체는 정치자금법에 의하여 경상보조금과 선거보조금 등 국고보조금을 배분받는다. 이 외에도 교섭단체는 국회 내에 별도의 사무 공간을 배정받으며, 소속 국회의원들의 입법활동을 지원할 수 있는 인력(정책연구위원)도 충원할 수 있다.

제헌국회에서 국회법이 최초로 제정되었을 당시에는 교섭단체와 관련한 조항이 존재하지 않았다. 당시 해방 직후 정당의 제도화가 이루어지지 않은 상태였고, 무소속 명망가 중심으로 제헌국회가 운영되었던 상황이었기 때문에 개별 국회의원의 자율성과 발언권이 줄어들 수 있는 교섭단체제도에 대하여 비판적인 모습을 보였다.[28]

그럼에도 불구하고 제헌국회에서 교섭단체제도가 마련된 것은 제헌국회 초부터 효율적 운영과 관련하여 많은 문제가 제기되었고, 특히 기존 정당과의 지연 등을 중심으로 국회의원들의 집단화로 행동을 통일하는 현상이 나타났기 때문이었다. 다시 말해 교섭단체제도에 대한 논란 속에서 결국 20명 이상의 국회의원들로 교섭단체를 구성하여 단체교섭회를 운영한다는 것에 최종적으로 합의한 것은 당시 해방 정국의 정치적 상황과 제헌국회의 구성적 특성으로 인하여 국회의 효율적 운영에 어려움이 많았다는 점이 중요하게 고려되었다.

여기서 우리가 한 가지 인식해야 할 점은 제헌국회에서 교섭단체제도를 마련함에 있어 일본국회의 내용을 많이 참고하였다는 일반적인 인식과 주장은 사실과 달랐다는 것이다.[29] 제헌국회에서 교섭단체제도를 채택하는 과정에서 일본의 사례에 대한 논의는 이루어지지 않았다. 당시 해방 정국에서 일본의 사례를 참고할 수 있는 분위기가 형성되어 있지 않았을 뿐만 아니라 일본의 회파(会派)가 국회의 교섭단체제도와 관련하여 특별하게 연결되어 참고할만한 내용도 많지 않았다. 오히려 제헌국회에서 진행된 교섭단체제도 관련 논의의 내용을 살펴보면 서구 민주국가들의 사례를 참고하고, 다양한 차원에서의 고민과 논의들이 이루어졌다는 점을 확인할 수 있다. 그러므로 한국의 교섭단체제도가 일본 중의원에서 법안을 발의하기 위해서 20명 이상의 국회의원들의 동의가 필요하다는 점을 참고하였다는 주장은 특별한 근거 없이 보편적으로 인정되고 있지만 사실과는 큰 차이를 보인다.

박정희정부와 전두환정부의 권위주의체제하에서는 국회의 위상과 지위를 위축시키는 방향으로 국회법이 개정되었다. 그리고 교섭단체제도의 경우에도 국회의 효과적 통제와 국회 내 야당 세력의 분열 내지는 정부 비판의 기회 제한 등의 차원에서 관련 조항들이 개정되거나 신설되는 모습을 보였다. 민주화 직후 제13대 국회의 경우 여소야대의 국면에서 민주적인 방향으로 국회법이 전문 개정됨으로써 교섭단체 구성 요건에는 별다른 변화가 없었지만, 교섭단체의 위상과 역할과 관련하여 다양한 세부적인 조치들이 마련되었다.

2000년 제16대 국회의원선거에서는 김대중 정부의 탄생과 운영에 있어서 한 축을 담당하였던 자유민주연합이 17석을 얻고, 제17대 국회의원선거에서는 1인 2표 병립제 도입의 효과로 민주노동당이 10석을 확보하여 원내 제3당의 지위를 차지함으로써 교섭단체 구성 요건을 낮추자는 논의와 시도가 있었다. 하지만 이것이 국회법 개정으로까지 이어지지는 못하였다. 국회에서 교섭단체의 지위 여부에 따라 의사 진행과 각종 혜택 등을 받을 수 있기 때문에 군소정당은 그 구성 요건을 낮추고자 노력한다. 반면 정치적 기득권을 갖춘 주요 정당은 특수하고 예외적인 경우가 아니라면 교섭단체에 대한 논의와 변화에 상당히 소극적인 태도를 보인다.

교섭단체 구성 요건과 관련하여 절대적인 기준을 마련하기는 힘들다. 하지만 유권자의 의사가 정치적 결과로 반영되는 선거제도가 민주적이고 좋다고 인식되고 있는 것처럼 국회의 운영도 유권자의 의사가 비교적 공평하게 반영될 수 있도록 하는 것이 민주적인 선택일 수 있다. 한국의 경우 현재 20명 이상의 국회의원들이 모여 교섭단체를 구성할 수 있다. 국회의원 총수가 300명

이라는 점을 고려하면 전체 국회의원의 6.6%의 참여가 있어야 교섭단체의 구성이 가능한 것이다. 다만 이와 같은 한국의 교섭단체 구성 요건은 여타 서구 민주국가들과 비교하여 매우 높게 설정되어 있는 것도 사실이다. 그러므로 향후 국회의 효율적 운영과 더불어 정치적 대표성 제고를 위하여 교섭단체 구성 요건을 낮추는 방향으로 제도적 개혁안을 모색하는 것이 바람직하다. 그리고 현행 교섭단체제도에서 정치적 기득권을 보유하고 있는 주요 정당들이 이와 같은 제도적 개혁안을 수용할 수 있는 관용적 태도를 보일 필요가 있다. 이러한 노력들이 가시적인 성과를 거둘 때, 국회가 좀 더 합의제적인 방향에서 비정파적으로 운영될 가능성이 높아질 것이다.

회기제도와 개의일

의회정치는 일정한 일시에 특정한 장소에 모여 집회를 함으로써 활동능력을 갖게 되고, 법적으로 정해놓은 활동시간과 실제로 의회가 열리는 시간을 중심으로 제한적으로 진행된다. 이때 법적으로 정해놓은 의회의 활동시간을 회기(session)라고 지칭하며, 의회가 실제로 열려 운영된 시간은 개의일수(sitting days)로 파악하게 된다.

이처럼 실질적인 의회정치가 제한된 시간을 중심으로 진행되는 관계로 국회의원 개인, 정당, 정부는 국회에서 활동함에 있어 필연적으로 시간적인 제약을 받게 된다. 그러므로 국회에서 시간의 문제를 둘러싸고 여당과 야당 간의 갈등과 대립이 벌어지는 것을 어렵지 않게 목격할 수 있다.

20세기에 접어들어 현대사회의 복잡 다양한 문제들이 불거져 나오게 됨에 따라 의회에서 논의하고 결정해야 할 업무들이 급격하게 증대되었다. 이 과정에서 의회 업무의 효율적 처리 문제와 더불어 의회 운영시간의 확장에 대한 고려가 중요하게 대두되었다. 한국의 경우 제헌국회 당시 정기회 90일과 임시회 30일 이내의 회기제도를 채택하였다. 이것이 양원제가 실시된 제5대 국회에 들어와서 정기회를 120일로 연장하는 것으로 국회법이 개정되어 제8대 국회까지 시행되었다. 하지만 권위주의 정권하의 제9대 국회부터 제12대 국회까지는 정기회 90일 이내, 임시회 30일 이내로 규정한 가운데 정기회와 임시회를 합쳐 연 150일을 초과할 수 없도록 회기제도를 규정하였다. 또한 이 시기 임시회 소집 요건도 이전 재적 국회의원 4분의 1 이상에서 3분의 1 이상으로 상향 조정되었다. 이것이 민주화 이후 제13대 국회에서 정기회 100일과 임시회 30일 이내로 하면서 연 150일 이내로 회기일을 규정한 조항을 삭제하는 방향으로 국회법 개정이 이루어졌다.

현행 국회법은 매년 9월 1일 국회가 집회하여 100일의 정기회를 갖도록 규정하고 있다. 그리고 8월, 10월, 12월을 제외한 매 짝수월 1일에 30일의 임시회를 집회하도록 규정하고 있다. 또한 국회의 회기는 의결로 정하고, 이를 통하여 연장이 가능하도록 규정하고 있다. 더불어 국회가 휴회 중이라도 대통령의 요구가 있을 때, 국회의장이 긴급한 필요가 있다고 인정할 때, 재적 국회의원 4분의 1 이상의 요구가 있을 때에는 회의를 재개할 수 있도록 규정하고 있다.

하지만 실제 국회는 개회 및 회기 결정의 문제를 놓고 교섭단체들 간에 갈등하고 대립하는 모습을 보여주었다.[30] 특히 국회법에서 회기를 명확하게 규정하고 있음에도 불구하고 정치권이 자신들의 이해관계를 관철시키기 위하여 국회의 개회와 회기를 활용하는 모습을 보임으로써 지탄을 받았다. 정당들 간의 갈등으로 인하여 국회가 공전하는 '식물 국회'나 회기 중 불구속원칙을 이용하여 법을 위반한 자당 국회의원을 보호할 목적으로 임시회를 계속 열리게 하는 '방탄국회' 등이 대표적이다.

한편 역대 국회의 연평균 본회의 개의일수를 살펴보면 제헌국회가 200일로 가장 높게 나타나고, 제10대 국회가 17일로 가장 낮게 나타났다. 제헌국회에서 본회의가 많이 열린 것은 정부수립 초기 상황 속에서 국가의 초석을 다지기 위하여 빈번하게 모일 필요가 있었기 때문이다. 그리고 제10대 국회에서 연평균 본회의 개의일수가 적은 특징이 있는 것은 박정희 대통령이 시해된 이후 비상계엄이 선포되어 모든 정치활동을 금지시키고, 결국 그 임기가 조기 종료되었기 때문이다.

국회의 경우 현대사회의 구조적 특성을 고려할 때, 시간의 문제를 놓고 정치권이 공방하고 공전하는 문제를 해결하기 위하여, 그리고 궁극적으로 국민들로부터 일하는 국회로 새롭게 인식되기 위해서는 현행 회기제도를 개혁하여 상설 국회로의 도모를 모색할 필요가 있다. 실제로 대부분의 민주국가들은 상설 의회를 채택하고 있다.[31] 또한 회기제도에 있어서도 대부분의 국가들이 정기회만을 운영하는 모습을 보인다. 전 세계적으로 회기제도를 정기회와 임시회로 구분하여 운영하는 국가도 소수에 불과하다. 그러므로 국회가 회기제도를 개혁하고, 상설 국회로의 전환을 도모하는 것은 의회의 역사적 발전 경로를 밟아가는 수순이 될 것이다.

4. 국회의 기능

입법기능

국회를 다른 말로 입법부라고도 지칭한다. 이것은 민주주의 국가에서 의회가 수행하는 다양한 기능 중 법을 만드는 역할을 수행하는 것이 핵심이라는 것을 의미한다. 삼권분립의 원칙에 기반하여 입법의 권한을 의회가 독점하는 경우도 존재한다. 하지만 한국은 헌법 제52조에 기반하여 국회뿐만 아니라 정부도 법안을 제안할 수 있는 권한을 보장하고 있다. 통상 국회의원들이 제안하는 법안을 의원발의법안이라고 하고, 정부가 제안하는 법안을 정부제출법안이라고 한다. 이외에도 국회의 상임위원회가 소관사항에 속하는 법안을 위원장 명의로 제안할 수 있다.

그렇다면 의원발의법안은 어떠한 과정을 거쳐서 제안되고 가결될까? 일단 국회위원이 법안을 제안하기 위해서는 대표 발의자를 포함하여 10명 이상 국회의원의 동의가 필요하다. 만약 법안이 예산상 또는 기금상의 조치를 필요로 하는 경우라면 비용추계서를 첨부해야 한다. 비용추계서 첨부는 국회의원이 법안을 제안하는 데 있어 예

산에 대한 고려를 하고 책임성을 높이기 위하여 제13대 국회에서 처음 도입되었다.

의원발의법안은 동의 국회의원 수와 비용추계서 첨부라는 두 요건을 만족하면 곧바로 처리되기 때문에 그 절차가 비교적 간단하다. 또한 의원발의법안은 반드시 통과를 목적으로 발의된다고 보기 힘든 측면도 존재한다. 국회의원이 법안을 발의하면서 통과가 되지 않을 것을 인식하더라도 관련 법안에 대하여 국민들에게 신속하게 알리고 여론을 형성하고자 하는 목적으로 발의하는 경우도 많다.

반면 정부제출법안은 국회에 제출되기 이전까지 거쳐야 할 필수적인 절차들이 많은 특징을 보인다. 구체적으로 정부제출법안은 입안 → 관계기관 협의 → 입법예고 → 규제심사 → 법제처 심사 → 차관회의 → 국무회의 → 대통령 서명 등의 복잡한 절차를 거친 후에야 국회에 제출할 수 있다. 이처럼 정부제출법안의 절차를 까다롭게 하는 것은 다양한 기관들이 협의할 필요가 있는 정부제출법안의 특징을 반영한 것인 동시에 기본적으로 입법의 권한이 국회에 있다는 점을 존중하는 것이라고 볼 수 있다. 정부제출법안은 거쳐야 할 많은 절차들로 인하여 통상 국회에 제출되기까지는 6개월에서 1년 정도의 시간이 소요된다.

문제는 정부제출법안의 제출 절차가 복잡하여 정부가 여당 국회의원을 통하여 우회적으로 입법을 하는 경우가 존재한다는 점이다. 실제로 법안을 정부가 만들어놓고 복잡한 절차를 생략하기 위하여 국회의원을 활용하는 것이다. 정부의 입장에서 보면 이러한 우회입법은 법안 제출 과정에

소요되는 시간을 획기적으로 단축시킬 수 있다는 장점이 있다. 또한 국회의원 입장에서 보면 별 수고 없이 법안 발의의 실적을 올릴 수 있다는 장점이 있다. 이와 같은 대리입법과 청부입법은 국회의 입법기능을 약화시킬 수 있다. 하지만 그 관행이 좀처럼 근절되지 않고 있는 것도 현실이다.

국회는 상임위원회 중심주의를 채택하고 있기 때문에 국회에 제출된 법안은 일차적으로 상임위원회에 회부되어 심사를 받게 된다. 하지만 이 법안들 중에서 상임위원회 심의를 통과하여 본회의에 보고되는 법안은 많지 않다. 다시 말해 상임위원회는 법안의 통과 여부를 결정하는 수문장(gatekeeper) 역할을 한다. 특히 한국과 같이 상임위원회 중심주의를 채택하고 있는 국가에서는 쟁점법안을 제외하고는 상임위원회를 통과한 법안이 본회의에서 부결되는 경우가 매우 드물다. 그러므로 상임위원회가 입법 과정에서 행사하는 영향력은 거의 절대적이다.

상임위원회 심사는 국회의장이 법안을 소관 상임위원회에 회부하면서 진행된다. 이때 회부된 법안을 의안으로 상정할 것인가를 놓고 여야 간의 충돌이 빈번하게 발생한다. 이것은 상임위원회 의안 상정 자체가 정치적인 요인들의 영향을 받게 되는 경우가 많다는 것을 의미한다. 이러한 문제를 해소하기 위하여 2012년에는 국회법을 개정하여 일정 기간 숙려할 수 있는 기한이 지나면 의안이 자동으로 상정되는 제도를 마련하였다.

상임위원회에서의 법안심사는 법안 제안자의 취지 설명 → 전문위원의 검토 보고 → 대체 토론 → (공청회) → 소위원회 심사 → 축조심사 → 찬반 토론 → 표결의 순서로 진행된다. 이 과정에서 법안이 제정안이나 전문 개정안일 경우 대체토론 이후 소관 상임위원회가 공청회 생략을 의결하지 않는 이상 공청회를 반드시 개최하여 이해 당사자와 전문가의 의견을 수렴해야 한다. 공청회 이후 법안에 대한 보다 구체적이고 심도 있는 논의는 4명에서 11명 정도로 구성되는 법안심사소위원회에서 이루어진다. 이후 법안의 조문을 하나씩 읽어가면서 법안 내용을 구체적으로 심사하는 축조심사가 진행되는데 일반적으로 상임위원회 전체회의에서는 축조심사가 생략된다. 하지만 소위원회에서 법안을 심사하는 과정에서는 축조심사를 생략할 수 없다.

상임위원회를 통과한 법안은 본회의에 회부되어 최종적인 심의와 의결이 이루어진다. 본회의는 모든 국회의원들이 한자리에 모여 법안을 심사하기 때문에 특별하게 쟁점이 되는 법안이 아닌 이상 상임위원회의 의사결정을 존중하는 상황 속에서 간단하게 이루어진다. 그럼에도 불구하고 본회의에서도 찬반 토론과 수정안 제출이 가능하고, 무엇보다도 전자표결을 통하여 법안에 대한 최종적인 의사결정이 이루어진다는 점에서 큰 상징성과 의미를 갖는다.

일반적으로 본회의에서 법안에 대한 심의는 의안 상정 → 상임위원장의 심사 보고 → 질의 및 토론의 과정으로 이루어진다. 이때 특별한 쟁점법안이 아닌 경우에는 본회의의 의결을 통하여 질의와 토론의 과정을 생략하는 것이 일반적이다. 본회의의 의사결정은 재적 국회의원 과반수의 출석과 출석 국회의원 과반수의 찬성으로 이루어진다. 총 국회의원 수가 300명이라는 점을 감안할 때, 본회의의 의사결정은 150명의 국회의원이 참석하여 76명의 국회의원이 동의하면 가능하다. 본회의에서의 국회의원이 하는 투표(표결)는 인사 관련 안건이나 대통령이 거부권을 행사하여 국회에 환부된 법안 등을 제외하면 모두 전자투표로 진행된다. 투표결과는 국회 회의록에 국회의원별로 기록된다.

국회 본회의에서 의결된 법안은 정부에 이송된다. 그리고 15일 이내에 대통령이 공포를 해야 한다. 만약 대통령이 국회가 통과시킨 법안에 대하여 이의가 있을 경우 15일 이내에 이의서를 붙여서 국회로 환부하여 재논의를 요구할 수 있다. 이처럼 대통령이 거부권을 행사한 법안의 경우 국회가 다시 의결하기 위해서는 재적 국회의원 과반수의 출석과 출석 국회의원 3분의 2 이상의 동의가 필요하다.

국회의 입법문제와 관련하여 한 가지 알아둘 필요가 있는 부분은 제19대 국회에서 도입한 국회선진화법이다. 국회선진화법은 과거 한국의 국회가 여야 간의 당파적 갈등으로 인하여 입법기능을 제대로 수행하지 못하는 문제를 해결하기 위하여 마련되었다. 핵심 내용으로 국회의장의 직권상정 권한에 대한 제한이 있다. 과거 여당과 야당 간의 갈등으로 입법 과정이 원활하게 돌아가지 않을 경우 이 상황을 타개하기 수단으로서 국회의장의 직권상정이 빈번하게 활용되었다. 다시 말해, 여야 간의 첨예한 입장 차이로 상임위원회 단계를 넘지 못한 쟁점법안에 대하여 국회의장은 해당 법안의 심사기간을 지정한 후 그 심사

기간이 경과되면 바로 본회의에 올려 의사결정을 진행하였다. 하지만 국회의장이 대통령과 여당이 주도하는 정책 의제들을 신속하게 처리하기 위하여 법안 직권상정의 권한을 사용한 측면이 있어 많은 논란이 제기되었다.

이러한 상황에서 국회선진화법은 국회의장이 천재지변, 전시·사변 또는 이에 준하는 국가비상사태의 경우, 각 교섭단체 대표의원 간 합의가 있는 경우에만 직권상정할 수 있도록 규정하고 있다. 결과적으로 국회의장의 권한이 크게 축소된 것이다. 기존의 국회의장 직권상정제도를 대체할 수 있는 새로운 절차로는 안건신속처리제가 마련되었다. 일명 패스트트랙(fast-track)으로 불리는 안건신속처리제는 해당되는 법안은 입법 과정의 각 단계마다 심사기간이 제한되어 있어 일정 기간이 지나면 다음 입법 단계로 자동적으로 넘어간다. 그러므로 여당과 야당의 대립으로 인하여 쟁점법안이 상임위원회에서 논의되지 못하고 입법이 무한정 지연되는 것을 막을 수 있다.

민주화 이후 국회가 입법부로서 책임 있게 민주적인 방식으로 입법을 할 수 있는 방향으로 제도들이 많이 개선되어왔다. 그럼에도 불구하고 입법부인 국회가 자신들이 만든 제도와 절차를 지키지 않는 모습들을 보이는 경우들이 존재한다. 관행적으로 내려온 이와 같은 국회의 문화로 인하여 국민들의 국회에 대한 불신과 불만이 많다. 법을 만드는 국회가 제도와 절차를 경시하는 태도를 보인다면 국회가 만든 법을 국민들에게 준수하라고 요구할 명분도 사라진다. 국회가 입법 과정의 제도와 절차를 준수하면서 타협하고

조정하는 정치문화를 조성하는 데 좀 더 노력을 해야 할 시점이다.

대통령과 행정부 견제기능

대통령제는 입법부, 행정부, 사법부의 분립된 삼권이 존재하고, 각각이 유기적으로 연계되면서 정치가 이루어지는 특징이 있다. 대통령제하에서는 제왕적 대통령제라는 말을 빈번하게 사용하듯이 대통령을 중심으로 한 행정부의 권한이 상대적으로 크다. 이러한 문제점들을 방지하고 삼권분립에 기반한 대통령제가 잘 운영되기 위해서는 국회가 대통령과 행정부를 잘 견제하고 감독해야 한다.

국회가 대통령을 견제할 수 있는 대표적인 수단들을 살펴보면 다음과 같다. 첫째, 국회는 대통령을 탄핵소추할 수 있는 권한을 가지고 있다. 국회는 대통령이 직무를 수행함에 있어 헌법이나 법률을 위배하였다고 판단하면 탄핵소추안을 발의하여 의결할 수 있다. 이것은 대통령이 직무 수행에 대하여 국회가 견제할 수 있는 강력한 무기가 된다. 다만 대통령에 대한 탄핵소추안은 재적 국회의원 과반수의 발의와 재적 국회의원 3분의 2 이상의 찬성으로 의결을 할 수 있도록 그 요건을 높게 설정하고 있다. 그 이유는 정파적인 목적으로 대통령에 대한 탄핵 시도가 빈번하게 이루어지는 것을 방지하기 위함이다. 국회가 대통령에 대한 탄핵소추안을 의결하면 대통령이 직무를 수행할 수 있는 권한은 정지된다. 그리고 최종적으로는 헌법재판소가 대통령의 헌법과 법률 위반 여부에 대한 탄핵심판을 진행하여 파면 여부를 결정한다.

지금까지 국회가 대통령에 대한 탄핵소추안을 가결시킨 사례는 2004년과 2016년 두 차례 존재한다. 2004년에는 선거 중립을 위반하였다는 이유로 노무현 대통령에 대한 탄핵소추안이 가결되었다. 그러나 헌법재판소가 국회가 통과시킨 탄핵소추안에 대하여 기각 결정을 함으로써 두 달여 후에 노무현 대통령은 다시 직무를 수행할 수 있는 권한을 회복하였다. 2016년에는 비선 실세에 의한 국정 농단으로 인하여 박근혜 대통령이 헌법에 위배되는 범죄를 저질렀다는 문제가 제기되어 국회가 탄핵소추안을 발의하여 통과시켰다. 그리고 헌법재판소가 만장일치로 이 사안에 대하여 인용 결정을 내림으로써 박근혜 대통령은 대통령직에서 파면된 최초의 대통령이 되었다.

둘째, 국회는 국가원수이자 행정수반인 대통령이 행사하는 조약체결이나 비준 등의 다양한 권한 행사에 대한 동의권을 가지고 있다. 대통령은 외국에 대한 선전포고, 국군의 해외파견, 외국 군대의 국내 주둔 등의 명령을 내릴 수 있다. 또한 상호원조와 안전보장에 대한 조약체결, 국가나 국민들에게 중대한 재정적 부담을 지우는 조약체결 등도 추진할 수 있다. 그런데 이러한 명령과 조약이 효력을 발휘하려면 반드시 국회의 동의를 얻어야 한다. 이와 같은 국회의 동의권은 법률과 동일한 효과를 발휘하기 때문에 대통령이 자신의 권한을 자의적으로 행사하는 것을 국회가 억제할 수 있는 중요한 제도적 견제장치가 된다.

셋째, 국회는 대통령의 자의적으로 인사권에

행사하지 못하도록 관여할 수 있는 권한을 갖는다. 국회는 대통령이 임명하는 국무총리, 감사원장, 대법원장과 대법관, 헌법재판소장 등 주요 권력기관의 장(長)에 대한 임명동의권을 갖고 있다. 특히 2000년에 인사청문회제도가 도입된 이후 인사청문회를 진행하는 고위 공직자의 범위가 지속적으로 확대됨으로써 대통령의 인사권을 견제하는 국회의 권한이 커지게 되었다. 하지만 다른 한편으로 국무위원(장관), 국가정보원장, 검찰총장, 경찰청장 등 헌법에 의하여 국회의 동의를 요구하지 않는 직책에 관해서는 국회가 반대하더라도 대통령이 임명을 강행할 수 있다는 점은 한계로 남아 있다. 뿐만 아니라 고위 공직자의 자질과 능력을 검증해야 할 인사청문회가 여당과 야당 간의 정파적인 이해관계로 인하여 갈등하고 대립하는 장으로 변질되는 모습도 빈번하게 목격되고 있다.[32] 그러므로 향후 인사청문회가 견제와 균형이라는 본래의 제도 도입의 취지를 잘 살릴 수 있는 방향으로 제도적 보완책을 마련하고, 정치문화를 개선하는 노력이 요구된다.

다음으로 국회가 행정부를 감시하고 감독하는 기능을 수행하는 데 있어 행사할 수 있는 대표적인 권한들을 살펴보면 다음과 같다. 첫째, 국회는 행정부가 수행하는 국정에 대한 감사권과 조사권을 가지고 있다. 구체적으로 국회는 행정부가 수행하는 국정을 감사하거나 특정한 국정 사안에 대하여 조사할 수 있다. 그리고 이에 필요한 서류의 제출 또는 증인의 출석, 증언, 의견의 진술을 요구할 수 있다. 행정부의 국정운영에 대한 국회의 감사권과 조사권은 제헌헌법상에 명시되어 있지는 않았다. 하지만 1953년 국정감사법이 통과되면서 제2대 국회 중반부터 국회가 행정부를 견제하는 중요한 수단으로 활용되었다. 국회의 국정감사권은 1972년 유신헌법이 제정됨에 따라 폐지되었다. 그 이후 1980년 제5공화국에서 제정된 헌법을 통하여 국정조사권이 보장되었고, 국정감사권은 민주화 과정을 통하여 제정된 1987년 현행 헌법하에서 부활하였다. 국정감사는 국정 전반에 관하여 국회가 소관 상임위원회별로 매년 정기회 집회일 이전 30일 이내의 기간을 정하여 실시하고 있다. 문제는 매우 짧은 기간에 광범위한 사안과 기관을 대상으로 국정감사가 이루어진다는 점에 있다. 그러므로 향후 행정부가 정책을 집행하는 과정에서 문제가 발생할 경우 국회의 상임위원회나 특별위원회가 언제든지 감사하고 조사할 수 있는 방식으로 제도를 개선할 필요가 있다.

둘째, 국회는 대정부 질문과 긴급 현안 질문을 할 수 있는 권한을 가지고 있다. 구체적으로 국회는 국무총리, 국무위원, 정부위원을 상임위원회에 출석시켜 국정 처리 상황을 보고받고, 의견의 진술과 질문에 대한 응답을 요구할 수 있다. 이와 같은 국회의 질문 권한은 국회와 행정부 사이에 존재하는 정보의 비대칭문제를 완화시킴으로써 국회가 행정부의 효과적으로 감시하고 감독할 수 있도록 도와준다. 또한 행정부의 문제점을 비판하거나 폭로하여 언론의 관심과 여론의 형성을 유도하는 효과도 존재한다. 하지만 다른 한편으로는 국회의 질문 권한이 정책 논의보다 여야 간 정쟁의 수단으로 활용되는 경우도 많이 존재한다. 그러므로 본회의 차원보다는 상임위원회 차원에서 국회의 질문 권한을 좀 더 현실적으로 활성화시키고 강화시킬 수 있는 방안을 모색하는 노력이 요구된다.

셋째, 국회는 국무위원에 대한 해임을 대통령에게 건의할 수 있는 권한을 가지고 있다. 구체적으로 국회는 재적 국회의원 3분의 1 이상의 발의와 재적 국회의원 과반수의 찬성으로 국무총리 또는 국무위원의 해임을 대통령에게 건의할 수 있다. 물론 국회가 해임건의안을 가결시켰다고 하더라도 이를 수용할지 여부를 최종 결정하는 것은 대통령의 권한이다. 하지만 국회의 건의를 대통령이 외면할 경우 정치적으로 상당한 압박을 받을 수 있다는 점에서 행정부를 견제하는 중요한 수단이 된다.

예산과 결산기능

대표 없이 과세 없다(No taxation without representation)는 말이 있다. 이것은 실질적으로 국민을 대표하는 의회가 국가재정에 대한 통제권을 가진다는 것을 의미한다. 예산을 집행하는 행정부는 재정계획을 수립하는 과정에서 자신들의 조직적 이해관계를 반영하려는 의지를 가질 수 있다. 이러한 상황에서 국회가 행정부의 재정 수립과 집행을 통제하는 예산과 결산의 과정은 중요한 권한이자 기능이 된다.

국회는 행정부에 의하여 편성되고 제출된 예산안을 심의하고 확정하는 권한을 가지고 있다. 예비비와 추가 경정 예산의 편성, 국채의 모집과

국가에 부담이 될 계약의 체결 등에 대해서도 의결권을 갖는다. 조세의 종목과 세율은 법률로 정하도록 되어 있기 때문에 재정 수입에 관한 권한도 우선적으로 보유하고 있다. 감사원이 시행한 세입과 세출의 결산을 차년도 국회에 보고하도록 되어 있어 결산에 대한 최종적인 권한 역시 가지고 있다.

하지만 국회는 정부의 동의 없이 정부가 제출한 지출예산 각 항의 금액을 증가하거나 새 비목을 설치할 수 없다. 국회의 재정통제권에 일정한 제한이 존재하는 것이다. 뿐만 아니라 정부 예산안의 국회 제출 시한과 국회의 예산안 의결 시한은 각 회계연도가 개시되기 120일 전(매년 9월 3일)과 30일 전(매년 12월 2일)으로 규정되어 있다. 국회가 정부의 예산안을 심사할 수 있는 기한을 90일로 제한하고 있는 것이다. 국회가 복잡하고 중요한 예산안을 연중 심사하여도 시간이 충분하지 않을 수 있는데 상대적으로 그 시간이 부족한 것이다. 더욱이 90일의 예산안 심의기간도 국회가 파행될 경우 제대로 지켜지지 못하는 경우가 많다.

예산안 심의 과정은 상임위원회의 예비심사와 예산결산특별위원회의 종합심사로 이원화되어 있다. 하지만 실질적인 예산안 심의 과정은 전문성을 가진 상임위원회보다 예산결산특별위원회에 의하여 이루어진다. 국회에 제출된 정부안은 총액을 기준으로 거의 차이가 없이 확정되는 경우가 일반적이다. 그리고 국회의 예산안은 거의 대부분 법정기한을 넘겨 처리된다.

국회의 예산 심의 과정에서 주목할 필요가 있

는 점은 예산결산특별위원회 내의 계수조정소위원회의 역할이다. 계수조정소위원회는 상임위원회의 예비심사 결과를 참고하여 추가적인 예산안 심사를 진행하는데 그 권한이 막강하다. 왜냐하면, 계수조정소위원회 심의 과정에서 각 상임위원회에서 제출한 예산이 삭감과 증액이 되면서 최종적으로 예산안이 확정되기 때문이다. 더욱이 계수조정소위원회의 심의는 철저하게 비공개로 운영되고 회의록도 남기지 않는다. 이러한 이유로 국회의원들은 이 과정에서 쪽지나 문자 등을 통하여 지역구 선심 예산을 반영해달라고 요청한다.

국회는 예산안을 법률안과 동일한 절차로 심사한다. 하지만 예산법률주의는 채택하지 않고 있다. 이러한 이유로 국회가 처리하는 예산안은 조문의 형태로 구체화되어 있지 못하고 명칭과 금액만이 제시되어 있다. 예산법률주의가 도입되면 국회에 제출되는 예산안은 여타 법률안과 마찬가지로 사업의 목적이나 집행 방법 등의 다양한 내용을 기재해야 한다. 그만큼 국회가 행정부에 대한 재정 통제력을 강화할 수 있는 것이다.

다음으로 국회의 결산기능을 살펴보면 결산에 대한 실질적인 권한은 독립기관인 감사원에 있다. 국회는 감사원을 심사하는 권한만을 가지고 있다. 정부의 각 기관들은 매년 2월 말까지 결산 보고를 기획재정부에 제출해야 한다. 그리고 기획재정부는 이를 통합한 국가결산보고서를 작성하여 국무회의 심의와 대통령 승인을 거쳐 4월 10일까지 감사원에 제출해야 한다. 감사원은 회계검사를 실시하여 결산을 확인한 후 결산상의 문제가 있을 시 시정이나 고발 등의 조치를 취한

다. 감사원은 이러한 모든 과정을 담은 결산검사 보고서를 작성하여 기획재정부에 송부하고, 기획재정부는 이를 토대로 국가결산보고서를 작성하여 5월 31일까지 국회에 제출한다.

국회는 이러한 과정을 거쳐서 올라온 행정부의 예산 집행 결과를 최종적으로 심의한다. 이 과정에서 국회는 예산안을 통과시켰을 당시의 의도대로 행정부가 실제 예산을 집행하였는지 그 적법성과 타당성을 확인한다. 또한 행정부의 예산 집행상에 위법하거나 부당한 사항이 있다고 판단할 경우 국회는 시정을 요구할 수 있다. 국회의 시정 요구를 받게 되면 행정부와 해당 기관은 이를 지체 없이 처리하여 그 결과를 국회에 보고해야 한다. 또한 국회가 결산 과정에서 문제가 있는 사안을 발견하였을 경우 감사원에 해당 사안에 대한 감사도 요구할 수 있다. 감사원은 국회로부터 감사 요구를 받으면 3개월 이내에 그 결과를 국회에 보고해야 한다. 하지만 국회의 시정 요구에 대하여 행정부가 응하지 않을 경우 이를 제재할 수 있는 법적 수단이 존재하지 않는다는 한계도 존재한다.

5. 국회의원 윤리제도

국회의원 윤리규정과 윤리특별위원회

민주화 직후 구성된 제13대 국회에서 국회의원의 윤리문제에 대한 관심이 본격적으로 생겨나면서 관련 법과 제도가 마련되었다. 제13대 국회는

1991년 2월 7일 '국회의원 윤리강령'을 제정하여 선포하였다. 국회의원 윤리강령은 국민의 대표자인 국회의원이 양심에 따라 직무를 성실히 수행하고, 국회의 명예와 권위를 높이기 위하여 준수해야 할 사항을 선언한 문서라는 점에서 의의가 있었다. 다만 강령의 성격상 선언적 성격이 강하기 때문에 제13대 국회는 곧이어 1991년 5월 8일 '국회의원 윤리실천규범'을 제정하였다.

국회의원 윤리실천규범은 국회의원 윤리강령을 성실하게 준수할 것을 제1조에 명시하면서 국회의원이 지켜야 할 윤리문제를 좀 더 구체화시키고 있다. 세부적으로 국회의원 윤리실천규범은 국회의원의 품위 유지, 청렴의무, 직권 남용금지, 직무 관련 금품 등 취득금지, 국가기밀 누설금지, 통상적이고 관례적인 수준을 넘는 사례금 수령금지, 법률로 정한 것 이외의 겸직금지, 겸직 신고 의무, 직무 수행과 관련하여 직접적 이해관계가 존재하는 사안에 대한 사전 소명과 회피의 의무, 재산 등록과 신고 의무, 의례적인 범위를 넘는 기부 행위금지, 국외활동에 대한 신고와 보고 의무, 성실한 회의 출석 의무, 보좌 직원의 임용 및 관리와 관련한 내용 등으로 구성되어 있다.

제13대 국회는 국회의원 윤리강령과 국회의원 윤리실천규범을 마련한 후 1991년 5월 31일 국회법 개정을 통하여 국회의원의 윤리와 징계에 관한 사항을 심사하기 위한 목적으로 윤리특별위원회를 설치하였다. 이를 통하여 국회 내 질서를 문란하게 하거나 국회의 위신과 품위를 손상하게 한 국회의원이 있을 때, 국회가 자율권을 가지고 해당 국회의원을 제재할 수 있는 제도가 마련되었다. 윤리특별위원회의 구성과 운영과 관련한 규칙도 1991년 7월 23일에 제정되었다.

국회의원의 윤리문제와 관련하여 자격심사와 징계심사가 핵심을 이룬다. 자격심사의 경우 국회의원이 겸직, 공직선거후보자 등록, 피선거권 상실 등의 이유로 국회의원직을 유지하기 힘들 때 청구된다. 자격심사를 위해서는 국회의원 30명 이상의 연서가 필요하고, 윤리특별위원회의 심의를 거쳐 본회의 표결에서 재적 국회의원 3분의 2 이상이 찬성하면 국회의원직을 상실하게 된다. 징계심사는 헌법과 국회법에 명시된 국회의원의 의무와 윤리를 위반하였다고 판단될 경우 국회의장, 상임위원회 위원장, 국회의원 20명 이상 요구로 진행된다.

2005년 7월 6일에는 윤리특별위원회 구성 등에 관한 규칙을 개정하여 외부인으로 구성되는 윤리심사자문위원회에서 국회의원의 윤리문제를 자문할 수 있는 조치가 이루어졌다. 하지만 제20대 국회는 2018년 7월 17일 국회법 개정을 통하여 윤리특별위원회를 비상설 특별위원회로 전환시키는 결정을 내렸다. 이것은 그동안 윤리특별위원회의 실질적 역할이 미진하였다는 점을 보여준다. 동시에 향후 윤리특별위원회가 안건심사를 진행하기 위해서는 별도로 구성되어야 하기 때문에 결과적으로 국회의원의 윤리문제에 대한 국회의 심사기능이 더욱 취약해질 수 있다는 점을 시사한다.

국회의원의 윤리 위반 사유와 징계안 처리

국회의원이 일으키는 윤리문제는 자신의 직위와 권력을 이용하여 사적인 이득을 챙기는 이해충돌의 문제와 공인으로서의 품위를 유지하지 못한 부적절한 언사와 행동으로 야기되는 문제가 대부분이다. 오늘날 한국사회 전반이 투명성이 높아진 상황 속에서 국회의원이 자신의 지위를 이용하여 사적인 이익을 챙기는 사례는 상대적으로 많지 않다. 하지만 정치권의 갈등과 대결이 심화되면서 상대방에 대하여 막말이 범람하고, 명예훼손에 해당되는 발언은 증가하고 있다. 실제로 제20대 국회에서 윤리특별위원회에 회부된 국회의원 윤리징계안의 절반 이상(51.2%)이 막말과 명예훼손과 관련이 있었다.[33]

정치에 대한 국민들의 신뢰는 효율성이 아닌 품위에서 나온다는 말이 있다. 이것은 국민의 대표기관인 의회는 어떠한 목표를 신속하게 달성하였는가의 결과보다는 그 과정에서 어떠한 모습을 보여주었는가의 문제가 더욱 중요할 수 있다는 점을 시사한다. 실제로 민주국가에서 시민들이 의회를 평가할 때, 정책의 내용과 결과보다는 정책결정과정이 어떠하였는지에 대한 인상이 주된 평가의 기준이 된다.[34] 뿐만 아니라 의원들이 의안심사 과정에서 극단적이고 과장된 수사에 의존하고 상대방을 매도하는 발언을 할 때에 시민들은 의회를 불신하는 경향이 있다.[35]

한국에서 국회에 대한 국민들의 신뢰는 바닥을 치고 있다. 국회 내에서 정당들이 첨예하게 갈등하는 상황 속에서 국회의원들이 부적절한 막말과 행동이 빈번하게 나오고 있다. 하지만 실상 국회의원들은 이에 대한 문제의식을 갖지 못하고, 오히려 정략적으로 이러한 수단을 활용하는 것이 필요하다는 행태까지도 보이고 있다. 국회가 국민들로부터 신뢰를 받는 대의기관으로써 그 위상을 재정립하기 위해서는 이러한 국회의원의 인식과 행동에 변화가 있어야 한다.

국회의원이 윤리문제를 일으켜 징계안이 회부되더라도 국회 차원에서 실질적으로 중징계 처벌을 받는 경우는 극히 드물다. 정당들이 서로 자당 소속 국회의원을 감싸는 모습을 보이기 때문이다. 이러한 문제점들을 개선하기 위하여 외부 인사로 구성된 윤리자문위원회를 설치하였다. 하지만 실질적으로 윤리자문위원회의 결정이 구속력을 갖지 못하기 때문에 제 역할을 수행하지 못하고 있다. 더불어 윤리특별위원회에 국회의원 징계안이 올라오더라도 징계안을 처리해야 하는 기간에 대한 규정이 없어 회기가 종료될 때, 징계안도 자동으로 폐기되는 모습도 자주 목격된다.

실제로 제15대 국회부터 제19대 국회까지 윤리특별위원회에 회부된 징계안 처리 비율은 38.5%에 불과하였다.[36] 처리된 징계안들 중에서 가결된 징계안의 비율도 단 6.4%에 불과하였다. 뿐만 아니라 과반수가 넘는 징계안(61.5%)은 임기 만료로 폐기되었다. 이것은 한국에서 국회의원이 윤리와 관련한 문제를 일으켜 징계안이 윤리특별위원회에 회부되더라도 제대로 처리되지 못하고 있다는 점을 직접적으로 보여준다.

6. 국회의 위상 재정립을 위한 제언

국회가 국민들로부터 신뢰받는 기관으로 새롭게 거듭나기 위해서는 다양한 제도적 개혁을 도모할 필요가 있다. 다만 다음의 몇 가지 제도적 개선은 꼭 필요하다고 판단된다. 첫째, 국회의 윤리를 제고할 수 있는 다양한 제도적 방안들을 시급히 마련할 필요가 있다. 국회가 심각하게 불신을 받는 이유는 예의와 품위를 상실한 채 고성과 막말, 몸싸움, 심지어 주먹다짐으로까지 이어지는 파행적인 모습을 보여주기 때문이다. 더욱이 최근에는 국회를 벗어난 사적인 공간에서 자행되는 국회의원들의 부적절한 언행으로 인하여 사회적인 물의가 발생하는 경우도 빈번하게 발생하고 있다. 미국의회의 경우 방대한 분량의 '윤리기준메뉴얼'을 구비하여 의원들의 세밀한 부분들까지 윤리적으로 규정하고 있다. 윤리위원회 역시 상임위원회의 형태로 존재한다. 하지만 한국국회의 경우 지극히 간단하고 애매모호한 규정으로 일관된 국회의원윤리강령과 국회의원윤리실천규범만이 존재한다. 윤리위원회도 상임위원회가 아닌 비상설 특별위원회 형식으로 존재한다. 이러한 부분들에 대한 개선이 요구된다.

둘째, 국회가 주변화되고 있으며 정쟁의 장으로 변질되고 있는 문제를 해결하기 위하여 국회의원의 자율성과 독립성을 제고할 수 있는 방안들을 모색할 필요가 있다. 한국의 정당들은 전통적으로 정당 지도자와 중앙당의 영향력이 크게 작용하는 상황 속에서 국회의원의 자율성과 독립성을 심각하게 훼손하는 경향을 보여 왔다. 그러므로 국회는 정당들 간의 입장과 이해관계가 조정되고 합의되는 기구로서 기능하지 못하고 있다. 국회의원의 자율성과 독립성이 보장되면 정당들 간의 이념적 갈등이 심화되고 있는 상황 속에서 교차정당적인 의사소통과 논의가 활발하게 전개될 수 있다. 그리고 이 과정에서 상호이해의 폭을 넓히고 합의점을 도출할 수 있는 길도 열릴 수 있다.

셋째, 국회의 입법기능을 활성화하고, 행정부(대통령) 견제·감시의 기능을 제고할 수 있는 제도적 방안들도 모색할 필요가 있다. 미국의 의회가 입법기능과 행정부 견제·감시기능을 이상적으로 수행할 수 있는 것은 정보 비대치성의 문제를 해결할 수 있는 각종 의회지원제도가 잘 구비되어 있다는 점에 있다. 국회의원들의 의정활동을 전문적으로 보좌하고 지원해줄 수 있는 기구와 인력이 충분히 존재해야 시민들의 요구를 적시에 입법화할 수 있다. 정보의 비대칭성으로 야기될 수 있는 공무원의 도덕적 해이문제를 해결할 수 있다. 뿐만 아니라 상임위원회 임기를 2년으로 제한하고, 고참제도(seniority system)를 채택하고 있지 않으며, 상임위원회 직원들도 순환보직제로 운영되는 문제도 상임위원회 전문성 제고를 위하여 개선할 필요가 있다.

넷째, 일 안 하는 국회, 세비가 아까운 국회라는 오명을 벗어던질 수 있는 노력도 요구된다. 이것은 국회가 정상적으로 운영되지 않아 공전되는 기간이 많고, 회기 말에 가서 시간 부족으로 졸속으로 입법과 예·결산 관련 안건들을 처리하는 행태를 보였다는 점에 기인한다. 국회가 얼마나 많은 시간 열렸는가의 문제는 입법적 성과와 전문성 제고 등에 중요한 영향을 미치기 때문에 현행 정기회와 임시회로 구분되어 운영되는 회기제도를 없애고 상설 국회로 전환하는 제도적 개혁을 추진할 필요가 있다.

❖ 주

1) 조진만, "의회의 집합적 의사결정과 신뢰: 한국의 현실과 선택,"『의정연구』제15권 1호 (2009), pp. 93-118.

2) John R. Hibbing and Elizabeth Theiss-Morse, *Congress as Public Enemy* (Cambridge: Cambridge University Press, 1996); Kenneth Mayer and David Canon, *The Disfunctional Congress?* (Boulder: Westview Press, 1999).

3) Maurice Duverger, *Political Parties: Their Organization and Activity in the Modern State* (London: Methuen, 1954).

4) Pippa Norris, ed., *Passages to Power: Legislative Recruitment in Advanced Democracies* (Cambridge: Cambridge University Press, 1997).

5) 『한겨레21』, 2012년 3월 20일자.

6) 문우진, "국회의원 개인배경과 입법: 입법 메커니즘과 16대와 17대 국회의 입법생산성,"『의정연구』제16권 1호 (2010), pp. 35-67.

7) 유승익·문우진, "한국 국회의원 충원방식과 대표성: 7대에서 17대 국회의원선거 분석,"『의정연구』제13권 1호 (2007), pp. 101-127.

8) 김보전·함지현·조진만, "국회의원의 법조인 경력은 입법활동에 긍정적인 영향을 미치는가?: 18대 국회에 대한 경험적 분석,"『연구방법논총』제1권 1호 (2016), pp. 59-83.

9) 강원택, "국회의원 선거제도의 개혁: 의원 정수 및 선거구 획정 문제를 중심으로,"『국가전략』제8권 3호 (2002), pp. 133-152.

10) 김도종·김형준, "국회의원 정수산출을 위한 경험연구: OECD회원국들과의 비교·분석을 중심으로,"『국제정치논총』제43집 3호 (2003), pp. 73-88.

11) 『연합뉴스』, 2019년 11월 1일자.

12) 박재창,『한국의회정치론』(서울: 오름, 2003), p. 59.

13) 김도종·김형준 (2003), pp. 73-88.

14) 김계동,『한국전쟁, 불가피한 선택이었나』(서울: 명인문화사, 2014), pp. 150-152.

15) Giovanni Sartori, *Comparative Constitutional Engineering: An Inquiry into Structures, Incentives and Outcomes* (New York: New York University Press, 1994), pp. 184-185.

16) 서희경, "대한민국 건국기의 정부형태와 운영에 관한 연구: '대통령 권한의 통제'에 관한 논쟁을 중심으로," 『한국정치학회보』 제35집 1호 (2001), pp. 83–104.

17) 김홍우, "제헌국회에서의 정부형태론 논의 연구," 한국정치외교사학회 엮음. 『한국정치와 헌정사』 (서울: 한울아카데미, 2001), pp. 187–189.

18) 김홍우 (2001), p. 210.

19) 박재창 (2003), p. 59.

20) 함성득·김혁·조준우, "한국과 미국의 의회보좌제도의 비교연구: 한국 의회보좌제도 개선방안의 모색," 『국제정치논총』 제44집 1호 (2004), pp. 393–419.

21) 가상준, "국회 원구성," 의회정치연구회 편, 『한국 국회와 정치과정』 (서울: 오름, 2010), p. 134.

22) 가상준, "정치적 선호도와 당선횟수로 본 17대 국회 상임위원회 특징," 『사회과학연구』 제15집 2호 (2007), pp. 236–278; 박천오, "국회의원의 상임위원회 선호성향과 동기," 『한국정책학회보』 제7집 1호 (1998), pp. 293–315.

23) Joseph Cooper, *The Origins of Standing Committees and the Development of the Modern House* (Texas: Rice University, 1970).

24) 가상준, "미국 상임위원회 의원들의 정치적 선호도: 본회의 및 정당에 대한 대표성," 『한국정치학회보』 제36집 4호 (2002), pp. 299–319.

25) 박재창 (2003), p. 438.

26) 정광호, "입법과정에 있어서 국회와 관료제의 관계에 대한 예비적 분석," 『의정연구』 제8권 2호 (2002), pp. 67–68.

27) 김민전, "민주주의 공고화를 위한 국회 개혁," 『계간 사상』 여름호 (1999), pp. 113–135.

28) 조진만, "국회 교섭단체제도의 형성과 변화," 손병권 외, 『대한민국 국회 제도의 형성과 변화』 (서울: 푸른길, 2018), pp. 115–165.

29) 조진만 (2018), pp. 115–165.

30) 유병곤, 『갈등과 타협의 정치: 민주화 이후 한국의회 정치의 발전』(서울: 오름, 2006).

31) 조진만, "의회의 운영시간 결정요인에 대한 교차국가분석," 『한국정치학회보』 제42집 1호 (2008), pp. 139–160.

32) 최준영·조진만, 『견제와 균형: 인사청문회의 현재와 미래를 말하다』 (서울: 써네스트, 2013).

33) 조진만, "의원윤리의 쟁점과 한국의 실태," 『의정연구』 제25권 3호 (2019), pp. 97–106.

34) Amy Gutmann and Dennis Thompson, *Democracy and Disagreement* (Cambridge: Belknap Press, 1996).

35) Eric Uslaner, *The Decline of Comity in Congress* (Ann Arbor, MI: University of Michigan Press, 1993).

36) 조진만 (2019), pp. 97–106.

❖ 참고문헌

1. 한글문헌

가상준. "국회 원구성." 의회정치연구회 편. 『한국 국회와 정치과정』. 서울: 오름, 2010.

_____. "미국 상임위원회 의원들의 정치적 선호도: 본회의 및 정당에 대한 대표성." 『한국정치학회보』 제36집 4호 (2002).

_____. "정치적 선호도와 당선횟수로 본 17대 국회 상임위원회 특징." 『사회과학연구』 제15집 2호 (2007).

강원택. "국회의원 선거제도의 개혁: 의원 정수 및 선거구 획정 문제를 중심으로." 『국가전략』 제8권 3호 (2002).

김계동. 『한국전쟁: 불가피한 선택이었나』. 서울: 명인문화사, 2014.

김도종·김형준. "국회의원 정수산출을 위한 경험연구: OECD 회원국들과의 비교·분석을 중심으로." 『국제정치논총』 제43집 3호 (2003).

김민전. "민주주의 공고화를 위한 국회 개혁." 『계간사상』 여름호 (1999).

김보전·함지현·조진만. "국회의원의 법조인 경력은 입법활동에 긍정적인 영향을 미치는가?: 18대 국회에 대한 경험적 분석." 『연구방법논총』 제1권 1호 (2016).

김홍우. "제헌국회에서의 정부형태론 논의 연구." 한국정치외교사학회 엮음. 『한국정치와 헌정사』. 서울: 한울아카데미, 2001.

박재창. 『한국의회정치론』. 서울: 오름, 2003.

박천오. "국회의원의 상임위원회 선호성향과 동기." 『한국정책학회보』 제7집 1호 (1998).

서희경. "대한민국 건국기의 정부형태와 운영에 관한 연구: '대통령 권한의 통제'에 관한 논쟁을 중심으로." 『한국정치학회보』 제35집 1호 (2001).

유병곤. 『갈등과 타협의 정치: 민주화 이후 한국 의회정치의 발전』. 서울: 오름, 2006.

정광호. "입법과정에 있어서 국회와 관료제의 관계에 대한 예비적 분석." 『의정연구』 제8권 2호 (2002).

조진만. "국회 교섭단체제도의 형성과 변화." 손병권 외. 『대한민국 국회 제도의 형성과 변화』. 서울: 푸른길, 2018.

_____. "의원윤리의 쟁점과 한국의 실태." 『의정연구』 제25권 3호 (2019), pp. 97-106.

_____. "의회의 운영시간 결정요인에 대한 교차국가 분석." 『한국정치학회보』 제42집 1호 (2008).

_____. "의회의 집합적 의사결정과 신뢰: 한국의 현실과 선택." 『의정연구』 제15권 1호 (2009).

최준영·조진만. 『견제와 균형: 인사청문회의 현재와 미래를 말하다』. 서울: 써네스트, 2013.

함성득·김혁·조준우. "한국과 미국의 의회보좌제도의 비교연구: 한국 의회보좌제도 개선방안의 모색." 『국제정치논총』 제44집 1호 (2004).

2. 영어문헌

Cooper, Joseph. *The Origins of Standing Committees and the Development of the Modern House*. Texas: Rice University, 1970.

Gutmann, Amy, and Dennis Thompson. *Democracy and Disagreement*. Cambridge: Belknap Press, 1996.

Hibbing, John R., and Elizabeth Theiss-Morse. *Congress as Public Enemy*. Cambridge: Cambridge University Press, 1995.

Mayer, Kenneth, and David Canon. *The Disfunctional Congress?* Boulder: Westview Press, 1999.

Norris, Pippa. ed. *Passages to Power: Legislative Recruitment in Advanced Democracies*. Cambridge: Cambridge University Press, 1997.

Uslaner, Eric. *The Decline of Comity in Congress*. Ann Arbor, MI: University of Michigan Press, 1993.

행정부

박형준(성균관대 행정학과)

행정부는 사회질서 유지와 공공가치를 실현하기 위해 법을 구체화하여 집행하는 기관을 말한다. 대한민국 헌법은 국가기구 구성에 있어 제4장에 정부에 관한 규정을 두고, 제1절에서는 대통령, 제2절은 행정부로 구성되어 있다. 헌법상에 제시된 협의의 행정부는 대통령을 제외한 국무총리와 국무위원, 국무회의, 행정 각부와 감사원을 말한다. 하지만 「헌법」 제66조 4항에는 "행정권은 대통령을 수반으로 하는 정부에 속한다"라고 제시되어 있고 입법권과 사법권 행정권의 3권 분립차원에서 국회가 3장, 법원이 5장으로 구성되어 있다. 따라서 헌법에서 대통령과 행정부를 구분하였지만, 광의로는 행정부는 대통령을 포함한 정부로 보는 것이 적절하다. 더 넓게는 행정부가 인적·물적자원을 확보하고 관리해서 국민에게 재화와 서비스를 제공하는 활동을 하는 기관이라는 측면에서 광역과 기초자치단체인 지방정부도 광의로는 행정부에 속한다고 할 수 있다. 기능적인 측면만을 고려했을 때는 정부소속 산하기관을 넘어 행정의 기능을 수행하는 공기업과 준정부기관까지 광의의 행정부로 간주할 수 있지만, 일반적으로 조직적인 측면에서 정부조직법상에 규정된 중앙행정기관(대통령과 행정 각부)을 여기서는 행정부로 정의하고 설명하겠다.

현대 행정국가에서는 실제 법을 구체화하고 집행하는 행정부가 지속적으로 인력과 예산의 증가를 통해 그 역할과 권한이 커져 왔다. 과거에는 입법부에서 정책을 결정하고 행정부는 집행한다는 측면에서 정치와 행정의 이원론적인 측면에서 접근했다면, 최근에는 실제 복잡한 사회 문제 해결을 위해 행정부에서 정책의제를 도출하고 실제 구체적인 정책을 만들고 집행하고 평가 후 환류까지 한다는 측면에서 정치·행정일원론적인 관점에서 행정부를 설명하고 있다. 실제 입법부인 국회에서 법률안을 제정하고 통과시킴으로써 정책이 결정되고, 국정감사나 예산결산을 통해 평가 환류하는 기능도 있지만, 한국의 경우 미국이나 의원내각제(의회제) 국가와 다르게 정부발의 법안이 가능하고, 실제 각 정부부처의 자체 평가와 국무총리실의 정부업무 평가를 통해서 정책을 평가 환류하는 기능이 행정부에 있다. 따라서 한국정치에 있어서도 행정부는 단순한 집행기능이 아닌 정부로서, 그리고 중요한 정치과정의 행위자로서 자리하고 있다. 다음에서는 이러한 행정부의 조직구조는 어떻게 구성되어 있고, 인적자원인 공무원의 인사행정은 어떻게 이루어지고, 물적자원인 국가재정은 어떻게 운용되는지에 대해 살펴볼 것이다. 그리고 제1공화국부터 행정부의 역사적 변천을 통해 어떻게 행정부가 변화해왔고, 행정개혁과 혁신을 위해 어떻게 각 정부마다 진화해왔는지를 고찰해보고, 미래의 행정부 변화 방향에 대해서 살펴보겠다.

1. 행정부 조직과 구성 원리

행정부는 기본적으로 대통령과 그를 보좌하는 대통령비서실, 그리고 대통령의 명을 받아 행정부를 총괄 조정하는 국무총리, 그리고 행정 각부로 구성되어 있다. 일반적으로 대통령제 국가는 행정부 수장인 대통령과 이를 보좌하는 부통령으로 구성되어 있다. 대통령이 러닝메이트로서 부통령을 두고 대통령이 행정 각부를 통솔하는 형태지만, 한국의 경우는 제헌헌법에서 대통령제에 의원내각제 요소를 가미하여 대통령과 임명직인 국무총리 형태로 행정부가 구성되어 있다. 하지만 대통령과 총리가 권력을 나누어 갖는 이원집정부제와는 달리 한국의 경우 대통령이 장관의 인사권과 모든 중앙행정기관의 행정감독권을 가지는 행정부의 수반이므로 대통령제로 분류된다. 따라서 행정부는 도표 7.1에서 제시된 것처럼 입법부와 사법부, 헌법재판소를 제외한 모든 중앙 행정기관 조직을 행정부 조직 구성으로 볼 수 있다. 2020년 현재 대한민국의 중앙 행정부의 조직은 대통령과 국무총리, 18부처 5처 17청, 2원(국가정보원과 감사원) 4실(대통령비서실, 국가안보실, 국무조정실, 국무총리 비서실), 7개 위원회로 구성되어 있다.

행정부 조직으로 중앙행정기관은 국가 행정사무를 담당하기 위해 설치된 행정기관으로 지방행정기관과 다르게 관할권의 범위가 전국이 미치는 기관이다. 일반적으로 중앙 행정기관은 정부조직법에 의해서만 설치된 부(部)·처(處)·청(廳)만을 의미하지만, 도표 7.1의 행정부 정부조직도를 보면 부(部)·처(處)·청(廳) 외에도 위원회 형태의 합의제 행정기관이 존재한다. 정부조직법 제2조 2항의 각호에 따라 특별한 규정이 있는 경우, 개

도표 7.1 문재인정부 행정부 조직

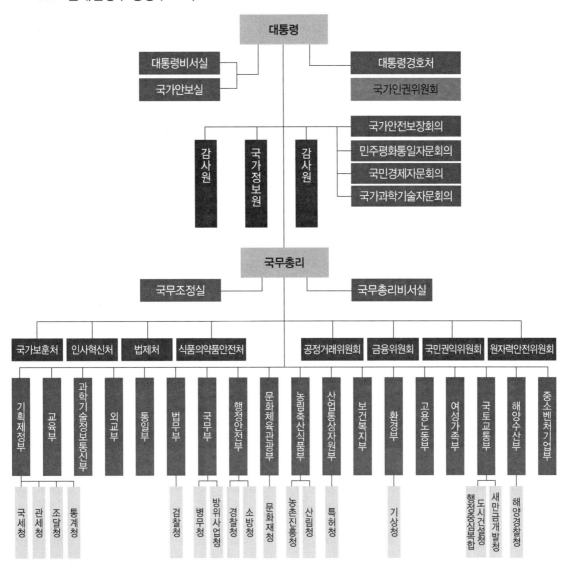

출처: 정부24. 정부 조직도 (https://www.gov.kr/portal/orgInfo)

별 법률로서 중앙행정기관을 설치할 수 있다. 이에 따라 독립성이 요구되는 행정사무를 수행하기 위한 합의제 행정기관인 위원회 조직과 특정 목적을 위해서 세워진 독임제 행정기관(행정중심복합도시건설청 등)이 개별 법률에 따라서 중앙행정기관으로 설치된 기관들이다.

행정부 조직의 핵심적 형태인 부(部)는 고유의 국가 행정사무를 수행하기 위해 기능별 또는 대상별로 설치된 기관이다. 예를 들어, 기획재정부, 행정안전부, 외교부, 국방부와 같이 기능을 중심

● 글상자 7.1   정부조직법 제2조 2항

제2조(중앙행정기관의 설치와 조직 등)

② 중앙행정기관은 이 법에 따라 설치된 부·처·청과 다음 각 호의 행정기관으로 하되, 중앙행정기관은 이 법 및 다음 각 호의 법률에 따르지 아니하고는 설치할 수 없다. 〈개정 2020. 6. 9.〉

1. 「방송통신위원회의 설치 및 운영에 관한 법률」 제3조에 따른 방송통신위원회
2. 「독점규제 및 공정거래에 관한 법률」 제35조에 따른 공정거래위원회
3. 「부패방지 및 국민권익위원회의 설치와 운영에 관한 법률」 제11조에 따른 국민권익위원회
4. 「금융위원회의 설치 등에 관한 법률」 제3조에 따른 금융위원회
5. 「원자력안전위원회의 설치 및 운영에 관한 법률」 제3조에 따른 원자력안전위원회
6. 「신행정수도 후속대책을 위한 연기·공주지역 행정중심복합도시 건설을 위한 특별법」 제38조에 따른 행정중심복합도시건설청
7. 「새만금사업 추진 및 지원에 관한 특별법」 제34조에 따른 새만금개발청

으로 만들어지거나, 여성가족부, 중소기업벤처부와 같이 정책대상을 중심으로 부서가 세워지기도 한다. 이러한 부는 정부정책을 만들고 집행하는 역할을 하는 핵심조직이다. 장관은 대통령과 국무총리의 지휘와 감독을 받지만, 실제적으로는 소관 영역의 정책을 결정하고 집행하는 수장으로서 그 역할이 매우 중요하다. 장관은 또한 정부 정책의 최고심의기관인 국무회의의 구성원인 국무위원을 겸한다. 행정 각부의 장관과 국무위원은 법적 지위에는 차이가 있다. 국무위원은 합의제 심의기관인 국무회의의 구성원으로 국무회의에서는 법적으로 대통령·국무총리와 동등한 지위의 구성원이고, 담임(擔任)사무에 한계가 없다. 하지만 장관의 경우 대통령과 국무총리의 지휘 감독을 받으며, 국무회의에 심의된 사항을 집행하는 행정기관으로서 담임사무에 일정 한계가 있다.

다음으로 인사혁신처, 법제처와 같은 처는 국무총리 소속으로 여러 부에 관련된 기능을 통합하는 참모적 업무를 수행한다. 물론 국가보훈처와 식품의약안전처와 같이 특정 정책영역 업무를 수행하기 위해 만들어지기도 한다. 일반적으로 국가보훈처장만이 장관급이고 다른 처의 장은 차관급으로 장관과 같이 소관 사무 통할권과 소속 공무원에 대한 지휘·감독권을 가진다. 처 조직의 장은 일반적으로 차관급이다. 하지만 국가보훈처의 위상을 높인다는 측면에서 2017년 정부조직개편에서 장관급으로 격상되었다. 처장이 장관급이라는 말은 처의 지위를 유지하는 것이므로 자체적인 부령 등을 제정할 수는 없다. 이는 행정부 조직이 실제적인 기능보다는 정치적 상징에 의해서 변화할 때 이러한 조직의 장의 위상의 변화를 가져오는 정치적 행위를 한다. 국가보훈처

는 1961년 군사원호청으로 창설된 이후 1998년 1월까지 장관급 부처로 남아 있다가 1998년 2월 김대중정부 출범 이후 차관급으로 격하됐다. 그러나 노무현정부가 들어선 뒤 2004년 3월 장관급 부처로 격상돼 보훈처장은 국무회의에, 보훈처 차장은 차관회의에 각각 참석했다. 그러다가 이명박정부에서 다시 차관급으로 낮춰졌다. 이후 문재인정부 들어서면서 다시 장관급으로 격상되었다. 하지만 국무위원이 아닌 처는 의안제출권이 없으므로 국무총리에게 의안제출을 건의할 수 있으며, 국무회의 구성원은 아니지만 국무회의 출석·발언권을 가진다. 또한, 소관사무에 관하여 직접적인 법규명령을 제정할 수 없으므로 국무총리를 통해 총리령을 제정한다.

다음은 국세청, 관세청, 병무청, 조달청, 경찰청과 같은 청 조직이 있다. 청은 행정 각부의 소관사무 중 업무의 독자성이 높고 특히 집행적인 사무를 독자적으로 관장하기 위하여 행정 각부 소속으로 설치되는 중앙행정기관이다. 청의 장 역시 처의 장과 같이 소관사무 통할권과 소속공무원에 대한 지휘·감독권을 가지고, 국무회의 구성원은 아니지만 출석발언권을 가진다. 처와의 차이점은 국무총리 소속이 아닌 행정 각부에 소속이므로 국무회의에 직접 의안을 제출할 수 없어 소속 장관에게 의안제출을 건의하여야 하고 소관사무에 관하여 직접적인 법규명령을 제청할 수 없으므로 소속장관을 통해 부령을 제청할 수 있다.

이러한 부처조직은 전형적인 분업의 원리에 의해 부처의 장 아래 실·국·관·과·단 등의 하부조직을 두는 계층제적인 구조를 가진다 (도표 7.2). 행정부의 하부조직은 기능에 따라 의사결정 등에 직접 수행하는 보조기관(실, 국, 과 등)과 행정기관의 기능을 원활하게 수행하도록 지원하는 보좌기관(관, 담당관 등)으로 분류된다. 문재인정부에

도표 7.2　중앙 행정조직의 계층제 형태

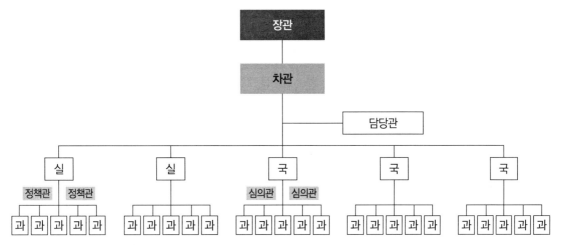

서는 장관-차관-실-(정책)관-과 또는 장관-차관-국-과의 형태로 계층제적 계선조직으로 구성되어 있다. 예를 들면, 문화체육관광부 장관-제1차관-문화예술정책실-문화정책과 또는 기획재정부장관(경제부총리)-2차관-공공정책국-공공제도기획과의 형태가 그 예이다. 차관보, 담당관, 정책보좌관 등이 참모조직으로 역할을 하는 조직으로 구성되어 있다.

이러한 하부조직 설치의 일반적인 기준은 중앙행정기관의 소관사무를 업무의 특성과 업무량에 따라 설치되는데 업무의 한계가 분명하고 업무 간 독자성과 계속성이 있어야 한다.

이러한 본부조직 외에 중앙조직은 소속기관과 임시조직을 두고 있다. 예를 들면, 행정안전부의 경우 9개의 소속기관(지방자치 인재개발원, 국가기록원, 정부청사관리본부, 이북5도위원회, 주민등록번호변경위원회, 국가민방위재난안전교육원, 국립과학수사연구원, 국가정보자원관리원, 국립재난안전연구원)과 임시조직으로 행정서비스통합추진단, 정부혁신전략추진단, 지구촌새마을 추진단, 과거사관련업무지원단, 재난안전통신망사업단, 주민복지서비스개편추진단, 2020년유엔공공행정포럼준비기획단이 있다. 모두 공무원으로 구성된 중앙행정조직이다.

소속기관과 임시조직은 본부조직에 비해 상대적으로 독립성이 강하고 특정 정책을 집행하거나 임시적인 TF 조직이다. 소속기관에는 특별지방행정기관과 부속기관으로 정부조직법상 구분을 둘 수 있는데, 특별지방행정기관은 특정한 중앙행정기관의 소속으로 중앙행정기관의 소관사무(국가사무) 중 자육적 업무를 당해 관할 구역 내에서 처리할 수 있도록 해당 지역에 설치한 중앙행정기관이다. 정부조직법 3조(특별지방행정기관의 설치)에 따르면, 특별지방행정기관은 지

글상자 7.2 정부조직관리 지침상 하부조직 설치기준

- ▢ 본부의 정책·사업부서 설치기준(소속기관의 하부조직도 가급적 기준에 따라 설치한다)
  - ○ '과'의 정원은 10명 이상을 원칙으로 하며, 업무 성격에 따라 일부 조정은 가능하나 최소 7명 이상을 원칙으로 한다.
  - ○ '국'은 4개 과 이상일 경우 설치 가능하며, '국' 밑에는 원칙적으로 '심의관'을 두지 않는다.
    - 심의관은 인력·기구·규모가 일반국의 2배 수준(최소 6과 이상)이고, 별도의 국으로 분리 설치가 어려운 경우 둘 수 있다.
  - ○ '실' 밑에는 업무 특성에 따라 '정책관'을 두되, 소관하는 과의 수가 3개 이상일 때 설치 가능하다
    - '실'은 정책관의 수가 2개 이상일 때 설치 가능하며, 그 규모는 특별한 사정이 없는 한 3개까지 가능하며, 3개의 '관' 또는 12개의 '과'가 넘지 않음을 원칙으로 한다.
- ▢ 의사결정의 신속성과 효율성을 확보하기 위하여 차관까지의 결제단계는 최대 4단계 이하로 한다.
  - ○ 3·4급으로 '국' 단위 기구를 설치할 수 없으며 '국' 밑에도 3·4급 '관(단)'도 설치할 수 있다.

방에서 수행되지만 기능적으로 볼 때 전국적 통일성이 필요하거나 전문성이 요구되어 지방자치단체에 위임하는 것이 적합하지 않은 경우 설치된다. 이는 행정의 전문성을 제고와 광역행정의 용이성 차원에서 활용된다. 예를 들면, 지방국세청, 지방병무청, 지방환경청, 출입국관리소, 지방경찰청, 지방검찰청, 교도소 등이 이에 해당한다. 특별지방행정기관은 국가사무를 해당 지역에서 처리한다는 점에서 지방자치 단체를 수행하는 지방자치 단체와 구별된다. 최근 지방분권과 관련해서 지방자치 단체들이 이러한 특별지방행정기관의 기능과 조직을 지방으로 이전을 요구하고 있다. 관리상 특별행정기관의 특이한 점은 기관장의 근무교대제의 운영이 필요한 기관의 경우를 제외하고는 부기관장을 둘 수 없다는 것이다.

부속기관은 행정기관에 부속하여 그 업무를 지원하는 기관이다. 정부조직법 4조(부속기관의 설치)에 의하면 국립중앙박물관, 국립국어원, 국립극장, 한국예술종합학교, 해외문화홍보원 등은 문화체육관광부의 부속기관이다. 그 소관사무 범위에서 필요한 경우 대통령령으로 설치하는데 시험연구기관, 교육훈련기관, 문화기관, 의료기관, 제조기관(현재는 제조기관에 해당하는 부속기관은 존재하지 않고, 과거 철도청 산하공장 등이 이에 해당) 및 자문기관 등이 이에 해당한다. 예를 들면, 국립과학수사연구원, 중앙공무원교육원, 국립현대미술관 등이 그 예이다.

또 다른 형태의 행정부 조직의 형태가 위원회이다. 위원회는 최종 의사결정 권한을 부처의 장에게 주어진 것이 아닌 위원회의 위원들에게 분산되어 있고, 합의에 의해 결정을 내리는 합의제 행정기관이다.[1] 한국에서 위원회 조직은 다양한 형태로 존재해 왔고, 1990년대 후반부터 민주주의나 참여정치라는 차원에서 위원회제도가 활성화되기 시작하였다.

이러한 정부위원회 중에서 개별 법률에 근거하여 설립되어 의사결정 및 집행기능의 사무조직까지 가진 위원회를 행정위원회라고 한다. 정부조직법상의 도표 7.1에서 보이는 대통령 소속의 방송통신위원회, 국무총리 소속의 공정거래위원회, 금융위원회, 원자력안전위원회, 국민권익위원회, 그리고 2020년 8월 신설된 개인정보보호위원회가 이에 해당한다. 흥미로운 것은 국가인권위원회, 방송통신위원회, 공정거래위원회, 금융위원회, 국민권익위원회, 개인정보보호위원회 위원장은 장관급 정무직 공무원이고 원자력안전위원회 위원장은 차관급이다.

위원회 조직은 일반적으로 그 소관업무를 독립적으로 수행할 필요가 있을 때 중립성과 공정성을 위해서 위원회 조직의 형태로 만든다. 주로 정치적 중립성이 필요한 규제기관을 이러한 위원회 형태로 만들고 위원추천을 대통령 단독이 아닌 대통령과 국회, 사법부 등에서 추천하여 대통령이 지명한다. 위원은 상임위원과 민간이 비상임위원으로 구성되는 경우가 일반적이다.

글상자 7.3에서 보듯이 각 위원회별로 위원장과 위원구성이 다르고, 위원의 추천과 임명 절차도 각 법률별로 다르다. 이는 일정한 규칙성을 가지고 위원회가 구성되는 것은 아니라는 것을 보여준다. 또한, 미국의 경우 시장에 개입하여 재산권 배분에 영향을 미치고, 민간의 자유를 제한하는 규제와 관련된 정부의 행위는 준입법적, 준사법적 특성을 가진다. 따라서 정치적 중립성과 의사결정의 신중함을 위해서 여러 사람이 합의해서 결정하고 조직의 장은 위원회 구성을 입법부, 사법부, 행정부의 추천을 받아 진행한다. 이에 따라 대통령과 의회로부터 독립성을 보장하기 위한 독립규제위원회의 형태를 지닌다. 한국의 경우 위원추천의 형식이나 구성을 볼 경우 최종 임명권자가 대통령이거나, 공정거래위원회나 금융위원회, 국민권익위원회처럼 국무총리 제청과 위원장 추천, 당연직 정부 공무원의 위원 위촉 등으로 실질적으로 위원회가 규제기관의 특성상 필요한 완벽한 독립을 보장받고 있지는 못한 현실이다. 행정위원회는 대통령과 국무총리 소속위원회 외에도 부처 소속의 행정위원회도 존재한다. 인사혁신처 소속의 소청심사위원회도 이러한 유형에 속한다. 또 다른 형태의 행정위원회는 한 명의 임명

글상자 7.3　행정위원회 위원 구성방식

- 국가인권위원회: 11인 위원. 국회 선출 4인 (상임위원 2인 포함), 대통령 지명 4인(상임위원 1인 포함), 대법원장 지명 3인으로 구성하여 대통령이 임명한다. 1명의 위원장(장관급), 3명 상임위원(차관급), 7명 비상임위원으로 구성.

- 방송통신위원회: 대통령이 임명하는 5인으로 구성한다. 5인 중 3인은 국회의 추천을 받아 대통령이 임명한다. 국회 추천 3인은 여당(대통령이 소속되거나 소속되었던 정당) 1인, 야당 2인으로 구성한다. 위원은 모두 상임위원임.

- 공정거래위원회: 위원회는 위원장 1인(장관급), 부위원장 1인(차관급), 상임위원 3인, 비상임위원 4인 등 총 9인의 위원으로 구성. 위원장과 부위원장은 국무총리의 제청으로 대통령이 임명하고, 상임위원과 변호사·경제학자로 구성된 비상임위원들은 위원장의 제청으로 대통령이 임명.

- 금융위원회: 금융위원회는 9명의 위원으로 구성하며, 위원장(장관급)·부위원장(차관급) 각 1명과 다음 각 호의 위원으로 구성한다. 각호의 위원은 기획재정부 차관, 금융감독원 원장, 예금보험공사 사장, 한국은행 부총재, 금융위원회 위원장 추천 금융전문가 2명(별정직 공무원임명), 대한 상공회의소 회장이 추천하는 경제계 대표 1명(비상임).

- 원자력안전위원회: 위원장(차관급)을 포함하여 9명의 위원으로 구성된다. 위원장은 국무총리의 제청으로 대통령이 임명하고, 4명의 위원(1인 상임위원, 3인 비상임위원)은 위원장이 제청하여 대통령이 임명 또는 위촉하며, 나머지 4명의 위원(비상임위원)은 국회에서 추천하여 대통령이 임명 또는 위촉함.

- 국민권익위원회: 위원장 1명, 부위원장 3명, 상임위원 3명 및 비상임위원 8명으로 구성. 위원장과 부위원장은 국무총리의 제청으로 대통령이 임명하고, 상임위원은 위원장의 제청으로 대통령이 임명하며, 상임이 아닌 위원은 대통령이 위촉함. 이 경우 비상임위원 중 3명은 국회가, 3명은 대법원장이 각각 추천하는 자를 위촉.

직 상임위원장이 존재하는 것이 아닌 복수의 위원장을 가진 형태이다. 즉, 국무총리나 관련부처 장관과 민간의 비상임위원장이 공동위원장을 맡고 정부의 당연직과 민간위원들로 위원회가 구성된 형태이다. 대표적인 형태가 규제개혁위원회이다. 규제개혁위원회는 정부의 규제정책을 심의·조정하고 규제의 심사·정비 등에 관한 사항을 종합적으로 추진하는 대통령 소속하의 위원회이다. 국무조정실의 정부업무평가실장과 규제조정실장이 간사를 맡고 위원회의 업무를 행정적으로 지원한다. 행정위원회는 행정부처와 마찬가지로 행정 권한과 기능을 가지고 하부조직을 가지므로 일반적인 자문위원회와는 구분이 된다.

또 다른 형태의 위원회는 자문위원회이다. 자문위원회는 위원회 결정의 구속력이 없고, 대통령이나 조직의 장에게 정책 조언의 기능을 하는 역할을 한다. 행정부 조직은 사회의 다양한 문제가 복잡해지고 이의 해결을 요구하는 정부의 행정 수요가 다양성과 전문성이 요구됨에 따라서 다양한 전문가의 의견을 청취하고 다양한 사회 각계각층의 의견을 반영하여 사회문제를 해결하기 위해서 각종 자문위원회를 활용하고 있다. 자문위원회도 대통령 소속과 각 부처 소속의 자문위원회가 존재한다. 도표 7.1의 정부조지표에 있는 대통령 소속의 4개 회의(국가안전보장회의, 민주평화통일자문회의, 국민경제 자문위원회, 국가과학기술자문회의)의 경우 헌법에 근거하여 설치된 기관이다. 법령(법률과 명령 등)에 의해 설치된 위원회도 존재한다. 또한, 자문기능을 하지만 실질적인 정책안을 만들고 심의·의결하는 형

태의 위원회도 존재한다. 주로 다부처가 관계되어 있고 대통령의 국정과제나 특별한 목적을 위해 신설되어 자체예산을 집행하고, 관련 부처에서 인력을 지원받거나 자체인력도 충원하는 형태이다. 위원회의 구성도 전문가 위주의 비상임위원과 각 부처 장관이나 차관 등이 당연직 위원으로 참여하는 형태이다. 이는 단순 자문이나, 조언보다는 국정과제의 실행을 위한 TF 또는 정책브레인 역할을 한다. 그 예로 대통령 소속의 자치분권위원회와 대통령 소속 정책기획위원회가 이러한 형태이다.

또 다른 형태의 자문위원회가 중립적 정부 업무의 평가 관련 위원회이다. 대표적으로 국무총리실 소속의 정부업무평가위원회가 있다. 정부업무평가위원회는 전 부처의 정부업무 평가의 실시와 평가기반의 구축을 체계적·효율적으로 추진하기 위한 조직으로 국무총리와 민간위원이 공동으로 위원장직을 맡고 있고, 민간위원과 장관급 일부 부처의 장이 당연직으로 임명된다. 그리고 총리실 산하 국무조정실의 정부업무평가실장이 간사를 맡고, 정부업무평가실에서 행정업무를 담당한다. 규제개혁위원회와 비교 시 소속은 다르지만, 위원회 구성과 국무조정실 각 실이 실제 행정업무를 담당한다는 점에서 큰 차별성은 없지만 규제개혁위원회는 행정위원회로, 정부업무평가위원회는 자문위원회로 분리된다.

행정부의 위원회 조직은 ① 행정의 공정 및 정치적 독립성을 확보하고, ② 민간 전문가의 참여를 유도하여 의사결정의 전문성과 합리성을 증진시키고, ③ 행정의 통합조정 및 당사자의 이해

를 조정하고, ④ 민간의 행정 민주화를 달성한다는 점에서 장점이 있다. 하지만 명확한 기준이 없이 대통령의 관심에 따라 각종 위원회 신설에 따라 정부 부처의 기능을 침해하거나 위원회 간 관료의 책임회피를 위해 위원회 조직이 만들어 지면서 문제점을 양산하였다. 즉 역할 분담이 모호해지면 자칫 위원회 자체가 각 부처 고유 업무를 침범하고 옥상옥 권력으로 군림하게 될 가능성도 제기된다. 예를 들어, 고용노동부 장관이 고용노동부가 일자리 주무부처로서 문재인정부의 일자리 정책을 주도해야 한다고 했지만, 일자리위원회는 2000년 1월 '범정부 청년 일자리 대책 TF'를 구성해 일자리 문제 중 가장 시급한 청년 일자리 문제를 전담케 하기도 했다. 이처럼 관계 부처에 일임해도 무방한 일까지 대통령과 청와대가 직접 챙기면서 청와대 소관 업무가 지나치게 방대해지고 내각의 존재감과 역할이 더욱 약해질 수 있으며, 청와대와 부처 간 업무 경계가 모호해질 가능성도 우려되고 있다.

정부위원회는 1997년 380개(23개의 행정위원회와 357개의 자문위원회)가 존재했는데 2019년에는 534개(40개 행정위원회와 574개의 자문위원회)로 대폭적으로 증가했다.[2] 정부 내 위원회 조직이 숫자가 증가함에 따라 위원회 조직의 효율적인 운영의 필요성이 지속적으로 제기되고 있다.[3] 정부위원회 1년 동안 한 번도 안 열린 위원회도 많은 것이 현실이다. 따라서 정부기관의 불필요한 위원회의 개선을 통해 예산 낭비나 비효율적인 관리 차원에서 개선이 요구된다. 미국의 경우 이 같은 현상을 방지하기 위해 1972년 연방자문위원회법(Federal Advisory Committee Act of 1972)을 제정하고 지속적 후속적 법령을 통해 정부위원회 비효율성을 제어하고 있다. 한국의 경우도 정부위원회 설치근거 범위확대와 위원회 총량제 실시, 위원 구성의 중립성과 전문성 보장 제도화, 위원회 성과관리 시스템 도입과 부실위원회 정비기준 법제화, 위원회 일몰제 도입 등의 개선이 요구된다.

2. 행정부 조직의 역사적 변천

1948년 제헌헌법이 통과된 이후 가장 먼저 통과된 법이 「정부조직법」이며, 이 법에 따라 중앙정부부처가 설치되고 원·부·처·청·국(외국) 등의 명칭이 정해졌다. 제1공화국은 11부 4처 3위원회의 정부조직으로 출범하였으며, 전후복구 및 경제부흥과 국민위생 관리 등을 목적으로 3차례의 조직개편을 단행하기도 했다.[4]

의원내각제 중심으로 제2공화국이 꾸려짐에 따라 행정수반은 대통령에서 국무총리로 변경되었으며, 대통령 선출방식 역시 직접선거에서 국회 양원의 간접선고로 바뀌었다. 그뿐만 아니라 대통령의 비상조치(혹은 긴급명령) 권한과 공무원 임면권 역시 폐지되는 등 제1공화국 대통령에게 부여된 주요 권한들이 분산되었다. 내각제에 대비하는 조직 정비와 복수차관제 도입[5] 등이 이뤄졌으나, 대통령 권한의 대폭 축소와 달리 정부조직 체계의 변화는 크지 않았다.

5·16군사정변을 거쳐 제3공화국이 수립된 이

후 정부조직 구조의 핵심은 경제와 관련되어 있었다. 정부는 경제정책을 총괄하기 위한 경제기획원을 설치하고 유신체제로 돌입하기까지 총 9차례의 조직개편을 단행했다. 재정안정계획·금융통화정책 및 조세운영의 효과성을 제고하기 위해 국세청이 설치되었으며 수산청과 산림청 및 국토통일원 등의 조직이 신설되기도 했다.[6] 더불어 노동청, 철도국, 특허국이 설치되는 등 경제와 산업 중흥에 무게를 두고 조직 다변화가 이뤄졌다.[7]

제4공화국 정부는 이른바 '유신헌법'의 가결과 함께 출범했다. 헌법개정안이 통과되면서 대통령에게 긴급조치권·국회해산권 등이 부여되고 국정감사권을 폐지하는 등 행정부에 대한 입법부의 견제기능이 약화되었다. 이 시기 정부의 조직 구조와 변화 역시 이전 정부(제3공화국)의 연장선인 경제중흥에 초점을 두고 있었다. 경제분야에서도 중화학공업의 육성에 무게를 둔 정부는 국무총리 소속 중화학공업추진위원회를 설치하고 수출신장과 공업기술 양성에 힘을 싣고자 공업진흥청과 공업단지관리국을 도입했다. 한편 원자력정책의 효율적 기능을 위해 원자력청을 민간 연구소로 전환하기도 했으며, 국토통일원을 신설하여 통일정책의 기반이 마련된 시기였다.

제5공화국은 경제개발과 진흥을 중심으로 한 제4공화국과 달리 안정과 자율, 개방 등을 표방하며 출범했다. 정권 초기에는 대규모 행정개혁을 단행하며 작은 정부를 지향했지만, 후기에 들어서며 오히려 부처와 실·국이 신설되며 조직 규모가 증가하는 양상으로 변화한다.[8] 경제자유화를 강조하며 당시 국정지표의 하나인 '복지사회

의 건설'이라는 슬로건에 맞춰 노동청을 노동부로 승격하였고, 1988년 서울올림픽을 준비하기 위해서 체육부를 신설하는 움직임을 보였다.

노태우정부는 제5공화국 당시 설치되었다가 폐지된 행정개혁위원회를 다시 도입하여 민주화 추진 및 인권보장, 민간자율성 신장, 국제화 및 지방화 대응, 복지행정 구현 등의 행정개혁을 추진했다. 정부조직의 개편은 행정효율성 제고에 무게를 두고 이뤄졌으며, 작은 정부와 효율적 정부의 동시 구현을 목적으로 설정했다.

뒤이은 김영삼정부의 핵심 관계자들이 정부조직을 바라보는 관점은 신자유주의적 사고를 바탕으로 하고 있었다.[9] 시장경제에 무게를 둔 김영삼정부는 '작고 효율적인 정부'의 모토 아래 4차례의 조직개편을 진행했으며 개편의 핵심은 기능의 통합에 있었다. 1차 개편을 거쳐 문화부와 체육청소년부가 문화체육부로, 상공부와 동력자원부가 상공자원부로 통합되었으며, 2차 개편에서 경제기획원과 재무부는 재정경제원으로, 건설부와 교통부는 건설교통부로 통합되었다. 한편 환경문제에 대한 대응 필요성을 반영하여 환경처를 환경부로 격상시키기도 했다.

1997년 대한민국은 IMF 경제위기에 직면하게 되고 이로부터 두 달 뒤 김대중 대통령의 '국민의 정부'가 출범했다. IMF는 대한민국 시장화 개혁의 가속을 요구함에 따라 정부조직의 개편 방향은 정부역할을 축소하는 것이었다. 세 차례의 정부조직 개편이 이뤄졌으며, "중앙부처의 기능을 핵심역량 위주로 재편하고자 규제·관리기능을 대폭 축소하고 유사중복 기능을 통폐합"하

는 것과 "유사 기능을 수행하는 국·과는 통합하여 대국대과 원칙을 구현하며 특별지방행정기관의 광역화·통폐합을 함께 추진"하는 것이 주요 원칙이었다.[10]

이후 집권한 노무현 대통령의 '참여정부'는 작은 정부가 아닌 '적정 규모(rightsizing)의 정부'를 지향하였으며, 부처의 통폐합이나 인력감축 같은 대규모 조직개편의 수단보다 업무상 기능재편을 중심으로 움직이게 된다. 분권화 역시 참여정부의 대표적인 조직 특성이라고 할 수 있다. 외

도표 7.3 역대 정부 기구도 변천

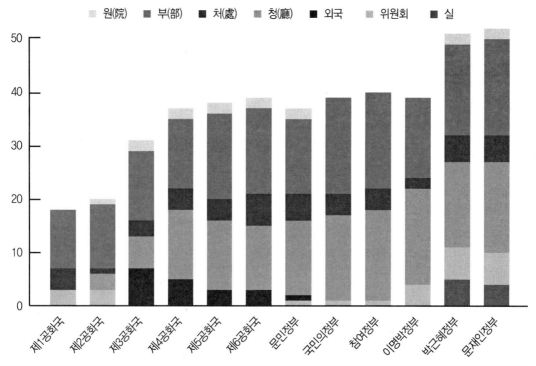

	제1공화국	제2공화국	제3공화국	제4공화국	제5공화국	제6공화국	문민정부	국민의정부	참여정부	이명박정부	박근혜정부	문재인정부
원(院)	0	1	2	2	2	2	2	0	0	0	2	2
부(部)	11	12	13	13	16	16	14	18	18	15	17	18
처(處)	4	1	3	4	4	6	5	4	4	2	5	5
청(廳)	0	3	6	13	13	12	14	16	17	18	16	17
외국	0	0	7	5	3	3	1	0	0	0	0	0
위원회	3	3	0	0	0	0	1	1	1	4	6	6
실	0	0	0	0	0	0	0	0	0	0	5	4

부 환경의 변화에 유연하고 탄력적으로 대응할 수 있도록 관리권한을 분산시켰으며 부처와 하부조직의 자율성을 확대하였다. 또한 장기적 과제에 따라 위원회를 적극적으로 조직·활용한 것이 참여정부의 조직운영이 갖는 특징이었다. 위원회 조직은 정부 밖의 전문가와 시민사회 등 다양한 이해관계자들을 정책과정에 참여시키는 주요 조직기능으로 작용했다.

이후 등장한 이명박정부에는 전(前) 정권의 조직 확대와 직급 인플레이션 등 비대해진 정부조직을 개편할 필요성이 제기되었다. 다시 작은 정부, 기업가적 정부로 돌아갈 것을 공약으로 내걸고 당선된 이명박 대통령은 정부의 출범 초기에 역대 정부 중 최대 규모의 축소 지향적 정부조직 통폐합을 단행했다.[11] 이명박정부는 기존의 정부조직 18부 4처 18청을 15부 2처 18청으로 축소했다. 이는 '작고 유능한 실용적 정부'를 표방한 이 정부가 역할과 기능을 재검토하여 민간에 적합한 기능은 민영화하고 정부는 정책의 조정 기능을 강화하는 데 초점을 맞춘 결과이다. 그 내용은 ① 기획예산처와 재정경제부를 기획재정부로 통합하였다. ② 산업자원부와 정보통신부의 정보기술(IT) 산업정책, 과학기술부의 산업기술 연구개발(R&D) 정책을 통합하여 지식경제부를 신설하였고, 방송통신위원회를 설치하였다. ③ 농림부와 해양수산부의 어업수산정책, 보건복지부의 식품산업진흥정책을 통합하여 농림수산식품부로 개편하였다. ④ 건설교통부와 해양수산부의 해양개발, 항만건설, 해운물류 기능을 통합하여 국토해양부로 개편하였다. ⑤ 교육인적자원부와 과학기술부를 교육과학기술부로 통합하였다. ⑥ 보건복지부, 국가청소년위원회, 여성가족부, 기획예산처 등 수혜 대상별로 세분되어 있던 사회복지 기능을 통합하여 사회복지가족부로 확대 개편하였다. ⑦ 행정자치부와 중앙인사위원회, 비상기획 위원회 및 정보통신부(전자정부, 정보보호)를 통합하여 행정안전부로 개편하였다. 조직개편의 추구 방향이 각 부처에 흩어져 있던 유사·중복 기능을 통합하여 통합부처들을 출현시킨 것이 큰 특징이었다. 업무의 유사중복으로 인한 비효율은 '칸막이 현상'(역할 분담 불투명, 정책연계 미흡, 중첩투자)을 심화시키고 여러 부처가 연관된 정책수요에 대한 대응을 어렵게 하므로, 다부처와 연관된 복잡한 문제해결을 위해 부처를 광역화해 자체 해결형 통합적 문제해결 조직을 구축한다는 것이 조직통합의 기본 취지였다.[12]

박근혜정부에 들어서는 2원 17부 5처 16청으로 조직을 개편하였다. 핵심 과제인 정부3.0과 창조경제를 달성하기 위해서 미래창조과학부, 해양수산부의 신설과 지식경제부가 통상기능을 더해서 산업통상자원부로 변경하였다. 그리고 안전을 강조하기 위해 행정안전부를 안전행정부로 변경하였다. 박근혜정부는 대부처주의에 따른 대규모 기능 통합의 문제점을 해소하고 행정기관별 고유 기능과 전문성을 제고함과 동시에 경제, 사회, 안전 등 주요 분야별 정책조정 기능을 강화하고자 하였다. 4·16세월호 참사 이후 재난안전 분야 조직이 대폭 개편되었으며, 공직개혁을 위한 조직개편도 추진되었다. 전체적으로는 작은 정부 기조를 유지하는 가운데 사회적 이슈 등 행정

환경 변화에 대응한 정부 조직개편이 추진되었다.[13] 그리고 행정안전부를 행정자치부로 개편하였다. 또한 식품의약품 안전청이 식품의약 안전처로 격상하여 국무총리 산하로 승격되었다.

문재인정부의 경우 주요 내용으로 중소벤처기업부, 소방청, 해양경찰청을 신설하였고, 미래창조과학부는 과학기술정보통신부로 변경하고, 행정자치부와 국민안전처를 통합하여 행정안전부로 개편하였으며, 차관급 기구인 과학기술혁신본부(과학기술정보통신부), 통상교섭본부(산업통상 자원부), 재난안전관리본부(행정안전부)를 두어 각 업무의 전문성을 강화하는 한편, 국가보훈처는 장관급으로 격상하고, 대통령경호실은 차관급으로 하향 조정하며 명칭을 대통령경호처로 변경하였다. 개편 결과, 중앙행정기관은 종전 51개에서 52개로 늘었고, 정무직은 종전 129명에서 130명으로 각각 늘었다. 재난·안전 관리 관련 조직 재정비도 추진되어서 국가·지자체 간 유기적 협조를 강화하기 위해 기존 국민안전처와 행정자치부를 통합하여 '행정안전부'를 신설하였다. 아울러, '소방청'과 '해양경찰청'을 신설하여 대형·복합재난 등 각종 재난에 대한 현장대응 역량을 강화하였다. 문재인정부의 경우 과거 정부보다는 조직개편의 폭이 적었다. 이는 매번 정권이 바뀔 때마다 정부조직도 대규모로 개편되는 현상이 반복에 대한 비판이 많았기 때문이다. 물론 박근혜정부의 창조경제를 위한 핵심 주관 부서인 미래창조과학부는 특별한 기능의 변화 없이 명칭이 과학기술정보통신부로 변경하였고. 국민안전처 역시 행정안전부로 다시 통합하였다.

행정부의 정부조직은 정권이 바뀔 때마다 과거 정권과의 차별화를 위해서거나 특정 국정과제를 강조하기 위해 부처개편이 앞서 제시된 것처럼 이루어졌다. 하지만 단순한 기능과 프로세스의 혁신이 아닌 부처의 이름 변경과 부처 간 합병과 분리는 그에 따른 인력의 낭비와 이동, 신설 등으로 발생하는 시간과 비용, 그리고 합병되는 부서 조직원 간의 갈등으로 인한 거래비용이 높았다. 정권 말기만 되면 정부 부처들은 부처 폐지와 통폐합에 대응하기 위해 본 부처의 업무의 중요성과 타 부서의 기능이 본 부처로 넘어오는 것의 타당성 내지는 현재 부처 그대로 존재하는 것에 대한 당위성을 위한 자료 준비에 매진하느라 바쁜 것이 현실이었다. 정부조직이 물 흐르듯이 기존 업무를 잘 진행하면서 개편되면 좋겠지만, 현실은 정부조직 개편에 부처별로 희비가 엇갈리면서 정부 관료는 업무보다 정부조직 개편안에 신경 쓰고 어떻게 하든 살아남거나 자리 이동을 위한 줄서기 관심은 정권 말 레임덕과 겹치면서 행정부의 국정운영에 비효율성을 증가시켰다.

정부조직 개편은 정부조직을 점검하면서 조직의 장단점을 파악한 후 실제적이고 장기적인 정부부처 로드맵을 완성한 후 실시하여야 한다. 그래야 매번 일어나는 정부조직 개편안에 따른 출혈과 문제점을 장기적으로 예방할 수 있다. 우리가 생각해봐야 할 문제는 왜 이렇게 정부조직이 매번 바뀌어야 하는가이다. 미국은 정부조직이 바뀌는 경우가 거의 없다. 근래에 있었던 정부조직은 9·11테러 이후 대테러기능과 조직을 통합한 '국토안보부'의 신설 정도이다. 정부조직은 계속 존재해야 하는데, 필요 때문에 바뀌는 것이 아니라 대통령에 따라 5년마다 바뀐다는 점은 분명 문제가 있다. 이처럼 정부조직이 자꾸 개편된다면 그에 따른 비용 지출은 물론이고, 정책 또한 자꾸 바뀔 수 있다는 것인데, 이렇게 정책이 자주 바뀌는 것도 장기적인 정책 마련보다 단기 정책에만 의존하는 현상을 발생하기 때문이다. 실제적으로 국가정책은 장기적으로 이루어져야 하는데 한국의 경우 5년 단임제에 의한 대통령의 높은 시간 선호율로 5년 재임기간에 효과가 나올 단기적인 정책추진과 정권의 변경 때마다 과거 정부에서 시행하던 핵심 국정과제 중단 및 축소로 정책효과가 지속되지 않는 비효율성이 문제이다. 그리고 국민 역시 과거 핵심정책이 지속되지 않을 것이라 믿기에 정책신뢰성이 지속적으로 저하되는 것도 정책의 효과를 낮추는 요인으로 작동하고 있어 행정부의 혁신과 행정개혁도 이런 정책의 지속성과 신뢰성을 담보할 수 있는 방향으로 수행되어야 할 것이다.

3. 부총리제도: 한국 행정부 조직의 구조적 특징

한국 행정부의 특징으로 국무총리와 부총리제도가 있다. 정부조직법 19조에 의하면 경제부총리와 사회문화부총리 2명의 부총리를 두고, 기획재정부 장관은 경제관계장관회의를 주재하고, 경제정책에 관해 관련 중앙행정기관을 총괄·조정한다. 여기서 경제관계장관회의는 경제관계장관회의 규정 5조에 따라 기획재정부장관·교육부장관·과학기술정보통신부장관·행정안전부장관·문화체육관광부장관·농림축산식품부장관·산업통상자원부장관·보건복지부장관·환경부장관·고용노동부장관·여성가족부장관·국토교통부장관·해양수산부장관·중소벤처기업부장관·국무조정실장·금융위원회위원장·공정거래위원회위원장 및 대통령비서실의 경제정책을 보좌하는 수석비서관으로 구성된다.

교육부 장관은 사회부총리로서 사회관계장관회의를 주재하고 교육·사회·문화정책에 관한 중앙행정기관을 총괄·조정한다. 이 사회관계장관회의는 교육·사회 및 문화관계장관회의 규정에 따라 기획재정부장관·교육부장관·과학기술정보통신부장관·행정안전부장관·문화체육관광부장관·보건복지부장관·환경부장관·고용노동부장관·여성가족부장관·국무조정실장 및 대통령비서실의 교육·사회 및 문화 정책을 보좌하는 수석비서관으로 구성된다. 행정부 간 부처 이기주의로 정부정책 간의 갈등과 중복 발생은 지속적인 문제로 등장했다. 부총리제의 취지는 복잡한 사회문제 해결을 위해 범부처 간 종합적이고 일관성 있는 정책의 수립과 추진, 현안과 중장기 계획의 효율적인 협의와 조정을 위해서이다.

부총리제도는 1963년 경제분야 총괄을 위해 도입되어 경제기획원 장관이 겸임했다. 이후 1990년 12월부터 통일원 장관이 통일관련 분야 총괄을 위해 부총리로 임명되었다. 1998년 작은 정부 추진으로 부총리제는 폐지되었다가 2001년 1월 다시 경제부총리와 교육부총리가 만들어지고, 2004

년 9월에는 과학기술부장관을 과학기술부총리로 격상시켜 3부총리제가 되었다. 이후 2008년 정부조직개편으로 없어졌고, 2014년 정부조직법 개편으로 다시 2부총리제가 도입되어 현재까지 실시되고 있다.

이와 같은 부총리제는 두 가지 의미가 있다. 국무총리의 부처 총괄 조정기능이 있지만, 역사적으로 한정된 자원을 가지고 급속한 경제성장을 추진하려 했던 한국의 현실에서 실제 경제정책을 입안 수립하는 경제부처의 핵심 장관이 경제정책 전반을 총괄·기획하고 조정함으로써 정책의 효율성과 효과성을 높이려 했다. 다음으로 교육과 사회문화, 과학기술부 총리 등의 경우는 새로운 정부가 수립하면서 관련 정책에 정부가 중점을 두고 있다는 것을 상징적으로 공표하기 위해 신설되었다. 행정부의 특징은 부처가 실질적 예산과 인력을 통해서 큰 권한을 가지고 있고, 각 부처들이 부처 이기주의에 따라 업무의 칸막이를 두고 있어서 중복적이고 서로 상충 되는 사업으로 인한 비효율이 발생함에 따라 조정이 필요한 현실이다. 하지만 사회부총리제는 경제부총리와 같이 예산 등의 정책을 조정할 수 있는 수단이 없어서 그 조정능력에 한계가 있다. 이런 이유로 상징적인 통일부총리, 과기 부총리 등은 지속되지 않고 있다. 더불어 실제 사회관계장관회의 구성원과 경제관계장관 구성원이 상당 부분 겹치고 있다. 사실상 대통령 주재의 국무회의와 국무총리 주재의 국정현안점검조정회의가 있는 현실에서 구성원이 상당 부분 일치하는 두 개의 회의를 더 하는 것에 대한 회의론이 존재한다. 통합적 정책수립과 조정을

위해서 부총리제의 필요성은 인정되지만 형식적이고 상징적인 부총리제가 아닌 실질적 조정이 가능한 제도로의 개선이 필요하다.

4. 네트워크 거버넌스: 새로운 정부의 형태[14]

현대의 정보화 사회는 '네트워크 사회'라 불리고 있다. 과거 정부 주도의 사회문제 해결방식에서 벗어나 다양한 이해관계자들이 참여하고 협력하여 행정의 효율성과 효과성, 그리고 민주성을 충족시키기 위해 등장한 것이 바로 '거버넌스(governance)'이다.[15] 잠시 거버넌스의 개념을 살펴보자면, 개념적 기초를 정립한 로즈(Rhodes)는 거버넌스를 최소국가(minimal state), 기업지배구조(corporate governance), 신공공관리(new public management), 좋은 거버넌스(good governance), 사회적 인공지능(사이버네틱)체계(socio-cybernetic systems), 자기 조직화 네트워크(self-organizing networks) 등 여섯 가지로 나누어 구분하였다. 이러한 정의는 국가의 공동화(hollowing state), 신공공관리(new public management), 그리고 정부 간 관리(intergovernmental management) 측면에서 새로운 시사점을 던져줄 수 있다고 주장하였다. 또한, 이와 같은 맥락에서 네트워크 거버넌스(network governance), 협력적 거버넌스(collaborative governance), 메타 거버넌스(meta-governance) 등 다양한 거버넌스 형태도 등장하고 있다. 그러나 소통과 협력

을 통한 새로운 행정운영 방식의 가능성을 모색하여 공동의 문제를 해결하고자 한다는 점이 논의의 공통적인 핵심이라고 볼 수 있다. 이렇듯 거버넌스에 대한 학문적 관심은 크게 높아지고 있으며, 이와 더불어 민·관 간의 상호작용을 바탕으로 자기 조직적(self-organizing)이며 탈중심적 관계를 기반으로 하는 네트워크 거버넌스 또한 강조되고 있다.[16] 행위자들 간의 결속력을 기초로 하는 '네트워크(network)'는 시장이나 계층제 구조와 대비되는 비공식적이고 유연한 구조로 되어 있으며 반복적이고, 상호보완적인 활동들의 결과로서 나타나게 된다. 또한 네트워크의 효과는 공공이나 비영리 분야에서 '공공의 이익'이라는 동기가 부여될 때 더욱 두드러지게 된다. 즉, 민·관 간의 끊임없는 소통과 정보 교환에서 비롯되는 평판, 우정, 상호의존, 이타주의는 네트워크 관계 구축의 핵심 요소라고 할 수 있다.

1990년대부터 신거버넌스(new governance)로 등장한 네트워크 거버넌스는 수평적·자기 조직적 특성 구조에 기반한 상호작용을 강조함으로써 새로운 사회적 조정양식으로 주목받고 있다. 더욱이 제4차 산업혁명에 접어든 시점에서 수많은 정책 현안에 대응해야 하는 정부의 역할을 고려한다면 전문화, 혁신, 속도와 유연성의 장점을 지닌 네트워크의 중요성은 매우 크다고 볼 수 있다.

네트워크 거버넌스에 대한 흐름 역시 다양한 학자에 의해 정의되고 있으며 이에 대한 형성요인이나 형태 등도 여러 관점에서 논의되고 있다. 먼저 쇠렌센(E. Sørensen)과 토핑(J. Torfing)은 기존의 정부 형태와 기능에 큰 변화를 준 새로운 형태의 거버넌스라고 보았으며, "상호 의존적이고 자율적으로 행동하는 정부(state)·시장(market)·시민사회(civil society) 행위자들이 규칙, 규율, 공유된 지식 안에서 갈등을 해결하기 위한 협상의 교류"라고 정의하였다. 쇠렌센과 토핑은 네트워크 거버넌스는 각각 다른 국가 및 정책영역에서 ① 아래로부터의 자발적인 성장 또는 위로부터의 위임이나 설계, ② 공식 또는 비공식, ③ 조직 내 또는 조직 간, ④ 개방 또는 폐쇄, ⑤ 단단한 결합 또는 느슨한 결합, ⑥ 단기 또는 장기, ⑦ 부분별 또는 사회 전반, ⑧ 정책 수립 또는 정책 구현과 같은 형태를 취하게 된다고 주장했다.[17] 또한 여러 종류의 네트워크 형태와 특징, 기능 등을 설명하는 것을 1세대 거버넌스로 규정하고 규범 및 정치적 영향력 평가와 성과 향상을 목표로 하는 2세대 거버넌스의 필요성을 제기하였다. 골드스미스(Stephen Goldsmith)와 에거스(William D. Eggers)는 현대사회의 정부는 독자적으로 사회문제를 해결하기에는 한계가 있으며 민·관 간의 네트워크를 통한 효율적인 공공서비스 전달의 중요성을 강조하였다. 그리고 네트워크 거버넌스는 공공부문에서 제3자 정부, 통합 정부, 디지털 혁명, 소비자 요구에 대한 추세를 대변한다고 보았다.[18] 이와 함께 도표 7.4와 같이 높은 수준의 네트워크 관리 역량과 민·관 협력을 결합함으로써 정책의 성과를 높이고 더 많은 공공가치를 생산할 수 있다는 점을 강조하였다.

이처럼 네트워크 거버넌스의 개념 및 형태는 표 7.1과 같이 학자마다 상이하다고 볼 수 있다. 그러나 이들이 공통으로 내포하고 있는 요소를 살

도표 7.4 정부의 모형

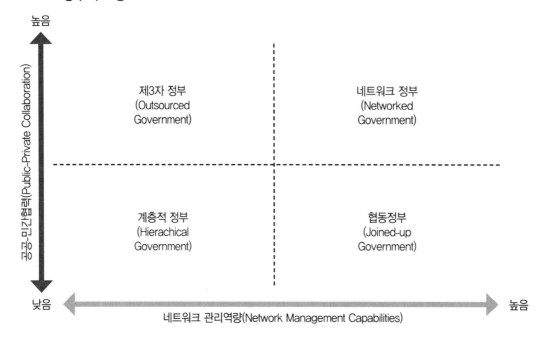

펴보면 다음과 같다. 첫째, 중앙집권적인 정부의 운영체제 변화 및 근본적인 사회문제 해결과 관련된다. 둘째, 정부와 민간 간의 개방적인 네트워크 관계, 자발적인 참여와 소통, 전문화, 유연성 등 다양한 맥락들을 파악해야 한다. 셋째, 네트워크의 특성이 분산되고 복잡하다는 점을 고려하였을 때, 인식의 변화, 그리고 합의와 조정(coordination)과 같은 사회적·규범적(normative)인 측면에 대한 노력이 필요하다.

네트워크는 수많은 대안을 탐색하고 사회문제 해결을 도모하고자 하는 것이기에 정부는 투명한 정보를 공개할 수 있는 제도적 장치를 확보함으로써 최상의 공공가치를 생산해야 한다. 이는 국민이 새로운 역할을 수행함에 있어 정부가 정보의 공유를 제한한다면 국민의 지식은 한계가 있

을 수밖에 없으며, 나아가 문제를 해결하는 데에도 제약이 있을 수밖에 없기 때문이다.

이처럼 네트워크 거버넌스를 발전시키기 위해서는 반드시 선행되어야 할 요소가 존재한다. 이는 민간·시장 부문이 성숙하지 않은 상황에서 새로운 패러다임이라는 인식만으로 네트워크식 시스템을 국정에 무조건 도입하는 것은 바람직하지 않으며 오히려 정부의 책임을 민간에 넘기게 되는 정치적 의도로 이용될 가능성이 크기 때문이다.[19]

이러한 점을 통해 네트워크 거버넌스를 발전시키기 위한 행정부의 역할을 종합하면 다음과 같다. 먼저 네트워크를 통한 문제해결 조건 등을 파악하고 의사결정 과정에 다양한 사회구성원들을 적극적으로 끌어들일 수 있는 인센티브를 제공하여 협력적인 관계를 구축해야 한다. 즉, 정

표 7.1   네트워크 거버넌스의 개념 및 정의

연구자	개념 정의
파웰(Powell, 1990)	계층제 구조와 대비(contrasted)되는 비공식적이고 유연한 구조로써 반복적이고 상호보완적인 활동들의 결과
맥닐(Macneil, 1985)	평판(reputation), 우정(friendship), 상호의존(interdependence), 이타주의(altruism)에서 비롯되는 관계 구축
아담(Adam) & 크리시(Kriesi, 2007)	자기 조직적(self-organizing)이며 탈중심적 관계를 기반으로 하는 민·관 간의 상호작용에 의한 정책결정
쇠렌센(Sørensen) & 토핑(Torfing, 2009)	상호 의존적이고 자율적으로 행동하는 정부(state)·시장(market)·시민사회(civil society)의 행위자들이 규칙, 규율, 공유된 지식 안에서 갈등을 해결하기 위한 협상의 교류
골드스미스(Goldsmith) & 에거스(Eggers, 2004)	높은 수준의 네트워크 관리 역량과 민·관 협력을 결합함으로써 정책의 성과를 높이고 민주성을 강화하며 더 많은 공공가치를 생산하는 것

부는 오히려 전문가적인 기능을 수행해야 한다는 것을 의미한다.[20] 그리고 국민에게 명확하고 충분한 정보를 제공하고 의견을 수렴할 수 있는 네트워크 관리 능력을 갖추어야 한다. 네트워크 관리는 쇠렌센과 토핑의 경우 효과성(effectivity)과 민주성(democracy)으로 구분하였다. 효과성은 거래비용 감소 및 네트워크 행위자들 간의 역량 강화를 위한 충분한 자원 제공과 혁신을 장려하기 위해 수단을 유연하게 조정하는 것이다. 민주성은 네트워크 내에서 평등을 촉진하기 위해 약하고 소외된 네트워크 행위자에게 권한을 부여하여 정보의 적절한 순환을 통해 투명성을 확립하는 것이다.[21] 이러한 네트워크 관리 능력을 갖추고 특히 공개토론 및 강연과 같은 소통의 장(場)을 마련하여 숙의와 국민 참여 확대를 위해 노력해야 한다.

5. 미래 행정부로서의 플랫폼 정부[22]

플랫폼의 어원은 'plat(구획된 땅)'과 'form(형태)'의 합성어로서 사람들이 기차를 타고 내릴 수 있는 승강장, 연설이나 공연을 할 수 있는 '발표장', '단', 컴퓨터 시스템이나 스마트폰의 기반이 되는 소프트웨어 유형 등으로 정의된다. 이렇듯 플랫폼에 대한 개념은 산업군, 장소, 분야별로 다양하게 사용되고 있는데 본 연구는 정부와 민간을 연계해 줄 수 있는 장(場)의 개념으로서 그 역할과 기능을 살펴보고자 한다.

최근 전 세계적으로 주목받고 있는 아마존, 애플, 구글, 페이스북 등과 같은 비즈니스 기업들은 공통점이 있다. 이들은 바로 PC, 스마트폰, 인터넷 등의 ICT 기술을 기반으로, 거래나 소통에 참여하는 이해관계자들에게 가치와 혜택을 연결해

줌으로써 새로운 부가가치를 창출하는 플랫폼 비즈니스 모델을 구현하고 있다는 점이다.

이러한 변화는 생산자와 소비자의 상호작용으로 다양한 방식의 가치를 만들어내는 플랫폼 형태로의 전환이 이루어지고 있다는 점을 반영하는 사례이다. 이렇게 플랫폼이 급부상하게 된 이유는 고객 수요가 다양해짐에 따라 기업은 유연하고 신속하게 서비스나 제품을 제공해야 하고, ICT 발전으로 인해 네트워크 효과가 증대되면서 수요자와 공급자 간 원활한 소통 및 정보 교류가 필요해졌다. 이로 인해 플랫폼은 다양한 분야에서 핵심전략으로 손꼽히고 있으며 산업, 경영, 경제를 넘어 공공영역에서도 플랫폼 정부 구현을 위한 논의가 활발하게 전개되고 있다. 예컨대, 플랫폼 기능은 행정기술(정보의 접근성 및 활용성)의 변화, 국민의 다양한 행정 수요 반영, 정부의 투명성 강화 등을 위한 요소로 활용될 수 있다. 또한 플랫폼의 기반이 네트워크 효과를 통한 상호연결 및 소통, 새로운 가치 창출이라는 점을 통해 네트워크 거버넌스의 발전을 위한 새로운 도구로써 활용될 수 있다.

플랫폼 정부에 대한 개념이나 기능은 각 국가 또는 연구자별로 다양하게 제시되고 있다. 예컨대, 'open government', 'lean government', 'platform government', 'Gov 2.0' 등 플랫폼을 활용한 다양한 정부의 형태가 등장하고 있다.

먼저 플랫폼으로서의 정부는 중개인(intermediary)의 역할을 함으로써 사람들을 연결하며 혁신적인 공공서비스의 전달을 촉진할 수 있다. 이는 데이터의 공개, 참여자들 및 조직 간의 응집력 강

화 측면에서 긍정적인 효과를 제공할 수 있다는 점을 시사한다. 얀센(M. Janssen)과 에스테베즈(E. Estevez)는 플랫폼이 정부가 이해관계자에게 부가가치를 전달하기 위한 도구라고 하였으며 수많은 상호작용과 네트워크로 구성된 복잡한 환경을 다루기에 유용한 방법이라고 보았다. 또한 시민들과의 정보 공유, 서비스 제공과 함께 민간이 선호하는 방식으로 정책을 조정할 수 있는 환경을 조성할 수 있다고 강조하였다.[23] 플랫폼 거버넌스는 결국 정부가 구축한 장(場)에 사용자(국민, 기업, 정부 등 모든 행위자를 망라)가 접근하여 새로운 서비스를 창출함으로써 사용자의 부가가치가 증대되는 정부의 기능이자 "공공영역에서 정부·시장·시민사회를 구성하는 다양한 이해관계자들이 ICT 기술을 기반으로 한 '플랫폼'이라는 매개체를 통해 다양한 정보를 공유하고 소통함으로써 접근성·투명성·민주성을 강화함과 동시에 새로운 공공가치(public value)를 창출해내는 개방형 형태의 거버넌스 구조"로 정의할 수 있다.

미래 행정부의 형태로 플랫폼 정부의 기능과 형태는 다음과 같은 방향으로 진화할 것이다. 우선, 플랫폼 정부의 개념을 주창한 오릴리(T. O'Reilly)에 따르면, 웹(web) 2.0이 가진 디지털화를 공공영역에 도입하여 정부가 열린 플랫폼으로서 이해관계자들의 혁신을 유도할 수 있도록 하는 '정부 2.0(government 2.0)'으로의 변화를 주장하였다. 즉, 인터넷을 활용하여 정부의 기획 능력 및 데이터 개방성을 높이고 시민의 진정한 참여(true engagement)를 독려함으로써 정책을 함께 디자인하는 것이 핵심이라고 볼 수 있다. 또한, 플랫폼 정

부가 지속성을 유지하기 위해서는 다양한 활동 등을 통해 시민이 적극적으로 개입할 수 있는 환경을 조성하고 공공정보를 더욱 원활하게 수집, 분석할 수 있는 새로운 형태를 구축해 나가야 한다.[24]

둘째, 그동안 정부 기능의 변화 측면에서 가장 많이 논의되고 있는 '열린 정부(open government)'이다. '열린 정부'는 정부가 정보를 시민들에게 원활하게 전달하거나, 정책 현안에 관한 결정 과정을 개방하여 시민들의 참여를 확대하는 것으로 정의되며,[25] 투명성, 참여, 협업에 대한 통찰력을 제공한다. 즉, '열린 정부'는 인터넷과 소셜 미디어 등의 플랫폼을 활용하는 '관리적(managerial)' 상호작용 방식을 통해 시민들의 참여 가능성을 높임으로써 실질적이고 광범위한 접근이 이루어져야 한다. 또한 신뢰할 수 있고 유용한 데이터를 제공함으로써 실효성 있는 아이디어를 교환하는 방식으로 나아가야 한다. 이를 통해 시민들의 적극적인 참여와 투명성이 확장될 때 비로소 진정한 공공가치가 실현될 수 있다. 이러한 노력은 해외에서도 정부가 플랫폼을 통해 해결해야 할 문제를 제기하고 국민으로부터 아이디어를 얻는 사회문제 해결 플랫폼인 미국의 'challenge.gov'부터 기후, 에너지, 건강 등의 전문적인 분야들을 과학자와 국민이 함께 발굴하고 기획하는 독일의 '시민과학자 참여 플랫폼(Bürger schaffen Wissen)' 등에서 활발하게 나타나고 있다.

셋째, 온라인 서비스 제공, 오픈 데이터, 참여적 혁신 및 공공부문의 복잡성 감소를 목표로 하는 '얇은 정부(lean government, l-government)'이다. 민간영역에서의 lean은 낭비를 줄이고 가치를 창출하는 데 주력하는 것을 의미하며 공공영역에서도 이와 비슷하게 정부에 소비되는 예산이나 인력의 낭비를 줄이고 새로운 공공가치를 창출하는 데 주력하는 것을 의미한다.[26] 'Doing more with less', 즉, 작은 정부를 지향하고 있는 오늘날의 추세와 더불어, 국민에게 권한을 부여함으로써 사회문제를 효과적으로 해결하고 행정의 비효율성을 줄이는 것이 'l-government'에서 요구되는 정부의 역량이라고 볼 수 있다. 특히 'l-government'의 핵심은 정부가 웹(web)이나 소셜 미디어 등과 같은 플랫폼을 활용하여 대중과의 관계 기반을 새롭게 구축하는 것이다. 정부가 플랫폼에 국민을 참여시킴으로써 적은 예산으로 더 많은 행정서비스를 제공할 수 있으며 이러한 플랫폼의 도입은 상호작용, 네트워크 및 협력적 행위자로 구성된 오늘날의 복잡한 환경을 다룰 수 있는 도구라고 보았다. l-government의 주요 전략은 다음과 같다.[27]

첫째, 공공부문에 정부의 역할을 축소하고 민간을 적극적으로 참여시키는 것이다. 둘째, 정부는 오케스트라의 지휘자와 같은 조정(steering) 역할 뿐만 아니라 민간 간에 상호작용이 원활히 작동될 수 있도록 촉진자(facilitator)의 역할 또한 수행해야 한다. 이는 단순히 정부가 공공영역에 사람들을 끌어들이는 역할에 그치는 것이 아니라 행위자들을 연결해주거나 협력을 가능케 하는 역량을 갖추어야 한다는 것이다. 셋째, 모든 종류의 정보를 공개하고 서비스를 제공할 수 있는 플랫폼 형태의 기반시설(infrastructure)을 구축하는 것이다. 그리고 구축한 플랫폼을 다른

표 7.2 플랫폼을 활용한 차세대 정부의 개념, 전략 및 기대효과

구분	연구자	핵심 개념	전략 및 기대효과
플랫폼 정부·거버넌스 관점	액센츄어 (Accenture, 2018)	중개인 역할을 통해 협력을 촉진하고 혁신적인 공공서비스의 전달을 촉진하는 기능	• 공공데이터의 공개 • 참여자들 간의 응집력 강화 • 네트워크 효과 제고
	고와 (Gorwa, 2019)	디지털 방식을 통해 행위자 간의 복잡한 관계를 중재하고 플랫폼에 맞는 원칙과 가치에 접근하는 것	• 민간 기업의 기술 및 소셜 미디어 활용 • 투명성과 책임성 제고
	이기식 (2012)	이해당사자들이 추구하는 가치를 담은 틀을 정부가 전자적으로 제공하고, 이들 간의 상호연계를 통해 부가가치를 창출하는 그 무엇 또는 상생의 생태계	• IT 또는 ICT 기술의 활용 • 3A(Access-Attract-Achieve) • 다면시장의 특성, 협력과 관심
	명승환, 허철준, 황성수(2011)	정부가 구축한 장(場)에 사용자가 접근하여 새로운 서비스를 창출함으로써 부가가치가 증대되는 정부의 기능	• 상호 간의 네트워크 강화 • 부가가치의 창출 • 정부와 국민 간 협력 증대
	신열 (2017)	국민이 참여하는 플랫폼을 활용해 정책을 설계하거나 서비스를 제공	• 고품질의 데이터 개방 • 국민이 쉽게 접근 및 참여를 표출할 수 있는 구성 • 유사한 서비스의 통합
정부 2.0 관점	오릴리 (O'Reilly, 2011)	플랫폼 활용을 통해 정부의 기획능력 및 데이터의 개방성을 높이고 시민의 참여와 협력을 통해 정부 정책을 함께 디자인하는 것	• 개방형 표준을 통한 혁신과 성장 • 단순한 시스템 • 참여설계 디자인 • 시민이 적극적이고 쉽게 참여할 수 있는 환경 조성
열린 정부 관점	김구 (2018)	정부의 정보를 원활하게 전달하고 의사결정 과정을 국민의 참여를 통해 개방	• ICT 개방을 통한 투명성, 참여, 민첩성, 반응성 제고 • 데이터 통합 • 정부와 시민들 간 소통
	마이어(Meijer), 커틴(Curtin) & 힐레브란드 (Hillebrandt, 2012)	정책결정 영역에 국민이 접근하여 정책과정에 영향을 미칠 수 있는 개방성의 정도	• 모든 국민의 다양한 의견과 의사결정을 수용하기 위한 공간 • 접근에 대한 용이성 • 국민의 비전(vision)과 목소리(voice)를 만들어내는 것 • 공개적 미팅(meeting)
	해리슨 외 (Harrison et al., 2012)	플랫폼을 활용하는 "관리적 (managerial)" 상호작용 방식	• 시민참여 가능성 증대 • 실질적이고 광범위한 접근 • 신뢰할 수 있고 유용한 데이터 제공

계속

구분	연구자	핵심 개념	전략 및 기대효과
얇은 정부 (lean government) 관점	얀센(Janssen) & 에스테베즈 (Estevez, 2013)	정부가 이해관계자에게 부가가치를 전달하기 위한 도구	• 정부의 역할 축소/민간 참여 • 촉진자 역할 • 모든 종류의 정보 공개 • 다른 플랫폼 및 서비스의 통합 및 연계
개방형 거버넌스 (open governance) 관점	밀라드(Millard, 2018)	공공부문에 자원이나 기술 등을 적극적으로 투입하여 혁신과 협력을 최대화하는 것	• ICT 기술 활용 • 쉬운 접근성 및 활용성 • 개방적인 자산, 참여, 서비스

공공영역의 플랫폼과 연계하여 맞춤형 통합 시스템을 마련해야 할 것이다.

6. 네트워크 거버넌스, 플랫폼 정부를 넘어 AI 행정부로의 전환

1887년 윌슨(W. Wilson)은 "The Study of Public Administration"에서 국가행정의 발전을 위해서는 정치적 영역인 정치제도와 별개로 효율적인 행정의 집행에 관한 연구가 중요하다고 주장하였다. 정치·행정이원론은 정치와 행정의 관계에서 행정의 기능에 초점을 맞추어 기술성과 전문성을 가진 관료의 과학적 합리적 판단에 의한 능률성을 추구하는 행정에 관한 연구의 필요성을 주장하였다. 이후 정치와 행정 간의 관계에서 이원론을 가정하는 신공공관리와 일원론 또는 상호작용을 가정하는, 즉 국정운영 방식의 다양한 행위자의 참여로 대표하는 거버넌스 이론의 등장까지 지속적으로 변동되어 오고 있다. 이는 행정의

기능적인 측면에서만 연구되어왔던 정치와 행정 간의 관계가 행정 주체의 측면까지 고려해서 연구되어야 한다는 점을 의미한다. 사실 기능적인 측면에서만 보아도 행정학에서 정치와 행정과의 관계는 풀리지 않은 숙제이다. 즉 정치가 정책결정을 내리면 행정은 효율적인 집행만을 해야 되는 존재인지, 아니면 사회문제 해결을 위해서 국가가 해야 할 정책 결정과 집행에 재량권을 가지고 자신의 판단으로 행정을 수행해야 하는 것인가에 대해서는 여전히 현실 세계에서는 실제 갈등과 다양한 시각과 의견이 존재한다.

행정부를 연구하는 행정학이란 학문의 영역은 민간영역을 제외한 공공 부분, 즉 국가의 역할과 기능과 관련된 분야에 집중된 학문 영역이기에 학문의 성격이 다학제적(interdiciplanary) 연구로 규정되면서 다양한 인접 학문영역의 이론을 원용하여 항상 주체성의 위기와 타학문으로부터 고유이론의 존재 여부와 학문의 독자성에 대한 비판을 받아왔다. 하지만 행정현상을 더 넓게 보아서 공공부분의 현상에 대한 인과관계 고찰과 이에 대한 해결책의 제시라는 처방적 학문의 특성을 가진 행

정학은 변화하는 사회, 경제, 기술의 환경과 교환하면서 발전할 수밖에 없다. 표 7.3은 초점 측면에서 역사적으로 발전해온 행정학의 주요 이론들이다.

많은 학자들이 위의 표에서 분류한 것처럼 인식론과 방법론, 패러다임, 공공성 및 중요시되는 공공가치, 국가와 시장과의 관계, 국가의 기능과 역할 범위, 정치와 행정 간의 관계, 국가체제 등 다양한 분류기준을 가지고 행정부 관련 연구를 수행하고 있다. 하지만 기존의 연구는 행정관료와 정책결정자, 즉 행정부의 구성원에 초점을 맞춘 연구와 이론이 중심이 되어 왔다. 하지만 2017~2018의 촛불혁명 이후 행정 과정의 투명성의 증대 요구와 시민의 행정과정에 소극적 참여수준을 넘어서, 국민이 실제 행정의 주체로서 역할을 하는 다양한 행정이 발생 되고 있다. 즉 간접민주주의에서 준 직접민주주의 내지는 액상 민주주의의 시대로 전환되는 시점에서 실제 많은 국민의 행정과정에서 역할에 중점을 두어야 할 것이다.

> "원래 행정이 행정관료가 '선출직 공무원의 주문에 순응하고, 전문가적인 일관성을 유지하며, 일반 시민의 요구에 봉사하는' 과정에서 야기되는 협력과 갈등의 문제를 다루는 것이라고 한다면, 거기에는 단순히 선출직 공무원과 임명직 공무원 사이의 관계를 여하히 다룰 것이냐의 과제 외에도 공직자와 일반 시민 간의 관계를 어떻게 설정할 것인가의 과제가 별도의 차원에서 제기되기 때문이다.[28]

정치와 행정과의 관계에서 사실상 국가의 주인인 국민의 대리인인 선출직 입법부의 의원과 대통령으로 대표되는 정치와 행정관료와의 관계가 아닌, 주인으로서 국민과 대리인인 국가관료와의 관계에서 국민을 행정의 주체로 보아야 할 것이다. 이에 앞서 이야기한 네트워크 거버넌스와 플랫폼 거버넌스가 미래 행정부의 모습이 될 것이다.

또 다른 미래 행정부와 행정연구에서 관심을 가져야 할 것은 인간 간의 관계를 넘어선 AI 행정부에 대한 고민이다. 2016년 다보스포럼에서 의제로 '4차 산업혁명의 이해'가 선정된 이후, 이례적으로 2019년 다보스포럼의 주제가 다시 협력의 4차 산업혁명으로 선정된 것만을 보았을 때 현재 한국사회의 가장 큰 변화가 4차 산업혁명의 도래라는 것은 의심할 여지가 없을 것이다. 이는 전통적 행정학의 입장에서는 행정 업무환경의 변화를 가져와서 기존의 이론들에 대한 재논의가 필요할 것이며, 더 나아가 행정서비스의 제공 주체가 인간에서 로봇과 인공지능(AI)으로의 전환을 가져올 것이다. 즉 이제는 기존의 정치와 행정의 일원론과 이원론의 논의가 정치가와 행정관료가 아닌 AI에게 정책의 문제와 의제설정, 그리고 대안 제시와 최종결정 기능을 부여할 것인가? 아니면 인공지능을 장착한 휴머로이드 로봇(현재도 챗봇이 도입되어 운영되고 있다)에게 결정의 효율적 집행만을 부여할 것인지를 행정학에서 논의해야 할 시기가 올 것이다. 또한 행정 주체로서 국민의 새로운 대리인으로서 로봇과 인공지능 컴퓨터가 이를 대체하는 시대의 행정학 연구가 진

표 7.3 행정학의 주요 이론 발전과 특성

	인식론·방법론	공공성	정치·경제학적 맥락			연구 목적
	패러다임/ 미시·거시이론	공·사행정관계/ 행정이념	국가·시장	정치·행정	국가 특성	
법적·제도적 접근법 (1880~1930년대)	기능주의 거시이론	이원론/ 합법성	−	이원론	다원주의	처방
행정관리학파 (1920~1930년대)	기능주의 미시이론	일원론/ 효율성	(묵시적) 적극 국가	이원론	다원주의	처방
행태주의 (1940~1960년대)	기능주의 미시이론	일원론/ 효율성	−	일원론	다원주의	서술
체제이론/구조기능론 (1960~1970년대)	기능주의 거시이론	이원론/ 효율성	−	이원론	다원주의	서술
비교-발전행정론 (1940~1970년대)	기능주의 미시·거시이론	이원론/ 효율성	적극 국가	이원론	다원주의	서술· 처방
신행정학론 (1960~1970년대)	해석학· 비판이론 미시이론	이원론/ 형평성	적극 국가	일원론	신다원주의	서술· 처방
공공선택론 (1970~1980년대)	기능주의 미시이론	이원론/ 효율성	최소 국가	일원론	개인주의	서술· 처방
국가론 (1980~2000년대)	구조주의 미시·거시이론	이원론	−	일원론	(다양함)	서술· 처방
신제도주의론 (1980~2000년대)	구조주의 미시·거시이론	−	−	−	−	서술· 처방
신공공관리론 (1980~2000년대)	기능주의 미시이론	이원론 효율성 효과성	최소국가	이원론	개인주의	서술· 처방
신거버넌스론 (1990~2010년대)	구조주의 미시·거시이론	일원론 민주성 성과성	−	다양함	신다원주의	서술· 처방
신공공서비스이론 (1990~2010)	실증주의. 해석학 포스트모더니즘 미시이론	이원론/ 민주성 책임성 시민정신	적극국가	일원론	공동체주의	서술· 처방
AI + Robot 행정이론	?	?	?	?	?	?

출처: 김태룡, 『행정이론』(서울, 대영문화사, 2014), p. 77.

행되어야 할 것이다. 앞으로의 행정부의 연구는 자연과학과 혁신적 기술 분야의 연구와의 융합의 영역으로 확장될 것이다. 이 과정에서 국가와 시민의 상호작용, 일원론을 넘어서 기계(단순한 기계가 아닌 인공지능을 가진 로봇)와 인간 또는 기계와 시민, 기계와 관료와의 관계에 대해 다학제적 연구가 이루어질 것이고, 이와 함께 반대로 기계와 인간을 구분하여 행정에 적용영역을 한정하려는 연구 역시 진행될 것으로 보인다. 그래서 표 7.3에서 AI 행정은 모두 물음표로 채워 놓았다. 앞으로 학자들의 연구를 통해 관련 부분을 메우고, 행정학의 영역에 관해서도 미래 행정학 이론과 연구가 이루어져야 할 것이다.[29)]

❖ 주

1) 유민봉, 『한국행정학』, (서울: 박영사, 2019), pp. 419-420.

2) 정부조직관리정보시스템, http://www.org.go.kr/orgnzt/cmitSttus/viewGnrl.do

3) "2008년 '정부위원회 절반 폐지', 2011년 유명무실 정부위원회 너무많다," 『연합뉴스』, 2011년 11월 07일자; "정부위원회 절반이 유명무실," 『연합뉴스』, 2015년; "위원회 공화국의 부활," 『한국경제』, 2017년 06월.

4) 전일욱, "박정희정부의 중앙정부조직개편에 관한 동기와 목표," 『한국행정사학지』 제41집 (2017), pp. 25-47.

5) 하태수, "전두환 정권 출범 시기의 중앙정부조직 개편 분석," 『한국정책연구』 제11집 1호 (2011), pp. 89-122.

6) 정의창, "박정희_정부의_조직개편-조직의 제도이론 및 역사적 제도주의의 적용" 『의정논총』 제7집 2호 (2012), pp. 319-350; 조성한·최정화, "역대 정부조직개편 재고: 합목적성과 정치적 상징," 『현대사회와 행정』 제28집 4호 (2018), pp. 103-127.

7) 조성한·최정화 (2018).

8) 하태수 (2011); 조성한·최정화 (2018).

9) 이창원·임영제, "우리나라 민주화 이후의 정부조직 개편의 특성에 대한 고찰: 작은정부론적 시각을 중심으로," 『한국정책과학학회보』 제13집 4호 (2009), pp. 1-17.

10) 박중훈, 『역대 정부 조직개편에 대한 성찰과 전망』 (서울: 한국행정연구원, 2016).

11) 박중훈 (2016).

12) 박천오, "이명박 정부의 조직개편에 대한 공무원의 인식," 『행정논총』 제49집 1호 (2011): 1-30; "2008, 대통령직인수위원회 발표자료" 인용.

13) 행정자치부, 『2017 정부조직 개편 백서』 (2017).

14) 이 절의 내용은 저자의 논문인 박형준, "네트워크 거버넌스의 진화? 플랫폼 정부 모델과 전략 분석: '광화문 1번가'를 중심으로," 『한국행정연구』 제29집 2호 (2020):61-94의 내용을 요약 발췌하였다.

15) 이명석, "거버넌스의 개념화," 『한국행정학보』 제36집 4호 (2002): 321-338; 이명석, "협력적 거버넌스와 공공성," 『현대사회와 행정』 제20집 2호 (2010): 23-53.

16) S. Adam & H. Kriesi, "The Network Approach," in Paul A. Sabatier (ed.), *Theories of the Policy Process* (Colorado: Westview Press, 2007), pp. 129–154.

17) E. Sørensen and J. Torfing, "Making governance networks effective and democratic through meta-governance," *Public administration* 87–2 (2009), pp. 234–258.

18) Stephen Goldsmith and William D. Eggers, *Governing by Network: The New Shape of the Public Sector* (Washington D.C.: Brookings Institution Press, 2004), pp. 9–20.

19) 조성한, "거버넌스에 대한 새로운 이해," 『국가정책연구』 제19집 2호 (2005), pp. 47–68.

20) 이명석 (2011).

21) Sørensen & Torfing(2009).

22) 본 장의 내용은 저자의 논문인 박형준 (2020)의 내용을 요약 발췌하였다

23) M. Janssen & E. Estevez, "Lean government and platform-based governance-Doing more with less," *Government Information Quarterly* 30 (2013): S1–S8.

24) T. O'Reilly, "Government as a Platform," *Innovations: Technology, Governance, Globalization*. 6–1 (2011), pp. 13–40.

25) 김구, 『열린정부의 이해와 실제』 (서울: 윤성사, 2018).

26) Janssen & Estevez (2013).

27) Janssen & Estevez (2013).

28) 박재창, "행정학에서의 정치와 행정: 회고와 전망." 『한국행정학보』 제42집 4호 (2008): 95–115.

29) 박재창, "행정학에서의 정치와 행정," 박순애, 최경희 편, 『한국행정학 좋은 논문 제5편』 (서울: 박영사, 2020)에 대한 박형준의 서평 중 일부 내용을 발췌 수정 재인용함.

❖ 참고문헌

1. 한글문헌

김구. 『열린정부의 이해와 실제』. 서울: 윤성사, 2018.

김태룡. 『행정이론』. 서울, 대영문화사, 2014.

박재창. "행정학에서의 정치와 행정: 회고와 전망." 『한국행정학보』 제42집 4호 (2008).

박중훈. 『역대 정부 조직개편에 대한 성찰과 전망』. 서울: 한국행정연구원, 2016.

박천오. "이명박 정부의 조직개편에 대한 공무원의 인식." 『행정논총』 제49집 1호 (2011).

유민봉. 『한국행정학』. 서울: 박영사, 2019.

이명석. "거버넌스의 개념화." 『한국행정학보』 제36집 4호 (2002).

_____. "협력적 거버넌스와 공공성." 『현대사회와 행정』 제20집 2호 (2010).

이지형, 박형준, 남태우. "네트워크 거버넌스의 진화? 플랫폼 정부 모델과 전략 분석: '광화문 1번가'를 중심으로." 『한국행정연구』 제29집 2호 (2020).

이창원·임영제. "우리나라 민주화 이후의 정부조직 개편의 특성에 대한 고찰: 작은정부론적 시각을 중심으로." 『한국정책과학학회보』 제13집 4호 (2009).

전일욱. "박정희정부의 중앙정부조직개편에 관한 동기와 목표." 『한국행정사학지』 제41집 (2017).

정의창. "박정희 정부의 조직개편 – 조직의 제도이론 및 역사적 제도주의의 적용." 『의정논총』 제7집 2호 (2012).

조성한. "거버넌스에 대한 새로운 이해." 『국가정책연구』 제19집 2호 (2005).

조성한·최정화. "역대 정부조직개편 재고: 합목적성과 정치적 상징." 『현대사회와 행정』 제28집 4호 (2018).

하태수. "전두환 정권 출범 시기의 중앙정부조직 개편 분석." 『한국정책연구』 제11집 1호 (2011).

행정자치부. 『2017 정부조직 개편 백서』 (2017).

2. 영어문헌

Adam, S., and H. Kriesi. "The Network Approach." in Paul A. Sabatier (ed.). *Theories of the Policy Process*. Colorado: Westview Press, 2007.

Janssen M., and E. Estevez. "Lean government and platform-based governance-Doing more with less." *Government Information Quarterly* 30 (2013).

O'Reilly, T. "Government as a Platform." *Innovations: Technology, Governance, Globalization.* 6-1 (2011).

Sørensen, E., and J. Torfing. "Making governance networks effective and democratic through meta-governance." *Public administration* 87-2 (2009).

사법부

이헌환(아주대 법학전문대학원)

한국이 근대국가의 국가 구성원리로서의 권력분립원리를 수용하기 시작한 것은 구한말이었다. 그러나 곧이어 일본제국의 강점으로 근대국가로서의 면모를 갖추기도 전에 식민지 상태로 전락하고 말았다. 식민지 상태에서 국가권력은 정상적으로 확립되지 못하였고, 항일투쟁과 국가독립을 위한 비상적 임시정부의 권력으로서만 존재하였다. 일제강점기의 통치질서는 식민통치의 효율을 위한 것이었고, 지배권력은 근대의 시민적 합리성을 갖추지 못한 억압적·강제적 권력이었을 뿐이었다. 이 시기 일본제국은 식민지적 통치질서를 위한 도구로써 법적 지배를 이용한 것이었을 뿐이었으며, 그 법학적 경향에 있어서도 후발 산업국가인 독일의 법실증주의가 지배하고 있었기 때문에, 국가권력으로서의 사법권에 대한 인식도 또한 근대적인 관념에 머물고 있었다. 1945년 해방 이후 한국은 국토가 분단되면서 남북한이 국가형성의 기본원리를 달리하였고, 남한의 경우 서구의 자유주의적 국가 구성원리로서의 권력분립원리를 헌법의 주요원리로 택하였다.[1]

한편, 국가 구성원리로서의 권력분립원리는 국가의 입법기능·행정기능·사법기능을 각각 다른 기관에 담당하게 하고 상호간의 견제와 균형을 통해 개인의 기본적 인권을 보장하는 원리이다. 하지만 각 기능이 국가의 '권력'으로 작용하는 것은 근대적인 사법개념 하에서는 인정하기 어려운 것이었다. 따라서 국가기능으로서의 사법기능이

● **글상자 8.1　근대사법제도의 도입**

한국의 근대사법제도는 1895년 4월 19일(양력)에 공포된 '재판소구성법'(조선 법률 제1호)에서 처음 제도화되었다. 같은 날 법관양성소규정(칙령 제49호)도 공포되었다. 법률이 공포된 이후 처음으로 행해진 사형집행이 동학농민군의 전봉준 장군이었다. 재판소는 지방재판소, 한성 및 인천 기타 개항장재판소, 순회재판소, 고등재판소, 특별법원의 5종이 있었다. 사법기관의 명칭이 '재판소'로 된 것은 일본국의 영향이 있었던 것으로 보인다. '법원'이라는 명칭은 일제강점기 이후 본국과 구별하기 위하여 식민지 사법기구에 붙인 명칭이었다.

정치과정에서 실질적 의미의 국가권력으로 작용하게 된 이론적 배경과 구체적 제도화의 양상을 살펴보는 것이 필요하다.[2]

1. 국가권력으로서의 사법권

국가기능으로서의 '사법기능'

역사적으로 볼 때, 국가기능 내지 작용에 대하여 처음으로 이론적으로 분류한 사람은 아리스토텔레스이다. 그는 국가권력의 세 구성요소를 심의권, 집행권, 사법권으로 나누고, 이를 어떤 기관에 분배할 것인가에 대하여 언급하여, 국가기능과 국가기관을 구별하여 인식하고 있었다. 오늘날의 권력분립이론은 18세기에 이르러 17세기 영국의 헌정상의 경험을 이론화한 몽테스키외에 의하여 확립되었다. 국왕의 법정(curia regis)에서 채택되는 관습으로 확립된 보통법(common law)은 중세 영국에 있어서 기본법 내지 고차법(higher law)으로서 기능하고 있었으며, 이를 확인하고 선언하는 것이 초기의 의회(parliament)였다. 혁명의 과정을 거치면서 의회는 입법기능을 행사하는 기관으로 변모하였고, 의회에서 분리된 법원은 순수히 사법기능을 행하게 되었다. 명예혁명 이후 1701년의 왕위계승법(Act of Settlement)을 통하여 사법권의 독립이 확립되었다. 영국의 헌정사는 몽테스키외의 권력분립이론에 지대한 영향을 미쳤으며, 특히 사법권의 독립성 내지 독자성에 대한 몽테스키외의 사법관에 그대로 반영되는 결과가 되었다.

몽테스키외는 사법권, 즉 재판권은 사실적 사회세력이 뒷받침되지 않는 '무(無)인 것'으로 보았다. 몽테스키외가 말하는 재판권은 어떠한 특정의 신분에게도, 어떠한 특정의 직업에도 속하지 않게 하는 보이지 않는 '무(無)'의 권력이었다. 법관은 법의 말을 하는 입에 불과한 것이고, 법의 힘과 엄정함을 부드럽게 할 수 없는 무생물에 불과하며, 사법기능은 정책의 수행에 한정되고, 정책의 결정과 통제에까지 미쳐서는 안 된다는 것이 몽테스키외의 생각이었다.

1776년 미국의 '독립선언'은 미국 식민지인의 역사적인 정치 체험에서 나온 것으로, 개인의 권리를 적극적으로 확립하려고 하는 것이었다. 미국에서의 헌법은 통치기구의 법이 아니라, 통치기구를 만드는 인민의 법이었고, 따라서 헌법은 헌법에 의하여 설치된 통치기구의 법령보다 우위에 있는 것이다. 미국 헌법주석서인 『연방주의자 논집(*The Federalist Papers*)』은 미국 헌법상의 사법권에 관하여, 공화정을 구성하는 정부의 3부문의 구성원리로서 각 부문이 각각의 자기 자신의 의지를 가지지 않으면 안 되며, 따라서 각 부문의 구성원은 다른 부문의 구성원 임명에는 가능한 한 관여하지 않도록 해야 하고, 행정, 입법, 사법 각 부문의 최고 담당자의 임명은 동등한 권위의 원천인 인민에 의하여 서로 영향을 미치지 않는 수단을 통하여 행해져야 한다고 하였다.

연방헌법이 제정된 후에도 연방대법원의 권한 행사는 미미한 것이었으나, 1801년 마셜(John Marshall)이 대법원장으로 취임하고 마버리 대 매디슨(Marbury vs. Madison, 1803) 판결을 통하여 위헌법률심사권을 확립하였다.[3] 미국에서 연방대법원의 위헌심사권은 곧 정치적 권력투쟁의 과정에서 반대세력에 대한 정치적 견제의 수단으로 확립된 것이다. 마셜의 헌법 및 사법 인식은 주(州) 우위의 사상으로 인해 부침이 있기는 했으나, 20세기 초에 다시금 회복되었으며, 루스벨트(Franklin Roosevelt) 대통령의 뉴딜정책 관련 입법을 무효화함으로써 행정부의 정책을 저지하기도 하였다. 이에 루스벨트 대통령은 법원재구성계획(court-packing plan)을 시도하기도 하였다. 이 계획은 비록 실패했지만, 행정부가 사법부를 통제하는 데에는 성공한 것으로 평가되고 있다. 제2차 세계대전 후 미국의 사법부는 시대에 따라 적극적으로 혹은 소극적으로 국가의 중요 정책에 관여하는 경향을 보여 왔으며, 21세기에도

정치과정에서 중요한 역할을 하고 있다.

한편, 18세기부터 19세기의 근대법의 시대에 프랑스, 독일 등의 대륙법계 국가에서는 사법의 의미를 법의 적용 측면에만 중점을 두고 있었다. 1789년의 프랑스혁명 이후 1791년의 헌법은 몽테스키외 사상에 영향을 받아 사법을 법률의 기계적 적용에 엄격히 한정하였다. 그러나 19세기 후반에 들어와 법관은 실제로는 결코 단순한 '법의 말을 하는 입'이 아니라 법의 형성과 창조에 관여한다는 것이 인정되었다. 하지만 사법권이 입법·집행 양권에 나란한 제3의 국가작용으로서 명확하게 자리매김하지는 못하였다. 제2차 세계대전 후 헌법재판권이 실질적으로 확립되고 제도화함으로써, 입법·집행 양 권력과 동격의 국가작용으로서 사법은 단순한 기능만이 아닌 권력보유자로 자리 잡게 되었다.[4]

국가권력으로서의 '사법권력'

법은 여러 사회규범 중의 하나이지만, 그 실효성을 담보하는 것이 국가권력이라는 점이 다른 규범과 다르다. 권력과 법은 상호의존하는, 사회적 행위의 규율원리인 것이다. 말하자면, 법이 없는 권력은 일시적인 것이고, 권력 없는 법은 환상이다(Macht ohne Recht wäre ephemär, Recht ohne Macht wäre illusionär). 법과 권력의 관계를 이와 같이 상호의존적으로 파악할 때에는 법규범을 구체화하고 현실화하는 국가제도가 권력적인 기초를 갖지 않는다면, 하나의 환상에 불과하다는 결론에 이르게 된다. 사법제도는 정치제도

의 한 부분이다. 사법제도로서의 법원은 정치적 방식과 법적 방식 사이의 연속체로서 기능하며, 또한 피할 수 없이 양자를 염두에 두고 작용하게 되며, 모든 사법은 사람들이 인정하는가와 상관없이 정치적이다. 정치제도로서의 사법제도는 정치적 결정에 관하여 적극적인 역할을 하는 경우가 있고, 때로는 정치개혁의 수단으로 되기도 한다.

　전통적인 견해에서 사법권은 국가권력의 하나라고 하고는 있으나, 실질적으로는 그 자체 권력으로서의 성격을 띠고 있지 않았다. 사법기능을 담당하는 기관에 권력성을 부여하게 된 것은 제2차 세계대전 이후에 비로소 명확하게 확립되었다. 특히 헌법재판의 확립으로 헌법재판소가 현대국가의 중심이 되고, 헌법규범의 실효성에 대한 요구가 증대하는 상황에서 헌법재판을 담당하는 사법제도의 정치적인 역할에 대한 기대가 커지고 있다. 헌법재판을 어떤 기관이 담당하고 있는가라는 제도론적 관점이 아닌, 법창조 내지 정책형성 기능을 포함하는 기능으로서의 헌법재판을 담당하는 제도가 정치과정 속에서 어떠한 역할을 할 것인가가 중심적인 과제이다. 이는 곧 사법주의(Judicialism)의 보편화 내지 사법국가(Jusdizstaat)화를 의미한다. 이러한 사법주의의 보편화 내지 사법국가화의 경향은 현대사회에서 권력통제를 위한 가장 중요한 방법으로 인정되고 있다.

　미국의 사법권은 헌법으로부터의 명확한 규정에 의하여 성립하였다기보다는 역사적·경험적으로 확립되어온 것이다. 미국 연방대법원의 부수적 위헌심사권은 그 법창조 내지 정책형성 기능이 지극히 넓고, 정치과정에 미치는 영향력도 대

륙형의 헌법재판권에 뒤지지 않는다. 미국의 사법심사권이 강한 권력성을 갖는 가장 중요한 특징으로서, 사법심사권이 전통적인 '사권보호모델(private rights model)'에서 '특수기능모델(special function model)'로 그 성격이 크게 변하고 있기 때문이다. 사법적극주의는 특히, 학교교육에 있어서 인종차별철폐, 의원정수 재배분 및 주(州)의 교도소·병원의 운영에 관한 사건에 있어서 전형적인 형태로 전개되었다. 공공소송(public law litigation)이라든가 제도소송 내지 제도개혁소송(institutional reform litigation) 등이 그에 해당한다. 20세기 후반에 급속히 발전하여 온 것이다. 사법권의 정책형성 기능에 바탕하여 논의되는 소송의 형태를 '현대형 소송'이라 하여 전통적인 소송형태와 구별되어 사용되고 있다. 학자에 따라서는 전통적인 소송모델과 현대형 소송모델을 각각 '전통적 사적소송 모델(traditional model of civil adjudication)' 및 '공공소송 모델(public litigation model)'로 구별하기도 한다.

　대륙법계에서는 사법의 권력성은 헌법재판권의 권력성과 사법관념의 재구성으로 나타나고 있다. 헌법재판소는 입법·행정이라는 정치권력을 통제하여 국가에 있어서 가장 강력한 기관으로서 나타나지만, 통제의 실효성은 역사적·경험적 사실에 의하여 확보될 수 있는 것이다. 요컨대, 헌법재판소는 제도상 최대한의 사법적극주의를 인정하고 있는 것으로, '정치의 사법화'를 가능하게 하는 반면, 또한 '사법의 정치화'를 초래할 위험성도 적지 않다 (글상자 8.2 참조). 대륙법계 특히 독일의 헌법재판권은 정치권력에 대한 강력한

글상자 8.2 정치의 사법화, 사법의 정치화

정치의 사법화는 정치영역과 민주적인 시민사회영역 내지 공론의 장에서 논의되어야 할 문제들이 사법부에 이관되어 소수 엘리트 법관들에 의해 결정됨으로써, 민주적인 정치과정에서 해결되어야 할 문제들이 사법부에 의해 해결되거나 선점되는 현상을 말한다. 광범위한 권력장치의 자율화 과정에서 생겨나는 국가의 주요한 정책결정이 정치과정이 아닌 사법과정으로 해소되는 현상이라 할 수 있다. 사법의 정치화는 사법부가 다른 정치기관들이 결정해야 할 문제나 정책에 대해 적극적으로 개입하여 사법심사의 범위를 확장하고, 정치의 영역 안에 존재하는 부문 내지 기관들과 역할과 기능에 대하여 충돌하게 되는 현상을 말한다. 정치의 사법화가 정치영역에서의 조정 및 합의기능을 상실한 상황에서 사법부에 최종적 결정을 전가하는 것이라면, 사법의 정치화는 사법부가 적극적으로 입법부 내지 행정부의 정책결정과 집행과정에 개입함으로써 입법부와 행정부를 과도하게 견제하게 되는 현상이다.

통제를 가능하게 하는 특색을 가진 제도로서, 미국의 부수적 심사의 경우보다도 법창조 내지 정책형성을 행하는 권력성을 더욱 강하게 띠고 있는 것이다.

이와 같이 오늘날의 사법기능의 확대 현상은 사법권의 적극적인 법형성 내지 법창조 기능으로 나타나고, 이것은 곧 사법권의 권력성을 실질적으로 확보한 것을 의미하는 것이다. 즉 정치권력에 의하여 수동적으로 설정되는 제도 내지 기능이 아니라 적극적으로 자신을 규정하고 정책결정과정에서 독자적인 역할을 행함으로써 하나의 권력으로서 기능하게 된 것이다. 이러한 결과는 전통적인 의미에서의 권력분립이론을 단순한 국가권력의 분립이 아니라 새로운 의미의 것으로 이해할 것을 요청하고 있다. 그에 따라 고전적인 권력분립이론을 국가기능의 분리라는 새로운 관점에 따라 이해하여, 정책형성, 정책집행, 정책통제 등으로 파악하거나, 기능의 분리와 분배에 따른 기관의 분리를 통하여 권력의 억제와 균형 및 통제를 행하는 기능적 조정원리로 이해하는 견해가 등장하고 있는 것이다. 이러한 사법권의 지위변화는 사법권을 진정한 의미에서의 제3의 국가권력 보유자로 만들었을 뿐만 아니라, 정치과정에서 입법권 및 집행권의 대등한 파트너로서의 지위를 가지게 하는 것이다.

'사법'의 관념

전통적인 권력분립이론에서는 국가권력을 입법·행정·사법의 세 권력으로 나누고 이들 세 개념을 형식적 의미에서의 개념(형식설)과 실질적 의미에서의 개념(실질설)으로 나누어 설명한다. 형식적 의미의 사법은 "국가기관 중 입법기관 또는 행정기관의 권한을 제외한 사법기관인 법원에 속하는 권한"으로 정의한다. 실질적 의미에서 사법작용은 "실체적인 법률상의 쟁송, 즉 대립하는 소송

당사자, 대립하는 실질적 이익, 현실의 논쟁 존재에 대하여 일반적·추상적 법규범을 적용하여 선언하는 것에 의하여 이를 재정하는 작용", "구체적인 쟁송을 전제로 해서 신분이 독립한 법관의 재판을 통해 법을 선언함으로써 법질서의 유지와 법적 평화에 기여하는 비정치적인 법인식 기능"이라고 하고 있다. 다만 위의 견해 중 앞의 견해는 헌법재판작용도 포함하는 견해이고, 뒤의 견해는 헌법재판작용을 사법작용에서 제외하는 견해이다. 이러한 견해의 차이는 헌법재판의 본질 내지 법적 성격에 대한 견해의 차이에서 비롯되는 것이다. 형식설과 실질설을 통합하려는 통합설도 있다. 한국의 헌법재판소는 명확하지는 않지만, 전통적인 사법의 관념에 입각하고 있는 것으로 보인다. 그런데 이와 같은 사법관념에 대한 전통적 인식은 구체적 사건성(사건·쟁송성)을 핵심적인 개념요소로 하고 있으나, 이는 앞에서 본 바와 같은 사법기능의 확대현상을 정확히 포섭하지 못하는 난점을 가지고 있다. 따라서 한국의 헌법상 사법권의 이해를 위해서는 새로운 사법관념을 필요로 하고 있다.

사법관념에 대한 전통적인 이해방식에서는 '실질적' 의미 및 '형식적' 의미로 구분하여 논의하고 있으나, '실질적' 및 '형식적'이라는 형용사가 무엇을 의미하는지에 대해서는 분명하게 언급하고 있지는 않다. 현대적인 사법의 개념을 정립하기 위하여 공통적으로 고려할 요소들로서, 첫째로 당사자로부터의 제소가 있어야 한다는 점(수동성), 둘째로 사법은 공정성을 가진 제3자로서의 성격을 가져야 하고 이를 위해서 특별한 절차를 필요로 한다는 점(공정성·독립성), 셋째로 헌법 및 법률의 해석·적용에 관한 다툼이 있어야 한다는 점(사건성의 확대), 넷째로 그 판단이 최종적 구속력 즉 종국성이 있어야 한다는 점(종국성) 등으로 정리할 수 있다. 이 개념요소들에서 구체적 사건성은 필수적이지 않다.

대한민국헌법상의 사법관념도 제헌헌법 당시부터 지금까지 현대적 의미의 헌법으로서의 성격을 가진 것이었다고 할 수 있다. 현대사회의 사법기능은 그 확대일로에 있으며, 근대적인 사법관념만으로는 충분히 포섭하지 못하는 상황에까지 이르고 있다. 이 점은 대한민국헌법의 성격이나 헌법상황도 결코 예외가 아니며, 따라서 현행 헌법의 사법권의 체계를 이해함에 있어서도 새로운 사법의 관념에 기초하여 이해하는 것이 필요하다.

새로운 사법개념에 따라 한국 헌법상의 사법권에 대한 이해하게 된다면, 현행 헌법상의 사법권의 관념은 헌법재판작용까지도 포함하는 현대적 의미의 그것이며, 이는 사법권 자체가 정치과정에서 하나의 독자적인 역할을 하는 주체로 받아들여지는 것을 의미한다.

2. 정치과정과 사법권의 관계: 정치적 사법의 문제

이스턴(David Easton)에 따르면, 정치는 가치의 권위적인 배분의 과정이다. 정치과정은 현실 내에서 욕구충족을 위한 의지 주체들의 다툼의 장이다. 현실에서 정책결정의 주도권을 장악하는 것은 곧 권력을 장악하는 것이다. 의지 주체들은 자신들이 가진 수단들을 최대한 활용하여 권력을 장악하기 위한 목적을 달성하고자 한다. 이에 대한 규범적 통제수단이 곧 법이며, 이를 구체화하는 것은 국가의 사법기능이다.

정치과정에서 권력과 사법이 어떠한 관련이 있는가에 대해서는 한 국가의 민주주의와 법치주의의 성숙도에 따라 다르게 이해할 수 있다. 이에 관해서는 정치적 권력에 의한 사법, 정치적 목적을 위한 사법, 정치적 문제에 대한 사법으로 나누어 볼 수 있다.

정치적 권력에 의한 사법을 의미하는 경우

이 의미의 정치적 사법은 정치적 권력이나 영향력을 획득 혹은 유지·확대하거나 제한 혹은 파괴하려는 목적을 위하여 사법적 절차를 사용하는 것을 말한다. 이것은 '정치적 사법'의 개념요소 중 '정치적'이라는 요소에 대하여 중점을 두고 사법에 미치는 사실적·정치적 영향이라는 시각에서 바라보는 개념이다. 다시 말하면 사법기능의 판단에 사실적·정치적 힘이 작용하는 경우이다.

이는 국가의 사법작용 및 이를 담당하는 사법기관이 형식적으로는 존재하고 있으나, 실질적으로는 전혀 독립성을 가지지 못하고 정치나 사실적 힘에 의하여 좌우되는 경우이다. 헌법이 제정되어 있고 그 헌법에 따른 사법부가 구성되어 있다고 하더라도, 국가의 사법작용이 정상적으로 행해지기 위하여 사법기관에게 요청되는 사실적

인 독립성과 규범적인 독자성을 사법부가 전혀 가지고 있지 못하고, 국가권력을 장악하고 있는 사실적 권력에 의하여 사법작용이 남용되는 경우인 것이다. 이는 사실적 힘에 의하여 규범이 압도당하여 규범이 가지고 있는 체계성, 논리성이 전혀 기능하지 못하는 것이며, 극단적으로는 무규범적 상태라고까지 할 수 있다. 또 사법작용의 작용기준으로서의 규범이 사실적 권력에 의하여 결정 또는 변경되므로 민주적 정당성과 합리성이 결여되어 있다. 아울러 사법절차가 갖는 최소한의 절차상의 원칙, 즉 당사자 간의 무기대등의 원칙(소송에서 당사자주의가 효과를 거두기 위해 검사와 피고인 사이 공격·방어의 무기를 가능한 한 평등하게 해야 하는 원칙), 입증책임의 분배 등을 허용하지 않는 경우가 많다.

이와 함께 법규범의 독자성이 불완전하고 사법기관의 독립성이 불완전한 국가에서 사법작용이 현실적인 제세력에 의하여 영향을 받는 경우가 있는데, 이 경우도 그 한도에서 정치에 의하여 사법이 좌우되는 것이라고 할 수 있다. 바로 정치에 의하여 오염된 사법작용이라 할 수 있는 것이다.

정치에 의하여 사법기능이 좌우된다는 의미의 정치적 사법은 전체주의 내지 권위주의 독재국가의 경우, 혁명 등에 의하여 구제도가 붕괴되고 새로운 정치체제가 형성되는 경우 등에 흔히 볼 수 있는 것이다. 과거 1930년대와 1940년대의 소련의 스탈린시대의 정적 숙청재판, 프랑스 제3공화정의 지도자들에 대한 리용의 재판, 뉘른베르크와 동경에서 있었던 제2차 세계대전의 전범재판, 1950년대 후반과 1960년대 초기에 터키, 한국,

쿠바 등에서 있었던 정치적 재판들이 이에 속한다. 이들 재판에서는 헌법규범의 위반이나, 불법적인 개인적 부의 축적, 비인간적이고 악랄한 행위 등에 대한 책임으로 성공하지 못한 정치적 행위에 대한 책임을 일괄하여 다루었다.

이러한 형태의 정치적 사법의 특징은 특별(ad hoc)법원을 설치하는 점, 피고의 방어의 자유를 제한하고 어떠한 항소관할도 인정하지 않는 점, 재판의 기준이 되는 법률이 소급효를 가지는 경우가 많다는 점, 재판이 장래의 정치적으로 유용한 형상을 만드는 데에 기여한다는 점, 절차적 흠결보다 재판 대상인 행위의 비난가능성을 더 강조한다는 점 등이다.

정치적 목적을 위한 사법을 의미하는 경우

이것은 사법작용의 독립, 즉 법규범의 독자성과 사법기관의 독립성이 확립되어 있는 국가에서 정치적 목적을 달성하기 위하여 사법절차를 사용하는 것이다. 정치적 권력에 의한 사법과는 달리, 최소한 법규범의 독자성이 확보되어 있고, 재판 과정에 참여하는 당사자들에 대하여 사법절차 자체의 중립성이 확보되어 있기는 하지만, 사법의 판단기준이 되는 헌법 또는 법률이 정치적 목적을 담고 있어서 정치적 반대자에 대한 억압에 이용되는 경우이다. 이 경우 헌법 또는 법률의 해석에 의하여 사실관계를 규율하게 되므로, 때로는 정치적 목적의 달성 자체가 불가능할 수도 있다. 왜냐하면, 사법권의 독립이 확립된 나라에서는

사법재판은 그 재판의 결과가 창설적인 것이며, 예측하기 어려운 것이기 때문이다. 이 점에서 재판의 결과를 미리 결정해 놓고 형식적으로 절차를 거치거나, 사법절차에 사실적 힘이 개입하여 일정한 판결결과를 이끌어내는 것에 불과한 정치에 의한 사법과 구별되는 것이다.

이 의미의 정치적 사법은 내란죄, 외환죄, 위증죄, 의회모독죄 등의 정치적 형법에 의하여 규제되는 경우가 많지만, 반드시 이들에 한정하지는 않는다. 즉 헌법재판이나 행정재판, 민사재판, 노동재판 등의 영역에서도 직접 정치적 논쟁의 맥락에 있을 때에는 정치적 사법이라고 할 수 있다.

이러한 의미의 정치적 사법은 과거의 서독에서 특히 잘 볼 수 있다. 즉 1950년대와 1960년대의 법적 급진주의나 학생운동 등에 대한 사법절차, 그리고 공산주의에 대한 탄압 및 그 수단으로서 독일공산당(KPD)에 대한 해산과 그 후속 조치들이 그것이다. 서독에서는 1951년에 정치적 형법이 발효되었고, 1968년까지 그 효력이 지속되다가 개정되었다. 공산주의자에 대한 정치적 사법은 독일역사에서 일정한 정치적 상황의 표현이었지만, 법치국가에서 정치적 사법을 필요로 하는 것이 실제상 어떠한 효과를 가졌는가에 대하여 의문이 제기되고 있다.

서독기본법에서는 법치국가의 규범적 보장이 완벽하게 만들어졌다. 그것은 반대집단의 정치적 자유권을 보장하기 위한 것이었지만, 처음부터 기본법 제9조 2항, 제18조, 제21조 2항 등에서 그 표현을 볼 수 있는 투쟁적 민주주의(Die streitbare Demokratie)의 원리에 의하여 제한

되었다. 이러한 기본법상의 규정은 과거의 국가 사회주의(나치)가 재등장하는 것을 막기 위한 것이었으나, 제2차 세계대전 후의 냉전체제에서 공산주의에 대한 탄압을 위하여 사용된 것이다. 특히 1950년 여름의 한국전쟁이 발발하자 공산주의에 대한 탄압은 기본법의 주목표가 되었다. 그리하여 정치적 사법의 실제에서 투쟁적 민주주의의 원칙이 법치국가원리에 의하여 보장된 정치적 자유권의 제한에 대한 중요한 근거가 되었다. 이러한 정치적 사법에 대해서는 첫째, 정치적 형법의 구성 요건의 포괄성, 둘째, 과도한 자유의 침해, 셋째, 과잉금지 원칙(비례의 원칙)의 위반 여지 등 세 가지 점에서 비판이 있었다.

정치적 문제에 대한 사법을 의미하는 경우

이것은 정치적인 문제에 대하여 사법적 절차에 따라 이를 심사하는 것을 말한다. 전술한 정치적 목적을 위한 사법과 대비할 때, '정치적 사법'의 개념요소 중 '사법'이라는 요소에 중점을 두는 개념이다. 다시 말하면 국가기능 중 사법기능이 정치적인 문제에 대하여 어떠한 역할을 할 것인가를 문제 삼는 것이다. 한국의 현행 헌법상 헌법재판소의 지위에 관하여 다수의 견해에서 정치적 사법기관이라고 하는데, 이때의 '정치적'의 의미가 '정치적 문제에 대한' 사법기관을 의미한다. 그러나 엄격히 말하면 이러한 의미에서는 정치적 사법기관이라는 표현은 적절하지 않다. 왜냐하면, 이때의 정치적 문제는 사법심사의 대상을 말하는 것이

지 사법심사의 판단에 영향을 미치는 것이 아니기 때문이다.

정치적인 문제에 대하여 사법기관이 심사하는 것이 타당한가에 대하여는 권력분립의 원칙상, 그리고 사법권의 성격상 적절하지 않다고 하여 사법권의 범위에서 제외하는 것이 전통적인 견해였다고 할 수 있다. 즉 근대헌법의 기본원리의 하나인 법치국가원리는 일반적으로 국가행위가 법에 근거하고 법에 따라야 할 것을 요청함과 함께, 국가행위가 합법성의 요청에 적합한가의 여부를 법원이 심사할 수 있도록 요구된다. 그러나 모든 국가행위가 당연히 사법심사의 대상이 된다는 것을 의미하는 것은 아니며, 오히려 국가행위 중에는 그 성질상 법원에서 심사하는 것이 합목적적이 아닌 것이 있으며, 이처럼 사법심사의 대상에서 제외되는 행위가 있다. 흔히 군주나 통치자는 사법심사 대상이 되지 않는 것을 의미하는 것으로 이러한 용어를 프랑스에서는 통치행위, 독일에서는 고권행위, 미국에서는 정치문제, 영국에서는 대권행위 혹은 국가행위로 부르는 이 행위는 판례상 혹은 학설상 인정받아 왔다. 그러나 오늘날에는 실질적 법치국가원리가 확립되고 최고규범으로서 헌법의 규범성을 실질적으로 확보하기 위한 헌법재판제도가 확립됨으로써 과거에 인정되었던 통치행위 내지 정치문제의 범위가 축소되는 경향이 있다. 특히 헌법재판제도의 확립은 과거의 통치행위 내지 정치문제에 대하여 최소한의 규범적 통제를 할 것을 요청하는 것이다.

정치적 문제에 대한 사법심사에서 중요한 것은 사법심사의 기준이 무엇인가 하는 점이다. 왜

냐하면, 사법심사는 헌법과 법률의 해석·적용 작용이며, 이는 하나의 법적 가치판단을 의미하는 것이고, 따라서 심사의 대상과 심사의 기준이 서로 분리될 것을 요청하기 때문이다. 다시 말하면 사법심사의 대상은 사실적 혹은 정치적 문제이지만 그의 적헌성 내지 적법성을 판단하는 기준은 규범적인 것이 되어야 하는 것이다. 특히 헌법을 기준으로 하여 심사를 하는 헌법재판의 경우에는 헌법이 가지는 정치적 성격으로 말미암아 정치적 합목적성이 그 기준으로 될 가능성이 크다. 그러나 이 정치적 합목적성이라는 기준도 헌법이 가지고 있는 체계성, 논리성의 범위 내에서 인정되는 것이어야 하며, 비록 헌법이 정치적 문제에 대한 결정을 유보하거나 결하고 있더라도 기존의 헌법이 가지고 있는 제 원리들과 상충하는 합목적성을 인정할 수는 없다고 할 것이다. 만약 헌법상의 제 원리와 상충하는 합목적성을 정치적 문제에 대한 심사의 기준으로 하게 되면, 이것은 해석에 의한 헌법의 침해를 초래할 수도 있을 것이다. 그러므로 정치적 문제에 대한 사법심사, 특히 헌법재판의 경우에는 사실적인 정치권력에 의하여 영향을 받아서는 안 되며, 헌법의 규범내용과 규범구조를 기초로 하여 행해져야 할 것이다. 다시 말하면 헌법재판의 기준은 헌법의 의미 내용을 확정하는 해석행위이어야 하는 것이다.

3. 한국의 사법사와 정치과정

미군정기를 거치면서 태생적으로 일제강점기의 사법부로서의 성격을 완전히 극복하지 못한 채 정부수립을 맞게 된 한국 사법부는 정부수립 후 제도화의 과정에서부터 적지 않은 난관에 봉착하였다. 제헌헌법 시행 이후 1987년 헌법 이전까지의 사법제도를 시기별로 나누어 보면, 성립기(1945~1957), 수난기(1957~1971), 암흑기(1972~1988), 재정립기(1988~2020, 현재) 등으로 나눌 수 있지만, 크게는 1987년 이전과 그 이후로 나눌 수 있다.

1987년 헌법 이전

대한민국임시정부가 인정받지 못하여 실질적인 국가권력이 부재한 상황에서 일제강점기의 사법

글상자 8.3 해방일의 한 풍경: 조선변호사시험 이틀째 되는 날

1945년 8월 15일은 일왕의 항복선언으로 말미암아 우리나라가 일제강점으로부터 해방된 날이다. 그런데 같은 날 조선변호사시험이 이틀째 시행되고 있었다. 정오에 일왕의 항복선언이 있은 후, 오후 시험이 무기한 연기되었다. 응시생들은 단체를 결성하여 미군정에 합격증을 교부할 것을 요구하였고, 1946년에 106명에게 합격증이 부여되었고, 1947년 제1회 조선변호사시험에서 면접만으로 상당수가 구제되었다. 정부수립 후 초기의 법조형성을 보여주는 단면이다.

제도가 대부분 미군정하에서 수용되었다. 그리고 미군정하의 사법부는 처의 무능력을 규정한 의용민법(일본의 민법이 한국에도 사용되었던 구민법) 제14조에 대한 무효판결을 내리고 일제강점기 언론탄압의 도구이었던 신문지법의 존속판결을 하는 등 해방 후 분단 상황에서의 혼란상을 반영하는 판결을 내렸다.

대한민국 정부수립 후 이승만집권기는 가부장적 권위주의 정권의 성격을 가졌고, 민간사회와 정치사회가 성숙되지 못한 상황이었다. 이 시기의 사법권은 초대 대법원장인 김병로 원장에 의해 특징지어졌다. 반민족행위처벌법에 따라 반민특위가 활동하였으나, 친일파를 등에 업은 이승만 대통령의 집요한 방해로 인해 무산되었으며, 사법부의 권한행사에 대하여 이승만 대통령과 김병로 대법원장 사이에 갈등이 나타나기도 하였다. 이 시기의 대표적인 사법부의 판결로는 대구 『매일신문』 필화사건, 진보당 사건판결, 『경향신문』 필화사건 등이 있었다.

4·19혁명 후의 사법은 특별사법의 성격을 띠고 있었다. 반민주행위 및 부정선거 관련자에 대한 처벌이 목적인 특별법이 제정되었고, 그에 따라 세칭 6대 사건판결이 있었다. 이 6대 사건에는 ① 3·15부정선거사건, ② 4·19 당시 발포명령사건, ③ 정치깡패사건, ④ 장면 부통령 저격배후사건, ⑤ 민주당전복 음모사건, ⑥ 제3세력 제거 음모사건이 있다. 그러나 판결의 형량에 불만을 가졌던 혁명세력은 소급입법개헌을 통해 법률을 개정하고 특별검찰부와 특별재판소를 가동하였으나, 5·16군사쿠데타에 의해 재판이 중단되고 말았다.

5·16군사쿠데타 이후 군부세력은 혁명검찰부와 혁명재판소를 통해 4·19혁명 이후의 부정선거사범과 발포책임자에 대한 처벌을 했고, 반혁명세력과 정치적 반대세력을 축출했다. 또한 쿠데타 이후 군부세력은 기존의 사법제도를 대폭 손질하고 대법관을 대법원 판사로 명칭을 변경하는 등 일방적으로 사법부를 재구성하였다. 제3공화국 출범 후에는 무장군인이 법원에 난입하는 사건이 발생하는 등 쿠데타세력이 사법부를 어떻게 인식하는가를 보여주는 기막힌 일도 있었다. 이후 유신헌법에 이르기까지 박정희 권력은 사법부를 제사상에 대추·밤 놓듯이 그저 장식적인 제도로만 인식하였고, 사실상 정치권력의 시녀로 기능하게 하였다.

유신헌법 이전까지는 인혁당사건, 동베를린사건, 민비연사건, '다리'지 필화사건, 동양통신 필화사건 등 국가보안법과 반공법, 집회시위에 관한 법률 등 반민주적 악법을 통해 정치적 반대자와 민주화세력을 극렬 탄압하였다. 이러한 상황에서도 초기 김병로 대법원장의 영향에 힘입어 젊은 판사들은 사법권의 독립을 위한 치열한 노력을 기울였다. 그 결과 1971년 6월 22일 국가배상법 제2조 1항 단서와 법원조직법 제59조 1항 단서에 대한 위헌판결이 내려졌다. 동시에 내려진 이 판결은 제3공화국 사법의 백미로 평가되고 있다.

유신헌법하에서는 긴급조치사법과 안보사법이라 할 정도로 사법부가 정치권력에 철저히 종속된 시기였다. 특히 1975년 4월 8일에 있었던 민청학련사건 판결은 자연법적인 저항권을 부정

글상자 8.4   5·16군사쿠데타의 사법에 대한 영향: 대법원장·대법관선거제의 무산

4·19혁명 이후 개정헌법에 따라 대법원장 및 대법관선거제가 도입되었다. 1961년 5월 1일 선거일이 공고되었는데, 공고에서는 선거인단 구성을 위한 선거인선출 예비선거는 1961년 5월 17일에, 대법원장과 대법관 선거는 5월 25일에 시행하기로 하였다. 그러나 예비선거일 전날인 5월 16일 군사쿠데타가 발발하여 군사혁명위원회가 설치되자, 다음날로 예정되었던 예비선거는 실시되지 못한 채 무산되고 말았다. 한국 헌정사상 처음으로 시도되었던 대법원장 및 대법관선거제는 제대로 시행되지도 못한 채 사장되고 말았고, 이후 사법부는 군부권위주의 정권에 의하여 철저히 유린당하는 수난기로 접어들게 되었다.

함으로써 유신헌법하에서 사법부의 법실증주의적 경향을 노골적으로 드러낸 판결이었다. 1979년에는 신민당총재단 직무집행정지 가처분신청을 법원이 인용함으로써 야당탄압이라는 정치적 목적에 사법부가 충실히 추종하는 모습을 보여주었고, 이는 10·26사건의 한 계기가 되기도 하였다. 사법부의 친권력적 속성은 신군부가 집권한 제5공화국에서도 크게 다르지 않았다.

수난기와 암흑기의 사법권의 경험은 정치권력이 독재화하고 국가권력이 집중되어 있을 때에는 사법권이 결코 정상적인 기능을 할 수 없음을 보여주는 것이다.

1987년 헌법 이후

사법권의 재정립기는 민간사회가 국가보다 우위에 있음을 보여준 1987년의 6·10민주항쟁 이후 전반적인 사회의 민주화와 함께 사법권이 다시 정상적인 지위를 찾게 된 시기이다. 헌법재판소를 포함한 사법권은 스스로 제도를 개혁하고, 불합리한 법률을 교정하며, 적극적으로 국민의 기본권을 보장하기 위한 노력을 보여주고 있다. 사회의 다원화와 민주화는 정치권력의 다원화를 가능하게 하였고, 이에 따라 정치권력이 실질적으로 민간사회에 의하여 창출되고 정치과정이 민주적으로 이루어질 수 있었기 때문이었다. 그러나 한편으로는 정치권과 시민사회가 헌법재판소를 과도하게 남용하는 측면도 드러나 정치적으로 해결되어야 할 사건들이 헌법재판소로 집중되는 '정치의 사법화' 내지 '사법과잉'을 초래하기도 하였다.

대법원의 경우, 전통적 사회가치들을 과감히 탈피하여 여성 종중원(宗中員, 문중의 구성원) 지위 인정, 성전환자 성별 변경문제, 개명의 자유, 사실혼배우자의 보호, 부부강간죄 성립 여부 등 적극적으로 사회의 변화에 대처하고, 소작농, 주택임차인, 여성피고용인, 비정규직 근로자, 외국인 근로자, 장애인 등 사회적 약자에 대한 적극적 보호 등 국민의 권리와 이익의 보호에 적극적으로 대응하고 있다.[5]

4. 사법권의 기본제도(1): 헌법재판소

한국은 성리학적 유교국가로부터 입헌주의적 근대국가로 이행하는 과정에서 일본제국의 강점을 경험하였고, 3·1공화혁명(공화정으로의 혁명)을 거치면서 대한민국임시정부로 국가체제가 변경되었다. 임시정부헌법은 대한제국의 전제군주정으로부터 민주공화정으로 변경된 헌정체제를 표방하였고, 그 헌법은 자세하지 않고 간단하지만, 근대국가로서의 면모를 갖춘 것이었다. 임시정부헌법에서는 본격적인 헌법재판제도를 도입하지는 않았으나, 헌법재판제도 중의 하나인 탄핵제도를 도입하였고, 실제로 이승만 대통령에 대한 탄핵이 성공하기도 하였다(1925년). 1945년 해방 이후 정부수립기에는 비록 헌법이 존재하지는 않았으나, 미군정하의 대법원에서 당시 시행되고 있었던 의용민법의 처의 무능력규정(제14조, 아내는 무능력하다는 전제를 하고 있는 규정)을 무효로 하기도 하였다. 정부수립 후 제헌헌법 이래 현행 헌법에 이르기까지 한국의 헌법재판제도는 많은 변화를 겪어 왔다. 역대 헌법을 통하여 한국은 헌법재판 유형에 있어 집중형과 비집중형 양자 모두를 경험하였다.

헌법재판소의 지위, 구성과 조직

헌법재판소는 대법원과 함께 헌법상 최고사법기관의 하나로서 국민의 자유와 권리를 보장하는 기관이자 동시에 정치적 권력통제기관으로서의 기능을 가진다. 국민의 자유와 권리의 보장은 위헌법률심판·헌법소원심판을 통해 이루어지며, 정치적 권력통제는 국회의 입법에 대한 통제로서 위헌법률심판, 헌법소원심판, 탄핵심판, 권한쟁의심판, 위헌정당해산심판 등을 통하여 행해진다.

그리고 헌법재판소는 최고 사법기관의 하나로서 국민주권주의에 따른 민주적 정당성을 가져야 한다. 이를 위하여 헌법재판소의 구성에 있어서도 국민의 주권적 의사를 충실하게 반영할 수 있도록 하여야 한다. 한국의 헌법재판소는 법관의 자격을 가진 9인의 재판관으로 구성하며, 재판관은 대통령이 임명한다(헌법 제111조 2항). 재판관 중 3인은 국회에서 선출하는 자를, 3인은 대법원장이 지명하는 자를 임명한다(3항). 헌법재판소의 장은 국회의 동의를 얻어 재판관 중에서 대통령이 임명한다(4항). 재판관 임명의 과정은 곧 정치과정의 측면을 갖는다. 즉, 국회 내에서 여야 간의 정치적 타협에 의하여 재판관 후보가 정해지기 때문에 정치세력의 영향은 필수적이다. 또한 대법원장에 의한 지명도 법원 내의 인사정책에 따라 지명되는 경우가 많기 때문에 대법원장의 의지에 따른 정치적 성격을 갖는다고 볼 수 있다. 또한 헌법재판관은 대법관과는 달리 후보추천위원회의 추천이나 국회의 임명동의 절차가 없기 때문에 그 임명절차에 대한 민주적 통제가 미약하다는 점이 지적되고 있다. 다만 국회법과 인사청문회법에 따라 재판관 후보 전원에 대하여 인사청문회를 거치도록 하고 있다(국회법 제46조 3항, 제65조의2, 인사청문회법 제2조 참조).

헌법재판소의 장은 국회의 동의를 얻어 재판

관 중에서 대통령이 임명한다(헌법 제111조 4항). 헌법규정은 재판관 임명절차가 끝난 후 임명된 재판관들 중에서 다시 대통령이 국회의 동의를 얻어 임명하도록 규정되어 있다. 하지만 실제로는 재판관 임명과 동시에 소장의 임명동의를 요청하는 경우가 통상적이었기 때문에, 기존의 재판관 중에서 소장을 임명하기 위하여 재판관직을 사직시킨 다음에 다시금 재판관 및 재판소장의 임명절차를 거치고자 한 예가 있었다(전효숙재판관 소장임명사건). 이는 소장임명에 관한 법규정의 미비로 인해 발생한 사건이었다. 또한 대통령, 대법원장, 대법관, 국회의원 등의 임기는 헌법에 명시하고 있으나, 헌법재판소장의 임기는 명시하고 있지 않기 때문에 문제가 있다.

헌법재판소 재판관은 법관의 자격을 요구하고 있으나(헌법 제111조 2항), 외교관이나 국회의원, 공인된 대학의 법률학 교수에게도 자격을 부여하여야 한다는 주장이 있다. 재판관의 지위는 법관의 경우에 준하여 직무상 독립, 신분보장, 정치적 중립성, 겸직금지 등이 보장된다. 즉, 재판관은 탄핵 또는 금고 이상의 형의 선고에 의하지 않는다면 파면되지 않고 정당가입이나 정치관여가 금지되고, 공사의 직이나 영리목적의 직을 겸할 수 없다.

헌법재판소의 심판 외에 헌법재판소의 중요사항에 관한 의사결정은 재판관회의의 의결에 따른다. 재판관회의는 재판관 전원으로 구성되며 헌법재판소 소장이 의장이 된다. 7명 이상의 출석과 출석 재판관 과반수의 찬성으로 의결한다.

헌법재판소의 권한

헌법재판소에 소원할 수 있는 심판의 종류로는 위헌법률심판, 탄핵심판, 정당해산심판, 권한쟁의심판, 헌법소원심판 등이 있다.

위헌법률심판(違憲法律審判)은 법률이 헌법에 위반되는지의 여부가 재판의 전제가 된 경우에 법원이 헌법재판소에 제청하여 그 심판에 의하여 재판하는 것을 말한다(헌법 제107조 1항). 위헌법률심판은 현행 헌법상 구체적 규범통제의 하나로서, 법적용의 주체인 법원이 자신이 적용할 법률의 헌법적합성에 관한 의심을 해소하기 위한 절차이다. 따라서 현행 헌법상 위헌법률심판은 법원이 주체가 되어 진행하는 절차이다. 물론 간접적으로는 개인의 기본권 보호와도 관련이 있다. 군사법원을 포함한 모든 법원은 독자적 결정으로 직접 위헌 여부 심판을 제청할 수 있다(헌법재판소법 제41조). 다만 대법원 이외의 법원이 제청을 하는 경우에는 대법원을 경유하여야 한다(헌법재판소법 제41조 5항). 원칙적으로 합헌과 위헌으로 결정하여야 하나 헌법재판소는 한정합헌, 한정위헌, 일부위헌, 헌법불합치, 입법촉구 등 변형결정이 가능하다. 법원이 위헌법률심판을 제청하면 해당 소송사건의 재판은 헌법재판소의 위헌 여부의 결정이 있을 때까지 정지된다. 다만 법원이 긴급하다고 인정하면 종국재판(어떤 사건에 대하여 해당 법원에서 소송 절차를 종결하는 재판) 외의 소송절차를 진행할 수 있다(헌법재판소법 제42조 1항).

탄핵심판(彈劾審判)은 고위공직자에 의한 하

향식 헌법침해로부터 헌법을 보호하기 위한 헌법 보호제도의 하나로서, 일반사법절차에 따라 소추하거나 징계절차로서 징계하기가 곤란한 대통령을 비롯한 고위공직자나 법관 등 신분이 보장된 공무원이 직무상 중대한 비위를 범한 경우에 이들을 의회가 소추하여 처벌하거나 파면하는 제도를 말한다. 헌법 제65조 1항과 헌법재판소법 제48조는 탄핵소추대상자로서 대통령·국무총리·국무위원·행정 각부의 장, 헌법재판소 재판관·법관, 중앙선거관리위원회 위원·감사원장·감사위원, 기타 법률이 정하는 공무원을 들고 있다.

탄핵의 사유는 탄핵의 대상에 따라 달리 규정하지 않고 모든 대상에 대하여 "그 직무집행에 있어서 헌법이나 법률을 위배한 때"라 하여 이를 포괄적으로 규정하고 있다. 탄핵소추가 의결된 자는 소추의결서가 본인에게 송달된 때로부터 헌법재판소의 탄핵심판이 있을 때까지 권한 행사가 정지된다(헌법 제65조 3항, 국회법 제134조 2항). 탄핵결정이 선고된 경우에는 다음의 효력을 갖는다. 첫째, 탄핵결정은 공직자를 공직에서 파면한다. 그러나 탄핵의 결정으로 민사상이나 형사상의 책임이 면제되는 것은 아니다(헌법 제65조 4항, 헌법재판소법 제54조 1항). 둘째, 탄핵결정에 파면된 자는 일정 기간 공직취임이 금지된다(5년, 헌법재판소법 제54조 2항). 셋째, 탄핵결정을 받은 자에 대하여 대통령의 사면이 허용될 수 없다고 함이 다수설이다.

정당해산심판(政黨解散審判)은 정당의 목적이나 활동이 민주적 기본질서에 위배될 때에는 정부의 제소에 따라 헌법재판소의 심판에 의하여 해산하는 제도이다(헌법 제8조 4항 참조). 민주주의를 부정하고 파괴하는 민주주의의 적에 대한 관용까지는 포함할 수는 없다는 방어적 민주주의 원칙을 표현한 것이다. 이는 민주적 기본질서에 반하는 정당의 존립을 부인하면서도 그 해산을 헌법재판소의 심판에 의해서만 가능하게 함으로써 행정부의 일방적·자의적인 처분에 의한 정당해산을 방지하고, 정당의 특수한 성격에 비추어, 일반결사보다 그 존립을 헌법에 의해 두텁게 보호하고자 하는 것이다. 헌법재판소는 재판관 중 6인 이상의 찬성을 얻어 정당해산의 결정을 할 수 있다(헌법 제113조 1항, 헌법재판소법 제23조 2항).

헌법재판소의 위헌심판에 의해 해산된 정당의 소속 국회의원 혹은 지방의회의원이 의원으로서의 자격도 상실하게 되는지에 관해 명시적인 규정을 두고 있지 않으나, 국회의원의 자격은 상실된다고 함이 헌법재판소의 입장이다. 지방의회의원의 자격이 상실되는가에 관하여 헌법재판소는 침묵하고 있으나, 중앙선거관리위원회는 지방의회의원을 지역구와 비례대표의원으로 분리하여 공직선거법 제192조 4항에 따라 비례대표의원만 퇴직결정을 하였다. 그러나 이 결정에 대하여 법원은 비례대표의원의 지위를 인정하는 판결을 내렸다.

권한쟁의심판(權限爭議審判)은 국가기관 상호간 또는 국가기관과 지방자치단체 간 그리고 지방자치단체 상호간에 헌법과 법률에 의한 권한과 의무의 범위와 내용에 관하여 다툼이 있는 경우 헌법소송을 통하여 이를 유권적으로 심판함으로써 국가기능의 수행을 원활히 하고, 국가기관 및 지방자치단체 상호간의 견제와 균형을 유지시켜 헌법이 정한 권능질서의 규범적 효력을 보호하기 위한 제도이다(헌법 제111조 1항 4호 참조). 헌법재판소법 제62조는 권한쟁의심판의 종류를 상세히 규정하고 있으나, 헌법재판소는 해석상 국회의장과 국회의원 사이의 권한쟁의심판을 넓게 인정하고 있다.

헌법소원(憲法訴願)이란 공권력에 의하여 헌법상 보장된 국민의 기본권이 침해된 경우에 헌법재판소에 제소하여 그 침해된 기본권의 구제를 청구하는 제도이다. 현행 헌법 제111조 1항 5호는 헌법재판소의 권한으로, '법률이 정하는 헌법소원'을 규정하고 헌법재판소법 제68조 내지 제75조는 헌법소원심판을 규정하고 있다. 헌법재판소법 제68조는 본래 의미의 헌법소원(권리구제형 헌법소원; 제68조 1항의 헌법소원)과 위헌법률심사형 헌법소원(위헌심사형 헌법소원)의 두 유형을 규정하고 있다. 권리구제형 헌법소원 심판청구를 위해서는 헌법상 보장된 기본권에 대하여 '자기관련성', '직접성', '현재성'을 갖는 '침해'가 있어야 하고 '보충성'을 충족하여야 한다. 위헌심사형 헌법소원은 법률의 위헌 여부 심판의 제청신청이 기각된 때에 헌법재판소에 직접 위헌 여부를 헌법소원으로 제기할 수 있게 한 제도이다(헌법재판소법 제68조 2항).

5. 사법권의 기본제도(2): 법원

현행 헌법 제5장 법원(제101~110조)은 헌법재판권을 제외한 사법권에 관하여 규정하고 있다. 헌법재판권이 사법권에 포함되는가의 여부에 관해서는 견해가 나뉘지만, 헌법상의 '법원' 규정이 사법권을 규정하고 있다는 데에는 이의가 없다. 헌법 제101조 2항은 "법원은 최고법원인 대법원과 각급법원으로 조직된다"고 하여, 사법권의 담당기관으로서 법원의 지위와 조직을 정하고 있다. 즉, 법원은 대법원을 정점으로 하여 하급심판기관인 각급법원으로 구성되는 기관 간 위계조직을 정하고 있다. 헌법규정에는 대법원의 지위와 구성에 관하여는 비교적 상세히 정하고 있지만, 각급법원의 구체적인 내용은 명시되어 있지 않고 법원조직법에 위임하고 있다.

대법원

대법원의 헌법상 지위를 살펴보면 제1공화국 헌법상의 대법원은 대법원규칙제정권, 위헌법률심판제청권, 명령·규칙·처분의 위헌위법 여부에 대한 최종적 심판권을 가졌다. 제2공화국 헌법상의 대법원은 대법원규칙제정권과 명령·규칙·처분의 위헌위법 여부에 대한 최종적 심판권을 가졌다. 제3공화국 헌법상의 대법원은 위헌법률심사권을 비롯하여 헌법해석권과 정당해산심판권을 가졌고, 대법원장·대법원 판사의 임명에는 법관추천회의제도를 채택함으로써 대법원의 행정부·입법부로부터의 독립을 보장하였다. 따라서 대법원은 최고기관의 하나로서 위헌법률심사기관·상고심재판기관·최고사법행정기관이었다. 제4공화국 헌법상의 대법원은 명령·규칙·처분의 위헌위법 여부에 대한 최종적 심판권, 선거소송심판권, 위헌법률심판제청권을 가졌다. 법관의 실질적 임명권과 보직·징계권까지 대통령이 행사하였기 때문에 대법원은 사법행정기관으로서의 역할을 하였으나, 최고사법행정기관으로서의 지위를 가지지는 못하였다는 점에서 사법권이 약화되었다.

제5공화국 헌법상의 대법원은 명령·규칙·처분의 위헌위법 여부에 대한 최종적 심판권, 선거소송심판권, 위헌법률심판제청권을 가졌다. 특히 대법원의 위헌법률심판제청권에 있어서는 법률의 위헌여부에 대한 우선판단권(불송부결정권)이 인정되었기 때문에 하급법원의 위헌법률심판제청이 있는 경우에도 대법원의 합의체에서 당해 법률이 위헌이 아니라고 판단하면 헌법위원회에 제청하지 않을 수 있었다. 제4·5공화국 헌법상으로는 위헌법률심판제청권을 가지는 주체를 '법원'이라 하였으나, 하위 헌법위원회법에서 대법원이 의견서를 첨부할 수 있도록 하고, 만약 대법원장이 재판장이 되는 합의부에서 불필요하다고 인정할 경우에는 결정(법원이 하는 재판 중 변론 없이 혹은 임의적인 변론을 거쳐서 하는 것) 제청서를 헌법위원회에 송부하지 않도록 하였다. 이는 명백히 헌법에 위반되는 것이었으나, 학설상으로도 아무런 비판이 없이 대법원에게 우선판단권을 준 것으로 이해하고 있었다.

현행 헌법상으로 대법원은 주권행사기관으로서의 지위, 최고기관으로서의 지위, 최고법원으로서의 지위, 기본권보장기관으로서의 지위, 헌법보장기관으로서의 지위, 최고사법행정기관으로서의 지위를 가진다. 법원은 국민의 이름으로 재판하는 국민의 수임기관이라는 점에서 국회·대통령·헌법재판소 등 다른 국가기관과 더불어 주권행사기관 중의 하나이다. 대법원은 국회·대통령·헌법재판소 등 다른 최고기관과 더불어 국가의 최고기관 중의 하나이다. 헌법 제101조 2항은 "법원은 최고법원인 대법원과 각급법원으로 조직된다"고 규정하여 대법원이 최고법원의 성격을 갖고 있다는 점을 명문화하고 있다. 다만 이 규정은 법원 중의 최고법원임을 규정한 것이지 유일한 최고사법기관임을 규정한 것은 아니다. 최고사법기관으로서의 지위는 헌법재판소와 함께 공유한다. 대법원은 기본권보장기관으로서의 지위를 가지는데, 이 지위는 국민의 재판청구권을 통하여 구체화된다. 대법원은 위헌법률심판제청권, 선거소송관할권, 명령·규칙의 위헌심사권 등을 통하여 헌법을 보장하는 헌법보장기관이다. 대법원은 인사를 포함한 사법행정을 독립하여 행사하는 최고사법행정기관이다. 사법행정권을 대통령에게 침해당한 역사적 경험에 비추어 대법원에 최고사법행정권을 부여하는 것은 필수적이다.

대법원의 인적 구성 대법원은 대법원장과 대법관으로 구성되지만, 법률이 정하는 바에 의하여 대법관이 아닌 법관을 둘 수 있다(헌법 제102조 2항). 대법관의 수는 대법원장을 포함하여 14인으로 한다(법원조직법 제4조 2항).

대법원장은 최고법원인 대법원의 수장으로서, 규정은 없으나 대법원을 대표하며, 법원구성권과 사법행정권을 가진다(법원조직법 제13조). 대법원장은 대법관회의의 의장이며(법원조직법 제16조 1항), 대법원전원합의체의 재판장으로서의 지위를 가진다.

대법원장은 국회의 동의를 얻어 대통령이 임명하고(헌법 제104조 1항), 임기는 6년이며 중임할 수 없다(헌법 제105조 1항). 정년은 70세이다(법원조직법 제45조 4항).

대법원장은 법원을 대표하며, 대법관임명제청권(헌법 제104조 2항), 각급판사임명권(헌법 제104조 3항), 각급판사보직권(법원조직법 제44조), 헌법재판소재판관지명권(헌법 제111조 3항), 중앙선거관리위원회위원 지명권(헌법 제114조 2항), 법원직원임명권과 사법행정권(법원조직법 제53·68조), 법률제·개정에 대한 의견제출권(법원조직법 제9조 3항) 등을 가진다.

대법원장 다음으로 대법관이 있다. 대법관이라는 명칭은 미군정기에 처음 붙여진 명칭으로 제2공화국 헌법에까지 사용되었다. 5·16군사쿠데타 후의 군사정부에서부터 제5공화국 헌법까지는 대법원 판사로 불리었다가 현행 헌법에서 다시 대법관으로 환원되었다. 대법관은 최고법원인 대법원의 구성원으로서 대법관회의 및 대법관 전원합의체의 구성원이다. 또한 대법원장의 권한대행자로서의 지위를 가진다(법원조직법 제13조 3항).

대법관은 대법원장의 제청으로 국회의 동의를 얻어 대통령이 임명하며(헌법 제104조 2항), 임기는 6년으로 하되 법률이 정하는 바에 의하여 연임할 수 있다(헌법 제105조 2항). 대법관의 권한으로는 대법원에서의 심판권을 가진다. 각 대법관은 동등한 권한을 가지며, 대법원재판서에는

합의에 간여한 모든 대법관이 의견을 표시하여야 한다(법원조직법 제15조). 또한 대법관회의의 구성원으로서 심의사항에 대한 의결권을 가진다(법원조직법 제16·17조).

그리고 대법원에는 법률이 정하는 바에 의하여 대법관이 아닌 법관을 둘 수 있다(헌법 제102조 2항). 이 규정은 제5공화국 헌법에서 신설된 것으로 1959년 법원조직법 개정에서 처음 도입된 대법원 판사제도를 헌법적으로 근거를 지우기 위하여 규정된 것이다. 현행 법원조직법상으로는 규정되어 있지 않다.

그리고 대법원에는 재판연구관이 있다. 대법원에 대법원장의 명을 받아 사건의 심리 및 재판에 관한 조사·연구 업무를 담당하는 재판연구관을 둔다(법원조직법 제24조). 재판연구관은 판사로 보하거나 3년 이내의 기간을 정하여 판사가 아닌 사람 중에서 임명할 수 있다(동조 3항). 재판연구관은 직접 자신의 이름으로 재판에 참여하는 자가 아니기 때문에 헌법적 근거를 두지 않아도 무방하다.

대법원의 조직   대법원에는 대법관 전원합의체와 부를 두고 있다. 전원합의체는 대법관 전원의 3분의 2 이상의 합의체이다. 부(部)는 대법관 3명 이상으로 구성하며, 대법원장은 행정·조세·노동·군사·특허 등의 사건을 전담하여 부에서 심판하게 할 수 있다(동법 제7조 2항 참조). 부(部)에서 먼저 사건을 심리(審理)하여 의견이 일치한 경우에는 전원합의체 사건이 아닐 경우 그 부에서 재판할 수 있다(동법 제7조 1항 참조).

대법원의 두 번째 조직으로 대법관회의가 있다. 이 대법관회의는 대법관으로 구성된 회의체이며, 대법원장이 그 의장이 된다. 대법관회의는 대법관 전원의 3분의 2 이상의 출석과 출석 인원 과반수의 찬성으로 의결한다. 의장은 의결에서 표결권을 가지며, 가부동수(可否同數)일 때에는 결정권을 가진다(법원조직법 제16조 참조).

마지막으로 대법원 조직으로 부설기관이 있다. 법원조직법에서 규정하고 있는 부설기관으로는, 법원행정처(제19조, 제67조 이하), 사법연수원(제20조, 제72조 이하), 사법정책연구원(제20조의2, 제76조의2 이하), 법원도서관(제22조, 제81조), 법원공무원교육원(제21조, 제77조 이하), 사법정책자문위원회(제25조), 법관인사위원회(제25조의2), 양형위원회(제81조의2) 등이 있다.

대법원의 권한 위와 같이 조직되어 있는 대법원은 심판권, 규칙제정권, 사법행정권과 같은 권한을 가지고 있다. 대법원의 심판권은 대법원 전원합의체에서 행사한다. 전원합의체는 대법원장이 재판장이 되고, 헌법과 법률에 다른 규정이 없으면 과반수로 결정한다(법원조직법 제7조 1항). 전원합의체는 명령·규칙의 위헌·위법 여부, 종전판결의 변경, 부에서 재판하기 부적당한 경우 등의 사건을 심판한다(동법 제7조 1항 참조). 대법원은 위헌·위법한 명령·규칙에 대한 최종적 심판권(헌법 제107조 2항), 위헌법률심판제청권(제107조 2항)을 가지고 선거소송, 상고심·재항고심 및 다른 법률에 따라 대법원의 권한에 속하는 사건(법원조직법 제14조)을 관할한다. 단, 비

례대표 시·도의원선거와 시·도지사선거를 제외한 지방선거에 관한 소송은 고등법원이 제1심 관할법원이다. 재심대상판결에서 판시한 법률 등의 해석적용에 관한 의견이 종전 대법원 판결에서 판시한 의견을 변경하는 것임에도 대법관 전원의 3분의 2에 미달하는 대법관만으로 구성된 부에서 심판한 경우, 민사소송법 제451조 제1항 제1호의 재심사유에 해당한다는 것이 대법원의 입장이다(대판 2011.7.21. 2011재다199).

그리고 대법원의 권한으로 규칙제정권이 있다. 대법원은 법률에 저촉되지 않는 범위 안에서 소송에 관한 절차, 법원의 내부규율과 사무처리에 관한 규칙을 제정할 수 있다(헌법 제108조). 대법원이 대법원규칙을 정하도록 하는 것은 사법의 독립성을 기하고 기술적·합목적적 견지에서 소송기술적 사항을 사법부 스스로 규정하도록 하며, 최고법원인 대법원의 통제·감독권을 확보하기 위함이다. 대법원의 규칙제정권은 법규명령 제정권이다. 따라서 법률에 저촉되지 않는 범위 내에서 제정되는 규범이므로 법률보다 하위규범이다. 규칙제정권의 범위는 헌법과 법률에 정한 사항뿐만 아니라 대법원 운용과 관련하여 스스로 필요하다고 판단하는 사항까지 포함한다(헌재 2016.6.30. 2013헌바370등). 여기에는 사법부 내부사항, 민·형사소송의 소송절차에 관한 사항 기타 대법원이 필요하다고 판단하는 사항 등이 포함된다. 대법원규칙은 대법관회의의 의결로 제정하며, 법원행정처장이 관보에 게재하여 공포한다. 대법원규칙에 대한 위헌·위법심사는 헌법 제107조 2항에 따라 대법원이 최종적 심판권을 가

지지만, 이는 이해충돌의 위험이 있다. 따라서 사안의 내용에 따라 과거 법무사법 시행규칙 헌법소원사건(헌재 1990.10.15. 89헌마178)과 같이, 헌법재판소가 적극적으로 사법심사를 할 수 있도록 함이 바람직하다.

마지막으로 대법원은 사법행정권이라는 권한을 가지고 있다. 사법행정권은 사법재판권의 행사나 재판제도를 운용·관리하기 위하여 필요한 일체의 행정작용을 말한다. 법관의 인사행정, 법원의 조직·구성 등의 운영·관리, 법원시설의 물적 관리, 재무관리 등이 있다. 사법행정기관은 대법원장과 대법원, 법원행정처 및 각급법원이 있다. 대법관회의는 대법원장의 권한행사를 보조하기 위하여 안건을 심의·의결하는 기관이다(법원조직법 제17조). 법관인사에 관한 중요사항을 심의하기 위하여 대법원에 법관인사위원회가 있다(법원조직법 제25조의2).

각급법원의 지위와 조직

앞서 대법원에 대해서 살펴보았고, 이번에는 각급법원에 대해서 살펴보고자 한다. 헌법 제102조 제3항은 "각급법원의 조직은 법률로 정한다"고 규정하고, 하위법률인 법원조직법에서 상세히 규정하고 있다. 각급법원은 제2심 법원인 고등법원(법원조직법 제3편 제1장), 특허법원(동 제2장), 지방법원(동 제3장), 가정법원(동 제4장), 행정법원(동 제5장), 회생법원(동 제6장) 등이 있고, 특별법원으로 군사법원을 두고 있다(군사법원법).

첫 번째, 고등법원은 판사인 고등법원장과 판사로 구성된다. 고등법원의 소재지는 서울·부산·대구·광주·대전·수원의 6곳에 설치되어 있다('각급법원의 설치와 관할구역에 관한 법률'[법률 제15248호, 2017.12.19. 시행] 별표1 참조). 또한 제주·전주·청주·춘천·창원에는 각 관할고등법원의 원외재판부를 두고 있다('고등법원 부의 지방법원 소재지에서의 사무처리에 관한 규칙'[대법원규칙 제2507호, 2013.12.12. 시행]). 고등법원에는 부를 두고 부에 부장판사를 둔다(법원조직법 제27조). 고등법원의 심판권은 법원조직법에서 상세히 규정하고 있다(동법 제7조 3항 및 제28조 참조).

두 번째, 특허법원은 고등법원에 준하여, 특허법원장과 판사로 구성되며, 대전에 소재하고 있다(법원조직법 제28조의2 이하, 각급 법원의 설치와 관할구역에 관한 법률[법률 제15248호, 2017.12.19.시행] 별표1 참조). 과거의 특허쟁송은 특허청 안의 특허심판소와 항고심판소를 거쳐 대법원에 속하도록 하였으나, 헌법재판소의 헌법불합치결정(헌재 1995.9.28. 92헌가11)으로 1998년 3월 1일부터 특허법원이 설치되었다. 현재는 특허심판원-특허법원-대법원의 구조를 가지고 있다. 특허법원의 심판권은 법원조직법에서 상세히 규정하고 있다(동법 제28조의4 참조).

세 번째, 지방법원은 지방법원장과 판사로 구성된다(법원조직법 제29조). 지방법원 및 가정법원의 사무의 일부를 처리하게 하기 위하여 그 관할구역에 지원과 가정지원, 시법원 또는 군법원 및 등기소를 둘 수 있다(법원조직법 제3조 2항). 시·군법원제도는 과거 순회심판소로 불리던 것을 변경하여 시·군법원으로 명칭을 바꾼 것이다(법률 제4765호, 1994.7.27. 시행). 지방법원의 심판권은 합의부, 항소부, 단독판사, 시·군법원의 심판권으로 나뉘어 있다(법원조직법 제32조 이하 참조).

네 번째, 가정법원은 가사에 관한 소송·비송사건·조정 및 소년보호사건을 심판하는 법원으로, 가정법원장과 판사로 구성된다(법원조직법 제37조 이하). 가정법원은 서울·부산·대구·광주·대전·인천·수원에 설치되어 있으며, 각 가정법원 관할지역의 지원에도 설치되어 있다(각급 법원의 설치와 관할구역에 관한 법률, 법률 제15248호, 2017.12.19.시행 별표1 참조).

다섯 번째, 행정법원은 판사인 행정법원장과 판사로 구성된다. 과거 행정쟁송은 행정심판전치주의에 따라 반드시 행정심판을 거친 후 관할 고등법원을 거쳐 대법원에 이르는 구조를 취했으나, 1998년 3월 1일부터 행정심판전치주의가 폐지되고 임의적 전치주의로 변경됨에 따라 행정법원이 행정사건의 제1심법원으로 되었다. 현재 서울에는 행정법원이 설치되어 있으나, 지방에는 지방법원에서 행정사건을 담당한다. 행정법원의 관할은 행정소송법에서 정한 사건과 다른 법률에 따라 행정법원의 관할로 되는 사건을 제1심으로 심판한다(법원조직법 제40조의4).

여섯 번째, 회생법원으로 이는 도산사건을 전문적으로 처리하기 위하여 2017년 3월 1일자로 신설된 법원이다(2016.12.27. 법원조직법개정 법률 제14470호, 부칙 제1조 참조). 과거에는 파산법원으로 칭해졌다. 회생법원에 회생법원장과 판사를 둔다. 회생법원은 법인회생·법인파산·일반회생·개인회생·개인파산·국제도산 사건과 그 관련 사건을 관장한다. 회생법원은 회생사건에 대하여 제1심(회생법원 합의부 관할 사건 및 단독판사 관할사건) 혹은 제2심(단독판사관할 사건의 항소심)으로 기능하도록 하여 기본적으로 지방법원과 동일한 심급을 형성한다(법원조직법 제40조의7).

일곱 번째, 군사법원이다. 군사법원의 설치근거로서, 헌법 제110조 1항은 "군사재판을 관할하기 위하여 특별법원으로서 군사법원을 둘 수 있다"고 규정하고, 군사법원의 상고심은 대법원에서 관할한다(헌법 제110조 2항). 군사법원의 조직·권한 및 재판관의 자격은 법률로 정한다(헌법 제110조 3항). 군사법원은 제1심 관할법원으로서 보통군사법원과 제2심 관할법원으로서 고등군사법원이 있다(군사법원법 제10조, 제11조). 군사법원의 심판과 절차에 대하여는 군사법원법에 상세히 규정되어 있다. 군사법원에도 즉결심판제도가 도입되어 있다. 군사법원에 대해서는 일반법원에서 관할하도록 함이 적절하다는 비판이 있고 그에 따라 헌법개정 시에 이를 반영하여야 한다는 의견이 있다.

6. 사법제도의 개선[6]

한국 사법제도의 근간, 역사, 구조, 역할 등에 대해 살펴보았다. 하지만 한국의 사법제도는 다양한 측면에서 개선이 필요하다.

첫째, 헌법재판소와 법원의 규정체계의 문제가 지적되고 있다. 즉, 법해석의 통일성과 헌법재판의 일원화를 위해서는 헌법재판소와 법원을 통합적으로 규정할 필요가 있다. 다만, 헌법재판소와 법원을 하나의 기관으로 하기보다는 독일의 경우와 같이 최고사법기관을 다원화하는 것이 적절하다. 헌법재판소, 일반대법원, 행정대법원 등으로 최고사법기관을 두어 독립적으로 권한을 행사하게 하고, 사법부 최고의사결정기관으로 사법평의회 혹은 사법원 등을 두는 방안도 고려할 수 있을 것이다.

둘째, 최종적 헌법해석기관을 일원화할 필요가 있다. 현행의 헌법재판권은 헌법재판소와 대법원으로 나뉘어 있으나, 과거 제2공화국의 헌법재판소와 같이, 헌법해석권한을 헌법재판소에서 전담할 수 있도록 함이 적절하다.

셋째, 헌법재판소 재판관의 수를 확대할 필요가 있다. 외국의 경우 재판관의 수를 15인으로 하는 나라가 많다. 한국도 헌법재판소 결정의 신중성과 다양성을 고려하여 재판관의 수를 확대할 필요가 있다.

넷째, 헌법재판소 재판관의 임기와 정년 규정에 관하여도 개선의 여지가 있다. 외국의 경우, 임기가 9년, 12년, 종신 등의 다양한 예를 볼 수 있는데, 한국의 경우 임기를 연장하되, 단임으로 하자는 주장이 있다. 정년의 경우에도 70세를 주장하는 견해가 있다. 법관의 임기에 대해서도 헌법을 개정할 필요가 있다. 현행 헌법은 일반법관의 임기를 10년으로 정하고 있지만, 헌법상 법관의 임기를 10년으로 정하고 있기 때문에 다양한

형태의 법원을 창설하는 데에 많은 장애로 작용하고 있다. 헌법상으로는 헌법재판소 재판관 및 대법관의 경우에는 헌법상 직접 규정을 둘 필요가 있지만, 그 외의 법관에 대해서는 법률로 정하도록 함이 타당하다. 헌법재판소 재판관 및 대법관의 경우에는 현재 임기 6년으로 연임할 수 있도록 하고 있는데, 다른 나라의 경우보다는 상대적으로 임기가 짧다고 볼 수 있다. 헌법재판소 재판관 및 대법관의 경우 임기를 8년 정도로 하고 연임할 수 있게 하는 것도 고려할 수 있을 것이다.

다섯째, 헌법재판소장의 선출방식과 임기규정도 개선할 필요가 있다. 현행 헌법과 헌법재판소법에서는 이에 관하여 명시적인 규정이 없다. 이로 인해 한국 헌정사에서는 정치적 논란이 되기도 하였다. 헌법에 명시할 수 없다면 헌법재판소법에라도 명시할 필요가 있다.

여섯째, 헌법재판소의 관할과 관련하여, 추상적 규범통제가 배제되어 있다는 점, 재판소원이 배제된 점, 법률과 명령·규칙에 대한 위헌심사를 이원화한 점, 변형결정의 근거가 없는 점, 탄핵제도에서 탄핵대상과 탄핵소추사유의 불명확, 정당해산제도에서의 해산제소사유의 불명확 등이 언급되고 있다. 추상적 규범통제와 선거소송재판권을 포함하여야 한다는 주장이 있다.

일곱째, 사법관의 명칭과 관련해서도 현행 헌법규정은 '법관'과 '재판관'이라는 용어를 쓰고 있다. 사법기관의 명칭과 함께 사법관의 명칭도 통일하는 것이 바람직할 것이다.

여덟째, 헌법재판소와 대법원의 구성방법도 개선할 필요가 있다. 최고사법기관을 구성하는

경우, 민주성이 중시되는 경우에는 국민에 의한 직접구성 또는 관여의 방법과 국민대표기관에 의하여 구성하는 방법이 있다. 독립성이 중시되는 경우에는, 헌법에 규정된 별도의 추천 또는 선출 기구에 의한 구성방법과 법관 또는 법관의 자격을 가진 자들로 구성되는 기구에서 선출하는 방법이 있다. 또한 양 기관의 구성원 후보자의 자격요건의 문제를 지적할 수 있다. 헌법재판소 재판관의 경우 사회의 다양한 목소리를 수렴하기 위해서는 반드시 법조인이 아니더라도 헌법재판소 재판관으로 될 수 있도록 함이 타당하다.

아홉째, 사법부의 예산편성권은 사법부의 독립을 위한 중대한 요소이다 (글상자 8.5 참조). 헌법이 개정된다면 사법부 예산편성권은 사법부에 전속시키는 것이 필요하다.

마지막으로, 국가의 사법기능의 담당자인 법관에 대하여 엄격한 신분보장은 필수적이다. 현행 헌법상 법관의 신분보장 규정은 (임기를 제외하고는) 크게 문제될 것이 없지만, 급여와 연금 문제, 그리고 징계절차의 기본원칙 등이 추가될 필요가 있다.

한국 사법부가 발전하기 위해서는 언급했던 바와 같이 개선이 필요하다. 민주주의와 세계화에 걸맞은 한국 사법부의 발전을 기대해 본다.

글상자 8.5 사법부 예산편성권

현행 헌법상 사법부의 예산편성권은 정부의 권한에 속한다. 하지만, 사법부의 독립원칙에 비추어 사법부의 예산은 사법부의 권한으로 함이 타당하다. 선진 법치국가들의 경우, 사법부의 예산은 사법부 스스로 편성하되 정부가 이를 변경하지 않고 의회에 제출하는 것이 관례로 되어 있거나 법률상 이를 보장하는 예가 많다. 남미의 몇몇 국가에서는 헌법규정으로 직접 전체 1년 예산 중 사법부의 예산의 비중을 정하는 나라도 있다 (2% 혹은 3%). 한국의 경우 헌법상 예산편성권이 정부에 있더라도 사법부가 예산을 편성하고 이를 변경없이 의회에 제출하는 관행을 형성하거나, 헌법개정에서 사법부예산편성권을 명시할 필요가 있다.

❖ 주

1) 대한민국 헌법과 헌법학에 대한 기본적인 설명은 성낙인, 『헌법학』 (서울: 법문사, 2020) 참조.

2) 이헌환, 『사법권의 이론과 제도』 (서울: 유원북스, 2016), pp. 19-60 참조.

3) 상세한 내용은 이헌환, 『법과 정치』 (서울: 박영사, 2007), p. 76 이하 참조.

4) Karl Löwenstein, *Political Power and the Governmental Process* (Chicago : University of Chicago Press, 1957), p. 238.

5) 사법정책연구원 편, 『대법원판결과 사회 변화』 (서울: 사법정책연구원, 2018) 참조.

6) 이헌환 (2016), pp. 311-330 참조.

❖ 참고문헌

성낙인. 『헌법학』. 서울: 법문사, 2020.

이헌환. 『법과 정치』. 서울: 박영사, 2007.

_____. 『사법권의 이론과 제도』. 서울: 유원북스, 2016.

사법정책연구원 편. 『대법원판결과 사회 변화』. 서울: 사법정책연구원, 2018.

헌법재판소 편. 『헌법재판소에 의한 헌법재판이 우리 사회에 미친 영향』. 서울: 헌법재판소, 2010.

정당

이준한(인천대 정치외교학과)

파티(party)는 중세 때부터 다른 사람들과 반대 또는 구분되어 하나로 묶이는 개인들의 조직된 모임이나 집합을 의미한다. 이 단어는 라틴어 partiri (또는 partīta)에 어원이 있고 프랑스어의 고어인 partie에서 유래하는 것으로 알려졌다. 파티는 특정한 목적을 공유하는 개인들끼리 모인 집단으로서 애초에 자신의 집합적 목적을 추구하고 권력을 향하여 존재하면서 작동하다 보니 아무래도 사회 내부의 이해나 의견의 진정한 통합을 파괴하는 것을 피할 수 없었다. 시간이 흘러 현재와 같은 의미를 갖는 파티, 즉 정당이 중요해지기 시작한 것은 선거권이 확대되는 시기를 거치면서이다. 과거에는 정당이 의회 안에서 비슷한 성향을 갖는 의원들끼리 모이는 집합에 그쳤다면, 이제 정당은 참정권이 확대되면서 새롭게 늘어난 유권자의 지지를 얻기 위하여 전국적으로 조직되기 시작했던 것이다.[1]

정당은 한마디로 서로 비슷한 이념이나 정강 및 정책을 중심으로 모여 권력을 획득하는 것을 목적으로 활동하는 정치조직이다. 하나의 특정한 이익과 이해를 대표하고 대변하다가 목적이 달성되면 사라지기도 하는 이익집단과 달리 정당은 권력획득의 가능성을 극대화하기 위하여 보다 많은 세력, 집단, 계급, 계층을 대변하려고 노력하며 본원의 목적인 권력획득 뒤에도 재집권을 위하여 그리 쉽게 사라지지 않는다. 물론 모든 정당이 권력을 획득하는 데 성공하는 것도 아니고 사라지지 않는 것도 아니지만 정당이라면 공통적으로 대의민주주의의 꽃인 선거를 통하여 개인과 정부 또는 개인과 의회 사이를 연결하는 핵심적 역할을 저버리지 않는다. 이런 차원에서 "정당은 민주주의를 만들었고, 정당을 떠나서는 근대 민주주의를 생각"할 수 없는 것이다.[2] 여기에서는 한국정당의 기능과 역할, 주요 정당과 정당법의 변천사, 한국정당체계의 다양한 특징, 한국정당의 미래와 과제에 대하여 살펴본다.

1. 정당의 기능과 역할

일찍이 정당의 기능은 조직으로서 정당(party as organization), 정부 안의 정당(party in government), 유권자 안의 정당(party in the electorate)으로 나뉜다.[3] 일반적으로 전체 유권자 가운데는 스스로 당원이라고 간주하는 개인들의 그룹이 형성된다. 정당은 이렇게 다소간 전문적이고 직업적인 정치활동가들의 조직으로서 작동한다. 그리고 정당은 때때로 정부 안의 그룹을 뜻하기도 한다. 선거를 통하여 정당은 정부를 구성하거나 의회에서 우위를 바탕으로 정부를 이끌거나 정부의 정책결정과 집행과정에 영향을 준다. 또한 정당은 일반 개인과 정부나 의회를 연결하면서 유권자 속에 남아있다. 유권자는 어느 정당에 우호적일 수도 또는 적대적일 수도 있다. 정당은 자신의 이념이나 정강 및 정책을 통하여 일반 유권자를 지지자로 만들 때 선거에서 승리 가능성이 생긴다.

보다 최근 일반적으로 정당은 다섯 가지의 기본적인 역할을 하는 것으로 알려졌다.[4] 첫째, 정당은 정부를 구성하고 권력을 행사하는 기초를 제공한다. 정당은 정해진 임기 동안 권력을 위임받은 한도 안에서 정부를 운영하는 데 필요한 이념과 정책 등을 제시한다. 둘째, 정당은 유권자를 이끈다. 정당은 유권자에게 다양한 영역의 정책을 일관성 있고 체계적으로 제시하여 경쟁적인 환경에서 자신을 선택하도록 만든다. 셋째, 정당은 이익을 결집시킨다. 정당은 다양하고 복잡한 이해와 요구 가운데 의미 있는 정책 대안을 제시하고 그 주위로 유권자를 끌어 모은다. 넷째, 정당은 유권자를 동원한다. 정당은 유권자로 하여금 정당가입, 투표, 청원, 시위 등 다양한 형태의 정치참여를 유도한다. 다섯째, 정당은 고위공직 후보자를 충원한다. 정당은 정부와 의회를 이끌 지도자를 양성하고 각종 선거와 공직을 통하여 경험과 경력을 쌓도록 훈련시켜 고위공직 후보자로 준비시킨다.

정당은 다양한 본원적 기능을 수행하면서 자신의 이익과 이해를 대변하는 이념과 정강 및 정책을 제시하고 이를 구현할 것이라는 기대와 신뢰를 심어서 유권자의 지지를 얻는다. 이러한 유권자는 자신이 선호하는 정당의 당원이 되어 그 정당이 선거에서 승리하는 데 기여하는 등 다양한 정당활동을 수행할 수 있다. 또한 유권자는 자신이 공직 후보자로서 선거에 출마하기를 희망할 때 매우 적극적으로 당원이 되어 활약한다. 후자와 같은 유권자는 전투적 당원(militants)이라고 할 수 있다면, 전자는 일반 당원(members)이라고 한다. 이에 비하여 사회에는 대체로 지지자

(supporters)와 일반 유권자(electors)가 훨씬 더 많다.[5] 전통적으로 당원은 일정한 당비납부와 정당행사 참여 등의 의무를 다하고 고위공직 후보자 선출과정에 참여하는 등의 권리를 누린다. 그러나 시대가 바뀌어 전통적인 당원 외에 온라인으로 정당에 가입하고 활동하는 사이버 당원도 출현했고 앞으로는 이러한 추세가 더욱 강해질 것으로 보인다.

정당은 사회의 복잡하고 다양한 이해관계를 대변하고 이익을 수렴하여 선호하는 정책을 제시하면서 유권자에게 반응성(responsiveness)과 책임성(accountability)으로 화답한다. 이미 언급했듯이 정당은 대의민주주의에서 다양한 사회이익이 표출되고 집약되어 정치적 결정 또는 정부의 정책으로 전환되는 일련의 정치과정에서 중요한 역할을 담당하는 핵심적인 매개체 가운데 하나이다. 정당은 사회의 다양하고 복잡한 이익을 대표하고 중재하면서 사회갈등을 제도 안에서 안정적으로 관리하는 능력을 보여주는 것으로 선거에서 지지를 획득한다. 정당은 일상에서 또는 선거라는 기제를 통하여 표출(input)된 유권자의 선호를 수렴하여 정책으로 전환(output)시키고 정부를 통해 집행한다. 이러한 과정은 유권자의 평가를 통하여 다시 정부나 의회에 영향(feedback)을 주고 난 뒤 또다시 산출되는 무한 반복으로 이어진다. 이처럼 정당은 개인과 정부를 연결하는 연결고리로서 반응성과 책임성을 통하여 민주주의를 작동시키는 것이다.

다소 복잡한 정치과정에서 좀 더 구분해서 말하자면 정당의 반응성은 정당이 유권자와 정부 사이에서 상호작용하는 현상과 수준을 이해하게 해준다. 예컨대 정당의 선거공약이나 정부정책이 유권자의 이념이나 선호에 따라 변화하거나 아니면 아예 사라지는 등의 과정을 밟는다는 것이다. 유권자의 선호는 다시 정당의 공약집행이나 정책 결과에 따라 영향을 받아가며 재형성된다. 정당의 이념이나 정책이 특정 시기 유권자의 중간적인 이념 성향이나 분포에 따라갈 수 있고 이러한 작업의 여부나 성패에 의하여 사회의 이념 지도도 점차 달라질 수 있다.[6]

이에 비하여 정당의 책임성은 정당이 선거가 끝난 뒤 공약했던 사항을 실행하는 과정과 정도를 파악하게 해준다. 정당은 자기 당에 소속된 선출된 고위공직자가 공약을 이행하는 데 필요한 여러 가지 유무형의 자원을 제공하고 재선에 성공하도록 이끈다. 이를테면 선거가 끝난 뒤 집권하면 정당은 선거공약에 따라 정책의 우선순위를 다르게 하고 예산의 비중에 차이를 두어 집행과정을 변화시키려 하는데, 정당이 그러한 변화를 보이지 않는다면 유권자에게 책임을 다하지 않는 것을 의미한다. 또한 정당은 국가기관 내에 고용된 비선출직 공직자들이 행정부나 입법부에 책임을 다할 수 있도록 다양한 노력을 기울인다. 한마디로 유권자는 자신이 선호하는 이념과 정책으로 반응하는 정당에게 지지와 표를 주고 정당은 유권자의 지지와 표를 얻기 위하여 유권자의 필요와 선호에 반응하면서 서로 영향을 주고받고 공약에 대하여 책임지는 관계에 있는 것이다.

일반적으로 민주주의 사회에서 정당은 필수적인 정치제도 가운데 하나이다. 대의민주주의 사회라면 둘 이상의 정당이 서로 자유롭고 공정하게 경쟁하면서 중요한 정치제도로서 상호작용을 한다. 한 사회에서 두 개 이상의 정당이 유권자에 더 반응하고 책임을 지기 위하여 자유롭고 공정하게 경쟁하는 과정에서 주기적인 선거를 통하여 서로 정권교체가 이루어진다면 성숙한 대의민주주의가 정착되어 있다고 할 수 있다. 민주적인 정당체계(party system 또는 정당체제)는 이를 구축하는 개별 정당의 단순한 합 이상으로서 개별 정당 모두, 그 정당 사이의 상호작용, 정당현상을 낳는 법제도 등이 만들어내는 정당정치의 총체를 일컫는다.[7] 다시 말해 정당체계는 그 사회의 정당의 수, 정당의 실질적인 중요도, 정당 사이의 상호작용, 정당 관련 법제도 등을 함께 고려하는 용어이다.

2. 한국정당의 변천사

한국정당의 시작은 선진 민주주의 국가의 정당 기원과 다르다. 유럽에서 정당은 과거 참정권이 일부에게만 제한적으로 허용된 시기에 의회 안에서 사회적 지위, 경제, 종교 등에서 서로 비슷한 성향을 공유하는 의원들이 모인 느슨한 집단으로 출발했다.[8] 그 뒤 참정권이 점차 확대되면서 의원들의 느슨한 모임으로는 선거를 감당할 수 없게 되었고 이에 따라 각 지역 수준에서 선거를 위한 다양한 조직과 연결해가면서 근대적 정당으로 변모해가는 경로가 생겼다. 이는 의회 안에서 정당이 자리를 잡은 경우이다. 이에 비하여 의회 밖

에서 정당이 발전하는 경로도 있었다. 이는 참정권이 보편화되면서 노동조합, 기업가연합, 종교계 등 사회적 집단이 자신의 이익과 이해를 정치적으로 구현하기 위하여 정당을 만든 경우이다. 두 가지 어느 경로에서나 정당은 공통적으로 의회정치가 자리를 잡고 참정권이 확대되는 정치적 조건을 전제로 한다.

1945년 독립 이후 한국에서 정당은 의회정치가 발달하지도 않았고 참정권 확대를 위한 밑으로부터 요구나 처절한 투쟁의 전통도 없이 일시에 보통선거권이 보장되는 환경에서 등장했다. 물론 독립 이전에도 정당이 없었던 것은 아니었다. 하지만 당시 정당이란 독립운동을 향한 활동가들끼리 결사한 비밀조직 성격을 가졌다. 다른 대륙에서 근대 민주주의가 활짝 꽃피어 가던 시절 일제의 식민 지배를 받는 동안 한국에서는 근대적 민주주의, 정당정치, 의회정치의 훈련과 발달을 경험할 수 없었다.

일반적으로 독립이나 민주화 이후에는 정당의 활동이 합법화되면서 전에 없이 정당이 급증하는 경향이 있는데 이는 한국에서도 마찬가지였다. 이에 더하여 독립 이후 정당이 더욱 비약적으로 증가했던 이유는 1945년 10월 이승만이 귀국한 뒤 정당과 민족의 통일운동을 진행하겠다며 이른바 '1당 2대표' 원칙을 공표했기 때문이었다. 이승만은 독립촉성중앙협의회를 구성했는데 정당의 규모나 입장에 상관없이 모두 2명씩 대표로 협의회에 참가할 수 있게 인정했다. 이 와중에 정당은 앞을 다투어 졸속으로 만들어졌고 일부는 대표성이 없는 데도 대표로 받아들여졌다. 일부

정치인은 극심한 혼란을 틈타 일제 강점기 동안의 행적을 씻어내기도 했다.[9] 이렇게 정당이 난립하자 1946년 2월 23일 미군정은 군정법률 제55호(정당에 관한 규칙)로 정치활동을 하는 목적으로 3명 이상이 모인 조직이라면 모두 군정청에 등록하라고 공표했다. 군정법률 제55호는 정당의 설립을 통제하려고 등록을 강제한 것이었는데도 불구하고 같은 해 4월까지 무려 134개의 사회단체와 정치단체가 등록할 정도로 당시의 정당은 급증했다.[10]

1948년 5월 10일 대한민국 최초로 제헌국회를 구성하는 선거가 실시되었는데 이 선거에 드디어 정당의 참여가 시작되었다. 중앙선거관리위원회 홈페이지에 역대 국회의원선거에 참여했던 정당의 수와 후보자 및 당선자의 수 등에 대한 정보가 있는데 이를 요약하면 표 9.1과 같다. 이에 따르면 1948년 국회의원선거를 통하여 2년 임기의 의원 198명이 선출되었고 제주도에서는 1년 후에 2명의 의원이 추가로 뽑혔다. 이때 선거에 참여한 정당이 48개이었고 의회에 진출한 정당만 모두 16개(대한독립촉성국민회 55석, 한국민주당 29석, 대동청년단 12석, 조선민족청년단 6석, 대한독립촉성농민총연맹 2석, 대한독립촉성노동총연맹 1석, 조선민주당 1석, 교육협회 1석, 대성회 1석, 조선공화당 1석, 부산15구락부 1석, 단민당 1석, 대한청년단 1석, 민족통일본부 1석, 전도회 1석, 한국독립당 1석)에 이르렀다. 이에 비하여 무소속 의원은 무려 85명에 달했다. 5월 31일 제1차 회의에서 198명의 제헌의원들은 이승만을 의장, 신익희를 부의장으로 선출했다. 제헌

의회는 7월 17일 헌법을 제정한 뒤 공포하였으며 7월 20일 간접선거 방식으로 국회에서 이승만을 대통령으로, 이시영을 부통령으로 각각 선출했다. 이승만 대통령은 8월 15일 정부를 구성한 뒤 대한민국 정부의 수립을 대내외로 선포하였다.

제1대 국회의원선거와 제1대 국회는 한국정당정치의 여러 가지 특징을 압축적으로 선보였다. 첫째, 정당은 정부 안의 정당으로 기능을 다하지 못했고 정당의 반응성이나 책임성이 매우 낮았다. 이승만 대통령은 자신이 일개 정당의 대표 대신 국부가 되기를 희망했고, 대통령이 되어서도 처음에는 정당에 소속되지 않았기 때문에 정부 안의 정당 기능이나 반응성 및 책임성의 통로마저 아예 단절되었다. 둘째, 정당은 조직으로서 정당이나 유권자 안의 정당으로서 기능을 매우 제한적으로 수행했다. 제1대 국회에 대한독립촉성국민회(55석), 한국민주당(29석), 대동청년단(12석), 조선민족청년단(6석), 대한독립촉성농민총연맹(2석)을 제외하고는 모두 1명의 의원만 당선된 소수당으로 구성되었고 무소속 의원(85명)이 매우 많았다. 셋째, 정당은 시작부터 매우 불안정했다. 2년이라는 짧은 임기 동안 의원 사이의 이합집산이 빈번했던 만큼 처음부터 정당정치는 매우 유동적이었고 이에 따라 정당소속감의 형성이 더뎠다. 대한독립촉성국민회는 제헌의회에서 55명을 당선시켰으나 4명의 의원을 제외하고 나머지 의원은 모두 2년 임기 안에 당을 떠나버렸다.

이러한 특징은 한국전쟁 직전인 1950년 5월 실시된 제2대 국회의원선거에서도 크게 달라지

표 9.1 역대 국회의원선거 출마 정당의 수와 후보자 및 당선자의 수

국회	연도	지역구 정당		비례대표 정당		지역구 후보자		지역구 당선자	
		출마	당선	출마	당선	정당	무소속	정당	무소속
제1대	1948	48	16			462	486	115	85
제2대	1950	37*	13			1200	1551	80	124
제3대	1954	14	5			426	864	133	70
제4대	1958	12**	3			504	366	206	26
제5대	1960	6	6			1007	552	180	53
제6대	1963	12	6			847	0	131	0
제7대	1967	11	3			702	0	131	0
제8대	1971	6	4			574	0	153	0
제9대	1973	3	3			224	114	127	19
제10대	1978	3	3			219	253	132	22
제11대	1981	12	8			528	106	173	11
제12대	1985	9	6			411	29	180	4
제13대	1988	14	5			932	111	215	9
제14대	1992	6	4			826	225	216	21
제15대	1996	8	4			992	394	237	16
제16대	2000	8	5			836	202	222	5
제17대	2004	14	6	14	4	950	217	241	2
제18대	2008	13	6	15	4	989	124	220	25
제19대	2012	19	4	20	6	661	241	243	3
제20대	2016	21	4	21	4	801	133	242	11
제21대	2020	21	3	35	5	958	116	248	5

출처: info.nec.go.kr (검색일: 2020.04.19).

주: * 정당 이름 미상을 제외.

　　** 기타 단체 40개를 제외.

지 않았다. 표 9.1에 따르면 제1대 국회의원선거에서 전체 출마자 948명 가운데 무소속이 417명이었고 무소속 당선자가 85명으로 전체 의석 가운데 42.5%를 차지했는데, 제2대 국회의원선거에서는 전체 출마자 2,209명 가운데 무소속이 1,513명이었고 무소속 당선자가 126명으로 전체 의석 가운데 63.0%에 달했다. 한국전쟁 직후인 1954년 국회의원선거에는 전체 출마자 1,207명 가운데 무소속이 797명이었고 무소속 당선자는 68명으로 전체 의석 가운데 33.5%를 차지했다. 제2대 국회의원선거에서는 37개 이상의 정당이 경쟁하여 이 가운데 13개 정당이 국회에 들어갔고, 제3대 국회의원선거에서는 자유당을 포함한 14개의 정당이 후보를 내고 이 가운데 5개 정당만이 국회에 진입했다.

두세 번의 국회의원선거를 치르는 동안 한국에는 점차 정당체계가 자리를 잡기 시작했다. 먼저 현재의 더불어민주당 계열 정당의 탄생이다. 한국민주당은 제헌의회 안에서 의석을 많이 보유해서 제2당을 차지했다. 한국민주당은 독립 직후인 1945년 9월 16일 국내에서 독립운동을 하던 일부와 지주층은 물론, 친일 인사들로 구성된 보수 성향의 정당으로 출발했다. 김성수 등이 이끄는 한국민주당은 다른 많은 정당들과 달리 친일파 청산과 토지개혁 등에 반대했다. 한국민주당은 국내에 정치적 기반이 적었던 이승만과 서로 협조하면서 정치적 공생관계를 유지했다. 그러나 이승만이 1948년 대통령이 된 뒤 한국민주당에게 총리와 장관직을 주겠다는 약속을 지키지 않자, 한국민주당은 이승만 대통령으로부터 등을 돌리고 본격적인 야당의 길에 들어섰다. 특히 한국민주당은 제헌 당시에는 이승만을 도와 대통령제를 도입하는 데 앞장섰지만, 정부가 출범한 날부터는 배반한 이승만 대통령을 이기기 위하여 의회제(의원내각제) 개헌을 주장하기 시작했다.

그러나 점차 한국민주당 소속 의원들이 탈당하면서 당세는 줄어들었고 국민적 여론이 악화되었다. 이에 따라 한국민주당은 새로운 세력과 합당을 통하여 정치적 위기를 타개할 것을 도모했다. 드디어 한국민주당은 1949년 2월 10일 신익희의 대한국민당이나 지청천의 대동청년단과 합하여 민주국민당으로 변신하게 되었다. 민주국민당은 이승만 대통령에 맞서서 의회제 개헌을 추진했다. 사실 민주국민당은 다른 무엇보다도 이승만 반대라는 공통분모를 중심으로 결집했던 것이다. 민주국민당은 결국 개헌에는 실패했지만, 국회 안에서 이승만 대통령이 1952년 대통령선거에서 재선되기 어려운 환경을 조성하는 데는 성공적이었다.[11]

이 반대편에는 2020년 현재 제1야당인 보수 성향의 미래통합당 계열의 정당도 등장하기 시작했다. 간선제였던 제2대 대통령선거를 앞두고 국회에서 민주국민당 등 야당의 우세라는 불리한 분위기를 감지하면서 이승만 대통령은 선거에서 승리하기 위하여 기존의 입장을 바꾸어 정당을 조직하기로 나섰다. 한국전쟁이 한창인 1951년 12월 23일 창당된 자유당은 이승만을 당수, 이범석을 부당수로 각각 선출했다. 자유당은 이승만 대통령의 재선을 보장하기 위하여 직선제 개헌을 추진하기 위한 대중동원의 매개체 역할을 수행했다. 당시 원외의 자유당은 당의 말단조직으로 9인조 세포 조직을 두는 등 대중정당적인 성격을 가졌으나 국회의원으로 구성되는 원내의 자유당 의원총회에는 중요한 역할이나 권한을 보장하지 않는 독특한 면모가 있었다.

그러나 한국전쟁이 끝난 뒤 자유당은 핵심세

력 가운데 한 축이었던 족청계(族靑系) 인사들을 제거하였고 점차 이승만 중심의 정당으로 바꾸어 나갔다. 특히 자유당은 1954년 3월 전당대의원 대회에서 기존의 대중정당적 조직에서 원내정당 으로 변화를 결정했다. 1954년 국회의원선거에 서 압승하자 자유당은 국회 중심으로 정당을 운영 하였다. 이러한 조직적인 변화를 통하여 자유당 은 이승만 대통령의 사당(私黨) 성격을 더욱 강화 해갔다. 자유당은 1952년 이승만 대통령 재선을 위한 직선제 발췌개헌(글상자 9.1)과 1954년 이 승만 대통령의 중임제한을 폐지하는 사사오입 개 헌에 앞장서는 등 집권연장의 도구역할을 수행했 다. 자유당은 이승만 대통령의 권력을 유지하기 위하여 지속적으로 공권력과 정치깡패 등에 더욱 의존하였고 1960년 3월 15일 대통령선거를 부정 선거로 치름으로써 최악의 상황으로 빠졌다.[12]

1954년 자유당의 사사오입 개헌(글상자 9.2) 이 성공하자 민주국민당과 무소속 의원들은 반 이 승만과 자유당 세력을 총망라하여 단일 야당을 새 로 창당하기 위하여 움직였다. 자유당은 이러한 움직임을 북한과 연결시켜 거대 야당의 출현을 무

글상자 9.1 발췌개헌

1952년 이승만 대통령의 재선을 위하여 대 통령직선제와 국회양원제 개헌을 추진했으 나 야당이 반발하여 극단적인 갈등이 이어졌 다. 이에 장택상 국무총리가 중재하여 대통 령직선제를 골자로 하고 야당의 입장을 반영 하여 국회에서 국무위원 불신임권을 부여하 는 소폭의 개헌을 했다. 제1차 개헌이었다.

글상자 9.2 사사오입 개헌

1954년 초대 대통령에 한하여 중임제한을 없 애자고 개헌을 추진했다. 11월 27일 국회에 서 개헌안 표결 결과 찬성표가 개헌에 필요 한 재적의원 136표에 1표가 부족했다. 그러 나 의원 총수 203명의 3분의 2가 반올림하면 135명이라고 주장하면서 개헌안 부결 선포를 뒤집고 가결로 번복했다. 제2차 개헌이었다.

산시키려 시도했다. 또한 새로운 야당을 창당하 는 세력 가운데 조봉암 등 일부 좌파를 포함하자 는 문제는 뜨거운 감자가 되었다. 결국 조봉암을 제외하기로 한 채 1955년 9월 18일 민주당이 창 당되었다. 민주당은 신익희를 대표최고위원으로 선출하였고 한국민주당과 그 후신인 민주국민당 계열, 흥사단 계열, 자유당 탈당 인사, 무소속 등 을 망라하였다. 이러한 인적 구성이나 이념적 성 향을 보면 민주당은 비록 자유당의 반대편에 위치 하지만, 보수적 성향에 있어서는 공통적이었다고 하겠다. 민주당은 1956년 대통령선거에 신익희 를 후보로 출마시켰지만, 선거운동 중에 신익희 가 갑작스럽게 사망하였다. 하지만 1958년 국회 의원선거에서는 민주당이 79석을 확보함으로써 126석을 얻은 자유당을 위협할 수준이 되었다.[13]

다른 한편 2000년 국회의원선거에서 민주노 동당이 등장하기 전까지 유일하게 합법적인 이념 정당도 탄생했다. 조봉암 등 민주당의 창당으로 부터 배제된 좌파 인사들이 1955년 9월 1일 모여 독자적으로 정당을 만들기로 결정했다. 여기에 는 조봉암을 포함하여 독립 이후 조선인민당 등

에 참여했던 사람들, 민주국민당과 족청계의 일부 등이 모여 12월 22일 진보당 추진위원회를 구성했다. 진보당 추진위원회는 1956년 대통령선거에서 조봉암을 후보로 출마시켰고 민주당 신익희 후보의 예기치 않은 사망으로 조봉암이 504만 6,437표(69.98%)를 얻은 이승만에 이어 216만 3,808표(30.01%)를 확보했다.

1956년 대통령선거에서 조봉암이 2위를 차지했던 것은 오히려 진보당의 창당 과정에는 독이 되었다. 대통령선거 결과가 충분히 좋으니 진보당을 서둘러 창당하자는 조봉암 세력과 천천히 더 많은 민주세력을 결집시켜서 민주혁신당으로 이름도 바꾸어 창당하자는 세력 사이에 주도권 다툼이 격화되었다. 그 결과 진보당 추진위원회에서 민주혁신당 추진파가 이탈했다. 결국 진보당은 1956년 11월 10일 창당했고 자유당의 북진통일론과 충돌하는 평화통일론 등을 주창했다. 그러나 진보당의 약진에 위협을 느낀 이승만정권은 독립운동 시절부터 조봉암이 공산당 활동을 했다는 경력 등을 문제 삼아 1958년 진보당을 해산시켰고 1959년 조봉암을 간첩혐의로 끝내 사형시켰다.[14]

1960년 대통령선거를 앞두고 조병옥 후보가 급작스럽게 사망하자 민주당은 또다시 대통령 후보 없이 선거를 치르게 되었다. 경쟁자가 사라진 이승만 대통령은 상대적으로 안전해졌지만, 고령에 따른 대통령 유고의 경우에 부통령이 대통령직을 승계하는 절차로 대비하기 위하여 자유당은 마냥 안심할 수만은 없었다. 이에 자유당은 민주당의 장면 부통령 후보가 당선되지 않고 대신 자유당의 이기붕을 부통령으로 당선시키기 위하여 무리하게 부정선거를 펼쳤다. 그 결과는 4·19혁명과 이승만의 하야, 자유당의 와해로 이어졌다. 이에 민주당은 제헌 당시는 물론 이승만 대통령의 정부를 조각할 때부터 추진했던 의회제를 도입하기 위한 개헌을 성사시켰다. 1960년 6월 15일에는 의회제와 양원제를 포함한 개헌이 이루어졌고 새로운 헌법에 따라 7월 29일 실시된 제5대 국회의원선거에서 민주당은 압승했다. 첫 번째 정권교체가 이루어진 것이었다.[15]

한 축에서는 1945년 한국민주당과 1949년 민주국민당에 이어 1955년 민주당의 창당과, 다른 한 축에서는 1951년 자유당의 창당이 한국에서 보수적인 양대 정당 중심의 정당체계의 골격을 이루었다. 또한 1956년 진보당의 창당에 이은 1958년 강제 해산은 그 이후에 이념정당의 공백기를 남겼다. 도표 9.1은 1945년부터 2020년 사이 주요 정당의 변천사를 요약하고 있다. 도표 9.1에서 보듯 자유당은 1961년 박정희의 군사쿠데타 이후에 민주공화당(1963년)으로, 1979년 전두환의 군사쿠데타 이후에 민주정의당(1981년)으로 이어졌다. 1961년부터 1987년 사이에는 이승만의 자유당, 박정희의 민주공화당, 전두환의 민주정의당 외에는 집권하지 못했고 다른 정당의 활동에 제약이 매우 컸던 패권정당제(dominant party system)가 유지되었다. 1992년 국회의원선거를 앞두고 민주정의당은 1990년 김영삼의 통일민주당은 물론 김종필의 신민주공화당과 3당 합당하여 민주자유당으로 바뀐 다음 계속해서 대통령선거나 국회의원선거 직전에 제 세력과 이합집산을

도표 9.1 한국의 주요 정당 변천사

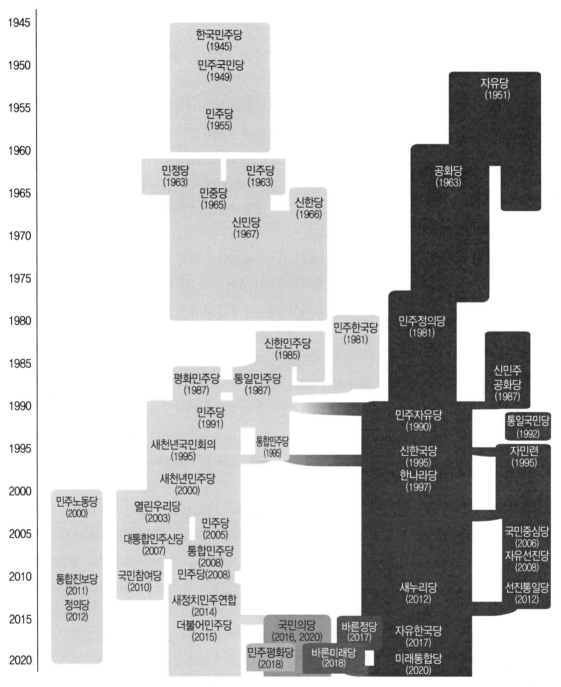

출처: https://news.naver.com/main/ranking/read.nhn?mid=etc&sid1=111&rankingType=popular_day&oid=025&aid=00029
29302&date=20190813&type=1&rankingSeq=2&rankingSectionId=100

거듭하면서 신한국당(1995년), 한나라당(1997년), 새누리당(2012년), 자유한국당(2017년), 그리고 미래통합당(2020년)으로 이어졌다.

다른 한편 1955년 창당된 민주당은 1961년 군사쿠데타 이후 파괴적으로 붕괴되었다. 이후 민주당은 1963년 대통령선거와 국회의원선거를 앞두고 다시 만들어졌고 1965년 민정당과 합당하여 민중당으로 변신했다. 얼마 지나지 않아 민중당에서 일부가 이탈하여 1966년 신한당을 만들었다가 1967년 대통령선거를 앞두고 다시 민중당과 합하여 신민당으로 되었다. 1979년 군사쿠데타는 다시 자유로운 정당활동을 막았고 1980년 11월에 정치활동금지조치가 일부 해제된 뒤 1981년 대통령선거와 국회의원선거를 앞두고 비로소 민주한국당이 등장하여 제1야당으로 떠올랐다. 1984년 김대중과 김영삼 등에게 비로소 정치활동의 자유가 허용되었고, 1985년 국회의원선거를 앞두고 신한민주당이 등장하여 선거결과 제1야당이 되었다.

1987년 6월 민주항쟁 이후 제6공화국 헌법에 의해 실시된 대통령선거에서는 김영삼의 통일민주당과 김대중의 평화민주당이 서로 경쟁했다가 1990년 김영삼이 3당 합당으로 떠난 다음 김대중 중심으로 민주당(1991년)이 다시 정통 야당으로 자리를 잡았다. 민주당은 이후 대통령선거나 국회의원선거를 앞두고 새정치국민회의(1995년), 새천년민주당(2000년), 열린우리당(2003년)과 민주당(2005년), 통합민주당(2008년)과 민주당(2008년), 새정치민주연합(2014년), 더불어민주당(2015년)으로 이어졌다. 한때 '100년 정당'을 꿈꾸었던 열린우리당은 4년의 수명을 넘지 못했고, 또 한때 '20년 이상의 집권'을 희망한 더불어민주당의 실험은 귀추가 주목된다.

김대중, 김영삼, 김종필의 소위 3김 가운데 한 명인 김종필의 퇴장 이후 더욱 강고해진 보수적인 양대 정당 중심의 정당체계에서 제3당의 출현과 유지는 어려워졌다. 2016년 국회의원선거에서 안철수의 국민의당이 돌풍을 일으켰고, 2017년 박근혜 대통령의 탄핵과 대통령선거를 거치면서 새누리당은 분열되어 자유한국당과 바른정당을 만들어 갈라섰다. 그 뒤 바른정당과 국민의당이 바른미래당으로 모였고 나머지는 민주평화당으로 나갔다. 2020년 국회의원선거를 앞두고 바른정당과 국민의당의 일부는 또다시 미래통합당으로 모였고 나머지는 다시 국민의당으로 남았거나 민생당으로 갈라섰다. 하지만 2020년 국회의원선거가 끝난 뒤 국민의당은 비례대표만 3명 확보했을 뿐이고 민생당은 의석을 다 잃고 말았다.

한국의 정당체계가 1945년 한국민주당에 이은 1949년 민주국민당의 창당과 1951년 자유당의 창당 이후 골격을 세웠지만, 이승만, 박정희, 전두환으로 이어지는 권위주의 시기 동안 적어도 국회의원선거 수준에서는 유권자와 정당 사이의 뚜렷한 지지구조(party alignment)가 형성되지는 않았다. 유권자와 정당 사이의 지지구조에 의미 있는 흐름은 1987년 민주화 이후에 발생했다. 미국에서 대공황 이후 과거 노예해방을 이끌어준 공화당에 대한 흑인의 지지가 뉴딜정책을 계기로 노동조합과 함께 민주당으로 향하게 되는 유권자와 정당 사이 지지구조의 재편성

(party realignment)이 이루어졌듯이, 한국에서도 이와 유사한 변화에 시작을 알려주는 중대선거(critical election)가 등장했던 것이다. 유권자와 정당 사이 지지구조의 재편성을 이끄는 중대선거란 과거와 매우 날카롭게 구분되는 선거결과를 낳고 그 변화가 상당히 오래 유지되는 기간의 출발점으로 받아들여지는 선거를 일컫는다.[16]

한국의 중대선거는 1992년 국회의원선거이다. 1992년 국회의원선거는 과거의 유권자-정당 지지구조와 그 이후를 매우 다르게 구분하고 이렇게 새롭게 형성된 지지구조는 현재까지도 거의 변함없이 유지되고 있다. 표 9.2는 양 김이 상대적으로 자유로운 정치활동을 보장받았던 1985년

국회의원선거부터 양대 정당의 지역별(호남과 영남) 선거결과를 요약하고 있다. 1985년 국회의원선거 결과 경북에서 민주정의당이 10석, 민주한국당이 3석, 신한민주당이 4석을 확보했고, 경남에서 민주정의당이 10석, 민주한국당이 4석, 신한민주당이 5석을 차지했으며, 부산에서 민주정의당이 3석, 민주한국당이 2석, 신한민주당이 6석을 나누었다. 이 선거에서 민주정의당이 전북 7석과 전남 11석, 민주한국당이 전북 1석과 전남 5석, 신한민주당이 전북 2석과 전남 5석을 가져갔다. 당시만 해도 영남이나 호남에서 특정 정당이 의석을 독식하는 선거결과가 보이지 않았던 것이다. 특히 민주정의당이 호남 전체의석 36석

표 9.2 주요 정당의 지역별 의석점유율: 1985~2020년 국회의원선거

국회	연도	더불어민주당 계열		미래통합당 계열	
		호남	영남	호남	영남
제12대	1985	13석/전체의석 36석(36.1%)	11석/전체의석 58석(19.0%)	18석/전체의석 36석(50.0%)	25석/전체의석 58석(43.1%)
제13대	1988*	36/37(97.3)	25/66(37.9)	0/37(0)	38/66(57.6)
제14대	1992	37/39(94.9)	0/71(0)	2/39(5.1)	53/71(74.6)
제15대	1996	36/37(97.3)	3/76(3.9)	1/37(2.7)	51/76(67.1)
제16대	2000	25/35(71.4)	0/65(0)	0/35(0)	64/65(98.5)
제17대	2004**	35/35(100.0)	4/68(5.9)	0/35(0)	60/68(88.2)
제18대	2008	25/31(80.6)	1/68(1.5)	0/31(0)	46/68(67.6)
제19대	2012	25/30(83.3)	3/67(4.5)	0/30(0)	63/67(94.0)
제20대	2016	3/28(10.7)	9/65(13.8)	2/28(7.1)	48/65(73.8)
제21대	2020	27/28(96.4)	7/65(10.8)	0/28(0)	56/65(86.2)

출처: info.nec.go.kr (검색일: 2020.04.19).

주: * 통일민주당과 평화민주당의 합하여 더불어민주당 계열로 계산.
   ** 새천년민주당과 열린우리당을 합하여 더불어민주당 계열로 계산.

가운데 50%를 확보했지만, 영남 전체의석 58석 가운데는 43.1%밖에 차지하지 못했던 사실이 주목을 끈다. 또한 1988년 국회의원선거에서 김영삼의 통일민주당이 경상북도 21개 의석 가운데 2개, 경상남도 22개 의석 가운데 9개, 부산 15개 의석 가운데 14개를 장악했다. 당시만 해도 특히 부산은 전통야도(野都) 말을 들었다. 더 길게 보면 1960년 4·19혁명을 거치면서 당시까지만 해도 부산과 마산이 줄곧 반독재 민주화의 도시로 자리를 잡아왔다.

그러나 1992년 국회의원선거에서는 과거와 매우 다른 결과가 확인된다. 즉 김대중의 평화민주당은 전라남북도와 광주의 전체 39석 가운데 2석(민주자유당)을 제외하고 모두 차지한 반면, 노태우의 민주자유당은 경상남북도와 대구 및 부산의 전체 71석 가운데 53석을 확보하는 동안 평화민주당은 단 1석도 얻지 못했다. 이렇게 과거의 선거결과와 뚜렷하고 날카로운 차이가 일어난 경우는 한국의 선거에서 거의 유일한 것이다. 이는 1990년 3당 합당이 이루어지자 1992년 국회의원선거에서 과거와 현격히 구분되는 지역주의 균열에 기초하는 유권자의 정당 지지구조가 새롭게 형성된 것을 시사한다. 표 9.2에서 명확하게 확인되듯이 1992년 국회의원선거 이래 2020년 국회의원선거까지 매 국회의원선거에서 미래통합당 계열 정당이 영남을 석권했고, 더불어민주당 계열 정당이 호남을 독식하기를 반복했다. 물론 2016년 국회의원선거에서 대구와 부산지역에서 더불어민주당이 선전했고 호남에서 새누리당의 정운천과 이정현이 당선되는 결과가 발생했지만

이러한 선거결과는 다소 예외적인 사례에 머물렀다. 하지만 2016년 더불어민주당을 떠나 국민의당에 합류한 뒤 당선된 국회의원이 전체 28명 가운데 23명에 달했다. 여기에 매 선거마다 더불어민주당 계열이나 미래통합당 계열 모두 공천을 못 받자 탈당하여 무소속으로 당선된 뒤 복귀한 사례까지 합하면 표 9.2의 지역적 의석점유율은 실제로는 훨씬 더 높아질 것이다. 이를 종합적으로 고려하면 1992년 국회의원선거가 한국의 중대선거로 간주하기에 충분하다.

다른 한편 1958년 진보당의 해산으로 공고화된 전통적인 정당체계는 1997년 대통령선거에서 국민승리21의 권영길이 출마하여 1.19%를 획득하면서 변화하기 시작했다. 그리고 2000년 1월 30일 민주노동당이 창당되어 2004년 국회의원선거에서 10명(지역구 2명과 비례대표 8명)의 국회의원을 배출하면서 1956년 진보당 시절 이념정당의 국회진입이 마침내 복원되었다. 민주노동당은 2008년 5명(지역구 2명과 비례대표 3명)의 국회의원을 확보했고, 2012년에는 통합진보당으로 13명(지역구 7명과 비례대표 6명), 2016년에는 정의당으로 6명(지역구 2명과 비례대표 4명)의 국회의원을 배출했다. 2020년 국회의원선거에서는 준연동형비례대표제의 도입에도 불구하고 정의당이 6개(지역구 1개와 비례대표 5개)의 의석밖에 확보하지 못했다.

사실 따지고 보면 한국에서 오랫동안 유지되어 온 보수적 양당 중심의 정당체계 가운데 다소 예외적인 흐름은 노무현 대통령의 열린우리당과 문재인 대통령의 더불어민주당에서 찾을 수 있

다. 열린우리당이나 더불어민주당은 과거의 진보당이나 최근의 민주노동당 또는 정의당과는 계급적인 측면에서 현격한 차이가 있어서 이들과 비슷하게 본격적인 이념정당으로 분류하기 어렵다. 하지만 열린우리당이나 더불어민주당은 그 전신정당은 물론 미래통합당 계열의 정당과도 정책적인 측면에서 적지 않게 구분되는 측면이 있다. 이에 해당하는 사례는 아무래도 국가보안법, 남북관계, 한미관계 등에서 찾아진다. 열린우리당은 국가보안법 폐지를 다른 어느 정당보다도 강하게 추진했고 열린우리당이나 더불어민주당은 한미동맹만큼 남북관계를 강조하는 정책을 추진했다. 이러한 측면에서 두 정당을 전통적인 보수라기보다는 자유주의적이라고 분류할 수 있다.[17]

3. 한국정당법의 변천사

75년 동안 한국의 정당체계를 규정해온 것은 역사 깊은 정당법이다. 한국의 정당법은 정당활동의 자유를 보장하는 데 초점을 두기보다는 새로운 정치세력화와 정당출현을 억제하는 데 역점을 둔 것으로 평가받는다.[18] 독립 직후에는 이미 지적했듯이 1946년부터 군정법령 제55호가 당시 정당질서를 통제하기 위하여 등장했다. 군정법령 제55호는 정치활동을 목적으로 3인 이상이 조직한 단체를 군정청에 등록하게 하여 정당의 난립을 막는 한편, 정당정치를 제도화하려고 시도했다. 군정명령 제55호는 정당활동과 관련된 모든 사항, 즉 당원 명부, 정당 조직, 정당 회계 등을

보고하게 규정했다. 군정청은 정당의 비밀활동을 금지시켰고 사전에 등록을 안 한 정당 등 경우에 따라서는 정당의 해산을 명할 수 있었다.[19]

1948년 제헌헌법은 정당에 대한 규정을 포함하지 않았다. 대신 자유당 시절 과거 1925년 제정된 뒤 1934년 개정되었던 군국주의 일제의 보통선거법을 본뜬 선거법을 만들고 고쳐가면서 새로운 정당이 선거에 참여하는 것을 상당히 어렵게 만들었다. 대표적으로 1957년 12월 31일 개정된 선거법은 1958년 진보당의 해산 등 새로운 정당의 선거정치를 강력하게 막고 보수적인 양대정당 중심의 정당체제를 유지하는 제도적 장치로 쓰였다.

헌법에 정당 관련 조항이 처음 등장하기 시작한 것은 4·19혁명 이후 1960년 제3차 개헌에 따른 제2공화국 헌법이었다. 제3차 헌법 제13조 2항에 따르면 "정당은 법률의 정하는 바에 의하여 국가의 보호를 받는다. 단, 정당의 목적이나 활동이 민주적 기본질서에 위배될 때에는 정부가 대통령의 승인을 얻어 소추하고 헌법재판소가 판결로써 그 정당의 해산을 명한다"고 규정한다. 그러나 1961년 군사쿠데타로 인하여 정당과 사회단체는 모두 해산되었고, 1962년 3월 16일에는 정치활동정화법으로 주요 정치인의 활동도 전면 금지되었다.

5·16군사쿠데타 이후 1962년 12월 26일 통과된 제3공화국 헌법에도 정당 관련 규정이 포함되었다. 당시 헌법 제7조 1항은 "정당의 설립은 자유이며, 복수정당제는 보장된다. 2항 정당은 그 조직과 활동이 민주적이어야 하며, 국민의

정치적 의사형성에 참여하는데 필요한 조직을 가져야 한다. 3항 정당은 국가의 보호를 받는다. 다만, 정당의 목적이나 활동이 민주적 기본질서에 위배될 때에는 정부는 대법원에 그 해산을 제소할 수 있고, 정당은 대법원의 판결에 의하여 해산된다"고 규정했다. 또한 제3공화국 헌법은 국회의원 후보가 되려는 자(제36조 3항)와 대통령 후보가 되려는 자(제64조 3항)는 모두 소속정당의 추천을 받도록 규정했다. 그리고 제38조에는 "국회의원은 임기 중 당적을 이탈하거나 변경한 때 또는 소속정당이 해산된 때에는 그 자격이 상실된다. 다만, 합당 또는 제명으로 소속이 달라지는 경우에는 예외로 한다"고 되어 있다.

헌법상 정당과 관련된 규정을 뒷받침하기 위하여 드디어 정당법은 1962년 12월 31일 제정되었다. 1963년 1월 1일부터 정당법이 발효되었고 이전에 정치활동정화법의 대상이 되었던 일부 정치인들의 정치적 활동에 대한 제약도 풀렸다. 독일의 정당법은 정당의 자유롭고 민주적인 활동을 보장하고 그 지위를 강화하는 것이지만, 한국의 정당법은 군사쿠데타세력이 자신에게 유리한 정당체계를 유도하기 위한 제도적 장치로 출발했다. 군사쿠데타세력은 국회의원 후보나 대통령 후보가 정당의 추천을 받도록 강제하여 정당정치의 제도화를 유도하는 동시에 무소속 후보의 등장이나 후보 추천을 위한 정당의 난립을 억제했다. 이에 더하여 정당에 탈당하여 이합집산시 의원의 자격을 잃게 만들어 정치적 필요에 따라 쉽게 정당을 이루지 못하도록 했다. 군사쿠데타세력은 정당의 수가 많을수록 정부에 대한 비판의

목소리가 확대될 수 있고 이러한 정치적 공간이 커질수록 효과적인 집권이나 패권적 지배 자체가 어려워질 것이라고 본 것이었다. 실제로 앞의 표 9.1에서 1960년대 국회의원선거에 참여했던 정당의 수가 증가하지 않았던 것이 확인된다.

1962년에 제정된 이래 정당법은 1969년, 1972년, 1973년 등 수차례에 걸쳐 개정되었다. 이 과정에서 정당법은 정당의 설립요건이나 절차를 조금이나마 풀어주었지만, 박정희 권위주의 시절에 민주공화당의 패권적인 지배를 유지하는 기조가 더 우선순위에 놓여있었다. 다시 1979년 군사쿠데타 이후 1980년 신군부가 권력장악의 정당성을 부여하고자 제반 법과 제도적 장치를 정비하기 위해 발족시킨 국가보위입법회의가 정당법을 개정하여 유신시절의 정당공천제를 폐지함으로써 1981년 국회의원선거부터는 무소속 출마도 가능해졌다. 이러한 정당법의 개정에 따라 표 9.1에서 볼 수 있듯이 국회의원선거에 참여하는 정당의 수나 무소속 후보의 수에 있어서 증감이 민감하게 이루어졌던 사실이 확인된다. 물론 무소속으로 출마한 경우 선거구 내 선거인의 500명부터 700명 사이의 추천을 받도록 하는 등록신청요건을 남겨 두었다. 이에 비하여 정당의 공천을 받은 후보는 거의 당선을 보장받은 것처럼 통했다. 이에 따라 공천권을 행사하는 정당의 대표에게 정당의 모든 권력이 집중되는 반면 고위공직 후보자 공천과정의 비민주화나 정당의 사당화는 피하지 못했다.

1987년 민주화 이후에는 비록 점진적이었지만 때로는 대폭적인 정당법의 개정이 이루어졌다. 최

근의 정당법 개혁은 정당의 비생산적이고 비효율적인 정당운영 방식을 바꾸는 데 초점을 맞추었다. 정당이 이른바 '돈 먹는 하마'와 같아 비용은 많이 드는데 일은 별로 안 하고 이전투구만 일삼았기 때문에 국회에서는 이러한 구태를 뜯어고치는 데 최우선의 노력을 기울인 것이다. 이러한 노력의 결실은 중앙당 등의 인원을 제한하고(2000년 제11차 개정), 연락소를 폐지하고 지구당을 축소하며(2002년 제12차 개정), 이에 나아가 아예 지구당을 폐지하는 방향(2004년 제13차 개정)으로 이어졌다. 또한 정당의 자금을 투명하고 생산적으로 사용하도록 정치자금법을 고쳐서 지정기탁금제를 폐지하는 동시에 정책개발비 규정을 만드는 한편(1997년 제10차 개정), 정당보조금 배분방식을 개선하고 처벌규정을 강화하는 동시에 후원회는 제한적으로 허용했다 (2004년 제14차 개정).[20]

이와 동시에 한국정당의 민주화도 강하게 추진되었다. 정당 민주화는 특히 2002년 대통령선거를 앞두고 3김시대가 끝났고 과거와 같은 정치자금 동원력과 공천권에 의존하는 정치지도자의 부재라는 환경에 불가피해졌다. 과거에는 국회 밖에 있는 각 당사 총재실에 3김이 각각 앉아 있고 각 당 소속의 국회의원들이나 지지자들이 진을 치는 모습이 일상이었다. 막대한 인적 물적 자산을 가진 3김이 정계에서 퇴장하면서 비용이 적게 드는 국회 안에서 정당활동을 소화하는 것은 매우 현실적인 대안이 되었다. 정당을 운영하는 데 소요되는 어마어마한 자금을 동원할 정치인도, 자신의 주변에 국회의원들이나 지지자들을 모으고 공천을 보장할 전통적인 정치인도 사라지자 자연히 국회의원들은 돈 덜 드는 국회로 들어가자고 하게 된 것이다.

이러한 환경에서 원내정당에 대한 논의가 확산되었다. 다양한 해석이 있지만, 국회로 들어간다는 의미로서 원내정당이라는 용어가 뜻하는 바는 한국적 정당개혁의 맥락에서 찾아진다. 원내정당이 내포하는 것은 "1) 정당정치의 중심 장으로서 국회의 비중 증가, 2) 정책결정 주체로서 의원들의 역할 강화, 3) 의원들의 개인적 자율성 증가, 4) 의원 간의 민주적 의사결정기관으로서 의원총회의 비중 상승, 5) 각 의원을 위해 일하는 소수의 전문가와 자원봉사자로 구성된 개인적 정치기반의 존재, 6) 상향식 공천제의 시행, 7) 의원과 유권자 간의 보다 직접적인 연계 구축, 8) 평균적 일반 대중에 호소하는 실용적 정책정당으로의 발전"으로 요약된다.[21] 한마디로 원내정당이란 국회 안에서 의원을 중심으로 운영되는 정당으로서 같은 소속 의원들의 집합과 그 활동이 정당으로 간주되는 형태이다. 한국에서 원내정당론은 정당의 생산성이나 효율성을 높이고 투명성도 제고시키는 데 기여했다.

4. 한국정당의 형성요인과 유형

전통적인 정당의 산실인 유럽 국가와 달리 한국에서는 정당이 사회적 지위, 경제적 차이, 종교적 균열 등에 기초하여 출발하지도, 장기간에 걸쳐 점진적으로 발전하지도 않았다. 한국에서는 독립과 분단이라는 매우 특수한 환경에서 수많은 정당이 단기간에 등장했다. 독립과 동시에 시작된 분단은 정치적 공백기에 좌와 우 사이에 때로는 매우 폭력적이고 파괴적인 갈등마저 불러일으켰다. 게다가 독립 직후 정치질서를 이끌었던 미군정은 좌익의 정치세력화와 정치활동을 불법화하려고 시도했다. 곧이어 한국전쟁까지 발발하면서 반공이 국시로 받아들여졌고 이러한 반공체제는 장기간 냉전질서가 유지되는 동안에 굳게 이어졌다. 이념성향으로는 반공체제 안에서 생존이 가능한, 그리고 반공체제를 확대재생산할 수 있는 보수정당밖에 없었다. 1960년대 이후에 급속한 산업화로 사회가 다양하게 분화되고 계급과 계층이 형성되는 가운데도 보수정당 외 이념정당의 공간이 열리지 않았다.

이에 따라 한국정당은 역사적이고 상황적인 (historic-situational) 요인에 따라 형성되었다고 하는 것이 보다 타당하다.[22] 한국의 정당은 역사적이고 상황적인 맥락에서 정치체제의 위기가 생길 때마다 이에 대응하는 차원에서 출현했다는 의미이다. 일반적으로 정치체제의 위기는 정통성 (legitimacy), 통합(integration), 참여(participation)라는 측면에서 발생하는데 이를 극복하는 과정이 정당의 형성에 영향을 준다는 것이다. 여기에서 정통성의 위기는 기존의 정치체제나 구조가 정치적인 위기 또는 격변 상황에 대응하지 못할 때 발생하고 통합의 위기는 사회의 다양한 이질적인 분열구조가 하나로 통합될 때 일어나며 참여의 위기는 심각한 사회경제적인 변화가 기존의 사회구조에 의미 있는 충격을 행사할 때 수면 위로 떠오른다. 한국의 정당은 독립과 분단이라는 정치체제의 위기 상황에서 출현했던 것이다.

그 이후 빈번했던 정당의 창당과 재창당, 이합집산도 그때마다 조성되었던 다양한 정치체제의 위기 또는 자기 정당의 생존에 드리워진 위기에 대응하면서 이루어졌다. 대표적으로 1951년 자유당은 어떠한 이념이나 계급 또는 종교적 요인보다도 재선에 위기를 느꼈던 이승만 대통령이 직선제 개헌을 통하여 선거에서 승리하기 위하여 만들어졌다. 독립 직후 1945년에 창당된 한국민주당도 당세가 약해지고 국민의 지지도 줄어드는 환경을 타개하고자 반 이승만의 기치 아래 제 야당세력을 모아 1955년 민주당으로 변신했다. 도표 9.1에서 볼 수 있듯이 정당의 창당, 재창당, 이합집산의 대부분이 특히 대통령선거나 국회의원선거 직전에 집중적으로 이루어져 왔다는 사실을 주목한다면 한국정당의 형성이 선거 패배의 위기를 돌파하기 위한 선거 승리연합의 창출과 관련이 매우 깊다는 것을 이해하게 된다.

이에 비하여 2000년 민주노동당의 창당은 다른 정당의 형성과 결이 적지 않게 다르다. 1958년 진보당의 해산 이후 40여 년이 지난 2000년 민주노동당이 창당되었는데, 이는 정치체제의 위기라는 상황보다는 오히려 민주주의 공고화의 성과와 결부되어 있다. 또한 1980년대 말 현실 사회주의 진영이 붕괴하면서 한국사회 안에 반공주의가 점차 시대착오적으로 인식되어가는 시대적 조류와도 무관하지 않다. 그러나 민주노동당이 통합진보당을 거쳐 정의당으로 변모해가는 과정은 다른 정당의 창당 후 재창당 과정 및 이합집산과 마찬가지로 정당 자체의 위기를 극복하는 노력의 일환으로 진행되었다.

이처럼 독립 직후의 몇몇 정당을 제외하고 한국의 정당은 대체로 선거에서 승리하기 위한 다수연합을 만들기 위하여 유권자를 동원하고 또 이를 가능하게 만드는 사회적 균열이나 갈등에 기대거나 또는 이를 활용해 왔다. 이는 유럽 정당의 전통과 달리 미국과 같이 정당의 능동적인 공급자로서 역할을 강조하는 해석이다.[23] 이와 달리 전통적인 정당의 출현은 사회의 지배적인 계급균열이나 종교적 갈등을 정치적으로 반영하여 이루어진다고 다시 한 번 상기시킨다.[24] 이는 정당의 수동적인 수요자로서 역할을 강조하는 모델이다. 결론적으로 한국의 정당은 유럽의 수요자 중심적인 모델보다는 계급적 성격이 약한 미국의 능동적이고 공급자적인 모델에 더 가까운 것이다.[25]

한국에서 정당이 기대고 있는 사회적 균열이나 갈등은 다름 아닌 지역주의이다. 거슬러 올라가자면 지역적인 균열과 갈등에 따른 선거결과가 등장하기 시작한 것은 박정희 권위주의 시절부터이다. 1963년 대통령선거와 1967년 대통령선거에서 두 번 모두 박정희 대통령과 윤보선 후보가 경쟁했기 때문에 지역별 후보선택의 경향이 비교된다. 그런데 1963년에 비하여 1967년에 유독 호남에서 박정희 대통령의 득표율이 낮아지고 영남에서는 윤보선 후보의 득표율이 주목할 정도로 줄어들었다. 제1, 2차 경제개발 5개년계획이 1960년대 대통령선거를 통해 정당에 대한 지역적 지지기반의 형성에 적지 않은 영향을 주었던 것이다. 한마디로 영남 출신인 박정희 대통령이 영남지역

을 중심으로 산업화를 추진하면서 호남 유권자의 지지가 줄어들기 시작했다. 그러나 유신시대와 그 직후에 실시되었던 대통령간선제는 이러한 지역주의 균열을 수면 밑으로 잠복시켰다.

이미 앞의 표 9.2에서도 확인되었듯이 국회의원선거 수준에서 한국의 지역주의 균열은 민주화 이후에 더욱 깊어졌다. 표 9.3은 1992년 대통령선거 이후 호남과 영남에서 집계된 양대 정당 후보의 득표율을 정리한 것이다. 이 표에 따르면 대통령선거 수준에서도 지역주의 균열이 정도의 차이는 있지만 큰 틀을 유지하고 있다는 사실을 확인할 수 있다. 특히 호남지역에서 영남지역 정당의 후보 득표율이 점차 증가하는 추세가 보이는데 이러한 현상은 최근 지역주의의 약화를 시사하는 증거로 제시된다. 하지만 같은 기간 동안 영남지역 가운데 대구, 울산, 경북의 표심은 오히려 더욱더 결집되었다. 다른 한편 영남 출신 민주당 후보가 출마했던 2002년, 2012년, 2017년 대통령선거에서는 상대적으로 영남지역의 표를 더 많이 획득했다. 이와 반대로 호남 출신 민주당 후보가 출마한 선거(1997년, 2002년, 2012년)에서는 영남지역의 득표율은 낮아졌다.

이를 종합하면 대통령선거에서보다 국회의원선거에서 지역적 균열이 훨씬 더 뚜렷하게 유지되고 있다고 하겠다. 호남과 영남지역별로 양대 정당이 받는 득표율 자체도 그렇지만 특히 표 9.2와 같이 의석점유율을 기준으로 할 때 지역주의의 완화를 인정하기는 결코 쉽지 않다. 이러한 증거는 집합자료 외에 개인자료를 통해서도 제시된다. 1988년부터 2016년 국회의원선거 사이의

표 9.3 양대 정당 대통령 후보의 영남과 호남 득표율(%): 1992~2017년 대통령선거								
	부산	대구	광주	울산	전북	전남	경북	경남
1992년 김영삼	73.34	59.59	2.13		5.67	4.20	64.72	72.31
1997년 이회창	53.33	72.65	1.71	51.35	4.54	3.19	61.92	55.14
2002년 이회창	66.74	77.75	3.57	52.87	6.19	4.62	73.46	67.52
2007년 이명박	57.90	69.37	8.59	53.97	9.04	9.22	72.58	55.02
2012년 박근혜	59.82	80.14	7.76	59.78	13.22	10.00	80.82	63.12
2017년 홍준표	31.98	45.36	1.55	27.46	3.34	2.45	48.62	37.24
평균	57.19	67.48	4.22	49.09	7.00	5.61	67.02	58.39
1992년 김대중	12.52	7.82	95.84		89.13	92.15	9.62	9.23
1997년 김대중	15.28	12.53	97.28	15.41	92.28	94.61	13.66	11.04
2002년 노무현	29.85	18.67	95.17	35.27	91.58	93.38	21.65	27.08
2007년 정동영	13.45	6.00	79.75	13.64	81.60	78.65	6.79	12.35
2012년 문재인	39.87	19.53	91.97	39.78	86.25	89.28	18.61	36.33
2017년 문재인	38.71	21.76	61.14	38.14	64.84	59.87	21.73	36.73
평균	24.95	14.39	86.86	28.45	84.28	84.66	15.34	22.13

출처: info.nec.go.kr (검색일: 2020.02.20).

설문조사 자료에 대한 연구에 따르면, 다른 무엇보다도 지역적 균열이 매우 지속적이고 매우 일관적으로 선거와 정당체계에 중요한 영향력을 발휘하는 것으로 확인된다.[26] 이에 비하여 소득, 교육, 연령에 따른 균열은 그렇지 않은 것으로 나타났다.

한국에서 지역적 균열은 점차 이념 및 세대 균열과 서로 중첩되어갔다. 이러한 현상은 민주화 이후, 특히 현실 사회주의의 몰락 이후 과거와 달리 이념적 공간이 광범위하게 열렸고 3김이 퇴장한 뒤인 2002년 대통령선거 이후 양대 정당의 대결 구도가 강화되면서 확대되었다. 영남지역 유권자가 대체로 영남에 기초한 정당을 지지했는데, 이 정당은 상대적으로 더 보수적이었고 이에 따라 영남지역 유권자의 이념 성향이 점차 더 보수화되었다. 이와 마찬가지로 호남지역 유권자는 장기간 상대적으로 덜 보수적인 호남지역에 기초한 정당을 지지하면서 상대적으로 진보적인 이념 성향에 익숙해졌다. 이에 더해 대체로 젊은 세대가 이념적으로 더 진보적이고 기성세대가 더 보수적인 성향에 영향을 입어 세대에 따른 정당의 선호도 달라지는 경향이 굳어졌다. 물론 2007년 대통령선거에서 젊은 세대가 한나라당의 이명박을 유례없이 많이 선택했고, 2012년 대통령선거에서 새누리당 박근혜가 호남지역 일부에서 10%가 넘게 득표하는 등 예외적인 현상도 없지 않았다.

다른 한편, 한국의 정당은 독립과 분단 직후 하향식으로 역사적이고 상황적인 요인에 의하여 창당되기 시작한 탓에 노동조합 등이 광범위하게 참여하는 대중정당(mass party) 대신 활동가 위주의 간부정당(cadre party)이나 명사정당(또는 명망가 정당)의 성격을 가졌다. 유럽에서는 산업혁명을 거치면서 노동조합의 정치참여가 활발해졌고 이로 인하여 참정권이 광범위하게 확대되면서 대중정당이 형성되었으나, 한국에서는 1960년대 이후 급속한 산업화를 거치는 과정에도 대중정당의 출현이 막혀 있었다. 대신 한국에서 대중정당의 발전은 2000년 민주노동당의 창당 이후에나 가능해졌다. 대중정당은 당원이 내는 당비에 의존하고 당비를 내는 당원이 정당의 핵심이며 정당의 모든 중요한 의사결정을 상향식으로 이루어내는 특징을 가진다. 민주노동당이 통합진보당이나 정의당으로 탈바꿈하면서 과거와 같이 당비를 내는 진성당원의 비중이 점차 낮아지는 등 대중정당의 성격은 차츰 약해지는 추세이다.

유럽에서 1960년대 이후 대부분의 정당에서 당원의 수가 줄기 시작하자 정당이 쇠퇴한다는 진단이 고개를 들었고 이에 따라 정당에 대한 새로운 연구가 등장했다. 그 가운데 하나가 포괄정당(catch-all party)인데 한국의 정당이 대부분 이에 해당한다.[27] 더불어민주당이나 미래통합당은 선거에서 승리하여 집권한다는 정당의 본원적 목적을 달성하기 위해서는 어느 특정 계급이나 계층의 이익을 대변하여 지지를 얻는 것만으로 부족

하기 때문에 보다 다양한 계급과 계층을 모두 아우르는 포괄정당이라는 성격을 가진다. 이와 동시에 더불어민주당이나 미래통합당은 군소정당이나 신생정당이 기성의 정당체계 안으로 들어오는 것을 억제하는 카르텔정당(cartel party)이라는 성격도 갖는다.[28] 카르텔정당은 정당보조금을 기성 거대 정당끼리 서로 유리하게 나눠 갖거나 봉쇄조항 등 정당법을 통하여 군소정당이나 신생정당의 국회 진입을 억제하는 특징을 보인다. 또한 더불어민주당이나 미래통합당은 선거정치에 집중하는 선거전문가정당(election engineering party)으로서 선거가 없는 시기에는 정당으로서 기능과 역할을 축소시키는 경향도 드러내고 있다. 이렇듯 한국의 정당은 여러 가지 성격이나 유형을 혼합적으로 가지고 있다.

5. 한국의 정당체계와 불안정성

정당체계를 분류하는 방식은 학자에 따라 다양하지만 대체로 정당의 수에 기초하는 방식이 널리 받아들여지고 있다.[29] 그 가운데에서도 정당이 사회 안에 단순히 존재하는 숫자 자체가 아니라 의회나 정부를 구성하는 데 유효한 정당의 숫자(effective number of party)가 정당체계를 분류하는 기준으로 통용되고 있다.[30] 유효정당의 수는 한 사회의 정당체계에서 정당이라는 이름만 가지는 대신, 의석이 없거나 의석이 매우 적어 정치적 영향력이 그만큼 약한 경우 등을 제외하고 질적인 영향력을 행사하는 정당의 수를 파악

하게 하는 장점이 있다. 이와 동시에 유효정당의 수는 정당체계의 안정성 정도까지 이해하게 만든다. 이에 따라 정당체계는 대체로 양당제, 2.5정당제, 다당제(온건한 다당제와 파편적 다당제)로 분류되고 일당제와 패권정당제도 한 사회의 정당체계에 대한 이해를 돕는다.

　이러한 기준에 따르면 한국의 정당체계는 대체로 양당제에 해당된다. 민주주의 정당체계 가운데 양당제는 선거에서 오직 두 개의 정당만 경쟁하는 것을 의미하지는 않는다. 양당제란 두 개 이상의 정당이 자유롭게 경쟁하지만, 선거결과 두 개의 정당이 의석의 80% 이상을 함께 확보하고 정권을 서로 교체해가며 차지하는 정당체계를 의미한다. 이것은 유효정당의 수를 계산하는 복잡한 수식의 결과와 거의 비슷한 결과를 낳게 하는 계산법이다. 표 9.4는 1988년 국회의원선거 이후 주요 정당의 의석점유율을 정리하여 한국의

정당체계가 양당제임을 이해하게 해준다. 1992년 국회의원선거에서 민주자유당과 민주당이 82.4%의 의석을 확보했지만, 2000년부터 2012년 사이 국회의원선거에서는 2008년을 제외하고 모두 양대 정당이 무려 90% 이상의 의석을 장악했다. 같은 기간 동안 양대 정당이 또한 정권을 서로 교체해왔다. 물론 1988년이나 2016년 국회의원선거에서는 이와 다소 다른 선거결과가 나왔다. 하지만 그렇다고 해서 당시의 정당체계를 다당제라 할 수는 없고, 2.5정당제라고 하는 것이 적절하다.[31]

　이에 비하여 1987년 민주화 이전의 정당체계는 1951년 자유당의 창당부터 이승만, 박정희, 전두환 권위주의 시절 동안 집권당이 의회를 장악했고 정권교체의 가능성이 전혀 없었던 것으로 일본의 자민당이나 멕시코의 제도혁명당 상황과 유사한 패권정당제로 분류된다. 이렇게 한국

국회	연도	제1당	제2당	제3당
제13대	1988	민주정의당 125석(41.8%)	평화민주당 70석(23.4%)	통일민주당 59석(19.7%)
제14대	1992	민주자유당 149석(49.8)	민주당 97석(32.4)	통일국민당 31석(10.4)
제15대	1996	신한국당 139석(46.5)	새정치국민회의 79석(26.4)	자유민주연합 50석(16.7)
제16대	2000	한나라당 133석(48.7)	새정치국민회의 115석(42.1)	자유민주연합 17석(6.2)
제17대	2004	열린우리당 152석(50.8)	한나라당 121석(40.5)	민주노동당 10석(3.3)
제18대	2008	한나라당 153석(51.2)	통합민주당 81석(27.1)	자유선진당 18석(6.0)
제19대	2012	새누리당 152석(51.0)	통합민주당 127석(42.3%)	통합진보당 13석(4.3%)
제20대	2016	더불어민주당 123석(41.0%)	새누리당 122석(40.7%)	국민의당 38석(12.7%)
제21대	2020	더불어민주당 180석(60.0%)	미래통합당 103석(34.3%)	정의당 6석(2.0%)

표 9.4　주요 정당의 의석수와 의석점유율: 1988~2020년 국회의원선거 결과

출처: info.nec.go.kr (검색일: 2020.04.19).

의 정당체계가 패권정당제나 양당제로 자리를 잡게 된 배경에는 권위주의 시절 이전부터 연원이 오래된 정당법과 선거제도가 있다는 사실을 이미 지적한 바 있다. 군정법령 제55호나 1962년에 제정된 정당법은 수차례의 개정에도 불구하고 여전히 정당의 수를 줄이는 데 초점을 두고 있다. 특히 유신시대의 선거제도는 표가 의석으로 전환되는 과정에서 왜곡률을 상당히 높였고, 박정희 대통령이 직접 유신정우회 의원까지 임명하도록 보장했기 때문에 민주공화당의 의석점유율이 득표율보다 훨씬 더 높았고 그 결과 패권정당제의 성격을 매우 강화시켰다. 그리고 한국의 선거제도는 대체로 단순다수제 소선거구제 전통이 강한데 이러한 선거제도는 단순다수제는 양당제를 비례대표제는 다당제를 가져온다는 뒤베르제의 법칙에 따라 양당제 정당체계를 유도했다. 예외적으로 2인 중선거구제가 1973년, 1978년, 1981년, 1985년의 국회의원선거에 실시되었다. 하지만 각 정당이 후보를 2인씩 내보내는 경우가 많지 않았고 이에 따라 소선거구제와 비슷한 환경에서 선거가 실시되었다. 결국 양당제에 주목할 만한 변화가 없었다.[32]

글상자 9.3 유신정우회

1972년 유신 개헌에 따라 대통령이 의원정수의 3분의 1을 임명한 국회의원의 단체이다. 박정희 대통령의 권위주의 유신체제를 유지시키는 역할을 했고 전체 6년 임기 중 3년씩 나누어 일했다.

한국에서 새로운 선거제도인 1인 2표제가 도입된 2004년 국회의원선거 이후에도 양당제에서 벗어나 다당제로 바뀌지는 않았다. 특히 2016년 국회의원선거에서 유권자가 양대 정당 외에 국민의당 등 다른 신생정당에게 의석을 많이 주어 양당제의 기득권 정치에 약간의 변화를 주었다. 하지만 4년 임기 동안 정당의 이합집산이 정당들의 최우선 관심사에서 벗어난 적이 없었고 결국 2020년 국회의원선거를 앞두고 유권자의 선택과 배반되게 스스로 양대 정당으로 되돌아가려는 시도가 추진되었다. 심지어 2020년 국회의원선거에서도 양대 정당이 283석(94.3%)을 차지하는 역대 기록을 세우고 말았다.

한국의 정당체계는 대대로 양당제라는 큰 골격을 유지하고 있기는 하지만 그 안에 정당의 창당, 재창당, 이합집산으로 인하여 수명은 매우 짧아 연속성과 안정성이 적다고 하겠다. 그러나 바로 이러한 이유로 한국의 정당체계 자체의 안정성은 큰 문제가 아니라는 연구가 최근 등장했다.[33] 1960년부터 2016년 사이에 유효정당의 수가 평균 2.4개에 머물러 있고 총선거 유동성이 평균 26%로 다소 높지만, 점차 줄어드는 중이며 이와 동시에 이념 진영 내 유동성도 같이 낮아지는 추세이기 때문에 한국의 정당체계는 불안정적이지 않다는 것이다. 한마디로 정당이 끊임없이 바뀌어도 정당체계 수준의 변동을 야기하는 것이 아니라면 안정성에 문제가 없다는 주장이다. 또한 이렇게 정당 이름이 자주 바뀌어도 유권자들은 이를 잘 인식하고 따라 다니면서 지지를 보이고 있다고 해석한다.

하지만 몇 가지 통계수치 상의 안정성에도 불구하고 내용적으로는 정당 유동성이 매우 심한 것이 사실이다. 특히 도표 9.1과 같이 한국에서는 선거를 앞두고 정당이 집중적으로 탄생 내지 재탄생 또는 이합집산이 이루어졌다가 또 선거가 끝나면 사라지기를 끊임없이 반복해왔다. 한국의 정당 가운데 하나의 이름으로 가장 오랫동안 유지되었던 정당이 한나라당인데 1997년 11월 21일 출범하여 2012년 2월 13일 새누리당으로 변신하여 15년을 못 넘겼다. 그 다음이 김종필의 자유민주연합으로 1995년 3월 30일부터 2006년 4월 7일까지 존속했다. 전체적으로 1945년 이후 2020년까지 한국정당의 수명은 평균적으로 2~3년을 넘지 못한다.

또한 한국의 정당이 안정적으로 제도화되기에는 아직도 오랜 시간이 소요될 것으로 예상된다. 정당은 대대로 자유당, 민주공화당, 민주정의당은 물론 김영삼의 통일민주당이나 김대중의 평화민주당 등도 1인 지배의 정당 또는 공천권과 정치자금력을 바탕으로 한 사당 성격이 강했다. 2002년 대통령선거 전에 국민참여경선 등 정당민주화가 진행되었음에도 불구하고 아직도 과두제의 철칙이 경고했듯이 정치적 자원과 영향력은 소수에 집중되어 있다.[34] 1960년대 민주당이 신파와 구파 사이에 격한 파벌 싸움에 시달렸다면 1980년대 이후에도 상도동(YS)계와 동교동(DJ)계로 갈등이 이어졌고 2000년대에도 친노와 비노, 친문과 비문 사이의 갈등이 깊었다. 이의 반대 진영에서는 2000년대 이래 친이니 친박으로 나뉘어서 극한 대결이 이어지다가 심지어 '뼈박'과 '진박'이

라는 용어까지 오르내렸다. 이 모든 것이 이념과 정책을 둘러싸고 정당정치의 발전을 향한 대결이 아니라 당권이나 대권을 장악하기 위한 극한 갈등에서 출발했다. 심지어 2000년이 넘어서도 정치인 개인 자체를 마케팅으로 삼는 친박연대라는 정당이 등장하더니 비록 정당등록에는 실패했지만, 안철수신당이라는 정당이름이 고려될 정도로 정당정치의 제도화가 더디다는 것이다. 또한 매번 대통령 후보나 국회의원 후보의 공천방식이 선거 직전에 바뀌고 당원교육이나 시민교육과 같은 장기적인 당의 기능은 제대로 작동하지 않으면서 임기응변식의 정당운영이 이어지는 중이다.

정당의 역사가 창당과 재창당 또는 이합집산으로 점철되면서 유권자는 일관적이고 지속적인 정당소속감을 형성시키고 유지시키는 데 어려움을 겪을 수 있다.[35] 그리고 이러한 정당의 역사는 정당의 외연을 확장하는 측면에서도 성공하지 못했다. 1991년 지방선거부터 2012년 국회의원선거 사이에 실시되었던 설문조사를 분석하면 무당파층(혹은 부동층)은 크게 늘지는 않았지만 그래도 꾸준하게 일정 부분을 차지하고 있었다.[36] 최근에는 주요 정당의 당원수가 증가하기보다는 오히려 감소하는 추세이다. 결국 유권자의 정당소속감의 형성이나 당원의 정당소속감 강화가 성공적이지 않다는 의미이다.

중앙선거관리위원회가 매년 정당의 활동개황 및 회계보고를 통하여 공개한 주요 정당의 당원수와 당비납부자수(비율)에 따르면 전체적으로는 양대 정당의 당원수가 2000년대 초부터 감소하다가 중반부터는 다시 점차 증가하는 추세로 드

러난다. 2000년대 초 양대 정당에서 당비를 납부하는 진성당원의 비율은 매우 낮아 1%대에서 오르내렸다. 그러나 2004년부터 2006년 사이 당비 납부자 비율이 예외적으로 높은 수치를 보이다가 다시 크게 감소했다. 그 후 양대 정당의 진성당원 비율은 등락을 거듭했고 결국 2011년 이후 양대 정당의 진성당원은 10~20%대에 머물고 있다. 2002년부터 2006년까지 민주노동당은 100% 진성당원이라는 특징을 가졌지만, 그 뒤에는 진성당원의 비율이 점차 낮아져 최근에는 60%대까지 떨어졌다.

6. 한국정치에서 정당의 위상

과거 한국정당의 위상을 한마디로 표현하자면 제왕적 당총재론으로 요약된다. 이승만 대통령이 자유당을 창당했을 때부터 대통령의 의지에 따라서 당이 만들어졌고 정당정치가 이루어졌다. 대통령이 당총재가 되었고 그의 의사에 따라 정당의 정책과 노선이 결정되었으며 정부의 법안발의 제도와 예산권을 통하여 의원들은 투표용 거수기가 되는 것이 자연스러운 결과였다. 대통령의 의사를 거스르는 의원도 없지는 않았지만, 이들은 다양한 방식으로 탄압과 제재를 받았다. 대통령은 형식적인 절차를 거쳐서 다시 정당의 대통령 후보가 되었고 재선이 된 뒤에 다시 당총재가 되기를 반복했다. 대통령은 공천권, 정치자금, 공권력 등을 바탕으로 국회의원들은 물론, 정치희망생들까지 마음대로 다루었다. 대통령과 여당 의

원들 사이에는 후견인과 피후견인의 관계가 긴밀하게 형성되었다.

이러한 제왕적 당총재는 야당에서도 3김시대 동안 뿌리를 내리고 있었다. 카리스마적 리더십까지 갖추었던 3김은 각각의 정당과 정치적 추종자들을 이끌면서 이승만, 박정희, 전두환과 유사한 제왕적 당총재로서 막강한 당권을 행사했다. 1987년 민주화 이후에도 여전히 대통령이 정당 위에 군림하는 제왕적 당총재적 성격을 탈피하지 못했다. 1997년 김영삼 대통령이 외환위기와 함께 임기를 마치고 2002년 김대중 대통령이 청와대를 물러날 때가 되어서야 비로소 3김을 제외하고는 정당과 광범위한 정치추종자들을 이끌고 다닐 수 있는 카리스마적 리더십은 물론 공천권과 정치자금 동원력을 보유한 정치인이 없다는 현실을 피할 수 없게 되었다.

2002년 대통령선거를 앞두고 김대중 대통령 시기에 처음으로 당권과 대권을 분리하면서 대통령 후보 또는 대통령이 정당에서 차지하는 정치적 위상에 있어서 과거와 다른 변화를 갖게 되었다. 2002년 대통령선거에서 후보는 처음으로 국민참여경선으로 선출되었고, 2004년 국회의원선거부터는 대통령도 국회의원 후보공천에 과거와 같이 마음대로 개입하지 못하는 대신 공천심사위원회와 국민참여경선 등에 따르게 되었다. 노무현 대통령은 대통령선거가 끝난 뒤에 당총재 대신 평당원으로 남게 되었고 이다음부터는 모든 대통령이 새롭게 만들어진 관례에 순응하게 되었다. 이제 당총재가 사라지고 전당대회에서 선출된 당대표가 당의 전반을 이끄는 한편, 더 이상

원내총무라는 낮은 위상이 아닌 원내대표가 국회 안에서 의회정치를 진두지휘하는 식으로 변화했다. 정당이나 선거 관련 법제도에서 대대적인 민주적 개혁의 과정을 거쳤고 정치자금의 투명화도 뒤를 이었다.

그러나 이미 오래전에 제왕적 당총재가 사라졌음에도 불구하고 한국은 아직 제왕적 대통령제가 자리를 내주지 않고 있는 현실이다. 대통령은 정당의 평당원으로 남아 있지만, 제왕적 대통령으로서 청와대를 통하거나 또는 직접적으로 입법부, 행정부, 사법부의 삼권분립의 헌법체제를 존중하지 않거나 정당 또는 언론 등에도 영향력을 행사하는 경향이 있다. 특히 노무현 대통령이나 문재인 대통령 시기에 예외가 없는 것은 아니나 특히 정당의 지위는 아직 대통령에 매우 의존적인 정당에 머물고 있다고 하겠다. 그만큼 민주화 이후 정당정치나 정당체계의 제도화에 있어서 아직 한계가 있다는 것이다.

대통령에 매우 의존적인 정당이 유지되는 배경에는 제도적인 장치가 놓여 있다. 아직도 헌법에는 행정부가 법안을 발의할 수 있고 예산권을 보유하도록 규정하고 있다. 또한 헌법 제43조와 국회법 제29조에 따르면 특히 인사청문회의 대상이 장관까지 확대된 이후 국회의원은 장관이 되는 통로가 되어 있다. 의원 출신이 갈수록 엄격해지는 인사청문회에서 통과 확률이 매우 높기 때문에 여당 소속 국회의원들은 장관이 되고자하는 야망을 갖게 되었다. 그만큼 국회 안의 여당은 대통령에 종속적이게 된다.

다른 한편, 정당은 자신의 지지율보다 대체로 항상 높은 지지율을 확보하는 대통령(또는 대통령 후보)에 의존하게 된다. 특히 국회의원선거나 지방선거에서 승리하기 위해서는 당은 대통령 지지율의 높고 낮음에 민감하고 후보는 대통령과 얼마나 가까운지 경연을 벌이는 현상이 끊이지 않는다. 대통령선거에서 승리하면 정당은 적어도 5년 임기 동안 정치적이고 경제적인 혜택을 무궁무진하게 확보할 수 있다. 정당이 성공하기 위해서는 대통령이 성공해야 하고 대통령이 성공해야 다음 선거에서 성공할 수 있다. 정당은 대통령의 성공을 위하여 대통령의 공약이나 정책을 집행하기 위하여 국회 안에서 대리하게 되는 것이다. 국회에서는 정당의 기율이 높기 때문에 정당은 대통령에 의존적인 경향을 떨쳐내기 쉽지 않다.

국회에서는 대통령(또는 청와대나 행정부)과 대통령에 의존적인 여당을 한 축으로 하고 이의 대척점에 존재하는 야당들을 다른 한 축으로 하는 사이에서 극단적인 갈등이나 대결에 따른 의사일정의 마비사태가 사라지지 않고 있다. 일반적으로 대통령 소속정당이 의석의 과반수를 차지하는 단점정부(unified government)에서 의회의 효율성과 안정성이 향상될 것으로 기대된다. 하지만 미국에서는 대통령 소속정당 대신 야당이 의석의 과반수를 차지하는 분점정부(divided government)라고 해서 의회의 효율성과 안정성에 있어서 단점정부와 비교하여 의미 있는 차이를 보이지 않는 것으로 알려졌다.[37]

민주화 이후 한국에서는 양당제적인 성격이 강한 시기에는 대체로 단점정부가 형성되었고 2.5정당제적인 성격이 드러난 시기에는 대부분 여소야대의 정국이 조성되었다. 물론 여소야대 정국을 타개하고자 때때로 여당이 주도하는 인위적인 정계개편이 이루어진 시기가 있었지만 2002년 3김시대의 종언 이후에는 그런 노력이 아예 불가능해졌다. 한국에서도 단점정부 시기나 여소야대(또는 분점정부) 상황에서나 큰 차이 없이 행정부 및 대통령에 의존적인 여당과 야당들 사이의 극한적 갈등이나 대결이 꾸준히 발생해왔다. 단점정부 시기에는 국회 내에서 대통령의 권력과 국회 다수라는 수의 논리에 따라 표결을 강행하게 되고 이 과정에서 야당이 반발하면서 충돌과 마비가 발생했고 여소야대(또는 분점정부) 상황에서는 여당의 수가 모자라기 때문에 회의실 점거 등 실력행사로 의사일정을 중단시키는 일이 생겼다. 단점정부 여부 또는 여야 사이의 충돌 이유나 과정은 조금씩 달랐을지언정 의사일정의 마비라는 결과는 매번 비슷했다. 심지어 2012년 국회선진화법이 통과된 이후 2019년 신속처리법안을 처리하는 과정에서도 그 갈등이 다시 폭력으로 번지기도 했다.

7. 한국정당의 미래와 과제

한국의 정당은 1948년 정부가 첫 선을 보인 직후부터 정부 안의 정당으로서 기능은 물론, 조직으로서 정당이나 유권자 안의 정당으로서 기능도 제대로 수행하지 못해왔다. 한국정당의 반응성이나 책임성도 아직 기대를 충족시키지 못한다. 제왕적 당총재가 사라졌지만 제왕적 대통령제 안에

서 여전히 정당은 대통령에 매우 의존적이다. 75년 동안 보수 양당제 안에서 정당의 창당과 재창당, 이합집산이 선거의 승리를 위한 다수연합을 만드는 차원에서 끊임없이 반복되었다. 2020년 국회의원선거에서도 마찬가지였다. 민주화 이후 오히려 지역주의 균열은 정당의 생존을 지탱해온 토대가 되어왔다.

민주주의 공고화의 여러 과제 가운데 하나가 정당자율성의 강화와 정당정치의 제도화이다. 민주주의 공고화 과정에서 정당체계의 제도화나 안정성이 높아질수록 민주주의가 성숙할 것이라는 기대가 큰 것이다. 민주화 이후 한 세대가 지나가면서 한국정당체계의 공고화에도 적지 않은 성과가 있었다. 무엇보다도 한국에서는 이미 정당을 통한 선거가 민주주의의 유일한 게임이 된 지 오래다. 또한 정당 관련법과 제도적인 개혁도 점진적이지만 큰 폭으로 이루어졌다. 하지만 한국의 정당은 여전히 조직으로서 정당이나 유권자 안의 정당으로서 기능을 대폭적으로 강화해야 할 수준에 머물고 있다. 정당의 소속감을 높이고 정당의 외연을 확장하는 것이 매우 중요한 과제로 남아 있다는 의미이다. 또한 정당이 국회 안에서 갈등 및 폭력과 마비의 화신이 되기보다는 대화와 양보 및 타협으로 사회적 갈등의 해소와 국론통합의 견인차 역할을 증대해야 할 것이다.

앞으로 한국의 정당뿐 아니라 세계의 정당은 뉴미디어의 발전에 따른 심각한 도전을 맞이할 것이다. 이미 한국에도 전통적인 정당활동 대신 온라인 또는 SNS를 통한 홍보와 동원이 일상화되는 추세이다. 또한 뉴미디어와 친숙한 유권자

를 당원으로 가입시키고 지지자로 만들기 위해서는 뉴미디어에 기반한 정당의 개발이라는 과제를 안고 사는 중이다. 실제로 2015년 8월 정당법이 개정되면서 온라인 입당이 가능해졌고 전통적인 당원보다 온라인 당원이 젊고 당비납부 유지율이 높은 상황으로 알려졌다. 이러한 변화는 단순히 유권자들의 다양한 이해와 선호에 반응하여 이를 대변하는 정책 중심의 정당으로 개혁하는 것과 차원이 다르다. 미래에는 정당이 당의 경계나 영역을 넘어 다양한 뉴미디어를 매개로 다양한 유권자와 소통하는 개방적인 정당이 모색될 가능성이 높기 때문이다.

한때 한국에 국민참여경선이 도입되면서 정당의 민주화에 기폭제가 되었지만, 당원의 소속감이 낮아지는 동시에 정당의 해체로 이어지는 것이 아니냐는 의문을 일으켰다. 이제 전통적인 정당의 틀을 넘어서는 개방적인 정당이 대안으로 모색되는 수준은 전혀 다른 차원의 도전이 될 가능성이 크다. 당원이 아닌 일반 시민이 정당의 가장 중요한 공직 후보선출 과정에 참여하면서 당원의 위상이 낮아지고 정당이 선거 이벤트 회사같이 작동했다. 여기에 정당의 경계가 더 사라지고 뉴미디어로 매개가 된다면 더욱 당원의 위상이 위축되고 전통적인 정당활동이 축소될 것이 예상되기 때문이다. 정당이 시대적 흐름에 조응하는 과제를 피할 수 없지만, 오히려 정당이라는 정체성이나 조직이 해체 또는 붕괴되는 모순을 피하기 위한 성찰과 대응이 요구된다.

❖ 주

1) David Robertson, *The Routledge Dictionary of Politics* (London and New York: Routledge, 2004).

2) Elmer Eric Schattschneider, *Party Government* (New York: Farrar & Rinehart Inc., 1942), p. 1.

3) V. O. Key, Jr., *Politics, Parties and Pressure Groups* (New York: Thomas Y. Crowell Company, 1958).

4) Rod Hague, Martin Harrop, John McCormick 지음, 김계동 외 옮김, 『비교정부와 정치, 제10판』(서울: 명인문화사, 2017).

5) Maurice Duverger, *Political Parties: Their Organization and Activity in the Modern State* (London: Methuen, 1954).

6) 현재호, "민주화 이후 정당정치: 정당, 유권자 그리고 정부," 『한국정치연구』 제20집 3호 (2011), pp. 81-108.

7) Duverger (1954).

8) Duverger (1954), pp. xxiii-xxxvii.

9) 심지연, "한국정당구조의 재편성 연구: 위기와 통합의 정치(1945-1948)," 『한국과 국제정치』 제13권 1호 (1997), pp. 1-27.

10) 박찬표, 『한국의 국가형성과 민주주의: 냉전 자유주의와 보수적 민주주의의 기원』 (서울: 후마니타스, 2007), pp. 171-172.

11) 심지연, "한국의 정당과 정당제도: 1948-1960," 『동북아연구』 제4권 (1998), pp. 47-92.

12) 서중석, 『이승만과 제1공화국』 (서울: 역사비평사, 2007).

13) 심지연 (1997).

14) 심지연 (1997).

15) 심지연 (1997).

16) V. O. Key, Jr., "A Theory of Critical Elections," *Journal of Politics* 17-1 (1955), p. 16.

17) 강원택, "한국 정당 정치 70년: 한국 민주주의 발전과 정당 정치의 전개," 『한국정당학회보』 제17권 2호 (2018), pp. 5-31.

18) 송석윤, "선거운동 규제 입법의 연원: 1925년 일본 보통 선거법의 성립과 한국 분단체제에의 유입," 『서울대학교 법학』 제46집 2호 (2005), pp. 28-53.

19) 심지연 (1997).

20) 박경미, "한국의 정당개혁 담론 변화와 정당의 적응

성," 『한국정치연구』 제22집 2호 (2013), pp. 27–48.

21) 임성호, "원내정당화와 정치개혁: 의회민주주의 적실성의 회복을 위한 소고," 『의정연구』 제9권 1호 (2003), pp. 140–141.

22) Joseph La Palombara and Myron Weiner, "The Origin and Development of Political Parties," in Joseph La Palombara and Myron Weinerin (eds.), *Political Parties and Political Development* (Princeton: Princeton University Press, 1966), pp. 14–19.

23) Schattsschneider (1942).

24) Seymour M. Lipset and Stein Rokkan, "Cleavage Structures, Party Systems and Voter Alignments: An Introduction," in Seymour M. Lipset and Stein Rokkan (eds.), *Party Systems and Voter Alignments* (New York: The Free Press, 1967), pp. 1–63.

25) 김용복, "한국 민주주의의 발전과 정당정치: 최장집 교수의 정당민주주의론에 대한 비판적 고찰," 『민족문화연구』 제56권 (2012), pp. 139–173.

26) 곽진영·김은경, "한국정당체계의 사회적 이익 반영 패턴의 변화: 13대 총선~20대 총선," 『사회과학연구』 제44권 3호 (2018), pp. 161–184.

27) Otto Kirchheimer, "The Transformation of West European Party Systems," in Joseph La Palombara and Myron Weiner (eds.), *Political Parties and Political Development* (Princeton, NJ: Princeton University Press, 1966). pp. 177–200.

28) Richard S. Katz and Peter Mair, "Changing Models of Party Organization and Party Democracy: The Emergence of the Cartel Party," *Party Politics* 1–1 (1995), pp. 5–28.

29) Giovanni Sartori, *Parties and Party Systems: A Framework for Analysis* (Cambridge: Cambridge University Press, 1976).

30) Markku Laakso and Rein Taagepera, "The 'Effective' Number of Parties: A Measure with Application to West Europe," *Comparative Political Studies* 12–1 (1979), pp. 3–27.

31) 노기우·이현우, "민주화 이후 한국 정당체계는 불안정한가?: 유효 정당 수와 선거 유동성 세분화를 중심으로," 『한국정당학회보』 제18권 4호 (2019), pp. 5–35.

32) 이준한, "한국의 중선거구제가 선거결과에 미친 영향," 『대한정치학회보』 제18권 1호 (2010), pp. 315–345.

33) 노기우·이현우 (2019).

34) Robert Michels, *Political Parties: A Sociological Study of the Oligarchical Tendencies of Modern Democracies* (New York: The Free Press, 1962).

35) 한정훈, "정당의 명칭변경에 대한 한국 유권자의 인식과 정당일체감," 『한국과 국제정치』 제35권 2호 (2019), pp. 1–35.

36) 박원호·송정민, "정당은 유권자에게 얼마나 유의미한가?: 한국의 무당파층과 국회의원 총선거," 『한국정치연구』 제21집 2호 (2012), pp. 115–143.

37) David R. Mayhew, *Divided We Govern: Party Control, Lawmaking, and Investigation 1946–1990* (New Haven: Yale University Press, 1991).

❖ 참고문헌

1. 한글문헌

강원택. "한국 정당 정치 70년: 한국 민주주의 발전과 정당 정치의 전개." 『한국정당학회보』 제17권 2호 (2018).

곽진영·김은경. "한국정당체계의 사회적 이익 반영 패턴의 변화: 13대 총선~20대 총선." 『사회과학연구』 제44권 3호 (2018).

김계동 외 옮김. 『비교정부와 정치』. 서울: 명인문화사, 2017.

김용복. "한국 민주주의의 발전과 정당정치: 최장집교수의 정당민주주의론에 대한 비판적 고찰." 『민족문화연구』 제56권 (2012).

노기우·이현우. "민주화 이후 한국 정당체계는 불안정한가?: 유효 정당 수와 선거 유동성 세분화를 중심으로." 『한국정당학회보』 제18권 4호 (2019).

박경미. "한국의 정당개혁 담론 변화와 정당의 적응성." 『한국정치연구』 제22집 2호 (2013).

박원호·송정민. "정당은 유권자에게 얼마나 유의미한가?: 한국의 무당파층과 국회의원 총선거." 『한국정치연구』 제21집 2호 (2012).

박찬표. 『한국의 국가형성과 민주주의: 냉전 자유주의와 보수적 민주주의의 기원』. 서울: 후마니타스, 2007.

서중석. 『이승만과 제1공화국』. 서울: 역사비평사, 2007.

송석윤. "선거운동 규제 입법의 연원: 1925년 일본 보통 선거법의 성립과 한국 분단체제에의 유입." 『서울대학교 법학』 제46집 2호 (2005).

심지연. "한국의 정당과 정당제도: 1948-1960." 『동북아연구』 제4권 (1998).

_____. "한국정당구조의 재편성 연구: 위기와 통합의 정치(1945-1948)." 『한국과 국제정치』 제13권 1호 (1997).

이준한. "한국의 중선거구제가 선거결과에 미친 영향." 『대한정치학회보』 제18권 1호 (2010).

임성호. "원내정당화와 정치개혁: 의회민주주의 적실성의 회복을 위한 소고." 『의정연구』 제9권 1호 (2003).

한정훈. "정당의 명칭변경에 대한 한국 유권자의 인식과 정당일체감." 『한국과 국제정치』 제35권 2호 (2019).

현재호. "민주화 이후 정당정치: 정당, 유권자 그리고 정부." 『한국정치연구』 제20집 3호 (2011).

2. 영어문헌

Duverger, Maurice. *Political Parties: Their Organization and Activity in the Modern State*. London: Methuen, 1954.

Katz, Richard S., and Peter Mair. "Changing Models of Party Organization and Party Democracy: The Emergence of the Cartel Party." *Party Politics* 1-1 (1995).

Key, Jr., V. O. "A Theory of Critical Elections." *Journal of Politics* 17-1 (1955).

_____. *Politics, Parties and Pressure Groups*. New York: Thomas Y. Crowell Company, 1958.

Kirchheimer, Otto. "The Transformation of West European Party Systems." in Joseph La Palombara and Myron Weiner (eds.). *Political Parties and Political Development*. Princeton, NJ: Princeton University Press, 1966.

Laakso, Markku, and Rein Taagepera. "The 'Effective' Number of Parties: A Measure with Application to West Europe." *Comparative Political Studies* 12-1 (1979).

La Palombara, Joseph, and Myron Weiner. "The Origin and Development of PoliticalParties." in Joseph La Palombara and Myron Weinerin (eds.). *Political Parties and Political Development*. Princeton: Princeton University Press, 1966.

Lipset, Seymour M., and Rokkan, Stein. "Cleavage Structures, Party Systems and Voter Alignments: An Introduction." in Seymour M. Lipset and Stein Rokkan (eds.). *Party Systems and Voter Alignments*. New York: The Free Press, 1967.

Mayhew, David R. *Divided We Govern: Party Control, Lawmaking, and Investigation 1946-1990*. New Haven: Yale University Press, 1991.

Michels, Robert. *Political Parties: A Sociological Study of the Oligarchical Tendencies of Modern Democracies*. New York: The Free Press, 1962.

Robertson, David. *The Routledge Dictionary of Politics*. London and New York: Routledge, 2004.

Sartori, Giovanni. *Parties and Party Systems: A Framework for Analysis*. Cambridge: Cambridge University Press, 1976.

Schattschneider, Elmer Eric. *Party Government*. New York, Farrar & Rinehart Inc., 1942.

10장

선거

김 욱(배재대 행정학과)

흔히 선거는 '민주주의의 꽃'이라고 한다. 이 말은 민주정치과정에서 선거가 가장 화려하면서도 극적인 사건임을 암시한다. 그러나 이러한 외적인 화려함과 극적인 측면 외에도, 선거는 민주정치의 내부 작동에 있어서 핵심적인 역할을 수행한다. 일반인의 관점에서는 선거가 후보와 정당 간의 경쟁을 통해 승자와 패자가 갈리는 흥미로운 게임으로 주로 인식되고 있지만, 정치를 체계적으로 연구하는 사람에게 있어서 선거란 민주정치과정의 핵심 연결고리로서 더 커다란 의미를 갖는다. 특히 해방 이후 한국정치가 수많은 변동을 경험하는 과정에서, 선거는 늘 중요한 역할을 수행해 왔다. 이번 장에서는 먼저 선거의 의미와 한국정치에서 선거의 중요성을 살펴본다. 다음으로는 한국선거의 종류와 한국선거의 역사에 대해서 간략히 고찰한다. 그다음으로 그동안의 선거에서 나타난 한국 유권자 투표형태의 주요 특징과 최근의 변화를 살펴보고, 한국선거제도의 주요 특징과 개선 방향에 대해서 논의한다. 마지막으로 한국 민주주의의 미래와 선거에 대한 논의를 통해서 이 장을 마무리한다.

1. 선거의 의미와 중요성

민주정치에서 선거와 선거제도의 중요성

민주정치과정에서 선거는 유권자와 정치엘리트를 연결하는 중요한 기제이다. 대규모 국가에서 대의민주주의가 작동하기 위해서는 유권자와 엘리트 양자 간 연결고리가 존재해야 한다. 그런데 선거는 바로 유권자가 정치엘리트를 선택하고 동시에 그들의 행동에 영향을 미칠 수 있는 핵심적인 제도적 장치인 것이다. 바로 이러한 맥락에서 캇츠(Richard Katz)는 선거를 '현대 민주주의의 본질적인 제도'라고 말하였다.[1]

보다 구체적으로, 선거는 공직에 대한 경쟁을 제공하고, 승리자에게 책임을 물을 수 있는 수단을 제공한다. 또한 대부분의 유권자들에게 있어서, 선거에서의 투표참여는 가장 손쉽게 자신의 의사를 표출하는 정치참여의 수단이기도 하다. 정치체계 전체의 차원에서는, 민주정치에서 경쟁적 선거는 새로운 공직자에게 정당성과 권위를 부여하는 기능을 수행하기도 하며, 이는 궁극적으로 공직자로 하여금 자신의 의무를 보다 효과적으로 수행할 수 있도록 돕는다.

민주정치에서 선거가 갖는 또 한 가지 중요한 의미는 선거제도라는 이름으로 정치게임의 기본 규칙을 정하고 있다는 것이다. 선거제도라는 용어는 넓게는 투표연령, 선거운동 방법, 선거자금 등 선거와 관련된 모든 규칙을 총칭한다. 그러나 보다 좁은 의미에서의 선거제도란 선거체계(electoral system)를 지칭하는 것으로서, "유권자의 투표를 대표자의 의석으로 전환하는 일련의 방법"을 의미한다.[2]

그런데 이러한 선거제도가 민주정치과정과 결과에 미치는 영향은 그야말로 막대하다. 어떠한 선거제도를 채택하는가에 따라, 전혀 다른 정치적 결과가 도출되곤 한다. 소위 '뒤베르제의 법칙(글상자 10.1 참조)'[3]으로 널리 알려진 선거가 양당제·다당제에 미치는 영향은 물론이고, 그 외에도 정당의 응집력, 정치적 안정성, 통치성 등 정치 전반에 심대한 영향을 미친다. 바로 그 때문에 선거제도 개혁에 대한 논의가 끊이지 않고 계속되고 있다. 한국선거제도의 개혁 방향에 대해서는 뒤에서 다시 논의하도록 할 것이다.

한국정치에서 선거의 중요성

비교정치론적 관점에서, 한국정치의 커다란 특징 중의 하나는 그 역동성에서 찾을 수 있다. 한국만큼 단기간 내에 수많은 정치적 변동을 경험한 국가도 그리 많지 않을 것이다. 해방 이후 권위주의체제를 유지하다가, 제2공화국 시절 잠깐 동안 민주적인 정치를 시도해 보았으나, 결국은 다시 권위주의체제로 돌아갔다. 그리고 1980년대 후반 민주화의 시기를 거쳐 지금은 민주주의 공고화 단계에 접어들고 있다고 할 수 있다.

그런데 한국정치가 수많은 변동을 경험하는 과정에서 선거는 고비마다 매우 중요한 역할을 수행했다. 민주화 이후 시기는 물론이고, 권위주의체제하에서도 선거는 나름의 의미를 가졌으며, 실제로 정치적 변동에 상당한 영향을 미쳤다. 예

글상자 10.1 뒤베르제의 법칙: 선거제도와 정당체계

선거제도 연구에 있어서 핵심적인 부분은 선거제도의 정치적 영향이며, 그중에서도 특히 선거제도가 정당체계에 미치는 영향이다. 여기서의 관건은 과연 투표를 의석으로 전환하는 공식과 같은 기계적인 특징들이 한 국가의 정당체계에 결정적 영향력을 행사할 수 있는가이다. 뒤베르제(Maurice Duverger)는 그렇다고 답하였으며, 이는 뒤베르제의 법칙으로 알려져 있다. 그는 단순다수제와 양당제 사이에 "거의 완전한 상관관계가 관찰된다"고 주장하였다. 그리고 비례제는 다당제를 유발할 가능성이 크다고 보았다.

뒤베르제는 이러한 선거제도의 효과를 두 가지로 구분하였다. 하나는 기계적(mechanical) 효과로, 이는 투표를 의석으로 전환하는 규칙으로부터 직접적으로 발생한다. 다른 하나는 심리적(psychological) 효과로, 이는 이러한 규칙이 유권자의 투표 방식에 미치는 영향을 말한다. 예를 들어, 단순다수제 하에서 유권자가 가장 선호하는 정당이 해당 지역구에서 승리할 가능성이 없을 경우 발생하는 전술적 투표가 이에 해당한다.

그런데 1960년대 들어 선거제도와 같은 정치제도에 과도한 무게를 부여하는 데 대한 반발이 등장하였다. 로칸(Stein Rokkan)과 같은 학자는 보다 사회학적 접근법을 적용하여, 20세기 초반 비례대표제가 도입되기 이전부터 유럽은 사회적 균열구조로 인해 다당제를 갖고 있었음을 지적했다. 다른 많은 학자들 또한 선거제도의 채택이 사회적 균열구조와 정당체계로부터 영향을 받는다고 주장하였다. 결국 선거제도의 효과는 분명히 존재하나, 애초에 이러한 제도의 도입을 초래한 정치적 구조와 정치적 계산도 고려해야 한다는 것이다.

를 들어, 이승만 권위주의 정부의 퇴장을 촉발한 것은 바로 3·15부정선거였다. 과거보다 훨씬 더 권위주의적인 유신체제가 1972년에 도래한 것도 1971년 대통령선거에서 박정희 대통령이 근소한 차이로 김대중 후보를 간신히 이겼기 때문이라고 할 수 있다.

1980년대 후반 민주화 이후 한국의 선거는 커다란 발전을 이루었으며, 이는 한국 민주주의의 발전과 그 궤를 같이하고 있다. 이미 수차례의 평화적 정권교체를 이루었고, 공정한 선거관리가 정착되었으며, 정책선거운동도 진행되고 있으며, 무엇보다 유권자의 의식 수준이 점차 향상되고 있다. 이러한 긍정적인 변화에도 불구하고,

아직 한국의 선거는 선거문화 및 선거제도 측면에서 개선될 여지가 많이 있다. 지역주의가 과거에 비해 약화되고 있다고는 하나 여전히 한국의 선거에서 중요한 위치를 차지하고 있으며, 선거제도 또한 낮은 비례성 등 많은 문제점을 안고 있다. 따라서 향후 한국 민주주의의 발전과 공고화를 위해서는 선거의 질을 향상하는 것이 매우 중요한 요소가 될 것이다.

2. 한국의 선거종류와 선거제도

한국에서는 크게 세 가지의 선거 종류가 존재한

다. 바로 대통령선거, 국회의원선거, 그리고 지방선거이다. 대통령제가 아닌 의회제(의원내각제) 국가에서는 국회의원선거(흔히 총선거라고 불림)가 가장 중요한 선거이지만, 한국과 같은 대통령제 국가에서는 대통령선거가 가장 중요한 선거이며, 그다음으로 국회의원선거, 지방선거의 순으로 중요성을 갖는다. 이 세 가지 선거 외에도 때때로 보궐선거나 재선거가 실시되기도 하지만, 부차적인 의미를 갖는다.

대통령선거

대통령선거는 대통령제를 실시하는 한국에서 가장 중요한 선거임이 틀림없다. 대한민국 정부수립 이후 총 19회의 대통령선거가 시행되었는데, 그중에 1대와 4대는 국회에 의한 간접선거, 8대부터 11대까지는 통일주체국민회의에 의한 간접선거, 12대는 대통령선거인단에 의한 간접선거였다. 국민에 의한 직접선거는 2대~3대, 5대~7대, 13대~19대까지 12회 실시되었다 (표 10.1 참조). 참고로 2~3대 선거에서는 대통령과 부통령을 함께 선출했으며, 4대 대통령선거는 의회제하에서 상징적인 대통령을 국회에서 선출한 것이다.

단 한 명을 선출하는 대통령선거제도는 비교적 간단한데, 최다득표를 의미하는 단순다수제 아니면 최다득표이면서 과반을 넘어야 하는 절대다수제이다. 한국의 경우 직접선거를 실시할 때는 단순다수제를 통해 대통령을 선출하고 있는데, 미국을 제외한 대부분의 대통령제 국가들이 절대다수제를 채택하는 것과는 대조적이다. 단순다수제

하에서는 최다득표자가 과반 득표 여부에 상관없이 대통령에 당선되는데, 이 제도는 말 그대로 단순하다는 장점을 가지고 있는 반면, 과반에 훨씬 못 미치는 득표율로 대통령에 당선되었을 때 정당성에 타격을 입게 된다는 약점을 가지고 있다.

물론 미국과 같이 양당제가 확고히 자리 잡은 국가의 경우는 예외지만, 한국과 같이 다당제적 성격을 가진 국가의 경우에는 단순다수제로 최다득표를 얻지만, 과반도 넘지 못하는 득표율로 당선되는 것은 심각한 문제라고 할 수 있다. 실제로 한국의 제13대 대통령선거에서 민주정의당 노태우 후보는 과반에 훨씬 못 미치는 36.6%의 득표율로 당선된 바 있으며, 대통령 취임 이후 국정운영의 어려움에 직면하게 되자 3당 합당을 통해 민주자유당이라는 거대 여당을 탄생시켰다. 이러한 문제점들이 제기되면서 최근에도 일부에서는 절대다수제의 한 종류로 선거에서 결정 득표수나

표 10.1 역대 대통령선거제도의 변화

	직접-간접선거	간접선거의 주체	비고
1대	간접	국회	의회제 성격 반영
2~3대	직접		
4대	간접	국회	의회제 하 대통령 선출
5~7대	직접		
8~11대	간접	통일주체 국민회의	
12대	간접	대통령 선거인단	
13~19대	직접		

유권자의 과반을 차지한 후보가 없을 경우 득표수가 많은 1, 2위 후보가 2차 투표를 하여 과반을 차지할 경우 승리하는 결선투표제를 도입하자는 주장을 제기하고 있다.

국회의원선거

국회의원선거는 입법부인 국회의 구성원인 의원을 선출하는 선거이다. 제2공화국을 제외하면 해방 이후 한국은 계속 대통령제를 운영해 왔는데, 대통령제하에서 국회의원선거는 정부에 대한 중간평가적 성격을 갖게 되는 것이 일반적이다. 보통 정부 출범 직후에 실시되는 국회의원선거에서는 소위 '허니문 효과(honeymoon effect)'를 통해 여당이 유리하며, 대통령 임기 중반 이후에 실시되는 선거에서는 정부 심판론이 우세하면서 야당이 유리하다는 것이 정설이다. 그러나 뒤에서 살펴보겠지만 예외도 있다.

해방 이후 지금까지 총 21회의 총선거가 실시되었다. 국회의원선거는 대통령선거와 달리 지금까지 계속 직접선거로 실시되었으며, 임기는 4년이었다. 제2공화국 하에서 잠시 양원제가 운영되면서 민의원과 참의원선거가 동시에 실시되었지만, 그 외의 기간은 단원제하에서 선거가 실시되었다. 의원 정수는 제헌국회에서 200명으로 출발하여 현재는 300명에 이르고 있다.

직접선거라는 측면에서는 변화가 없었지만, 구체적인 선거제도 측면에서는 국회의원선거제도는 그동안 많은 변화를 거쳐 왔다. 사실 단 한 명을 선출하는 대통령선거에 비해 수백 명을 선출하는 국회의원선거는 복잡할 수밖에 없으며, 그에 따라 매우 다양한 제도가 존재하고 있다. 이러한 변화에도 불구하고, 한국의 국회의원선거제도는 소선거구 단순다수제 중심으로 시작되었으며, 현재도 그 형태가 유지되고 있다.

보다 구체적으로 살펴보면, 1948년 5월 10일 제헌의회선거 이래 한국의 국회의원선거제도는 크고 작은 변화를 거듭해 왔다 (표 10.2 참조). 제헌의회선거의 경우 하나의 지역구에서 최다득표를 하는 1명의 대표자를 선출하는 소선거구 단순다수제 방식으로 총 200명의 의원을 선출하였다. 이후 제5대 국회의원선거까지는 기본적으로 소선거구 단순다수제 방식이 유지되면서, 단지 다소간 의원정수의 변화만 있었다. 그러다가 1963년 6대 국회의원선거에서부터 소위 전국구제도를 도입함과 동시에 무소속 출마를 금지해, 선거제도가 커다란 변화를 겪게 된다.

국회의원선거제도는 9대 국회의원선거를 앞두고 또다시 크게 변화한다. 즉 소선거구 단순다수제는 여당의 전략적 이익을 위해 2인 중선거구 다수대표제로 바뀐다. 그리고 전국구제도를 폐지하는 대신, 대통령이 지명하는 유신정우회제도를 신설한다 (유신정우회제도에 대해서는 이 장의 3. 한국의 선거 간략사 중 제4공화국의 선거 부분을 참조). 비민주적인 방식이라고 할 수 있는 유신정우회제도는 1980년에 접어들면서 다시 전국구제도로 바뀌게 된다.

한편 민주화 이후 첫 선거인 13대 국회의원선거에서는 2인 선거구 다수대표제가 폐지되고 소선거구 단순다수제가 다시 도입된다. 그리고 민

국회	의원정수	지역구 선출방식	전국구·비례대표 선출방식
표 10.2 역대 국회의원선거제도의 변화			
제헌(1948)	200	소선거구 단순다수제	해당 없음
2대(1950)	210		
3대(1954)	203		
4대(1958)	233		
5대(1960)	민의원:233		
6대(1963)	175(지역구:151, 전국구:44)		전국: 제1당 과반수 이상 득표의 경우 득표율에 따라, 제1당이 과반수 미만 득표의 경우 제1당 1/2, 잔여의석 제2당 이하 득표율에 따라 배분, 의석배분 조건: 5% 이상 또는 지역구 3석 이상 * 무소속 출마금지
7대(1967)			
8대(1971)	204(지역구:153, 전국구:51)		
9대(1973)	219(지역구:146, 유정회:73)	2인 중선거구 다수대표제	* 유신정우회(유정회) 대통령 추천
10대(1978)	231(지역구:154, 유정회: 77)		
11대(1981)	276(지역구:184, 전국구:92)		전국: 제1당 2/3, 1/3은 제2당 이하 득표율에 따라 배분 조건: 5석 이상 획득
12대(1985)			
13대(1988)	299(지역구:224, 전국구:75)	소선거구 단순다수제	전국: 제1당 1/2, 1/2은 제2당 이하 지역구 의석 비율에 따라 배분 조건: 5석 이상 획득
14대(1992)	299(지역구:237, 전국구:62)		정당의 지역구 의석율에 비례 배분 조건: 5석 이상(5석 미만 혹은 3% 이상 1석 배정)
15대(1996)	299(지역구:253, 전국구:46)		정당득표율에 비례 배분 조건: 5석 이상 혹은 3% 이상(3~5% 1석 배정)
16대(2000)	273(지역구:227, 비례:46)		
17대(2004)	299(지역구:243, 비례:56)		정당투표 정당득표율 비례 조건: 5식 이상 혹은 3% * 17대 총선부터 정당투표제 도입
18대(2008)	299(지역구:245, 비례:54)		
19대(2012)	300(지역구:246, 비례:54)		
20대(2016)	300(지역구:253, 비례:47)		
21대(2020)	300(지역구:253, 비례:47)		준연동형 비례대표제 도입

주화 이후에는 전국구-비례대표제도 과거 제1당에게 유리했던 왜곡된 모습에서 각 정당의 득표율에 따라 배분하는 정상적인 방식으로 점진적으로 변화해 왔다. 특히 17대 국회의원선거부터는

지역구 투표와는 별도로 정당투표를 시행하는 1인 2표제가 도입되면서, 제대로 된 혼합형 선거제도의 모습을 갖추게 되었다. 2020년 21대 국회의원선거에서는 비례성을 제고한다는 취지하에 준연동형 비례제를 시도하였으나, 결과적으로는 다시 문제점이 드러났다. 준연동형 비례제 도입의 문제점에 대해서는 뒤에 선거제도의 개선방안과 관련하여 다시 설명하고자 한다.

지방선거

지방선거는 지역주민의 대표자인 지방의회 의원 및 지방자치단체의 장을 선출하기 위하여 지방자치단체가 시행하는 선거이다. 국회의원선거와 마찬가지로 지방선거 역시 대통령제하에서는 정부에 대한 중간평가적 성격이 강하다. 지방선거의 경우 제1공화국에서는 단체장보다는 주로 의원만을 선출하는 제한적인 성격이 강하였고, 제2공화국에서 잠시 단체장과 의원을 모두 선출하는 완전한 형태를 갖추었다가 제3공화국부터 제4공화국까지 중단되었다. 민주화 이후 1991년부터 일단 지방의원선거만 부활하였다가, 김영삼정부가 들어서고 1995년부터 다시 단체장과 의원 모두를 동시에 선출하게 되었다. 지방선거의 변천과정에 대해서는 표 10.3에서 설명하고 있다.

1995년부터 자리 잡은 지방선거는 지난 25년 동안 많은 제도 변화를 겪었다. 가장 큰 변화는 2006년의 선거제도 개편이었는데, 당시까지 정당공천이 금지되었던 기초의원선거에 정당공천을 허용하였다. 또한 기초의원선거에서 기존의 소선거구제를 중선거구제로 변경하였다. 정당공천제와 중선거구제 도입의 효과에 대해서는 아직도 논란이 계속되고 있다.

하나의 선거구에서 여러 명의 기초의원을 선출하되 유권자는 한 명의 후보에게 투표하는 단기 비이양식 중선거구제 도입의 효과에 대해서는 대체적으로 부정적인 평가가 지배적이다. 이 제도는 사표를 줄이고 여성이나 군소정당 후보의 진입을 용이하게 한다는 장점을 가지고 있는 것이 분명하지만, 그 장점을 제대로 살리기 위해서는 선거구의 크기가 중요하다. 그런데 현재는 2인선거구와 3인선거구가 대부분이고, 4인선거구는 미미한 상황이기 때문에 기대했던 효과를 거두지 못하고 있다. 실제로 1당 지배적인 의석점유 현상을 막지도 못하였고, 사표 발생을 줄이지도 못하면서 당선자 간 득표율 차이가 크게 벌어져 오히려 소수대표의 문제를 야기했다는 것이다.[4]

정당공천제에 대해서도 논란이 지속되고 있다. 정당공천 찬성론자들은 대의민주제의 기본원칙, 책임정치 실현, 정당정치 제도화, 중앙정치와의 연계성, 유권자에 대한 정보제공 등을 논거로 삼아 정당공천을 유지하되 점진적으로 문제점을 개선하자고 주장하고 있다. 반면 정당공천 반대론자들은 지방정치의 비정치성을 강조하며, 정당공천제로 야기되는 여러 문제점들, 즉 중앙정치로의 예속과 지역주의 확산, 정당공천의 부패 등을 논거로 정당공천제의 폐지를 주장하고 있다. 일반적으로 정치학자들은 정당공천제를 유지하되, 공천과정을 민주화하고 지방정당의 설립 요건 완화 등으로 지방에서의 정당 간 경쟁을 활성

표 10.3 지방선거 변천과정				
선거 횟수	선거일	선거 구분		비고
		지방의원	단체장	
1952년 (제1차)	4월 25일	시·읍·면의원	(기초: 간선제)	선거 가능 지역 실시 (서울, 경기, 강원 제외)
	5월 10일	도의원	(광역: 임명제)	
1956년 (제2차)	8월 08일	시·읍·면의원	시·읍·면장	한국전쟁 종료 후 (이승만정부)
	8월 13일	시도의원	(광역: 임명제)	
1960년 (제3차)	12월 12일	시도의원	–	4·19 이후 (장면정부)
	12월 19일	시·읍·면의원	–	
	12월 26일	–	시·읍·면장	
	12월 29일	–	시·도지사	
1991년 (제4차)	3월 26일	기초의원	(기초: 임명제)	30년 만의 지방의회 구성 (노태우정부)
	6월 20일	광역의원	(광역: 임명제)	
1995년 (제5차)	6월 27일	기초/광역의원	기초/광역 단체장	제1회 동시선거 (김영삼정부)
1998년 (제6차)	6월 04일	기초/광역의원	기초/광역 단체장	제2회 동시선거 (김대중정부)
2002년 (제7차)	6월 13일	기초/광역의원	기초/광역 단체장	제3회 동시선거 (김대중정부)
2006년 (제8차)	5월 31일	기초/광역의원	기초/광역 단체장	제4회 동시선거 (노무현정부)
2010년 (제9차)	6월 02일	기초/광역의원	기초/광역 단체장	제5회 동시선거 (이명박정부)
2014년 (제10차)	7월 04일	기초/광역의원	기초/광역 단체장	제6회 동시선거 (박근혜정부)
2018년 (제11차)	6월 13일	기초/광역의원	기초/광역 단체장	제7회 동시선거 (문재인정부)

화하는 방안을 선호하고 있다.

3. 한국의 선거 간략사

한국 최초의 선거는 1948년 5월 10일 실시된 제헌국회 의원선거였다. 그로부터 약 70여 년에 걸쳐 수많은 선거가 실시되었다. 앞에서 언급한 바와 같이, 한국정치의 변동 과정에서 고비마다 선거는 중요한 역할을 수행해 왔다. 여기서 한국선거의 역사를 상세히 살펴볼 수는 없고, 시기별로 중요한 특징만을 간략히 살펴보고자 한다.

제1공화국의 선거

1948년 8월 15일 제헌국회에서 제정된 헌법에 따라 정부수립이 선포되고 1960년 이승만 대통령이 사임할 때까지의 시기가 한국의 제1공화국에 해당한다. 이 시기는 선거를 논하는 것이 하찮게 여겨질만큼 중대한 정치격변의 연속이었다. 1945년 일본이 패망한 후 미군정기를 거쳐 분단 상태에서 정부를 수립했던 국가건설의 역사는 곧 전쟁으로 이어졌다. 휴전 후 한국사회가 전쟁의 충격과 폐허 속에서 채 벗어나기도 전에 대한민국 초대 대통령이 사임함으로써 막을 내린 것이 제1공화국이다.

하지만 전쟁과 두 번의 위헌적 헌법개정, 장기집권을 원했던 대통령과 국민들의 저항이라는 굵은 역사적 격변의 과정 속에서, 대한민국의 정치와 외교, 경제와 사회를 틀 짓는 구조와 제도들이 만들어진 것도 이 시기였다. 특히 지금까지도 지속되는 한국의 핵심적인 정치구조와 제도들의 연원이 제1공화국이었으며, 세 번의 대통령선거, 세 번의 국회의원선거, 두 번의 지방선거들이 중요한 계기들이 되었다는 점은 분명하다. 한국 최초의 대통령 직접선거와 지방선거는 전쟁의 와중인 1952년에 시행되었고, 한국정당체제의 특징인 보수 양당체제가 확립된 것도 이 시기였다. 결국 제1공화국을 무너지게 만든 결정적 계기가 된 것도 3·15부정선거였다.

제2공화국의 선거

4·19혁명으로 탄생한 제2공화국은 한국 선거사에 있어서 중요한 변화를 경험한 시기였으며, 새로운 민주주의를 정착시키기 위한 실험의 계기를 마련하였다. 장기간의 독재를 이끌어 왔던 권위주의적 대통령제는 의회제라는 새로운 권력구조로 대체되었고, 민주적 선거가 이루어질 수 있는 많은 제도적 장치들도 마련되었다. 후보 등록을 방해했던 폐단이 제도적으로 보완되었고, 후보자 등록 장벽도 낮추었다. 대리투표를 방지하기 위하여 투표참관인제도가 강화되고, 릴레이식 투표를 방지하기 위한 제도적 보완도 이루어졌다. 무엇보다도 선거관리의 공정성 확보를 위해 선거관리위원회가 헌법기관으로 신설되었다. 이승만정권 말기 중단 위기에 놓여 있던 지방선거 또한 주민직선제로 부활하였다. 또한 정당에 대한 내용이 최초로 헌법에 규정되고, 정당활동의 자유가 활성화되면서 혁신계 정당이 대거 출현하여 새로운 선거경쟁의 환경이 조성되었다.

민주적 제도가 마련된 가운데 실시된 제2공화국 선거는 민주화의 열풍 속에 이전과 달리 관권의 개입 없이 비교적 공정하게 진행되었다. 그러나 계속된 정치적 혼란 속에 민주적 제도의 변화에 부응하는 정치·경제·사회적 기반의 부재는 민주적 선거과정을 담아내지 못하고 있었다. 일부에서는 여전히 금권선거가 자행되었고, 폭력이 행사되는 구태를 재현하기도 하였다. 선거결과 민주혁명의 과업을 완수하기 위한 정치적 대안세력이자 민주혁명의 계승자임을 자처했던 민주당이 집권에 성공하였다. 그러나 새로 출범한 장면정부는 심각한 정치적 갈등 속에 강력한 리더십을 발휘하지 못하면서 정치적 안정과 통합은 물론 쏟아져 나오는 국민들의 요구를 통제도 수용도 이루어 내지 못하였다. 결국 민주주의의 정착에 대한 많은 기대감으로 출범한 제2공화국의 민주적 실험은 실패로 끝나고 말았다.

제3공화국의 선거

제3공화국은 박정희 세력의 군사쿠데타로부터 출발했다. 박정희정권의 속성이 애당초 민주적으로 선출된 정부를 무력으로 몰아낸 군사정권이었고, 3선개헌 과정에서 보듯이 이 시기가 매우 공정하고 민주적인 절차를 존중하는 방식으로 선거정치가 이뤄져 왔다고 보기는 어렵다. 조직적이고도 광범위하게 공권력이 선거에 개입했고, 이 중에서도 중앙정보부, 경찰, 지방행정 조직은 노골적으로 여당의 지지 확보를 위해 애썼다. 또한 특히 농촌지역 유권자의 동원을 위해 금권선거도 횡행했다.

그러나 이러한 제약에도 불구하고 제3공화국에서의 선거는 상당한 정도의 역동성을 보였다. 대통령선거를 예로 든다면, 이 기간 중 실시된 세 차례의 선거결과는 상당히 경쟁적이다. 당선자와 차점자 간의 표 차이는 그다지 크지 않다. 민정이양 이후 처음 실시된 1963년 대통령선거에서 박정희와 윤보선의 표 차이는 겨우 15만 표를 조금 넘는 정도였다. 1967년, 1969년 대통령선거에서도 1위와 2위 후보 간의 표 차이는 100만 표 전후였다. 세 차례의 대통령선거 중 1967년 선거를 제외한다면 박정희정권은 대단히 어려운 선거 경쟁을 치렀던 셈이다. 민주공화당이라는 강력한 대중정당 조직을 건설했고, 군, 중앙정보부, 경찰과 행정조직 등 국가 기구를 장악한 박정희정권의 '힘'을 고려할 때, 이 정도 규모의 표 차이는 그리 크다고 보기는 어렵다.

제3공화국의 선거정치에서는 1971년 대통령선거에서 두드러졌던 지역주의 투표행태나 도시와 농촌의 상이한 투표행태에 대해 주목할 필요가 있다. 민주주의 가치의 훼손이나 급속한 경제개발과 같은 제3공화국의 주요 사건에 대한 유권자들의 정치적 반응으로 이해할 수 있기 때문이다. 선거 공정성에 대한 많은 의구심에도 불구하고 제3공화국 시기의 선거정치는 나름대로의 역동성을 지니고 있었다.

제4공화국의 선거

제4공화국 유신정권은 정당과 국회, 그리고 선거와 같은 정치사회를 크게 위축시킨 권위주의 정권의 전형이라고 할 수 있을 것이다. 유신헌법은 통일주체국민회의에서 대통령을 간접선거로 선출하도록 하고 임기를 6년으로 연장한다고만 규정함으로써 종신집권의 길을 열어놓는 한편, 입법부와 사법부의 행정부 견제기능을 제한함으로써 대통령 1인에게 막강한 권력을 집중시켰다. 또한 새 헌법은 대통령이 국회의석의 3분의 1에 해당하는 의원 후보를 일괄지명 추천하여 통일주체국민회의에서 선출하도록 했다. 이렇게 만들어진 유신정우회는 전국적으로 덕망 있는 인사와 각계 직능대표의 국회진출을 가능케 하려는 의도보다는 집권층이 3분의 2의 다수의석을 확보하여 대통령이 국회를 확실하게 장악하려는 정치적 의도에서 만들어진 제도였다.

이러한 불리한 환경에서 당시 야당이었던 신민당은 정권교체가 제도적으로 불가능한 조건에서 국회의석의 2/3를 놓고 집권당과 경쟁하게 됨으로써 다수당이 될 수 있는 기회조차 상실하게 되었다. 게다가 2인선거구를 기반으로 한 중선거구제의 도입으로 거의 모든 선거구에서 제1당 입후보자의 당선을 보장하고 제2당 입후보자의 당선 가능성도 결정적으로 증대시켜 주는 일종의 여야 밀월 당선제도를 확립하게 되었다. 제4공화국은 선거정치의 암흑기라고 할 수 있다.

제5공화국의 선거

제5공화국의 선거는 크게 두 시기로 구분할 수 있다. 먼저 집권 초기 전두환정권은 권력의 정통성을 확보하지 못한 상태에서 법과 제도에 대한 정비를 통하여 정치·사회·경제적 영역에서의 체제 도전 세력들을 배제시키고, 권위주의적 지배를 강화해가는 특징을 보였다. 전두환 대통령은 집권 초기 전국적인 비상계엄을 선포하여 국회와 기존 정당들을 해산시키고, 반체제적 정치인들의 활동을 금지시켰다. 그리고 이러한 상황에서 헌법개정을 단행함으로써 권위주의체제를 정비하였다. 따라서 이 시기에 실시된 제5차 국민투표, 11대 및 12대 대통령선거, 11대 국회의원선거는 국민들의 선택의 자유가 심각하게 제한된 상황 속에서 전두환정권의 권위주의 지배를 합리화시키는 수단적 성격이 강하였다.

두 번째 시기는 전두환정권의 권위주의체제가 안정적인 국면에 접어들게 된 1983년부터 시작되는데, 정치해금과 학원자율화를 골자로 하는 유화조치를 단행하여 변화를 도모하였던 것이다. 이러한 변화를 계기로 1985년 선명 야당인 신한민주당이 창당되게 되었고, 12대 국회의원선거를 통하여 신한민주당이 제1야당의 위상을 확보함으로써 이후 전두환정권은 의도하지 않았던 민주화 세력의 강렬한 저항과 도전에 직면하게 되었다. 그리고 그 결과 전두환정권은 궁극적으로 야당과 국민들의 대통령직선제 요구를 수용하는 헌법개정을 단행할 수밖에 없었고, 비로소 한국의 선거가 본연의 기능이 수행하게 되는 전환기적 상황을 맞이하게 되었다.

노태우, 김영삼정부의 선거: 민주화 과정의 출발과 지역주의의 폭발

노태우, 김영삼정부는 민주화 과정이 출발한 시기이며, 동시에 한국선거에서 지역정당체계가 자리 잡은 시기이기도 하다. 민주화가 시작되면서 실시된 1987년 12월의 13대 대통령선거는 후일 한국 지역정당체제의 기원을 이루게 되었다. 그러나 당시에는 권위주의 집권당과 민주화 추진 야당세력의 분열이 핵심 이슈였으며, 또한 15년 만에 재기된 대통령 직접선거에서 '자유롭고 공정한 선거' 보장이 화두였다. 야당은 정부가 선거에 개입하거나 선거결과를 왜곡시키지 않을 것에 대한 보장을 요구했고, 집권당은 선거결과 정권교체가 일어나더라도 보복의 정치가 되풀이되지 않을 것에 대한 보장이 필요했다. 예측 불가능한 게임의 결과는 집권당 후보 노태우의 당선이었다.

1988년 4월 실시된 13대 국회의원선거에서도 지역주의는 폭발적으로 나타났다. 당시 여당인 민정당은 대구-경북에서, 그리고 김영삼, 김대중, 김종필의 소위 3김이 이끄는 정당들은 각기 부산-경남, 전라, 충청지역에서 압도적인 지지를 받았다. 선거결과 극심한 여소야대 현상에 직면한 노태우정부는 이후 안정된 국정운영을 위하여 3당통합을 통해 민주자유당이라는 거대 여당을 탄생시키게 된다.

14대 대통령선거로 출발한 김영삼정부는, 한국정치체제가 민주주의로 전환하는 과정에서 다시 권위주의로 회귀하는 경로가 아니라 민주주의체제로 안착되는 경로를 열어 가는 길목에 위치했다는 점에서 그 의미를 갖는다. 후발 민주주의 국가, 특히 오랜 기간 권위주의를 경험하고 민주화를 이룬 국가들이 민주주의체제의 붕괴와 재민주화의 패턴을 겪을 것인가, 아니면 순탄한 민주주의체제 안착의 경로를 겪을 것인가를 결정하는 데에는 권위주의로의 회귀를 원하는 세력, 특히 군부의 태도가 중요하며 민주화 직후 선거가 '자유롭고 공정하게' 진행되는 것이 중요하다. 이런 점에서 김영삼정부 하에서 실시된 14대 대통령선거와 제1회 전국동시지방선거, 제15대 국회의원선거가 여러 문제를 안고 있었다 하더라도 참여 정치세력들의 승복을 얻어냈고 이를 통해 민주주의 제도의 안정화 단계에 이르게 되었다는 점은 중요하다. 이런 결과로 이후 평화적 정권교체를 통한 김대중정부의 출현이 가능해졌기 때문이다.

김대중, 노무현정부의 선거: 평화적 정권교체와 3김시대의 종식

1997년 12월 15대 대통령선거로 평화적 정권교체를 달성하며 출범한 김대중정부하에서의 선거는 한국의 민주주의를 공고화하는 데 기여했다. 김대중정부 시기는 한국현대사에서 중대한 위치를 차지하는데, 새 밀레니엄으로 넘어가는 도상(道上)에서 한국사회가 여러 전환기적 변화를 겪은 시기다. 민주화, 권력분산화, 세계화, 시장화, 탈냉전화, 탈산업화, 정보화 등 여러 갈래의 전환기적 사회변화는 이 시기에 있었던 네 번의 선거에 여실히 반영되었고, 한편으로는 이 선거들로 인해 더욱 촉진되기도 하였다.

김대중정부 시기의 모든 선거에서 지역주의에 편승하는 정치인들의 기회주의적 행태와 특정 정당에 몰표를 던지는 유권자들의 집단주의적 행태가 반복되는 부정적 측면이 있었다. 그리고 선거 때마다 정치불신이 심화되고 정치무관심이 팽배하는 측면도 있었다. 그러나 정권교체를 가져온 데 이어 여당 쪽으로 권력이 집중되지 않으면서 지방정부와 국회가 대통령의 견제세력으로 작동할 수 있게 해주었다는 의미에서 이 네 번의 선거가 종합적으로 지니는 민주사적 의의를 높이 볼 수 있다.

16대 대통령선거를 통해 출범한 노무현정부 시기는 3김의 퇴장에 따른 지역주의에 기반한 소위 '1987년 체제'의 종결과 그에 따른 새로운 세대 및 이념갈등의 부상으로 요약할 수 있다. 민주화 이후 지역주의가 한국의 선거정치를 지배해왔지만, 3김시대의 종식은 새로운 형태의 민주적 선거를 활성화하는 결정적 계기를 마련하였다. 노무현정부 시기의 선거는 국회의원선거에서 1인 2표제의 도입을 통하여 비례성을 강화하였다. 그리고 각 정당들은 개방적이고 상향식 후보공천 방식을 개발하여, 이를 적용함으로써 정당 민주화의 계기를 마련하였다. 정당들 사이의 이념적 정책적 차원의 논쟁 또한 활성화되었으며 유권자들 역시 감정적인 지역주의적 투표행태를 탈피하여 정당과 후보자들의 정책과 성과에 대한 평가에 기초한 합리적 투표성향을 보이기 시작하였다.

물론 이러한 변화에도 불구하고 이 시기의 선거는 여전히 구시대의 유산으로부터 자유롭지 못한 것이 사실이다. 단순다수제 중심의 현행 혼합선거제도 아래에서 국회의원 및 지방의원선거의 비례성 수준은 매우 낮아 유권자들의 선호가 선거결과에 제대로 반영되지 못하였으며, 후보공천 과정의 민주성은 여전히 미약하여 선거캠페인에 이용하기 위한 형식적인 수준에 그쳤다는 비판을 받았다. 또한 지역주의가 다소 약화되었다고는 하나 영호남 사이의 주요 정당 간 득표율 편차는 여전히 확고했으며, 지역감정을 동원하려는 정치권의 시도 또한 사라지지 않았다. 다만 이러한 지역갈등과 더불어 세대 및 이념갈등이 부상하면서 한국선거에서 지역주의의 절대적 위치가 무너진 것은 사실이다.

이명박, 박근혜정부의 선거: 보수의 재집권과 세대 및 이념갈등의 증폭

이명박정부는 2007년 12월 17대 대통령선거를 통해 탄생했다. 지난 10년간 진보 진영에 정권을 내주었던 보수세력이 재집권에 성공한 선거였다. 노무현정부 말기의 국정 혼란에 실망한 유권자들이 압도적으로 이명박 후보에게 표를 몰아준 결과였다. 이명박 초기 실시된 2008년 제18대 국회의원선거에서도 당시 집권당인 한나라당은 소위 허니문 효과를 등에 업고 압승을 거두게된다. 그러나 국회의원선거 직후 소위 '광우병'사태로 인해 촛불시위가 발생하게 되면서 진보 진영의 반격이 시작되었고, 이후 여당의 정국 장악력은 약화된다. 한편 이명박정부 말기에 실시된 2012년 제19대 국회의원선거에서는 새누리당으로 이름을 바꾼 집권당이 과반을 겨우 넘기며 승리를 하긴 했지만, 야당의 반격이 두드러진 선거였다.

2012년 18대 대통령선거에서 여당 새누리당 박근혜 후보는 당시 야당이었던 민주통합당 문재인 후보에게 근소한 차이로 승리를 거두면서, 박근혜정부가 출범하게 된다. 제18대 대선은 지역주의가 다소 약화된 상황에서 세대 및 이념갈등이 절정에 달했던 선거였으며, 박근혜정부 시기에 실시된 선거에서도 이러한 세대 및 이념갈등은 계속되었다. 2014년 제6회 지방선거를 앞두고 발생한 세월호 사건을 앞두고 발생한 세월호 침몰 사건은 박근혜정부에 커다란 타격을 안겨주었고, 그 결과 지방선거에서 야당이 승리를 하게 된다. 그리고 2016년 제20대 국회의원선거에서도 새누리당은 당시 야당인 더불어민주당에 제1당 자리를 내어주게 되었고, 국회의원선거 직후 발생한 '최순실 게이트'로 인해 박근혜 대통령은 결국 탄핵을 맞이하게 된다.

문재인정부의 선거: 촛불혁명과 이념적 양극화

박근혜 대통령의 탄핵으로 인해 일정을 앞당겨 2017년 5월 실시된 19대 대통령선거에서 더불어민주당 문재인 후보는 홍준표, 안철수 후보에게 큰 차이로 승리를 거두고, 문재인정부가 출범하게 된다. 당시 문재인 후보의 당선은 예견된 것이었는데, 박근혜 대통령 탄핵과 이를 촉발한 촛불혁명의 힘이 크게 작용했기 때문이다. 문재인정부 출범 1년 뒤에 실시된 2018년 제7회 지방선거에서도 여당은 압승을 거두게 되었는데, 특히 16개 광역단체장선거에서 무려 14곳에서 승리를 거두었다. 이러한 여당의 기세는 2020년 4월 '코로나19' 위기 속에서 실시된 제21대 국회의원선거에서도 지속되었다. 여당인 더불어민주당과 그 위성정당의 의석수를 합하면 과반을 훨씬 넘기는 180석인 반면, 주요 야당인 미래통합당과 그 위성정당의 의석수는 103석에 불과하였다. 문재인정부의 선거에서는 박근혜정부에서와 마찬가지로 이념적 양극화 현상이 두드러지게 나타났다.

4. 유권자 투표형태의 주요 특징과 최근의 변화

앞의 절에서 한국선거의 역사를 간략히 살펴보았다. 이번 절에서는 한국의 선거에서 나타난 유권자 투표행태의 주요 특징을 고찰하고 최근의 변화를 논의하도록 한다. 먼저 투표율의 변화 추세에 대해서 살펴본 후, 유권자의 투표 선택에 미치는 주요 요인이 어떻게 변화해 왔는지 살펴본다. 마지막으로 최근 유권자 행태의 변화를 살펴보고, 이러한 변화의 근본 동력이 무엇인가에 대해서 논의한다.

투표율의 변화 추세

1987년 민주화 이후의 선거에서 투표율은 지속적으로 하락하다가 2010년을 기점으로 다시 다소 상승하고 있는 추세를 보이고 있다 (표 10.4 참조). 투표율에 가장 직접적인 영향을 미치는 요인은 선거관심도인데, 선거관심도는 선거의 유형(대통령선거, 국회의원선거, 지방선거)에 따라 크게 차이가 나기 때문에 선거의 유형별로 투표율 차이가 나는 것은 당연하다. 대통령선거의 투표율이 가장 높은데, 1987년 제13대 대선에서 89.2%의 높은 투표율을 기록한 후 지속적으로 하락하다가 2012년 제18대 대선에서부터 다시 상승하여 70% 후반대의 투표율을 보이고 있다. 국회의원선거와 지방선거도 비슷한 추세를 보이고 있는데, 2000년대 초반 50% 이하까지 떨어졌던 투표율이 2010년 선거부터 상승하여 최근의 선거에서는 60%를 넘기고 있다.

민주화 이후 투표율이 저하한 가장 중요한 이유는 근대화 및 민주화로 인하여 보다 자율적인 정치문화가 형성됨에 따라 과거 권위주의 시절 널리 퍼졌던 '동원투표(mobilized voting)'가 감소했기 때문이다. 사실 권위주의 시절 한국의 투표율은 기형적이라고 할 만큼 높은 투표율을 기

표 10.4	민주화 이후 주요 선거 투표율 변화 추이		
연도	지방선거	국회의원선거	대통령선거
1987			89.2%
1988		75.8%	
1992		71.9%	81.9%
1995	65.8%		
1996		63.9%	
1997			80.7%
1998	52.7%		
2000		57.2%	
2002	48.9%		70.8%
2004		60.6%	
2006	51.6%		
2007			63.0%
2008		46.0%	
2010	54.5%		
2012		54.2%	
2012			75.8%
2014	56.8%		
2016		58.0%	
2017			77.2%
2018	60.2%		
2020		66.2%	

출처: 중앙선거관리위원회 웹사이트(http://www.nec.go.kr).

록하였는데, 그처럼 높은 투표율에 크게 기여했던 동원투표가 점차 줄어들고 있는 것이다. 이와 비슷한 맥락에서 민주화로 인해 정치참여의 통로가 넓어지면서, 투표참여 외에 보다 많은 비용이 들어가지만 그만큼 효과가 큰 다른 유형의 참여(시위, 서명운동, SNS를 통한 정치토론 등)가 늘어가면서 투표의 중요성이 감소하고 있다는 해석도 가능하다.

2010년 이후 투표율이 다시 다소 상승하고 있는 것도 이러한 측면에서 설명이 가능하다. 자율적인 정치문화가 형성되면서, 특히 젊은 층의 촛불시위 및 SNS를 통한 참여가 증가하게 되었으며, 이것이 젊은 층의 정치관심도를 증대시키는 효과를 가져왔다고 볼 수 있다. 실제로 투표율이 감소하던 시기에는 중장년층과 젊은 층의 투표율 차이가 매우 컸는데, 최근의 선거에서는 그 차이가 감소하고 있다. 이는 곧 젊은 유권자층에서 자발적인 투표참여가 증가하고 있음을 시사하고 있다.

최근 들어, 투표율이 상승하고 있는 또 다른 중요한 제도적 요인은 사전투표제의 도입이다. 2000년대 초반 투표율이 계속 떨어지면서 의무투표제를 도입해야 한다는 주장도 한때 제기된 바 있다. 그러나 사전투표제는 의무투표제보다 유권자에게 부담을 덜 주면서 유권자의 편의를 증대시키는 방향으로 투표율을 증가시키는 제도로서, 2014년 지방선거부터 도입되었다. 도입 이후 사전투표율은 계속 증가하는 추세인데 2020년 제21대 국회의원선거에서는 26.69%로 역대 최고치를 기록했다.

투표 결정요인

한국 유권자의 투표 선택에 영향을 미치는 요인은 시기별로 변화해 왔다. 민주화 이전 권위주의 시대에는 도시와 농촌 유권자의 투표성향에 커다란 차이가 존재했다. 소위 '여촌야도'라는 표현으로 집약되고 있듯이, 농촌 유권자들은 여당을, 그리고 도시 유권자들은 야당을 지지하는 성향을 보여 왔다. 이러한 도시-농촌 간 투표성향의 차이는 전근대적(전통적) 문화와 근대적 문화 간의 갈등으로 이해할 수 있다. 전통적 문화를 가지고 있던 농촌 유권자들이 앞서 말한 '동원투표' 등으로 인해 여당을 상대적으로 지지한 데 반해, 상대적으로 교육 수준이 높고 정보가 많으며 근대적인 문화를 가진 도시 유권자들은 인권과 민주주의를 강조하는 야당에 대해 높은 지지를 보였다.

민주화 과정이 시작되면서 투표 선택에 변화가 생기기 시작했다. 앞에서 살펴본 바와 같이, 민주화 과정 초기에는 지역주의 투표가 위세를 떨쳤다. 도시-농촌 간 차이가 줄어든 대신에, 호남과 영남, 그리고 상대적으로 약하지만, 충청지역, 이 세 지역 간에 투표 선택에서 현격한 차이가 발생했다. 이러한 지역갈등과 지역주의의 확산에는 소선거구제의 도입이라는 제도적 요인과 함께,[5] 한국정당의 동질화가 크게 작용하였다고 본다. 민주화가 되면서 과거에 존재했던 여당과 야당 간의 입장 차이(여당은 경제성장, 야당은 민주주의)가 희석되면서, 정치인과 유권자 모두 지역이라는 새로운 요인에 무게를 두게 되었던 것이다. 특히 3김(김영삼, 김대중, 김종필)은 유권자의 지역감정을 십분 활용하면서, 민주화 초기 한국 선거정치를 장악하였다.

2000년대에 들어서고 3김이 퇴장하면서, 지역주의와 지역갈등은 다소 약화 혹은 변화하는 징후가 나타났다. 이와 동시에 이념갈등, 세대갈등 등 새로운 갈등 요인이 부상하며, 이들의 상대적 중요성이 증가하였다. 지역갈등이 압도했던 한국의 선거정치에서 정치적 갈등구조의 다변화가 이루어지고 있는 것이다. 그런데 이러한 변화는 단순히 3김의 퇴장이라는 눈에 보이는 요인 때문만은 아니다. 이러한 변화의 기저에는 한국 정치문화의 변동이라는 보다 근본적인 요인이 자리 잡고 있다. 보다 구체적으로는 젊은 세대를 중심으로 탈물질주의적 가치(post-materialistic values)가 부상하면서, 기성세대의 물질주의적 가치와 대조를 이루고 있다.[6] 그리고 이러한 기본적 가치관의 차이는 단순히 세대갈등으로 표출될 뿐만 아니라, 더 나아가 이념갈등 및 지역갈등의 변화에도 영향을 미치고 있는 것이다.

2010년대에 들어서는 세대 및 이념갈등이 더욱 심화되고 있다. 물론 여전히 지역주의와 지역갈등이 남아 있지만, 이러한 지역갈등은 이념갈등과 중첩되어 나타나고 있다. 영남은 보수, 호남은 진보로 양분된 상황에서, 영남 중에서도 부산-경남의 경우 진보적 성향의 유권자가 증가하고 있는 추세를 보이고 있다. 게다가 세대갈등 또한 이념갈등과 중첩되어 있기 때문에, 한국의 선거정치는 이념저 양극화가 더욱 심회되고 있는 추세이다. 물론 이러한 추세를 가속화한 것은 박근혜 대통령의 탄핵을 가져온 촛불혁명이었다.

이러한 한국 선거정치의 변화와 역동성은 선거결과라는 측면에서도 그대로 나타나고 있다. 민주화 이후 이미 벌써 세 차례의 평화적 정권교체를 달성했으며, 국회의원선거에서도 다수 정당이 빈번하게 변화하고 있다. 특히 한국보다 오랜 민주주의의 역사를 가진 일본보다 앞서 평화적 정권교체를 실현한 것은 놀라우면서도 자랑할 만한 사실이다. 선거에 의해 정권교체가 이루어지고 국회의 다수당도 규칙적으로 변화하고 있다는 것은 한국의 민주주의가 공고화 단계로 진입하고 있음을 시사한다.

최근 유권자 행태변화의 근본 동력

최근의 유권자 행태변화의 근본 동력은 정치문화의 변동에 있다. 물론 선거제도가 점차 민주적이고 합리적으로 변화해 온 것도 중요한 요인이지만, 이러한 제도변화가 가능했던 데에는 궁극적으로 유권자의 향상된 의식 수준이 크게 작용하였다. 앞에서 언급한 바와 같이, 민주화 이후 투표율이 하락하다가 다시 반등하고 있는 것은 권위주의적 정치문화에서 자율적 정치문화로 변화하고 있기 때문이며, 또한 최근 들어 지역갈등이 다소 약화되면서 세대갈등과 이념갈등의 중요성

이 증가하게 된 것도 바로 유권자 사이에서 탈물질주의적 가치가 확산되고 있기 때문이라고 할 수 있다. 탈물질주의적 가치는 특히 젊은 세대를 중심으로 확산되고 있으며, 기성세대의 물질주의적 가치와 대조를 보이고 있다. 그리고 이러한 기본적 가치관의 차이가 세대갈등과 이념갈등의 형태로 나타나고 있는 것이다.

보다 넓은 관점에서 본다면, 한국 유권자의 의식 변화는 크게 두 가지 측면에서 진행되고 있다. 하나는 권위주의적 문화에서 자율적 문화로의 변동이며, 또 다른 측면은 물질주의적 문화에서 탈물질주의적 문화로의 변동이다. 물론 이 양자가 서로 연관된 것은 분명하지만, 약간의 차이가 존재한다. 탈권위주의화가 전통사회에서 근대사회로의 이전, 그리고 근대사회에서 탈근대사회로 이전하는 과정에서 지속적으로 발생하고 있다면, 탈물질주의화는 주로 근대사회에서 탈근대사회로 이전하는 과정에서 발생하는 탈근대화 (post-modernization)의 성격을 가진 변화이다 (표 10.5 참조).

표 10.5 전통사회, 근대사회, 탈근대사회 비교

항목	사회 유형		
	전통사회	근대사회	탈근대사회
중심 사회 목표	안정적 경제에서의 생존	경제성장의 극대화	주관적 행복의 극대화
개인적 가치	전통적, 종교적, 공동체적 가치	성취동기	탈물질주의적 가치
권위 체계	전통적 권위 (종교적, 가부장적 권위)	합리적-법적 권위 (국가 혹은 관료)	전통적, 합리적 권위 양자 모두 거부

출처: Ronald Inglehart, *Modernization and Postmodernization: Cultural, Economic, and Political Change in 43 Societies* (Princeton, NJ: Princeton University Press, 1997).

그런데 이러한 정치문화 변동의 장기적이고 궁극적인 원인은 사회경제적 환경의 변화이다. 결국 탈권위주의 혹은 탈물질주의는 경제발전과 산업화로 인한 경제적 풍요의 산물인 것이다. 경제적 빈곤의 시대에서는 권위주의와 물질주의가 위세를 떨칠 수밖에 없다. 이처럼 사회경제적 변화와 정치문화의 변동 간의 연계성을 강조하는 장기적이고 거시적인 입장에서 본다면, 정치와 경제는 어느 정도 수렴할 수밖에 없다. 혹자는 한국경제는 선진국 수준이지만, 정치는 후진국 수준이라고 말한다. 그러나 장기적으로 양자는 결국 수렴하게 되며, 단지 그 과정에서 시간이 걸릴 뿐이다. 바로 이러한 장기적 관점에서 바라볼 때, 한국 민주주의의 미래에 대한 낙관적인 전망이 가능하다.

5. 한국선거제도의 주요 특징과 개선 방향

한국선거의 질적 향상을 위해서 가장 중요한 것은 정치문화의 발전, 보다 구체적으로는 유권자의 의식 수준의 향상이다. 그러나 이는 장기적인 요인이다. 단기적으로 한국의 선거를 크게 발전시킬 수 있는 방안 중의 하나는 선거제도의 개혁이다. 특히 그중에서도 가장 중요한 것은 국회의원선거제도의 개혁이라고 할 수 있다. 국회의원선거제도의 문제점과 개선 방향에 대해서는 지속적으로 논의되어 왔지만, 성과를 거두지 못하다가 2020년 제21대 국회의원선거를 앞두고 준연

동형 비례대표제로 어렵게 개선이 된 듯 보였지만, 주요 정당의 위성정당 설립으로 결국 실패로 끝나고 말았다. 따라서 향후 국회의원선거제도의 개선이 시급한 과제로 떠오르게 되었다.

한국 국회의원선거제도의 특징과 문제점

전 세계의 의원선거제도는 크게 소선거구 단순다수제, 비례제, 그리고 혼합형 세 가지로 분류되는데, 한국의 현행 선거제도는 혼합형이라고 할 수 있다. 혼합형 선거제도는 다시 독일식 병용형(연동형)과 일본식 병립형(분리형)으로 분류되는데, 한국은 그동안 일본식 병립형을 채택해 오다가, 2020년 제21대 국회의원선거를 앞두고 병립형에 병용형을 가미한 '준연동형'으로 바뀌었으나 실패로 끝나고 만다. 여기서는 실패로 끝난 준연동형 대신에 그동안 오래 유지되어 왔던 일본식 병립형 제도를 기준으로 그 특징과 문제점을 논의하겠다.

독일식 병용형과 일본식 병립형의 가장 근본적인 차이는 지역구와 비례제가 연동되어 있느냐, 분리되어 있느냐에 있다. 독일식은 둘이 연동되어 있으며, 그중에서도 비례제가 1차적인 중요성을 갖는다. 왜냐하면, 비례제에서의 정당득표율이 각 정당에게 배분되는 의석수를 결정하기 때문이다. 반면 일본식은 둘이 구조적으로 분리되어 있어 별도로 운영된다. 그런데 보통은 지역구 의석 비율이 비례제 의석 비율보다 높기 때문에 비례제보다는 단순다수제적 성격이 강하게 나타난다. 그래서 학자들 사이에서, 독일식 병용

형은 비례제적 혼합제(MMP: Mixed-Member Proportional System)로, 일본식 병립형은 다수제적 혼합제(MMM: Mixed-Member Majoritarian System)로 불린다.

특히 한국의 경우 일본식 병립형을 채택하고 있는 다른 국가들에 비해 비례제 의석이 전체 의석에서 차지하는 비율이 매우 낮은 편이었다. 일본과 대만이 35% 이상인 것과 반해, 한국은 20%도 안 되는 비율이었다. 따라서 한국의 혼합형 선거제도는 혼합형제도를 채택하고 있는 다른 국가들에 비해 혼합의 의미가 매우 약하고, 소선거구 단순다수제의 성격을 강하게 띠고 있었던 것이다.

소선거구 단순다수제의 문제점은 널리 알려져 있다. 가장 큰 문제점은 승자독식 방식이기 때문에, 사표가 많이 발생하고 그에 따라 득표율과 의석률 사이에 상당한 차이가 발생한다. 그리고 대부분의 경우 거대정당들이 실제 득표율보다 높은 의석률을 차지함으로써 이득을 보고, 반대로 군소정당들은 상대적으로 불이익을 받게 된다. 이러한 소위 비비례성 문제의 핵심은 유권자의 의사가 최종 의석 배분에 정확히 반영 안 된다는 데에 있으며, 그 때문에 많은 민주국가에서 비례제를 도입하게 된 것이다.

소선거구 단순다수제의 또 다른 문제점은 정당이나 정책보다는 후보 중심의 투표행태를 유도함으로써, 정책과 이념 차이에 기반한 정당정치의 발전을 저해한다는 것이다. 전체적으로 소선거구 단순다수제를 채택하고 있는 국가들에 비해 비례제를 채택하고 있는 국가들에서 정당정치가 더욱 활성화될 가능성이 높다. 소선거구 단순

다수제의 대표적인 국가인 미국에서 비례제를 채택하고 있는 유럽 민주국가들에 비해 상대적으로 정당정치가 덜 발전 된 것은 잘 알려져 있다. 다만 영국의 경우 소선거구 단순다수제를 채택하고 있으면서도 정당정치가 활성화되어 있다는 점에서, 정당정치에 미치는 선거제도의 효과가 절대적이라고 할 수는 없을 것이다.

그리고 마지막으로 한국에서 특히 중요한 정치적 의미를 가지는 문제점으로서, 소선거구 단순다수제는 지역주의와 궁합이 잘 맞는다. 현행 소선거구 단순다수제의 개정을 주장하는 사람들이 가장 많이 언급하는 목표가 바로 지역주의의 완화이다. 그러나 여기서 분명히 밝혀야 할 점은 소선거구 단순다수제가 지역주의의 원인은 결코 아니며, 다만 지역주의와 제도적 궁합이 잘 맞기 때문에 현재와 같은 독점적인 지역정당 구도를 초래하고 재생산하고 있다는 사실이다. 따라서 보다 정확히 표현하면, 현행 제도를 개선하여 비례성을 강화할 경우 지역주의 감정의 완화를 가져오는 것은 아니고, 특정 정당이 특정 지역을 독점하는 거시적 정치현상을 개선하는 데 도움이 되는 것이다.

개혁의 방향: 비례성 강화

현행 국회의원선거제도를 개혁함에 있어서 그 방향성에 대해서는 대부분의 사람들이 동의를 한다. 현재의 소선거구 단순다수제 성향을 약화시키고 비례성을 강화해야 한다는 것이다. 비례성을 강화하는 방안으로는 여러 가지가 논의될 수

있는데, 크게 세 가지이다. 전면적인 비례제의 도입, 중대선거구제의 도입, 그리고 현행 혼합형을 유지하면서 비례제 성격을 강화하는 방안이다.

현재의 지역구를 없애고 전면적으로 비례제를 도입하는 방안은 실현 가능성이 떨어진다는 점에서 그동안에는 논의의 대상에서 제외되는 경우가 많았다. 중대선거구제의 도입은 실현 가능성은 상대적으로 높지만, 정당정치에 대한 부정적 영향 등 많은 문제점을 안고 있으면서 비례성 증대의 효과는 크지 않을 수 있다는 점에서 상대적으로 학자들의 많은 지지를 받지 못하고 있다. 사실 중대선거구제라는 표현은 매우 애매모호한 표현이다. 소선거구에 대비되는 개념으로서 중대선거구는 선거구의 크기를 지칭하는데, 일단 그 크기가 명확하지 않다. 둘째, 선거구의 크기와 함께 중요한 것이 당선자 확정 방식인데, 그것에 대한 분명한 언급이 없다. 중대선거구제를 주장하는 사람들은 대개 당선자 확정 방식으로서 과거 일본과 한국의 5공화국에서(9~12대 국회의원 선거) 사용되었던 단기 비이양식(글상자 10.2 참조)을 염두에 두고 있는 것으로 보인다. 그럴 경우 선거구의 크기가 커지면(예를 들어, 4석 이상) 운영상의 다양한 부작용과 문제점이 발생할 수 있으며, 반대로 선거구의 크기가 작아지면(예를

글상자 10.2 단기 비이양식과 단기 이양식

선거제도를 분류함에 있어서 후보자 중 한 명이 아니라 여러 명을 한 번에 선출하는 중대선거구에서는 크게 두 가지의 당선자 결정 방식이 적용된다. 하나는 단기 비이양식(SNTV: Single Non-Transferable Vote)이고 다른 하나는 단기 이양식(STV: Single Transferable Vote)이다. 이 두 방식은 투표자가 여러 후보 중 한 후보에게만 표를 던진다(단기)는 점에서는 동일하나, 당선자 결정과정에서 그 표가 다른 후보에게 이양되는가 안 되는가에 따라 달라진다. 소선거구 단순다수제에서는 한 명만을 선출하기 때문에 표가 이양될 필요가 없으며, 따라서 당연히 단기 비이양식이 적용된다. 그러나 중대선거구에서는 여러 명을 당선자로 선출하기 때문에, 당선자 결정과정에서 당선자가 확보한 추가 표를 이양할 수도 안 할 수도 있는 것이다.

일부 국가에서는 중대선거구에 단기 이양식을 적용하여, 당선자가 결정되고 나면 그 당선자가 얻은 표 중에서 추가 표를 다른 후보에게 이양하는 방식을 취하고 있다. 실제 표가 이양되는 방식은 매우 복잡하지만, 이러한 방식을 취할 경우 선거결과의 비례성이 매우 높아진다는 장점이 있다. 그 때문에 단기 이양식은 비례제의 하나로 분류되기도 한다. 그러나 과거 한국과 일본의 의원선거에서 사용되었고 현재 한국의 기초의원선거에서 사용되고 있는 중선거구제는 단기 비이양식을 적용하고 있는데, 이 경우 각 후보가 얻은 표는 다른 후보에게 이양되지 않고 단순히 득표수가 많은 순서대로 당선자를 결정하게 된다. 예를 들어, 3명을 선출하는 중선거구라면 1위 득표자부터 3위 득표자까지 당선자가 되는 것이다. 이 경우 비례성 증대 효과는 단기 이양식에 비해서 제한적이다.

들어, 2석) 비례성의 증대는 낮으면서 극심한 게리맨더링(특정 정당에게 유리하게 선거구를 부당하게 책정하는 것)을 초래할 가능성이 크다.

대부분의 정치학자들은 세 번째 방안, 즉 현재의 혼합형을 유지하면서 비례제의 성격을 늘리는 방안을 주장하고 있다. 여기서 또 두 가지 입장이 존재하는데, 하나는 현재의 일본식 병립형을 유지하는 방안이고, 다른 하나는 독일식 병용형으로 바꾸는 방안이다. 비례제를 강화하는 효과의 측면에 있어서는 독일식 병용형이 분명 우월하며, 그에 따라 가장 많은 사람들의 지지를 받고 있다. 다만 독일식 병용형을 채택했을 때 뒤따라올 가능성이 매우 높은 다당제가 과연 대통령제와 제도적 궁합이 잘 맞는가에 대한 의문을 이유로 일본식 병립형제도를 선호하는 의견도 소수 존재한다.

지난 2015년 중앙선관위가 발표한 선거제도 개정 의견은 이러한 다수 학자들의 의견을 반영하여 독일식 병용형 혹은 연동형으로의 개정을 주요 내용으로 하고 있다. 지난 제21대 국회의원선거를 앞두고 통과된 준연동형 비례대표제는 선거결과의 비례성을 강화하자는 좋은 취지로 만들어졌다. 그러나 이러한 연동형제도 도입이 성공적이기 위해서는(초과의석 현상을 방지하고 비례성을 유지하기 위해서는) 지역구 의원과 비례대표의원 비율을 이상적으로는 1대1, 적어도 2대1로 만들 필요가 있으며, 이를 위해서 의원 정수를 늘리는 방안이 함께 적용되어야 한다. 제21대 국회의원선거에 적용된 준연동형 비례대표제가 실패한 이유가 바로 이러한 추가 조치를 만들지 못

했기 때문이다.

준연동형 비례대표제 도입의 실패와 향후 보완 방안

지난 2019년 12월에 당시 제1야당이던 미래통합당의 반대에도 불구하고 여당인 더불어민주당과 소수정당들은 준연동형 비례대표제를 도입하는 법안을 국회에서 통과시켰다. 그 과정에서 많은 우여곡절이 있었는데, 이 제도 도입이 비례성을 증대시키는 좋은 취지를 가지고 있지만, 그에 따라 정당 간 이해득실이 달라지기 때문이었다. 따라서 미래통합당은 계속 이 제도에 반대한 것이었고, 또 다른 거대정당인 더불어민주당의 경우 협상에 참여하면서 자신들의 손실을 최소화하기 위해 노력하였다. 이러한 협상 결과 전 세계에 유례가 없는 아주 독특한 선거제도가 탄생한 것이다.

이 제도에 '준'연동형이라는 이름이 붙은 이유는 비례대표 의석 47석 중 30석에만 캡을 적용한 후에 연동률을 100%가 아니라 50%만 적용하기 때문이다. 그리고 모든 정당에게 배분될 연동형 비례대표 의석 총합이 30석이 넘을 경우에는 30석에 맞도록 비율을 정하여 각 정당에 의석을 배분한다. 따라서 애초에 연동형제도의 특징인 비례성 증대 효과가 반감될 수밖에 없었던 것이다. 이보다 더 큰 문제는 지역구 의석 대비 비례대표 의석 비율을 늘리지 않고 의석 비율을 253 대 47(약 5.5 대 1) 그대로 유지한 것이었다. 앞서 언급했다시피 연동형 선거제도가 제대로 작동하기 위해서는 지역구 의석과 비례대표 의석 비율

이 최소한 2 대 1은 되어야 한다. 그런데 의원들은 지역구 의석을 줄이는 고통을 감내할 수도 없었고, 여론의 반대 때문에 의원 정수를 늘리지도 못한 채 현행 의석 비율을 유지하면서 이 제도를 도입한 것이다. 그 결과 엄청난 초과의석 현상과 그로 인한 비례성 훼손이 발생할 수밖에 없었고, 또한 비례의석을 차지하기 어렵게 된 거대정당들이 위성정당을 만들 동기가 생긴 것이다.

실제로 21대 국회의원선거 결과, 준연동형 비례대표제 도입은 실패로 끝났다. 지역구 당선자가 많아 비례의석을 배정 못받을 것으로 예상되었던 미래통합당과 더불어민주당은 각기 미래한국당과 더불어시민당이라는 비례용 위성정당을 만들어 비례 의석을 배정 받았다. 결과적으로 두 모(母) 정당은 모두 비례투표 득표율은 0%이면서 지역구 의석을 163석과 84석을 차지하게 되는 비례성 측면에서 최악의 결과가 나왔다. 반면 정의당, 국민의당, 열린민주당과 같은 소수정당은 각기 9.67%, 6.79%, 5.42%의 비례대표 득표율을 가지고도 6석, 3석, 3석만을 차지하게 된다. 이 역시 비례성 증대와는 거리가 먼 결과이다. 두 거대정당과 그들이 만든 위성정당을 하나로 본다면, 더불어민주당은 33.35%의 득표율로 총 180석(60%)을 그리고 미래통합당은 33.84%의 득표율로 총 103석(34.3%)을 차지하였다. 결과적으로 미래통합당의 득표율과 의석점유율은 거의 비슷하나, 더불어민주당은 거의 득표율에 2배가 되는 의석점유율을 가지게 되었다. 준연동형 비례대표제 도입의 최대 수혜자가 더불어민주당, 최대 피해자가 소수정당임은 자명하다.

향후 준연동형 비례대표제를 보완해야 할 필요성은 명확하다. 일부에서는 아예 과거 선거제도로 돌아가자는 주장도 제기되고 있지만, 그보다는 보완을 해서 제대로 작동하게 만드는 것이 바람직할 것이다. 보완의 방향 또한 명확하다. 지난 2015년 중앙선거관리위원회가 제시한 개정안을 모델로 하면 된다. 일단 캡을 없애고 연동률을 100%로 하여 준연동형이 아닌 명실상부한 연동형 비례대표제로 만들어야 한다. 그리고 초과의석 현상을 최소화하고, 위성정당 설립이라는 꼼수를 방지하기 위해서는 지역구 의석과 비례의석 비율을 최소한 2대1 정도로 맞추어야 한다. 여론의 반대를 핑계 대지 말고 국민을 설득하여 비례의석수를 늘려야 한다.

6. 한국 민주주의의 미래와 선거

해방 이후 한국의 민주주의는 괄목할 만한 발전을 해 왔다. 그 과정에서 독재와 권위주의 시절을 겪긴 했지만, 1980년대 후반 민주화 과정을 시작한 이래 한국의 민주주의는 계속 공고화되어 가고 있다. 물론 선거제도의 개선 등 여전히 풀어야 할 과제도 남아 있지만, 다른 어떤 국가에 비해서도 단기간 내에 많은 정치적 발전을 이루어 내고 있다. 그리고 그러한 발전과정에는 늘 선거가 있었으며, 같은 맥락에서 향후 한국 민주주의의 미래 발전에 있어서도 선거가 핵심적 역할을 수행할 것으로 예상할 수 있다.

앞에서도 수차례 언급한 바와 같이, 그 간의

한국 민주주의 및 선거정치 발전의 기저에는 정치문화의 변동이 자리 잡고 있다. 한국의 사회경제적 환경이 변화하면서, 유권자의 의식 수준이 점차 높아지고 있는 것이다. 권위주의 시대를 끝내고 민주화 과정에 들어갈 수 있었던 것도 한국 유권자의 수준이 높아졌기 때문이었다. 그리고 최근 들어 변화하는 유권자의 행태 또한 특히 젊은 유권자 사이에서 자율적 문화와 탈물질주의적 가치관이 확산되고 있기 때문이라고 할 수 있다.

탈물질주의적 가치의 확산은 민주주의와 밀접한 연관이 있다. 이론적으로 볼 때, 탈물질주의적 가치는 절대적 사회 규범 및 권위를 부정하는 한편, 관용, 신뢰, 각종 의사결정에의 적극적 참여를 통한 자기표현 등을 강조한다. 이러한 태도와 가치들이 민주주의의 발전과 공고화에 기여함은 두말할 필요가 없다. 근대화 이론가들에 따르면, 근대화와 그것이 수반하는 산업화, 도시화 등은 민주화를 촉진한다고 한다. 그러나 사실 근대화와 민주주의와의 관계는 경험적으로 그리 강하지 않게 나타나고 있다. 상당한 수준의 근대화를 달성하고도 권위주의를 위시한 비민주적 체제를 유지하고 있는 국가들은 아직도 많이 존재한다. 이에 반해 탈근대화, 그리고 보다 좁게는 탈물질주의적 가치의 확산과 민주주의와의 관계는 경험적으로 무척 강하게 나타나고 있다.

경제발전과 민주주의는 밀접한 관계를 갖고 있다고 할 수 있다. 그러나 경제발전 그 자체가 민주주의를 보장하는 것은 결코 아니다. 경제발전은 민주정치를 위한 필요조건은 될 수 있어도 충분조건은 아니다. 경제발전이 상당한 수준 도달하여 국민들의 일정 수가 탈권위주의적이고 탈물질주의적 가치를 갖게 될 때, 이러한 경제적 요인과 문화적 요인이 복합적으로 작용하여 민주주의가 안정적으로 작동할 수 있는 것이다. 실제로 탈물질주의적 가치의 정치적 효과는 이미 한국사회에서 뚜렷하게 나타나고 있다. 최근의 지역주의 완화와 세대 간 투표행태의 극심한 차이의 기저에는 탈물질주의적 가치의 대두와 확산이 깔려 있다. 지역주의의 완화에 기여한 유권자는 바로 젊은 층이며, 이들은 기성세대와는 전혀 다른 투표행태를 보였다. 그런데 이러한 투표행태는 이들의 마음속에 자리 잡고 있는 탈물질주의적 가치와 무관하지 않다.

그리고 선거과정에서 일부 젊은 유권자들이 보여준 새로운 선거운동 방식 또한 탈물질주의적 가치와 밀접한 연관이 있다. 탈물질주의적 가치를 가진 이들은 단순한 투표행위로 만족하지 않는다. 엄청난 열정과 높은 수준의 정치적 효능감으로 무장된 이들은 여러 형태의 적극적인 참여를 주도했다. 이들은 인터넷 등 새로운 수단을 이용하여 촛불시위를 조직하는 등 정치적 의제를 설정하는 데 주도적 역할을 수행하였으며, 또한 자발적인 정치조직체를 통해 선거운동에도 적극적으로 참여하였다.

또한 현재 한국사회가 정치적으로 경험하고 진보-보수 양 진영 간 이념갈등의 부상과 확산도 탈물질주의적 가치의 정치적 효과 중의 하나이다. 많은 사람들이 지나친 이념갈등을 우려하고 있다. 당연히 극단적인 이념갈등은 부정적인 측면이 있지만, 이를 적절히 통제할 수만 있다면 이념갈등은 과거의 지역갈등을 대체할 수 있다는 점에서 오히려 긍정적인 변화라고 할 수 있다. 특히 과거의 지역갈등이 정책적 함의가 별로 없는 감정적 대결이었음에 반해, 이념갈등은 분명한 정책적 함의를 갖고 있다는 점을 주목해야 할 것이다.

이러한 측면에서 한국 민주주의의 미래가 어둡지만은 않다. 탈물질주의적 가치의 부상과 확산으로 대변되는 한국 정치문화의 변동은 한국 민주주의의 발전에 이미 커다란 기여를 하고 있다고 생각한다. 특히 한국정치의 발목을 잡고 있던 지역주의가 완화되고, 그 대신 이념에 기반한 정당 대결의 가능성이 높아지고 있다는 점, 그리고 유권자의 자발적인 정치참여가 증가하고 있다는 점은 한국 민주주의 커다란 발전으로 볼 수 있다. 그리고 이러한 한국 민주주의의 공고화는 선거정치를 통해서 가장 확연하게 드러나고 있는 것이다.

❖ 주

1) Richard Katz, *Democracy and Elections* (Oxford: Oxford University Press, 1997), p. 3.
2) Arend Lijphart, *Electoral Systems and Party Systems: A Study of Twenty Seven Democracies, 1945–1990* (Oxford: Oxford University Press, 1994).
3) Maurice Duverger, *Political Parties: Their Organization and Activities in the Modern State* (New York: Wiley, 1963).
4) 황아란, "지방선거," 강원택(편), 『지방정치의 이해 2』 (서울: 박영사, 2016).
5) 이갑윤, 『한국의 선거와 지역주의』 (서울: 오름, 1998).
6) Ronald Inglehart, *Modernization and Postmodernization: Cultural, Economic, and Political Change in 43 Societies* (Princeton, NJ: Princeton University Press, 1997).

❖ 참고문헌

1. 한글문헌

강원택(편). 『지방정치의 이해 2』. 서울: 박영사, 2016.

김욱. 『노태우, 김영삼 정부의 선거: 민주화 과정의 출발과 지역주의의 폭발』. 서울: 마인드탭, 2016.

_____. 『정치참여와 탈물질주의: 한국과 스웨덴의 비교』. 서울: 집문당, 2005.

_____. "촛불시위와 한국 시위문화의 변동: 거시적 변화에 대한 미시적 설명." 『한국정당학회보』 제9권 2호 (2010).

김재한. "투표참여의 합목적성: 14대 대선에서의 기권행태를 중심으로." 『한국과 국제정치』 제9권 1호 (1993).

김종림·이남영. "투표자들은 후보자를 어떻게 선택하는가?" 『의정연구』 제3권 1호 (1997).

어수영. "가치변화와 민주주의 공고화: 1990~2001년 간의 변화 비교연구." 『한국정치학회보』 제38집 1호 (2004).

어수영(편). 『한국의 선거 Ⅴ』. 서울: 오름, 2006.

이갑윤. 『한국의 선거와 지역주의』. 서울: 오름, 1998.

이남영(편). 『한국의 선거 Ⅰ』. 서울: 나남, 1993.

_____. 『한국의 선거 Ⅱ』. 서울: 푸른길, 1998.

장수찬. "개인의 사회네트워크 자원과 정치참여수준." 『한국정당학회보』 제4 1호 (2005).

조기숙·박혜윤. "광장의 정치와 문화적 충돌: 2008 촛불집회에 대한 경험적 분석." 『한국정치학회보』 제42집 4호 (2008).

조중빈(편). 『한국의 선거 Ⅲ』. 서울: 푸른길, 1999.

진영재(편). 『한국의 선거제도 Ⅰ』. 서울: 한국사회과학데이터센터, 2002.

_____. 『한국의 선거 Ⅳ』. 서울: 푸른길, 2002.

한국선거학회(편). 『한국선거 60년: 이론과 실제』. 서울: 오름, 2011.

한국정치학회(편). 『정치학이해의 길잡이: 정치과정』. 서울: 법문사, 2008.

황아란. "지방선거." 강원택 편. 『지방정치의 이해 2』. 서울: 박영사, 2016.

2. 영어문헌

Almond, Gabriel and Sidney Verba (eds.). *The Civic Culture Revisited*. Boston: Little, Brown, 1990.

Downs, Anthony. *An Economic Theory of Democracy*. New York: Harper and Low, 1957.

Inglehart, Ronald. *Culture Shift in Advanced Industrial Society*. Princeton, NJ: Princeton University Press, 1990.

_____. *Modernization and Postmodernization: Cultural, Economic, and Political Change in 43 Societies*. Princeton, NJ: Princeton University Press, 1997.

Katz, Richard. *Democracy and Elections*. Oxford: Oxford University Press, 1997.

Kim, Chong Lim (ed.). *Political Participation in Korea: Democracy, Mobilization and Stability*. Santa Barbara, CA: Clio Books, 1980.

Lijphart, Arend. *Electoral Systems and Party Systems: A Study of Twenty Seven Democracies. 1945-1990*. Oxford: Oxford University Press, 1994.

Rosenstone, Steven J. and John Mark Hansen. *Mobilization, Participation, and Democracy in America*. New York: Longman, 2003.

Sniderman, Paul M., Richard A. Brody, and Philip E. Tetlock. *Reasoning and Choice: Explorations in Political Psychology*. Cambridge: Cambridge University Press, 1991.

Verba, Sidney, Kay L. Scholzman, and Henry E. Brady. *Voice and Equality: Civic Voluntarism in American Politics*. Cambridge: Boston: Harvard University Press, 1995.

Wolfinger, Raymond E. and Steven J. Rosenstone. *Who Votes?* New Haven: Yale University Press, 1980.

Zuckerman, Alan S. (ed.). *The Social Logic of Politics: Personal Networks as Contexts for Political Behavior*. Philadelphia: Temple University Press, 2005.

3. 인터넷 자료

중앙선거관리위원회 http://www.nec.go.kr

지방자치

박재욱(신라대 행정학과)

지난 세기 냉전의 시기는 자본주의체제와 사회주의체제 간의 장벽 구축과 경쟁으로 요약될 수 있을 것이며, 국가경영이란 차원에서도 체제를 막론하고 중앙 주도적 성격이 매우 강한 특징을 보였다. 이후 1989년 몰타회담에서의 냉전 종식의 선언, 1991년 소련의 붕괴와 잇단 동구권 사회주의 국가의 몰락은 냉전체제의 와해로 이어지고 체제 및 국가 간 장벽이 느슨해지면서 국가, 지역 간 경쟁과 협력이라는 탈냉전과 세계화라는 새로운 체제로의 전환이 가시화되었다. 한국의 경우, 이와 같은 국가 외부적 자극인 탈냉전과 세계화의 흐름에 대응하는 차원에서 국가 내부적으로는 민주화와 지방화의 경향이 두드러지면서, 이들 두 지각변동이 결합되어 지방자치가 하나의 정치제도로서 분출되었다고 볼 수 있다.

오랫동안 한국정치는 중앙집권화된 상황에서 이루어졌기 때문에 분권화된 지방자치제도에 대한 일반적인 이해와 역사적 경험이 일천하다. 특히 해방 이후 근대화 과정에서 국가주도적 경제개발정책의 효율성에 대한 강조는 중앙정부의 역할과 기능을 강화시켜 왔으며 민주주의 제도의 정당성 결여와 함께 시민적 참여를 배제하는 결과를 초래하였다. 군사정부에 대한 민주화운동이 가열찼던 1970년대와 1980년대에 있어서도 국민적 요구는 국가, 즉 중앙정부의 민주화에 초점을 맞추었지 지방분권화를 통한 참여민주주의에 대한 요구는 거의 제기되지 않았던 것이 사실이다. 이것은 무엇보다도 군사통치에 기반을 둔 권위주의 정부의 탈권위주의화가 역사적 과제로서 이해되던 당시로서는 당연한 현상이라고 볼 수 있다.

그렇지만 1990년대 들어 지속적인 경제성장에 힘입어 이룩된 사회 각 분야의 조직적 성장과 더불어 시민의 정치의식 성숙, 냉전체제의 와해에 따른 국가경영의 효율성에 대한 요구 등이 더 이상 권위주의 군사정부의 존립 가능성을 허용하지 않게 됨으로써 군사정부는 와해되었다. 그리고 민간인 출신 대통령이 주도하는 문민정부의 잇따른 등장으로 국가 수준의 민주화는 상당 정도 이행되었다고 평가할 수 있다.

이러한 민주화의 흐름과 맞물려 국가자원의 효율적 동원과 조직화가 요구되는 세계화와 개방화에 대한 전략적 대응은 중앙차원의 지배권력 속성의 탈바꿈만으로는 한계를 지니게 되었고, 지방에 산재한 인적, 물적 자원의 효율적 재배치와 동원화에 필요한 지방권력의 자율성 확보와 지역의 민주화가 중요한 과제로 등장하였다. 단순한 지방 자원의 효율적 활용이라는 실용적 차원에서뿐만 아니라 민주주의 제도의 정당성과 시민대중의 참여적 통로를 마련한다는 정치적 의미에서도 지방자치제도의 실시는 절실한 시대적 과제였던 것이다. 국가 및 중앙정부의 민주화와 개혁이 국가경쟁력과 국가경영전략의 하드웨어를 구성하는 차원이라 한다면, 지방 및 지방정부 권력의 자율적이며 활성화된 참여는 이에 대해 소프트웨어를 구성하는 차원으로 이해할 수 있다.

오늘날 국가단위체제의 한계에 대한 대안으로서 시민사회 영역의 자율성 강화를 추구하고 지역단위의 정치공동체를 대안적 체제로 모색하는 경향이 세계적인 흐름으로 나타나고 있다. 더구나 지방의 저발전과 피폐화라는 한국적 현실을 극복하기 위한 직접적인 처방책으로서 지방의 활성화와 지방분권화 요구가 점차 강화되고 있는 것이 현실적인 추세이다. 특히 지방분권화는 국가구조와 권력체계의 다원화와 공간적 차원에서의 분산화이며 이는 지방정치의 민주화와도 직결된다. 여기서 더 나아가 중앙정치를 중심으로 나타나 지방선거에까지 확산된 지역갈등의 근본적 요인이라 할 수 있는 지역별 독점과 배세 역시 중앙정치의 독점체제하에서 심화된 결과로 인식하여 총체적인 지방분권 차원의 연방제 실시라는 보다 적극적인 개념으로 발전하기도 한다. 결국 적극적인 지방분권은 참여와 자치라는 지방자치의 의미를 현실적으로 실현시키며, 국가주의적 사회로부터 시민참여의 사회로 전환시키기 위한 중요한 과제이다. 또한 그것은 한국 정치공간 구조를 효율적이고 민주적으로 재편하는 작업이기도 하다.

현재 한국사회는 과거 미루어졌던 근대 국가 중심적 지방자치의 완성과 탈근대 시민사회 중심적 지방자치의 새로운 진화가 동시적으로 모색되고 있다. 지방자치제도란 본래 여타 근대적 정치제도와 마찬가지로 17세기 이후 형성된 계몽주의의 정신적 기반에 바탕을 둔 근대적 합리성과 이성에 의한 제도적 소산물이다. 따라서 하나의 근대적 제도차원에서만 논의되어 왔던 지방자치제의 의의를 근대국가의 완성이라는 차원과 더불어 탈근대국가적 진화라는 관점에서 재인식할 필요성이 제기되는 것이다.

1. 지방자치제 부활과 근대 국가중심적 지방자치제의 한계

1990년대 지방자치제 부활의 의의

1990년대 세계사적 탈냉전기를 맞이하여 1991년 지방의원 선거를 계기로 등장한 지방자치의 제도적 부활, 1995년 단체장 선거를 계기로 한 재제도화는 세계화와 민주화의 진전된 결과로서 이해될 수 있으며, 운영의 침체기와 제도적 적응기를 거쳐 현재 지방자치와 지방권력은 새롭게 재인식되고 있다.

원론적으로 지방자치와 지방정치는 전국적 수준의 정치문제와 관련되는 정치활동뿐만 아니라 공공정책의 형성과 집행과정에서 지역 단위의 지방정부의 범주 내에서 이루어지는 관료적 선택과정을 포함한다. 또한 정책결정과정과 집행과정은 흔히 인근 지역의 지방정부와 지방정치기구들은 물론 국가적 정치·관료체계의 이해관계와 맞물리면서 이루어지기도 한다. 하지만 현실적으로 정책의 형성이나 결정과정이 중앙정부의 일방적 논리에 의해 주도됨으로써 이와 상이한 시각과 논리를 가질 수 있는 지방정부나 지역시민의 입장이 간과될 가능성이 크다. 단지 지방정부는 중앙정부에 의해 결정된 정책 사안을 일방적으로 집행하는 행정 말단 단위라는 위상과 더불어 이같은 정책에 의한 집행 대상이라는 피동자적인 역할만이 주어진 지역시민이라는 수직적 체계가 현실적으로 구조화되어 왔던 것이다.

그러나 쓰레기 하치장 문제, 핵폐기물 문제, 원전건설 문제 등 지역시민의 직접적 이해관계가 중앙정부의 정책내용과 상충되는 사안에 대해서 지역시민들이 조직화되어 저항하는 상황으로 발전하는 현시점에서는 지역에 관한 새로운 사고가 필요하다. 정책결정과정이나 집행과정에서 지방정부 및 지역시민의 참여와 조정이 없이는 지역 단위의 정책운영이 어려운 시점이다. 이러한 상황은 객관적으로 지역 시민사회의 성숙과 발전에 의해 추동되고 있으며, 구체적으로 지역적 물적 기반의 강화, 다양한 정치세력과 집단의 출현과 활성화, 일상적 생활세계에서 파생되는 이해관계의 복합성과 다양화, 지역시민의 참여의식의 고양에 따른 것이다.

물론 중앙정부의 권위주의적 성격의 탈각화가 이러한 지역시민사회의 활성화를 가능케 하는 기본전제가 되고 있는 것은 사실이지만, 양자 간의 관계를 일방적 인과관계로 단순화시킬 수는 없다. 양자는 상호관련성을 맺고 있으며, 또한 세계화로 요약되는 새로운 국제정치·경제 환경의 변화는 중앙정부나 지역차원의 시민사회가 보다 유연한 자율성을 갖게 만드는 중요한 배경으로 작용하고 있다.

1990년대 이후 한국의 지방자치제를 둘러싼 환경조건의 변화는 급격하게 변하고 있다. 이러한 환경변화의 주요 흐름은 세계화와 정보화에 따른 정부기능의 재편 요구, 시민사회의 성장과 자치행정에 대한 민주성의 요구, 공공서비스 공급에 있어 경쟁원리의 도입과 시장의 강화 추세, 그리고 자치행정 서비스의 수요구조의 변화 등으로 요약할 수 있다.

이러한 환경적 급변 속에서 실시되고 있는 한국의 지방자치제는 1990년대 이후 진척되고 있는 민주화의 제도화 및 공고화와 더불어 중앙권력과 지방권력의 수직적 불평등을 개선하고 지역공간적으로 권력의 민주화 확산과정의 일환으로 이해되고 있다. 하지만 전국적 수준의 민주화의 발전이 지방자치제를 매개로 하여 지방차원의 민주화와 자동적으로 병행된다고 단정하기는 어렵다. 지방정치 역시 지역수준에서 권력의 집중 또는 과두체제, 파벌정치 등의 부정적인 현상을 드러낼 수 있기 때문이다. 이와 같은 관점에서 본다면, 중앙정치에서의 여야 정당 간의 정권교체와 민주화 이행이 아무런 여과과정 없이 곧바로 지방의 민주화로 이행되고 확산될 것으로 기대하는 낙관주의적 전망은 지방정치의 현주소를 간과한 비현실적인 발상이라고 볼 수밖에 없다.

따라서 지방정치 차원에서의 시민참여로 요약되는 민주화 문제뿐만 아니라 지방자치권의 확대를 위한 지방분권의 과제는 지방시민의 참여와 합의를 바탕으로 하여 지방정부의 주요 정책결정 과정에서의 자율성과 개방성, 그리고 투명성의 보장과 함께 지방자치의 제도화에 있어 필요불가결한 요소임과 더불어 그 자체가 지방자치 제도화의 내용을 이룬다고 볼 수 있다.

근대 국가중심적 지방자치제의 한계

그렇다면 탈냉전 시점에서 등장한 지방자치제는 근대국가의 완성 프로젝트인가, 탈근대국가로의 진화 프로젝트인가? 근대적 차원의 지방자치의 바탕을 이루는 시민자치 이념은 국민 생활의 자유영역을 최대한도로 보장하기 위해 국가권력을 지역적으로 제한 내지 약화시키려는 지향성을 지니는 근대 자유주의의 산물로 이해할 수 있다. 한편으로 탈냉전적 맥락에서 나타난 현재의 세계화 트렌드는 세계사적으로 지방자치에 대해 단순한 근대국가 형성을 위한 프로젝트라는 성격뿐만 아니라 탈근대국가적인 새로운 양식과 의미를 동시에 부여하고 있는 것도 사실이다.

오늘날 지방분권시대 지방정치의 주요 패러다임은 국가를 전제로 한 기존의 '통치의 이론'에서 '자치의 이론'으로 전환될 필요가 있다. 기존의 사회과학이란 근대국가 경영을 위한 학문으로서 서구제국으로부터 수입된 '학(學)'으로서 출발하였다. 그리고 국가와 국민사회를 전제로 한 국가의 권력이나 국민경제를 이론화하는 '국가학(國家學)'적 패러다임이 여전히 주류를 이루었다. 따라서 시민주권·시민자치 개념과 같이 지방자치적·지방분권적 시각에서 파생되는 개념이 존재할 여지가 적었기 때문에 다음과 같은 점들이 고려되어야 한다.

첫째, 중앙정부와 지방정부 간 관계에서 지방분권화를 추진함에 있어 지방분권사상과 전략의 중요성이다. 중앙과 지방 간 관계에서 정치적, 행·재정적, 경제적 불평등과 격차를 해소하기 위해 지방자치권의 강화를 통한 지방분권을 강조하기에 앞서 지방자치에 대한 헌법상의 재해석을 통해 국가주권설을 넘어서는 시민주권설의 의의와 그 중요성이 강조되어야 한다.[1] 그리고 이를 바탕으로 지방분권화 전략에 관한 논의가 반드시 제기되어야 할 필요가 있다. 이것은 논리적 귀결보다도 역사적 경험이란 면에서도, 일본뿐만 아니라 서구 자유주의 국가에서의 지방자치의 확립은 중앙정부와의 부단한 갈등과 투쟁에서 얻어진 역사적 산물이며, 이러한 과정에서 개인의 자유와 권리에 바탕을 둔 자유주의적 철학적 기반이 큰 기여를 했다는 점에서 정당성을 지닌다. 이점에 있어 한국에서 현재 논의되고 있는 지방분권론의 향후 방향은 보다 근본적으로 '권한부재'의 지방자치라는 논점을 강조하기보다는 '이념과 정책의지 부재'의 지방자치에 초점을 두는 것이 우선과제일 것이다.

둘째, 지방분권은 중앙정부에 대해 지방자치단체가 하나의 지방단위의 정부로서의 기능과 역할을 담보로 하여 완전한 의미에서 중앙정부와 동등한 법적 지위를 누릴 수 없다고 하더라도, 최소한의 정책형성 능력과 자주적인 자치입법권의 확보를 바탕으로 하는 '지방정부'로서의 지위를 확보하는 것을 궁극적인 목적으로 한다. 일본의 경우 1970년대의 '지방정부론'이 대중적 설득력을 가질 수 있었던 바는 우선, 시민참가와 시빌미니엄(최소한의 시민생활권의 보장기준)에 의한 지방정부의 정책기관화, 새로운 헌법해석에 의한 시민주권론, 그리고 행정과 기업 간의 공해문제나 택지개발 등을 둘러싸고 이루어진 자치입법권

의 확대에서 찾을 수 있을 것이다. 이러한 시도는 고도성장에 따른 도시화, 공업화로 인한 도시문제의 폭발적 확산에 대해 중앙정부나 정당이 적절한 정책적 대안을 취하지 않았던 데 기인하며, 이러한 지방으로부터의 법률적 근거 없는 자치입법권의 확대는 중앙정부와의 마찰을 피할 수 없게 했지만, 결국 의회입법을 통해 법률로 제정되기도 하였다.

셋째, 지방자치론과 관련된 사회과학적 이론과 방법론에 있어서의 국가주의적 지향성에 관한 문제점이다. 해방 이후 서구제국에서 한국으로 수입된 사회과학의 주류는 서구의 근대국가 형성과 관련된 국가의 권력이나 국민경제를 이론화하는 국가학적 성격을 지니는 법학, 정치학, 경제학 등이라고 말할 수 있다. 특히 대륙법 계통의 사회과학적 패러다임, 특히 일제 강점기 이후 그 근간이 온존되고 있는 행정시스템이나 행정학적 패러다임은 '통치의 이론'으로서는 가능하지만, '자치의 이론'으로서의 성격은 상대적으로 취약할 수밖에 없다. 또한 전통적인 근대적 사회과학의 패러다임으로는 현재와 같이 지방분권과 지방자치를 지향하는 세계사적 변화와 흐름에 대응하기에도 그 한계가 뚜렷하다. 따라서 이러한 근대적 사회과학의 한계를 극복하기 위해서는 지역 시민권의 확장이라는 실천적 관점에서 지방자치와 지방분권을 재논의할 필요가 있을 것이다.

이제까지 한국정치를 사고하는 틀은 '국가'를 주된 대상으로 삼아 형성되었다. 역사적 접근을 통해서 해방 이후의 국가기구의 형성과정을 기술한다든지, 또는 정치경제학적 입장에서 국가의

역할과 기능을 분석하는 것이 일반적인 경향이었다. 따라서 국가의 행위가 공간적으로 어떠한 의미를 가지는가에 대해서는 거의 관심을 두지 않았다.[2] 이런 관점에서 볼 때, 국가의 추상성을 국가의 지역정책적 차원이라는 구체적 수준에서 분석하는 것이 중요하다. 이것은 이제까지의 국가에 관한 논의들이 그야말로 추상적 이론수준에서 크게 벗어나지 못하였으며, 그나마 이루어진 구체적인 논의들도 국가수준의 정책결정이나 산업정책 등에 국한됨으로써 논의의 심화발전에 많은 한계를 보여주었기 때문이다.

따라서 국가정책의 지역적 관철과 변형과정을 지역이라는 '공간성'이란 차원에서 살펴봄으로써 중앙 정치엘리트에 의해 결정되었던 국가정책이 지역 엘리트들의 권력구조 및 권력행사 방식에 의해 적응되거나 저항을 받게 되는 동태적 수준의 분석이 가능하다. 그리고 이는 역으로 중앙정치 영역으로 구성되는 국가의 이론적 논의의 활성화에도 기여하는 바가 클 것이다. 지방자치제도가 실시되고 이것이 지방수준에서 제도화되어가는 과정은 바로 지방정치를 새롭게 활성화시키면서, 다양한 지역적 산업구조, 계급구조, 규범, 역사적 경험, 지역정서 및 정치문화 등으로 구성되는 지역적 특수성에 의해 차별적으로 구체화될 것으로 믿어진다.

2. 2006년 지방자치제도 변화의 중요성

1991년 지방의회선거가 재개됨으로써 1961년 이후 정치적, 경제적 이유로 인해 중단되었던 지방자치제가 부활되었다. 과거 1960년대 이전에 실시되었던 지방자치제가 대한민국 정부수립 이후 초창기 국가성립기에 있어 민주주의 발전의 초석을 이루는 데 기여하였다면, 1990년대 이후 지방자치제의 재도입은 오랜 기간에 걸친 군부정권의 비민주적 통치와 그로 인한 민주주의 발전의 지체를 극복하고자 하는 정책적 의지를 담고 있다. 당시 한국국민들은 강력한 권위주의적, 중앙집권적 통치로 인한 정치적 부작용과 병폐를 직접 체험하였고, 지난 수십 년간 국민들의 정치의식도 많이 성숙해졌기 때문에 지방자치제 실시에 대한 기대감도 자못 컸던 것도 사실이었다.

지방선거가 부활된 이후 지방자치제도는 지속적으로 변화와 발전을 거듭해 왔다. 특히 2006년 제4회 5·31지방선거는 지방자치의 재도약이란 측면에서 중요한 변화의 계기였다. 이러한 지방자치제도의 변화는 크게 '지방선거제도'의 변화와 '지방의회제도'의 변화로 요약된다. 구체적으로 지방선거제도의 주요 변화는 기초의원선거에서의 중선거구제 및 비례대표제의 도입, 정당공천제 도입 등이며, 지방의회제도의 변화는 월정수당제의 도입, 지방의회의 겸직금지의 확대 요구, 지방의회의 의무강화, 의회 회의일수의 결정권, 상임위원회 설치의 자유화 및 전문의원의 제도화, 제주특별자치도 의회의 특례제도 도입 등이다. 이 두 가지 영역에서의 변화는 사안에 따라서는 밀접한 상호 연계성을 가지고 있다고도 볼 수 있다.

무엇보다 5·31지방선거에서 광역·기초단체장, 광역의원의 경우 큰 변화가 없었으나, 기초의원 선거구제는 중선구제, 비례대표제의 도입으로 큰 변화가 있었다. 여기서 중선거구제와 비례대표제 시행과 같은 선거제도 변화의 정치적 효과가 중요하다. 결과적으로 중선거구제의 도입은 지역주의의 극복과 지역에서의 일당 지배정당의 완화라는 측면에서 큰 성과를 거두지는 못했다. 반면에 비례대표제의 도입은 '부분적으로' 여성 의원의 확대 및 정당 책임정치의 제고에는 기여하였다고 볼 수 있다. 중선거구제 도입에 의해 사표발생이 감소하고 정당의 대표성은 제고되리라는 기대감은 낮은 투표율과 의석전환율의 왜곡현상으로 인해 그 기대효과가 높지 않았고, 지역주의와 정당독점 완화효과 역시 그다지 크지 않았다.

구체적으로 설명하자면 첫째, 선거구 획정에 있어 정당들의 정략적 접근으로 인해 3~4인 선거구가 대폭 축소됨으로써 선거구획정위원회의 원안을 크게 훼손시켰고 결국 기존 기초의회 의원들의 기득권과 거대정당들의 의석 독점이라는 부정적인 현상을 크게 넘어서지 못했다. 다만, 과거 소선거구제하에서 치러진 지방선거에 비해 일당 독점화 경향이 다소 완화된 것은 중선거구제 실시가 일정부분 기여한 부분이라고 본다. 둘째, 선행 기호 후보자의 높은 당선율은 현행 지방선거제도가 유권자의 의사를 최대한 반영하려는 대표성의 문제에 있어 심각한 결함이 있음을 의미한다. 더

구나 정당공천 후보자의 무제한 공천이 허용됨에 따라 다양한 정당적 배경을 지닌 다수의 대표를 선출하려는 기대효과 역시 거둘 수 없었다.

기초의원 비례대표제 역시 전문적 역량을 갖춘 여성의 정치참여 확대와 다양한 민의를 반영하자는 취지에서 도입되었고, 실제로 기초의회에서의 정당명부식 비례대표제는 여성의원의 증가에 부분적으로 기여하였지만, 전체적으로 비례대표 정수가 낮음으로 인해 비례대표제에 의한 여성의원의 증가는 실제적으로 높지 않았다.

정당공천제 도입의 효과에 있어서는, 현행 선거제도상 선거에 참여한 유권자들은 개별적 선거 관심과는 관계없이 모든 선거에 투표하도록 강제됨으로써, 결과적으로 모든 각급 선거의 투표율이 동일하게 나타날 수밖에 없다는 점과 각급 선거에 있어 정당의 후보 공천과정이나 결과가 매우 중요해지고 있다는 점에서 향후 정당의 책임성이 보다 강조되어야 할 것이다. 한편, 정당공천제와 관련된 당선자의 성분 분석에 있어 연령별 다양화, 고학력화, 전문직의 진출 등에 효과가 나타나고 있으나, 전문직 진출에 있어 정당인, 공무원 출신 비중이 커짐에 따라 이들의 전문성 여부에 대한 평가 역시 중요하다. 이러한 결과는 물론 의원직에 대한 몰입과 전문성을 제고하기 위해 도입된 유급제와도 밀접한 상관성이 있다.

한편, 지방선거제도의 변화 못지않게 지방의회제도의 변화 역시 중요하다. 특히 유급제 도입과 이에 따른 월정수당의 지역별 차등화는 선거구제 획정의 지역 자체 결정권 부여와 함께 차등적 분권화의 일환으로 이해된다. 결과적으로 후

보자 수의 대폭 증가, 월정수당액 결정의 자율성 강화, 월정수당 규모의 적정성, 지방의원의 전문성과 책임성 강화 등에 있어 일정한 효과를 거두었다. 그러나 월정수당의 적정성 문제는 새로운 논란거리로 대두되고 있다.

대체로 지방자치나 지방정치에 대한 관심이 지방선거에만 지나치게 편중되는 경향이 있다. 선거제도가 지방의원 선출이나 의회운영 등에 미치는 효과가 작지 않겠지만, 일시적인 선거 국면에 대한 관심을 넘어서 일상적인 지방의회 운영이나 지방정부의 활동, 정책 등에 대한 시야를 확보해야 한다. 지방정치의 영역이 '선거'를 넘어 지방정부나 지방의회의 '정치'로 확장될 필요가 있으며 지방정치의 구조적·행태적 변화, 특히 거시적으로 지방정부와 의회 간 관계, 지방정부의 기능적·정책적 변화, 그리고 미시적으로 제도 변화에 따른 행태 변화에 이르기까지 다양한 분야에서 지방자치와 지방정치를 바라보아야 한다.

3. 지방분권과 광역경제권

지방분권과 지역균형발전: 노무현정부의 정책적 특징과 한계

1970년대 이후 지속된 국토균형개발계획에도 불구하고 수도권과 비수도권 간의 격차는 더욱 심화·확대되고 있을 뿐만 아니라 심지어 "지방은 식민지다"라는 표현까지 등장할 정도로 심각한 지경에 이르고 있다.[3] 여러 가지 요인을 지적할 수 있겠지만, 지금까지 국토균형발전정책이 실패한 가장 중요한 원인이 국가권력의 중앙집중에서 비롯되고 있다는 점이다. 따라서 국토의 균형발전을 달성하기 위해서는 무엇보다 지역의 주체화와 자립화를 위한 지방분권이 절체절명의 과제로 등장할 수밖에 없었다. 즉 중앙에 과도하게 집중된 권력의 해소와 분산을 위해서는 지방분권이 전제되지 않으면 안 된다는 인식이 확산되었고, 이러한 인식을 바탕으로 노무현정부의 지방분권과 국가(지역)균형발전정책이 추진되었다. 노무현정부는 이전의 역대 정부보다도 지방분권과 국가균형발전을 위한 정책적 실천의지와 정책 방향이 뚜렷하였다.

노무현정부는 2002년 집권하자마자 균형발전을 위한 지역혁신 개념과 전략을 제시하였는데, 이러한 지역혁신을 위해 지역의 역량을 모아 자주적 결정권을 강화하려는 지방분권에 대한 요구는 동시적으로 제기될 수밖에 없는 논리적 연관성을 지닌다. 왜냐하면, 지방분권화는 중앙으로부터 권한이양과 재원의 자율성을 높일 수 있는 방편이며, 이를 바탕으로 지역혁신전략이 내실화되면서 궁극적으로 국가균형발전의 성과도 가능하기 때문이다. 하지만 실제적으로 지방분권과 국가균형발전 간에는 상충되는 점들도 적지 않게 발생할 수 있다. 지방분권은 중앙의 권한을 지방에 이양하는 것으로 지역 간의 의견 차이로 인한 갈등과 대립할 가능성이 적고 지역 간 의견 통합도 비교적 쉽다. 이에 반해 국가균형발전은 발전지역과 낙후지역 간의 차별화와 상호간의 재원 이전이 불가피하기에 지역 간의 갈등 및 대립을 초래할 가능성이 크고, 합의 도출 역시 매우 어렵다.

이런 점에서 볼 때 지방분권과 균형발전을 어떻게 조화를 이루면서 추진할 것인가는 지금도 여전히 중요한 과제이다. 지역불균형이 심각한 한국의 상황을 감안하면 이를 미룰 수도 없는 형편이다. 하지만 균형발전을 지나치게 강조하고 역점을 둘 경우 지역 간의 갈등과 대립 양상이 한층 심화되어 지방분권의 추진도 용이하지 않을 수 있다는 점을 염두에 두어야 한다. 따라서 지방자치단체들 상호간에 큰 갈등을 야기하지 않는 공감 가능한 지방분권에 우선적으로 역점을 두면서 장기적 관점에서 지속가능한 균형발전정책을 추진할 필요가 있다. 노무현정부가 추진한 지방분권과 균형발전 정책이 남긴 문제점과 향후 과제는 다음과 같이 지적할 수 있다.

첫째, 과거 김대중정부 초기에 한동안 활발히 진행되었던 지방행정체제의 구조개혁에 대한 논의가 노무현정부 이후 지금까지도 거의 관심을 끌지 못하고 있다. 주지하다시피 한국의 지방자치단체는 기존의 지방행정단위를 그대로 존치시킨 채 이름만 바꾼 것이어서 자치에 걸맞지 않는다는 주장이 제기되어왔다. 예를 들어, 도(道)의 존재가 불필요하다든지, 광역시내 자치구의 폐지, 기존 기초자치단체의 생활권 단위 재편성 등 무수한 개선방안들이 계속적으로 논의되어왔는데, 특히 김대중정부는 국정운영의 효율화라는 측면에서 자치계층의 축소방안을 연구·추진하면서, 최하위 행정단위인 읍면동을 주민의 자치공간으로 환원한다는 목적하에 주민자치센터를 설치하였으며, 지방교부세 확대, 주민위원회제도

도입, 지방경찰제 구상 등 전향적인 지방자치 발전방안을 모색하였다. 정치적 공세와 현실적 여건에 밀려 대부분이 실현되지 못했지만, 그 내용은 매우 중요한 것들이었다. 하지만 노무현정부는 기존의 지방자치단체 구조를 그대로 온존한 채 권한이양을 추진함으로써 많은 한계에 봉착했던 것이다. 주민자치의 활성화를 위해서는 자치의 단위를 축소한다든지, 광역시와 도의 불필요한 대립을 줄이고 국정효율화를 기하기 위하여 광역시의 폐지를 검토하는 등의 구조개혁 논의는 반드시 있어야 할 것이다.

둘째, 노무현정부의 지방분권과 국가균형발전정책에서는 추진 주체로서 지역 내 사회자본의 중요성을 간과하였다고 볼 수 있다. 여기서 사회자본이란 지역 공동체 내의 관계 개념에서 파생되는 네트워크, 상호규범, 신뢰에 초점을 두는 경우이다. 퍼트남(Robert D. Putnam)은 사회자본을 개인 사이에 맺어진 관계이며 여기서 사회적 네트워크, 상호규범, 그리고 신뢰가 형성된다고 보았다.[4] 사회자본이 축적되어 있는 사회 또는 공동체에서는 시민들의 참여네트워크가 구성원 상호간의 신뢰를 증진시키고, 호혜성의 배양을 용이하게 한다. 따라서 이러한 네트워크는 의사소통, 조정을 활성화함으로써 집단행위를 통한 문제해결을 용이하게 하여 지역 민주주의의 조건이자 지역발전의 원동력으로 작용가능해지는 것이다. 또한 자발적 참여의지와 사회적 신뢰감을 지닌 시민적 주체 형성이 지역혁신에 있어서 가장 중요한 요소임에도 이에 대한 고려가 미약함으로써 결과적으로 분권과 균형발전을 위한 내실

있는 거버넌스 구축을 마련할 수 없었다. 지방분권은 분권 그 자체도 중요하지만, 그 과정에서 지역의 지도층과 시민들의 협력 및 관심이 집중됨으로써 하나의 자치공동체로서 경험을 형성하는 것도 분권화 이후의 민주적 지방자치를 위해서 필요하다. 이러한 의미에서 지방분권추진의 주

글상자 11.1   지방자치를 위한 두 가지 조건: 단체자치와 주민자치

지방자치제도가 원활히 수행되기 위해서는 다음과 같은 두 가지 조건이 충족되어야 한다. 첫째, 국가 전체를 운영하는 중앙정부는 지역을 책임지고 있는 지방정부의 자율성을 충분히 확보해주어야만 한다는 것이다. 지방정부가 스스로의 일을 자율적으로 결정짓지 못하고 사사건건 중앙정부의 지시에 복종해야만 한다면 지방자치가 성숙하거나 발전될 수 없을 것이다. 둘째, 지방정부에 의한 지방행정의 수행에 주민이 적극적으로 참여할 수 있어야만 한다. 주민참여가 없는 지방행정은 진정한 의미의 지방자치가 아닌 지역에서의 관료행정이기 때문이다.

지방자치제도의 성립에서 앞에서 말한 두 가지 조건 또는 차원을 우리는 각각 '단체자치'와 '주민자치'로 구분한다. 즉 진정한 의미의 지방자치가 성립되자면 중앙정부로부터 지방정부가 자치권을 강화하는 단체자치와 함께 지방정부의 정책결정과정이나 집행과정에 대한 주민참여의 활성화가 강조되는 주민자치, 이 양자가 모두 구비되어야 한다.

단체자치가 지방정부가 중앙정부로부터 자치권을 부여받는 동시에 통제 또한 받는다는 차원에서 지방정부의 법적·제도적 자치권의 독립성에 중점을 두는 개념이라면, 주민자치는 주민이 지방자치와 지방행정에 참여하는 동시에 이를 통해 지방정부를 통제한다는 차원에서 주민 자치권의 행사와 그 수준에 중점을 두는 개념이라 볼 수 있다. 결국 지방자치란 단체자치와 주민자치가 통합된 개념인 셈이다.

단체자치는 중앙정부가 지방정부에게 얼마만큼의 권한을 이양 또는 위임하는가 하는 지방분권의 문제로 귀착된다. 지방정부가 자율성을 갖기 위해서는 스스로의 일을 결정하고 처리할 수 있는 권한을 보유하는 것이 매우 중요하다. 지금까지 한국은 중앙정부가 지나치게 많은 권한을 가졌기 때문에 단적으로 말해 지방정부는 단지 중앙정부의 심부름꾼 역할에 그치고 말았다고 해도 크게 틀린 말은 아닐 것이다. 이 같은 과도한 중앙집권체제로는 지방자치를 이루기 힘들기 때문에 중앙정부는 과감한 지방분권을 시도할 필요가 있다. 물론, 지방분권화라고 하여 중앙의 모든 권한을 지방으로 이전하는 것은 아니며, 각 나라가 처한 상황과 조건에 맞춰 적절한 수준의 지방분권을 시행해야 한다.

한편, 주민자치는 지방행정의 수행에 주민이 얼마만큼, 어떤 방식으로 참여하는가 하는 주민참여의 문제로 귀착된다. 주민은 선거를 통해 자치단체장이나 지방의회 의원 등 대표자를 선출하는 방식으로 참여할 수도 있고, 여론이나 공청회 등에서 의견을 표명하거나 더 나아가 주민투표 등의 방식으로 지방정부의 의사결정에 영향을 미칠 수도 있다. 지방자치를 중앙과 지방 간의 권한배분 문제로만 한정시킬 경우, 지방으로 이전된 권한이 소수의 지역 토착세력에 의해 독점됨으로써 지방 민주주의가 아닌 지방 전제주의로 변질될 우려가 크다.[5]

체, 전략, 과정에서의 상호협력을 강조하는 지방 분권의 협치(協治)전략과 원칙은 매우 중요하다.

셋째, 지방자치는 단체자치와 주민자치의 두 요소가 동시에 추구되지 않으면 본래적 기능을 정상화하기 어렵다. 이를 실현하기 위한 제도의 보완과 개선은 필수적이다. 그러나 분권 이행기의 제도개혁이 '주민자치'를 소외시킨 채 '지방자치단체의 자치'(단체자치)에만 초점을 맞추어 진행되고 말았다. 이는 지방정치인들과 지방자치단체장들이 분권 이행기의 제도개혁 논의를 독점하고 있기 때문에 생기는 현상이었다. 중앙기득권 세력과 지방기득권 세력 간의 정치협약에 의한 분권이행으로 말미암아 주민참여를 권장할 수 있는 법안들이 제도개혁에서 제외될 수밖에 없었다. 지역사회단체들의 목소리가 적극적으로 반영되는 제도개혁이 이루어져야 주민자치적 내용을

갖는 지방자치가 이루어질 수 있을 것이다.

넷째, 노무현정부의 균형발전정책이 기대와 달리 큰 성과를 거두지 못하였던 주요 요인으로서 추진체계상의 문제점을 들 수 있다. 균형발전정책을 추진하는 새로운 시스템의 구축을 위해서는 중앙정부 차원, 지역 차원의 균형발전 추진기구에 대한 심층적인 검토를 통한 대안 마련이 필요하다. 당시 지역 차원에서 균형발전 전담기구로 영국의 지역개발청(RDA)을 도입하는 대안들이 많이 거론되었는데 중앙정부 부처 및 산하의 각종 특별지방행정기관(중소기업청, 국토관리청, 해양수산청 등)과 연계하여 검토되었다. 선진 외국에 비하여 한국에서는 지역 간 협력이 원활하지 않다는 점을 고려할 때 향후에도 지역 간 신뢰 구축 내지 사회자본 구축을 위한 고민과 노력이 필요하다.

도표 11.1 주민자치와 단체자치 간의 관계

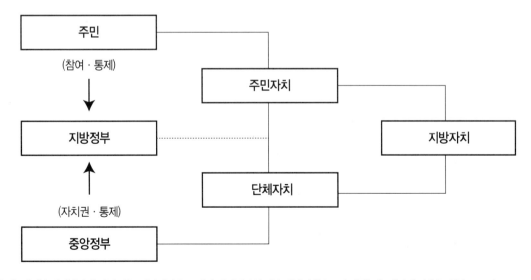

출처: 박재욱, "지방화와 함께 가는 지방자치," 21세기 정치연구회 엮음, 『정치학으로의 산책, 제4개정판』 (서울: 한울, 2020), pp. 261-263.

지역경쟁력과 광역경제권: 지방행정체제 개편과 광역권 주도론

2008년 초반 이명박정부의 대통령직 인수위원회는 전국을 5대 광역경제권과 2대 특별광역경제권으로 설정하는 '창조적 광역발전 전략'을 발표했다. 수도권·충청권·호남권·대구-경북권·동남권의 5대 권역과 강원권·제주권의 2대 특별권역으로 나누어 시·도 경계를 넘어서 지역 간 공동번영을 추구하려는 정책 목적하에 전 국토의 균형발전을 위해 각 광역권의 경쟁력을 강화하려는 방안이었다.

이미 광역경제권은 기존의 광역행정권역을 벗어나 작동하고 있다고 볼 수 있는데 이를 효율적으로 지원하고 관리할 수 있는 광역 행정시스템의 가능성과 구상에 관한 논의가 당시 다양한 시각에서 제기되었다. 예를 들어, 동남광역경제권의 경우, 국토 구조상 연담도시화(대도시가 성장하면서 주변의 위성 도시를 흡수하여 광역도시가 되는 현상) 양상을 띠고 있으며, 부산을 중심으로 울산과 경남의 김해·양산·진해가 거대한 하나의 광역도시권을 구성하여, 향후 개발제한구역의 지속적 해제와 도시 간 계획교통망의 완성으로 광역행정권으로 발전할 잠재성이 있는 것으로 평가되었다.[6]

이러한 문제의식하에서, 지역발전위원회(이전의 국가균형발전위원회)는 2009년 광역경제권역별로 '광역경제권발전위원회'를 설치하여 시·도지사, 민간 전문가, 지역상공대표 등으로 구성되는 자율협의기구로 출범시켰다. 광역경제권발전위원회는 시·도 자율협의체 성격의 기구로서 광역경제권 발전계획 수립, 광역경제권 사업 발굴 및 관계 시·도 간 광역경제권 관련 사업조정 등의 역할을 수행하였다.

그러나 각 광역경제권별로 구체적인 추진기구의 법적 성격이나 위상 및 운영에 관해서는 많은 개선이 필요했으며, 그 발전 전망 역시 불투명하였다. 당시 중앙정부는 권역별 광역경제권 추진기구의 설립에 관해 최대한 지역의 자율성과 자발성을 존중한다고 천명하였지만, 지방정부차원에서는 끝내 대략적인 추진기구의 윤곽조차 잡지 못하고 말았다.

한편, 광역경제권 구축 논의와 별개로 지방행정체제 개편 논의가 진행되고 있었는데 여기서 가장 큰 문제점은 지방분권에 관한 장기적인 전망 없는 행정체제 개편 논의는 퇴행적일 수밖에 없었다는 점이다. 중앙정치권 및 정부개편안, 그리고 국가균형발전특별법 어디에도 지방정부 스스로가 광역경제권을 위해 어떻게 일(기능과 권한)을 찾고, 돈(재정)을 마련할 것인가에 대한 여지를 찾을 수 없었다. 더구나 이명박정부의 지역정책의 핵심인 광역경제권 구축방안이 지방행정체제 개편 논의와는 완전히 별개의 차원에서 진행되고 있었다는 점은 매우 우려할만한 상황이었다. 정치권에서 제시된 개혁안처럼, 기존의 광역지방정부를 폐지하고 기초지자체들을 통합한 70여 개에 이르는 소광역시와 중앙정부 사이에 권역별 국가광역지방행정청을 둔다고 한다면, 국가균형발전특별법상의 광역경제권발전위원회와의 관계 설정 역시 어려운 난제였기 때문이다. 또한 동남광역권과 같이 부산, 울산, 경남 3개 광역지방정부 간의 합의도 어려운데, 광역발전을 위해 수십 개의 소광역 지자체와의 협의와 합의는 도대체 어떻게 도출할 수 있을지 의문이 아닐 수 없었다. 다른 외국의 사례에서는 지방정부 간 협력체제(광역거버넌스) 운영을 통해 상당한 시너지 효과를 거두고 있는 경우가 허다하다. 광역행정 구축에서 행정구역의 통합만이 능사가 아니라 하나의 대안에 불과하다는 사실은 지방행정학에서는 상식에 속한다. 이처럼 지방행정체제 개편 논의는 앞뒤 좌우가 전도돼 있었다.

여기서 중요한 점은 선진국가의 경우, 대도시 단일 지방정부가 부재한 상태에서도 대도시 거버넌스가 가능할 뿐만 아니라 실제로 존재하고 있으며, 대도시 지역이 수많은 작은 지방정부들로 많은 부분 분리되어 있다고 하더라도 대도시 거버넌스는 효율적일 수 있다는 사실이다. 이러한 인식의 바탕에는 신지역주의(new regionalism)의 발달과 연관되어 있으며, 이는 대도시 지역이 단일의 지배적인 거대 지방정부로 통합되지 않더라도 거버넌스 네트워크로 연결될 수 있다는 점에서 중요하다. 즉, 통합적 대도시 정부가 없이도 대도시 행정은 가능하며, 특정한 대도시 지역의 요구와 필요에 대응하는 풍부한 거버넌스 네트워크를 창출할 수 있다는 것이다.

광역권을 둘러싼 최근의 논의들은 지역 간 교환 및 공간 간 경쟁, 글로벌화와 관련된 일련의 경험적, 이론적 이슈들을 둘러싸고 진행되고 있으며, 대부분의 경우 이러한 '새로운' 광역권(city-region)이 글로벌 공간경제의 자율적인 정치적 주체로서 재인식된다는 결론으로 귀착되고 있다. 현재 진행 중인 광역권 관련 논의를 크게 세 가지 정도로 나누어 보면, 광역권을 둘러싼 거버넌스 정치와 국가 영역의 재구조화 논의, 광역권 정치에서의 민주주의와 시민권의 역할에 관한 논의, 그리고 광역권에 걸친 사회적 재생산과 지속가능성을 둘러싼 갈등에 관한 논의 등으로 정리될 수 있다. 오늘날 대도시권에 있어 가장 핵심적인 논의는 바로 지난 수십 년간 전 세계에 걸쳐 형성되고 있는 광역권(city-region) 혹은 슈퍼 대도시권과 관련되어 있으며, 이와 같은 광역권은 일국 내에서는 국민경제의 원동력으로 작용하고 있다.

무엇보다 국가 영역의 재구조화와 관련해서, 상당수의 광역권에서는 글로벌 경제 내에서의 창조와 혁신, 발전과 경쟁이 점차적으로 강조되고 있다. 그리고 광역권은 중앙정부로부터 탈규제적 권한과 영역적 통제권한을 이양받아 사회경제적, 문화적 그리고 공간적으로 글로벌 경제의 한 블록을 형성하고 있거나 형성되어가는 과정에 있다. 도시재활성화에 관한 최근의 연구 동향들은 글로벌하게 상호연결된 광역 대도시권을 둘러싼 경제의 재구조화가 상당 부분 국가의 재영역화와 관련되어 있음을 시사하고 있다. 이는 세부적으로 국가통치방식의 지역적 전환, 민주주의 이행 과정과 관련된 이슈로서 도시의 권한 및 역할에 관한 논쟁, 그리고 도시부흥의 이미지 전략 등을 주로 다룬다.

이명박정부가 들어선 이후 지역을 둘러싼 주요 의제는 이전의 지방자치와 지방분권 이슈에서 지역경쟁력 강화와 광역경제권 및 지역주권으로 이슈가 전환되었다. 이러한 전환의 특징은 과거 지역문제에 있어 지역 간 갈등을 내포한 이념 중심적 정책에서 경제 중심적 실력주의로의 정책적 변화로 볼 수 있으며, 이는 세계화 시대를 맞이하여 국가 간 체제경쟁에서 국가 간 경제경쟁(더욱 정확하게는 광역권 간 경쟁)으로의 전환과 맞물려 있다. 특히 국가경쟁력 강화의 초점이 지역·도시경쟁력에 초점을 두고 있으며, 이전과 같은 단순 배분적 지역 간 균형발전정책에서 선택과 집중에 의한 신지역주의로의 전환과 맥을 같이 한다. 하지만 여전히 수도권을 중심으로 한 중앙과 지방 간 갈등이 증폭될 여지는 크며, 어쩌면 수도권 중심의 집중화된 경쟁력 대 지방권 중심의 낮은 수준의 균형화된 경쟁력으로 재편될 가능성도 있다. 그리고 공간적 차원에서는 공간적 효율성을 강조하느냐 아니면 공간적 평등성을 강조하느냐의 문제도 아울러 제기된다. 결국 선택받은 지역과 선택받지 못한 지역 간에는 대도시 패권주의와 지역 간 연합주의라는 새로운 갈등과 대립 전선이 그어질 개연성도 크다.

4. 지방자치에서 지방정치학으로의 확장

생활정치의 중요성은 하버마스가 주장하듯이 생활세계의 활성화를 통한 시민사회의 자율성 확립과 정치적 공공영역의 확장이라는 민주화를 위한 근대적 프로젝트라는 이론적 시각에서 보더라도 중요한 사안이다. 현 제도권 정치의 위기는 시민생활세계의 다양화되고 복합적인 정치적 욕구와 참여가 보장되지 않는 데서 초래되었다는 주장도 가능하다. 이는 체제의 위기와 더불어 정치적 유권자인 시민들의 정체성의 위기와 연관되어 있기도 하다. 이러한 체제와 생활세계 간의 괴리상태를 극복하기 위해서도 생활세계가 형성되는 지역 차원의 정치영역의 활성화와 제도화는 중요한 의미를 지닌다.

따라서 지방정치 연구를 통하여 한국정치에 관해 일반적으로 통용되는 총체적 이해가 갖는 허실을 규명하려는 지역차원의 미시권력에 대한 경험적 실증연구는 의미가 크다. 이는 이질적이며 다원화된 지역적 특수성을 구체적으로 분석함으로써 '아래로부터' 재구성하는 한국정치연구의 새로운 접근을 의미한다. 기존의 '한국정치'라는 거시적이고 총체적인 분석틀로서 포착되지 않은 지역차원의 정치상황을 연구하여 한국정치의 이론적 영역을 심화·확장시키는 계기로 삼아야 한다. 그리고 이는 지방정치란 이미 학문적 개념 규정 이전에 존재하는 하나의 실제적인 정치적 현상이라는 점에서 기인한다.

한국정치연구의 일반적 틀 속에서 배제되어 버렸던 '지방정치'는 지방자치제도의 도입과 정치연구의 현장성이 강조되면서 하나의 독자적인 정치연구 분야로 자리매김하고 있다.[7] 다시 말해, 고전적 정치개념을 비판적으로 재검토함으로써 미시적 지역사회에서의 정치영역과 권력 작용의 장을 표출시키는 것이 가능할 것이다. 이와 동시에 제도권 정치개념에 함몰되었던 기존의 관점을 탈피하여 일상적 생활영역으로의 정치적 분석과 개념 적용의 가능성을 열어 나갈 수 있을 것이다.

　하지만 아직도 한국과 같은 정치상황에서 과연 지방정치라고 부를 수 있는 분석대상이 존재하느냐는 하나의 논쟁거리로 제기되어질 수 있다. 이러한 논쟁의 발단은 이론적인 차원으로부터 출발하는 것이 아니라 한국의 역사적 경험에 바탕을 두었다고 볼 수 있다. 해방 이후뿐만 아니라 그 이전 조선시대, 일제강점기 시절부터 강고한 중앙집권화 사회를 구축하여 온 한국사회에 지방자치를 바탕으로 한 지방정치의 실제적인 역사적 실체가 존재하여 왔느냐 하는 의문에서 비롯되는 지방정치 영역에 대한 부정적인 견해는 가시적인 정치현실과 제도권 정치에 익숙한 우리로서는 어느 정도 상당한 타당성을 갖는 것처럼 보인다.

　하지만 제도화 수준에서 가시화된 부분이 아니라 해서 정치적 분석대상으로 성립이 되지 않는다고 보는 것은 편협된 사고라고 볼 수 있다. 중앙정치에 의해 종속적이고 비제도화되었다고 해서 지방차원에서의 정치적 권력관계, 지역사회 내부의 상호교환 관계가 존재하지 않는다고 보는 것은 행태주의적 접근방법의 맹점인 권력의 비가시적 영역에 대한 인식부족에서 비롯되는 것이다. 미국의 저명한 정치사회학자인 바흐래쉬(Peter Bachrach)와 배래츠(Morton S. Baratz)가 제시한 '보이지 않는 권력(invisible power)'과 '비결정권력(nondecision power)'의 중요성[8]과 그리고 이를 이은 데리다(Jacques Derrida)와 푸코(Michel Foucault)의 후기구조주의적 권력론에 이르기까지 비가시적 권력이 지배하는 비제도화

된 정치영역에 대한 강조는 한국과 같은 상황에서 지방권력관계와 연관된 지방정치 분석에 유용한 지침을 제시해 주고 있다. 더구나 지난 1991년을 기점으로 발족된 지방의회의 개원은 지방자치와 지방정치영역이 가시화되고 행태주의적 분석대상이 실체로 등장하게 된 계기가 되었다. 그리고 1995년 이후 시행되고 있는 지방자치단체장선거는 이러한 지방자치제와 지방정치의 역동성을 더욱 강화시켜 나가고 있다. 이제 지방정치는 정치학 연구의 주요 분석대상으로 등장하였으며 이에 대한 정치학적 연구의 전문화와 세분화가 요청된다.

　지방정치에 대한 체계적이고 축적된 연구가 미약한 상황에서 몇 가지 문제영역을 제시할 수 있는데, 우선 지방정치 분석수준에 있어서 크게 두 가지 수준의 차별화가 필요하다. 그것은 지방자치와 지방정치에 대한 가치지향적 모델화 수준과 현실적 실체로서의 이에 대한 객관적 분석수준이다. 지방자치의 초보단계라는 제약성 때문이겠지만 현 단계 논의는 지방자치와 지방정치에 대한 가치지향적 모델화 수준에 초점이 주어지고 있는 것이 사실이지만, 앞으로 객관적 분석수준의 연구가 강화되지 않는다면 정책적이며 실천적인 지방정치 논의가 이루어지기 어려울 것이다.

　한편 지역적 차별성에 관한 시각에서 '지역보편론'과 '지역특수론'으로 나누어 고찰할 수 있겠다. 지역보편론은 단적으로 말해서 지역 간 차별성보다 지역 간 보편성을 강조하는 입장이다. 이러한 입장은 중앙-지방이라는 위계적 분석방법을 선호하는 경향이 강하며, 위계화된 지방 상호간

에는 제한적이고 미시적인 공통요소들이 상존한다고 주장된다. 결국 지방 내지 지역은 중앙차원의 정치나 경제, 사회문화적 요소들이 축소된 상태에서 기능한다고 전제한다. 반면에 지역특수론은 지역 간에는 보편성보다도 차별성이 강하다고 주장하는 입장이다. 이 입장에 따르면 중앙-지방이라는 위계적 분석방법보다는 지역적 차별성에 입각한 완결적이고 자율적인 내적 요소들이 존재한다고 주장한다. '지방'이라는 용어보다는 '지역'이라는 용어를 주로 사용하며, 지역 내적 잠재성과 발전가능성을 강조한다. 지역은 결코 중앙이나 전국단위의 분석시각이나 방법론으로 환원될 수 없는 독특한 자기 정체성을 확보하고 있다고 본다. 또한 지방정치의 복합성과 중층성을 강조하기도 한다.

기존의 행정학적 접근은 지방정치를 법적·제도적 차원에서 분석하는 것이 일반적인 경향이다. 이러한 법적·제도적 접근은 지방자치가 순수한 행정적 차원의 기능에 한정되고 있음을 은연중에 강조하는 경향이 있다. 권력의 주체가 중앙정부이며 지방정부나 지방자치단체는 이러한 중앙정부의 권력과 권한을 위임받아 집행하는 것으로 이해한다. 중앙집권적 행정관은 지역사회의 권력형성이나 권력관계를 무시하거나 간과하기 마련이다. 사실 지방자치제가 단체자치 수준에도 이르지 못하는 상황에서 지방정치영역이 형성될 가능성은 극히 적었기 때문에 지방정치에 관한 연구가 불가능했던 것은 사실이다. 하지만 이것은 법적·제도론적 접근에 한정될 경우에만 합당한 이유가 될 수 있다.

부분적으로 지방자치제가 제도화되고 활성화되는 시점에서 잠재화되었던 지방정치과정이 가시화되고 지방정치 세력들 간의 경쟁과 갈등이 표출화되고 있는 것은 지방자치제 실시 이전에도 지방정치 영역이 잠재화되어 있었다는 사실을 반증해준다. 지방정치를 지방자치적 의미로 축소시켜 보더라도 단순히 행정적 분권이라는 차원에서만 사고되어서는 안 된다. 지방정치는 지역의 기업, 주민, 관료, 정치인 사이의 권력게임에 의해 이루어지는 것으로 이해되어야 한다.

5. 지방정치의 중앙 및 지방권력에 대한 견제와 균형 기능

1991년 한국에서 지방의회의 출현은 한국정치에 새로운 전기를 마련하였다. 이는 정치과정이 중앙 수준에만 국한되는 것이 아니라 지역수준까지 확장되면서, 지역주민들이 자신들의 지역사회에 대한 관심이 고조됨과 동시에 지역문제에 대한 결정권을 스스로 가질 수 있다는 기대감이 나타나기 시작한 것을 의미한다. 이러한 기대감은 중앙권력에 대한 견제와 균형 의식으로 이어지면서 지방정치가 갖는 근대 민주주의적 의미가 현실화되는 계기로 작용하였다. 다시 말해, 공간적으로 차별화된 정치참여 기회 및 정치적 영향력의 불균형을 시정하고 전체 지역주민의 균형적인 정치참여 기회의 보장과 균등한 지역적 영향력 행사를 보장하기 위해서도 지방자치는 필수불가결한 제도라는 점이 중요하다.

한편, 지방권력에 대해서도 견제와 균형의 원칙은 적용된다. 단체장 직선제가 1995년 처음 시행된 지 이제 25년에 이르고 있지만, 일부 지방자치단체장들의 잇따른 비리와 선심성 전시행정, 난개발, 재정낭비 등 무책임 행정사례들이 발생하면서 지방자치에 대한 근본적 회의마저 일고 있다. 그러나 지방자치에 적지 않은 문제점이 있다고 해서 이를 다시 중앙집권체제로 되돌리는 일부 정치권의 주장은 올바른 해결방법이 아니다. 지금과 같이 권한만 있고 책임은 없는 상당수 지방자치단체장들의 잘못된 관행과 권한남용 구조를 바로잡지 않고서는 앞으로도 제대로 된 지방자치를 기대하기 어렵다. 문제의 원인은 이러한 단체장의 자의적인 행정을 감시하고 견제할 제도가 없거나, 있어도 제대로 작동되지 못한다는 것이다.

이에 따라 2001년 이를 해결하기 위해서 비리를 저지르거나 무책임한 단체장을 주민들이 해임할 수 있도록 하는 주민소환제와 더불어 지역의 중요 사안을 주민들이 직접투표로 결정하는 주민투표제 등의 주민직접참여제도가 도입되었다. 주민의 직접참여는 지방자치단체장이나 지방의회 의원이 주민보다도 공천권을 쥐고 있는 권력자나 정당에 의해 좌우되는 한국의 정치현실에 비추어 볼 때 매우 시급하다고 본다. 즉 주민을 위한 지방행정이 되기 위해서는 주민의 직접참여가 대의제도를 해치지 않는 범위 내에서 꼭 필요한 것이다.

단체장에 대한 지방정치차원에서의 통제문제는 단순히 주민참여의 방식을 통해서 뿐만 아니라 지역의 다양한 정치주체들에 의해서 다차원적으로 통제되어야 할 사안이다. 예를 들면, 첫째, 지방의회에 의한 공식적인 제도적 통제기능이다. 기관구성상 강(强)수장-약(弱)의회형을 채택하고 있는 한국의 지방자치 기관구성제도의 현실상 비록 단체장에 대해서는 약한 권한을 갖고 있기는 하지만, 지방의회는 단체장에 대한 견제와 통제라는 기본 기능을 수행할 수 있는 유일한 지방정치의 공식적인 제도라고 할 수 있다. 하지만 현행 지방정치과정에서 집행부와 지방의회 간 관계는 상호교환관계 속에서 이루어지는 경우가 많다. 지방의회는 집행부의 사업에 대한 승인이나 지지를 대가로 집행부로부터 각 지방의원들의 지역구와 관련된 사업예산을 확보하는 식으로 상호교환을 통한 의존관계를 형성하는 경우가 드물지 않다. 이러한 상호교환관계에서 방해요인이 나타나거나 일정한 규칙이나 합의가 이행되지 않을 때 집행부와 지방의회 간 관계는 결정적으로 어려운 국면을 맞이하기도 한다. 이에 대해 단체장을 견제해야 할 지방의회가 상당수 제구실을 못 하고 있으며 심지어는 단체장과 결탁하고 있지 않느냐는 비판이 일고 있다.

둘째, 지방언론에 의한 외부적 통제기능이다. 지방정치의 활성화와 발전을 위해서는 지방언론의 역할은 매우 중요하다. 먼저, 지방언론은 지역주민의 여론을 올바르게 자치단체의 정책과정에 반영시켜 주민요구에 대한 행정의 대응성을 높여야 한다. 그리고 지방자치단체나 지방토호(土豪)에 대한 감시와 견제역할을 통해 지방권력의 절대화와 부패 가능성을 차단하거나 비판하여 지방정치의 건전성과 민주성을 확보하는 기능을 해야 한다. 또한 지방언론은 지방자치나 지방정치에 대한 시민교육 및 홍보기능을 해야 한다. 지방자치의 역사가 일천하며, 일반적으로 민주시민교육의 경험이 적기 때문에 언론이 선도적으로 지역주민을 대상으로 지방자치의 올바른 의의와 내용을 계몽시키는 기능을 수행하는 데 있어 중요한 매체로 기대되기 때문이다. 그러나 아직도 일부 지방에서는 지방언론이 지방정치인, 지방토호들과 유착관계를 맺어 지방자치의 발전에 역기능적인 역할을 보여줄 뿐 아니라, 오히려 언론비리를 저지르기도 한다. 이러한 언론의 역기능을 시민단체나 지방의회차원에서 제어하는 제도적 장치를 마련할 필요가 있다.

셋째, 자치단체의 지방공무원에 의한 내부적 통제기능이다. 지방자치단체의 공무원들은 업무특성상 자치단체의 내부사정을 가장 잘 파악할 수 있는 정보원이라고 할 수 있으며, 따라서 구체적인 사안에 대한 통제기능 수행에 가장 탁월할 수 있는 위치를 차지하고 있다. 특히, 1999년 1월 1일부터 '공무원직장협의회 설립운영에 관한 특별법'이 발효되면서, 일반직 공무원들의 직장협의회 설립·운영이 가능하게 됨에 따라 중하위직 공무원들의 발언권이 강화되고 있다. 이것은 일본의 자치단체 공무원들의 노동조합인 '자치노(자치단체노동조합)'가 자치체 감시 및 정보공개 그리고 정책계발능력을 확대하였다는 경험적 사례를 볼 때, 고무적인 성과를 거둘 수도 있을 것이다.

요컨대, 단체장에 대한 통제문제에 대해 지금까지 중앙정부는 단체장의 권한을 법제도적으로 제약하여 이를 견제·감시하는 방향에서 중앙통제만을 강조하여 왔으나, 이러한 중앙통제의 비민주성과 비효율성보다는 자치체에서의 다양한 정치주체들에 의한 주민통제가 오히려 민주성 및 효율성을 확보하는 데 유리할 것이며, 지방자치의 본래 취지를 되살리는 의미에서도 타당한 방안일 것이다.

6. 정당공천제와 지방의 정당정치

지방정치의 정치적·정치학적 가능성과 관련하여 지방선거에서 여전히 논란이 되고 있는 기초단체장 후보의 정당공천제 존속여부와 관련된 논의를 살펴보자. 우선 기초단체장 후보에 대한 정당공천제의 문제점을 논하기 이전에 일반론적 차원에서 볼 때 지방선거 후보에 대한 정당공천은 필요하며, 그 이유는 다음과 같다. 첫째, 지방자치가 정치중립적인 지방행정적 영역에만 머무르지 않고 가치배분과 관련된 지방정치적 영역이기도 하다는 점이다. 따라서 정치적 대의제도의 민주적, 효율적 운영을 위해서는 정당정치는 필요전제이며, 따라서 지방정치인을 선출하는 데 있어 정당의 관여, 즉 공천제도는 필수적이다. 둘째, 여타 지방의 정치행위자들과 다르게 지방정부의 운영과 관리에 책임성을 지울 수 있는 유일한 정치기구로서의 정당의 역할과 기능을 강조하는 것은 당연하며, 단순히 지역적 유세나 경제적 기반만으로 지방정치의 공공영역에 영향을 미치려는 소위 지방토호의 정치적 전횡을 차단시킬 수 있는 제도적 방파제 역할을 기대할 수 있다. 그리고 셋째, 선거시 유권자의 입장에서 후보자의 선택에 있어 기회비용을 낮춘다는 의미에서 정당공천에 의한 후보자는 필요하다고 볼 수 있다. 물론 정치발전을 위해서는 지금과 같은 지역주의적 정당구조나 투표행태의 혁파가 필요하며 이에 정책경쟁적 선거구도가 요구되는 바, 지역의 정당협의회와 같은 지구당의 존속은 불가피하다고 할 수 있다.

이에 대해 정당공천제에 반대하는 입장은 바로 정당공천제로 인해 발생하는 지방정치의 현실적 폐해에 바탕을 두고 있다. 우선, 현행 정당공천제의 문제점은 제도적으로 중앙당 지도부에 의해 일방적으로 지명되는 후보자의 내정을 둘러싼 공천절차의 비민주성, 비투명성에 바탕을 두며, 근본적으로는 지역주의적 정당구도 및 투표행태에서 비롯된다. 이러한 지방선거에서의 정당공천은 중앙과 지방 간 관계를 수평적이고 협력적인 차원에서가 아니라 일방적인 수직적 차원으로 규정지우며, 이에 따라 중앙정치에 의한 지방정치의 종속화를 심화시키고 있는 형편이다. 특히 지방의 정당협의회의 경우 일상적인 정당활동은 거의 없으며, 선거 시에만 지역연고와 금전에 의한 조직표를 가동시키는 한시적이고 제한적인 역할만이 주어져 있을 뿐이다. 뿐만 아니라 지방정부의 정책결정과정에 참여할 수 있는 제도적 통로는 물론 인적, 물적 기반도 매우 취약한 실정이다.[9] 또한 설사 여당의 정당협의회라고 하더라도 야당이 지배정당으로 군림하고 있는 지역에서는 '지역 내의 야당' 취급을 받아 해당 지방정부와의 정책 협력이 거의 이루어지지 못하는 것은 정

당협의회가 한시적인 상명하달식의 선거기구라는 성격을 벗어나지 못하기 때문이다. 이러한 지구당의 성격과 특성은 이민집단과 하층민을 동원 대상으로 삼아 선거시 집단표를 행사하면서 20세기 중반까지 지속되었던 미국 지방정치에서의 머신정치(machine politics)를 연상시킨다.

경험적 연구에 따르면, 기초단체장선거에서 지역주의적 성격이 강한 정당공천에 따른 해당 지역별 당선가능성의 상관계수는 매우 높으며, 현직 단체장의 재선율에도 지역주의적 정당공천 여부가 크게 작용한다. 특히 경우에 따라서는 당선가능성을 예측하는 데 있어 중요한 판단 근거가 되는 직전 선거의 득표율이나 지지도와 관련 없이 공천심사가 이루어지기도 한다. 따라서 기초단체장 선거의 경우, 정당 내 경쟁이 존재할 뿐 정당 간 경쟁은 의미가 없으며 결국 "지방정치는 존재하여도 지방의 정당정치는 존재하지 않는다." 이러한 상황에 대한 대응책으로서는 지방정부의 정책결정권한에 대한 지역주민의 효능감의 제고가 결정적으로 중요하며, 이를 위해서는 지방분권화를 통해 지방정부의 자치권을 강화시켜 정당 간 경쟁을 유도하는 것이 무엇보다도 시급하다고 하겠다.

이상과 같은 논의를 정리해보자면, 지방정치 역시 중앙정치와 마찬가지로 정당을 중심으로 운영되는 것이 일반적으로 원론적 관점이라고 할 수 있다. 물론 지방정치에 있어 정당배제론을 강조하는 입장들도 있지만, 이러한 입장들도 중앙정치차원의 부정적 관행이나 행태가 지방정치차원에서 재연되거나 연관성을 가지는 데 대한 우

려 때문이지 지방정치를 하나의 정치적 영역으로 보고, 지방정부를 하나의 정책형성기관으로 인식할 것을 전제로 한다면 무조건적으로 중앙정당의 참여와 관여를 배제하기는 어려울 것이다.

7. 글로벌 도시 간 경쟁시대의 지방자치: 지방의 정치화, 광역권 거버넌스, 지속가능한 창조도시

이상의 논의에서처럼 현재 우리는 지방화 시대를 맞이하여 지방자치의 난제 해결과 탈근대적 시민사회 중심의 지방자치의 새로운 과제를 함께 모색하여야 할 시점이다. 다시 말해 근대 국가중심적 지방자치의 과제 완성과 탈근대 시민사회 중심적 지방자치의 새로운 진화 방향이 정립되어야 한다.

첫째, 중앙권력과 지방권력의 공존과 갈등의 전개에 따른 대응방안이 요구된다. 이는 중앙정치에 대한 지방권력의 참여와 제도화를 통해 가능하다. 현재 지방문제의 가장 큰 요인은 정당 자체의 정책개발과 비전 확보가 배제된 채 중앙권력에 함몰되고 추종 역할밖에 할 수 없는 지방권력으로 인한 중앙-지방 간 권력의 비대칭성 등에서 비롯되고 있다고 볼 수 있다.

과거와 달리 기존의 중앙정부의 지방정부에 대한 절대적, 일방적 주도관계에서 지방정부의 위상과 역할이 상대적으로 강화되어 가고 있는 추세이다. 이렇게 된 요인에는 지방정부 자체의

자치권의 강화라는 측면도 존재하지만, 중앙정부 부처의 정책 주도성이 약화되고 있는 동시에, 중앙정치권의 조정역할도 한계를 보이고 있다고 할 수 있다. 이러한 현상은 이미 중앙-지방정부 간 관계가 수직적 행정통제모델에서 수평적 정치경쟁모델로 변화하고 있었던 1970년대 초의 일본에서도 나타났던 현상이라고 볼 수 있다. 일본의 무라마쯔 미치오(村松岐夫)는 이러한 변화에서 중앙-지방정부관계론은 행정적 측면 뿐만 아니라 정치적 관계 역시 중요한 부분을 차지하며, 기존의 수직적 행정통제모델의 주요한 작동 메커니즘이었던 공유시스템에 있어서 주민운동은 지방자치단체를 움직이고 중앙정부의 판단의 변경을 재촉할 수 있었다고 지적한다.[10] 그는 여기서 당시의 중앙-지방관계의 변화에 대해 다음과 같이 정곡을 찌르고 있다.

중앙레벨의 정치와 지방정치는 서로 연동하여 실질적인 중앙·지방관계를 규정하고 있다. 그 연동의 성격은 행정관계에서 설명되어야 할 부분과 정당의 활동이나 선거에서 설명되어야 할 부분이 있다. 그리고 필자의 주장은 밑에서부터 일어나는 압력활동과 경쟁이 중앙·지방관계를 규정해가는 면이 확대되고 있다고 하는 것이다. 환경문제나 복지정책은 신산업도시와는 다른 의미로 더욱 철저하게 수평적 정치경쟁모델이 작용하고 있었다.[11]

1990년대 후반 이후 한국의 경우, 1970년대 초의 일본의 중앙-지방관계의 변화, 즉 무라마쯔가 제시한 수직적 행정통제모델에서 수평적 정치

경쟁모델로의 변화가 가능하게 되었던 정치행정적 환경과 반드시 일치한다고 할 수는 없지만, 지방정부 간의 경쟁양상이 일정부분 나타난다는 점에서 무라마쯔의 논의는 참조가 될 것이다. 이것은 바로 "지방의 중앙에 대한 영향력의 정도는 지방의 정치화의 정도에 비례한다"는 가설과 상통한다. 하지만 여기에는 일정한 기본조건이 전제가 되는데, 그것은 지방정부 측에 자치적인 운영의사가 있을 때만이 정치화의 정도가 지방자치의 수준을 결정하는 요인이라는 점이다.

둘째, 광역분권형 국가경영체제의 도래에 따른 지방주권형 연방제 실시와 광역경제권 및 광역거버넌스 구축의 과제이다. 향후 세계는 중국경제의 부상, 동아시아 경제 비중의 증대 등으로 새로운 관계형성이 전망되고 있으며, 특히 경제활동의 중심이 국가 단위에서 지역 단위로 변화하고 대도시권을 중심으로 하는 광역집적지역으로 재편되고 있는 상황이다. 즉, 특정한 지역경쟁력이 과거와 같이 그 지역이 속한 국가경쟁력과 동일시되는 시대가 아닌 것이다. 광역집적지역은 한 국가 내의 중심도시(core city)와 연계된 광역권(예: 한국의 수도권, 중국의 상하이권)이 될 수도 있고 월경지역(cross-border)의 형태로 나타날 수도 있을 것이다. 특히 동북아 도시와의 경쟁 및 협력을 기반으로 하는 초국경광역경제권 구상은 지방화와 세계화가 교차하는 가운데, 현실적으로 가장 가시적이고 시급한 과제는 지역화에 따른 인근 동북아 도시와의 경쟁과 협력의 영역을 구축하고자 하는 목적을 지닌다. 지역화에 따른 도시 간 경쟁이라는 난제를 극복하지 못하

고서는 세계화를 위한 토대를 마련할 수 없을 것이다. 닫힌 일국적 시각에서 접근하는 도시발전은 무의미하며, 개방된 다국적, 동북아 지역주의적 관점에서 도시발전의 구도를 그릴 수 있는 새로운 창조적 발전전략과 리더십의 등장이 요구된다. 또한 동북아 도시경쟁시대 도시의 위상 정립과 새로운 모습에 관한 상상력과 더불어, 이미 불가역적인 인구감소 및 고령화 시대에 기업유치나 관광산업 일변도의 막연한 세계도시에 대한 비전보다 도시 자원의 적절한 활용과 대외적 관계의 적극적 강화 등을 기반으로 한 실제적 도시행정의 처방책 제시 역시 필요하다.

셋째, 지속가능한 창조도시 발전전략이 요구된다. 여기서 창조도시란 고부가가치 산업의 창출과 함께 다양성이 존중되고 빈곤층과 사회적 소수자 및 약자에 대한 배려와 존중이 있으며 사회적 신뢰와 투명성, 공정성이 지배적 가치로서 존재하는 미래형 도시모델을 의미한다.

지속가능한 창조도시 발전전략을 수립하기 위해서는 정확한 개념 설정이 중요하며, 이러한 개념을 전제로 비전과 전략 그리고 구체적이고 실천적 정책 방안이 이루어질 수 있다고 본다. 제이콥스(Jane Jacobs)의 경우, 창조도시를 "탈 대량생산시대에 풍부한 문화적 '다양성'과 혁신적인 '경제적 자기수정 능력'을 갖춘 도시"라고 보며,[12] 사사키 마사유키는 "예술문화에서 새로운 사조를 육성하고 다양한 창의적이고 혁신적인 환경을 마련하여 예술가, 창작자, 일반 시민의 활발한 창의적 활동과 혁신적이고 창의적인 산업을 발전시키며, 지역과 시민활동을 통해 지구 온난화와 같은

전 세계적인 환경문제에 대해 해결책을 마련할 수 있는 역량을 가진 도시"라고 정의한다.[13]

도시의 비전이란 도시의 잠재력과 뚜렷한 목표의식을 바탕으로 하여 미래 전망의 창출을 지향하는 개념이다. 이는 창조산업화 도시발전을 위해 전통적 비전에서 새로운 비전으로의 전환이 절대적으로 필요하며 과거의 낡은 비전은 결국 기존의 낡은 전통적 가치에 기반하고 있으므로 미래의 새로운 비전을 창출하기 위해서는 새로운 미래지향적 가치관의 수용과 정책 수단의 도입이 필수적이다. 이를 위해 두 가지 비전이 핵심적이라고 볼 수 있다. 즉, 창조도시 창출과 지속가능한 도시발전이다. 아무리 우리가 창조적인 도시를 창출한다고 해도 이러한 창조도시가 더 이상 지속가능하지 않는 성장한계에 봉착하고, 인간적 삶을 파괴하는 발전 패러다임이라면 그 의의를 강조하기가 어려울 것이다.

첫째, 도시 간 경쟁력 강화를 위한 창조도시 창출에서 가장 중요한 요소는 창의성(creativity)과 혁신적 사고(innovation)이다. 창의성이란 기존 관념에 의한 도시발전 개념이나 구상에서 과감히 탈피하여 잠재적 도시 자원과 에너지를 발굴하고 극대화할 수 있는 창조적 마인드를 강조하는 것이다. 그리고 혁신적 사고는 도시발전을 위한 새로운 발상이나 아이디어를 적극 지지하고 옹호할 수 있는 도시 문화와 분위기 창출에서 가능하다.

둘째, 지속가능한 지역발전이란 지역의 경제와 사회, 환경이 균형있게 발전하고, 사회의 어느 소수자 계층도 소외됨이 없이, 그리고 우리의 다음 세대를 포함하여 함께 인간다운 삶의 질을 누릴 수 있는 지역발전을 말한다. 지속가능한 지역발전은 환경, 문화 등 지역의 잠재자원 활용과 가치 극대화를 통한 주민 다수의 삶의 질 향상을 목표로 하고 있다. 하지만 지역마다 고유한 특징과 서로 다른 여건을 고려할 때 지속가능한 지역발전정책을 만들고 추진하는 것은 지역의 몫으로 남을 수밖에 없다. 이제 각 지역마다 지역발전 비전을 공유하면서 지속가능한 발전방식이 무엇인지 찾아내는 일이 과제로 남는다. 그러기 위해서는 지속가능하며 창조적인 도시발전을 위한 새로운 비전과 가치관 정립이 무엇보다 중요하다.

❖ 주

1) 松下圭一, 『市民自治の憲法理論』 (東京: 岩波書店, 1975).

2) 강명구, "자본주의적 공간분화와 정치과정의 전개," 『경제와 사회』 제20호 (1993), p. 232.

3) 강준만, 『지방은 식민지다』 (서울: 개마고원, 2008).

4) Robert D. Putnam, *Bowling alone: The collapse and revival of American community* (New York: Simon and Schuster, 2000).

5) 박재욱, "지방화와 함께 가는 지방자치," 21세기 정치연구회 엮음, 『정치학으로의 산책, (제4개정판)』 (서울: 한울, 2020). pp. 261–263.

6) 이동현, "동남권 도시관리와 거버넌스 구축방안," 신라대학교 부산학연구센터 제7회 부산학 학술심포지움자료집, 『동남경제권과 광역거버넌스: 지역 간 협력체제와 동남권의 미래』 (2007).

7) 21세기 정치연구회 엮음, 『지방정치학으로의 산책』 (서울: 한울, 2012); 강원택 편, 『한국 지방자치의 현실과 개혁과제: 지방없는 지방자치를 넘어서』 (서울: 사회평론, 2014); 강원택 편, 『지방정치의 이해(1,2)』 (서울: 박영사, 2016); 박재욱, "지방화와 함께 가는 지방자치," 21세기 정치연구회 엮음, 『정치학으로의 산책』 (제4개정판) (서울: 한울, 2020)

8) Peter Bachrach and Morton S. Baratz. "The Two Faces of Power," *American Political Science Review* 56 (1962), pp. 947–952.

9) 박종민·신수경, "지방정치에서의 정당의 역할과 한계: 한 도시 이야기," 『정부학연구』 제7권 1호 (2001).

10) 村松岐夫, 『地方自治』 (東京: 東京大學出版會, 1988); 무라마쓰 도키오(村松岐夫) 지음, 최외출·이성환 공역, 『중앙과 지방관계론: 일본의 지방자치이론과 실제를 중심으로』 (서울: 대영문화사, 1991), p. 69.

11) 村松岐夫 (1991), p. 72

12) Jane Jacobs, *Cities and the Wealth of Nations* (N.Y: Random House, 1984).

13) 사사키 마사유키, "네크워킹을 통한 창조도시 개발: 일본의 창조도시," 문화도시 국제컨퍼런스, 「대도시의 문화적 재생과 문화도시 간 연대」 발표논문 (2008).

❖ 참고문헌

1. 한글문헌

21세기 정치연구회 엮음. 『지방정치학으로의 산책』. 서울: 한울, 2012.

강원택. 『지방정치의 이해(1,2)』. 서울: 박영사, 2016.

강원택 편. 『한국 지방자치의 현실과 개혁과제: 지방 없는 지방자치를 넘어서』. 서울: 사회평론, 2014.

강준만. 『지방은 식민지다』. 서울: 개마고원. 2008.

로널드 오우커슨 지음. 최재송 옮김. 『대도시 거버넌스』. 서울: 지샘, 2003.

무라마쓰 도키오(村松岐夫) 지음. 최외출·이성환 공역. 『중앙과 지방관계론: 일본의 지방자치이론과 실제를 중심으로』. 서울: 대영문화사, 1991.

박재욱. 『지방정치와 동북아 도시거버넌스: 부산·오사카·상하이의 비교사례연구』. 서울: 집문당, 2009.

_____. "지방화와 함께 가는 지방자치." 21세기 정치연구회 엮음. 『정치학으로의 산책』 (제4개정판). 서울: 한울, 2020.

2. 영어문헌

Douglass, Michael. "Mega-urban regions and world city formation: globalization, the economic crisis and urban policy issues in Pacific Asia." *Urban Studies* 37 (2000). pp. 2315–2335.

Jacobs, Jane. *Cities and the Wealth of Nations*. N.Y: Random House, 1984.

Oakerson, Ronald J. *Governing Local Public Economies: Creating the Civic Metropolis*. London: ICS Press, 1999.

Parks, R. B., and Ronald Oakerson. "Regionalism, Localism and Metropolitan Governance: Suggestions from the Research Program on Local Public Economies." *State and Local Government Review* 12–3 (2000), pp. 169–179.

Putnam, Robert D. *Bowling alone: The collapse and revival of American community*. New York: Simon and Schuster, 2000.

Sassen, S. *Cities in a World Economy* (2nd ed). Thousand Oaks: Sage Publications., 2000.

Savitch, H. V., & Ronald, K. Vogel eds. *Regional Politics: America in a Post-City Age*. London: SAGE, 1996.

Stocker, Gerry. *The Politics of Local Government*. London: Macmillan Education, 1988.

3. 일본어문헌

松下圭一. 『市民自治の憲法理論』. 東京: 岩波書店, 1975.

村松岐夫. 『地方自治』. 東京: 東京大學出版會, 1988.

미디어

한규섭(서울대 언론정보학과)

1987년 제도적 민주화가 이루어진 지 30년이 훌쩍 넘었다. 과연 한국 민주주의는 제대로 운영되고 있을까? 많은 유권자들은 회의적 평가를 내리는 듯하다. 이는 비단 한국 민주주의만의 문제는 아니다. 미국은 제45대 대통령으로 트럼프(Donald Trump)라는 기존 정치에서는 상상하기조차 힘들었던 인물을 선출했다. 정치적 역사는 한국과 판이하나 미국의 상황이 양극단화가 극단에 달한 한국정치와 매우 닮아 있는 것도 시사하는 바가 크다. 미국 학계에서는 이미 현 민주주의체제가 얼마나 제대로 작동하고 있는지에 대한 회의론이 비등하다. 이러한 문제의 기저에 '미디어 정치'의 확대가 있다. 이 장에서는 미디어가 정치의 중심부로 이동하면서 유권자와 정치엘리트들의 행동에 어떤 영향을 미치고 한국정치 전반에 어떤 변화를 가져왔는지에 대해 논의한다.

최근 한국정치를 대표하는 현상은 정치적 양극단화라 할 수 있다. 진영논리가 팽배하고 극단 대립이 이어진다. 정치적 양극단화는 세계적 현상이라 할 수 있지만, 한국과 같은 대통령제를 채택하고 있는 미국 등에서 특히 심각한 문제로 대두되고 있다. 전통적인 '리더'의 모습과는 너무나도 거리가 먼 트럼프 대통령의 취임이 정치적 양극단화의 산물이라는 것에는 대부분 학자들의 공감대가 형성되어 있는 듯하다.

왜 정치영역에서 미디어의 역할을 살펴보는 이 장을 양극단화에 대한 논쟁을 소개하는 것으로 시작하는가? 바로 그 중심에 미디어가 있기 때문이다. 기술의 발전으로 TV 시대가 열리면서 미디어가 정치의 중심으로 이동한 지 어언 70년 가까운 세월이 흘렀다. 이후 인터넷의 발달로 매체환경은 계속해서 급변해 왔다. 이러한 언론 환경은 어떤 결과를 초래했을까?

한국정치에서는 세계 어느 나라보다 양극단화 문제가 심각하다. 정치적 양극단화는 무조건적 진영논리에 가깝다. 실제로 지난 2012년과 2017년 대선 당시 유권자들에게 다수의 정책 이슈들에 대한 입장을 실시한 설문조사 결과를 보면 가장 많은 득표를 한 후보자들은 양극단에 자신을 포지셔닝 한 것이 확인된다. 즉 한국정치에서도 유권자들의 선택이 매우 양극단화 했고 이에 따라 후보자들도 선명성을 강조하는 포지셔닝을 한다는 것을 시사한다. 이러한 유권자의 양극단화

는 미디어의 발달과 밀접한 관련이 있다는 해석이 많다. 즉, 미디어 정치 시대의 도래와 미디어가 발달하여 온 과정이 이러한 유권자들의 양극단화를 유도하는 결과로 이어진 것으로 보는 것이다.

이 장에서는 정치과정에 미디어가 어떤 영향을 미쳐 왔는지 살펴본다. 이를 위해 우선 1절에서는 미디어 정치와 관련한 연구의 역사를 설명한다. 2절에서는 정치영역에서 미디어의 역할 증대를 가져온 정치 환경의 변화를 설명한다. 3절에서는 정치영역에서 언론보도의 속성을 살펴보고 4절에서는 미디어가 유권자에게 영향을 미치는 대표적인 메커니즘들을 소개한다. 마지막으로 5절에서는 인터넷 시대의 도래 이후 지난 20여 년간 이어져 온 뉴미디어 시대의 진화가 정치에 미치는 영향을 설명한다.

도표 12.1   19대, 20대 대통령선거 후보 포지셔닝

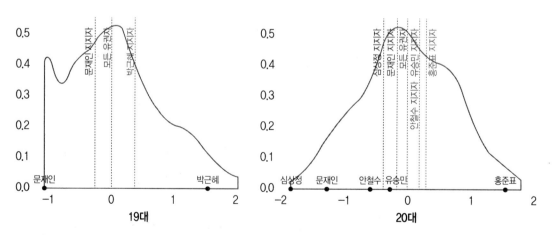

출처: 한규섭·이혜림, "제10장 정책투표," 강원택·박원호·김석호 편, 『한국정치의 재편성과 2017년 대통령선거 분석』(서울: 나남, 2019).

1. 정치영역에서 미디어의 위상

최근에는 미디어가 정치영역에서 유권자의 정치적 태도 형성과 의사결정에 미치는 영향이 크다는 것에 모두가 동의하는 편이다. 정치권에서는 언론의 편향성에 대한 논란이 끊이지 않고 정권이 바뀔 때마다 공영방송에 대한 지배력 확대를 꾀하는 등 미디어의 정치적 영향력을 피부로 실감할 기회가 많다.

그러나 역사적으로 미디어가 정치영역에서 항상 이런 지위를 부여받은 것은 아니었다. 정치영역에서 미디어에 대한 최초의 관심은 제2차 세계대전으로 거슬러 올라간다. 나치 독일에서 나치의 프로파간다(선전)에 노출된 독일 국민이 거의 집단 최면 수준의 전체주의적 이데올로기에 사로잡히게 되는 것을 목격한 많은 학자들은 미디어의 엄청난 영향력에 대해 경외심을 가지게 되었다. 이러한 미디어의 영향력을 가리켜 '마술 총탄(Magic Bullet)' 또는 '피하 주사(hypodermic needle)'이론이라는 이름으로 불리기도 했다. 이와 관련해 당시 미국 국방부의 펀딩을 받은 많은 사회과학 연구결과들이 쏟아져 나왔고 특히 심리학자들이 미디어의 설득 효과를 검증하는 연구를 활발하게 진행했다. 이것은 훗날 '정치커뮤니케이션'이라는 학문 분야의 시작이 되었다.

제2차 세계대전 이후 미국에서는 전시가 아닐 때에도 나치에서와 같은 미디어의 설득 효과가 나타날까에 관심이 높았다. 만약 이러한 강력한 설득 효과가 나타난다면 나치 시절 독일인들이 불과 10여 년의 짧은 기간 사이에 극우주의에 빠진 현상이 미국에서도 재현될 수 있다는 것을 시사하는 것이었기 때문에 학계의 관심이 높았다.

결론부터 얘기하자면 이러한 우려는 기우에 불과한 것으로 나타났다. 미국 예일대의 심리학자 하브랜드(Carl Hovland)가 주도적으로 수행한 일련의 실험연구들이 대표적인 사례였다.[1] 훗날 '메시지 학습모형(Message Learning Approach)'으로 불리게 된 일련의 연구는 메시지 소스(who), 콘텐츠(what), 오디언스(to whom)에 존재하는 다양한 커뮤니케이션의 속성들이 메시지의 설득 효과에 어떤 영향을 미치는지를 살펴보았다. 상상할 수 있는 대부분 커뮤니케이션의 속성들의 영향을 고려했으나 정작 이들 연구에서 정치커뮤니케이션의 전반적인 영향은 매우 미미하며 '수용자' 측면의 요인에 크게 좌우되는 것으로 나타났다.

컬럼비아대 라자스펠드(Paul F. Lazarsfeld) 교수 연구팀은 역사적인 미국 유권자에 대한 초기 계량연구인 "국민의 선택(People's Choice)"에서[2] 매스미디어, 게이트 키퍼(gate keeper), 오피니언 리더, 그리고 일반 유권자들 간의 상호작용을 살펴보았다. 이들의 연구에서 가장 중요한 결론은 정보가 일반 유권자에게 도달하는 시점에서는 이미 오피니언 리더들에 의해 상당한 필터링이 나타난 후라는 점이었다. 즉 매스미디어보다 유권자 각자가 가진 인적 네트워크가 정치적 태도 형성이나 의사결정에 미치는 영향이 훨씬 크다는 결론에 도달한 것이다. 이러한 연구결과는 오랫동안 지속된 미디어의 '제한적 효과이론(Limited Effects Theory)'의 과학적, 실증적 근

> ### 글상자 12.1 게이트 키퍼
>
> 일반적으로 다음 단계로 메시지가 전달될 것을 결정하는 권한을 가진 사람을 '게이트 키퍼(gate keeper)'라 한다. 언론에서의 '게이트 키핑(Gate keeping)'은 언론사 조직 내에서 일선 기자들이 취재해 온 내용을 취사 선택하여 보도로 이어질지 여부를 결정하는 권한 및 책임을 가진 사람을 뜻한다. 일상적으로 언론사에서 기사가 최종적으로 게재 또는 방송되기 위해서는 취재 기자가 속한 부서의 부장 및 편집국장/보도본부장 등 많은 문(Gate)을 통과해야 한다. '게이트 키퍼'들은 해당 기사의 기사 가치를 평가함은 물론 정보의 정확성 등 저널리즘 윤리에 부합하는지 등의 요인들을 고려, 기사의 게재 또는 방송 여부를 결정하게 된다. 책임 있는 언론사의 '게이트 키퍼'라면 정치권력이나 광고주 등으로부터의 독립성을 유지하면서 '특종'과 '오보의 위험' 사이에서 저널리즘 윤리를 지키기 위한 최대한의 노력을 기울여야 할 책무를 가진다.

거가 되었다.

비슷한 시기에 다른 많은 유력한 연구들에서도 제한적 효과이론을 지지하는 연구결과들이 속속 보고되었다. 앞서 언급한 하브랜드 교수 연구팀의 연구에서도[3] 역시, 군인들을 대상으로 한 실험에서 트레이닝 동영상이 별다른 효과가 없었고 개인 차원의 다양한 변인들이 미디어 영향을 '조절'하는 효과만 나타났다. 당시 100여 개의 미디어 효과 관련 연구들을 종합적으로 리뷰한 클래퍼(Joseph Klapper)는 『매스미디어의 효과(The Effects of Mass Communication)』(1960)'라는 저서에서 "매스미디어는 태도 변화를 이끌어 내는 '설득의 효과'를 가지는 기재가 아닌 기존의 태도를 '강화'시키는 효과 정도를 가진다"[4]는 최종 '판결'을 내놓은 바 있다. 결론적으로 가장 결정적인 요인은 유권자 각자가 가진 기존 성향이지 매스미디어가 아니라는 것이었고, 매스미디어의 정치영역에서의 효과에 대한 학계의 관심은 빠르게 식게 되었다. 이는 정치영역에서 미디어 효과에 대한 최종 결론으로 받아 들여졌고 미디어 관련 연구의 '암흑기'로 이어졌다.

결론적으로 지금은 모두가 별다른 이견 없이 받아들이는 정치영역에서의 미디어 효과에 대해 학계에서는 매우 미미한 것으로 결론 내린 바 있다. 그렇다면 이후 어떻게 미디어 효과의 위상이 지금과 같은 수준으로 변화하게 되었을까?

2. 정치 및 미디어 환경의 변화

정치 환경의 변화는 정당보다 후보자 중심(candidate-centered politics)의 선거라는 패러다임을 탄생시켰고,[5] 이는 곧 미디어가 정치의 중심으로 이동하게 되었음을 의미했다. 정치영역에서 미디어 위상의 '암흑기'에 변화가 생기기 시작한 것은 두 가지 큰 변화에 기인한 측면이 크다. 한 가지는 정치 환경의 변화이고, 다른 하나는 미디어 환경의 변화였다.

우선 미국의 경우를 보면, 1960년대 들어 일어난 정치 환경의 변화가 정치영역에서 미디어의 역할을 증대시키는 데 중요한 역할을 했다. 이 변화는 한마디로 요약하면 정당정치의 쇠퇴라고 할 수 있다. 기성 정당에 대한 불신이 극도로 심화되면서 정치개혁을 요구하는 목소리가 높아졌다. 여기에 베트남전쟁에 대한 반전 여론이 높아지고 흑인들의 인권 신장을 요구하는 사회적 목소리까지 터져 나오면서 그야말로 사회 분위기는 일촉즉발의 상황이 이어졌다.

이러한 정치개혁을 요구하는 사회적 분위기가 집약되어 나타난 것이 바로 정당 지도부가 행사하던 공천권을 일반 유권자들에게 돌려주라는 요구였다. 오늘날 미국 선거의 가장 큰 특징이라고 할 수 있는 경선이 정착된 지는 사실 그리 오래되지 않았다. 1960년대 중반까지만 하더라도 경선을 치르지 않거나 치르더라도 유명무실한 요식행위에 그치는 경우가 대부분이었다. 대신 정당의 지도부가 공천권을 행사하고 이를 통해 후보들의 출마를 보장받는 체계가 작동하고 있었다. 정당의 '보스'들이 비밀스럽게 시가 연기 가득한 방에 둘러앉아 당의 중요 현안에 대한 의사결정을 내리는 이미지(smoke-filled room)가 이 당시 분위기를 상징적으로 묘사하는 것으로 잘 알려져 있다.

이러한 강력한 '보스 정치' 시대에서 미디어의 역할은 최소화될 수밖에 없다. 정치인들은 공천을 받기 위해 정당 지도부와 돈독한 관계를 유지하고, 그들의 요구를 충실히 수행하는 하나의 도구적 역할이 중요시되었기 때문이다. 이런 상황에서는 정치인들에게 딱히 미디어를 활용할 필요

성을 느끼지 못했다.

이러한 정치 환경에 결정적인 변화를 촉발한 계기는 1968년 시카고에서 열린 민주당 전당대회라 할 수 있다. 당시 존슨(Lyndon B. Johnson) 대통령이 재선 도전 포기 의사를 밝힌 후, 험프리 부통령과 반전 후보를 표방했던 매카시 상원의원, 그리고 로버트 케네디 상원의원 암살 후 그 자리를 물려받은 맥거번 상원의원 등이 민주당 후보 자리를 놓고 경합을 벌였다. 로버트 케네디 후보 암살에 이어 한 달 전 흑인 인권운동가인 마틴 루터 킹 주니어 박사가 암살당하는 등 어수선한 분위기 속에서 열린 전당대회에서 경선에서 더 많은 득표를 했던 매카시 후보 대신 현역 부통령으로서 민주당 지도부의 후광을 등에 업은 맥거번 부통령이 대통령 후보로 지명되자 곧바로 폭동으로 이어졌다. 극심한 진통 끝에 이후 거의 모든 주에서 실질적인 경선을 통해 대통령 후보를 선출하게 현재의 방식이 정착되었다.

이러한 공천 권력의 이동은 정당정치의 약화와 함께 '대중정치' 시대의 서막을 알렸다. 공천권이 일반 유권자에게 넘어가면서 정치인 입장에서 당 지도부와의 긴밀한 관계를 유지하는 것이 더 이상 공천을 보장받는 길이 되지 못했다. 정치인들은 유권자에게 직접 어필하여 경선을 통해 선출되어야만 공천을 받을 수 있는 상황이 된 것이다. 소위 정당 보스들의 영향력이 급격하게 축소되고 대중 소통 능력이 중요해졌다. 대중에게 어필할 수 있는 가장 중요한 도구가 바로 매스미디어였고, 정치영역에서 매스미디어의 효용가치가 급속도로 상승할 수밖에 없었다.

이는 정치인의 행동은 물론 정치 전반에 걸쳐 엄청난 변화를 의미했다. 특히 성공하는 정치인에게 요구되는 덕목이 크게 달라졌다. 매일 매일 뉴스에 얼마나 등장하는지가 인지도 상승으로 직결될 수밖에 없고, '인지도' 자체가 정치인의 성패를 가름하는 가장 중요한 요소가 되었다. 또 기존에는 중앙정치 및 정당 내 인맥 없이는 주요 선거에서 공천을 받거나 유력 인물로 성장하는 것이 불가능했다. 반면, 대중정치 시대에는 기성정치의 '내부자'라는 이미지가 오히려 불리하게 작용할 수밖에 없다. 정치권에 오래 몸담았다는 것은 대중들의 시각에서는 "도덕적이지 못하다"는 부정적 이미지와 연결되어 있기 때문이다. 또한 미디어 활용 능력이나 이미지 메이킹 능력, 스피치 능력, 외모 등 미디어 시대에 요구되는 덕목들이 중요해졌다. 가령 심리학자들의 연구에 따르면, 선거에 출마한 후보자들의 외모가 당선 확률에 영향을 미친다고 한다.[6]

미국의 경우 가장 중요한 변화는 바로 정치영역에서의 '돈'의 중요성이라 할 수 있다. 대중정치의 도래로 미디어 활용이 중요해 지면서 TV 광고는 미국 선거에서 가장 중요한 캠페인 도구로 급부상했다. 모든 선거에서 '공중전(air war)'이 가장 중요한 요소로 떠올랐고 공중전은 곧 막대한 선거자금이 필요하다는 의미다. TV 광고를 위한 선거자금을 누가 더 많이 모금할 수 있는지가 성공적인 후보자가 되는 가장 중요한 필수요건이 된 것이다.

미국 선거에서 선거자금은 '세 과시'라는 차원에서도 중요하다. 특히 경선의 경우 같은 정당 후보자들의 경쟁이기 때문에 '정당'이라는 확실한 '정보 단서'가 없는 상황에서 투표에 임하게 되는 데다가 상대적으로 후보자들 간의 인지도 차이가 클 수밖에 없다. 따라서 '경선 승리 가능성(후보 선출 가능성)'과 '본선 경쟁력'이 투표에 중요한 요인으로 작용할 수밖에 없다. 후보자가 돈을 얼마나 모금했느냐는 결국 후보자의 '승리 가능성'과 '본선 경쟁력'을 요약하여 보여주는 지표로 작용한다. 따라서 돈을 많이 모금하지 못한 후보는 경쟁력이 없는 것으로 여겨져 모금이 어려워지고 더 이상 경선 참여가 어려워지는 악순환에 빠질 가능성이 높아진 것이다. 따라서 실제 경선보다 경선 전의 일종의 '보이지 않는 경선(invisible primary)'[7]의 중요성이 증대되었고, 이 과정에서의 '돈'이 가장 중요한 요소가 되어 버린 것이다.

반면, 이 과정에서 성공적인 모금을 한 후보자들은 언론의 관심을 받게 되고 충분한 광고를 통해 일종의 탄력을 받을 수 있는 기회를 부여받게 된다. 그리고 이에 성공하게 되면 당선 가능성 및 본선 경쟁력 측면에서 높은 평가를 받게 되고 궁극적으로 당선까지도 이어지는 '선순환'이 가능한 것이다. 결론적으로 아이러니하게도 미국정치에서 정치개혁에 대한 시민들의 요구는 경선제도의 확대로 이어졌고, 이는 미디어 역할의 확대로 이어졌으며 의도했든 의도하지 않았든 이는 모금 능력이 앞서는 후보가 유리한 선거 환경의 확대로도 이어졌다.[8]

경선의 확대는 이 외에도 여러 가지 정치 메커니즘에 다양한 변화들을 가져왔다. 근본적으로 정당별로 치러지는 경선에 나와 투표하는 유권자들은 본 선거에 비해 평균적으로 정파성이 강한 유권자들일 가능성이 높다. 따라서 후보자들은 이러한 유권자들의 성향에 맞춰 포지셔닝을 할 가능성이 높아 경선제도의 도입이 정치인들의 양극단화를 부추긴다고 보는 견해도 있다. 즉 자기 진영에 어필할 동기를 더 강하게 함으로써 양극단화를 조장한다고 보는 것이다. 반면, 본선에서는 일반 유권자들의 평균적인 성향에 맞는 포지셔닝을 하는 것이 유리하다고 판단할 수 있다. 이런 측면에서는 일종의 '말 바꾸기'를 유발하는 시스템이라고도 할 수 있다. 또 유권자의 측면에서는 이러한 경선에서 자신이 지지한 후보자가 선출되도록 지지하는 것과 본 선거에서의 경쟁력 사이에 괴리가 존재할 경우 이러한 전략적, 인지적 부조화에 대처할 필요가 발생한다. 이런 이유로 '전략적 투표(Strategic voting)' 또는 '지적 투표(sophisticated voting)' 등의 개념이 중요하게 취급되게 되었다.[9]

한국정치에서 이러한 경선제도의 도입이 가져온 변화를 가장 잘 대표한 인물은 고(故) 노무현 대통령이라 할 것이다. 사실 이 당시 경선제도의 도입이 없었다면 노무현은 대통령 후보로 선출되기 어려웠을 가능성이 높다. 2002년 대선 당시 새천년민주당은 당원들만이 참여했던 후보 경선 대신 최초로 '국민참여 경선' 방식을 도입했다. 이는 김대중 대통령이라는 절대 보스가 없어진 상황에서 치르는 첫 선거라는 위기의식에 기인한 고육지책으로 볼 수 있었다. 당원과 일반 국민의 비율을 50:50으로 하여 2002년 3~4월 동안 각 광역자치단체를 순회하여 선거를 하는 미국의 경선제도와 매우 유사한 방식이었다.

경선 시작 시점에서 가장 유력한 후보는 이인제 후보였으나, 김근태 후보가 정권 실세였던 권노갑 의원에게 불법 정치자금을 받았다는 사실을 고백하면서 다른 후보들이 권노갑 의원의 지원을 받던 이인제 후보 턱밑까지 추격하여 '이인제 대세론'이 주춤하게 되었다. 여론조사에서는 대체로 이인제 후보가 상당한 격차로 1위를 하고, 노무현, 한화갑, 정동영 3인이 각각 서로 득표 차가 크지 않은 2·3·4위를 하는 것으로 나오고 있었다.

첫 경선지역인 제주도에서는 호남과 지역 기반이 가까운 한화갑 후보가 175표로 1위를 차지했고, 근소한 차이로 이인제 후보는 172표로 2위에 그쳤다. 이는 결과적으로 이인제 후보의 본선 경쟁력에 대한 의구심을 높이는 계기가 되었다. 반면, 두 번째 경선 지역인 울산광역시에서 노무현 후보가 1위를 차지하면서 영남권에서의 경쟁력을 보였고, 누적 득표에서도 이인제 후보를 제치고 1위로 올라선다. 부산 출신인 노무현 후보가 민주당의 취약 지역인 울산에서 승리한 후 다음 경선지역이었던 광주에서 영남 출신 후보로서의 본선 경쟁력으로 어필할 수 있게 된 것이다. 특히 당시까지의 여론조사에서는 민주당의 어떤 후보가 나오더라도 상대 진영 후보였던 이회창 후보를 이길 수 없는 것으로 나타났으나 광주 경선 직전 여론조사에서 노무현 대 이회창 양자 구도에서 노 대통령이 이회창 후보를 앞서는 결과가 나온 것이다. 당시 노무현 후보의 지지모임이었던 '노사모'가 광주에 내려가 이런 여론조사 결과를 기사화한 신문을 직접 시민들에게 나눠줬다는 얘기도 있었다. 경선 전의 분위기상으로는 광주가 홈그라운드였던 한화갑 후보와 대세론에 기댄 이인제 후보가 각각 1, 2위를 차지할 것으로 예상되었으나, 울산에서 의외의 선전으로 노무현 후보가 광주 경선은 물론 전체 경선을 승리하는 계기가 되었다. 김대중 대통령의 정치적 고향이었던 광주 경선의 대이변은 노무현 이른바 전국적인 노풍(盧風)의 계기가 되었고 대선 승리로 이어졌다.

미국정치에서 잘 알려진 '현직 효과'도 미디어 정치 시대가 가져온 현상으로 볼 수 있다. 현대 정치에서 현직자가 도전자보다 당선될 확률이 높고 또 일단 현직이 되고 난 후에는 처음 당선될 당시보다 득표율이 상승하는 현상이 나타나는데 이것을 '현직 효과(incumbent effect)' 라고 한다.[10] 그리고 재선에 도전하는 현직자가 처음 당선될 때보다 득표율이 올라가는 현상을 '2학년 급등 현상(sophomore surge)'으로 부르기도 한다. 가장 대표적으로 미국 하원선거에서는 도전자가 승리하는 경우는 매우 드물고 대부분의 하원의원들은 상원이나 다른 공직으로 옮겨 가거나 정계 은퇴를 할 때까지 계속해서 당선되는 경우가 많다. 이러한 현직 효과는 왜 나타날까?

현직 효과에 대해서는 다양한 설명이 존재한다. 기존의 설명은 현직자가 유권자들을 위한 다양한 서비스를 제공할 수 있다든지 돈을 모금하기 용이하다는 점을 꼽아왔다. 그러나 이런 요인들 못지않게 중요한 것이 바로 현직자가 가진 인지도에서의 이점이다. 일반적으로 유권자들의 관심도가 낮은 대통령선거 이외의 선거 등에서 인

지도는 매우 중요한 요인으로 투표에 작용할 수밖에 없다. 또 사실상 인지도가 모금 능력 등에도 직간접적으로 영향을 줄 수밖에 없어 인지도가 실제로 현직자 효과를 유발하는 측면이 매우 크다고 할 수 있다. 즉 미디어 노출 기회를 많이 얻는 것이 현직자가 가진 가장 중요한 이점이며, 점차 미디어 역할의 중요성이 증가하면서 현직자의 유리함이 증가할 것이라는 가설이다.

정치 환경의 변화 못지않게 정치영역에서 미디어의 역할 증대에 기여한 것이 바로 미디어 환경 자체의 변화이다. 미디어 환경 측면에서 1950년대는 TV 시대의 도래로 요약될 수 있다. TV 수상기 보급률 증가로 정치인들은 매일 뉴스를 통해 엄청난 수의 유권자들에게 자신을 노출할 기회를 얻게 되었다. 또 유권자들 입장에서는 매일 저녁 대통령을 포함한 정치인들을 자기 거실에서 접할 수 있는 미디어 환경이 조성된 것이다.

이러한 미디어 환경의 변화는 정치영역에서 미디어 역할의 급격한 증대로 이어졌다. 가령 1970년대 미국 닉슨(Richard Nixon) 대통령의 정규 기자회견이 있을 때면 지상파 3사(ABC, CBS, NBC)가 모두가 실황 중계했으며 닐슨 조사에 따르면 미국 유권자의 60%가 이를 시청했다. 이러한 변화는 원활한 국정 운영을 위해 대통령의 활발한 미디어 활용이 불가피해졌다는 것을 의미했다. 또 미디어 활용이 대통령에게 요구되는 중요한 능력이 되었다는 것을 의미한다. 가장 대표적인 사례가 레이건(Ronald Reagan) 대통령이다. 배우 출신이었던 레이건 대통령은 특히 연설 등에서 강점을 보여 전후 가장 인기 있는 대통령 중 한 명이

되었다.

이러한 변화는 엔터테인먼트와 정치의 결합으로도 이어졌다. 가장 대표적인 인물이 바로 민주당 출신의 클린턴(Bill Clinton) 대통령이다. 클린턴 대통령은 〈오프라 윈프리쇼〉에 출연하여 트럼펫 연주를 하는 등 엔터테인먼트적 요소들을 가장 잘 활용한 대통령으로 꼽힌다. 이러한 정치의 엔터테인먼트화는 기존에 정치에 관심이 낮았던 유권자들의 정치 참여를 이끌어낸다는 장점이 있으나,[11] 정치를 과도하게 사소한 것으로 만들고 실질적인 정치 지식습득 등에는 큰 도움이 되지 않는다는 견해도 있다. 또 많은 연예인들이 정치인 또는 정당에 대한 지지를 표명하거나 선거 유세장에서 후보자들에 대한 지지연설을 하는 모습을 흔히 볼 수 있다. 이것 또한 TV 시대가 가져온 정치현장의 변화라고 할 수 있다.

한국정치에서도 TV 시대의 도래가 다양한 방식으로 엔터테인먼트와 정치의 결합을 가져왔다. 이미 오래전부터 TV를 통해 유권자들에게 얼굴을 알린 연예인, 아나운서, 기자 등 다양한 직종의 방송 종사자들이 선거에 직접 출마하는 사례가 꾸준히 나오고 있다. 이뿐 아니라 연예인들이 정치와 관련한 사안에 대해 직접 의견을 피력하는 일이 잦아졌고 공영방송도 뉴스 프로그램의 진행을 맡기는 파격적 시도까지 나타나고 있다. 이는 연예인들이 정치적으로 상당한 영향력을 가지고 있기에 가능한 것으로 해석할 수 있고 정치와 엔터테인먼트가 '인지도'와 '인기'라는 공통분모를 통해 연결되고 있는 것으로 볼 수 있다.

3. 정치보도의 속성

정치영역에서 미디어와 언론의 영향력이 증대되면서 정치커뮤니케이션 과정에서 언론의 작동 메커니즘에 대한 학문적 관심 또한 증가했다. 그렇다면 앞서 기술한 정치 및 미디어 환경의 변화가 언론의 정치보도에는 어떠한 영향을 미쳤을까?

뉴스의 교과서적 정의는 '현실의 거울 이미지(mirror image)'라 할 수 있다. 즉, 뉴스란 현실을 있는 그대로 보여주는 것이다. 그러나 이러한 교과서적인 정의를 그래도 믿는 사람은 거의 없을 것이다. 뉴스는 매우 다양한 이유로 인해 '현실'과는 다른 '사회적 구성(social construction)'이 될 수밖에 없다. '현실'과 다른 보도를 일종의 '왜곡'으로 본다면 뉴스가 현실을 '왜곡'하는 동기는 무엇일까?

크게 보면 경제적 동기와 조직문화적 동기 두 가지로 나눌 수 있다. 미디어 시장, 그리고 사회 분위기 변화에 따라 경제적, 조직문화적 동기 자체도 지속적으로 변해왔고, 뉴스가치가 있는 기사에 대한 판단도 달라질 수밖에 없었다. 이 절에서는 경제적, 조직문화적 동기가 우리가 흔히 접하는 정치영역 언론보도의 많은 유형들을 어떻게 설명하는지 살펴봄으로써 정치커뮤니케이션 과정에서 언론의 작동 메커니즘을 탐색해 본다.

우선 지난 반세기 동안 정치보도의 가장 큰 변화는 부정적 보도와 해석적 저널리즘의 증가이다. 미국 하버드대 케네디스쿨의 패터슨(Thomas E. Patterson)[12] 등 많은 학자들은 지난 1960년대 이후 미국 언론에서 정치권 또는 정치인에 대한 부정적 보도가 차지하는 비중이 지속적으로 증가해 왔다는 것을 왔다고 주장했다.[13] 또 한 가지 관련 현상은 '해석적 저널리즘(interpretative journalism)'의 증가이다. 과거에는 스트레이트 뉴스가 정치보도의 대다수를 차지했던 반면, 사실의 기술보다는 기자의 '해석'이 주를 이루는 보도가 지속적으로 늘어났다.[14] 즉 정치인들의 '말'이나 정책 등을 그대로 보도하는 기사는 거의 찾아볼 수 없게 되었고, 그들의 전략적 배경 등을 분석하는 보도가 이를 대체하게 된 것이다. 이는 부정적 보도가 늘어난 현상과도 밀접한 관계가 있다. 이러한 해석적 보도의 대부분은 부정적 보도에 해당하기 때문이다. 이러한 보도 경향은 한국 언론에서도 그대로 나타난다. 특히 권위주의 정부를 오래 겪은 한국 사회의 특성상 언론의 비판적 역할을 매우 강조하는 사회 분위기가 존재한다. 따라서 체계적인 연구가 존재하지는 않지만 '해석적 저널리즘'과 부정적 뉴스의 비율이 미국 못지않게 높을 것으로 보인다.

마지막으로 소위 '사운드 바이트(sound bite)'의 감소도 정치 저널리즘의 큰 흐름이다. 즉 해석적 저널리즘이 증가하면서 뉴스를 통해 정치인의 말을 직접 들을 수 있는 기회는 줄어들었고, 이 부분을 기자의 목소리가 대체하게 되었다. 핼린(Daniel C. Hallin)의 분석에 따르면, 지난 1968년부터 1988년까지의 미국 대통령선거 뉴스를 분석한 결과 평균 사운드 바이트는 43초에서 9초로 줄어들었다고 한다.[15] 아직 한국에서는 이에 대한 체계적인 연구는 없으나 대체로 유사한 양상이 나타났을 것이라 추측한다.

글상자 12.2 사운드 바이트

'사운드 바이트(sound bite)'의 사전적 의미는 긴 녹음에서 발췌한 짧은 길이의 오디오 파일을 의미하지만, 언론보도에서는 정치인들의 연설이나 인터뷰에서 뽑아 낸 직접 인용된 문장 또는 구절을 의미한다. 특히 방송 기사에서 기자의 리포팅이나 앵커의 해석이 아니라 취재원의 음성이 직접 나오는 부분을 일컫는 용어로 흔히 사용된다. 최근 정치 보도의 맥락에서는 스튜디오에서 패널리스트들이 출연하여 논쟁하는 포맷이나 기자가 본인의 해석을 이야기하는 기사 부분과 대비되는 개념으로 이해할 수 있다.

이렇게 줄어든 사운드 바이트를 대체하여 방송시간을 채운 것은 소위 '평론가' 집단(pundit class)'이다.[16] 이들은 주로 과거 정치권에 몸담았거나 현재 정치권 주변에서 일하고 있는 인물들로 구성된다. 한국에서도 특히 종합편성채널의 등장 이후 유사한 현상이 나타났다. 선거에 낙선한 국회의원이나 후보자들이 종편채널에 패널로 등장하여 정치권에 몸담았던 시기의 경험을 바탕으로 각종 정치 현안에 대해 논쟁하는 것을 주 소재로 하는 프로그램들이 기하급수적으로 늘어났다. 평론가 집단에 속한 잠재적 정치인들 입장에서도 차기 선거 때까지 잊혀지지 않고 지명도를 유지할 수 있고 새롭게 정치에 입문하는 경로가 될 수 있다. 실제로 최근 선거 때마다 이런 과정을 거쳐 정치권으로 진출하는 사례가 늘고 있는 추세다.

그렇다면 왜 부정적 정치뉴스와 해석적 저널

리즘이 증가하고 사운드 바이트는 감소하였을까? 많은 학자들은 이를 저널리스트들의 '독립성'을 지키기 위한 노력으로 해석하는 경우가 많다. 가령 미국사회에서는 '워터게이트(Watergate)' 사건을 계기로 정치권은 철저히 감시해야 할 대상이 되었다. 권위주의 정부를 오래 겪은 한국사회의 특성상, 이런 경향이 미국보다 오히려 더 강하게 나타난다고 보인다. 어찌 보면 정치인의 '말'을 그대로 보도하는 것은 정치인의 전략적 커뮤니케이션을 그대로 수용하는 '순진한' 언론인 또는 심지어 정치권에 야합하는 언론인으로 비칠 수 있다. 이는 '독립성'을 가장 중요한 가치로 보는 저널리즘에서 더 이상 수용되기 어려운 것으로 간주되기 시작했다. 따라서 기자로서의 경력으로 보아서도 정치권을 비판적으로 다루지 않는다면 직업적 성공을 기대하기 어려운 분위기가 조성된 것으로 해석 가능하다. 이런 다양한 조직문화적 동기들이 복합적으로 작용할 때 정치보도의 부정적 보도 집중 현상, 사운드 바이트가 줄어드는 현상 등이 자연스럽게 설명 가능하다. 또 평론가 집단의 등장도 같은 맥락에서 설명 가능하다.

이런 보도행태의 변화는 바람직한 것일까? 많은 저널리즘 학자들은 이런 해석적 저널리즘을 언론의 독립성을 극대화한 바람직한 현상으로 본다. 반면, 정치행동을 연구하는 학자들 사이에는 긍정적, 부정적 견해가 병존한다. 정치권을 감시하는 것이 언론 본연의 책무임은 분명하나 이러한 부정적, 해석적 보도는 결국 정치권에 대한 불신을 부추기고 정치적 냉소주의를 조장하는 측면이 있다고 보는 것이다.[17]

최근 조직문화적 동기보다 더 학문적 관심을 받는 것이 바로 경제적 동기다. 언론사들의 경제적 환경이 점점 어려워지는 것은 잘 알려진 사실이다. 경제적 요인들이 언론사들의 편집과 관련된 다양한 의사결정에 영향을 준다는 견해가 힘을 얻고 있다.

심지어 경제적 요인들과는 무관할 것 같은 언론사의 정파성도 실은 경제적 논리에 크게 좌우된다는 견해가 관심을 받고 있다. 역사적으로 보면 1800년대 말 미국 신문들은 유럽의 신문들과 마찬가지로 강한 정파성을 보였다. 그러나 불과 10년도 안 되는 기간동안 미국의 신문들이 중도적 성향의 신문으로 탈바꿈하였다.[18] 무슨 일이 있었던 걸까?

해밀턴(James T. Hamilton)의 분석에 따르면, 이는 정치가 아닌 인쇄기술 및 배송 수단의 발달과 관계가 있다.[19] 이전까지 해당 블럭(block) 정도에 배포되던 신문이 인쇄기술의 발달로 인해 대량 생산이 가능해지고 배송 수단의 발달로 도시 전체로 배송할 수 있는 환경이 조성된 것이다. 따라서 신문사들은 경제적 이윤을 극대화하기 위해 생산 규모를 키우고 이전보다 훨씬 넓은 지역으로 배포하기를 원하게 되었다. 이를 위해서는 이전보다 다양한 독자들이 수용할 수 있는 논조와 정파성을 가질 필요가 있었다. 한 블럭에 사는 독자들의 정치성향은 대부분 유사할 가능성이 높으나 지역이 확대되면서 더 다양한 독자들을 대상으로 기사를 작성할 필요가 생긴 것이다.

최근에도 언론의 정파성이 경제적 동기에 의해 좌우된다는 것을 보여주는 여러 사례들이 꽤 존재한다. 가장 대표적인 사례가 바로 미국 미디어의 진보 편향(Liberal Bias) 논란이라 할 것이다. 트럼프 대통령 취임 이전부터 학계에서는 미국 미디어가 평균적으로 중도보다 약간 진보로 포지셔닝 한다는 논란이 있어 왔다. 이런 경미한 정도의 진보 편향성이 존재하는지 여부에 대해 많은 학자들이 논쟁을 벌여왔으나 이를 뒷받침할 만한 계량적 증거를 제시하기는 쉽지 않다. 저널리스트들은 언론의 가장 기본적인 가치인 '객관성'을 의심받을 수 있는 이런 주장에 동의하지 않았고 논란은 아직도 이어지고 있다.

이런 현상을 조직문화적 동기로 설명하는 학자들도 있다. 조직문화적 설명의 가장 큰 근거는 미국 언론인들의 개인적 정치성향이라 할 수 있다. 윌호이트 교수 연구팀은 지난 1970년대부터 정기적으로 미국의 기자들을 대상으로 설문조사를 실시해 오고 있다. 이 설문 조사 결과를 보면 지난 수십 년간 미국 기자 집단은 일반 유권자의 평균보다 진보적인 성향이며 민주당 지지자들로 구성되어 있다. 또 이러한 민주당 지지 현상이 같은 기간동안 더 강화되어 왔다.[20]

그러나 경제학적 시각에서 보면 미국 미디어에 경미한 진보 편향이 존재하는 것은 이윤을 극대화하기 위한 '합리적' 선택의 산물이라고 볼 수 있다. 해밀턴은 '광고주 가치(advertiser value)'와 '부가적 시청자(marginal viewer)'의 두 가지 개념으로 이러한 현상을 설명한다.[21] 뉴스의 가장 큰 소비자가 50대 남성이라는 것은 잘 알려진 사실이다. 그러나 해밀턴의 설명에 따르면, 실제 뉴스 제작자들은 이 계층을 타깃으로 뉴스를 만들지 않는다. 왜냐하면, 뉴스 제작자들이 가장 먼저 고려하는 가치는 앞서 언급한 두 개념, 즉 '광고주 가치'와 '부가적 시청자'이기 때문이다. 즉 '50대 남성'은 광고주들이 신경 쓰는 소비자층이 아니며 특별히 해당 집단에 특화된 콘텐츠가 아니어서 뉴스를 습관적으로 소비하는 계층이다. 또 국내 방송 제작 현실을 고려하면 방송사들은 뉴스 프로그램 자체를 통해 광고를 수주하여 이윤을 창출하기보다는 엔터테인먼트 등의 콘텐츠가 훨씬 더 중요하다. 따라서 뉴스는 해당 채널의 브랜딩을 위한 도구이면 그 자체의 수익 창출 효과는 미미하다. 따라서 뉴스는 '광고주 가치'가 높으면서 '부가적 소비자'로서의 가치가 높은 잠재적 뉴스 소비층을 대상으로 제작하는 것이 일반적이라는 주장이다. 이런 맥락에서 보면 미국 언론들이 평균적으로 약간 중간보다 진보적인 성향을 보이는 것이 당연할 수 있다.

그렇다면 이런 메커니즘이 어떻게 경미한 진보 편향성을 설명할까? 해밀턴에 따르면, 광고주들이 가장 중요하게 생각하는 소비층은 35세에서 49세의 여성층이다.[22] 이들은 각 가정에서 소비를 주도하고 구매와 관련된 의사결정을 내린다. 또 대체로 뉴스 소비를 '습관적'으로 하기보다는 선호에 따라 하는 계층으로 볼 수 있어 '부가적 시청자' 또는 '산토끼'에 해당하는 계층이다. 따라서 언론사들이 경제적 이윤을 극대화하는 의사결정을 한다면 이 계층의 선호에 맞는 뉴스를 제작하는 것이 합리적인 결정이라는 것이다. 반면, 이 계층은 미국 유권자 중 가장 상대적으로 진보적인 정치성향을 가진 집단이다. 따라서 약간의 진보적 경향성은 언론사들의 경제 논리에 근거한 합리적 결정의 산물로 볼 수 있다는 것이다.

경제적 고려가 정파성에 결정적 영향을 미친 사례로 미국 폭스뉴스(Fox News)를 꼽는 학자들도 많다.[23] 경제학자들은 뉴스 시장에서 '경쟁'이 반드시 뉴스의 정확성을 담보하지 못한다고 본다. 즉 경쟁이 치열한 시장에서는 언론 매체들의 이념 마케팅이 늘어날 가능성이 높고 뉴스에 왜곡이 나타날 가능성이 높아진다는 것이다. 따라서 '경쟁'보다는 뉴스 소비자의 '다양성'이 더 중요할 수 있다.

가령 뉴스 채널로서 후발주자였던 폭스뉴스(Fox News)가 이미 걸프전쟁 기간 동안 상당한 인지도를 쌓은 CNN과 경쟁하기 위해서는 차별화 전략이 필요했다. 앞서 기술한 미국 언론의 전반적인 경향성을 사실로 간주한다면, 이미 중도 또는 중도-진보 성향의 시장은 포화상태라고 볼 수 있어 폭스뉴스 입장에서는 보수화 전략이 합리적인 포지셔닝일 수 있다는 주장이다.

어찌 보면 한국의 대부분 종합편성 채널들은 모신문들의 정파성을 따라갈 것인지 아니면 신문과 방송 겸영이 일반화된 일본의 경우처럼 분리를 선택할 것인지에 대한 판단을 내릴 때 폭스뉴스의 전략을 따른 것으로 해석될 수 있다. 반면, 손석희 사장 영입을 통해 짧은 기간 내에 '진보화'를 택한 JTBC는 철저히 '광고주 가치'와 '부가적 소비자'의 개념에 충실한 전략으로 급선회한 것으로 해석할 수 있다.

마지막으로 최근 한국정치에서 가장 논쟁적인 사안 중 하나는 여론조사 신뢰도라고 할 수 있다. 바로 선거 관련 보도에서 엄청난 비중을 차지하는 경마식 보도, 그리고 경마식 보도의 중심인 여론조사와 관련한 보도가 범람하는 것도 언론의 경제적, 조직문화적 동기들로 설명이 가능하다. 우선 여론조사는 조직문화적 측면에서 보았을 때 최소한의 노력으로 저널리즘의 기본 가치인 '독립성'과 '객관성'을 담보할 수 있는 기사 유형이다. 선거 때마다 홍보효과를 노리는 여론조사 업체들이 쏟아내는 여론조사 결과가 넘쳐난다. 따라서 특별히 비용을 들이지 않고도 최신 여론조사 결과를 인터넷 검색만으로도 찾아내 기사를 작성하는 것이 가능하다. 즉 기자가 특별한 취재 없이 간단한 인터넷 검색을 통해 몇 시간이면 작성할 수 있는 기사인 것이다. 따라서 언론의 가장 중요한 '가치'라고 볼 수 있는 '마감시간'을 맞추기에 용이하다. 여기에 여론조사 기사는 정치권 등의 취재원에 의존할 필요가 없어 '독립성'이 담보되며 데이터에 기반하였으므로 최소한의 '객관성'도 담보할 수 있다. 또 많은 뉴스 소비자들이 복잡하고 어려운 정책 관련 기사보다는 경마식 보도에 더 관심을 가지기 때문에 경제적 측면에서도 유리한 기사라고 볼 수 있다.[24] 한마디로 경마식 보도야말로 조직문화적, 경제적 동기를 두루 충족시킬 수 있는 기사 소재라 할 것이다. 이는 왜 경마식 보도가 선거보도의 큰 부분을 차지하는지 설명한다.

4. 유권자와 미디어

미디어의 역할이 증대되면서 유권자의 태도와 의사결정에 영향을 미치는 다양한 작동 메커니즘에 대한 연구결과들이 축적되었다. 이 절에서는 지난 30~40년간 축적된 연구결과에 기반하여 미디어가 유권자의 태도와 의사결정에 영향을 미치는 과정을 살펴본다.

미디어가 유권자의 태도나 의사결정에 어떻게 영향을 미치는지를 알기 위해서는 이에 앞서 기존의 정치학적 시각에서 유권자들의 행동을 설명하는 대표적 모델인 '미시간모델(Michigan Model)'을 살펴볼 필요가 있다. 어찌 보면 바로 이 미시간모델이 정치영역에서 미디어 관련 연구의 암흑기를 가져왔다고 해도 과언이 아니다. 구체적으로는 컨버스(Phillip Converse)는 『미국 유권자(The American Voter)』에서 미국 유권자들의 지지정당이 상당히 어린 나이에 형성되는 경우가 많고 부모의 지지정당과의 상관관계가 높다는 것을 밝혔다. 또 한 번 형성된 지지정당에 대한 태도는 강한 지속성을 보인다는 것도 발견했다.

미시간모델은 정치행동을 설명하는 가장 중요한 이론이 되었으며 이는 정치커뮤니케이션 분야에는 암흑기를 의미했다. 지지정당이 매우 일관되고 지속적인 속성이며 이것이 유권자 행동의 대부분을 설명하는 변수라면 미디어, 선거 캠페인을 포함한 커뮤니케이션 행위는 매우 제한적인 영향을 가질 수밖에 없다는 것을 의미했다. 대부분의 학자들은 선거 국면에서 선거 캠페인 등의 효과는 기존의 정당 지지를 '강화'해 주는 정도의 효과를 가진 요인이라고 생각하게 되었다.

그러나 정당정치의 약화로 미시간모델에 대한 수정주의적 시각이 대두되기 시작했다. 정당정치의 약화는 유권자들의 정당투표 약화를 의미하기도 했기 때문이다. 이런 맥락에서 특정 정당의 지지를 표시하지 않는 중도 성향의 새로운 유권자 층의 출현에 주목하는 학자들이 많았다. 이러한 수정주의적 시각들은 미시간모델로부터의 완전한 탈피를 의미하는 것은 아니었으나 학계에서 철옹성처럼 그 지배적 지위를 고수해 온 미시간모델에 균열이 보이기 시작한 것으로 볼 수 있다.

미시간모델의 지배적 지위에 균열이 생기기 시작하면서 미디어와 커뮤니케이션이 정치영역에서 영향을 미칠 수 있는 여지가 늘어나기 시작했다. 여기에서 큰 전환점이 되는 첫 번째 연구가 바로 '아젠다 세팅(agenda-setting)'이다. 텍사스대의 커뮤니케이션 학자인 맥콤(Max McComb)은 1968년 미국 대통령선거 기간 동안 실시한 연구결과에 기반하여 1972년 처음으로 언론에 자주 등장하는 이슈들과 유권자들이 국가적으로 중요하다고 생각하는 이슈들 사이에 매우 높은 상관관계가 존재한다[25]는 것을 발견했다. "미디어가 무엇을 생각할지 얘기해 주지는 못하나 무엇에 대해 생각할지는 말해준다"는 저자의 말이 아젠다 세팅 효과를 함축적으로 요약해 준다. 미디어가 유권자의 태도나 의사결정을 직접 결정하는 '설득 효과'는 없으나 최소한 무엇에 대해 생각해 보아야 하는지를 알려주는 효과는 있다는 것이다. 이는 기존의 '제한적 효과'이론보다는 훨씬 강한 미디어 효과를 인정하는 시각으로 볼 수 있었다.

그렇다면 이런 새로운 이론적 배경에서 상정하는 유권자는 어떤 모습일까? 그들은 어떻게 정보를 프로세싱하는가? 대의민주주의의 전제는 '정보화된 유권자'라 할 수 있다. 이런 시각에서는 유권자가 여러 정책적 사안에 대한 다양한 정보를 취합하여 이를 종합 평가한다고 상정한다. 이러한 종합적 평가를 통해 최종 결론에 도달하는 매우 합리적인 의사결정 과정을 거친다고 상정하는 것이다. 만약 유권자들이 제대로 된 의사결정을 내릴 능력이나 의사가 없다면 대의민주주의제가 제대로 작동할 수 없을 것이다.

유권자가 과연 이러한 방식으로 사고할까? 민주주의이론이 상정하는 유권자의 비현실성에 대한 연구결과는 무궁무진하다. 이는 사실 정치라는 영역의 속성을 고려할 때 별로 놀라운 일이 아니다. 대부분 유권자는 생업으로 바쁘고 너무나도 많은 정보를 소화해야 하는 일종의 정보과부하(information overload)의 상황에 처해 있다고 할 수 있다. 반면, 정치는 대부분 유권자 개인의 이익에 직접적인 영향을 주는 영역이 아니다. 누가 대통령에 당선되는지가 자신이 얼마의 수입을 올리게 될지에 얼마나 영향을 줄 것인가? 또 자신의 지역구 국회의원이 누가 되는지에 따라 직접적인 영향을 받는 유권자 또한 그리 많지 않다. 따라서 정치는 사회심리학에서 이야기하는 전형적인 '저관여 과업(low-information processing task)'에 해당한다고 볼 수 있다.[26] 사회심리학에서는 이러한 영역에서의 의사결정은 종합적인 정보의 분석과정을 거치기보다는 정보단서(infor-

mation shortcut)에 근거하게 되는 경우가 많다고 본다. 이런 시각으로 보면 단편적인 정보단서를 통해 해당 의사결정에 들어가는 노력과 비용을 최소화함으로써 '경제적'인 의사결정이 가능해진다. 이는 부동산이나 주식투자와 같은 자신의 이익이 직접 관련되어 다양한 정보를 최대한 취합하여 종합적인 판단을 내리는 '고관여 과업(high information processing task)'과는 차별화된다.

이 과정에서 미디어는 정보 단서를 제공하는 중요한 근원이 되며 유권자는 이를 통해 정보과부하를 극복할 수 있게 된다. 이러한 시각에서 보면 '아젠다 세팅' 효과가 나타나는 것은 유권자들이 언론이 아젠다를 규정할 권위를 가졌기 때문이라고 생각하기 때문이 아니라 언론보도를 통해 자주 접한 이슈들이 머릿속 가장 '꼭대기'에 남아 인지적으로 쉽게 접근 가능한 이슈들이 되기 때문이다.[27] 이는 일종의 '접근 가능성'에 기반한 인지적 '왜곡' 현상이라 볼 수 있다. 가령 도표 12.2는 1993년 이후 2017년경까지 미국의 실제 범죄율과 '범죄가 중요한 국가적 이슈'라고 생각하는 미국 유권자의 비율을 보여준다. 실제 범죄율은 이 기간 동안 지속적으로 낮아졌으나 유권자들이 범죄를 중요한 사회문제로 인식하는 비율은 2000년을 전후하여 다시 상승하는 것을 볼 수 있다. 즉 유권자가 매우 왜곡된 현실 인식을 보이고 있는 것이다.

왜 이런 왜곡이 나타났을까? 많은 학자들은 지역뉴스를 중심으로 뉴스를 접하는 미국 미디어 환경의 속성에서 그 이유를 찾는다. 즉 미국 유권자

도표 12.2 미국 범죄율 대 범죄에 대한 중요성 인식

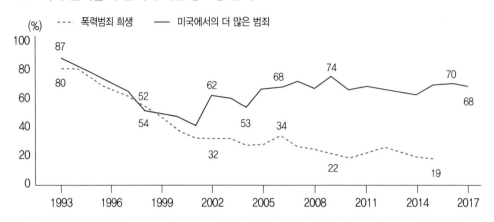

출처: Gallup; 미국 법무부 통계국(Bureau of Justice Statistics), *National Crime Victimization Survey, 1993~2015.*

들은 주로 지역 TV 뉴스를 통해 뉴스를 접하게 되는데 점점 더 치열해지는 시청률 경쟁으로 인해 많은 지역 방송국들에서 자극적인 화면을 포함하는 범죄뉴스의 보도 비중이 높아졌다. 즉, 실제 범죄율과는 관계없이 범죄뉴스의 비중이 올라가면서 유권자들이 범죄의 심각성에 대해 왜곡된 현실 인식을 가지게 된 것이다. 문제는 이런 현상이 경제 등 다양한 다른 분야에서도 똑같이 일어날 수 있다는 것이다. 한국에서도 다양한 사회문제에 대한 보도의 추이가 객관적 현실과 반드시 일치하는 것은 아니다. 가령 연예인 등 유명인들의 일탈 등에 대한 언론보도가 급증하고 악성 댓글 등으로 인한 심리적 압박에 극단적 선택을 하는 사례들이 속출하여 사회문제화 되고 있다. 반면, 체계적 연구가 필요하겠지만 연예인 등 유명인들의 일탈행위가 과거보다 늘어난 것이라기보다는 경제적 어려움으로 자극적 소재에 목마른 언론의 황색언론화로 보는 것이 더 타당할 수 있다.

미디어 등이 제공하는 정보단서에 기반한 의사결정이 정치영역에서 얼마나 효율적일 수 있는지, 특히 '완전한 정보'를 가지고 내리는 결정과 얼마나 유사할 수 있는지는 많은 논란이 있어 왔다. 일부 학자들은 이러한 정보 단서의 활용은 불가피할 뿐 아니라 매우 효율적이라고 주장한다. 루피아(Arthur Lupia) 등의 학자들은 어느 집단이 특정 이슈를 지지했는지 여부를 아는 것만으로도 유권자가 해당 이슈에 대한 모든 정보를 가지고 내릴 판단과 거의 유사한 판단을 내릴 수 있다는 것을 실험 상황에서 검증해 본 바 있다.[28] 이런 시각에서 본다면 정치영역의 가장 유용한 정보 단서는 정당일 것이다. 즉, 각 정당이 해당 이슈에서 어떤 입장을 가졌는지가 유권자에게 유용한 정보 단서가 될 수 있을 것이다.

반면, 바르텔스(Larry Bartels) 등 많은 학자들은 시뮬레이션을 통해 충분한 정보를 가진 유권자들은 여전히 그렇지 않은 유권자와 비교하여 평균적으로 상당히 다른 결론에 도달할 가능성이 높다는 것을 보였다.[29] 즉 대의민주주의이론에서 상정하는 '정보화된 유권자(informed citizenry)'로서 역할을 하기 위해서는 정보 단서만으로는 충분치 못하다는 것이다. 이 논쟁의 결론이 무엇이든 유권자들이 충분한 정보에 근거한 체계적인 평가를 통한 의사결정을 하지 않는다는 사실에는 이견의 여지가 없어 보인다.

이러한 정보 단서 기반의 유권자의 의사결정 방식의 대표적 사례는 프라이밍(priming) 효과와 관련된 연구들이다. 프라이밍은 아젠다 세팅의 확장이라 볼 수 있다. 아젠다 세팅이 미디어에 많이 보도되는 이슈가 중요한 이슈로 인식된다는 이론이라면 '프라이밍'은 이렇게 중요하게 인식된 이슈가 정치적 판단의 '기준'이 된다는 것이다.[30] 가령 유권자가 투표를 결정할 때 다양한 이슈들에서 후보자들의 입장을 종합적이고 체계적인 평가를 한 후 결정을 내리는 것이 아니라 언론에서 자주 다루어진 한 가지 이슈를 기준으로 판단한다고 보는 것이다. 앞서 기술한 바와 같이 미디어에 자주 등장한 이슈가 인지적으로 가장 접근 가능한 이슈가 되고 이 이슈가 정치적 평가의 기준이 된다는 것이다.[31] 반면, 미디어에서 자주 보도하는 이슈가 바뀔 경우 평가의 기준이 바뀌게 되는 일(Criterion Substitution)이 발생하게 된다. 결론적으로 미디어의 아젠다가 대중의 아젠다를 결정할 뿐 아니라 결국 유권자들의 정치적 판단의 기준이 된다는 것을 보여준다.

평가 기준이 중요한 이유는 어떤 기준을 적용하느냐에 따라 정치적 판단이 달라질 수 있기 때문이다. 가령 선거에서 어떤 기준으로 후보들을 평가하느냐에 따라 후보자에 대한 선호가 크게 달라질 수 있다. 따라서 평가 기준이 달라짐에 따라 미디어가 간접적이지만 매우 강력한 설득 효과와 유사한 영향력을 가지게 되는 것이다.

이러한 프라이밍 효과의 영향력을 가장 극명하게 보여준 사례로 꼽히는 것이 1992년 미국 대통령선거다. 1992년 미국 대통령선거는 한국 언론에서도 선거철마다 자주 회자되는 선거다. 바로 제2차 세계대전 이후 공화당 소속 현역 대통령이 낙선한 전후 유일한 선거이기 때문이다. 당시 재선에 실패했던 조지 H. W. 부시 대통령이 지금은 매우 존경받는 대통령으로 꼽히는 것은 아이러니하다. 민주당에 케네디가(家)가 있다면 공화당에는 부시가(家)가 있다고 해도 과언 아닐 정도로 정치 명문가 출신에다 예일대 졸업 후 제2차 세계대전에 해군 조종사로 참전하여 일본 해상에서 격추되어 바다에 표류하다 구조된 전쟁 영웅이기도 한 조지 H. W. 부시 대통령의 재선 실패를 어떻게 설명할 수 있을까?

선거 연구자의 입장에서 1992년 선거가 흥미로운 진짜 이유는 걸프전쟁의 승리로 거의 역사적으로 유례가 없을 정도로 높은 90%대의 대통령 지지율을 기록했던 부시 대통령이 선거를 6개월 앞둔 시점에서 30% 이하의 지지율을 기록하게 되었고 재선에 실패한 대통령으로까지 남게 되었을까?

이는 '프라이밍'의 개념을 적용하여 설명 가능하다. 1990년 8월, 이라크가 쿠웨이트를 침공하면서 걸프전쟁이 발발했다. 당시 미국은 매우 심각한 경제불황으로 대통령 지지율이 매우 낮은 상황이었다. 그러나 걸프전쟁이 발발하자 소위 '랠리효과(Rally Effect)'가 나타나면서 부시 대통령의 지지율이 급상승하게 되었고 1991년 초 종전 시점에는 90%까지 치솟았다.

전통적으로 이런 '랠리효과'는 유권자들의 일종의 애국심 고취로 설명한다. 즉 국가가 안보적 위기 상황에 처할 때 많은 유권자들의 애국심을 자극하게 되고 대통령을 중심으로 협력하여야 한다는 여론이 비등하게 된다는 설명이다. 그러나 이런 설명은 실제 랠리효과의 현상과 불일치하는 측면들이 꽤 있다. 특히 대부분의 전쟁상황에서 초반에는 랠리효과로 인해 대통령 지지율이 상승하게 되나 시간이 지남에 따라 랠리효과가 소멸되고 지지율이 하락하는 이유를 설명하지 못한다.

대안으로서 미디어 기반의 설명을 제시하기도 한다. 전쟁이라는 주제의 속성상 초반에는 정부가 거의 유일한 정보의 소스가 될 수밖에 없다. 따라서 대부분의 정보가 정부가 전쟁을 잘 수행하고 있다는 것을 보여주는 내용으로 채워진다. 따라서 대통령의 직무수행에 대한 대부분의 정보가 긍정적일 수밖에 없고 자연스럽게 대통령 지지율은 상승하게 된다. 반면, 전쟁이 진행되면서 점차 정부 이외의 대안적 취재원들이 출현하게 되고 정부에 불리한 뉴스도 늘어나게 되면서 정보의 균형이 맞춰지게 된다.[32] 따라서 자연스럽게 대통령 지지율도 점차 하락하는 과정을 거치게 된다. 걸프전쟁의 경우 전쟁이 일방적으로 진행되어 지지율 하락이 나타나지는 않았으나 부시 대통령의 지지율 상승은 이러한 랠리효과의 과정을 거쳤다고 볼 수 있다.

부시 대통령 입장에서는 전쟁이 너무 빨리 끝나버린 것이 문제였다. 선거가 치러지는 1992년 초에는 이미 전쟁은 더 이상 유권자의 머릿속에

도표 12.3   프라이밍 효과: 조지 H.W. 부시 대통령 지지율

출처: Gallup.

없었다. 종전 이후 언론과 미디어는 다시 대중의 주목을 끌 만한 주제가 필요했고 전쟁 이전의 관심사였던 '경제'가 프라이밍 되면서 대통령의 직무수행 능력의 평가 기준이 '전쟁'에서 '경제'로 급속하게 바뀌었고 좋지 않은 경제상황에 근거하여 평가했을 때 대통령은 좋은 평가를 받기 어려웠다. 지지율 급락은 필연적이었다.[33] 한 가지 아이러니는 선거가 치러진 1992년에는 이미 미국 경제가 회복단계에 들어섰으나 언론은 계속 경제 상황이 좋지 않은 것으로 보도하였고 실제 경제 상황보다는 언론의 프라이밍의 영향으로 부시 대통령이 재선에 실패하는 결과로 연결되었다는 연구결과들이 발표되기도 했다.[34]

한국에서도 최근 '코로나19'의 대유행이 시작하고 한국의 성공적 대응이 세계적으로 관심을 받자, 40% 중반대까지 하락했던 문재인 대통령 지지율이 70%에 육박하면서 21대 총선에서 집권 여당의 대약진으로 이어졌다. 반면, 선거 직후부터 정부 여당에서 잇달아 내놓은 부동산정책 발표로 대통령 직무수행 평가의 기준이 '코로나19'에서 '부동산정책'으로 바뀌면서 불과 석 달 만에 지지율이 25% 포인트 가까이 하락했다.

마찬가지로 과거에는 소위 '북풍'이라 하여 선거 때 북한의 도발이 일어날 경우 보수 정당에 유리하게 작용하기도 했는데 이것 또한 학문적으로는 '프라이밍'과 '랠리효과'로 해석할 수 있다. 즉 '안보' 이슈에 대한 '이슈 소유권'이 진보보다는 보수 정당에 있다고 볼 수 있어 북한의 도발로 '안보'가 정치적 평가의 기준이 될 때는 보수 정당에 유리하게 작용했던 것으로 해석 가능한 것이다.

정치커뮤니케이션에서 가장 중요한 영역 중 하나로 여겨지는 정치광고에 관한 다양한 연구도 축적되고 있다. 한국의 경우 선거자금법에 규제가 많고 정치광고 자체에도 각종 규제들이 있어 아직 정치광고가 활성화되지 못하고 있다. 그러

도표 12.4 프라이밍 효과: 문재인 대통령 지지율

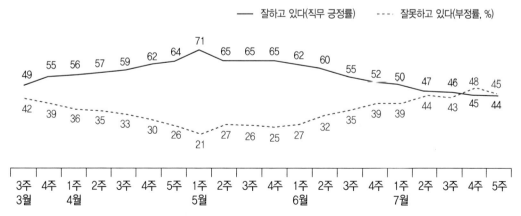

출처: 한국갤럽.

나 미국에서는 선거 캠페인에서 가장 많은 자원이 TV 광고에 투입된다. 캠페인 대부분이 직접 후보자들이 유권자를 만나는 '지상전(Ground War)' 보다는 TV 광고를 통해 이루어지는 '공중전(Air War)'에 맞춰져 있다. 선거 캠페인과 정치광고에 소요되는 비용을 선거의 흥행을 이끌고 민주주의를 실현하는 비용 개념으로 받아들이는 분위기다. 향후 한국에서도 정치자금법 현실화가 이루어진다면 정치광고가 활성화될 것으로 예상해 볼 수 있다.

정치광고 관련 연구는 크게 두 가지 분야로 분류될 수 있다. 우선 정치광고의 전략적 측면에 관한 연구가 있다. 정치광고가 가장 많이 방송되는 것은 경합이 벌어지고 있는 격전지다. 가령 캘리포니아주에 거주하는 유권자라면 대통령선거에서 가장 많은 선거인단 수를 가지고 있으나 정작 선거철에는 정치광고를 접할 기회가 거의 없다.

매 선거 때마다 캘리포니아는 민주당이 가져갈 것이 거의 확실하기 때문에 공화당도 민주당도 광고를 할 필요를 느끼지 못하기 때문이다.

이러한 논리는 후보자들의 또 다른 희소자원인 '시간'의 배분에서도 동일하게 적용된다.[35] 후보자들의 방문은 경합이 벌어지고 있으면서 상당한 정도의 선거인단 숫자를 동시에 가지고 있는 수 개 주에 집중되게 되고 대다수 지역의 유권자들은 대통령 후보자와 마주할 기회를 평생 가지지 못하는 결과로 이어진다. 실제로 이러한 현상은 한국정치에서도 나타난다. 도표 12.5는 18대와 19대 대통령선거에서 후보자들이 방문한 지역을 광역단체별로 표시한 것이다. 사선은 18대와 19대에서 동일한 빈도로 방문했다는 의미다. 18대 당시에는 경합이 없었던 두 정당의 전통적 텃밭인 영호남지역은 후보자들의 방문이 거의 없었던 반면, 수도권에 많은 방문이 편중되어 있는 것

도표 12.5 영호남지역 대통령 후보 방문 빈도: 18대와 19대 비교

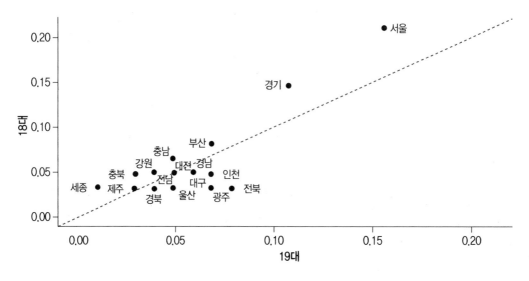

을 볼 수 있다. 반면, 안철수 후보의 출마로 영호남 모두 어느 후보도 안심할 수 없는 구도였던 19대 대선에서는 영호남지역의 방문 빈도가 18대에 비해 뚜렷이 늘어난 것을 볼 수 있다.

다음으로 정치광고의 '콘텐츠'적 측면에 대한 연구들이 있다. 많은 학자들이 정치광고의 콘텐츠를 분석하여 선거에 나선 후보자들의 메시지 전략 등을 연구한 바 있다. 가령 정치광고에는 일종의 시퀀싱(Sequencing)이 존재하는데 선거 초반에는 인지도(familiarity)를 높이기 위한 광고가 주류를 이루게 된다. 이들은 대개 후보자의 이름을 반복적으로 노출시킴으로써 지명도를 올리는 데 초점이 맞춰져 있는 광고들이다. 심지어 어떤 광고들은 별 내용이 없이 후보자의 이름만 반복적으로 언급하는 광고들도 수두룩하다. 또 후보자의 가족은 물론 반려견까지 등장하여 가족중심적 가치를 중시하는 후보라는 이미지를 부각시키는 전형적인 인지도 광고도 많다. 이후 이슈 광고가 등장하기 시작하는데 선거 중반까지는 경쟁 후보에 대한 언급은 자제하고 후보 자신의 정책 입장을 홍보하는데 치중하는 포지티브(positive) 메시지 전략이 주로 사용된다. 마지막으로 네거티브(negative) 광고가 등장하게 된다. 실제로 선거 후반, 특히 경합이 벌어지고 있는 선거에서는 네거티브 광고가 주류를 이룬다는 것이 잘 알려져 있다.

한국정치에서도 대선 때마다 정치광고가 주목받기 시작한 지 오래다. 가장 대표적인 사례가 바로 노무현 대통령이 2003년 대선 당시 내놓았던 '노무현의 기타'라는 TV 광고에서 기타를 치며

'상록수'를 부르는 감성적 호소가 당시 보수정당의 후보였던 판사 출신 이회창 후보의 냉정한 이미지와 대비되면서 큰 반향을 불러일으켰다는 것이 많은 전문가들의 평가이다. 또 이명박 전 대통령의 '욕쟁이 할머니'도 국밥집 할머니를 등장시켜 이 전 대통령의 서민적 이미지를 부각시키면서 당선에 기여한 것으로 평가받는다.

광고 메시지 전략의 중심은 '이슈 소유권(Issue Ownership)'[36]이라 할 수 있다. 이슈 소유권 개념에 따르면 정치에서 가장 중요한 정보 단서는 '정당'이다. 그리고 각 정당은 기존의 경력에 따라 이슈마다 서로 다른 이슈 핸들링 명성 또는 유권자의 고정관념에 기반한 평가를 가진다. 가령 미국의 민주당은 복지 등의 이슈에서 공화당보다 높은 명성을 가지고 있는 반면, 안보 등에서는 공화당이 더 높은 명성을 가지고 있는 것이다. 한국에서도 보수정당은 안보, 진보정당은 인권 등의 이슈를 '소유'하는 것으로 간주된다.

각 정당은 각자 자신이 상대적으로 높은 평가를 받는 이슈를 강조하고 경쟁 정당이 강점을 가진 이슈에 대한 논쟁은 최대한 피하려는 경향을 보인다. 이를 통해 해당 정당이 강점을 가진 이슈가 선거 등에서 중요한 이슈로 부각되기를 기대한다. 앞서 기술한 프라이밍 개념과 함께 적용하면 이러한 전략을 통해 평가의 기준을 바꿈으로써 자신에게 유리한 평가를 유도할 수 있다는 것이다. 이런 정당들의 시도는 매우 분극화된 선거 레토릭(rhetoric, 수사)을 만들어 낸다.[37] 즉 거의 대부분 후보들은 자기 소속 정당이 강점을 가진 이슈들에 대해서만 이야기하고 경쟁 후보가 강점을 가

진 이슈들에 대해서는 언급하지 않는 경향성이 강하게 나타난다고 알려져 있다. 따라서 선거 캠페인은 양 정당의 후보들이 자기 정당의 이슈가 해당 선거에서 결정적인 영향력을 가지는 이슈로 만들기 위해 벌이는 레토릭 전쟁으로 볼 수 있다.

이런 캠페인의 속성이 민주주의에 가지는 함의는 매우 명백하다. 선거 캠페인은 국가나 국민들에게 중요한 이슈에 대한 진영 간의 심도있는 논쟁을 이끌어내지 못하고 각 후보별로 자기에게 정치적으로 유리한 이슈에 대한 레토릭을 앵무새처럼 반복하는 과정으로 전락하게 될 가능성이 매우 높은 것이다.[38] 실제로 미국의 연구에서는 역대 공화당과 민주당 대통령 후보들이 소속 정당이 '소유'하는 이슈들의 논의에 치중해 왔다는 것이 밝혀졌다.

선거에서는 후보자의 인종, 성별, 직업 등 다양한 정체성이 이슈 소유권의 근원으로 작용할 수 있다. 가령 여성 후보가 '교육'문제에 대해 남성 후보들보다 높은 평가를 받는다든지, '안보' 또는 '국방'과 관련된 이슈에서는 남성 후보들이 더 높은 평가를 받는다든지 하는 현상이다. 이런 해당 집단에 대한 고정관념에 기반한 평가가 얼마나 정확한지 여부와 무관하게 정치적으로 상당한 영향을 줄 수 있다는 것이 잘 알려져 있다. 한국정치에서도 전통적으로 진보 정당은 '인권', '성차별', '노동', '통일' 등의 이슈에서 보수 정당보다 높은 평가를 받고, 보수 정당은 '경제', '국방' 등의 이슈에서 상대적으로 높은 평가를 받는 등의 '이슈 소유권'이 나타나고 있다.

이러한 집단 정체성에 근거한 평가가 반드시 '이슈'에서의 유능함에 대한 평가에 국한되는 것은 아니며 해당 정치인에 대한 다양한 개인적 속

도표 12.6 미국 민주당 대 공화당: 이슈 소유권

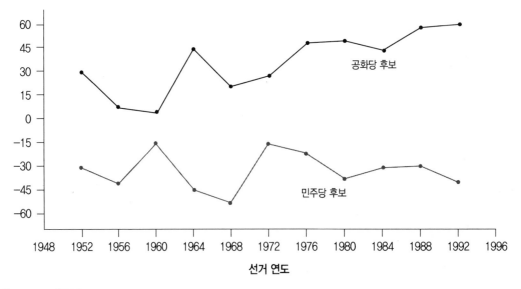

출처: Petrocik (1996).

성에 대한 평가로 이어질 수도 있다. 가령 미국 정치에서 여성 후보자들이 왜 많이 당선되지 못하는가를 설명할 때 유권자들이 가진 고정관념이 큰 장애요인이라는 분석이 많다. 여성 후보들은 남성 후보들보다 '도덕성' 덕목에서는 앞선다는 고정관념이 많지만, '능력' 면에서는 뒤진다는 고정관념이 많다는 것이다. 미국정치에서 많은 유권자들이 '능력'이 '도덕성'보다 중요한 덕목으로 보기 때문에 여성 후보자들이 선거에서 성공하기가 쉽지 않다는 분석인 것이다. 한국정치에서는 '도덕성' 덕목이 오히려 '능력'보다 중요시 된다고 보는 학자들이 많고 각 정당의 여성할당제도로 인한 여성 진출이 증가하고 있기는 하지만, 여전히 남성 당선자 수가 압도적으로 많다. 반면, 여성 후보들이 '교육', '육아' 등의 이슈에서 강점을 보이는 반면, '경제', '국방' 등의 이슈에서는 남성 후보들에 대한 고정관념이 더 긍정적이라고 볼 수 있다.

5. 뉴미디어와 정치

지난 20여 년간 인터넷의 등장이 정치커뮤니케이션과 정치과정 전반에 가져온 변화는 엄청나다. 그리고 이 20년의 현장실험이 우리에게 주는 교훈도 매우 분명하다. 인터넷의 등장은 뉴스 소비의 극심한 분극화를 불러왔고 이는 결국 유권자의 정치적 양극단화에 크게 기여하는 결과로 이어졌다.

사실 기술의 발전과 그에 따른 새로운 미디어

의 등장이 정치영역에서 가져올 긍정적 효과에 대한 기대는 새로운 것이 아니었다. 가령 1950년대 TV가 본격적으로 보급됐을 때 일반 유권자들의 응접실에서 직접 정치와 관련된 사안들을 접할 수 있게 해주는 새로운 매체에 대한 기대가 높았다. 그러나 앞서 기술한 바와 같이 TV의 등장이 정치에 가져온 가장 큰 변화는 이미지 정치와 '돈정치' 시대의 도래라고 볼 수 있다.

1970~1980년대에 케이블 TV가 등장했을 때에도 학계의 기대가 높았다. CNN이나 CSPAN 등의 채널을 통해 하루 24시간 유권자에게 필요한 정보를 제공하는 케이블TV야말로 지속적으로 추락하던 투표율을 상승시키고 민주시민 양성에 기여할 매체로 본 것이다. 그러나 프라이어(Markus Prior)나 커넬(Samual Kernell) 등의 연구에 따르면 케이블 TV의 등장은 엔터테인먼트 콘텐츠 소비를 크게 늘리고 뉴스나 정보 콘텐츠 소비를 오히려 축소시키는 역효과를 가져 왔다.[39] 채널 선택의 폭이 넓어지면서 대부분의 사람들이 하루 종일 아무런 뉴스에도 노출되지 않고 지나갈 수 있는 시대가 도래한 것이다. 바움과 커넬 등의 연구에 따르면 128개의 미국 대통령 TV 연설과 기자회견을 분석한 결과, 레이건 대통령 이후 꾸준한 시청률 하락세를 나타낸 것으로 나타났다.[40] 한국에서도 TV 시청률 하락의 흐름은 뚜렷이 나타나고 있다. 특히 초고속 인터넷망이 발달하고 모바일로의 전환이 세계에서 가장 빠르게 나타나는 한국의 속성상 이러한 TV 시청률 하락 현상도 매우 급속하게 진행되어 왔다.

인터넷의 등장은 TV나 케이블TV와는 비교도

되지 않을 정도로 학계의 높은 관심을 받았다. 기존 매체와 비교하여 인터넷의 가장 큰 특징은 바로 콘텐츠의 다양성 및 방대함, 그리고 소비자의 선택권이다. 기존의 매스미디어와는 달리 엄청나게 방대한 콘텐츠가 존재하고 소비자가 원하는 콘텐츠에 선택적으로 노출할 수 있다. 바로 이런 특징 때문에 1990년대 말 인터넷이 처음 보급되었을 때, 뉴스 소비 비용을 감소시켜 유권자들 간의 정치 지식 격차를 줄이는 데 크게 기여할 것이란 기대를 받았다. 누구든 원하는 정치 관련 콘텐츠를 쉽게 검색하여 원하는 시간에 볼 수 있는 기회를 제공함으로써 노출에 소요되는 비용을 획기적으로 줄여줄 매체로 보았다.

하지만 현실은 기대와는 판이했다. 우선 정치에 관심이 있는 사람만 인터넷에서 정보를 찾아보게 됐고, 지식 격차는 더 커졌다. 인터넷이 오히려 유권자 간의 부익부 빈익빈 현상을 심화시킨 것이다. 그뿐 아니라 인터넷의 보급으로 기성 매체를 통한 정보 취합은 오히려 줄어들었다. 반면 인터넷상에서의 주요 콘텐츠 소비는 엔터테인먼트와 관련된 콘텐츠로 볼 수 있다. 이는 결국 지식 격차의 증대로 귀결될 수밖에 없다.

더 심각한 문제는 바로 소위 선택적 노출로 인한 에코체임버(echo-chamber, 반향실)의 문제다. 전통적으로 라자스펠드의 연구 이후 커뮤니케이션 연구에서 가장 강력하게 지지되어온 이론 중 하나는 바로 '선택적 노출'이다. 유권자들은 네트워크를 통해 자신이 가진 기존의 성향과 일치하는 정보를 선택적으로 취득한다고 보는 것이다. 이것이 유권자 자신의 적극적인 노력에 의

한 것이든 인적 네트워크에 기반한 배경적 원인에 기인한 것이든 이러한 '선택적' 노출이 일어난다는 사실에는 크게 이견이 없는 듯하다. 가령 아옌가(Shanto Iyegnar)와 한(Kyu S. Hahn)의 연구에 따르면, 동일한 제목과 내용의 기사임에도 불구하고 유권자의 성향과 유사한 언론 매체의 기사로 제시될 경우 훨씬 더 많이 선택받게 된다.[41] 이러한 개별 유권자 차원에서의 행동적 속성이 가지는 집합적 차원의 함의는 명확하다. 유권자들은 더 이상 유사한 정보에 노출되지 않고 자신이 동의하는 정보에만 노출될 것이라는 점이다. 이를 통해 결국 서로 매우 다른 정보에 기반하여 의사결정을 내리게 되고 사회적 합의의 여지는 점점 줄어들고 있다고 볼 수 있다.

최근 많은 관심을 받고 있는 소셜미디어도 별다를 것이 없어 보인다. 페이스북이나 유튜브 등의 소셜미디어는 풀뿌리 민주주의의 훌륭한 도구가 될 것이라는 당초 기대와는 달리 각종 가짜뉴스의 온상이 되고 있다. 소셜미디어에서도 '에코체임버(echo-chamber)' 현상은 예외 없이 나타나고 있다. 신문·방송 등 매스미디어는 진보건 보수건 대다수 유권자가 수용할 수 있는 정도의 범위에 속하는 시각들을 보도한다. 반면, 소셜미디어는 틈새시장을 노리는 매체들이 난립하고 극단적이고 자극적인 시각들이 여과 없이 유통되고 있는 실정이다. 이러한 '에코체임버' 현상이 소위 '가짜뉴스'가 창궐하는 가장 중요한 환경적 요인으로도 볼 수 있다. 진영 논리가 팽배해 지면서 자기 진영의 이익에 부합하는 '가짜뉴스'를 쉽게 접하게 됨은 물론 이를 여과 없이 받아들이고 전

글상자 12.3   에코체임버 현상

'에코체임버(echo-chamber)(반향실)' 현상은 유권자가 기존의 믿음과 일치하는 메시지에만 선택적으로 노출되고 불일치하는 메시지에는 노출되지 않아 기존의 믿음이 증폭, 강화되는 현상을 일컫는다. 특히 '선택적 노출'이 가능한 인터넷과 소셜미디어 등이 정보 유통의 주요 경로로 자리 잡으면서 이러한 현상이 매우 심화되고 있다. 궁극적으로 노출되는 정보가 매우 분극화되어 더 이상 의사결정의 기반이 되는 정보 자체가 달라지게 되고 더 이상 사회적 합의점을 찾는 것이 불가능해지는 지경에 이를 것이라는 사회적 우려가 제기되고 있다. 이러한 '에코체임버' 현상이 소셜미디어 등 매체 환경의 변화와 맞물려 가짜뉴스 창궐의 원인을 제공하고 있다는 견해도 많다.

파시키는 현상이 나타나고 있는 것이다.

이러한 인터넷과 소셜미디어 등의 발달이 실제로 정치적 양극단화로 이어졌을까? 정치적 양극단화와 관련한 학계의 결론은 논쟁적이다. 대다수 학자들은 정치 엘리트들 사이에 양극단화가 매우 심각하고 과거보다 더 심각한 수준이라는 점에는 큰 이견이 없다.[42]

반면, 일반 유권자들의 양극단화가 얼마나 심한지, 그리고 과거보다 심화되었는지에 대해서는 학자들 간의 논쟁이 존재한다. 피오리나(Morris Fiorina) 교수 연구팀은 정책에 대한 입장이나 자신의 정치이념을 '중도'로 기술하는 유권자 비율 등에 근거하여 미국 유권자들이 과거보다 양극단

화 되었다는 증거는 없다고 주장했다.[43] 피오리나의 시각에서는 미국 유권자들이 양극단화된 것처럼 보이는 것은 양극단화 된 선택지를 제시하는 정치권의 책임으로 보는 것이다.

반면, 대다수의 학자들은 유권자들도 상당히 양극단화된 상태이며 이런 현상이 과거보다 심화되었다는 것에 동의한다. 아브라모위치(Alan I. Abramowitz)는 7개의 NES 설문 문항에 대한 답변을 기반으로 양극단화의 지표를 구성하고 이 문항들 간의 일치도가 1982년부터 2004년까지 지속적으로 상승하였다는 것을 보임으로써 일반 유권자들 간의 양극단화가 심화되었다는 것을 보였다.[44] 연구자들의 결과에 따르면, 특히 교육수준이 높고 정치에 대한 관심이 높은 계층에서 양극단화가 심화되었다는 것을 보였다.

아옌가(Shanto Iyengar) 교수 연구팀은 지지정당은 더 이상 정책 입장이나 이념적 차이가 아닌 '내집단(in-group)'이냐 '외집단(out-group)'이냐의 '사회적 정체성(social identity)'의 문제로 발전했다고 주장한다.[45] 이의 한 예로 경쟁 정당 지지자들에 대한 일종의 적개심이 타 인종에 대한 적개심의 수준을 넘어선다는 것을 밝힌 바 있다.[46] 심지어 온라인 데이팅 서비스 데이터를 분석하거나 설문 데이터를 분석하여 부부 사이의 경쟁 정당의 지지자와 혼인에 이르거나 혼인생활을 유지하는 경우가 예전에 비해 훨씬 줄어들었다는 연구결과도 보고된 바 있다.[47] 이런 결과는 정치영역에서의 양극단화가 '생활의 영역'으로까지 확산되는 매우 우려스러운 상황을 잘 보여준다. 한국에서도 이념의 스펙트럼을 놓고 볼 때 자

신이 진보나 보수 성향이더라도 중도라고 표기하는 유권자들이 증가했다.

이러한 감정적 양극단화는 인터넷이나 소셜미디어 등 새로운 매체 환경의 변화와 매우 밀접한 관계가 있을 것으로 추론된다. '선택적 노출'이 만연할 수밖에 없는 인터넷 기반의 새로운 미디어 환경에서는 유권자들이 진영에 따라 매우 다른 정보에 노출될 가능성이 높다. 이제는 각 유권자가 내리는 의사결정의 기초가 되는 정보 자체가 판이하게 달라지고 있는 것이다. 상황이 이렇다 보니 '사실' 자체에 대한 합의에 이르는 것조차 불가능해 지고 있다. 실제로 소셜미디어 등에서 유권자들의 네트워크를 살펴보면 극도로 양극단화 되어 있다는 것을 보여주는 연구결과들이 많다.[48] 필자는 트위터상에서 한국 유권자들이 지지 정당에 따라 매우 양극단화 된 팔로잉을 한다는 것을 보인 바 있다.[49] 또 이와 같은 현상이 언론사 팔로잉에서도 나타난다는 것을 보인 바 있다.[50]

반면, 인터넷 댓글이나 소셜미디어상의 짧은 글들은 논리보다는 감정적 어필에 기반한 경우가 많다. 가령 2012년 대선 당시 트위터에 가장 많이 등장한 후보는 '박근혜' 후보였다.[51] 일각에서는 이것이 소셜미디어의 예측 능력을 보여주는 사례로 잘못 회자되기도 했지만, 실제 내용을 들여다보면 박근혜 후보를 원색적으로 비난하는 내용들이 대부분이었다. 이는 소셜미디어 등의 공간에서 형성되는 담론이 대부분 자기 진영 후보의 긍정적인 면이나 정책 입장을 홍보하기보다는 경쟁 후보를 원색적으로 비난하는 데 활용되는

경우가 많았다는 것을 보여준다. '진영논리'가 일상화되고 논리나 합리적 토론보다는 감정적 어필이 주를 이루는 인터넷 및 소셜미디어 담론장의 특성상 정책 입장이나 이념에 기반한 양극단화보다는 감정적 형태의 양극단화를 조장할 가능성이 높을 것으로 예상 가능하다. 이것은 점점 심화되는 양극단화의 주요 배경적 요인 중 하나가 바로 인터넷 중심의 매체 환경이라는 것을 간접적으로 보여주는 방증으로 해석 가능하다.

6. 미디어 정치 80년의 교훈

정치커뮤니케이션이라는 분야의 역사는 상대적으로 정치학의 다른 분야와 비교했을 때 짧은 편이다. 또 초창기에는 미디어 효과에 대한 회의적인 시각이 학계를 지배했다. 그러나 정당정치의 약화와 매체 환경의 변화는 이러한 시각에 급속한 변화를 가져왔다. 오늘날 정치영역에서 미디어의 영향력을 의심하는 이는 많지 않을 것이다. 아젠다 세팅이나 프라이밍 등의 대표적 미디어 효과 이론들은 이제 주류 정치학자들에게도 낯설지 않다.

불행하게도 앞서 기술한 바와 같이 미디어 정치 시대의 도래가 민주주의에 대해 갖는 함의는 끊임없는 배신의 역사로 볼 수 있다. 1940~1950년대 TV가 그랬고, 1970~1980년대에 케이블 TV의 등장도 다르지 않았다. 인터넷도 마찬가지다. 유권자들 간의 지식 격차를 줄이기보다는 증가시켰고, 풀뿌리 민주주의의 도구가 될 것으로 기대

됐지만 '에코체임버(echo chamber)'화 되고 있다. 더 이상 사회적 합의를 위한 공론장의 형성은 요원해 지고 있는 듯 하다.

더구나 신문·방송 등 기성 미디어는 진보건 보수건 어느 정도 대다수 유권자가 수용할 수 있는 정도의 범위에 속하는 시각들을 보도한다. 반면 인터넷이 불러온 1인 미디어 시대에는 틈새시장을 노리는 매체들이 우후죽순으로 생겨났다. 극단적이고 자극적인 정보가 여과 없이 유통되고 이러한 미디어 환경은 정치적 양극단화를 조장하고 있다. 정책이나 이념보다는 감정적 진영논리가 앞서는 현실을 만들어 냈다.

최근에는 소셜미디어 등을 통해 유통되는 가짜뉴스도 심각한 사회문제로 대두되고 있다. 편집자가 없는 자율적 공간에서 '공론의 장'이 형성될 수 있는지에 대한 근본적 의문이 커지고 있다.

그렇다면 온라인 미디어는 어떻게 될 것인가. 필자는 지난 2010년부터 3여 년간 한국 트위터상에서의 국회의원 팔로잉의 양극단화를 연구한적이 있다. 2010년은 국내에 트위터가 처음 들어오기 시작했던 시기로서 일종의 현장실험으로 볼수 있다. 초기 트위터상에서는 진보 성향의 유권자들이 많이 활동했던 것으로 나타났다.[52] 그러나 이후 시간이 흐르면서 보수적 유권자들도 트위터 사용이 늘면서 균형이 맞게 됐고, 그러자 트위터는 더 이상 정치적 매체로 사용되지 않는 현상이 나타났다. 유권자들이 '끼리끼리' 얘기하는 공간이 구축할 수 없으면 아예 사용하지 않는 현상이 발생한 것이다. 반면, 국내 유튜브의 경우엔 처음엔 보수 논객들이 장악한 것처럼 보였으나 최근엔 보수 논객들이 장악한 것처럼 보였으나 최근

진보 논객들도 활발히 참여하고 있다. 이러면 유튜브도 균형이 맞게 되고, 결국 정치적 활용이 줄어들게 될 것이라 예측해 볼 수 있다. 반면, 이럴 경우 다른 '끼리끼리' 소통할 수 있는 다른 매체가 유튜브를 대체하는 현상이 발생할 수도 있다.

마지막으로 정치커뮤니케이션의 환경에서 가장 특이한 점은 거대 포털 사이트 중심으로 뉴스가 유통된다는 점이다. 이 때문에 기존 언론사의 광고 등 수익모델이 점점 취약해지는 상황에서 언론사들과 포털들과의 갈등이 불거졌다. 이에 대응하기 위해 포털들은 개별 언론사들의 영향력을 낮추기 위한 알고리즘을 채택해 왔었다. 국내 포털 사이트는 각 언론사의 영향력이나 취재력 등을 고려하지 않고 모든 언론사를 N 분의 1로 나누어 사이트에 노출해 왔다. 이는 구글 등의 알고리즘 원칙과는 매우 다른, 한국의 매우 특수한 현상이라고 볼 수 있는데 이런 현상이 약 20년 정도 계속되다 보니 국내 언론 생태계는 완전히 붕괴됐다. 현재 한국의 등록 언론사가 6,000~7,000개에 달할 정도로 난립해 있다. 상황이 이렇다 보니 다수의 군소 언론사가 이념 마케팅이나 자극적인 뉴스를 유통하면서 정치적 양극단화를 조장한다. 다행인 것은 최근 포털들이 뉴스 유통정책에 변화를 주기 시작하면서 다시 개별 언론사별로 독자들이 선택하는 방식으로 전환하고 있다는 점이다. 또 소셜미디어를 통한 뉴스 유통이 활성화하면서 포털의 뉴스 유통 독점 권력이 약화되고 있기도 하다.

정치와 미디어 환경의 변화는 정치영역에서 미디어의 역할 증대를 가져왔다. 반면, 현재도 정

치와 미디어 환경은 끊임없이 변화하고 있다. 또 그 속도도 더 빨라졌다. 정치영역에서 미디어의 역할은 더 늘어날 것이라 예측할 수 있다. 어떤 방향으로 이러한 역할 증대가 이루어질 것이며 이러한 역할 증대가 과연 민주주의에 긍정적 함의를 가질 것인지 여부에 주목할 필요가 있을 것이다.

❖ 주

1) Carl Iver Hovland, *The order of presentation in persuasion* (New Haven, CT: Yale University Press, 1957).

2) Paul F. Lazarsfeld, Bernard Berelson, and Hazel Gaudet, *The People's Choice: How the Voter Makes Up His Mind in a Presidential Campaign*, Legacy Edition (New York: Columbia University Press, 2020).

3) Hovland (1957).

4) Joseph T. Klapper, *The effects of mass communication* (Washington D.C.: Free Press, 1960).

5) Martin P. Wattenberg, *The Decline of American Political Parties: 1952–1984* (Cambridge, MA: Harvard University Press, 1986); Martin P. Wattenberg, *The Rise of Candidate-Centered Politics* (Cambridge, MA: Harvard University Press, 2013).

6) M. D. Atkinson, R. D. Enos and S. J. Hill, "Candidate faces and election outcomes," *Quarterly Journal of Political Science* 4–3 (2009), pp. 229–249; Charles C. Ballew II and Alexander Todorov, "Predicting Political Elections from rapid and unreflective face judgments," *Proceedings of the National Academy of Sciences of the United States of America* 104–46 (2007), pp. 17948–17953.

7) Larry M. Bartels, "Candidate Choice and the Dynamics of the Presidential Nominating Process," *American Journal of Political Science* 31–1 (Feb. 1987), pp. 1–30; Audrey A. Haynes, Paul-Henri Gurian and Stephen M. Nichols, "The Role of Candidate Spending in Presidential Nomination Campaigns," *The Journal of Politics* 59–1 (Feb. 1997), pp. 213–225; Paul Henri Gurian, Audrey A. Haynes, Michael Crespin and Christopher Zorn, "The Calculus of Concession: Press Coverage and the Dynamics of Winnowing in Presidential Nominations," *American Politics Research* 32 (May 2004), pp. 310–337; Larry M. Bartels, *Presidential Primaries and the Dynamics of Public Choice* (Princeton, NJ: Princeton University Press, 1988).

8) Alan Abramowitz, "Viability, Electability, and Candidate Choice in a Presidential Primary Election:

A Test of Competing Models," *The Journal of Politic.* 51−4 (1989), pp. 977−992; Diana C. Mutz, "Effects of Horse-Race Coverage on Campaign Coffers: Strategic Contributing in Presidential Primaries," *Journal of Politics* 57 (1995), pp. 1015−1042.

9) William H. Riker and Peter C. Ordeshook, "A Theory of the Calculus of Voting," *American Political Science Review* 62−1 (1968).

10) Albert D. Cover, "One Good Term Deserves Another: The Advantage of Incumbency in Congressional Elections," *American Journal of Political Science* 21−3 (Aug. 1977), pp. 523−541; S. Ansolabehere, J. M. Hansen, S. Hirano, J. M. Snyder Jr. "The incumbency advantage in US primary elections," *Electoral Studies* 26−3 (September 2007), pp. 660−668.

11) Matthew A. Baum, "Sex, Lies, and War: How Soft News Brings Foreign Policy to the Inattentive Public March 2002," *The American Political Science Review*, 96−1 (Mar. 2002), pp. 91−109; Matthew A. Baum, "Talking the Vote: Why Presidential Candidates Hit the Talk Show Circuit," *American Journal of Political Science* 49−2 (Apr. 2005), pp. 213−234.

12) Thomas E. Patterson, *Out of Order* (New York: Knopf, 1993).

13) Samuel Robert Lichter and Richard E. Noyes, *Good Intentions Make Bad News: Why Americans Hate Campaign Journalism* (Washington, D.C.: Rowman and Littlefield, 1995); Kathleen H. Jamieson, *Dirty Politics: Deceptions, Distraction and Democracy* (New York: Oxford University Press, 1992).

14) Marion Just, Ann Crigler, Dean Alger, Timothy Cook, Montague Kern and Darrell West, Crosstalk: Citizens, Candidates, and the Media in a Presidential Campaign (Chicago: University of Chicago Press, 1996).

15) Daniel C. Hallin, "Sound Bite News: Television Coverage of Elections, 1968−1988," *Journal of Communication* 42−2 (1992), pp. 5−24.

16) Hallin (1992).

17) Lichter and Noyes (1995); Jamieson (1992).

18) James T. Hamilton, *All the News That's Fit to Sell: How the Market Transforms Information into News* (Princeton University Press, 2004).

19) Hamilton (2004).

20) Lars Willnat, David H. Weaver, G. Cleveland Wilhoit, *The American Journalist in the Digital Age: A Half-Century Perspective* (Bern: Peter Lang Inc., 2017)

21) Hamilton (2004).

22) Hamilton (2004).

23) Sendhil Mullainathan and Andrei Shleifer, "The Market for News," *American Economic Review* 95−4 (2005), pp. 1031−1053.

24) Shanto Iyengar, Helmut Norpoth and Kyu S. Hahn, "Consumer Demand for Election News: The Horserace Sells," *The Journal of Politics* 66−1 (Feb. 2004), pp. 157−175.

25) Max McCombs and D. Shaw, "The agenda-setting function of mass media," *Public Opinion Quarterly* 36−2 (1972), p. 176.

26) Richard E. Petty, John T. Cacioppo, *The elaboration likelihood model of persuasion* (London, England: Elsevier, 1986), pp. 124−129.

27) S. Iyengar, D. R. Kinder, *News That Matters: Television and American Opinion* (Chicago: University of Chicago Press, 1987).

28) Arthur Lupia, "Shortcuts versus encyclopedias: Information and voting behavior in California insurance reform elections," *American Political Science Review* 88−1 (1994), pp. 63−76.

29) Larry M. Bartels, "Uninformed Votes: Information Effects in Presidential Election," *American Journal of Political Science* 40−1 (Feb. 1996), pp. 194−230; S. L. Althaus, "Information effects in collective preferences," *American Political Science Review* 92−3 (1998), pp. 545−558.

30) Iyengar and Kinder (1987); Roy L. Behr and Shanto Iyengar, "Television News, Real-World Cues, and Changes in the Public Agenda," *The Public Opinion Quarterly* 49−1 (1985), pp. 38−57.

31) Jon A. Krosnick and Laura A. Brannon, "The Impact of the Gulf War on the Ingredients of Presidential Evaluations," *APSR* 87−4 (1993), pp. 963−975.

32) William D. BakerJohn, R. Oneal, "Patriotism or Opinion Leadership?: The Nature and Origins of the 'Rally Round the Flag' Effect," *Journal of Con-*

flict Resolution 45-5 (2001), pp. 661-687.

33) Jon A. Krosnick, Laura A. Brannon, "The Impact of the Gulf war on the Ingredients of Presidential Evaluations: Multidimensional Effects of Political Involvement," *The American Political Science Review* 87-4 (Dec. 1993), pp. 963-975.

34) Marc J. Hetherington, "The Media's Role in Forming Voters' National Economic Evaluations in 1992," *American Journal of Political Science* 40-2 (May 1996), pp. 372-395.

35) Daron R. Shaw, "The Effect of TV Ads and Candidate Appearances on Statewide Presidential Votes, 1988-96," *American Political Science Review* 93-2 (1999), pp. 345-361.

36) John Petrocik, "Issue Ownership in Presidential Elections, with a 1980 Case Study," *American Journal of Political Science* 40-3 (Aug. 1996), pp. 825-850.

37) Adam F. Simon, *The Winning Message: Candidate Behavior, Campaign Discourse, and Democracy* (Cambridge University Press, 2002).

38) Skmon (2002).

39) Markus Prior, "News vs. Entertainment: How Increasing Media Choice Widens Gaps in Political Knowledge and Turnout," *American Journal of Political Science* 49 (2005), pp. 577-592; Baum and Kernell (1999).

40) Baum and Kernell (1999).

41) Shanto Iyegnar and Kyu S. Hahn, "Red Media, Blue Media: Evidence of Ideological Selectivity in Media Use," *Journal of Communication* 59-1 (2008), pp. 19-39.

42) Nolan McCarty, Keith T. Poole and Howard Rosenthal, *Polarized America: The Dance of Ideology and Unequal Riches* (MA: MIT Press, 2006).

43) Morris P. Fiorina, "Whatever Happened to the Median Voter?," Paper presented at the MIT Conference on Parties and Congress, Cambridge, MA (1999); Morris P. Fiorina, Samuel J. Abrams and Jeremy C. Pope, *Culture War? The Myth of a Polarized America* (New York: Pearson Longman, 2004).

44) Alan I. Abramowitz and Kyle L. Saunders, "Is Polarization a Myth?," *The Journal of Politics* 70-2 (Apr. 2008), pp. 542-555.

45) Shanto Iyengar and Sean J. Westwood, "Fear and Loathing across Party Lines: New Evidence on Group Polarization," *American Journal of Political Science* 59-3 (July 2015), pp. 690-707.

46) Iyengar and Westwood (2015).

47) Shanto Iyengar, Tobias Konitzer and Kent Tedin, "The Home as a Political Fortress: Family Agreement in an Era of Polarization," *Journal of Politics* 80-4 (2018), pp. 1326-1338; Gregory A. Huber and Neil Malhotra, "Political Homophily in Social Relationships: Evidence from Online Dating Behavior," *The Journal of Politics* 79-1 (2017). pp. 269-283.

48) Eytan Bakshy, Solomon Messing and Lada Adamic, "Exposure to ideologically diverse news and opinion on Facebook," *Science* 348-6239 (2015), pp. 1130-1132.

49) Deokjae Lee, Kyu S. Hahn, Soon-Hyung Yook and Juyong Park, "Quantifying Discrepancies in Opinion Spectra from Online and Offline Networks," *PlosOne* (2016).

50) Kyu S. Hahn, Seungjin Ryu and Sungjin Park, "Fragmentation in the Twitter Following of News Outlets: The Representation of South Korean Users' Ideological and Generational Cleavage," *Journalism & Mass Communication Quarterly* 92-1 (March 2015), pp. 56-76.

51) Whasun Jho, Min Song, Jae Mook Lee and Erin Hea Jin Kim, "Ideological Bias and Extremism among Twitter Networks in South Korea," *Taiwanese Political Science Review* 21-2 (2017), pp. 235-276.

52) H. Lee and K. S. Hahn, "Partisan selective following on twitter over time: polarization or depolarization?," *Asian Journal of Communication* 28-3 (2018), pp. 227-246.

❖ 참고문헌

1. 한글문헌

강원택·박원호·김석호 편, 『한국정치의 재편성과 2017년 대통령선거 분석』. 서울: 나남, 2019.

2. 영어문헌

Abramowitz, Alan I., and Kyle L. Saunders. "Is Polarization a Myth?" *The Journal of Politics* 70-2 (Apr., 2008).

Abramowitz, Alan. "Viability, Electability, and Candidate Choice in a Presidential Primary Election: A Test of Competing Models." *The Journal of Politics*. 51-4 (1989).

Althaus, S. L. "Information effects in collective preferences." *American Political Science Review* 92-3 (1998).

Ansolabehere, S., J. M. Hansen, S. Hirano, J. M. Snyder Jr. "The incumbency advantage in US primary elections." *Electoral Studies* 26-3 (September 2007).

Atkinson, M. D., R. D. Enos, and S. J. Hill. "Candidate faces and election outcomes." *Quarterly Journal of Political Science* 4-3 (2009).

BakerJohn, William D., R. Oneal. "Patriotism or Opinion Leadership?: The Nature and Origins of the 'Rally Round the Flag' Effect." *Journal of Conflict Resolution* 45-5 (2001).

Bakshy, Eytan, Solomon Messing and Lada Adamic. "Exposure to ideologically diverse news and opinion on Facebook." *Science* 348-6239 (2015).

Ballew II, Charles C., and Alexander Todorov. "Predicting Political Elections from rapid and unreflective face judgments." *Proceedings of the National Academy of Sciences of the United States of America* 104-46 (2007).

Bartels, Larry M. "Candidate Choice and the Dynamics of the Presidential Nominating Process." *American Journal of Political Science* 31-1 (Feb. 1987).

_____. *Presidential Primaries and the Dynamics of Public Choice*. Princeton, NJ: Princeton University Press, 1988.

_____. "Uninformed Votes: Information Effects in Presidential Election." *American Journal of Political Science* 40-1 (Feb. 1996).

Baum, Matthew A. "Sex, Lies, and War: How Soft News Brings Foreign Policy to the Inattentive Public March 2002." *The American Political Science Review*, 96-1 (Mar. 2002)

_____. "Talking the Vote: Why Presidential Candidates Hit the Talk Show Circuit." *American Journal of Political Science* 49-2 (Apr. 2005).

Baum, Matthew A., and Samuel Kernell. "Has Cable Ended the Golden Age of Presidential Television?." *The American Political Science Review* 93-1 (Mar., 1999).

Behr, Roy L., and Shanto Iyengar. "Television News, Real-World Cues, and Changes in the Public Agenda." *The Public Opinion Quarterly* 49-1 (1985).

Cover, Albert D. "One Good Term Deserves Another: The Advantage of Incumbency in Congressional Elections." *American Journal of Political Science* 21-3 (Aug. 1977).

Fiorina, Morris P. "Whatever Happened to the Median Voter?." Paper presented at the MIT Conference on Parties and Congress. Cambridge, MA (1999).

Fiorina, Morris P., Samuel J. Abrams and Jeremy C. Pope. *Culture War? The Myth of a Polarized America*. New York: Pearson Longman, 2004.

Gurian, Paul Henri. Audrey A. Haynes, Michael Crespin and Christopher Zorn. "The Calculus of Concession: Press Coverage and the Dynamics of Winnowing in Presidential Nominations." *American Politics Research* 32 (May 2004).

Hahn, Kyu S., Seungjin Ryu and Sungjin Park. "Fragmentation in the Twitter Following of News Outlets: The Representation of South Korean Users' Ideological and Generational Cleavage." *Journalism & Mass Communication Quarterly* 92-1 (March 2015).

Hallin, Daniel C. "Sound Bite News: Television Coverage of Elections, 1968-1988." *Journal of Communication* 42-2 (1992).

Hamilton, James T. *All the News That's Fit to Sell: How the Market Transforms Information into News.* Princeton University Press, 2004.

Haynes, Audrey A., Paul-Henri Gurian and Stephen M. Nichols. "The Role of Candidate Spending in Presidential Nomination Campaigns." *The Journal of Politics* 59-1 (Feb. 1997).

Hetherington, Marc J. "The Media's Role in Forming Voters' National Economic Evaluations in 1992." *American Journal of Political Science* 40-2 (May 1996).

Hovland, Carl Iver. *The order of presentation in persuasion.* New Haven, CT: Yale University Press, 1957.

Huber, Gregory A., and Neil Malhotra, "Political Homophily in Social Relationships: Evidence from Online Dating Behavior." *The Journal of Politics* 79-1 (2017).

Iyegnar, Shanto, and Kyu S. Hahn, "Red Media, Blue Media: Evidence of Ideological Selectivity in Media Use." *Journal of Communication* 59-1 (2008).

Iyengar, S., D. R. Kinder. *News That Matters: Television and American Opinion.* Chicago: University of Chicago Press, 1987.

Iyengar, Shanto, Helmut Norpoth and Kyu S. Hahn. "Consumer Demand for Election News: The Horserace Sells." *The Journal of Politics* 66-1 (Feb. 2004).

Iyengar, Shanto, Tobias Konitzer and Kent Tedin. "The Home as a Political Fortress: Family Agreement in an Era of Polarization." *Journal of Politics* 80-4 (2018).

Jamieson, Kathleen H. *Dirty Politics: Deceptions, Distraction and Democracy.* New York: Oxford University Press, 1992.

Jamieson, Kathleen. *Packaging the Presidency,* 2nd ed. New York: Oxford University Press, 1992.

Jho, Whasun, Min Song, Jae Mook Lee and Erin Hea Jin Kim. "Ideological Bias and Extremism among Twitter Networks in South Korea." *Taiwanese Political Science Review* 21-2 (2017).

Just, Marion, Ann Crigler, Dean Alger, Timothy Cook, Montague Kern and Darrell West. *Crosstalk: Citizens, Candidates, and the Media in a Presidential Campaign.* Chicago: University of Chicago Press, 1996.

Klapper, Joseph T. *The effects of mass communication.* Washington D.C.: Free Press, 1960.

Krosnick, Jon A., and Laura A. Brannon. "The Impact of the Gulf War on the Ingredients of Presidential Evaluations." *APSR* 87-4 (1993).

Krosnick, Jon A., Laura A. Brannon. "The Impact of the Gulf war on the Ingredients of Presidential Evaluations: Multidimensional Effects of Political Involvement." *The American Political Science Review* 87-4 (Dec. 1993).

Lazarsfeld, Paul F., Bernard Berelson, and Hazel Gaudet. *The People's Choice: How the Voter Makes Up His Mind in a Presidential Campaign,* Legacy Edition. New York: Columbia University Press, 2020.

Lee, Deokjae, Kyu S. Hahn, Soon-Hyung Yook and Juyong Park. "Quantifying Discrepancies in Opinion Spectra from Online and Offline Networks." *PlosOne* (2016).

Lee, H., and K. S. Hahn. "Partisan selective following on twitter over time: polarization or depolarization?" *Asian Journal of Communication* 28-3 (2018).

Lichter, Samuel Robert, and Richard E. Noyes. *Good Intentions Make Bad News: Why Americans Hate Campaign Journalism.* Washington, D.C.: Rowman and Littlefield, 1995.

Lupia, A. "Shortcuts versus encyclopedias: Information and voting behavior in California insurance reform elections." *American Political Science Review,* 88-1 (1994).

McCarty, Nolan, Keith T. Poole and Howard Rosenthal. *Polarized America: The Dance of Ideology and Unequal Riches.* MA: MIT Press, 2006.

McCombs, M., and D. Shaw. "The agenda-setting function of mass media." *Public Opinion Quarterly* 36-2 (1972).

Mullainathan, Sendhil, and Andrei Shleifer. "The Market for News." *American Economic Review* 95-4 (2005).

Mutz, Diana C. "Effects of Horse-Race Coverage on

Campaign Coffers: Strategic Contributing in Presidential Primaries." *Journal of Politics* 57 (1995).

Patterson, Thomas E. *Out of Order*. New York: Knopf, 1993.

Petrocik, John. "Issue Ownership in Presidential Elections, with a 1980 Case Study." *American Journal of Political Science* 40-3 (Aug., 1996).

Petty, Richard E., John T. Cacioppo. *The elaboration likelihood model of persuasion*. London, England: Elsevier, 1986.

Prior, Markus. "News vs. Entertainment: How Increasing Media Choice Widens Gaps in Political Knowledge and Turnout." *American Journal of Political Science* 49 (2005).

Riker, William H., and Peter C. Ordeshook. "A Theory of the Calculus of Voting." *American Political Science Review* 62-1 (1968).

Shaw, Daron R. "The Effect of TV Ads and Candidate Appearances on Statewide Presidential Votes, 1988-96." *American Political Science Review* 93-2 (1999).

Simon, Adam F. *The Winning Message: Candidate Behavior, Campaign Discourse, and Democracy*. Cambridge University Press, 2002.

Todorov, A., A. N. Mandisodza, A. Goren and C. C. Hall. "Inferences of competence from faces predict election outcomes." *Science* 308-5728 (2005).

Wattenberg, Martin P. *The Decline of American Political Parties: 1952-1984*. Cambridge, MA: Harvard University Press, 1986.

Wattenberg, Martin P. *The Rise of Candidate-Centered Politics*. Cambridge, MA: Harvard University Press, 2013.

Willnat, Lars, David H. Weaver, G. Cleveland Wilhoit. *The American Journalist in the Digital Age: A Half-Century Perspective*. Bern: Peter Lang Inc., 2017.

제3부
정책

복지정책

양재진(연세대 행정학과)

근대국가가 형성되기 이전에도 복지정책이 있었다. 춘궁기에 쌀을 빌려주는 조선시대 환곡(還穀)이 대표적이다. 그러나 복지정책을 국민들의 생활상의 위험에 대해 법으로 정해진 일정한 사회적 급부를 제공하는 국민국가(Nation State)의 공공정책으로 정의내린다면, 한국복지정책의 역사는 대한민국이 건국된 1948년에 시작되었다고 할 수 있다. 물론 근대적인 국가를 건설했다고, 바로 사회보장제도가 도입되는 것은 아니다. 후술하겠지만 복지정책은 일정 수준의 산업화와 민주화가 이루어질 때 발전을 이룰 수 있기 때문이다.

이 장은 한국복지정책이 산업화와 민주화의 과정 속에서 어떻게 전개되어 현재에 이르게 되었는지를 밝히고자 한다. 이를 위해 서구 복지국가 발달이론의 시각에서 한국복지정책의 태동과 발달을 역사적으로 살펴본다. 서구와 다른 한국의 정치·경제·사회적 제도가 어떻게 사회보장제도의 저발전을 가져왔는지도 이해하게 될 것이다. 이후 국민생활에 큰 영향을 미치고 지출 규모가 큰 국민건강보험, 국민연금, 그리고 국민기초생활보장제도 같은 주요 사회보장제도에 대해서도 논하고자 한다.

1. 한국 공공복지의 현주소

서구 복지국가는 산업화, 민주화, 노동운동과 좌파정당의 성장, 그리고 국가관료제의 성립 등으로부터 영향을 받으며 발전했다. 한국도 크게 보아, 서구 복지국가의 발전 궤적을 따라 성장하고 있다. 1960년대 산업화와 함께 사회보험이 도입되었고, 1980년대 민주화와 연이은 노동운동의 활성화로 사회보험이 확대되고 공보육(public childcare) 같은 사회서비스도 도입되었으며 기초생활보장제도 같은 공공부조(public assistance)가 강화되었다. 그러나 한국의 사회보장제도는 경제력이나 민주주의의 공고화 수준에 못 미치는 것으로 평가받고 있다.

도표 13.1을 보자. 한국을 비롯한 OECD 국가들의 사회보장 수준을 비교하기 위한 것이다. Y축의 급여 관대성 지수는 평균소득을 버는 40세 근로자 1인의 소득보장 정도를 추산해 표현했다. 즉, 20년 동안 근로하였을 때를 가정하고, 실업, 장애, 퇴직 시 받을 수 있는 복지급여를 지수화한 것이다. X축은 의료보장을 제외하고, 사회서비스와 적극적 노동시장정책에 쓰이는 지출만을 GDP 대비 비율로 나타낸 것이다. 한국의 소득보장 급여의 관대성이 다른 OECD 국가와 비

도표 13.1 한국의 소득보장 급여의 관대성과 사회서비스 지출의 국제비교

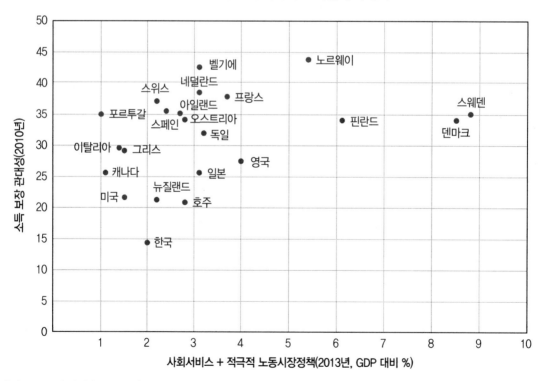

출처: 소득보장 관대성은 CWED(comparative welfare entitlements dataset/ version 2014-03), 사회서비스와 적극적 노동시장정책의 지출 자료는 OECD 사회지출데이터(SOCX)를 바탕으로 저자가 작성.

교해 볼 때 상당히 낮다. 한국과 가장 가까운 급여관대성 수준을 보이는 나라는 자유주의 국가로 불리는 미국, 뉴질랜드, 호주, 캐나다, 그리고 일본 같은 비유럽권 국가들이다. X축을 보자. 그리스, 이탈리아, 포르투갈과 같은 남부 유럽국가와 미국, 캐나나 등 자유주의 국가에 비하면, 한국은 사회서비스와 적극적 노동시장정책에 대해 자원배분을 더 많이 하는 것으로 나타난다. 하지만 전반적으로 상당히 낮은 편이다.

한국은 연금, 의료, 실업, 산재 등 4대 사회보험은 물론, 장기노인요양보험, 공보육을 위시해 선진 복지국가들의 사회보장제도를 거의 모두 다 갖추고 있다. 그럼에도 불구하고 소득보장급여의 관대성이 낮고, 사회서비스/적극적 노동시장 지출 수준이 낮게 나온다. 이유는 먼저 소득보장 프로그램의 경우, 소득대체율과 급여 상한이 낮아 실업 등 사회적 위험에 빠졌을 때 받을 수 있는 급여가 낮기 때문이다. 예컨대, 실업급여의 명목 소득대체율은 60%이다. 재직 시 받은 월급의 60%를 실업급여로 받게 되어 있다는 뜻이다. 그러나 2019년 현재 하루 최대로 받을 수 있는 액수가 6만 6,000원이다. 1일 8시간 근무를 고려한 시급으로 계산하면 8,250원이다. 2019년 최저임금 8,350원보다 낮다. 사회서비스의 경우, 저출산으로 인해 공보육 대상자인 아동의 수가 유럽의 복지국가에 비해 적은 점, 그리고 아직 고령화 수준이 유럽 평균에 비해 낮아 요양서비스 수요가 상대적으로 낮다는 점을 들 수 있다. 구조적인 측면도 있다. 실업률이 상대적으로 유럽보다 낮아, 적극적 노동시장정책 지출이 낮다. 그러나

이것만으로는 다 설명이 되지 않는다. 사회서비스와 적극적 노동시장정책에서 제공되는 서비스의 수준이 높지 못하기 때문이다. 예를 들어, 가장 급속한 발전을 보이는 공보육의 경우, 공보육 아동 1인당 연간 교육비 지출액(미화 기준 6,227달러)은 OECD 평균(7,927달러)보다 낮고, 북유럽에 비해서는 2분의 1이나 3분의 1 수준에 불과하다 (스웨덴 1만 2,833달러, 덴마크 1만 6,341달러).[1] 전반적으로 미국 수준에는 이른 것으로 보이나, 아직 유럽의 복지국가에 비해서는 사회보장 수준이 떨어지는 것으로 평가된다. 왜 그럴까? 한국복지정책의 발달과 특징을 서구 복지국가 발전이론에 대비하여 분석한 다음 절에서 이를 밝히고자 한다.[2]

2. 복지국가 발전이론과 한국복지정책의 이해

산업화이론과 수출지향산업화의 영향

복지국가 발전이론 중 산업화이론(Logic of Industrialism)은 산업화가 양산하는 각종 사회적 위험(Social Risks)에 국가는 복지정책으로 대처하지 않을 수 없고, 그 결과가 복지국가의 태동과 성장이라고 해석한다. 여기서 사회적 위험이란, 실업, 산재, 은퇴같이 임금노동자가 소득활동을 할 수 없는 상태를 의미한다. 전통적인 농업사회에서는 볼 수 없고, 자본주의 산업사회에서 새롭게 나타나는 개인이 감당하기 힘든 구조적 위험을 뜻

글상자 13.1 복지국가란?[3]

복지국가는 자본주의 산업사회에서 개인이 감당하기 힘든 위험에 대해 사회적 보장을 제공하는 국가이다. 역사적으로 보아도, 복지국가는 사회적 위험이라 부르는 산업재해, 실업, 질병, 은퇴 때문에 발생하는 소득상실 문제에 집단적으로 대처하는 사회안전망을 마련하는 데서부터 시작됐다. 이후 소득상실의 위험은 물론 근로빈곤(working poor), 장기실업, 가족의 해체 등으로 나타나는 새로운 사회적 위험에 대해서도 적극적 노동시장정책과 사회서비스 등으로 대응하고 있다. 경제력이 커지고, 사회구성이 다양해지고, 사회문제와 위험구조가 복잡해질수록 복지국가의 사회보장정책은 늘어나고 있다. 한국의 경우, 중앙정부의 사회복지 사업은 360개, 243개 지방자치단체의 사회복지 사업은 총 8만 6,856개로 집계된다. 1개 지방정부당 357개꼴이다.

1880년대 독일의 사회보험 도입을 근대적인 복지국가 탄생의 기점으로 본다. 단순히 사후적인 가난 구제에 머물지 않고, 자본주의 산업사회의 구조적인 사회문제에 대해서 선제적으로 대안을 제시했기 때문이다. 자본주의 산업사회는 전근대적인 농촌사회와 달랐다. 토지와 유리된 채 도시로 모인 사람들은 자신의 노동력을 팔아서 생활비를 벌어야 했다. 한마디로 농민이 아니라 임금노동자가 된 것이다. 먹고살기 위해서는 어디든지 가서 무슨 일이든 하고 임금을 받아야 한다. 전근대적인 농촌사회에서는 현대 산업사회에서 나타나는 실업이나 은퇴 같은 사회적 위험(social risks)이 없거나, 있어도 대가족 내에서 해결할 수 있었다. 농촌사회에서는 실업, 정년, 은퇴라는 개념 자체가 없었다. 아기는 대가족 내에서 돌보았다. 노인이 되면 자식이 봉양하고 수발했다. 장애인이 된다고 해도 다른 가족들이, 그리고 지역공동체에 도덕적 양심이나 의식이 있는 한 굶어 죽게 하지는 않았다.

그러나 자본주의 산업화와 도시화가 진전될수록 삶이 위태로워졌다. 과거 구빈법(救貧法)이 전제하던 '게으르기 때문'에 가난에 이르는 게 아니었다. 신체가 건강하고 근로 의욕이 충만해도 경기순환에 따라 실업이 발생했고, 자신이 속한 기업과 산업이 경쟁력을 잃으면 직장을 잃었다. 아프거나 나이가 들면 공장을 떠나야 했고, 그렇게 되면 삶이 막막했다.

이제 산업화된 국가들은 대부분 산재, 의료, 연금, 실업보험 등의 4대 사회보험을 갖추고 있고, 보험료 납부능력이 없는 가난한 사람들을 위해서는 일반 조세로 운영되는 공공부조제도를 운영하고 있다.

한다. 다행히 산업화로 인해 생산력이 크게 향상되고 조세 기반이 확충되어 국가재정이 대폭 확충되었다. 전과 달리 공공복지정책의 비용을 충당할 수 있는 물질적 조건이 성숙하게 된 것이다. 산업화이론은 경험적으로 증명되고 있다. 시계열로 볼 때, 거의 모든 서구국가에서 산업화의 진전과 함께 사회보장제도가 확충되고 사회지출은 늘어나는 경향을 보인다.[4]

한국도 1960년대 본격적인 산업화가 시작되었고, 이와 함께 산재보험, 의료보험, 국민연금,

고용보험 등 근대적 사회보장제도라고 할 수 있는 사회보험제도가 도입되었다. 경제력이 커가면서 수급조건이 완화되어 급여 대상이 커지고 급여 수준도 올라가게 되어 전반적으로 사회지출이 계속하여 증가하고 있다. 그러나 한국은 현재 산업화 수준이나 GDP 등 경제력에서 유럽국가에 크게 다르지 않지만, 사회지출 수준에서는 상대적으로 아직 많이 뒤떨어진다. 이는 한국의 독특한 산업화 양식이 일정 부분 영향을 미쳤기 때문이다.

한국은 서구 복지국가와 달리, 국가 주도 수출지향산업화(Export-Oriented Industrialization)를 이루었다. 국내 시장이 작고 자본과 기술이 부족했던 산업화 초기에 풍부한 저임금 노동력을 바탕으로 공산품을 가공해 해외에 수출하는 전략을 채택했다. 전후 공산주의 국가나 인도, 남미 등 대부분 국가에서 채택한 수입대체산업화(Import-Substitution Industrialization), 즉 해외 선진국으로부터의 수입품을 대체하는 상품을 만들어 국내 시장에 판매하는 것을 목표로 하는 산업화 전략과는 반대였다. 수입대체산업화 국가는 해외 선진국 제품에 대해 수입장벽을 쌓아 국내 대체 상품 생산자를 보호하는 전략을 채택한다. 이 전략은 단기적으로 국내 산업을 신속하게 성장시킨다. 그러나 경쟁이 부재한 상황을 초래함으로써, 중장기적으로는 국제적으로 경쟁력 있는 상품을 만들지 못하게 해 산업경쟁력을 떨어뜨린다. 반면, 수출지향산업화 국가는 수출을 위해 제품경쟁력을 높여야 한다. 초기에는 가격경쟁력을 발판 삼아 수출에 나서고, 자본이 축적되면 서서히 기술경쟁력을 갖춰나간다. 값싼 양질의 노동력을 바탕으로 경공업 제품을 수출하다가 노동집약적인 중공업 제품, 나아가 IT 등 첨단산업이 주력 수출품이 되는 단계를 거친다.

한국의 초기 산업화 시기에 수출경쟁력을 지탱해주는 가장 중요한 요소는 교육받고 근면하지만, 선진국에 비하면 매우 저렴한 노동력이었다. 1960년대에는 농촌에서 노동력이 거의 무한정으로 공급되어 임금억제를 위한 특별한 조정 기제가 요구되지 않았다. 중화학공업화가 시작되고 숙련노동자 부족 현상이 나타난 1970년대 초 이후에는 국가가 가격경쟁력을 유지하기 위해 임금억제에 적극적으로 개입하였다. 노동비용 상승을 불러오는 각종 사회보장제도의 도입은 최대한 늦춰졌으며, 도입되더라도 기업의 부담능력에 발맞추어 낮은 보험료로 단계적으로 시행되었다. 국가의 재정투입을 최소화하기 위해, 사회보장의 뼈대를 사용자와 수급자의 기여(보험료 납부)가 전제되는 사회보험(social insurance)으로 만들었다. 사회보험의 적용은 복지수요보다는 보험료 납부능력에 따라 대기업에서 시작해 중소기업으로 확대하였다. 예를 들어, 의료보험(지금의 건강보험제도)의 도입을 위해 의료보험법이 1963년 제정되었으나, 실제 시행은 1977년에 상시고용 500인 이싱 사입장부터 적용하년서 이루어졌다. 국민연금의 모태가 된 국민복지연금법도 1973년에 제정되고 다음 해에 시행될 예정이었다. 그러나 1973년 오일쇼크의 여파로 경기가 안 좋아지자 기업의 부담완화를 이유로 무기한 시행이 연기되었다가 민주화 이후 1988년에 시행에 들어갔다. 국민연금의 보험료율은 3%(사용자 1.5%

+ 근로자 1.5%)로 낮게 책정되었으며, 적용대상은 10인 이상 사업장으로 시작해 1992년 5인 이상 사업장, 1995년 농어촌, 1999년 도시지역 자영자로 적용이 확대되었다.

민주주의이론과 한국정치제도의 영향

산업화로 인해 발생하는 사회적 문제에 국가가 대처하다 보니 사회보장제도가 발전하였다. 그러나 사회보장제도의 도입과 확장 속도는 나라마다 다르다. 앞서 지적한 대로 산업화의 양태가 다른 것 때문일 수도 있지만, 민주주의의 발달 정도가 복지국가의 발전 정도에 영향을 미치기도 한다. 복지정책은 분배를 핵심으로 하는 정책으로 다수의 유권자에게 직접적인 혜택을 부여한다. 그래서 민주주의체제하에서 정권을 차지하고자 하는 정당은 다수의 유권자로부터 지지를 받기 위해서 좌·우 및 보수·진보를 불문하고 복지정책의 입안과 시행에 적극적일 수밖에 없다. 물론 정치적 이념에 따라 복지정책의 내용과 수준에 대한 차이가 나타난다. 그러나 우파 혹은 보수가 집권하고 있더라도 산업화된 민주국가에서는 산업화된 권위주의 국가에 비하면 복지가 발달한다.[5]

한국 역시 권위주의 시대에 산업화에 성공하면서 각종 사회보험이 도입되기 시작했지만, 1987년 민주화 이후 복지국가의 발전 속도는 더 빨라졌다. 민주화운동이 한창 무르익기 시작하던 1985년, 전두환 대통령은 '3대 복지입법(최저임금제, 전국민의료보험, 국민연금)'을 천명하여 반(反)정부·민주화 열기를 흡수하려 하였다. 민주화 이후 노태우정부에서는 이 3대 복지입법을 차질없이 시행하였으며, 김영삼 대통령은 15대 총선을 앞두고 '삶의 질의 세계화를 위한 대통령의 복지구상'을 선언하였다. 김대중정부의 '생산적 복지', 박근혜 대통령을 당선시킨 2012년 대선에서의 무상복지 경쟁은 정치민주화와 선거경쟁의 산물로 이해될 수 있다.

그러나 한국은 민주화되었어도 다수대표제인 소선거구제에 기반한 국회의원선거와 대통령제라는 권력구조로 인해, 비례대표제와 의회제(의원내각제)를 기본으로 하는 유럽국가들에 비하면 복지를 매개로 한 친복지 정치가 크게 활성화되지 않았다. 소선거구제도하에서는 후보가 지역구 선거에서 1등을 해야 국회의원이 된다. 지역구에서 후보는 국민 전체에 영향을 미치는 사회정책을 의제화하였다고 해서 투표로 보상받을 가능성이 작다. 소선거구제하에서는 정당의 공공정책도 중요하지만, 해당 지역구의 출마자에 대한 인물 선호가 승패를 가르고, 해당 지역 개발 현안이나 지역구 서비스 확충과 관련한 선거공약이 훨씬 더 득표에 유리하기 때문이다. 반면, 비례대표제에서는 정당 득표율에 따라 국회 의석이 결정된다. 전국적으로 지지율을 올리기 위해 사회복지 같은 공공정책을 통해 득표를 꾀할 유인이 크다. 소선거구제에서도 정당 지도부나 '거물' 정치인들은 비례대표제 국가처럼 공공복지를 매개로 전국적인 지지율을 높이고자 한다. 그러나 지역구 의원(혹은 출마자)과 정책선호도에 차이가 발생하기에, 강한 정당 규율로 의회에서 의원들을 이끌고 가지 않는 한 공공복지의 의제화와 입법

화는 우선순위에서 밀려나게 된다.[6]

대통령은 전국을 단위로 하는 단일 선거구에서 선출되므로 전국에 널리 퍼져있는 이해관계를 대변하고 이를 정치적 지지로 동원할 강한 동기를 갖는다. 따라서 공공재 성격이 강한 안보, 경제성장, 공공복지 등을 주요 선거공약으로 삼고 집권 시 정부 의제로 삼는 경향이 있다. 한국에서, 권위주의 시기의 국가 주도 경제발전기에는 당시 시대적 과제라고 할 수 있는 경제성장을 복지보다 우선하여 정치적 지지를 동원해 왔으나, 민주화 이후 점차 공공복지도 중요한 대통령의 정책의제로 부상하는 이유다.

그러나 다수대표제하 승자독식 구조인 대통령제에서는 증세문제에 매우 민감하게 된다. 비인기 정책인 증세는 복지국가의 확대를 위해 절대적으로 필요한 조건이다. 그러나 여러 정당이 정치적 책임을 분담할 수 있는 의회제의 연립정부와 달리 대통령은 온전히 그 정치적 책임을 혼자서 감수해야 한다. 그리고 증세에 민감한 중산층 유권자들 중 일부라도 지지를 철회하면 선거에서 1등을 놓칠 확률이 급격히 커진다. 비례대표제에서는 지지율이 떨어진 만큼만 의회 의석을 잃지만, 대통령제의 승자독식 구조에서는 한 표 차이로라도 2등을 하게 되면, 모든 것을 잃게 된다. 그러므로 정치지도자들에게 증세는 피하고 싶은 매우 민감한 주제이다. 대통령을 꿈꾸는 큰 정치지도자는 공공복지를 제공하고자 해도 증세문제로 발목이 잡히는 것이 대통령제의 숙명이라고 할 수 있다. 박근혜 대통령이 '증세 없는 복지'를 내세우고, 문재인 대통령이 포용적 복지를 표방

하면서도 증세효과가 크지 않은 '부자 증세'만을 앞세우는 이유는, 다수의 유권자를 반대편으로 만들지 않으려는 고육지책이다.[7]

권력자원론과 기업별 노조

서구 복지국가 설명이론 중 대표 격인 권력자원론(Power-resources model)은 사회적 위험에 대응하는 사회보장제도의 최대 수혜자라 할 수 있는 임금노동자의 정치적 힘이 강할수록 복지국가가 발전한다고 주장한다. 따라서 이 이론은 노조의 조직력, 좌파정당의 힘, 이들 노동세력이 여타 사회집단(농민, 화이트칼라, 노인 및 여성)과 맺는 정치적 연대의 성사 여부, 그리고 노동의 제도화된 이익투입 기제인 조합주의(corporatism)의 수준 등에 주목한다.[8]

이 이론은 민주화로 노동권이 고양된 1987년 이후 한국복지정책의 확대를 설명하는 데 도움을 준다. 그리고 현시점에서 아직도 한국복지국가의 수준이 유럽의 많은 복지국가보다 낮은 이유를 이해하는 데 유용하다. 산업화 시기 한국에서는 권위주의 국가가 노동운동을 오랜 기간 억압하였다. 노조와 좌파정당의 정치적 활동도 불허하였다. 민주화가 된 이후에도 한국의 노조 조직률은 유럽과 달리 10% 정도에 머물고 있고, 좌파정당의 정치적 영향력이 미미하다. 대통령 직속으로 경제사회노동위원회(과거 노사정위원회)가 가동되고 있으나 노동(특히, 민주노총)은 조합주의적 의사결정을 거부하거나 소극적으로 참여해 사실상 한국에서 조합주의는 유명무실하다. 권력자원

론에 비추어 보면 한국복지국가는 크게 성장하기 힘들다.

그러나 권력자원론은 한국복지정치의 일면만을 설명하고 있다. 한국은 전반적인 노조 조직률이 낮지만, 한국경제의 중추를 이루는 수출대기업과 공공부문에는 거의 모두 노조가 조직되어 있다. 한국의 노조는 매우 전투적이기도 하다. 만약 한국의 조직노동이 복지국가 건설에 힘썼다면, 한국의 공공복지 수준은 지금보다 높아졌을 것이다. 그러나 유럽의 노동운동이 전국 수준 혹은 산업별 노동운동의 형태를 띤 것과 달리, 한국의 노동운동은 기업 수준에서 이루어지고 있다. 다수의 유럽국가에서 임금과 근로조건의 기본 틀이 산별 혹은 중앙 수준에서 결정되는 것과 달리, 한국에서는 개별 기업에서 노사가 결정한다. 따라서 한국에서는 기업의 울타리를 넘어서는, 노동시장의 문제와 빈곤 같은 사회적 이슈를 협상 테이블에 올리지 못하고 임금인상이나 기업복지 확충 같은 기업 내부의 이슈가 단체협상의 단골 주제가 될 수밖에 없다. 결과적으로 민주화 이후에 노조가 조직되어 있고 지불 능력이 있는 대규모 사업장의 임금과 기업복지 수준은 계속해서 올라가지만, 조직화되지 못하고 고용주의 지불 능력도 떨어지는 중소기업은 상대적으로 정체되는 양상을 보인다. 그리하여 한쪽에서는 '신의 직장'이 만들어지는 반면에, 다른 쪽은 외국인 노동자 아니면 돌아가지 않는 '기피 직장'이 되는 것이다.[9]

공공부문과 재벌기업의 조직화된 거대한 노동자군은 한국복지국가의 잠재적 추동력이지만, 기업의 울타리를 벗어난 공공복지의 확대를 요구하지 않는다. 회사에서 자녀 대학학자금이 나오므로, 노조가 정부에 반값 등록금을 요구할 필요가 없다. 마찬가지로, 본인 부담금이 회사에서 환급되기 때문에 건강보험의 보장성 강화를 위해서 나설 이유도 없다. 온전히 자기 돈이 되는 퇴직(연)금을 재분배 기능이 내재된 국민연금과 통합할 유인도 없다. 따라서 한국복지국가 건설운동에는 노조보다는 참여연대 등 시민단체의 역할이 더 두드러진다. 가장 강력한 사회집단인 노조가 공공복지에 크게 관심을 보이지 않기에, 한국복지국가가 유럽복지국가만큼 성장하지 못하는 것이다.

국가론과 경제부처 우위의 한국관료제

국가론(Statism)은 실적주의에 기반을 둔 국가관료제의 존재가 복지정책의 발달을 앞당긴다고 본다. 1900년대 초에 영국이 똑같은 언어와 문화를 가진 미국보다 각종 복지제도를 앞서 도입한 이유로 절대왕정의 역사적 경험이 없는 미국에서 연방관료제가 미발달되었음을 지적한다. 중앙집권화된 국가관료제의 정책형성능력과 집행능력, 복지비용을 감당할 수 있는 조세추출 능력의 차이가 영국과 미국의 차이를 만들어 낸다는 것이다. 그리고 정당이나 사회집단보다 우월한 국가관료의 전문지식과 정책형성 능력으로 말미암아 복지정책의 내용에 이들의 선호가 강하게 반영된다고 본다. 요컨대, 국가론은 국가(관료)를 복지국가 형성의 주요한 독립변수로 파악한다.[10]

그런데 관료제를 단일한 조직체로 보기보다는 여러 부처가 느슨하게 연계된 연합체로 보는 것이 적절하다. 관료제 조직을 경제부처와 사회부처로 크게 나누어 보면, 이들은 사회정책에 대한 인식과 선호가 다르다. 사회부처는 사회적 위험과 소득재분배를 통해 바람직한 사회를 형성하는 것이 조직의 임무이다. 새로운 사회복지 프로그램의 도입과 확대, 그리고 복지증세에 대해 타 부처보다 상대적으로 우호적이고 적극적이다. 반면, 경제부처는 복지보다 경제성장을 우선시한다. '금고지기'로서 예산을 담당하는 경제부처는 과도한 사회지출이 국가재정에 미칠 부정적 영향을 우려한다. 게다가 사회적 급부가 근로의욕을 저하하고 복지증세가 투자를 위축시킬 수 있다고 판단하여 사회부처와 비교하여 복지확대에 대해 상대적으로 부정적인 편이다. 따라서 경제부처는 새로운 사회복지 프로그램의 도입과 확대 및 복지증세에 신중한 입장이다.

한국은 역사적으로 실적주의에 기반을 둔 중앙집권화된 관료제의 전통을 갖고 있다. 복지국가가 발달할 수 있는 조건을 가진 것이다. 그런데 산업화 시기 한국의 발전국가는 국가 주도 경제발전을 이끌 경제기획원과 상공부 같은 경제부처의 위상과 능력을 높이는 데 주력했다. 경제기획원장관을 부총리급으로 격상시키고, 기획과 예산권을 부여해 여타 사회부처를 통제할 수 있게 했다. 현재 이름을 달리하고 있으나, 경제기획원은 재정경제원(김영삼정부)과 기획예산처(김대중, 노무현정부), 기획재정부(이명박정부 이후 현재)로 명칭을 달리하면서도 한국관료제의 정점에 서

있다. 그리고 헌법 57조에 의거, 행정부(사실상 기획재정부)의 사전 동의 없이 국회는 어떠한 예산 증액도 할 수 없게 되어 있다.

진보적 대통령이 예산권을 쥐고 있는 기획재정부를 강력하게 통제하지 않은 한, 한국의 중앙집권화된 관료제는 복지확대의 거부점(veto point)으로 작용할 가능성이 크다. 실제로 김대중정부 시기 기획예산처는 국민기초생활보장제도 도입에 끝까지 반대했다. 대통령이 도입을 명령하자, 시행령 단계에서 수급조건을 까다롭게 함으로써 예산 지출을 최대한 억제했다.[11] 무상복지 바람이 강하게 불며, 2012년 19대 총선에서 여야 할 것 없이 복지확대를 약속했을 때도 기획재정부는 "정치권이 내놓은 복지공약을 이행하려면 앞으로 5년간 220~340조 원이 소요되고 정부재정이 심각하게 악화할 것"이라고 경고하며, 정치권의 복지공약 검증과 대응을 위해 태스크포스를 구성하고 국가재정의 수호자를 자처하기도 했다.[12]

서구의 복지국가 발전이론, 즉 산업화이론, 민주주의론, 권력자원론, 그리고 국가론을 토대로 한국복지국가의 지연된 태동과 저발전을 이해하기 위해서는 한국의 특수한 제도적 맥락에서 이들 이론을 재음미하여야 한다. 한국복지국가가 유럽 수준으로 성장하기 위해서는 정치·사회적 개혁이 선행될 필요가 있음을 강하게 시사한다. 무엇보다 한국 노동운동의 기반이 기업별 노조에서 산별노조로 전환되고, 소선거구제가 비례대표제로 대체되게 되면 한국복지국가가 한 단계 도약하는 계기가 될 것이다.

3. 한국복지정책의 역사적 전개

한국의 복지국가가 저성장 하였다고 하더라도, 이는 한국이 성취한 경제성장이나 민주화보다는, 그리고 다른 부유한 OECD 국가와 비교했을 때 그러하다는 것이다. 1948년 대한민국건국 이후 한국의 복지정책은 계속해서 발전해 왔다. 시기 별로 살펴보면 다음과 같다.[13]

산업화 시기(1961~1987년)

1945년 해방 이후 한국은 수많은 귀환 동포가 몰려드는 세계 최빈국으로서 빈곤문제가 대단히 심각하였다. 한국전쟁 이후에는 전쟁고아와 월남인 문제가 겹쳐 복지수요는 폭증하였다. 하지만 당시는 산업화 수준과 경제력, 계급구조, 민주화 정도, 국가능력 등 모든 면에서 볼 때, 체계적인 사회보장정책이 형성되고 집행될 수 있는 조건을 갖추지 못했다. 따라서 이 시기의 복지정책은 일제가 1944년에 발효한 조선구호령과 미군정청의 사회구호사업의 연장선에 머물러 있었다.

한국의 복지제도가 법적으로 정비되고, 근대적인 사회보장제도인 사회보험이 도입되기 시작한 것은 박정희정부가 들어선 이후이다. 5·16군사혁명 세력은 쿠데타 직후 "반공을 국시로 함"과 동시에 "시급한 민생고의 해결"을 슬로건으로 내걸고, 지난 정부들이 소홀히 해왔던 기초적인 사회복지법들을 재정비하고 현대 사회복지제도의 핵심인 사회보험법을 새로이 제정하였다. 생활보호법(1961년), 원호법(1961년), 사회보장에 관한 법(1963년), 아동복지법(1961년), 재해구호법(1962년), 군인연금법(1963년), 산업재해보상보험법(1963년), 의료보험법(1963년), 공무원연금법(1960년) 등이 그것이다.

의료보험법은 노동비용의 증가를 우려한 고용주들의 반대를 고려해 의무시행 조항이 삭제된 채로 입법화되었다. 따라서 2개 기업에서만 의료보험이 실시되어 사실상 유명무실한 제도가 되었다. 반면, 1964년에 산재보험은 근로기준법의 적용을 받는 상시고용 500인 이상 사업장에 강제적용되어, 한국의 첫 번째 근대적인 사회보험의 시작을 알렸다. 의료보험은 1977년 500인 이상 사업장을 대상으로 강제 시행에 들어가 한국 의료보장의 한 획을 그었다. 당시 한국의 의료보험제도는 기업별로 의료보험조합을 운영하는 조합주의를 채택했다. 근로자의 조직 충성도를 높이는 기업복지적 성격이 강했고, 기업 내에 적립되는 의료보험기금은 기업의 대출 담보로 활용되는 등 기업에 유리한 방식으로 운영되게 길을 열어 두었다. 1973년에는 현 국민연금의 모태가 된 국민복지연금법이 제정되었다. 1974년 시행을 앞두었으나, 제1차 오일쇼크로 인한 세계적인 경제침체가 심화 되자 긴급조치 3호를 통해 전격적으로 시행이 유보되었다.

공공부조제도도 정비되었다. 국가재건최고회의는 1961년 12월 조선구호령을 대체하는 생활보호법을 제정하였다. 이 법은 지원 대상자로 근로무능력자뿐만 아니라 근로능력자도 포함하고 있었는데, 근로능력이 있는 영세민에 대해서는 무상급여가 아닌 자조근로구호의 원칙이 적용되

글상자 13.2 복지정책의 구분[14]

복지정책은 급여의 형태, 재원의 종류 등에 따라서도 구분할 수 있으나, 소득활동과 관련된 기능에 따라 구분하면 다음과 같다.

첫째, 정상적으로 소득활동을 하다가 사회적 위험에 빠져 소득이 상실되는 경우다. 산업재해, 실업, 노령, 질병, 출산, 육아, 장애 및 제1소득자(즉 가장)의 사망으로 인한 경우라 할 수 있다. 이에 대해서 복지국가는 산업재해수당, 실업급여, 연금, 질병수당(한국에는 아직 질병수당은 없다), 출산전후휴가급여, 육아휴직급여, 장애수당, 유족연금 등을 제공한다.

둘째, 정상적으로 소득활동을 하는데 '사회적으로 인정되는' 지출이 급격히 증가해 실질소득이 줄어들 때다. 질병치료, 출산 및 육아, 장애아를 낳거나 장애를 갖게 된 경우 남보다 지출이 늘 수밖에 없다. 살림이 어려워진다. 이때는 건강보험이나 보건소와 공공병원을 통한 저렴한 의료서비스, 장애인 재활 및 치료, 장애 수당, 공보육, 아동수당 등의 사회복지정책을 통해 공동체가 함께 비용을 분담한다.

셋째, 정상적인 소득활동을 못하는 경우다. 또 소득활동을 해도 소득이 불충분해 이른바 근로빈곤에 빠진 경우다. 국가는 저소득자의 최소한의 생계를 보장해주기 위해 급여를 지급한다. 대표적인 것이 한국의 국민기초생활보장제도 같은 공공부조다. 저소득 노동자에게 국가에서 보너

스를 지급해 가처분소득을 올려주는 근로장려세제(EITC)도 여기에 해당한다. 참고로, 최저임금 인상도 저소득자의 가처분소득을 올려주는 효과를 낸다. 그런데 최저임금의 지급 주체는 정부가 아니라 고용주이므로 최저임금은 사회복지정책으로 분류되지 않는다.

넷째, 노동시장에서 요구하는 취업/직업역량이나 정보가 부족해 취업을 못 하고 소득을 제대로 올리지 못하는 경우이다. 국가는 적극적 노동시장정책으로 대응한다. 즉, 실직자나 구직자에게 고용서비스를 통해 취업정보와 함께 직업훈련과 평생학습을 제공한다. 고용을 촉진하고 유지하도록 고용주에게 고용보조금을 지급한다. 디딤돌 일자리가 되게 단기간 공공일자리를 제공하며, 취약계층의 창업을 지원하는 정책 등이 포함된다. 이뿐 아니라, 일-가정 양립을 돕는 공보육이나 요양서비스도 여성의 취업기회를 확대한다.

한편, 공보육은 저소득가정 혹은 낙후 지역의 아이들에게 중산층 아이들과 똑같이 인지능력과 학습능력을 배양할 기회를 제공한다. 미래의 희망인 이들에게 사회경제적 배경과 상관없이 타고난 잠재력을 키울 기회를 주는 것이다. 기회의 평등 관점에서 중시되는 복지정책이다. 같은 이유로 복지국가는 질 좋은 공교육과 직업훈련을 보편적으로 제공하고자 한다.

었다. 즉, 이들을 경제건설사업에 동원하고 이에 대한 반대급부로 소위 PL480-II(미국농산물교역 발전 및 원조법)에 의해 미국정부에서 지급하는 대정부 원조 잉여농산물(주로 밀가루)을 지급하는 것이었다. 그리고 나아가 자조근로사업의 효

율적 실시를 기하기 위해 1963년 12월 '외국 민간원조에 관한 법률'을 제정하고, 1964년부터는 미국 농산물 구호양곡의 관리 및 배급권을 한국 주재 외국의 구호기관에서 한국정부로 이양시켰다. 1976년에는 의료보호법이 제정되고 1977년

1월부터 생활보호대상자들에게 의료보호(의료부조)가 시행되었다. 의료보호제도는 동년 7월에 실시된 의료보험과 함께 한국 의료보장의 한 축을 이루게 되었다. 정부의 예산지원이 요구되는 의료보호제도의 시행은 그간 성공적인 경제개발의 결과 발생한 자본주의 시장경제의 불평등문제에 국가가 직접 나서지 않을 수 없는 상황에 이르렀다는 것을 보여주는 사례라 할 수 있다. 하지만 그 개입의 폭과 재정지출의 수준은 높지 못했다.

1980년대 전두환정부(1980~1987년)는 4대 국정지표로 복지사회건설이라는 슬로건을 내걸고 출범하였다. 하지만 복지정책상 새로운 변화는 가져오지 못했고 박정희정부가 마련한 발전주의 복지체제의 기본틀 안에서 노인과 장애인 등 특수복지수요를 충족시키는 조치를 취해왔다. 게다가 1980년대는 서구에서 복지국가위기론이 확산되고, 밖으로는 대처리즘과 레이거노믹스로 대표되는 신자유주의적 복지개혁이, 안으로는 경제안정화조치의 일환으로 긴축재정이 추진되던 시기였다. 따라서 새로운 사회보장제도를 도입하기보다는 기존 사회보험제도(의료보험과 산재보험)의 적용 범위를 확대하고, 노인, 아동, 장애인 등 특수 수요를 가진 집단에 대한 사회서비스를 강화하며, 기업복지를 제도적으로 지원하는 정도에 머물렀다.

민주화 이후(1988년~현재)

노태우·김영삼정부 시기(1988~1997년)
1980년대 중반 민주화운동이 고양되고 경제안정화조치의 성공으로 물가안정기조가 자리를 잡자, 전두환 대통령은 1986년 9월 최저임금제 실시, 국민연금 시행, 그리고 의료보험 전국민확대 등 소위 '3대 복지입법'을 국민에게 약속하였다. 복지정책의 기조가 변화하기 시작한 것이다. 1987년 민주화 이후 탄생한 노태우정부(1987~1992년)에서 3대 복지입법은 계획대로 시행된다. 최저임금제는 1986년 12월 법제정을 거쳐 1987년 7월 시행령이 마련되고 1988년 1월부터 시행에 들어갔다. 국민연금도 1986년 12월 국민연금법을 제정하고 1987년 8월과 10월에 시행령과 시행규칙을 마련해 1988년 1월 1일부터 상시 10인 이상의 근로자를 고용하는 사업장을 당연적용 대상으로 하여 시행이 되었다. 의료보험법은 1987년 12월 법개정이 이루어지고, 노태우정부 시기인 1989년 7월에 도시지역 자영자를 포함하여 전국민의료보험 시대를 열었다. 김영삼정부(1993~1997년)는 노태우정부에서 발의된 고용보험을 1995년 시행하여, 근대적인 4대 사회보험이 모두 도입 되었다. 그리고 국민연금법 개정을 통해 1995년 농어촌연금을 시행하여 직장인을 넘어서 지역의료보험의 단초를 열었다.

김대중·노무현정부 시기(1998~2007년)
'IMF 경제위기'라 불리는 외환위기 와중에 등장한 김대중정부(1998~2002년)는 상대적으로 진보적이었고, '민주주의와 시장경제의 병행발전'이란 국정지표에 '생산적 복지'를 추가함으로써 복지문제에 전향적인 정부였다. 게다가 전후 최대의 경제위기를 맞이하여 사회안전망의 취약성이 드러나자 공공복지확대에 대한 국민적 공감대가 형성되었고, 친복지적인 시민·노동단체가 노사정위원회 등 정책결정과정에 광범위하게 참여함으로써 그 어느 때보다도 사회보장제도의 획기적인 발전이 이루어졌다.

첫째, 가장 두드러진 변화는 사회보험의 급속한 적용확대와 급여 수준 인상이었다. 1999년 3월 도시지역 자영자 900만 명에게 국민연금이 확대되었으며, 1998년 1월 10인 이상 사업장으로 확대된 고용보험이 1998년 10월부터 1인 이상 전 사업장으로 확대되었다. 산재보험 역시 2000년 7월부터 1인 이상 사업장으로 보험적용이 확대되었다. 이미 전 국민을 포괄하고 있는 의료보험은 급여 혜택을 받을 수 있는 요양 기간이 연간 270일에서 1998년에는 300일로, 1999년에는 330일로 늘어나고, 2002년에는 요양 기간 제한이 사라져 365일 급여 혜택을 받을 수 있게 되었다. 둘째, 2000년 국민기초생활보장제도의 시행으로 공공부조제도를 획기적으로 개선하였다. 근로능력이 있는 사람이라 할지라도 자활사업에 참여하기만 하면 기초생계를 받을 수 있는 사회적 권리를 법적으로 부여하였다. 국민기초생활보장제의 시행으로 그 수혜인구가 종전의 50만 명 대 수준에서 2000년 시행 시 150만 명 대 수준으로 대폭 확대되었다. 셋째, 2000년 직장의료조합까지 포함하는 의료보험 통합을 달성하여 위험분산(risk pooling) 효과를 크게 하고 사회연대성을 제고하였다.

노무현정부(2003~2007년)는 지식경제화와 저출산·고령화가 초래하는 사회문제에 대처하고자 사회서비스를 강화하고 기존 사회보장제도의 개혁에 나섰다. 저출산 종합대책으로 2006~2010년 사이 32조 원을 투입하는 '새로마지플랜 2010'을 수립하고 공보육 등 육아지원에 대한 정책을 강화했다. 인구고령화에 대비하기 위해서, 국민연금의 개혁을 단행하고 노인장기요양보험제도를 도입하였다. 연금재정 안정화를 위해 2007년 여야합의를 통해 보험료율은 유지하되 소득대체율을 단계적으로 저하하는 개혁(현행 60%, 2008년 50%, 2028년 40%)을 단행하고, 연금 사각지대 완화를 위해 기초노령연금제도를 도입하였다. 그리고 2007년 4월 노인장기요양보험법을 제정하여, 고령이나 노인성 질병 등의 사유로 일상생활을 혼자서 수행하기 어려운 노인에게 복지서비스를 제공하도록 했다.

이명박·박근혜정부 시기(2008~2016년) 노무현정부에서 2006년에 국민 앞에 제시한 미래 한국 복지국가 설계도인 '사회비전 2030'을 달성하는 데 필요한 소요예산이 매년 GDP의 2%에 달하는 1,100조 원에 이를 것으로 추정되었다. 이는 증세논쟁을 다시 불러일으켰다. 당시 폭등하는 부동산 가격을 진정시키기 위해 종합부동산세를 도입하는 과정에서도 세금 이슈가 중요한 정치사회 문제로 등장한 상황이었다. 급기야 보수정당인 한나라당의 대통령 후보인 이명박은 한국정치사에서 최초로 '감세'와 '작은 정부'를 주요 공약으로 내걸고 대통령에 당선되었다.

실제로 이명박정부(2008~2012년)는 종합부동산세의 무력화, 소득세와 법인세율의 인하 단행 등을 통해 조세부담률을 낮춘 최초의 정부가 되었다. 단지, 사회보험 적용의 확대와 명목임금의 증가에 힘입어 사회보험료 수입이 증가해 국민부담률은 크게 낮아지지 않았다. 이러한 현실에서 사회보장제도의 눈에 띄는 성장은 없었고, 전임 정부에서 물려받은 기존 사회보장제도의 유지에 머물렀다. 단, 저출산문제에 대응하기 위해 공보육은 꾸준히 확대되었다. 보육지원 대상자를 기존 소득 하위 50%에서 70% 이하(즉, 상위 30%만 제외)로 상향하고, 보육료를 80%까지 국가에서 지원하며, 취약계층인 다문화가정의 5세 이하 영유아는 보육료 전액을 지원하였다. 그리고 2009년 7월부터 보육시설을 이용하지 않는 차상위 이하 가구에 한해서 월 10만 원의 양육수당을 제공하였다.

이명박정부는 2008년에 불어 닥친 글로벌 금융위기의 파고를 적극적으로 대응하여 극복하였으나, 사회적 양극화와 사회적 이동성 저하의 문제는 계속하여 악화하였다. 사회경제적 양극화는 수년 전 '작은 정부'를 지지했던 국민들이 2010년 지방선거에서 '무상복지'를 앞세운 야당을 지지하게 만들고, 급기야 2012년 4월 총선과 12월 대선에서 여야 대통령 후보는 앞다투어 더 많은 복지를 약속하기에 이르렀다. 박근혜 대통령은 보수적인 이미지에도 불구하고 2012년 대선 기간 내내 성장보다는 복지와 경제민주화를 앞세워 친복지 성향의 민주당 후보를 제치고 대통령에 당선되었다.

박근혜정부(2013~2016년)는 보편주의적인 무상보육을 시행하여, 0세 아동에 대한 영아 보육료 지원, 그리고 취업자와 전업주부 자녀를 구분하지 않고 공보육을 지원하였다. 기초노령연금을 대체하는 기초연금제도를 도입하고 연금급여를 최대 20만 원까지 2배 인상하였다. 국민 의료비 절감을 목표로 선택 진료를 축소하고, 일반 병실을 현행 6인실에서 4인실까지 확대하며, 단계적으로 지방 중소병원과 공공병원에서부터 간병을 포함하는 '포괄간호서비스'를 도입하여 간병인 비용을 대폭 낮추기 시작하였다. 이 밖에 기존 기초생활보장제도가 보충형 통합급여로 운영되어 근로의욕을 감퇴시키는 문제를 완화하기 위해, 급여별 선정기준을 다양화한 맞춤형 개별급여체제로 개편하였다. 기초생활보장제도의 수혜기준이 되는 빈곤선이 절대계측에서 상대적 빈곤선으로 바뀌었다. 기초생활보장제도의 핵심인 생계급여 대상자는 중위소득 30% 이하로 과거보다 낮추는 대신, 의료급여 대상자는 40%, 주거급여는 43%, 그리고 교육급여는 중위소득 50%까지 해당 급여를 제공받게 하였다. 소득이 증가함에 따라 단계적으로 공적부조 지원에서 '졸업'하여 궁극적으로 자립을 유도하도록 한 것이다.

문재인정부(2017년~현재) 2010년부터 시작된 '무상복지 바람'에 따라 2012년에는 한국 대선 역사상 최초로 복지가 핵심 쟁점이 되었으며, 보수정권하에서도 복지가 확대되었다. 2016년 박근혜 대통령이 탄핵을 당해 파면됨에 따라 보수정권이 무너지고 문재인정부가 들어섰다. 문재인정부는 '포용국가'를 표방하며 복지확대 기조를 가속했다. 기초연금을 월 26만 원으로 인상하고

(소득 하위 40%에게는 30만 원), 건강보험의 비급여를 대폭 급여화하여 본인 부담금을 대폭 낮추는 보장성 강화정책을 펼쳤다. 고용보험 구직급여(실업급여)의 소득대체율을 50%에서 60%로 인상하고, 급여 상한을 1일 6만 6,000원까지 인상하였다. 구직급여 수급기간이 종료되었거나, 고용보험 가입자가 아닌 경우 월 50만 원씩 최장 6개월을 지급하는 국민취업지원제도(실업부조)의 도입을 추진하고 있다. 아동수당제도를 도입해 만 7세 미만 아동에게 월 10만 원씩 지급하고 있다. 국민기초생활보장제도의 사각지대를 줄이기 위해 부양의무자 기준을 단계적으로 철폐하여, 교육급여와 주거급여에는 부양의무자 기준을 적용하지 않고 있으며, 의료급여와 생계급여 수급가구와 부양의무자 가구에 65세 이상 노인 또는 중증 장애인(장애등급 1~3급)이 포함되어 있으면 부양의무자 기준을 적용하지 않고 부양의무자 가구의 소득 기준을 대폭 완화했다.

2010년 무상복지 돌풍으로 인해 복지지출은 크게 확대되었다. 2020년 정부 본예산 512조 3,000억 원 중 보건·복지·고용 예산이 180조 5,000억 원으로, 이는 국방예산 50조 2,000억 원의 3.6배에 이르는 최대 규모이다. 여기에 사회보험기금에서 지출되는 164조 4,000억 원(건강보험 78조 1,000억 원, 국민연금 27조 4,000억 원, 고용보험 15조 2,000억 원 등 8대 사회보험의 합)을 합하면 2020년의 복지지출은 344조 9,000억 원에 이를 전망이다.[15] 그런데 정부 재정적자 규모는 확대일로다. 2018년 10조 6,000억 원, 2019년 42조 3,000억 원, 2020년 71조 5,000억 원에 이

른다. 사회보험기금의 재정상황도 좋지 않다. 건강보험, 고용보험, 그리고 노인장기요양보험은 이미 재정수지 적자를 기록하고 있고, 국민연금은 2042년 적자가 예상되며 2088년에는 한해 적자만 783조 원으로 예상된다. 사회보장제도의 재정적 지속가능성에 빨간불이 켜진 것이다.

기존 복지급여의 합리적 조정과 증세가 불가피한데, 정치적으로 인기가 없는 방책이기에 재정위기가 촉발되기 전에는 큰 변화를 기대하기 어렵다. 박근혜정부에서 부족하나마 소득공제를 축소하는 간접적인 방식으로 증세를 도모하였으나, 국민의 저항과 야당의 공세로 인해 세법개정이 오히려 대폭 후퇴해 근로자의 45.7%가 소득세 납부를 면제받는 상황이 되었다. 담뱃값 인상과 적극적 세무행정을 통해 부족한 세수를 보충하고 있으나, 재정적자 규모는 날로 증가하고 있다. 문재인정부는 증세보다는 2019년 GDP 대비 37.1% 수준인 국가채무를 2023년 46.4%까지 확대하여 복지 재원을 마련하겠다고 계획하고 있다. 그러나 서구 복지국가의 경험에 의하면, 빚으로 복지국가를 건설하는 것은 지속되기 어렵다. 이제 한국 사회보장제도의 합리화를 위한 개혁과 조세개혁은 피할 수 없다 하겠다.

4. 한국의 주요 사회보장제도: 복지정치와 현황

현대 복지국가의 사회보장제도는 4대 사회보험(연금, 건강, 실업, 산재)과 공공부조제도를 골간

으로 한다. 2020년 한국 사회보장제도별 지출(추정)을 크기 순서로 나열하면, 건강보험(74조 3,000억 원), 국민연금(27조 4,000억 원), 공무원연금(18조 1,000억 원), 고용보험(15조 2,000억 원), 국민기초생활보장제도(14조 원), 기초연금(13조 2,000억 원), 노인장기요양보험(9조 6,000억 원), 산재보험 (7조 4,000억 원), 공보육(5조 8,000억 원), EITC(4조 3,000억 원) 등이 된다. 이 중 국민생활과 밀접하며 지출 규모가 큰 건강보험, 국민연금, 그리고 국민기초생활보장제도의 도입과 확대에 따른 복지정치와 현재 현황에 대해 간략히 살펴보면 다음과 같다.

국민건강보험[16]

한국의 의료보장제도는 건강보험제도를 골간으로 한다. 앞서 언급했듯이, 건강보험은 1963년 의료보험법에 연원을 두고 있다. 의료보장제도는 크게 독일과 일본 등이 채택하고 있는 사회보험형과 영국, 스웨덴 등 다수의 유럽국가가 채택한 국영의료서비스(National Heath Service, 이하 NHS)로 크게 구분된다. 사회보험형은 민간에서 의료서비스가 공급되는데, 가입자의 보험료로 운영되는 시스템이다. 반면 국영의료서비스는 보건소와 시립병원처럼 국가에서 공적으로 의료서비스가 제공되며 조세로 재원이 조달된다.

1960년대 세계 최빈국의 하나였던 한국에서 국가재정에 기초한 NHS는 꿈을 꾸지도 못했다. 이마저도 보험료를 반반씩 분담해야 했던 사용자들의 반대로, 임의가입의 형태로 시행되어 유명무실한 제도가 되었다. 마침내 1977년에 강제적용에 들어가 의료보험이 시작되었다. 가입자들이 보험료 납부능력이 있어야 했으므로, 상시근로자 500인 이상 대기업부터 강제적용되었고, 점차 적용대상을 확대해 나갔다. 독일과 일본처럼 조합주의 방식을 채택했다. 큰 기업은 독자적인 의료보험조합을 만들고, 작은 기업들은 업종별로 모여 의료보험조합을 결성하는 방식이었다. 사용자들은 의료보험료 납부를 부담스러워했다. 그러나 기업별로 의료보험을 운영한다는 것은, 기업복지처럼 의료보험을 활용할 수 있다는 뜻이었기에 큰 저항은 없었다. 기업별 의료보험은 우수한 노동력을 끌어들이고 근로자의 조직충성도를 높이는 데 한몫했다. 또 기업 내에 적립되는 의료보험기금은 은행대출금의 담보 역할도 했다. 조합주의는 기업에 유리한 방식이었다.

정부는 기업의 순응도가 높은 조합주의 방식을 통해 1988년까지 5인 이상 사업체 근로자에게까지 의료보험을 빠르게 적용할 수 있었다. 문제는 지불 능력이 떨어지는 농어민, 자영자, 그리고 5인 이하 영세사업장의 근로자들이었다. 따라서 1989년 노태우정부는 시군구 단위 지역별로 의료보험조합을 결성하게 하고, 지역에서 필요한 의료보험료 수입의 50%를 국고보조하여 전국민 의료보험 시대를 열었다. 서대문구 조합, 순천시 조합, 인제군 조합하는 식으로 도시지역에 135개, 농어촌지역에 92개의 조합이 만들어졌다. 기존에 직장조합이 145개였고, 공무원이 따로 조합을 결성하고 있었기에 총 373개의 의료보험조합이 공존하는 시대가 열린 것이었다.

조합주의는 의료보험의 도입을 용이하게 했으나, 두 가지 차원에서 문제점이 지적되었다. 첫째, 조합주의는 많은 행정비용을 필요로 했다. 전산화가 가능해지면서 가입자 관리를 위해 수백 개의 조합을 유지할 필요가 없어지자 이 문제는 크게 불거졌다. 둘째, 부자 조합과 가난한 조합의 양극화 문제였다. 직장조합 특히 대기업조합은 보험료 수입이 많고 지출은 상대적으로 적었다. 반면 노인, 은퇴자, 실직자, 영세사업장 근로자, 자영자들이 많은 지역조합은 보험료 수입이 적었고 지출은 상대적으로 많았다. 따라서 직장조합은 보험료율은 낮아도 기금이 쌓여가고, 지역조합은 보험료율이 높아도 늘 적자에 허덕이는 상황이었다. 이렇게 되자, 정부는 보험급여를 인상할 수가 없었다. 직장조합은 재정이 풍부하기에 급여 확대를 바랐지만, 가난한 조합에서는 급여가 인상되면 적자 폭이 커질 것이 명약관화했기 때문이다. 정부는 가난한 조합을 의식해 의료보험의 보장성 강화에 소극적일 수밖에 없었다. 문제해결 대안으로 모든 국민을 하나의 의료보험 조합에서 통합하여 관리하는 통합주의가 제기되었다. 정부는 행정비용을 절감할 뿐 아니라, 부자 조합의 기금과 흑자를 가난한 조합의 적자를 메우는 데 쓰고자 했다.

기업과 기업노조는 반대의 입장이었다. 기업별 의료보험조합에 쌓여 있는 기금은 사유재산권이기에 다른 조합의 적자보전에 써서는 안 된다는 논리였다. 이를 의식한 김영삼정부는 국민의료보험법 제정 시, 기업의료보험조합은 제외하고 227개 지역의료보험조합을 하나로 통합하고 여

기에 공무원과 교직원 의료보험을 결합하는 1단계 통합을 단행했다. 뒤이은 김대중정부는 노조와 기업의 반대에도 불구하고, 1999년 국민건강보험법을 제정해 145개 직장의료보험조합도 통합시켜 단일 보험자인 국민건강보험공단을 출범시켰다. 건강보험 기금통합에 대한 위헌소송이 제기되었다. 사유재산권 침해가 사유였다. 그러나 2002년 6월 헌법재판관 전원 일치된 의견으로 합헌 판결이 내려지면서, 의료보험 통합은 완성되었다.

통합 이후 '가난한' 조합 문제가 사라지자, 건강보험은 꾸준히 보험료와 급여를 인상해 의료보장에 대한 투자를 늘려왔다. 그리고 건강보험료 납부가 어려운 저소득자들을 위해서는 의료급여를 확대 제공해 전 국민이 의료보장 혜택을 누리게 했다 (이에 대해서는 아래 국민기초생활보장제도 절에서 자세히 논한다). 건강보험제도의 발전 뒤에는 어두운 그림자도 드리워져 있다. 민간에서 의료서비스가 공급되고, 시민들은 비용부담이 크게 없어지니 도덕적 해이와 과잉진료가 일반화되었다. 한국은 OECD 국가 중에서 병·의원을 찾는 횟수가 압도적으로 1위인 국가다. 2017년 국민 1인당 의사에게 외래 진료(통원 치료)를 받은 횟수는 16.6회에 달해 OECD 평균인 7.1회보다 2.3배 높다 (참고로, 스웨덴은 2.8회). 환자 1인당 입원일수 또한 한국은 18.5일로 OECD 평균 8.2일의 2.3배 높아 일본에 이어 2위를 기록하고 있다.

정부가 환자와 병·의원의 도덕적 해이 문제를 적절히 제어하지 못하면, 의료 과용은 지금보

다 더해질 것이고 이는 재정적으로 큰 문제를 초래할 것이다. 한국은 급속한 고령화를 겪고 있다. 2017년 현재, 전체 인구의 13.4%를 차지하는 65세 이상 노인이 전체 건강보험 지출의 41%를 차지하고 있다.[17] 앞으로 한국의 노인 인구 비중은 세계에서 가장 빠른 속도로 증가해 2050년에는 35.3%에 달하게 된다. 의료이용을 통제하는 정책은 인기가 없다. 정치가들은 회피하고 싶은 일이다. 그러나 초고령사회에 대비해 건강보험의 재정적 지속가능성을 확보하기 위한 개혁을 언제까지나 뒤로 미룰 수는 없다. 의료보험 통합 때와 같은 진통을 한 번 더 겪어야 할 것이다.

국민연금[18]

한국의 공적연금제도는 1960년에 도입된 공무원연금과 군인연금에서 기원을 찾을 수 있다. 1975년에는 사립학교교직원연금이 실시되었다. 그러나 이는 공공분야 종사자에게 고용주인 국가가 제공하는 연금제도였다. 일반 시민을 대상으로 한 공적연금제도는 1988년에 시행된 국민연금제도이다. 국민연금은 원래 국민복지연금이라는 이름으로 1974년에 실시되려던 국민복지연금법을 모태로 한다. 공적연금도 의료보장제도와 마찬가지로 크게 사회보험형과 조세 방식의 기초연금형으로 나뉜다. 사회보험형은 가입자가 근로기간에 소득의 일부를 보험료로 납부하고 은퇴 이후 사망 시까지 기존 소득에 비례해 연금을 받는 것이고, 기초연금형은 원칙적으로 정액의 연금을 모든 노인에게 지급하는 데 필요한 재원은 일반 조

세로 충당하는 시스템이다. 1973년 박정희정부는 국가재정이 투입되어야 하는 조세 방식의 기초연금을 택할 수는 없었고, 의료보장제도와 마찬가지로 사회보험 방식의 연금제도를 도입하고자 국민복지연금법을 제정하였다.

그런데 국민복지연금은 근로세대에서 보험료를 거두어 두었다가, 이들 가입자가 은퇴 이후에 일정 연령에 달하면 지급하는 소위 수정적립의 사회보험식 공적연금이었다. 즉, 근로세대에게서 보험료를 거두어 당시 노인들에게 연금을 바로 지급하는 부과방식을 채택하지 않았다. 따라서 국민연금 가입 첫 세대가 30~40년 동안 납부한 보험료는 차곡차곡 쌓여 거대한 연기금을 형성할 것으로 기대되었다. 박정희정부는 1970년대부터 추진한 중화학공업화에 필요한 막대한 자금을 연기금에서 동원할 수 있게 제도를 설계한 것이었다.

1972년 10월 유신 단행 직후, 박정희 대통령은 "10월 유신에 대한 중간평가는 수출 100억 달러 달성에 달려 있다"라고 말하고 "행정, 생산양식, 농민생활, 국민의 사고방식, 외교, 문교, 과학기술 등 정부의 모든 정책 초점을 100억 달러 수출목표에 맞추어 총력을 집중하라"라고 지시를 내렸다. 이에 연말쯤 되자 중화학공업 건설계획의 윤곽과 함께 조선공업 육성방안(1972.12), 일반기계공업 육성방안(1972.12), 호남화학공업단지계획(1972.12), 정밀기계공업 육성방안(1973.1), 전자공업 장기육성방안(1973.1), 기계소재공장 건설 및 철강재 수출계획(1973.1), 비철금속제련단지계획(1973.1) 등이 쏟아져 나왔다. 문제는 중화학공업화를 추진할 재원 마련이

았다. 이에 따라 경제부처는 여러 가지 재원조달 방안을 경쟁적으로 마련하고 이를 추진하였다. 재무부에서는 부가가치세의 도입준비에 박차를 가하고, 국민투자기금법을 준비하였다. 그리고 경제기획원은 세계은행(World Bank), 국제개발협회(IDA) 등으로부터 공공차관을 확보하고, 한편으로 국민연금 기금을 통해 내자를 동원하는 방안을 추진한 것이다.[19]

그러나 앞서 언급했듯이, 1973년 말 제1차 오일쇼크로 인해 기업들의 사회보험료 지불 능력이 약화되자 긴급조치 3호를 통해 무기한 연기하였고, 민주화 이후 법 개정을 통해 1988년에 10인 이상 사업체를 대상으로 국민연금이 시행되었다. 1992년에 5인 이상 사업장까지 확대되고, 1995년에 농어촌 지역주민에게 확대되어 지역가입자를 받기 시작했고, 1999년 도시지역의 자영자와 5인 미만 사업장 종사자에게로 확대되어 전국민연금 시대를 열었다. 국민연금은 보험료 3%로 시작되었으나, 재정안정화를 위해 보험료가 1999년 9%까지 인상되었다. 소득대체율(기존 생애 평균소득 대비 연금액의 비율)은 초기 70%에서 2007년 재정안정화 개혁을 통해 2028년 40%까지 점진적으로 하락한다.

국민연금은 애초 설계대로 수정적립방식을 채택하였기에, 2019년 10월 현재 국민연금기금 적립금이 712조 1,000억 원에 달하고 있다. 연기금은 2041년 최대 1,778조 원까지 계속해서 불어난다. 그러나 1999년 전국민연금 시대를 연 이래 42년 동안 쌓여만 가던 연기금은 2042년부터 급격히 줄어들기 시작한다. 불과 15년 후인 2057년에는 기금이 모두 고갈되고, 이것도 모자라 당해 년에만 124조 원의 적자를 기록할 것이 예상된다. 약속받은 연금액에 비하면 보험료율이 매우 낮고, 저출산으로 인해 보험료를 납부할 근로세대의 수가 적어지나 장수로 인해 연금수급자와 연금수급 기간이 늘어나기 때문에 기금고갈은 불가피하다.

국민연금은 이때부터 근로세대의 보험료 수입이 바로 은퇴자의 연금으로 지급되는 부과방식으로 전환되게 된다. 기금이 다 사라지고 없으므로, 은퇴자에게 약속한 연금을 지급하기 위해 보험료를 많이 거두어들여야 한다. 필요 보험료율은 2057년에 소득의 24.6%, 2088년에는 28.8%로 예상된다.[20] 출산율 가정을 보다 현실에 부합하도록 1.05로 하면, 부과방식 보험료율은 더 올라 2088년에 37.7%에 이른다. 건강보험이 맞이하고 있는 재정불안정 문제를 국민연금도 안고 있다. 이의 해결을 위해서는 유럽의 앞선 복지국가들이 해온 것처럼, 인구 고령화에 맞추어 자동적으로 연금액을 낮추는 자동안정화 장치를 도입하고, 연기금이 고갈되기 전에 보험료율을 적정 수준으로 올려, 후세대가 급작스럽게 보험료 인상의 파고를 맞지 않도록 해야 할 것이다. 물론 이 또한 비인기 정책이기에 정치가들이 기금이 다 고갈될 때까지 회피할 가능성이 크다.

국민기초생활보장제도

공공부조(public assistance)는 빈민구제의 최후의 보루로, 국민생활의 최저선을 지켜주는 제도이다. 한국의 공공부조제도는 1961년에 제정된 생활보호법에 기원한다. 앞서 언급했듯이, 생활보호제도의 보호를 받는 대상은 18세 미만 아동, 65세 이상 노인, 생산가능인구 중에서는 장애인, 요보호 여성 등으로 한정되었다. 근로가 가능한 인구는 취로사업 등 공공근로의 대가로 급여를 받았다. 1977년 의료보험의 시행에 앞서, 1976년에 저소득층을 상대로 한 의료부조가 더해졌을 뿐, 생활보장제도는 극빈층을 대상으로 한 잔여적인 프로그램으로 큰 변화가 없었다. 한국 공공부조제도의 큰 변화를 가져온 것은 1997년 소위 IMF 경제위기이다. 전후 최악의 경제위기 속에서, 실업률 2%대의 사실상 완전고용 사회가 실업률 8%에 이르는 대량실업 사태를 맞이하였다. 실업에 빠진 생산가능인구에 대한 소득보장 정책이 사실상 전무한 상태였다. 1995년에 고용보험이 도입되었으나, 적용대상이 제한적이었고 보험료 납부 이력이 있어야 실업급여를 받을 수 있었기에 실제 급여 수령자는 얼마 되지 않았다. 게다가 경제불황의 직접적 영향을 받는 영세사업장과 일용직 근로자들은 고용보험의 대상자도 아니었고, 생활보호제도의 보호를 받지도 못했다.

김대중정부는 고용보험의 적용을 급속히 확대하는 한편, 저소득층에 대한 직접적인 소득보장 정책으로 생활보호제도를 폐지하고 국민기초생활보장제도(이하 기초보장제도)를 도입하였다. 기초보장제도는 사회권 개념을 도입해, 생산가능인구에 대한 보호를 가능하게 했다. 즉, 18세부터 64세까지의 인구도 기초보장제도의 적용대상으로 삼다. 물론 이들에게 자활사업의 참여를 조건으로 부과하였으나, 노동 강도가 높지 않고 자원봉사나 직업훈련을 이수하여도 수급권을 보장하였다.

기초보장제도는 1994년 창립한 참여연대의 국민복지기본선 확보운동에 기인한다. 이 복지운동은 1997년 경제위기 국면에서 대량실업과 빈곤문제가 큰 사회문제로 등장하자, 기초생활보장법(이하 기초법) 제정운동으로 격상되었다. 1999년 3월에는 참여연대가 주축이 되어 28개의 노동, 빈민, 지역운동단체, 그리고 민주노총, 민변, 한국여성단체연합(여연) 등과 연대하여 '국민기초생활보장법 제정추진 연대회의'(이하 연대회의)가 발족되어 대중운동화하였다. 그러나 관련 정부부처는 반대 입장을 견지하여 정부 의제로서 입법화되는 과정으로 나아가지는 못하였다. 기획예산처는 막대한 예산 소요를 근거로 들어 반대하였고, 노동부는 직접적인 소득지원보다는 공공근로사업을 확대하고, 고용보험제도를 활용해 취업알선, 고용보조금 지급 등 적극적 노동시장정책에 예산을 투입해야 한다고 주장했다. 보건복지부는 기초법의 입법 취지나 정책방향에 대해서는 일반적으로 동의했다. 그러나 사업을 집행할 사회복지 전문요원의 부재, 소득과 재산의 파악을 위한 전산망의 미비 등 집행 가능성에 의문을 제기하며 기초법 제정에 소극적인 입장이었다.[21]

기초법 제정이 급물살을 탄 것은 1999년 6월 21일 김대중 대통령이 울산에서 "중산층과 저소득 서민층들이 안심하고 살 수 있는 국민생활보장기본법을 제정토록 하겠다"라는 소위 '울산 발언' 이후이다. 대통령의 울산 발언 이후 기획예산처나 노동부도 더 이상 법 제정 자체를 반대하지 못했고, 8월 12일 임시국회에서 기초법이 제정되었다. 그러나 기초법이 제정된 이후 시행령과 시행규칙을 제정하는 과정에서 기획예산처의 입장이 많이 반영되었다. 생활보호법에서 소득, 재산, 부양의무자 기준으로 세 가지였던 선정기준은, 토지, 주거, 자동차 소유 여부가 추가돼 여섯 가지가 되었다. 생활보호제도 하에서 과표기준과 공시지가 기준을 적용하던 재산평가 기준은 구 기준의 거의 두 배에 상응하는 시가 기준으로 바뀌었다. 주거 기준은 15평 이상의 주택소유자나 20평 이상의 전월세입자를, 자동차 기준은 배기량 1,500cc 이상 차량의 소유자를 수급대상에서 제외하도록 하고, 부양의무자 기준도 강화하였다.[22]

그럼에도 불구하고, 기초보장제도의 도입으로 저소득층에 대한 기초보장 수준은 계속하여 크게 높아졌다. 2000년 GDP의 0.2%에 불과하던 지출은 2005년 0.6%로 세 배나 늘어났고, 수급자도 138만 명에서 510만 명으로 증가했다. 수급자 선정과정에서 부양의무자 기준 때문에 사각지대가 크게 존재한다는 비판에, 부양의무자 기준을 수차례 완화해 제도 시행 당시 형제자매는 물론 조부모-손자 간에도 부양의무를 부여했던 것을 부모-자식에게 적용하고, 소득 및 재산 기준도 완화해 사각지대를 축소하고 있다. 박근혜정부에서 최저생계비의 책정 기준을 절대빈곤에서 상대빈곤으로 바꾸어 국민생활이 향상됨에 따라 자동으로 기초보장선이 따라 올라올 수 있게 제도를 바꾸고, 동시에 통합급여에서 맞춤형 개별급여로

전환하는 큰 틀의 개혁이 이루어지기도 하였다. 국민연금이 성숙하지 못한 상태에서 급속한 인구 고령화로 의지할 데 없는 노인들이 급속도로 늘어나고 있다. 기초보장제도의 역할이 당분간은 커질 수밖에 없고, 이에 대해서는 여야 간 이견은 큰 차이를 보이지 않는 상황이다.

5. 한국복지정책의 결정과 전달체계

복지정책결정

복지는 부자에게서 빈자로, 그리고 소득활동자로부터 실업자나 은퇴자로, 건강한 사람으로부터 아픈 사람한테 소득이전이 발생하는 재분배를 동반한다. 그만큼 정치적이다. 개인이 원하는 대로 시장에서 계약과 교환이 이루어지는 것이 아니라, 국가에 의해서 강제적으로 재분배가 일어난다. 이스턴(David Easton)이 '정치'를 정의한 대로, 희소자원의 '권위적(authoritative)' 배분이 일어난다고 할 수 있겠다.

여기서 '권위적' 배분이 사적 영역의 계약과 차별되는 정치의 특징을 잘 나타내 준다. 즉, 한 번 의사결정이 내려지면 그 결정은 해당 정치공동체의 모든 성원에게, 싫든 좋든 본인의 의사와 상관없이, 구속력(binding)이 미친다. 복지정책 같은 공공정책은 헌법에 의해 정책결정의 공식적 권한을 부여받은 공식적 참여자(예컨대, 대통령, 국회의원, 관료)가 (헌)법이 정한 공식적 절차를

거쳐 결정할 때 구속력이 있는 효력이 발생된다. 민주사회에서는 공식적 결정권한은 없으나 정책 결정에 영향을 미치는 이익집단 같은 비공식적 참여자도 다수 존재한다.

한국에서 사회정책의 형성을 담당하는 권위 있는 정부기관으로는 대통령과 대통령비서실, 보건복지부, 고용노동부 등 담당 부처의 장과 공무원, 기획재정부 등 예산권을 갖고 있는 경제부처의 장과 공무원, 그리고 국회 보건복지위와 환경노동위를 중심으로 한 국회의원 등이 있다. 이 밖에 공식적인 권한을 갖고 있지는 않으나 정책과정에 크게 영향력을 행사하는 조직 및 집단으로서 경제사회노동위원회를 비롯해 국민연금, 고용보험기금 등 위원회에 참여하는 노동 및 사용자 단체와 여타 이익집단, 국책연구기관과 대학교수 등 전문가 집단, 그리고 언론 및 여론 등을 들 수 있다. 공식적 권한을 갖고 있는 사회정책과정의 참여자들(대통령, 국회의원, 공무원)과 전문가 등 주요 참여자들이 갖는 복지정책 관련 선호와 정책결정과정에서의 역할에 대해 살펴보고자 한다.

대통령 한국의 대통령은 행정수반으로서 정책과정에서 정책결정 및 정책집행에 관한 최종적인 결정권한을 지닌다. 정책결정에 관한 권한은 국회에 정책안을 제시하는 권한과 국회 의결을 필요로 하지 않는 정책을 결정하는 권한, 그리고 국회 의결을 거친 법률을 거부(veto)하는 것을 아우른다. 대통령은 모든 정책집행을 감독할 권한과 책임을 지니고, 이러한 정책집행권은 대통령의 전속적 권한으로서 실질적인 정책결정을 할 수

있는 기반이기도 하다.

한국의 대통령은 전국을 단위로 하는 단일 선거구에서 선출되므로 전국에 널리 퍼져있는 이해관계를 대변하고 이를 정치적 지지로 동원할 강한 유인을 갖고 있다. 따라서 공공재 성격이 강한 안보, 경제성장, 공공복지 등을 주요 선거공약으로 삼고 집권 시 정부의제로 삼는 경향이 크다. 권위주의 시기, 국가 주도 산업화 시기에는 당시 시대적 과제라고 할 수 있는 경제성장을 복지보다 우선하여 정치적 지지를 동원해 왔으나 민주화 이후 점차 공공복지도 중요한 대통령의 정책의제로 부상하고 있다. 특히, 노동과 저소득층을 주요 지지기반으로 하고 있는 좌파진영 대통령의 경우 더욱더 그러하다.

국회의원 국회의원은 정책의제설정에 있어 큰 역할을 하는 정책과정의 공식적 참여자이다. 정치지도자로서 국회의원은 중요 정책을 최종적으로 결정할 입법권도 지님으로써 강력한 정책결정권을 행사한다. 정책집행과정에서는 예산심의, 정책평가, 국정조사 등의 수단을 통해 행정부를 통제한다. 국회의원의 복지에 대한 인식은 고객집단과 이념적 성향에 따라 선호관계가 달라진다. 한국에서도 좌파 혹은 진보정당의 국회의원은 친복지적 성향을 띠며 증세에 대해 상대적으로 적극적인 반면, 우파 혹은 보수정당의 국회의원은 복지와 증세에 소극적인 경향을 보인다.

행정부 고위 공무원 대통령 및 입법부가 의제화된 쟁점(issue)의 해결을 위한 정책결정의 공식적

권한을 갖고 있으나, 정책결정의 주 내용인 정책 대안 탐색과 분석에 실질적인 영향을 미치는 기관은 행정부처의 고위 공무원들(이하 관료)이다. 관료들이 정책결정에 대한 실질적인 영향력을 가질 수 있는 요인은 전문성, 집행권한, 재량권, 이익집단과의 연계 때문이다.

한국에서 복지정책과 관련해 소관 부처는 보건복지부, 고용노동부 같은 사회부처이다. 그러나 예산권을 갖고 있는 기획재정부 등 경제부처의 정책선호도 중요하다. 대체로 사회부처 관료는 사회적 위험과 소득재분배를 통해 바람직한 사회를 형성하는 것이 조직의 임무이기에 새로운 사회복지 프로그램의 도입과 확대, 그리고 복지증세에 대해 타 부처에 비해 상대적으로 우호적이고 적극적이다. 반면, 경제부처 관료 중 '금고지기'로 예산을 담당하는 기획재정부는 과도한 사회지출이 국가재정에 미칠 부정적 영향은 물론, 사회적 급부가 근로의욕을 저하시키고 복지증세가 투자를 위축시키는 문제 때문에 복지에 대해 늘 긍정적이지만은 않다. 따라서 대체로 새로운 사회복지 프로그램의 도입과 확대 및 복지증세에 신중한 입장이다.

노조 사회적 위험에 대한 보상으로부터 발달한 공공복지는 노동계층이 주 수혜자라 할 수 있다. 따라서 노동계급은 공식적 권한은 없으나, 복지정책 형성에 상당한 영향력을 행사한다. 특히, 한국에서는 경제사회노동위원회와 노사의 기여금으로 운영되는 사회보험의 운영에 노사 대표의 참여가 제도적으로 보장되어 있다. 따라서 국가

수준의 복지정책결정에서 사회복지 프로그램의 운영에 이르기까지 노동계급의 대표자(한국노총과 민주노총)들이 폭 넓게 참여하고 있다.

국가별로 복지정책과정에 노동계급이 미치는 영향력의 크기는 차이가 크다. 노조가 전국적 혹은 산업별 수준에서 활동을 하는 경우, 전체 노동계급의 연대를 위해 보편주의적인 사회보험을 위시한 공공복지를 선호하게 되고, 또 이들의 단결로부터 발휘되는 정치적 힘도 갖게 된다. 그러나 한국의 경우, 노동자가 기업별로 조직화되어 있기에, 타기업 노동자의 복지 수준 향상을 위해 자기 노조의 역량을 집중하고 희생하지는 않는다. 노조활동은 대부분 해당 기업의 노동자에게 혜택이 돌아가게 만들려는 유인을 갖게 되는 바, 공공복지보다는 배재성이 높은 임금인상과 기업복지 증진을 목표로 활동한다.

전문가(지식인)와 언론 전문가(지식인)들은 정책결정과정에 공식적 권한을 갖고 참여하는 것은 아니다. 하지만 입법화 전 단계에서 정책입안에 필요한 사전연구나 정책형성 과정에서 정책자문위원으로서 영향력을 행사한다. 그리고 해당 정책사안에 직접 초대받아 참여를 하지 않더라도, 사회문제 해결을 위한 정책대안을 제시하거나 정책의 영향(효과 및 비용) 예측과 평가 등을 통해 정책과정에서 영향력을 행사한다. 한국복지정책 형성의 경우, 관련 분야의 대학교수와 보건사회연구원, 노동연구원, 한국개발연구원(KDI) 등 국책연구소가 큰 역할을 한다.

보통 전문가에게 가치중립적인 판단을 기대하

지만 학문분야별로 사회정책 선호에 대한 차별적인 경향성이 나타난다. 일반적으로 경제 관련 연구기관과 경제학 전공 대학교수들은 사회정책 설계에 있어 비용대비 효과는 최대화하고 근로저해 효과를 최소화하는 데 관심을 두며 증세에는 소극적인 반면, 사회복지 노동 관련 연구기관과 사회복지학 전공 대학교수들은 사회문제 해결을 위한 정책 효과성을 우선시하기에 복지확대와 증세에 우호적인 경향을 보인다.

언론도 정책의제 형성과 정책평가 과정에서 중요한 역할을 한다. 언론은 사회 안에 유통되거나 확산되는 사건과 담론을 해당 언론사의 이념 및 경향성 등에 의해 취사선택하거나 심지어 이념성과의 상호작용 속에서 굴절시키기도 한다. 이렇게 선택된 뉴스는 여론 형성에 막대한 영향을 미친다. 한국에서 보수 언론 대 진보 언론의 대결적 구도는 최근 활발해진 복지 논쟁 속에서 더욱더 강해지고 있다. 2010년 지방선거에서 쟁점이 된 무상급식 논쟁에서 보편주의 편향적 보도를 한 『한겨레』, 『경향신문』 등 진보 언론과 선별주의 편향적 보도를 한 『조선일보』 등 보수 언론은 대표적인 사례라 할 수 있다.

복지전달체계[23]

한국의 복지전달체계는 크게 공공부문과 민간부문으로 나눌 수 있다. 공공부문은 다시 중앙정부와 지방정부로 구분해 볼 수 있고, 민간부문은 영리조직, 비영리조직, 그리고 비공식 조직으로 나누어 볼 수 있다.

중앙정부에 소속된 공공기관이 한국 사회보장제도의 중추인 4대보험의 운영을 담당한다. 국민건강보험공단(의료 및 장기요양), 국민연금공단, 근로복지공단(실업 및 산재보험)이 그것이다. 지방정부는 광역자치단체인 광역·특별시·도, 기초자치단체인 시·군·구, 그리고 행정구역인 읍·면·동으로 이어지는 위계적 계층구조를 형성하며, 공공부조와 사회복지서비스 전달에서 중요한 역할을 담당한다. 지방정부는 중앙정부의 사업지침에 따라 수급자를 관리하고 급여를 지급할 뿐 아니라 재원도 일부 분담한다. 지방정부는 기초생활보장과 사회서비스 제공에서 가장 중요한 역할을 수행한다. 특정 서비스 제공을 목적으로 공공기관이 중앙부처 산하기관 또는 지방자치단체 출연기관으로 설립·운영되고 있기도 하다. 예를 들면, 국립암센터, 국립중앙의료원 등은 중앙부처 산하기관이며, 서울의료원, 서울시복지재단, 서울시여성가족재단, 서울시자원봉사센터 등은 지자체 출연기관이다.

민간부문에서 영리조직은 수익을 목적으로 사회복지서비스를 제공하는 기관을 말하는데, 민간노인요양기관이나 민간어린이집이 대표적이다. 이들 민간기관은 이용자에게 서비스를 제공하고, 서비스 비용은 건강보험과 장기요양보험에서 제공하는 요양급여와 환자의 본인부담금을 통해 지불받는다. 또한 민간어린이집을 이용하는 부모에게 정부가 바우처를 지급하여 보육료를 납부하도록 하고 보육시설에 대한 부모의 선택권을 보장하기도 한다. 비영리조직으로는 지역사회에서 활동하는 종합사회복지관, 노인복지관, 장애인복지

표 13.1　한국의 복지전달체계

구분	중앙정부	공공기관	지방정부	민간부문		
				영리조직 (시장)	비영리조직	비공식조직 (가족, 이웃)
조직 예시	• 보건복지부 • 노동고용부 • 국방부 • 행정자치부 • 교육부 • 건설교통부 • 교도소 • 국립정신건강센터 • 국립 병원 • 국립재활	• 국민연금관리공단 • 국민건강보험공단 • 근로복지공단 • 건강보험심사평가원 • 국립암센터 • 국립중앙의료원 • 서울의료원 • 서울시복지재단 • 서울시여성가족재단 • 서울시자원봉사센터	• 시·도 • 시·군·구 • 읍·면·동	• 개인병원 • 민간노인 요양기관 • 민간유치원 • 민간 어린이집 • 민간 보험회사 • 민간양로원	• 의료법인 • 사회복지법인 • 종합사회복지관 • 지역자활센터 • 다문화가족센터 • 건강가정 지원센터 • 정신건강 증진센터	• 가족 • 이웃

출처: 신동면, "복지전달체계," 안병영 외, 『복지국가와 사회복지정책』(서울: 다산출판사, 2018), p. 334.

관 등이 있다. 이들 사회복지법인은 지자체와 복지관 운영에 관한 위탁계약을 체결하고, 지자체의 지원금을 받아 서비스를 제공한다. 가족 같은 비공식조직의 비중은 많이 줄었으나, 아동돌봄과 노인 생계비 지원 등에서 가족의 역할은 아직도 작지 않다.

6. 한국복지정책의 미래와 과제

이 장은 1960년대 산업화 시기부터 민주화를 거쳐 현재까지 한국복지정책의 역사적 전개과정을 살펴보았다. 의료보장, 연금, 공공부조제도 같은 주요 사회보장제도의 태동과 발전에 대해서도 정책결정 참여자를 중심으로 살펴보고, 사회복지 그리고 재정적 의미를 간략하나마 논하였다. 그리고 한국복지정책의 결정과 집행에 대해서도 알아보았다. 한국의 복지는 아직도 서구의 큰 복지국가들과 비교하면 적용의 포괄성이나 복지급여의 수준이 높은 것은 아니다. 하지만 1961년 생활보호법으로 공공부조제도가 틀을 갖추고 1963년 산재보험과 의료보험법의 제정으로 사회보험이 도입된 이후, 한국의 경제와 민주주의가 발전함과 함께 사회보장제도는 빠른 속도로 확충되어 왔다.

앞으로도 고령화가 심화되어 노인인구가 늘고, 저성장이 고착화되면 실업이 증가해 복지수요는 늘어날 것으로 예상된다. 그러나 성장의 정체로 인해 복지수요를 충족시킬 수 있는 물적 토대는 전보다 약화될 것으로 전망된다. 1970년대 중후반부터 서구 복지국가가 겪었던 재정적 위기(Fiscal Crisis in the Welfare State)를 어느 순간 한국사회도 맞이하게 될 것이다. 복지국가의 팽창기는 '합의의 정치'를 특징으로 한다. 복지를 둘러싼 여야 간 경쟁은 찬반보다는 속도 조절 여부에 달려 있었다고 봐도 무방하기 때문이다. 그러나 재정적 위기 시에는 복지에 대한 '합의의 정치'보다는 찬반이 크게 갈리는 '갈등의 정치'가 나타날 가능성이 크다. 좌·우 진영 간의 대립이 커지고 있는 한국의 경우, 갈등의 정치에 대한 우려가 매우 크다.

그러나 한편, 한국은 복지국가 후발주자로서의 이점을 갖고 있다. 서구의 경험을 바탕으로, 기존 사회보장제도의 합리화 개혁과 함께 재정기반을 미리 확충하는 제도개혁을 단행할 기회를 갖고 있다. 전문가와 시민사회, 그리고 행정부 관료집단이 실사구시적으로 한국복지국가의 미래 문제에 대해 고민하고 대안을 제시해야 한다. 고령화와 함께 지출이 크게 늘어날 것으로 예상되는 연금과 의료분야의 재정합리화 개혁, 한국에서 취약한 근로세대에 대한 소득보장의 강화, 적극적 노동시장정책 등 근로역량을 키워주는 복지정책의 강화 등이 필요하다 하겠다.

❖ 주

1) OECD, "Starting Strong 2017," https://www.oecd.org (검색일: 2020.02.13).

2) 이하 내용은 다음의 문헌에 기초해 작성되었다. 양재진, "한국복지국가의 어제와 오늘," 안병영 외, 『복지국가와 사회복지정책』 (서울: 다산출판사, 2018), pp. 149-157; Jae-jin Yang, *The Political Economy of the Small Welfare State in South Korea* (New York: Cambridge University Press, 2017).

3) 양재진, 『복지의 원리: 대한민국 복지를 한눈에 꿰뚫는 10가지 이야기』 (서울: 한겨레출판, 2020).

4) P. Cutright, "Political Structure, Economic Development, and National Social Security Programs," *American Journal of Sociology* 70-5 (1965), pp. 537-550; Harold Wilensky, *The Welfare State and Equality: Structural and Ideological Roots of Public Expenditure* (Berkeley: University of California Press, 1975), pp. 15-49.

5) S. Schneider, and P. Ingraham, "The impact of political participation on social policy adoption and expansion: A cross-national, longitudinal analysis," *Comparative Politics* 17-1 (1984), pp. 107-120.

6) 양재진, "제도주의적 권력자원론과 한국의 노동, 자본, 정치가의 복지정책 선호에 관한 실증연구," 『한국정치학회보』 제48집 2호 (2014), pp. 79-102.

7) Jae-jin Yang, "The Effect of Electoral Rules on the Policy Preferences and Behavior of Politicians in South Korea," in Jae-jin Yang (ed.), *The Small Welfare State: Rethinking Welfare in the US, Japan and South Korea* (Chelthnham, UK: Edward Elgar, 2020).

8) W. Korpi, *The Working Class in Welfare Capitalism* (London: Routledge and Kegan Paul, 1978); G. Esping-Andersen, *Politics Against Markets* (Princeton: Princeton UP, 1985), pp. 145-178.

9) 양재진 (2014), pp. 79-102.

10) Ahn Shola Orloff, and Theda Skocpol, "Why not Equal Protection? Explaining the Politics of Public Social Spending in Britain, 1900-1911 and the United States, 1880s-1920," *American Sociological Review* 49-6 (1984), pp. 726-750.

11) 김영순·권순미, "공공부조제도," 양재진 외, 『한국의

복지정책 결정과정: 역사와 자료』(파주: 나남출판사, 2008), ch. 5.

12) "정부 '재정건전성' 내세워 정치권 복지 공약에 '반격.'," 『경향신문』, 2012년 2월 20일.

13) 이 절의 내용은 다음의 문헌에 기초해 작성되었다. 양재진 (2018), pp. 149-157.

14) 양재진, "국가는 왜 개인에 개입할까: 복지국가의 철학과 정책," 『복지의 원리: 대한민국 복지를 한눈에 꿰뚫는 10가지 이야기』(서울: 한겨레출판, 2020).

15) 국회예산정책처, "2019~2020년 8대 사회보험 재정전망," http://www.nabo.go.kr (검색일: 2020.02.13).

16) 이 절은 다음 자료에 의거하여 작성되었다. 양재진 (2020).

17) 건강보험심사평가원, "17년 건강보험 심사 진료비 69조 6,271억 원 … 전년 대비 7.68% 증가," http://www.hira.or.kr (검색일: 2020.02.13).

18) 이 절의 내용은 다음 문헌에 기초해 작성되었다. 양재진, "공적 연금," 안병영 외, 『복지국가와 사회복지정책』(서울: 다산출판사, 2018), pp. 415-442; 양재진 (2020).

19) 양재진, "유신체제하 복지연금제도의 형성과 시행유보에 관한 재고찰," 『한국거버넌스학회보』 제14권 1호 (2007), pp. 87-109.

20) 보건복지부, "제4차 국민연금재정추계위원회 공청회 발표자료," http://www.mohw.go.kr (검색일: 2020.02.13).

21) 안병영, "국민기초생활보장법의 제정과정에 관한 연구," 『행정논총』 제38집 1호 (2000), pp. 1-50.

22) 김영순·권순미 (2008).

23) 이 절은 다음 자료에 의존해 작성되었다. 신동면, "복지전달체계," 안병영 외, 『복지국가와 사회복지정책』(서울: 다산출판사, 2018), pp. 332-335.

❖ 참고문헌

1. 한글문헌

김영순·권순미. "공공부조제도." 양재진 외. 『한국의 복지정책 결정과정: 역사와 자료』. 파주: 나남출판사, 2008.

신동면. "복지전달체계." 안병영 외. 『복지국가와 사회복지정책』. 서울: 다산출판사, 2018.

안병영. "국민기초생활보장법의 제정과정에 관한 연구." 『행정논총』. 제38집 1호 (2000).

양재진. "공적 연금." 안병영 외. 『복지국가와 사회복지정책』. 서울: 다산출판사, 2018.

_____. 『복지의 원리: 대한민국 복지를 한눈에 꿰뚫는 10가지 이야기』. 서울: 한겨레출판, 2020.

_____. "유신체제하 복지연금제도의 형성과 시행유보에 관한 재고찰." 『한국거버넌스학회보』. 제14권 1호 (2007).

_____. "제도주의적 권력자원론과 한국의 노동, 자본, 정치가의 복지정책 선호에 관한 실증연구." 『한국정치학회보』. 제48집 2호 (2014).

_____. "한국 복지국가의 어제와 오늘." 안병영 외. 『복지국가와 사회복지정책』. 서울: 다산출판사, 2018.

2. 영어문헌

Cutright, P. "Political Structure, Economic Development, and National Social Security Programs." *American Journal of Sociology* 70-5 (1965).

Esping-Andersen, G. *Politics Against Markets*. Princeton: Princeton UP, 1985.

Korpi, W. *The Working Class in Welfare Capitalism*. London: Routledge and Kegan Paul, 1978.

Orloff, Ahn Shola, and Theda Skocpol. "Why not Equal Protection? Explaining the Politics of Public Social Spending in Britain, 1900-1911 and the United States, 1880s-1920." *American Sociological Review* 49-6 (1984).

Schneider, S, and P. Ingraham. "The impact of political participation on social policy adoption and expansion: A cross-national, longitudinal analysis." *Comparative Politics* 17-1 (1984).

Wilensky, Harold. *The Welfare State and Equality:*

Structural and Ideological Roots of Public Expend-iture. Berkeley: University of California Press, 1975.

Yang, Jae-jin. "The Effect of Electoral Rules on the Policy Preferences and Behavior of Politicians in South Korea," in Jae-jin Yang (ed.). *The Small Welfare State: Rethinking Welfare in the US, Japan and South Korea.* Chelthnham, UK: Edward Elgar, 2020.

_____. *The Political Economy of the Small Welfare State in South Korea.* New York: Cambridge University Press, 2017.

3. 언론사 자료

"정부 '재정건전성'내세워 정치권 복지 공약에 '반격.'" 『경향신문』. 2012년 2월 20일.

4. 인터넷 자료

OECD. "Strating Strong 2017." https://www.oecd.org (검색일: 2020.02.13).

건강보험심사평가원. "'17년 건강보험 심사 진료비 69조 6,271억 원 ⋯ 전년 대비 7.68% 증가." http://www.hira.or.kr (검색일: 2020.02.13).

국회예산정책처. "2019~2020년 8대 사회보험 재정전망."http://www.nabo.go.kr (검색일: 2020.02.13).

보건복지부. "제4차 국민연금재정추계위원회 공청회 발표자료"http://www.mohw.go.kr (검색일: 2020.02.13).

외교정책

배종윤(연세대 정치외교학과)

한 국가의 외교정책은 정부가 국가 차원에서 국가이익을 판단하고 정책을 결정하는 만큼, 다른 정책들과 유사한 성격을 공유할 수도 있지만, 정책의 대상이 국경 밖을 대상으로 한다는 점에서 일반적인 정책들과 기본적인 차이점을 가지고 있다. 외교정책은 다른 정책들과 달리, 국경 밖으로부터 전개되는 자극이나 압박에 대한 대응이라는 점에서 차별성을 가지기 때문이다. 그리고 국제사회에서 형성되는 국가 간의 상호관계를 이야기하는 국제정치나 국제관계 등과 구별되는 외교정책은 특정 국가의 입장에서 전개되는 일방향적인 정책 대응이라는 점에서 역시 차별성을 가지고 있다. 일반적인 여타의 국내정책들과 구별하여, 별도의 장에서 외교정책을 살펴봐야 할 분명한 이유가 존재하는 것이다.[1]

1. 외교정책과 국가이익

통상적으로 한 국가의 외교정책은 국내 수준에서 추진되는 공공정책과 구별된다. 비록 세계화와 국제화 등으로 인해 국가의 내부와 외부를 구분하는 경계선이 매우 흐려진 것이 사실이고, 국내 요인과 국외 요인들이 서로 긴밀하게 연동되어 작동하는 경향이 강해진 것은 사실이지만, 한 국가의 외교정책은 국내적인 공공정책과 분명하게 구분된다. 이러한 점을 고려할 때, 외교정책은 대체로 국가가 국경선 밖을 대상으로 국가이익을 달성하기 위해 취하는 일련의 정책이라고 규정함으로써, 공공정책과의 차별성을 확인할 수 있다.

외교정책의 고전적인 차이점 중의 또 다른 하나는 외교정책을 추진하는 주체가 정부라는 점이다. 세계화로 인해 국제사회에서 많은 교류가 진행되고 있고, 다양한 교류와 관계의 주체들이 수적으로 많이 증가한 것은 사실이지만, 정부가 추진하는 정책에 국한하여 외교정책이라는 용어를 사용하고 있는 점은 주목할 필요가 있다. 이러한 특성으로 인해, 고전적인 외교정책은 한 국가의 정부가 타 국가의 정부를 상대로 진행하는 경우가 통상적이었다. 그러나 현대에는 정부가 대외적으로 취하는 정책은 대상 국가의 정부뿐만 아니라, 국민 또는 민간인이나 민간 기구를 대상으로 삼아야 하는 경우들이 빈번해지면서, 외교정책이라는 용어에 대해서도 변화 필요성이 지적되었다. 이와 관련하여, 공공외교라는 용어를 사용하게 되었다. 즉 공공외교는 정부가 타 국가의 정부보다도 민간에 집중하여 진행하는 외교적 행위를 칭하는 용어이며, 21세기에 접어들면서 그 비중이나 영역이 크게 확대되고 있다.[2]

한편, 외교정책이 국경 밖에서 확보하려고 하는 국가이익의 내용에 대한 고찰이 필요하다. 무엇이 국가이익이며, 어떤 국가이익을 우선적으로 달성해야 하는지 등에 대한 국가적 합의가 필요하기 때문이다. 이는 외교정책의 수립뿐만 아니라,

외교정책의 집행에 있어서도 중요한 판단 근거가 된다. 따라서 외교정책과 관련한 국가이익에 대해서는 우선순위를 설정하는 것이 통상적이고, 한 국가의 외교정책을 분석할 때에도 이러한 정책적 우선순위를 고려하는 분석을 진행하게 된다.

대체로 국가이익은 핵심적 이익과 중기적 이익, 장기적 이익으로 구분한다. '핵심적 이익'은 주권이나 영토의 보존 및 독립과 같이 어떠한 희생을 치르더라도 절대적으로 확보해야 하는 목표들이 해당하며, 매우 긴박한 상황에서 가장 우선적으로 고려해야 하는 내용이라 할 수 있다. '중기적 이익'은 경제적 부의 확보나 영토 확장 또는 식민지 확보 등의 경우처럼, 개별 국가들의 위상이나 영향력을 확대하거나 팽창하기 위한 내용들이 포함된다. 그러나 국가의 번영이나 영향력 확대도 국가의 생존이 보장될 수 없으면 무의미해질 수 있는 것처럼, 비록 중기적 이익들이 시급하지 않거나 중요도가 다소 떨어지는 장기적 이익에 비해서는 우선순위를 가지지만, 국가의 생존과 같은 핵심적 이익이 위협받을 경우에는 쉽게 포기할 수 있는 대상이기도 하다. 반면, 국가 생존과 관련된 핵심적 이익들이 보장되는 상황이라면, 개별 국가들은 영토 확장이나 대외적인 시장 확보와 같은 중기적 이익의 확보에 집중하는 경향을 보일 가능성이 크다. 한편, '장기적 이익'은 다소 추상적인 보편적인 가치에 근거한 국가의 이념적 가치나 희망, 전망 등이 포함된다. 장기적 이익 역시 쉽게 포기할 수 없는 중요한 국가이익이기는 하나, 생존과 같은 핵심적 이익이 위협받는 위기 상황에서는 과감하게 포기되거나 이익 확보가 지연

될 수 있다. 국가이익을 이와 같이 분류하여 접근하는 것은 다양한 국가이익들이 동시다발적으로 제기될 경우에 국가 존립과 직결되는 외교정책을 우선적으로 수립 및 추진하여 성공적인 결과를 효과적으로 확보하기 위한 것이다.

그런데 국가이익의 우선순위와 그 내용이 항상 고정되어 있거나, 모든 국가들이 동일한 우선순위를 갖고 있는 것은 아니다. 전쟁 중인 국가와 평화로운 국가 사이의 상황이 크게 다른 것처럼, 개별 국가가 처한 차별적인 국내외 상황에 따라 핵심적 이익과 중기적 이익 등의 내용이 달라질 수밖에 없기 때문이다. 또한 동일한 국가라 하더라도, 시기와 상황에 따라 핵심적 이익의 내용이 달라질 수 있다. 전쟁 중인 상황과 전쟁이 종료된 상황이 다른 것처럼 한 국가의 핵심적 이익도 고정된 것이라고 할 수 없다. 따라서 특정 국가의 외교정책이 성공하기 위해서는 수시로 변할 수 있는 자국의 국가이익 우선순위를 분명하게 설정하는 것도 중요하다. 더불어 외교의 상대 국가가 설정해 놓은 국가이익의 우선순위 내용을 상황과 시기에 맞게 적절하게 확인하는 것도 필요하다. 외교정책의 우선순위에 대한 잘못된 판단은 외교정책의 실패로 귀결될 가능성이 크고, 외교정책의 실패는 곧 국가이익의 손실로 이어져, 극단적인 경우에는 국가의 존립을 위태롭게 할 수도 있기 때문이다.

결국, 한국외교정책에 대한 적절한 분석과 이해를 위해서는 한국외교정책의 핵심적 이익과 정책적 우선순위의 설정에 대한 고려를 기본적으로 전제할 필요가 있다. 한국외교정책에 대한 피상적인 분석, 잘못된 우선순위에 근거한 외교정책 분석, 또는 타 국가의 정책 우선순위에 의존한 한국외교정책의 분석은 심각한 오해를 초래할 가능성이 크고, 잘못된 분석 결과를 도출할 가능성이 크다. 역으로 국제사회 다른 국가들의 외교정책을 분석하는 데 있어 한국의 일방적 입장이나 자의적인 희망사항에 근거하여 정책의 우선순위를 판단하게 되면 심각한 분석적 오류와 왜곡을 초래할 가능성이 크다는 점도 주목해야 한다. 이러한 점에서 이 장에서는 외교정책의 기본적 속성 및 한국외교가 직면해 있는 국내외적 상황에 대한 이해와 함께, 현대 한국외교의 정책적 환경 변화와 지속적인 측면에 대한 분석을 통해, 한국외교정책의 정책결정 상의 어려움과 현실적 시행착오의 불가피성에 대한 고려와 이해의 필요성을 살펴보고자 한다.

2. 한국외교의 핵심적 이익과 외교 정향

한국이 정부수립 이후부터 지속적으로 직면하고 있는 불안한 대외적 안보환경은 한국외교에게 심각한 압박요인으로 작용해 왔다. 한국전쟁과 휴전, 그리고 장기간 지속되고 있는 한반도의 정전체제는 한국이 거부할 수 없는 현실이며, 국제사회의 어느 국가에 비해서도 차별적인 안보적 환경이라 할 수 있다. 따라서 한국외교가 최우선적으로 주목해야 할 핵심적 국가이익도 국가의 생존 및 영토 보존 등과 관련된 내용으로 채워져 왔다. 경제성장과 근대화 등의 논의가 국정 운영의 최우선 과제로 인식되어왔던 1960~1970년대에서도 북한의 군사적 도발과 테러 행위는 반복되었고, 한국의 핵심적 국가이익은 여전히 안보적 생존을 목표로 설정해야만 했다.

국제사회에서 냉전이 종식되고, 한반도가 긴장완화와 평화정착이라는 좋은 기회를 맞이하게 되었음에도 불구하고, 북한의 핵개발과 미사일 프로그램은 한국의 안보적 위기감을 악화시키고 지속시키는 결과를 초래하고 있다. 결국 국가의 생존문제를 국가이익의 최우선 과제로 규정해온 한국외교와 외교정책을 이해하기 위해서는 휴전상태가 지속되고 있는 한국의 차별적인 안보적 위기감과 한국이 인식하는 안보 불안감에 대한 이해가 무엇보다 필요하다. 한국외교정책의 이러한 정책적 우선순위와 핵심적 국가이익의 문제는 냉전 시기를 거치면서 공고화되고 구조화되는 양상을 보여 왔고, 심지어 국제사회의 냉전구조가 해체된 현재까지도 지속되고 있다.

이러한 점은 한국외교와 외교정책을 21세기의 평화로운 다른 국가들과의 비교할 때, 분명히 구별해야 하는 차별적 특성이라 하겠다.[3] 휴전상태가 장기간 지속되고 있는 한국의 안보적 위기 상태, 즉, 수차례 연속된 서해교전, 천안함사건, 연평도 포격사건 등이 발생해도 크게 이상하지 않은 것으로 받아들이는 한국의 안보상황은 국제사회에서 유래를 찾아보기 힘든 아주 예외적 경우이기 때문이다. 심각한 안보적 위기감이 상시화되어 있는 한국으로서는 이를 해결하기 위한 외교적 행위와 외교정책을 반복적으로 시도하는

모습을 보여 왔고, 이러한 과정에서 한국외교는 일정하게 정해진 방향성을 가지게 된다.

대부분의 국가들은 자신이 처한 국내외적 상황, 특히 쉽게 바뀌지 않은 정책적 환경으로 인해 반복적으로 진행하는 정책적 지속성을 가지는 것이 일반적이다. 외교정책의 경우에도 대부분의 국가들이 외교정책 상의 정해진 방향성을 가지게 된다. 이와 관련하여, 대외적인 태도와 행동양상, 외교정책적 정향을 크게 고립, 비동맹, 동맹이라는 개념으로 구분할 수 있다. 첫 번째, '고립'은 국제사회나 주변 국가들과의 관계를 최소화하고, 이를 통해 국가의 안보와 이익을 확보하는 경우라 할 수 있다. 대체로 주변의 위협이 전혀 없기 때문이 아니라, 다양한 위협들이 오히려 많을 경우에 이러한 고립적인 외교 정향을 선택하는 경향이 발생한다. 또한 개별 국가들이 자신의 역량이나 힘이 없어서 이러한 고립을 선택하기보다는 경제적·사회적으로 자립이 가능할 정도로 역량이 있고, 외부의 구속을 받을 필요가 없을 정도로 풍요로운 경우에 선택할 가능성이 높다. 세계화 수준이 글로벌 차원으로 진행되고, 긴밀한 상호의존이 매우 심화되고 있는 21세기에는 이러한 고립적 외교 정향은 절대적인 측면보다는 상대적인 측면에서 평가될 수 있는 경우가 많다.

두 번째, '비동맹'의 경우 국제사회와 다양한 관계를 형성하고 발전시킨다는 점에서 고립과 차이가 있지만, 선별적인 특정 국가 또는 세력과 긴밀한 안보적 협력관계를 유지하지 않으면서 양측 모두로부터 이익을 확보하겠다는 입장을 견지하는 경우라 할 수 있다. 따라서 중립 또는 중립

주의의 행동 양상과는 구별되는 측면이 있다. 즉, 중립은 특정 국가들 간의 전쟁 상황이나 군사적인 적대 상황에 개입을 절대 하지 않을 뿐만 아니라, 군사적 충돌의 어느 한 당사자에 대해서도 지지를 표명하지 않으며, 어느 한 진영에 대해서도 자신의 영토와 영공, 영해를 사용하지 못하도록 함으로써, 전쟁 행위에 대한 엄정한 중립을 선언하고 행동하는 경우이다. 중립주의는 전시와 평시를 가리지 않고, 어떠한 전쟁이나 군사 행동에 대해 개입하지 않는 상시적인 중립적 상태와 행동 양상을 유지하는 것이다.

반면, 비동맹은 엄정한 중립을 유지한다기보다는 어느 한쪽을 적극 지지하거나 정치적으로 기울어지지 않겠다는 점을 강조한다는 측면에서 이들과 구분된다. 특히 냉전 시기에는 미국 중심의 자유주의 진영이나 소련 중심의 사회주의 진영 어느 쪽에도 가담하지 않겠다고 선언함으로써, 존재감을 부각시켰던 제3세계 국가들 중심의 비동맹운동이 등장하기도 하였다. 그러나 비동맹 역시 외부의 위협이 없기 때문에 선택되는 입장이라기보다는 위협은 있지만 지리적으로 다소 거리가 있거나, 위협의 성격이 구체적이지 않고 다소 추상적이거나 간접적인 경향이 강할 때 적극 고려될 수 있다. 물론 비동맹도 자신의 안보를 스스로 보장할 수 있는 역량이나 힘이 뒷받침되어야 가능할 수 있다. 특히 비동맹의 외교노선이 성공하기 위해서는 자신의 비동맹 노선을 유지할 수 있는 당사자의 강력한 의지 및 능력과 함께 국제사회의 신뢰가 뒷받침돼야 할 필요가 있다.

셋째, '동맹'은 국가안보를 위협하는 주변의 요인들이 대체로 구체적이고 명시적이며, 다소 심각한 상태인 반면, 개별 국가의 독자적인 능력만으로는 외부의 위협들을 통제하지 못하는 가운데, 자신의 안보를 보장할 수 없거나 국가이익을 보호 혹은 확보하기 어려운 상황에서 선택하게 되는 외교적 행보라 할 수 있다. 국제사회에서 순수하게 독자적인 능력만으로 자신의 국가안보를 완벽하게 해결할 수 있는 국가의 수가 많지 않다는 점을 고려하면, 대부분의 국가들이 선택할 수 있는 가장 보편적인 외교적 정향이라 할 수 있다. 이러한 외교적 행보는 동맹과 같은 강력한 결합 강도일 수도 있고, 연합이나 협력과 같은 다소 느슨한 관계를 선택할 수도 있다. 또한 이러한 긴밀한 외교적 관계는 그 영역이 군사적 동맹일 수도 있지만, 경제적 동맹이나 정치외교적 동맹과 같이 특정 분야에서 선별적으로 진행될 수도 있으며, 전반적인 모든 영역을 포괄하여 진행될 수도 있다.

이러한 외교 정향의 구분과 한국의 안보적 상황을 고려할 때, 한국이 동맹이라는 외교 정향을 선택할 수밖에 없고, 한미동맹에 지속적으로 의존할 수밖에 없는 상황, 그리고 그동안 동맹이라는 외교 정향을 쉽게 바꿀 수 없었던 배경 등을 유추할 수가 있다. 즉, 북한으로부터 제기되는 안보위협이 쉽게 해소되지 않고 지속되어온 반면, 한국전쟁의 경험처럼 한국이 이러한 안보적 위협을 독자적으로 해결하는 것이 힘들었다는 점을 고려하면, 한국이 동맹이라는 외교정책을 선택한 것은 지극히 자연스러운 결과라 할 수 있다. 생존이라는 핵심적 국가이익을 안전하게 보장하기 위한 최선의 방안으로 한국은 고립이나 비동맹보다는 동맹에 의존해 왔다. 그리고 21세기 현재까지도 한국의 핵심적 국가이익을 위협하는 안보위기 상황이 크게 바뀌지 않은 만큼, 상대적으로 가장 효과적이라고 판단해온 동맹에 대한 의존적 외교정책이 지속되고 있다.

3. 한국외교정책의 환경변화, 적응, 그리고 딜레마

한국외교를 강하게 압박해왔고, 외교정책 선택에 있어 가장 큰 고려사항이었던 한국의 안보적 위기감은 21세기 현재까지 변함없이 지속되고 있다. 오히려 북한의 연이은 핵실험이나 미사일 발사 등으로 한국의 안보환경은 더욱 악화되고 있다. 이러한 상황에서 한국이 선택할 수 있는 효과적인 대응 수단이나 문제해결을 위한 유용한 정책은 매우 제한되어 있어 한국의 안보적 취약성은 오히려 악화되고 있다. 이는 한국외교정책이 최우선적으로 고려해야 할 핵심 이익인 국가 생존에 대한 우려 및 관련 이익들의 내용도 냉전 시기를 거쳐 현재까지 변함없이 지속되고 있다는 것을 의미한다. 문제는 탈냉전 이후 국제사회의 양상과 외교정책의 국제환경이 크게 변하고 있다는 점이다.

이는 한국외교에게는 상당히 낯선 상황이다. 한국이 직면하고 있는 현실적인 외교적 상황과 한국이 동참하고 수용해야 할 외교정책 환경의 내용이 서로 불일치하거나 부조화 되는 상황이 발생하고 있는 것이다. 즉, 한국은 변함없이 지속되고 있는 안보적 위기감에 초점을 맞춘 외교정책을 선택하고 추진해야 할 필요성에 직면해 있지만, 국제사회의 다른 국가들은 냉전적 가치에서 벗어나 이념이나 군사적 안보 대신 경제적 이해관계 등에 국가의 핵심 이익을 설정하고 있다. 다른 국가들이 과거와 다른 양상의 행보와 정책을 선택하여 추진하게 되면서, 한국외교는 국제사회와의 조화로운 외교정책 선택이 상당히 어려워진 상황에 직면하게 된 것이다. 이처럼 한국외교와 외교정책은 지속되는 안보환경에 적절히 대응하면서도, 새로운 환경에 동시에 적응해야 하는 상당히 부담스러운 상황에 놓이게 되었다.[4]

첫 번째, 탈냉전이라는 국제사회의 안보환경 변화는 한국외교정책에도 많은 영향을 미쳤고, 이는 과거와 상당히 차별적인 가치와 행보를 요구하고 있다. 우선, 국제사회에서는 동서 진영 간의 이념대결이 종식되었고, 경제적 이익이 주요한 관심사로 부각하였다. 그러나 한국은 여전히 남북한 간의 이념대결을 하는 냉전 구도에 놓여 있고, 이러한 상황에서 한국외교는 이념적 가치를 중시하는 외교정책과 탈이념적 가치에 주목해야 하는 국제사회를 대상으로 하는 외교정책 사이의 가치 충돌을 극복해야 하는 과제를 안고 있다. 문제는 남북한 간의 긴장과 대립이 동아시아 지역의 주요 국가들과의 관계와 연계되어 있다는 것이다. 이러한 상황을 직시해 볼 때, 외교정책의 이중성과 비일관성으로 인해 발생하는 모순과 딜레마를 어떻게 극복할 것인가 하는 문제는 한국으로서는 쉽게 대응하기 힘든 과제를 안고 있다.

또한 이념과 진영논리가 강력하게 작용하던 냉전 시기와 달리, 탈냉전 시기에는 한국외교정책을 둘러싼 이해관계가 단일하지 않고 다양해지는 현상이 발생하고 있다. 그리고 다양한 입장과 이해관계들이 서로 일치하지 않거나 조화되지 않는 상황을 극복해나가는 것도 한국외교의 중요한 과제가 되었다. 이러한 상황은 정책결정과정에서 정책을 선택하는 작업을 상당히 방해할 수도 있고, 외교정책 자체의 성공을 위협할 수도 있기 때문이다.

그리고 탈냉전과 함께 안보의 개념 역시 바뀌고 있으나 한국은 외교정책의 측면에서 이러한 변화에 대한 적응이 쉽지 않다. 즉, 냉전 시기에는 국가의 영토와 주권 등에 주목하는 '국가안보'가 중요하였지만, 이제는 개인이 양질의 삶을 살아갈 수 있는 긍정적 상황을 보장해 주는 데 주목하는 '인간안보'가 주된 관심사로 부각하고 있다. 과거에는 국가의 안보를 위해 개인이 희생했다면, 탈냉전 시대에는 개인의 '인간안보'를 위해 국가가 봉사하는 양상으로 안보의 개념이 변화하고 있다. 이러한 안보개념의 변화에도 여전히 휴전 상태인 한국에서의 외교 목표는 국가안보가 가장 최우선시되는 중요한 가치로 작동하고 있다. 결국 한국외교는 제한된 역량과 정책자산을 최대한 활용하여 상호간의 상반된 논리와 가치를 갖고 있는 국가안보와 인간안보를 동시에 추구해야만 하는 어려움에 직면해 있다. 더욱이 한국의 여론과 국민들은 국제적 추세에 부응하여 인간안보의 개인적 가치에 우선적 대응을 강조하는 경향이 있는 반면, 북한의 무력도발이 수시로 발생하는 상황에서 한국은 국가안보의 중요성도 결코 방관할 수 없는 것이다.

이와 유사하게, 탈냉전 이후 안보 영역이나 대상이 크게 확대되고 있는 점도 한국외교를 힘들게 만들고 있다. 냉전 시기와 달리 탈냉전 시기에는 정치군사적 안보보다는 경제안보와 사회안보, 나아가 보건안보, 생태안보, 환경안보 등으로 안보개념이 비군사적 영역으로까지 확대되었다. 그러나 여전히 정치군사적 안보가 절대적 가치를 갖고 있는 한국의 경우에는 전통적인 군사적 안보와 비전통적인 비군사적 안보의 다양한 가치들에 대해 동시에 대응하기가 쉽지 않다는 점이다. 국방비의 사용만큼, 비군사적 분야에 대한 정부 재정의 사용에 주목해야 하는 한국으로서는 안보개념의 다양화라는 국제적 추세에 쉽게 적응하기 힘든 상황이다.[5]

두 번째, 세계화라는 전 지구적인 현상도 한국외교의 선택과 대응을 어렵게 만들고 있다. 우선 세계화의 주요한 특징 또는 현상들 중의 하나가 탈주권 및 탈영토, 탈경계적인 현상이다. 비록 이러한 현상이 경제분야에서부터 구체화되기 시작한 것이지만, 21세기의 전 세계적인 세계화는 이러한 현상을 전 분야와 영역으로 확산시키고 있고, 보편화시키는 경향을 갖고 있다. 이러한 세계화 현상은 글로벌 상호의존을 촉진시키고 있는 동시에 지역통합을 가속화시키고 촉진시키는 요인으로 작동하고 있기도 하다. 수출에 절대 의존하고 있는 한국의 경제성장 동력과 산업구조 등을 고려하면, 한국은 세계화 현상을 거부하기보다는 적극적인 동참을 선택할 수 밖에 없다. 물론 김영삼정부 시기에 철저한 준비 없이 섣부른 세계화 동참으로 인한 엄청난 시행착오와 실패를 경험하기도 하였지만, 한국이 세계화를 절대적으로 거부할 수 없는 것이 사실이다. 문제는 한국이 경제 영역에서 탈주권, 탈영토, 탈경계적 현상을 적극 수용하는 것은 국가이익 차원에서 긍정적일 수 있지만, 분단과 휴전이라는 군사안보 혹은 정치외교적 상황에서 탈주권, 탈영토, 탈경계적 현상을 수용하기는 쉽지 않다는 점이다. 오히려 군사안보적 측면에서 한국외교가 더욱 강조하고 집착해야 하는 가치 중의 하나가 완전한 국가주권이고 확실한 영토이며, 분명한 경계선의 확보이기 때문이다. 결국, 국제사회가 영역별 구분 없이 보편적으로 진행하고 있는 세계화에 대해 한국만이 차별적으로 이를 분명하게 구분 짓는 것은 현실적으로 쉬운 일이 아니라는 점이 한국외교의 또 다른 어려움이 되고 있다.

세계화로 인해 발생하는 국제사회의 행동과 규범의 단일화 및 행동 양식의 유사한 변화는 한국으로서는 쉽게 수용하기 힘든 측면이 있다. 비록 탈냉전 이후에도 영토와 국경선문제가 심각한 현안으로 부상한 국가들이 존재하고 있기는 하지만, 국제사회의 상당수 국가들은 탈냉전 이후 안보적 위협, 특히 군사적 긴장과 관련된 안보적 위협을 대부분 해소하였다. 그 결과 이들 국가들이 적극 진행하는 세계화와 그 결과로 전개되는 가치의 단일화 및 규범의 일반화는 여전히 휴전상태인 한국의 입장에서는 쉽게 수용하기 힘들 수밖에 없고, 결국 한국은 국제적 흐름과 구분되는 차별성을 강조해야만 한다. 이러한 점에서 한국

외교를 힘들게 만드는 세계화의 부작용을 예상할 수가 있다.

세 번째, 한국의 민주화도 한국외교정책에 직간접적으로 상당한 영향을 미치고 있는 주요한 환경변화들 중의 하나이다. 근현대의 보편적 질서와 가치, 규범으로서 자유민주주의는 국제사회에서 크게 환영받고 있다. 국제적으로 민주화의 흐름이 대대적으로 시작된 1970년대부터 남부 유럽과 동유럽, 남미와 아시아 지역의 상당수 국가들이 민주화를 이룩하는 성과를 거두었다. 이러한 흐름의 하나로 한국 역시 1987년 민주화 운동을 통해 의미 있는 성과를 거두었다. 특히 국제사회는 한국이 정치적 민주화와 경제적 성장을 동시에 달성한 것에 대해 세계적으로 비슷한 사례를 찾아보기 힘들 정도로 의미 있는 중요한 사례로 평가하고 있다.

그러나 세계적으로 성공적인 민주화의 모범사례로 한국이 평가받고 있지만, 민주화와 민주주의 공고화 과정에서 한국은 다양한 새로운 경험들을 진행하고 있다는 점에 주목할 필요가 있다. 서방 국가들과 달리, 한국은 민주주의 운영의 경험이 많지 않을 뿐만 아니라, 상당히 오랫동안 익숙해져 있던 권위주의적 정치체제로 인해 한국의 민주주의 정착은 완성되었다고 결론내리기보다는 공고화 과정이 여전히 진행 중이라고 하는 것이 적절한 표현일 수 있다. 그런데 민주화 과정에서 직면하게 되는 한국의 새로운 경험들은 외교정책의 선택과정에도 상당한 영향을 미치고 있고, 외교정책의 추진과정에서도 새로운 환경에 대한 적응을 요구하고 있다. 민주주의체제에서 쉽게 확

인할 수 있는 정책결정과정의 개방성과 투명성, 법률적 제도화, 수평적 정책결정 구조, 시민사회의 참여 주장 등은 그동안 한국외교가 많이 경험해보지 못했던 낯선 요인들이기 때문이다.

원론적인 측면에서는 외교정책이란 특정 정파나 이익집단의 편협한 이익에 근거하는 것이 아니라, 국가이익에 근거하여 결정되고 추진되는 것인 만큼, 시민사회나 이익집단의 영향으로부터 다소 자유로워야 한다. 뿐만 아니라 해외 국가들이 한국외교정책의 결정내용이나 전략적 이해관계를 사전에 알지 못하도록 은밀하게 진행할 필요가 있다. 이러한 측면에서 정책결정과정의 상당 부분이 대중에 공개되고, 투명한 절차에 따라 진행되며, 시민사회의 이해관계들이 직간접적으로 영향을 미치는 양상이 일반화되는 것이 외교정책의 경우에도 반드시 적용되어져야만 하는가 하는 점은 논의해볼 필요가 있다.

더욱이 이러한 투명한 절차와 공개된 정책결정과정은 외교정책의 상대국가에게 다양한 정보를 제공하는 결과를 초래하여, 오히려 외국이나 적성 국가들에게 이익이 되는 상황이 되어 한국외교 측면에서는 손실이 될 수 있다. 따라서 외교정책 영역에서의 민주화라는 가치는 단순하게 접근하고 무조건적으로 적용할 대상은 아니라 할 수 있다.

한편, 한국은 1987년 민주화 이후, 5년마다 평화적인 정권교체가 이루어지기 때문에 5년 이상 지속될 수 있는 외교정책의 수립 및 일관성 있는 외교정책의 장기적 추진은 쉽지 않은 상황에 처해 있다. 이러한 점을 고려하면, 민주화와 민주주의

공고화의 문제는 21세기의 소중한 가치이기는 하지만, 여타 영역과 달리 외교정책의 영역에서는 민주적 가치의 적용에 대한 국민적인 합의와 정치권의 공감대 형성이 필요하며, 이에 근거한 관행의 정착이 요구되는 측면이 있다. 그러나 이러한 공감대 형성 및 관행의 정착이 마무리될 때까지는 상당한 시간이 소요되고, 이 과정에서 한국외교정책은 새로운 적응에 상당한 어려움을 겪을 수밖에 없다.[6)]

네 번째, 21세기 과학기술의 발전과 함께 진행되고 있는 정보화 시대의 도래 또한 한국외교에게는 정책결정의 어려움을 제공해 주는 측면이 있다. 인터넷의 발달과 함께 급격히 진행되고 있는 정보화 현상은 정책결정과정의 성격을 본질적으로 변화시켜 빨라진 속도에 적응하도록 만들고 있다. 성공적인 정책결정을 진행하기 위해서는 가장 정확한 정보를, 가장 적절한 시간에, 가장 의미 있는 형태로 제공받는 것이 필요하다. 따라서 정보화로 인해 많은 정보를 갖게 되는 것은 정책을 선택하는 데 있어 매우 유용한 전제가 될 수도 있다. 그런데 21세기의 정보화 현상은 정책을 결정하는 데 있어 너무 많은 정보를 제공해 주고 있고, 진짜와 가짜를 구분하는 것이 힘들 만큼 혼돈된 상황을 초래하고 있나. 이는 정부가 중요한 사활적 정보를 통제하는 것이 현실적으로 불가능하게 만들고 있다. 국제사회의 대다수 국가들이 이 문제에 직면하겠지만, 북한이라는 안보위협을 상대해야 하는 한국의 외교안보정책은 한 번의 실수나 착오도 엄청난 결과를 초래할 수 있기에 그 어려움은 배가되고 있다. 특히, 외교 상대

국가들이 진행하는 정보의 왜곡이나 역정보에 대한 대응문제, 핵심적 정보를 한국만 갖지 못하는 정보 소외의 발생문제, 그리고 통제되지 않는 국가정보의 민간 유출 문제 등은 한국외교에게 심각한 직접적 피해를 줄 수 있다는 점을 고려하면, 외교정책결정과정에서 한국이 직면하는 어려움과 선택 딜레마는 단순한 문제에 그치는 것이 아니라 할 수 있다.

한국외교에 있어 안보의 취약성이라는 위기감과 결코 포기할 수 없는 한국외교의 핵심적 이익들은 냉전의 종식 여부와 상관없이 지속되고 있다. 반면 한국외교정책이 직면하고 있는 국내외의 정책적 환경들은 전략적 차원에서 본질적인 변화와 적응이 필요하다는 점에서 한국외교와 외교정책은 다양한 어려움에 직면하고 있다. 따라서 이러한 한국외교정책의 어려움과 한계를 극복하기 위해서는 탈냉전, 세계화, 민주화, 정보화와 같은 국내외의 정책 환경 변화에 적절히 대응해 나가는 준비가 필요하다.

4. 외교정책결정과정과 주요 행위자의 역할 및 위상

전술한 바와 같이, 국내 영역을 대상으로 하는 통상적인 공공정책과 달리, 외교정책은 국가의 존립과 연계된 국가 차원의 이익 달성을 목표로 하기 때문에 외교정책결정과정에서 발생하는 일련의 논란들은 공공정책의 경우와 다소 차별적인 모습을 띤다. 다양한 논란들 중에서 핵심적인 것

은 대체로 외교정책결정이 얼마만큼 기밀성과 효율성을 확보해야 하는가이다. 그리고 이러한 특성을 확보하기 위해서는 어떤 모습의 정책결정체계가 필요한지, 그리고 이러한 정책결정체계의 작동 속에서 어떤 행위자가 외교정책결정을 주도해야 하는가에 대한 논란으로도 연결되고 있다.[7] 한국외교정책을 연구하는 입장에서 이러한 논쟁에 주목해야 할 필요가 있는 것은 과거 권위주의 정부시기와 달리, 민주화된 시기의 한국외교정책에서는 이러한 논쟁과 논란의 유효성과 필요성을 확인할 수 있는 사례들이 지속적으로 발생하고 있기 때문이다.

외교정책에 대한 입법부의 개입 논란

우선, 외교정책결정과정에 참여하는 행위자들 간의 관계 속에서 발생하는 논란 중 하나는 외교정책을 대통령과 대통령을 보좌하는 행정부가 주도해야 하는지, 아니면 헌법에서 개입이 보장된 입법부(한국의 경우 국회)가 외교정책결정에 어느 수준으로 관여하고, 개입해야 하는가 하는 것이다.[8] 이 문제의 핵심은 외교정책결정의 효율성과 기밀성 및 은닉성의 확보문제와 연결되어 있다. 민주주의 국가로서 한국도 삼권분립의 정신과 '견제와 균형'의 민주주의적 가치를 중요하게 생각하고 있으며, 이를 헌법상의 역할 분담을 통해 반영해 놓고 있다. 그리고 이러한 견제와 균형의 원칙은 외교와 외교정책의 결정에도 예외 없이 적용된다. 1987년 헌법에 따르면, 한국의 대통령은 행정부의 수반으로서 국군통수권(헌법 제

74조 1항)과 다수 고위직 공무원에 대한 임면권(제78조) 등을 갖고 있으며, 국가원수로서 국가를 대표하며(제66조 1항), 조약 체결 및 비준과 외교사절의 신임, 접수, 파견 권한, 선전포고와 강화 권한(제73조) 등의 다양한 권한을 한국외교와 관련하여 행사할 수 있다.

반면, 입법부인 국회도 행정부를 견제하는 데 사용할 수 있는 다양한 권한들을 헌법적으로 보장받고 있다. 즉, 입법권(제40조), 예산권(제54조), 국무총리 임명 동의권(제86조 1항), 국무총리와 국무위원들에 대한 국회출석 요구권(제62조 2항) 및 해임 건의권(제63조), 탄핵소추권(제65조), 국정감사와 조사권(제61조), 법률안 제출권(제52조), 법률안 의결권(제53조), 조약의 체결 및 비준에 대한 동의권(제60조 1항), 군대파견 동의권(제60조 2항) 등이 대표적이다. 만약 대통령과 국회의 상황인식과 입장이 유사하고, 지향하는 가치나 주장이 공존가능하다면, 외교정책결정은 양자 간의 협력적인 관계 속에서 매우 원만하고 신속하게 진행될 가능성이 크다. 그러나 양자가 갖고 있는 철학적 가치나 정치적 이해관계가 첨예하게 대립하고 상충하는 상황이라면, 한국외교정책은 이들 간의 대립으로 인해 어느 하나도 추진되지 못할 정도로 마비될 최악의 발생 가능성도 있다. 행정부에 대한 적극적 견제를 위한 입법부의 권한 행사는 대통령의 독주와 독재적 행보를 예방하기 위해 부여된 합법적인 내용이기 때문이다.

외교정책 영역에서 발생하는 행정부에 대한 입법부의 견제와 관련하여 다양한 논란들이 등장하고 있고, 외교정책을 행정부가 독자적으로 결정하고 추진해야 한다는 주장과 입법부가 외교정책에 대해서도 행정부를 견제해야 한다는 주장이 서로 충돌하는 모습을 보이기도 한다. 우선, 대통령을 중심으로 하는 행정부가 외교정책결정을 주도해야 한다는 주장들은 대체로 정책결정과 집행의 효율성이 중요하다는 점을 강조한다. 그리고 입법부가 외교정책에 지나치게 개입하는 것은 오히려 외교정책의 효율성을 떨어트리고, 성공적 결과를 위협할 가능성이 있다고 주장한다. 헌법적으로 입법부에 보장된 권한들은 상징적이고 절차적인 성격이 강할 뿐이며, 입법부의 지나친 개입은 역작용을 초래할 가능성이 크다는 점을 지적한다.

이러한 주장의 배경에는 외교정책은 일반 공공정책과 달리 국익에 기반하고 있는 정책이기 때문에 다소 차별적인 선택과 대응이 필요하다는 인식이 작동하고 있다. 즉, 국가 차원의 이익을 실현하기 위한 외교정책의 선택 및 집행을 위해서는 다소 거시적인 시각과 이해관계가 필요하며, 풍부한 경험 및 전문성이 뒷받침되어야 할 뿐만 아니라, 외국을 상대하기 위해서는 상당히 일사불란하고 신속한 대응 및 반응이 가능한 조직이 전담해야 할 필요가 있고, 비밀스러운 고급정보를 근거로 한 은밀한 정책결정과 추진이 불가피하다는 점이 강조된다. 반면 입법부는 국회의원들이 지역구의 제한되고 편협한 이익에만 주목하고 있을 뿐만 아니라, 국가 간 관계와 외교정책에 대한 경험 및 전문성이 충분하지 못하고, 임기가 대체로 짧기 때문에 단기적인 이해관계에만 집중하게 되며, 국익보다는 개인의 재선에만 관심을 가질 가능성이 크기 때문에 외교정책에 지나치게 개입하는 것은 적절하지 못하다는 주장이다. 특히, 외교정책의 결과에 대한 책임소재는 대통령에게 있는 것이 분명한 만큼, 외교정책에 대해 책임지지 못하는 국회의원이 외교에 지나치게 참여하고, 입법부가 정책결정과정에 관여하여 외교정책을 좌지우지하는 것은 적절하지 못하다는 주장이다.

반면, 이에 대한 반박으로서 입법부의 외교정책 개입이 필요하고 중요하다는 입장은 입법부의 개입은 당연하며, 입법부가 외교정책의 실패를 목적으로 외교정책에 개입하는 것이 아니라는 입장이다. 오히려 입법부의 외교정책 개입은 대통령과 행정부의 독단과 실수, 오류를 개선시킴으로써 외교정책의 결정과 추진에 있어 효율성을 강화하여 성공적인 정책결과를 확보하게 만들 것이라는 점을 강조한다. 만약, 입법부가 배제되고 대통령과 행정부가 주도하는 외교정책이 성공을 보장한다면 입법부도 개입을 자제할 수 있지만, 현실은 대통령의 판단이나 결정이 분명한 정책적 한계가 있고, 실패할 가능성이 크기 때문에 입법부의 개입이 필요하다는 주장이다. 특히 밀실에서 은밀하게 결정되는 외교정책이 반드시 성공한다는 보장도 없을 뿐만 아니라, 소수만이 참여하는 외교정책은 실수나 오류를 발견하지 못할 가능성도 있고, 수직적이고 신속하게 작동하는 행정부도 실수할 가능성이 있다는 점에서 입법부의 개입과 견제는 이러한 오류와 잘못을 극복할 계기가 된다는 주장이며, 오히려 입법부의 개입이 긍정적일 수 있다고 지적한다.

특히, 행정부가 갖고 있는 한계와 모순을 입법부만의 차별적 특성으로 보완해 줄 수 있다는 점이 강조된다. 그리고 입법부와의 논의와 협력을 통해, 합의된 외교정책을 수립할 수 있다면, 해당 외교정책은 국민적 지지를 얻는 성과를 얻을 것이고, 행정부의 외교정책 추진은 매우 든든한 정당성과 합법성을 확보하게 될 것이라는 긍정적 측면을 강조한다. 이러한 논란은 외교정책의 영역이나 특성 등에 따라 각자의 주장이 정당성을 가지는 측면을 모두 갖고 있다는 점에서 발전적 논쟁을 지속하고 있는 양상이다.[9] 즉, 입법부의 개입과 불개입의 흑백논리보다는 기밀성과 공개성의 절충점을 찾아서 가장 효율성이 높은 제도를 확립하는 것이 필요하다.

실제로 한국외교정책에서도 행정부와 입법부 간의 논란을 확인할 수 있는 현상들이 발견되고 있다. 특히, 과거 권위주의 정부 시기와 달리, 민주화가 진행된 이후부터는 더욱 빈번하게 발견되고 있다. 2003년 3월 이라크전쟁의 발발과 관련하여, 노무현정부는 미국 부시 대통령의 요청을 수용하여 이라크에 한국군을 파병하겠다는 입장을 피력하였고, 관련 절차를 진행하였다. 그러나 국회의 소극적 태도로 인해 해외파병에 대한 국회 동의를 얻기 위해 노무현 대통령이 국회를 직접 방문하여 국회 의장단에게 관련 내용을 설명하는 모습을 보이기도 하였다. 결국 자이툰 부대의 파병까지 진행되었지만, 해외파병에 대한 동의권을 헌법적 권한으로 부여받은 한국국회가 보여준 모습은 한국외교정책에 대한 대통령의 일방적 추진을 견제하려는 모습으로써 충분히 확인된다.[10] 또 다른 사례로서, 한미 자유무역협정(FTA) 협상에서도 국회의 존재감을 확인할 수 있다. 2006년 2월 한국과 미국은 양국 간의 FTA 협상 출범을 공식 선언한 이후, 2007년 4월에 협상안을 타결하였고, 추가 협상을 거쳐 2007년 6월에 최종안에 서명하였다. 그러나 조약에 대한 비준권을 가지고 있는 한국국회는 2007년 9월에 국회에 제출된 한미 FTA 비준동의안의 처리에 있어 여야 간의 심각한 논쟁에 직면하였고, 폭력 발생 등으로 상당한 시간을 소요해야만 했다. 2011년 10월 미국 의회가 해당 조약을 비준하고, 오바마 대통령이 서명한 이후인 2011년 11월이 되어서야 한국국회는 한미 FTA 비준안을 통과시켰다. 이들 사례를 통해, 한국국회는 외교정책의 비준 및 동의 등의 과정에서 대통령을 적절히 견제하고 있다는 점을 확인할 수 있다.

한편, 외교정책의 차별성으로서 기밀성 유지의 필요성에 대한 논란과 관련하여, 언론의 존재와 역할이 주목받기도 한다. 언론의 기본 속성이 '사실 공개'이고, 국민적 알권리의 충족이라는 점을 고려하면, 언론의 존재는 외교정책의 속성과 상충되는 것일 수 있기 때문이다. 따라서 은밀성과 기밀성을 필요로 하는 외교정책의 결정 및 추진과정에서 사실을 확인하고 공개하려는 언론과 외교 관련 정부조직 사이의 마찰이나 경쟁이 발생할 수도 있다. 때로는 언론보도로 인해 외교정책이 어려움을 겪고 국가이익의 손실이 초래될 수도 있고, 때로는 정부가 언론이 전혀 눈치 채지 못하는 상태로 외교정책을 비밀스럽게 진행하는 경우도 발생하게 된다. 다른 한편으로는, 중요한 외교정책 또는 안보정책 등과 관련하여, 정부는 언론에 대해 뉴스 엠바고를 요청해 취재는 진행하되 취재한 내용은 정해진 기간까지 보도를 유보하도록 함으로써 국가이익이 훼손되지 않도록 유도하기도 한다. 그리고 1962년 10월에 발생했던 쿠바 미사일 사태의 경우처럼, 미국 언론은 긴박한 국가이익과 관련된 경우에는 미국정부의 뉴스 엠바고 요청을 대승적으로 수용하는 모습을 보이기도 한다. 결국, 이러한 다양한 모습들도 바로 외교정책의 기밀성 확보와 관련한 차별적 논란의 연장선상에서 이해될 수 있다.

외교정책결정과정에 있어 관료들의 역할과 관여

한편, 외교정책의 선택과 추진에 있어 입법부의 개입 정도에 대한 논란과는 별도로, 과연 외교정책을 대통령이나 수상과 같은 국가의 최고정책결정자가 단독 결정하는 것으로 이해하는 것이 적절한가에 대한 논란이 존재한다. 특정 국가의 외교정책을 분석할 때, 최종적인 결정을 하는 최고정책결정자에만 집중하는 것이 적절한지, 아니면 실질적인 역할을 수행하는 다른 행위자를 살펴보는 것이 더 풍부하고 적실성 있는 설명을 제공할 것인지에 대한 논란이라 할 수 있다.[11] 이는 대통령을 보좌하는 다양한 관료조직들이 실제로 수행하는 다양한 역할 및 기능에 대한 관심으로 정리될 수 있다. 근현대로 접어들면서, 국가가 담당하는 업무의 범위와 역할의 수준들이 크게 확대되면서 해당 업무들을 전담하는 관료조직들도 많이 늘어나기 시작하였다. 결과적으로 현대 국가에 있어 관료들의 역할과 위상은 단순히 기능적인 것으로만 치부할 수 없을 정도로 중요성을 띠게 되었다.

우선, 외교정책을 분석할 때 최고정책결정자를 집중 분석하는 것이 적절하다는 주장은 대체로 국가 내에서 다른 어느 행위자도 대신할 수 없는 최고정책결정자만이 갖고 있는 상대적 또는 절대적 위상과 권한에 주목하고 있다. 대체로 대통령이나 수상은 대외적으로 국가를 대표하며, 국내적으로는 국민으로부터 정치 권한을 위임받고, 최고의 절대적 위상을 갖고 있기 때문이다. 따라서 국가 전체적인 이익에 근거하여 선택해야 하는 외교정책의 경우에는 최고정책결정자를 중심으로 분석하는 것이 적절하다는 것이다. 국내적으로 최고정책결정자는 대부분 행정부의 수반이고, 군 통수권자이며, 정당의 정치적 수장으로서 어느 행위자들보다 더 다양하고 종합적인 정보를 취득할 수 있기 때문에 국가의 전체적 이익에 근거한 정책적 선택을 진행하는 데 적당한 행위자라는 점이다. 특히 최고 권력자가 헌법과 법률로 보장받고 있는 절대적 권한은 자신이 판단한 정책적 선택을 추진하는 데 충분할 만큼 막강하다는 점에서 한 국가가 결정한 외교정책은 곧 최고정책결정자 개인의 선택과 판단이라고 규정하는 것도 무리가 아니라는 점이 강조된다.

그러나 최고정책결정자 중심의 접근에 대한 반론들도 적극 제기된다. 이러한 반론의 핵심은 최고정책결정자가 막강한 권한과 절대적 위상을 갖고 있는 것은 사실이지만, 최고정책결정자가 누구이건, 그는 통상적인 인간으로서 개인적인 역량이나 능력이 무한할 수 없다는 주장에 근거한다. 특히 현대 국가가 담당해야 하는 외교적 업무의 범위와 수준은 과거와 달리 확대 및 심화되었기 때문에 특정 개인이 혼자 감당할 수 있을 정도가 결코 아니며, 결과적으로는 실질적으로 행동하는 다른 행위자가 존재할 수밖에 없다고 주장한다. 이는 최고정책결정자가 제도적이고 정치적으로 부여받은 막강한 권한의 존재는 인정하지만, 과연 최고정책결정자가 자신이 갖고 있는 권한을 충분히 사용하고 있는가 하는 문제는 다르다는 점에 주목해야한다는 것이다. 특히, 최고정책결정자의 개인적 능력만으로는 모든 외교적 사안을 심도 있게 파악하고, 모든 정보의 진실성과 정확성 여부를 판단하기 힘들며, 관련된 전문성의 한계와 경험의 부재로 인해 최고정책결정자 개인이 모든 외교적 현안들을 정확하게 이해하는 것이 현실적으로 불가능하다고 강조한다.

결국 최고정책결정자는 국익과 관련된 다양한 외교정책을 결정하기 위해서는 자신을 보좌하는 관료들, 특히 정치세력의 변화나 정권교체와 무관하게 지속되는 관료조직들이 갖고 있는 다양한 경험과 그들이 기억하고 있는 역사적 사실들에 의존할 수밖에 없다는 점이 지적된다. 바로 최고정책결정자보다 관료조직들에 대한 분석적 시각이 필요하다는 주장의 핵심적 근거라 할 수 있다. 경우에 따라서는 외형적으로는 최고정책결정자가 최종 승인을 하는 것처럼 보이지만, 실질적인 정책 선택은 관료들에 의해 진행되는 상황이 진행될 수도 있음을 지적한다. 그리고 이들 주장은 최고정책결정자가 자신이 믿고 의존하는 관료들이 미리 판단하고 자의적으로 제공하는 제한된 정보에 의존할 수밖에 없고, 관료들이 사전에 선택해 놓은 정책적 대안들 중에서 단순히 하나를 고르는 지극히 제한적 역할밖에 할 수 없다는 점에 주목한다.

외교정책결정과정에서 관료와 관료조직들을 주목해야 한다는 주장은 현대 국가 운영의 특징들과 관련되어 있다. 대체로 현대 국가의 관료조직은 일반 민간인들이 갖고 있지 못한 전문적 지식과 정보를 상대적으로 독점하고 있을 뿐만 아니라, 지속적이고 독점적인 업무 처리로 인해 생성된 다양한 경험들을 갖고 있다. 더욱이 국가 관료조직들은 한 국가 내에서 단수로만 존재하며, 이로 인해 국가 관료조직들을 대체할 수 있는 대안적 조직이 존재하지 않는다는 점에서 독점적인 위상을 갖고 있다. 특히, 외교정책을 최고정책결정자가 선택하였다 하더라도, 정책을 집행하여 정책의 성과를 확인하는 것은 최고정책결정자가 아닌 관료들의 고유한 업무라는 점에서 결코 가볍게 볼 수 없는 것이 사실이다. 또한 정책의 집행과정에서 최고정책결정자의 의도와 무관하게 발생하는 관료들의 재량권은 관료들의 '권력'으로 작용할 개연성이 크다는 점에 대해서도 주목해야 한다. 결국, 방대한 관료조직이 없다면 국가경영이 현실적으로 불가능한 현대 국가로서는 관료와 관료조직들의 역할과 기능에 주목할 수밖에 없게 되었고, 외교정책 영역에서도 관료들의 관여 정도와 핵심적 역할의 수행이 주요한 관심의 대상으로 부상하게 되면서, 이러한 논란의 심화

를 초래하는 배경이 되고 있다.

따라서 정치적 집권세력은 물론이고, 최고정책결정자도 외교정책을 포함한 국가운영에 관료와 관료조직들의 비중과 역할의 중요성을 인식하고 이에 대한 적절한 대응책을 진행해오고 있다. 한국의 대통령은 선거에서 당선된 이후 자신이 선호하는 형태로 정부조직을 개편하고 있고, 자신을 직접 보좌할 청와대 비서진의 규모를 키우는 양상을 보이고 있다. 한국 대통령의 입장에서는 자신이 감당해야 할 업무의 범위가 점점 더 커지고 있고, 판단해야 하는 현안의 수준이 더욱 전문화되고 있기 때문에 자신의 정책결정을 위해 의존해야 하는 다양한 전문 관료들의 수를 늘리게 되는 것이다. 이처럼 대통령이 관료와 외부 전문가들에 의존하는 현상은 전문성이 요구되는 정책의 영역일수록, 새롭게 등장하여 관련된 경험이 풍부하지 못한 생소한 현안일수록 더욱 노골적으로 진행되는 양상을 보인다. 세계화와 국제화의 현상 등으로 인해 과거에는 경험해보지 못했던 새로운 현상이나 생소한 현안들이 지속적으로 등장하고 있는 한국외교정책의 영역 또한 예외가 아니며, 오히려 이러한 현상이 심화되고 있다.[12]

한국외교정책의 경우에 대통령과 관료 사이의 구체적인 관계 또는 관료조직들 간의 경쟁적 관계를 공개적으로 확인하기가 쉽지는 않지만, 한국외교정책을 분석함에 있어 관료와 관료조직에 주목해야 하는 필요성은 반복되고 있다. 대통령보다 관료나 관료조직들의 행보가 더 구체적으로 의미 있게 확인되기 때문이다. 우선, 1992년 제8차 남북고위급회담이 개최되는 과정에서 대통령의

지시 사항이 실행되지 못하는 상황이 발생한 훈령 조작사건(남북회담을 지원하던 일부 실무자들에 의해 대통령의 훈령이 무시되거나 조작되었고, 이와 관련한 정치적 논란이 발생한 사건)과 그 이후 이어진 안기부와 통일부 간의 긴장과 갈등은 대표적인 사례로서 제시될 수 있다. 대통령의 결정에도 불구하고, 현장에서 상황을 판단하고, 관련 정책을 집행하는 자들은 관료라는 점을 각인시키는 사례라 하겠다. 또 다른 사례는 2003년 3월에 발생한 이라크전쟁에 한국의 무장병력을 파병하는 것에 적극적인 국방부와 소극적인 청와대 비서진 간의 긴장과 의견충돌이 있었다. 이는 결코 단독으로 외교정책을 결정하지 않는다는 것을 보여주는 사례이다. 그리고 외교정책이 결코 합리적이고 이성적으로 결정되는 것이 아니라, 당사자들 간의 정치적 합의와 협상의 결과물일 수 있음을 확인시켜주는 사례로, 대통령만큼 관료와 관료조직들에 대해서도 주목해야 한다는 점을 지적하고 있다.[13]

외교정책 자문을 위한 국가안전보장회의(NSC)의 위상과 역할

한국외교정책의 결정에는 국가안전보장회의(NSC)도 관여한다. 한국의 NSC는 안보, 통일, 외교정책 등을 결정하는 과정에서 대통령을 보좌하고 자문하는 기구로 박정희정부 시기였던 1963년 헌법상의 대통령 직속기구로 설치되었다. NSC는 대통령, 국무총리, 외교부장관, 통일부장관, 국방부장관, 국가정보원장, 대통령비서실장 및 국가안보실장과 청와대 수석비서관 등을 포함하여 현안과 관련된 정부부처 인사들이 참여하게 된다. NSC는 대통령에게 국가안전보장과 관련한 정책적 자문을 진행하는 것은 물론이고, 대통령의 필요에 따라서는 중장기적인 정책 수립 및 정책 조정, 또는 정책적 실행에 대해서도 도움을 주고 있다. 한국의 NSC는 대통령이 직접 의장을 맡아 회의를 주관할 수도 있고, 대통령령에 따라 내부 조직 등을 다소 손쉽게 변경할 수도 있기 때문에 국회의 개입으로부터 다소 자유롭게 활용할 수 있는 기관이기도 하다.

박정희정부 시기부터 NSC가 활용되어온 배경에는 남북한의 대치상황과 휴전이라는 안보위기를 슬기롭게 대처해나가기 위한 효과적인 외교안보정책을 수립하려는 목적이 작동하고 있다. 그러나 1962년 12월 공포된 헌법에 명기된 NSC의 주된 설치 목적은 '대통령의 자문에 응하기 위한 것'이었고, 박정희정부 시기의 정책결정과정에서는 다소 수동적인 모습을 보여 왔다. 이는 권위주의 정부 시기의 외교정책들이 대체로 대통령과 소수의 측근 인사들에 의해 결정되는 양상과 함께, 냉전 시기의 한국외교는 대미외교에 전적으로 의존하는 양상이 강했기 때문에 필요성이 절실하지 않았던 결과라 할 수 있다.

그러나 대내외적 환경이 변하고 외교정책의 내용이 전문화되고 복잡해지면서, 한국 대통령의 NSC에 대한 의존도도 증가하기 시작하였다. 특히 김대중정부 시기에는 NSC의 위상을 강화하고, 역할을 확대하는 모습을 보였다. 김대중정부는 NSC 사무처 신설을 포함하여 NSC체제를 재정비하면서, 외교안보정책의 총괄적 운영을 위한 정책기구로서 그 역할을 확대했다. 외교정책을 결정함에 있어 함께 고려해야 하는 가치들이 다양해졌고, 입장을 조율해야 하는 내용들이 많아지게 되면서, 총괄적인 정책조정을 담당하는 기관의 필요성이 절실해졌기 때문이다.

노무현정부의 NSC는 대통령 직속의 자문기구로서 조직과 인력을 크게 확대하였고, 외교와 국방은 물론이고, 통일정책 영역에서도 매우 적극적인 역할을 수행하는 모습을 보였다. 노무현정부 초기에 발생한 제2차 북핵위기와 이라크전쟁 파병문제, 한미 간의 전시작전지휘권 이양문제, 일본의 우경화와 '다케시마의 날' 제정 등과 같은 외교적 현안에 적극 대응하기 위해 대통령에 대한 정책적 자문뿐만 아니라 정책조율까지 담당할 수 있는 보다 적극적인 조직이 필요했기 때문이다. 실제로 노무현정부는 NSC사무처에 '전략기획실', '정책조정실', '정보관리실', '위기관리센터' 등을 하부 조직으로 배치함으로써 다양한 업무를 NSC사무처가 처리하도록 했고, 실질적인 정책조율과 결정까지 담당할 수 있는 기능과 여건을 제공하였다. 그러나 헌법상 규정된 NSC의 본질적 기능은 대통령에 대한 '자문기구'라는 점에서, 자문 이상의 권한과 기능을 부여받은 노무현정부의 NSC는 국회로부터 제기된 권력 남용과 위헌 시비에 직면해야만 했다. 이와 관련하여, 노무현정부는 2006년에 NSC사무처의 정책조정 및 전략기획, 정책평가 등의 기능과 권한은 청와대 비서실로 이관시키면서, 규모를 축소하였다.[14]

노무현정부 이후에서는 NSC 위상과 역할은 정권의 필요에 따라 그 규모와 위상이 다양한 모습을 보여 왔다. 이명박정부는 2008년 2월 법률안 개정을 통해 NSC비서실을 폐지하면서, 관련 업무들은 청와대 외교안보수석실이 담당하도록 업무를 재배정하였다. 그러나 박근혜정부는 2014년 국가안전보장회의법을 개정하여, NSC 상임위원회와 사무처를 부활시키는 한편, 청와대 국가안보실 산하로 재배치하여, 국가안보실이 외교안보정책을 총괄하여 정책을 조정하고 효율적인 정책 집행을 담당하도록 하였다. 문재인정부도 청와대 국가안보실 산하에 NSC사무처가 배치된 구조를 유지하면서, 임기 동안에 발생하고 있는 북한의 미사일 발사와 북핵문제, 남북정상회담 및 북미회담, 한일 지소미아(GSOMIA) 중단문제 등과 관련하여, 정책자문 및 협의기구로서 NSC를 활용하고 있다.

5. 한국외교의 대내외 압력과 정책적 선택

21세기에 접어드는 시기의 한국외교는 탈냉전, 민주화 등 외교정책 환경의 변화를 통하여 상당한 외교적 성과를 거둘 수 있고 국제적 위상도 강화될 것이라는 기대감을 가지게 된 측면이 있었다. 탈냉전을 계기로 한국외교는 그동안 외교정책 선택을 강력하게 구속하던 이념이나 진영논리에서 벗어나 다소 자율적으로 선택하는 것이 가능할 수 있을 것으로 기대하였다. 그리고 민주화를 계기로 국내적인 합의와 지지를 기반으로 하는 외교정책결정을 진행함으로써, 매우 효율적인 외교정책 추진 및 성과의 확보가 가능할 것이라고 예상하였다. 실제로 한국은 외교의 영역과 대상을 크게 확대시키며, 국제적 위상을 높이고, 국가이익의 실현을 위한 다양한 노력을 시도하였다.

안보적 측면에서는 북핵문제 해결을 위한 6자회담 개최 등 다자주의적 접근을 시도하는가 하면, 한미동맹을 기반으로 한반도의 긴장완화와 평화정착을 위한 다양한 시도를 진행하고 있다. 중국 및 러시아 등과의 관계개선을 활용하여, 북한의 개혁과 개방을 유도하기도 하였고, 남북정상회담을 수차례 진행하고 남북한 합의를 계속 이끌어냄으로써, 한반도의 긴장완화를 정착시키기 위한 노력을 진행하였다. 국제사회에서 높아진 한국의 위상을 고려하여, 한반도 이외 지역에서의 분쟁해소와 평화정착을 위한 UN 평화유지군 활동에도 적극적으로 참여하고 있고, UN과 UN 산하기관에서도 다양한 역할을 주도적으로 수행하고 있다. 경제적 측면에서는 한EU FTA, 한미 FTA 체결 등 국제사회의 주요 국가들과 FTA를 체결하여 한국의 무역 신장을 위한 준비를 진행해오고 있고, 국제금융의 안정적 운영을 위한 양자적·다자적 움직임에도 적극 참여하고 있다.

한국경제의 지속적 성장을 위해서는 활발한 대외 무역과 안정적인 국제금융시스템의 운영이 절대적으로 필요한 만큼, 관련된 국제적 움직임에 대해서도 긍정적으로 반응하고 있다. 그리고 탈냉전 시기에 비중이 증가하고 있는 환경, 보건, 기후문제 등과 관련한 국제협력과 합의, 국제기구의 활동에 적극 참여하고 있고, 한국의 주도적 모습을 과시하고 있다. 지역적으로도 미국과 유럽, 동북아시아 지역으로 한국외교의 범위를 제한하는 것이 아니라, 남미와 아프리카지역으로까지 넓혀가고 있다. 유라시아지역은 물론이고, 동남아시아지역 등에 대해서도 전략적 관심을 확대시키고 있으며, 이는 문재인정부의 신북방정책과 신남방정책의 기반이 되고 있다.

이러한 21세기의 달라진 한국외교의 모습들은 국내외적 환경변화에 대한 긍정적 기대감에 부합될 만큼 다양한 성과를 확보하게 된 것이 사실이다. 그러나 한국외교가 직면해야 하는 현실은 긍정적 성과와 함께 한국외교가 극복해야만 하는 정책적 어려움과 한계를 동시에 제공해주고 있다. 한국외교가 직면해야 하는 한계적인 현실은 한국외교로 하여금 유연한 대응, 장기적인 전략 수립과 정책적 선택, 합의에 기초한 정책결정 방식 등에 적응하기 어렵게 만들고 있기도 하다. 경우에 따라서는 이러한 외교정책적 상황들이 정책결정과정을 쉽고 단순하게 유도하기도 하였으나, 결과적으로 현재의 다양한 환경변화가 매우 어색하고 때로는 다소 불편한 상황에 직면하게 만든 요인이 되기도 하였다. 그러나 적응이 어렵고 불편하다 하더라도, 국제사회 속의 주요 행위자들 중 하나인 한국으로서는 이러한 불편함을 완전히 간과하거나 회피할 수는 없으며, 오히려 변화하는 환경에 적극적으로 적응하거나 새로운 상황에 적절히 대응해가야만 한다. 한국 입장에서는 변화하는 외교정책적 환경 속에서도 핵심적인 국가이익을 지속적으로 확보할 수 있는 창의적인 해결방안들을 모색하고, 유효한 대안적 해결책들을 개발해 가야만 한다. 이를 위하여, 과거에는 전혀 경험해보지 못했던 한국외교의 새로운 환경과 위기적 상황에 대한 사례 검토를 통해, 한국외교의 미래적 대응방안에 대한 고찰을 진행해보고자 한다.

국제적 이익의 상충과 한국외교정책의 선택

21세기 한국이 직면한 외교적 상황과 관련하여, 한국정부가 선택하고 추진하는 창의적인 정책적 대안들이 효과적인 성과를 항상 확보하기보다는 국제사회로부터 제기되는 자극에 대해 유효한 반응을 즉각 보이지 못하거나, 분명한 입장을 결정하지 못하고 우왕좌왕하는 모습을 노출시키는 경우가 발생하고 있다. 다음의 사례들은 한국외교가 직면한 다양한 정책 딜레마의 내용과 이를 극복하기 위한 적응 시도로서 주목할 필요가 있다. 효과적인 대응 방안의 모색이라는 측면에서 성공과 실패라는 단순한 이분법적 평가와 구별되는 접근과 분석을 필요로 한다.

첫 번째 사례는 한반도를 둘러싼 주변 4국의 상이한 입장과 전략적 이해관계가 충돌하는 상황에서 한국이 힘든 결정을 진행해야하는 문제로 중국이 주도한 아시아인프라투자은행(AIIB)에의 참여 여부이다. 2016년 1월 아시아지역 개발도상국들의 인프라 개발 및 확충에 대한 지원을 1차 목표로 하고, 국제금융시장의 효율적 운영을 함께 추구할 목적으로 중국이 주도하고, 아시아

역내 국가 37개국과 역외 국가 20개국 등 총 57개국이 참여하여 AIIB가 출범되었다. 중국 시진핑 주석이 2013년 10월에 제안하면서 본격적으로 논의되기 시작한 AIIB는 아시아의 금융위기에 대비할 뿐만 아니라, 중국의 세계적 위상을 과시하고 영향력을 확대하기 위한 의도가 있었다. 중국은 한국을 포함하여 아시아 역내 국가들의 적극적 참여를 촉구하였다.

그러나 AIIB 설립에 대한 미국의 반응이 상당히 부정적이었다. 기본적으로 미국은 미국이 주도해오고 있는 국제통화기금(IMF)과 국제부흥개발은행(IBRD) 이외에, 미국이 참여하지 않는 대형 통화기금이 국제사회에 설립되는 것에 반대해왔다. 금융분야에 있어 미국의 국제적 영향력이 제한될 가능성을 우려했기 때문이다. 1997년 아시아 전 지역을 위협했던 외환위기 이후, 아시아 국가들은 아시아국가들이 주도하는 통화기금의 설립 필요성에 공감하고 있었고, 실제로 일본은 1997년 IMF/IBRD 연차 총회에서 1,000억 달러 규모의 가칭 아시아통화기금(AMF) 설립을 제안하며 구체화하기도 했다. 그러나 미국은 IMF와의 기능 중복 등을 이유로 AMF 설립을 강력히 반대하여 실행을 차단하였다. 2008년 5월에도 아세안(ASEAN)과 한중일 3국이 아시아만을 위한 공동펀드 구성을 목적으로 다시 한 번 AMF 설립에 합의하기도 하였으나, 미국의 반대와 압박으로 무산되었다.

결국, 아시아지역에서 금융분야의 주도권을 확보하고자 하는 중국과 국제적 주도권 상실을 우려하는 미국의 반대 속에서 한국외교는 심각한

딜레마에 직면하게 되었다. 북한 핵문제 해결을 위한 대안적 접근이 필요했던 한국은 결국 2015년 3월, 중국의 입장을 수용하여 AIIB 가입의사를 공개적으로 확인하고, AIIB 설립협정문에 서명하면서 2016년 출범에 참여하였다. 그러나 이 과정에서 한국은 하나밖에 없는 동맹국인 미국의 심각한 압박에 직면해야만 했다. 실제로 2014년 7월 방한하는 시진핑 주석과 박근혜 대통령의 정상회담을 계기로 한국이 AIIB 가입을 공식 선언하려는 움직임이 있었지만, 미국의 강한 압박으로 2015년 3월까지 입장을 밝히지 못했다. 이 과정에서 중국과 미국의 압박은 한국외교의 선택에 심각한 딜레마를 안겨주었다. 비록 한국이 2016년 AIIB의 출범에 참여하기는 하였으나, 미국과 중국의 압박 사이에서 분명한 선호를 조속히 표명하지 못한 채, 수동적인 태도를 보일 수밖에 없었던 것이다.

두 번째 사례는 비슷한 시기에 사드(THAAD, 고고도미사일방어) 배치 때문에 발생한 중국과의 외교적 갈등이다. 북한의 중장거리 미사일 발사가 반복되면서, 미국 내부에서는 기존에 논의되던 미사일방어(MD)체제의 실전 배치를 본격화해야 한다는 주장이 부각되기 시작하였다. 미국의 동맹국인 한국도 2008년 2월에 출범한 이명박정부에서부터 미국이 주도하는 MD체제 참여를 고려하겠다는 의사를 피력하면서 논의가 부각되기 시작하였다. 그러나 2013년부터 한국내 사드배치에 대한 논란이 미국으로부터 반복적으로 제기되었으나, 중국의 강력한 반대를 확인한 한국은 분명한 입장을 표명하지 못한 채, '전략적 모호성'만을 취했다. 2015년 3월까지 박근혜정부가 사드배치문제와 관련하여 공개적으로 표명한 입장은 'No Request(요청), No Consultation(협의), No Decision(결정)' 등 '3NO'로 정리되기도 하였다.

그러나 미국은 한국에 대한 압박을 구체화하기 시작하였고, 2014년 11월 미국이 대구 지역에 사드시스템의 실전배치를 위한 실사팀을 파견하였다는 소식까지 전해지면서 논란이 확산되자 한국의 입장은 난감해지게 되었다. 결국, 2016년 1월, 북한의 제4차 핵실험과 2월의 대륙간탄도미사일 수준의 광명성 4호 발사 등을 계기로 한국은 한반도 내 사드 발사대 배치문제를 공식화하였고, 2016년 7월에 사드 발사대 배치를 공식 발표하였다. 이후 많은 논란에도 불구하고, 2017년 9월 7일 사드 발사대 4기가 경북 성주기지에 반입되면서, 1개 포대의 설치를 마무리하였다. 북한의 핵무기와 미사일 공격으로부터 주한미군을 보호하기 위해서는 한반도 내 사드시스템의 배치가 반드시 필요하다는 미국의 입장과 한반도 내 사드시스템 배치는 중국 내륙에 대한 미국의 레이더 감시능력을 확대시키는 것으로서, 중국을 전략적으로 봉쇄하기 위한 미국의 전략을 강력히 반대한다는 중국의 입장이 충돌하고 있었다. 절충점을 찾기 어려운 미중 간 갈등은 양국 모두를 전략적으로 필요로 하는 한국정부로 하여금 심각한 외교적 딜레마에 직면하게 만들었다.

특히, 한국이 사드배치를 공식화한 2016년 초부터 중국은 '금한령(禁韓令)'을 통해 중국 국내에 '한류 금지령'을 내리는 한편, 중국에 진출하고 있던 한국 기업체들에 직간접적인 불이익을 주었다. 또한 2017년 2월 주한미군 사드 부대가 배치될 부지로서 롯데기업이 소유하고 있던 경북 성주 골프장이 결정되자, 롯데와 롯데제품이 중국에서 불매운동의 대상이 되기도 하였다. 다소 완화되기는 했지만, 2019년까지 중국의 보복성 행위가 지속된 점을 고려하면, 한반도 내 사드 발사대 배치를 둘러싼 한국의 이러지도 저러지도 못하는 외교정책 상황은 배치 결정도 어렵게 만들었을 뿐만 아니라, 배치를 결정한 이후에도 한국과 한국경제에 상당한 부작용을 초래하게 만들었다.

결국 한국은 동맹의 가치를 소중하게 인식하여, 긴밀한 전략적 관계가 필요했던 중국의 반대에도 불구하고 미국의 사드 발사대 배치를 수용하였다. 하지만 그 이후 출범한 미국의 트럼프 행정부는 사드배치 비용을 한국이 부담해야 한다고 주장하는 등 한국에 대한 경제적 압박을 지속해 왔다는 점을 고려하면, 한국외교의 딜레마는 정책선택 과정뿐만 아니라 선택 이후에도 지속되는 양상을 보이고 있다. 한국은 서로 상충되는 미중의 입장 속에서 양쪽 모두를 선택할 수 없고, 그 어느 쪽을 선택하더라도 치명적인 외교 손실을 입게 되는 상황에 놓여있다. 이러한 모습들은 동맹에 의존하여 한국의 핵심적 이익을 달성했고 외교적 현안을 해결해왔던 과거 한국외교의 모습과 크게 달라진 장면들이라 할 수 있다. 한국은 새로운 창의적 대안을 모색하려 노력하고 있지만, 지금의 외교 역량으로서는 쉽게 해결하지 못하는 국제적 환경으로 인해 정책결정에 심각한 압박을 받고 있다.

국내적 요구의 수용문제와 한국외교정책 선택 및 집행

한국외교정책은 국내적으로도 외교정책을 선택하는 데 있어 쉽지 않는 환경이 조성되고 있다. 세계화와 국제화 등으로 인해 국내외의 명쾌한 구분이 쉽지 않은 상태이며, 외교정책과 공공정책의 경계가 흐려지고 있는 일반적 추세를 고려하면, 한국외교정책의 결정에 있어 국내적 요구와 여론의 수용은 외교정책의 성공적 추진과 관련하여, 결코 간과할 수 없는 환경적 요인이 되고 있다. 특히, 과거에는 한국외교가 경험해보지 못했던 새로운 상황의 전개라는 점에서, 외교정책결정과 관련하여 더욱 주목하고 집중해야 하는 요인이라 하겠다.

앞에서 살펴본 미국의 사드 발사대 배치와 관련한 정책결정은 발사대가 배치되는 경북 성주 지역 주민들의 반발과 정치권의 비판을 초래하였고, 한국정부는 사드 발사대 배치의 공개 및 사실인정을 쉽게 진행하지 못하는 양상을 보였다. 그리고 한국정부가 선택한 정책의 집행도 용이하지 못한 상황에 직면하였다. 이 이외에도 국내적인 여론이 외교정책의 결정과 집행에 영향을 미친 사례에는 일본과의 지소미아(GSOMIA, 군사정보보호협정) 체결문제, 일본군 위안부 관련 협정 문제, 한미 간의 쇠고기 수입 재개를 위한 협상 과정에서 등장한 국민의 촛불시위 등을 들 수 있다. 이 세 사례는 대통령이 정책을 선택했음에도 불구하고, 국내 여론과 정치권의 반대로 인해 외교정책이 중도에 취소되거나, 집행된 외교정책의 적실성 여부에 대한 재검토 작업이 공식적으로 진행되어 정책 선택에 문제점이 있었다는 점이 지적되는 사례들이다. 이들은 모두 국내 여론을 사전에 충분히 반영하지 못했고, 공개적으로 충분히 논의되지 않은 채 진행되었다는 공통점이 있다. 결국 공개된 이후에 상당한 국내적 반발에 부딪히게 되어 선택한 정책을 철회하거나 다시 재검토하게 되는 상황에 직면하게 되었던 것이다. 이러한 모습들도 역시 과거에는 쉽게 예상하기 힘든 장면으로 한국외교가 어렵지만 반드시 적응해가야 하는 국내적 정책환경이라 할 수 있다.

첫 번째, 2012년 이명박정부가 일본과 추진하였던 지소미아 체결 시도 사례는 한일 간의 관련 협상이 대중에 공개되지 않은 채 소수의 관료들 사이에서 밀실에서 진행되었고, 한일 양국 간에 잠정적인 합의가 이루어진 경우이다. 그러나 협정문 체결 사실이 공개되면서, 과연 협정 체결이 필요한가의 문제에서부터, 왜 일본과 체결해야 하는가 등의 근본적인 문제에 대한 국내적인 논란이 크게 제기되었고, 이명박정부는 반대 여론을 설득하는 데 실패하였다. 결국, 협정문 서명을 몇 시간 앞두고, 합의 파기를 일방적으로 선언하고 관련 사실을 일본에 통보함으로써, 한일 간의 지소미아 체결은 무산되었다. 한국의 대통령이 외국과의 협정 체결을 결정하였고, 심지어 상대 국가와 협정문에 대한 합의까지 완성하였지만, 국내적인 반대 여론으로 인해 정책결정을 철회하는 사건이 발생한 것이다. 한국외교의 경험으로서는 매우 이례적인 경우가 발생한 것이다. 그리고 이는 한국이 진행한 외교정책결정과정이

완벽하지 못했으며, 실수와 오류가 있었음을 인정하게 된 사례라 할 수 있다. 한일 간의 지소미아 체결문제는 노태우정부 때부터 계속 논의가 지속되어온 내용으로 이명박정부의 시도 실패 이후, 2016년 11월 박근혜정부 시기에 마침내 체결되었다. 그러나 그 이후 일본군 위안부문제, 일제 식민시대 강제 징용공문제 등으로 한일관계가 악화되기 시작하면서, 2019년 8월 문재인정부는 한국에 대한 일본의 경제보복을 이유로 협정 종료를 결정하였다. 그러나 문재인정부는 2019년 11월 22일 언제든지 유예의 효력을 종료시킬 수 있다는 전제 하에 '종료 효력을 유예'하였고, 이 상태는 2020년 7월 현재까지 지속되고 있다.

두 번째, 박근혜정부는 그동안 한일 양국 간에 해결되지 못하고 지속되어오던 일본 식민지 시기의 일본군 위안부문제와 관련하여, 정부 차원에서 일본과 해결방안을 합의했고, 합의 내용을 2015년 12월 28일 공개하였다. 그러나 박근혜정부의 외교적 결단과 정책 추진은 국내의 심각한 저항에 직면함으로써 한국외교에 있어 유래를 찾아보기 힘든 새로운 양상을 유발시켰다. 일본정부와 당사자들의 신뢰할 수 있는 충분한 사죄없이 한국정부가 합의를 진행한 점과 '최종적 및 불가역적으로 해결될 것'이라는 합의 문구를 수용할 수 없다는 시민적 반발과 함께, 공개되지 않은 한일 양국 간의 추가적인 이면 합의가 존재한다는 점, 정책을 선택하고 결정하는 과정에서 위안부문제의 피해 당사자들의 의견이 충분히 반영되지 못했다는 점, 다양한 국내적 의견과 주장을 반영하지 못한 채 정부의 독단적인 판단만으로

진행되었다는 점 등이 크게 비판받았다. 2015년 12월의 한일 위안부 합의에 대한 한국사회의 대대적인 반발은 한국정부가 선택한 외교정책의 내용에 대한 비판은 물론이고, 정책결정과정에 대해서도 비판이 제기되는 양상을 보였다는 점에서 주목할 필요가 있다.

　과거 권위주의 정부 시기와 달리, 21세기 한국정부의 외교적 결정에 대한 국민의 대규모 반발은 일회성이 아닌 형태로 반복되고 있고, 일상화되는 경향을 보이고 있다. 이와 관련한 세 번째 사례는, 2003년 발생한 광우병 파동으로 인해 수입이 중단되어 있던 미국산 쇠고기의 수입 재개를 위한 한미 간의 협상을 시작하려는 이명박정부의 결정과 관련하여, 국민적 반발이 크게 부각되었던 2008년 5월의 '촛불시위'가 주목되는 경우라 할 수 있다. 박근혜정부의 한일 위안부 합의 경우처럼, 민주주의 공고화가 진행되고 있는 한국사회는 그동안 대통령 또는 정부가 독점적으로 진행해오던 외교정책의 결정 내용은 물론이고, 정책결정과정에 대해서도 다양한 의견을 제시하며 영향을 미치기를 원하고 있으며, 국민 여론의 확인이 결여된 채 진행되는 한국정부의 독단적인 결정에 대해서는 강력하게 문제를 제기하고 있다. 실제로 정부의 외교정책결정에 대한 국민적 요구들은 상당한 영향을 미치고 있다.

　2008년 6월에 한국과 미국은 쇠고기 협상을 벌여 한국이 쇠고기 시장을 개방하고, 미국산 쇠고기를 수입하는 것으로 합의하였지만, 한국 국민들의 주장을 반영하여, 척수 등 위험부위의 수입은 제한하는 내용을 협상에 포함시켰다. 그리

고 한일 위안부 합의의 경우는 2017년 5월에 출범한 문재인정부가 비록 한일 간 합의 내용의 파기를 선언하지는 않았지만, 한국정부의 정책결정과정에서 어떤 문제가 있었는지를 확인하기 위한 조사를 진행함으로써, 정책결정과정에 의문을 제기하며 공개를 요구한 국민의 주장을 수용하였다. 그리고 문재인정부는 정책결정과정에 있어 잘못된 인식과 비밀스러운 정책 추진으로 인한 오류가 있었음을 지적한 '한일 일본군위안부 피해자문제 합의 검토 태스크포스(TF)'의 조사 내용을 수용함으로써, 외교정책의 결과물이라 할 수 있는 정책 내용뿐만 아니라, 정책결정과정에 대한 국민적 문제제기도 인정하였다 (글상자 14.1 참조).

　이상의 한국외교 사례들은 국내외적으로 변화하고 있는 정책적 환경으로부터 인해 초래되는 정책결정의 어려움을 실제로 확인할 수 있는 주요한 사례들이라 할 수 있다. 과거에는 경험하지 못했던 상황적 어려움에 직면한 경우들로서, 일부의 사례는 철저한 준비를 통해 극복 가능한 것일 수도 있지만, 어떤 경우는 한국의 외교적 노력만으로는 극복하기 어려운 정책적 딜레마에 직면하는 것이라 할 수 있다. 비록 다양한 해석이 제기될 수도 있지만, 2005년 초에 제기되었던 노무현정부의 동북아균형자론의 경우도 비록 유의미한 성과를 확보하지 못한 채 종료되기는 했지만, 동북아균형자론을 제시하게 된 전략적 배경의 하나로서, 한국외교의 딜레마적 상황에 대한 인식과 해결방안의 모색을 위한 시도였다는 점을 고려할 필요가 있다.[15] 이는 한국외교정책을 성공

글상자 14.1 '한일 일본군위안부 피해자문제 합의 검토 태스크포스' 운영[16]

2015년 12월 28일에 한일간에 체결된 '한일 일본군위안부 피해자문제 합의' 내용을 검토하기 위하여, 2017년 7월 31일에 출범한 태스크포스(TF)팀은 한일관계, 국제정치, 국제법, 인권 분야 전문가 9인으로 구성되었고, 2017년 7월 31일부터 2017년 12월 26일까지 논의를 진행하여, 조사 결과를 발표하였다. 위안부 TF는 조사와 관련, ① 피해자 중심적 접근, ② 보편적 인권의 중요성, ③ 외교에 있어 국민과 더불어 호흡하는 민주적 절차와 과정의 중요성, ④ 한국외교 전반에 미치는 영향 등을 기준으로 평가를 진행하였다. 그리고 2014년 4월 6일에 한일 국장급회의가 시작되어 2015년 12월 28일에 합의문이 발표된 시기까지를 검토한 위안부 TF의 결론은, 국가 간 외교협상의 차별적 특성과 외교정책결정의 특수성 등을 고려한다 하더라도, ① 전시 여성 인권 문제와 관련한 피해자 중심의 접근이 반영되지 않았고, ② 위안부문제에 대한 해당 합의로 인해 한일관계가 오히려 악화된 반면, 한국외교 전반에 대한 부담을 초래하였으며, ③ 국민적 여론이 반영되지 못하는 비밀협상으로 인해 다수의 문제점들을 노출시켰고, ④ 대통령과 외교부 부처들 간의 유기적 소통이 부재하여 적절한 역할 분담 및 의견수렴에 실패했음을 지적하였다.

또는 실패라는 이분법적인 단순 평가보다는 변화하고 있는 국내외적인 정책환경에 대한 한국외교정책의 적응과 새로운 시도의 흔적으로서 접근할 필요성을 요구하고 있는 측면이라 할 수 있다.[17]

6. 한국외교정책의 새로운 도전과 지속적 과제

21세기 한국외교정책의 결정과정은 과거와 상당히 다른 국내외적 환경에 직면해 있으며, 외교정책을 선택한다는 것이 결코 단순하거나 쉬운 작업이 아니라는 점을 확인할 수 있는 사례들이 반복되고 있다. 그리고 한국외교정책이 직면하고 있는 다양한 정책적 딜레마는 쉽게 해결되거나 단기간에 극복될 수 있는 것이 아니라는 점도 수용해야만 하는 현실이다. 이는 한국의 진보나 보수정부 모두가 공통으로 직면하게 되는 현실이라는 점에서, 이념적 대립이나 정치적 논쟁과 무관하게 함께 고민하고 대응해 가야 할 과제라 할 수 있다.

한국사회가 민주화되고, 국제사회가 탈냉전과 함께 세계화를 진행하게 되면서, 한국은 외교정책을 결정하는 과정에서 수용해야 하는 가치나 이해관계가 다양해 졌고, 참여하고자 하는 관련 행위자들의 수가 확대되었으며, 고려해야 하는 외교 대상의 수도 많아지게 되었다. 이에 따라 다양한 입장과 주장들을 조율하고, 합의를 이끌어내는 과정이 매우 힘들어질 수밖에 없게 되었다. 다양한 주장들 간의 합의를 성공적으로 유도하여, 모든 행위자들이 만족하고, 관련된 가치들을 모두 담을 수 있는 외교정책의 수립 및 선택은 불가능해졌다고 보는 것이 현실적이라고 할 정도이다. 더욱이 한국사회가 보수와 진보 간의 갈등으로 양분되어 있고, 다양한 정치적 이해관계에 따라 정치권이 분열하고 있으며, 갈등과 대립의 정도는 심화되고 있는 점을 고려하면, 범국민적인 지지를 얻을 수 있으며, 초당파적인 의견수렴이 가능한 한국외교정책의 선택은 당분간 힘들 수 있다는 예상을 가능하게 한다.

이러한 점에서 한국외교정책의 결정과정에 과거보다 더 많은 이해 당사자들이 영향력을 행사하기 위해 개입하려 하게 되고, 공식적인 참석자 이외에 매우 많은 수의 비공식적 행위자들도 다양한 형태의 영향력을 행사하여 자신들의 이해관계와 입장들을 외교정책에 반영하려고 하는 것은 자연스럽게 발생되는 현상이라 할 수 있다. 그리고 이 과정에서 외교정책결정과정의 공개 요구는 물론이고, 정치적 이해관계에 따른 정치적 논쟁이 더욱 치열해지는 상황에 직면하게 됨으로써, 외교정책결정은 더욱 힘든 상황에 직면할 수도 있다. 이는 상황을 피하거나 부정할 수 있는 내용이 아니며, 이를 해결하기 위해 다른 행위자들에게 맡길 수 있는 것이 아니다. 반드시 한국 스스로가 보다 거시적이고 효율적인 차원에서 외교정책을 실행하여 해결해야만 하는 것이다. 결국, 한국외교는 부정적인 정책적 현실을 비판하기보다는 어떻게 적극적으로 이러한 현실에 대한 다양한 경험들을 정책에 반영하고, 효과적이고 실효성 있는 외교정책을 새롭게 만들어 낼 것인가 하는 문제에 집중해야만 한다. 한국이 처한 국내외적 환경과 외교적 현실 등을 고려하면, 더 이상 효과적인 해결방안을 제시하지 못하는 냉전 시기의 외교정책이나 접근 방안에 의존할 수가 없는 상황이 되었다.

한국은 변화하는 외교정책의 기본적 성격과 환경변화에 대해 적응해야만 한다. 그리고 이 과정에서 정책결정과정에서 직면하게 되는 다양한 어려움들을 극복할 수 있는 대응역량을 강화하는 것은 물론이고, 다면적인 긍정적, 부정적 경험들을 축적하고 내면화하여 외교적 역량 강화의 발전동기로 삼아야만 한다. 이러한 발전적 동기화는 한국이 직면하게 되는 외교적 현안들을 성공적으로 풀어낼 수 있고, 관련된 딜레마들을 효과적으로 극복할 수 있는 창의적인 새로운 정책의 개발, 한국의 국가이익을 성공적으로 확보할 수 있는 유용하고도 효과적인 정책 개발을 가능하게 할 것이다. 성공적인 결과를 확보한 외교정책 선택 및 결정에 대한 긍정적 경험은 물론이고, 실패한 외교정책의 경우도 유의미한 경험으로 발전시키고, 효과적인 대안적 정책 개발의 동력으로 승화시키는 작업이 지속적으로 진행되어야 할 필요가 있다. 이는 향후에 전개될 수 있는 또 다른 외교정책적 딜레마에 대한 한국외교의 정책적 대응능력과 문제해결 역량을 향상시키는 데에도 긍정적 도움을 주게 될 것이기 때문이다.

❖ 주

1) Valerie M. Hudson, *Foreign Policy Analysis: Classic and Contemporary Theory*, 2nd ed. (Maryland: Rowman & Littlefield, 2014), pp. 3–15.

2) 얀 멜리센(Jan Melissen), "신공공외교: 이론과 실제," 얀 멜리센 엮음, 『신공공외교: 국제관계와 소프트 파워』 (서울: 인간사랑, 2005), pp. 33–67.

3) 조동준, "한국 외교정책의 특성과 결정요인," 함택영·남궁곤 (편), 『한국 외교정책: 역사와 쟁점』 (서울: 사회평론, 2010), pp. 56–81.

4) 홍현익, "한국의 외교정책," 김계동 외, 『현대외교정책론 2판』 (서울: 명인문화사, 2006), pp. 309–344.

5) 이신화, "한국 외교정책의 새 패러다임과 과제," 함택영·남궁곤 (편), 『한국 외교정책: 역사와 쟁점』 (서울: 사회평론, 2010), pp. 690–710.

6) Jong-Yun Bae, "Korean foreign and national security policy: Actors, structure, and process," in Chung-in Moon and M. Jae Moon (eds.), *Routledge Handbook of Korean Politics and Public Administration* (London: Routledge, 2020), pp. 144–159.

7) 외교정책론과 관련된 다양한 이론 또는 모델 등에 대해서는, 유진석, "외교정책과 국내정치," 김계동 외, 『현대외교정책론, 2판』 (서울: 명인문화사, 2007), pp. 163–193 참조.

8) Colton C. Campbell, Nicol C. Rae, and John F. Stack, Jr., *Congress and the Politics of Foreign Policy* (Upper Saddle River, N.J.: Prentice Hall, 2003); James A. Thurber, "An Introduction to Presidential-Congressional Rivalry," in James A. Thurber (ed.), *Rivals for Power: Presidential-Congressional Relations*, 4th ed. (Lanham: Rowman & Littlefied Puglishers, Inc., 2009), pp. 1–23.

9) 배종윤, 『한국외교정책의 새로운 이해: 외교정책 결정과정과 관료』 (서울: 한국학술정보, 2006), pp. 57–72.

10) Gerald Geunwook Lee, "South Korea's Faustian Attitude: The Republic of Korea's Decision to Send Troops to Iraq Revisited," *Cambridge Review of International Affairs* 19-3 (2006), pp. 481–493.

11) Graham Allison and Philip Zelikow, *Essence of Decision: Explaining the Cuban Missile Criris*, 2nd ed. (New York: Longman, 1999).

12) 배종윤 (2006), pp. 96–115.

13) 임희수, 배종윤, "한국의 대외정책결정과 절충적인 정치적 타협 – 이라크전 2차 파병 결정을 중심으로," 『국제정치논총』 제57권 3호 (2017), pp. 455–494.

14) 김영인, 배종윤, "한국외교안보정책에 있어 대통령의 정책조율과 현실적 한계에 관한 연구: 노무현정부의 NSC 운용사례를 중심으로," 『국제정치논총』 제56권 3호 (2016), pp. 92–96.

15) 배종윤, "동북아시아 지역질서의 변화와 한국의 전략적 선택," 『국제정치논총』 제48집 3호 (2008), pp. 93–117.

16) 한·일 일본군위안부 피해자 문제 합의 검토 태스크포스, 『한·일 일본군위안부 피해자 문제 합의 (2015.12.28.) 검토 결과 보고서』 (서울: 외교부, 2017.12.27.).

17) Jong-Yun Bae, "South Korea's Foreign Policy in the 21st Century," in Takashi Inoguchi (ed.), *The Sage Handbook of Asian Foreign Policy* (Los Angeles: Sage, 2020), pp. 619–635.

❖ 참고문헌

1. 한글문헌

김영인·배종윤. "한국외교안보정책에 있어 대통령의 정책조율과 현실적 한계에 관한 연구: 노무현정부의 NSC 운용사례를 중심으로." 『국제정치논총』 제56권 3호 (2016).

멜리센, 얀(Jan Melissen). "신공공외교: 이론과 실제." 얀 멜리센 엮음. 『신공공외교: 국제관계와 소프트 파워』. 서울: 인간사랑, 2005.

배종윤. "동북아시아 지역질서의 변화와 한국의 전략적 선택." 『국제정치논총』 제48집 3호 (2008).

_____. 『한국외교정책의 새로운 이해: 외교정책 결정과정과 관료』. 서울: 한국학술정보, 2006.

유진석. "외교정책과 국내정치." 김계동 외. 『현대외교정책론, 2판』. 서울: 명인문화사, 2007.

이신화. "한국 외교정책의 새 패러다임과 과제." 함택영·남궁곤 (편). 『한국 외교정책: 역사와 쟁점』. 서울: 사회평론, 2010.

임희수, 배종윤. "한국의 대외정책결정과 절충적인 정치적 타협 – 이라크전 2차 파병 결정을 중심으로." 『국제정치논총』 제57권 3호 (2017).

조동준. "한국 외교정책의 특성과 결정요인." 함택영·남궁곤 (편). 『한국 외교정책: 역사와 쟁점』. 서울: 사회평론, 2010.

한·일 일본군위안부 피해자 문제 합의 검토 태스크포스. 『한·일 일본군위안부 피해자 문제 합의(2015.12.28.) 검토 결과 보고서』. 서울: 외교부, 2017.12.27.

홍현익. "한국의 외교정책." 김계동 외. 『현대외교정책론 2판』. 서울: 명인문화사, 2006.

2. 영어문헌

Allison, Graham, and Philip Zelikow. *Essence of Decision: Explaining the Cuban Missile Criris*, 2nd ed. New York: Longman, 1999.

Bae, Jong-Yun. "Korean foreign and national security policy: Actors, structure, and process." in Chung-in Moon and M. Jae Moon (eds.). *Routledge Handbook of Korean Politics and Public Administration*. London: Routledge, 2020.

_____. "South Korea's Foreign Policy in the 21st Century." in Takashi Inoguchi (ed.). *The Sage Handbook of Asian Foreign Policy*. Los Angeles: Sage, 2020.

Campbell, Colton C., Nicol C. Rae, and John F. Stack, Jr. *Congress and the Politics of Foreign Policy*. Upper Saddle River, N.J.: Prentice Hall, 2003.

Hudson, Valerie M. *Foreign Policy Analysis: Classic and Contemporary Theory*, 2nd ed. Maryland: Rowman & Littlefield, 2014.

Lee, Gerald Geunwook. "South Korea's Faustian Attitude: The Republic of Korea's Decision to Send Troops to Iraq Revisited." *Cambridge Review of International Affairs* 19-3 (2006).

Thurber, James A. "An Introduction to Presidential-Congressional Rivalry." in James A. Thurber (ed.), *Rivals for Power: Presidential-Congressional Relations*, 4th ed. Lanham: Rowman & Littlefied Puglishers, Inc., 2009.

국방정책

서주석(국방연구원)

지정학적으로나 역사적으로 한국의 안보는 늘 비상한 국가적 관심사였다. 끈질긴 독립운동 끝에 일제 강점기가 끝났지만, 미소의 분할점령은 남북분단으로 이어졌다. 상대방에 대한 경계와 경쟁, 그리고 주도적 통일 열망은 생존을 둘러싼 극단적 대결로 나타났다. 그 결과 1948년 정부수립 당시부터 내외의 환란이 끊이지 않았고, 곧바로 3년간 이어진 한국전쟁으로 국가 존망의 기로에 서기까지 했다. 대규모 군대가 항상적으로 필요한 상황에서 군사주의를 넘어 장기간의 군부독재도 겪었다. 그동안 국방은 성역(聖域)이었고 국방정책은 곧 블랙박스였다.

1960년대부터 이어진 군부독재가 청산되는 과정에서 국방정책에 대한 국민적 이해와 체계적 접근이 중요해졌다. 1980년대 전반 국방기획제도가 도입된 뒤 후반에는 종합 홍보 책자로서 연례 『국방백서』가 발간됐고, 1995년 이후 국방정책의 장기 기본문서로서 '국방기본정책서'가 주기적으로 작성되기 시작했다. 2004년에는 그 상위문서로서 정부 차원의 '국가안보전략지침'도 발간되어 국가안보의 큰 틀 안에서 국방정책 추진이 가능한 여건이 갖춰질 수 있었다. 현실 정책 수립 과정에서 기획문서 체계대로 진행되지는 않지만, 사전 정리되고 대내외에 공표된 정책 기조와 추진 방향은 의미가 있다.

이 글은 한국의 국방정책에 관한 역사적·이론적 접근에 더해 주요 의제별 상황과 진행 과정, 그리고 국방정책의 결정과정을 전반적으로 살펴보기 위한 시도이다. 다만 여기에서 다루는 국방정책의 주요 의제는 보다 현실적이고 입체적인 이해를 위해 문헌 접근과 함께 필자의 정책참여 경험을 정리한 시론적(試論的) 수준이다. 추후 해당 내용을 보완할 계획임을 미리 밝힌다.

1. 한국의 군사안보와 국방정책

군사안보와 국방정책

국방정책은 국가안보를 유지하기 위해 군사적 수단을 사용하는 일체의 정책활동이다. 국가안보는 개념상 외부의 위협으로부터 국가의 생존과 번영 및 주권, 그리고 국민을 보호함으로써 국익을 극대화하기 위한 정책과 전략을 총칭하는 것이다.[1] 전통적으로 국가안보에는 국가의 생존, 주권, 영토, 정통성, 국민 생명 등의 수호를 위한 정치안보, 외교안보, 군사안보의 영역이 중심이 되었으나, 현대사회에서는 사회와 개인으로 주체가 확장되고 경제, 과학기술, 환경, 보건, 정보 등의 분야로 영역이 확장되었다.

군사안보는 국내외의 군사적 위협으로부터 국가의 존립기반으로서 주권, 영토, 인구 등이 자유롭고 안전한 상태를 의미한다. 군사안보에 대한 위협은 공격에 따른 국가 존립기반의 점령, 파괴 및 그 잠재적 위험을 포함하나, 이는 국가의 취약성(vulnerability)이라는 또 다른 변수로 인해 그

효과가 증감된다고 할 수 있다.[2] 여기에는 국가의 국력과 정치적 통합도, 역사적 경험, 가상 적과의 힘의 균형, 지리적 요소 등이 작용한다.

군사안보의 핵심 부분으로서 국방정책은 핵심수단이 군사력이므로 군사력을 건설하고 보유하며 사용하는 정책을 의미한다.[3] 외부 위협에 대한 군사적 대응에 관해서는 군사안보와 같은 궤로 취급될 수 있지만, 군사력 운영과 관련해서 국가행정과 연관된다. 즉 군사력의 평시 운용을 위해서는 병역제도를 포함한 인력정책, 병영정책, 군·사회관계 등이 중요한 정책영역이 되는 것이다. 현대사회에서 인권이 중시되고 전쟁 발발과 피해를 최소화하려는 노력이 강화되면서 이와 같은 국방행정의 영역이 갖는 사회적 의미가 커지고 있다.

한국의 군사안보와 국방환경

한국의 군사안보환경에서 가장 두드러진 특징은 한국이 분단국이라는 점이다.[4] 대한민국의 북쪽에는 같은 언어와 문화를 가진 한민족이지만 이념과 체제가 다른 조선민주주의인민공화국, 즉 북한이 엄존한다. 남북한은 1948년에 별개의 국가로 출발했고, 그동안 열전과 적대적 공존의 경험을 공유해 왔다. 남북관계는 엄청난 전쟁 피해를 다시 겪지 않기 위해 장기간 평화를 선택하고 간간이 평화공존도 천명해 왔으나, 아직 정전상태에 있고 '통일을 지향해 가는 특수관계'로서 늘 불안한 상태에 있는 것이 엄연한 사실이다.

북한의 군사력은 한국전쟁 이후에도 지속적으

로 최대 위협이 되어 왔다. 1960년대 초반 '4대 군사노선'을 천명하며 경제와 국방의 병진노선을 택한 이래 조기에 급성장한 재래식 군사력은 장기간 강한 위협을 가해 왔다. 거의 전적으로 한미동맹에 의존하던 한국이 1970년대 자주국방과 전력 현대화를 추구하면서 남북한의 재래식 군사력은 점차 균형 쪽으로 이동했으나, 1980년대 말 이후 북한의 핵개발이 진행되면서 위협의 성격은 다시 변했다. 최근에는 북한의 핵과 미사일 능력 강화에 대응하여 한미의 확장억제 전력과 한국의 초기대응 능력이 관건이 되어 있다.

한국이 지정학적으로 주변에 군사 및 경제 강국들을 두고 있다는 점은 군사안보 환경의 또 다른 특징이다. 한때 냉전의 주역으로 북한체제를 만들고 전쟁도발까지 후원했던 구소련의 후예인 러시아의 군사력은 여전히 막강하다. 중국은 북한의 동맹국으로서 1970년대 말 이래의 급속한 국력 신장으로 이제 미국에 버금가는 군사력을 갖추고 있다. 20세기 한국 역사의 최대 불행인 국권 상실의 가해국인 일본 역시 강력한 경제력을 바탕으로 국제안보 역할과 군사력 확장을 꾀하고 있다. 1960년대와 1990년대 초반 한국은 이들 국가와 외교관계를 수립했고 우호관계를 유지하고 있으나 인접국으로서 이해관계 충돌의 위험은 상존한다.

한국전쟁 말기 체결된 한미동맹은 70년 가까이 존속하면서 한국 군사안보의 또 다른 특징이자 버팀목이 되어 왔다. 초기 전형적인 의존·피의존 관계였던 한미 군사관계는 한국의 국력 신장에 따라 크게 변화해 왔다. 미국의 직접 군사원조와 대외군사판매(FMS) 차관이 1970~1980년대에 모두 종결되고 1990년부터 주한미군 주둔에 따른 한국의 방위비분담이 시작됐다. 1990년대에는 한국방위의 한국화가 진행되어 한국의 군사역할이 확대되고 한국군의 평시 작전통제권도 환수됐다. 2000년대 이후 주한미군지위협정(SOFA) 체계의 부분 개정과 주한미군 기지 반환, 그리고 한국군의 전시작전통제권 전환도 진행 중이다.

한국국방의 환경으로서 국내적 여건의 변화는 함께 주목해야 할 중요한 부분이다. 한국의 지속적 경제발전과 그에 따른 재정능력의 확대는 한국의 안보환경에서 국방비의 꾸준한 증액으로 이어졌고, 이제 국방예산이 50조 원을 넘었다. 국방과학기술 면에서도 1970년 국방과학연구소(ADD) 창설 이후 괄목할 변화를 보여 주요 군사장비는 물론 첨단 기술장비의 자주화율이 높아지고 해외수출까지 많아졌다. 다만 과거 국력신장의 한 요소였던 인구증가가 최근 정체 내지 감소세로 돌아서면서 잠재성장률을 위협하고 있어 교육 및 과학기술 면에서 대응이 요구된다. 정치적 민주화가 진행되면서 인권 및 각종 사회 이슈들이 군에 영향을 주고 있지만, 경제성장과 민주화를 동시에 이룬 한국의 독특한 성과가 지속된다면 병영문화 및 군·사회관계에서 또 다른 모범이 될 수 있을 것이다.

2. 국방정책의 역사적 변화

국방체제 형성기(1948~1960년)

한국정부는 미군정의 체제를 이어받아 국가체제를 형성했고, 국방 부문도 예외가 아니다. 1948년 7월 제헌과 동시에 정부조직법이 공포되어 국방부 설치가 규정되었고, 그해 8월 육·해군 각급 장병이 국방군으로 편성된 데 이어 9월에는 '남조선과도정부의 행정권 이양 절차'를 통해 미군정 산하 조선경비대 및 조선해안경비대의 국군 편입이 사후 이루어졌다. 11월에는 국군조직법이 공포되어 국방기관 설치 및 조직 편성의 대강이 확정됐다.[5] 초기 한국군은 미국의 전적인 지원 아래 병력과 장비를 확충했다. '잠정적 군사안전에 대한 한미행정협정'에서 주한미군사령관이 철군 완료 때까지 한국군을 계속 조직, 훈련 및 무장할 권한을 갖도록 했고, 그에 따라 최초 5만 명으로 편성된 국군의 장비도 미군의 구형 장비 이관으로 갖춰졌다.[6]

한국군은 창설 이전부터 국내외의 환란과 군사적 도전에 직면했고, 이에 대응한 군사작전 수행과 병력 및 군비확충이 지상 과제였다. 정부수립 이전에 일어난 제주 4·3사건과 이를 지원하기 위한 병력교대 과정에서 발발한 10월의 여순사건에 이어 1949년에는 38선 일대에서의 잦은 교전과 함께 후방에서의 북한 게릴라 토벌작전도 대대적으로 수행됐다. 당시 이승만정부는 군사작전 수행과 북한과의 군비경쟁을 고려하여 미국정부에 병력증강을 위한 추가 군원을 요구했다. 그러나 미국은 남북충돌 확대를 우려해 소극적이었고, 군 내부에서는 반란과 월북 등 사상문제를 둘러싸고 군 간부의 10%를 해임할 만큼 강력한 숙군(肅軍)도 진행됐다. 결국 창군 1년 10개월 만에 준비가 제대로 갖춰지지 못한 상황에서 북한의 주도적 계획과 구소련 등의 지원으로 발발한 한국전쟁을 맞게 된 것이다.

전쟁 초기 한국군은 방어전에서 분투했지만 북한군의 압도적인 전력 앞에 크게 밀렸고, 미국을 위시하여 유엔 회원국 16개국이 유엔 안보리의 결의에 따라 차례로 참전했다. 패퇴를 거듭하던 한국은 1950년 7월 국군의 작전지휘권을 유엔 안보리 결의로 미국이 지휘하는 유엔군 통합사령부(이하 유엔사)에 이관했다. 유엔군은 북한군을 격퇴하고 북진까지 하지만 중국군 개입으로 다시 후퇴했고, 미국은 한반도 중부에서 전쟁을 제한하기로 한다. 미국은 전쟁 이후에 대비하여 한국군을 보강하기 위해 주로 지상병력을 증강하고 장비를 제공하였다. 그 결과 전쟁 말기 한국군은 육군 55만 명 등 60만 명 가까운 대군으로 성장할 수 있었다.

한국전쟁이 1953년 7월의 정전협정으로 일단 끝나고 휴전에 반대해 온 한국이 한미상호방위조약 체결의 대가로 이를 수용하면서 전후 국방정책은 한미동맹으로 정전체제를 유지하는 데 중점이 주어졌다. 유엔사(UNC)의 한국군 작전통제가 지속되면서 군의 자주적 운영이라는 점에 한계가 여전했으나, 참전 미군이 철수하면서 한국군은 72만 명 병력까지 증강을 지속했고 1953년 12월의 제1야전군 창설과 1954년 5월의 연합참모본부 설치 등 제도적 정비도 지속됐다. 한국군 병력은 1958년 주한미군의 핵무기 도입과 미국의 재정부담을 이유로 다시 63만 명 수준으로 하향되었다.[7]

국방정책 정립기(1960~1980년)

건군과 전쟁이라는 초미의 과업을 수행한 한국정부와 한국군은 1960년대 들어 정세 변화를 맞게 된다. 국내적으로 4·19에 정치적 중립을 자임하면서 혁명 성공에 나름 기여했고, 그 뒤 5·16 군사쿠데타를 주도 내지 조응하면서 군사정권의 핵심 조력자가 되었다.

쿠데타의 배경으로서 한국전쟁 이후 국군의 정치적 역할과 관련하여 정치적 중립주의와 정치적 개입주의 등 두 갈래의 행동주의가 있었고, 1952년 부산정치파동 당시 군의 불개입을 강조한 이종찬 당시 육군참모총장의 입장은 4·19혁명 당시 송요찬 계엄사령관의 발포 거부로 이어지기도 했다. 박정희 장군의 쿠데타는 정치적 개입주의의 결과였고, 군의 역할 확대로 그 이후 국방부장관은 현역 군인 또는 군 출신이 맡게 되었다.[8] 1963년 민정으로 이양되면서 국방부와 군 조직도 변화되어 국방부 직제가 조정되고 군무회의와 합동참모본부가 설치되었다.[9]

이 시기의 국방정책은 정부 차원의 국가안보정책과 궤를 같이하는 것이었다. 박정희정부는 반공과 한미동맹 강화에 주력했는데, 이는 자신의 이념 전력(前歷)에 대한 미국 등의 우려를 불식함과 동시에 1961년 7월 북한의 대소 및 대중 군사동맹 체결을 고려한 것이었다. 한국정부는 미국정부의 요구에 부응하고 경제적 이득도 확보하기 위해 1965년 한일국교정상화와 함께 격화되고 있던 베트남전쟁에 대규모 전투부대를 파병하는 조치를 취했다. 1973년까지 진행된 베트남 파병은 미군 장비 도입 및 실전 경험 의미와 더불어 SOFA 체결 등 한미동맹 제도화에 부수적 성과가 있었다. 그렇지만, 1960년대 후반 1·21사태와 대규모 무장공비 남파 등으로 한반도 위기가 격화되는 가운데 미국이 베트남전쟁의 영향으로 닉슨독트린을 채택하고 주한미군을 감축하면서 '자주국방' 추진으로 이어지는 계기가 됐다.

이처럼 한미동맹과 자주국방이라는 두 축으로 한국국방의 기본 방향이 정리되었다. 미국은 주한 미7사단 철수의 보완책으로 한국군 현대화를 위해 1971년부터 15억 달러의 군사원조를 제공했다. 이에 1972년 12월 국방부는 정부수립 이후 처음으로 '국방목표'로서 국방력 정비 강화와 군의 정예화, 방위산업 육성을 통한 자주국방체제 확립을 제시하였다. 자주국방 능력을 완전히 갖출 때까지 한미동맹과 자유 우방과의 군사협력을 강화하겠다는 입장이었다. 그 연계 선상에서 1973년 4월 박정희 대통령은 합동참모본부에 자주국방을 위한 군사전략 수립과 군사력 건설 착수, 작전지휘권 인수와 주한미군 철수에 대비한 장기 군사전략 수립, 주요 무기장비의 국산화 등을 지시했고, 이에 따라 국방부는 1974년부터 제1차 전력증강계획(율곡계획)을 추진하여 각 군 전력을 급속도로 확충해갔다.[10]

자주국방은 1960년대 말 위기와 함께 1970

년대 들어 대화와 반목을 거듭하면서 대남 군사위협을 제기해 온 북한에 대한 대응이기도 했다. 1974년부터 북한의 남침용 땅굴이 발견되고 1975년에 남베트남이 공산화되면서 방위성금과 방위세를 통해 군비증강에 가속도가 붙었다. 그러나 당시의 한국국방은 국가안보와 별도로 정치적으로는 유신 독재정권의 일익을 담당한 것이 사실이고, 이 점에서 국내 민주화운동과 더불어 미국 카터정부와의 갈등이 심화되면서 심각한 좌절을 겪게 된다. 1970년대 후반 대규모 팀스피리트 연합훈련이 개최되고 한미연합군사령부(CFC)가 창설되어 연합방위가 강화됐지만, 북한군 재평가로 위협이 심화된 가운데 주한미군 감축과 한국의 핵개발이 함께 중단됐고 1979년 10·26 사태로 또 다른 반전이 있게 된다.

국방정책 전환기(1980~2002년)

한미동맹과 자주국방을 양대 축으로 하던 한국의 국방정책은 1980년대 들어 심각한 변화를 겪게 된다. 1960~1970년대 박정희정부가 위수령과 계엄령 등을 통해 군을 정치적으로 이용하던 행태는 이미 12·12사태와 5·18민주화운동을 거치며 조직적 항명과 대국민 탄압으로 이어졌다. 정권을 장악한 전두환정부는 미국으로부터의 정치적 지지를 위해 자주국방 대신 한미동맹 강화에 주력했다. 1981년 11월 국방부는 국방목표를 개정하여 '자주국방'이 삭제된 채 적의 무력침공 저지를 통한 국가 보위, 평화통일 뒷받침, 지역 안정과 평화에 기여하는 것으로 제시하였다. 이 시

기에 핵·미사일 개발이 중단되고 ADD가 축소되었으며 미국으로부터 대외군사판매(FMS) 차관을 통한 무기 구매에 집중하기도 했다.

국방의 큰 방향이 조정된 상황에서 미국식 국방기획예산제도(PPBS)를 변용한 국방기획관리제도를 통해 국방정책과 군사력 건설 및 운영이 체계적이고 합리적으로 정리되기 시작한 것은 주목할 만하다. 1983년에 장기 군사전략과 군사력 건설방향을 제시한 합동장기군사전략기획서가, 1985년에는 종전의 전력증강계획과 국방5개년계획이 통합된 국방중기계획이 각각 처음으로 작성됐다.[11] 전 시기에 이어 율곡사업이 추진되었고 한국경제발전에 따라 1987년에는 미국의 FMS 차관이 종결되었다. 자주적 연구개발이 위축되고 상대적으로 내실 있는 국방운영이 강조되면서 같은 해 ADD 부설 국방관리연구소가 한국국방연구원(KIDA)으로 독립 출범하기도 했다.

1980년대 후반 신데탕트와 민주화운동으로 국방정책은 다시금 급격하게 조정된다. 1988년에 출범한 노태우정부는 미국에 한국군 작전통제권 환수와 용산기지 이전을 요구했고, 그해 말 1960년대 두 차례 발간된 『국방백서』를 복간했다. 또한 88서울올림픽 이후 동유럽의 과거 사회주의 국가들과 수교하기 시작했고, 탈냉전 와중인 1990년 구소련, 1992년 중국과 각각 수교했다. 1990~1992년 사이에 남북고위급회담이 본격 추진되어 남북기본합의서와 불가침 부속합의서 등이 채택되었으며, 같은 시기 한국의 대미 방위비분담이 처음 시작되고 미국의 동아시아전략구상(EASI) 추진에 따라 주한미군 감축과 한국방

위의 한국화 조치도 속속 취해졌다. 또 1989년에는 합동참모본부 의장과 각 군 참모총장이 군령권과 군정권을 분할 보유하는 8·18군구조개혁이 이루어지기도 했다.[12]

1990년대 중반에는 변화의 흐름이 보다 분명해졌다. 남북관계가 대화와 반목을 거듭하는 가운데 북한의 핵개발문제가 대두하면서 그 평화적 해결과 함께 한미동맹을 통한 군사적 대비도 중요해졌다. 1994년 8월 국방목표가 다시 개정되어 탈냉전 상황을 고려한 표현으로 '적의 무력침공' 대신 '외부의 안보위협'에 대한 대비가 포함됐지만, 대북 유화 자세라는 논란에 따라 한동안 '주적' 개념까지 등장했다. 어쨌든 한국군의 작전통제권 환수가 1994년 12월의 평시 반환 이후 숨 고르기에 들어갔고 1988년에 시작된 용산기지 이전 논의도 일시 중단됐다. 탈냉전에도 동북아 안보문제가 중시되면서 주한미군은 일부 감축 이후에도 잔류하게 됐다. 1990년대 후반까지 다시 자주국방을 논하기 어려운 상황이 지속됐고, 군내부 개혁이 본격 추진됐다. 김영삼정부 시절 하나회 척결과 김대중정부에서의 국방개혁추진위원회 활동은 군구조보다 운영혁신 차원의 개혁 노력이었다. 1998년에 군구조 개혁안을 담은 국방기본정책서가 작성됐지만 김대중정부 내내 구조개편은 미흡했다.

국방체제 개혁기(2002년~현재)

2003년 노무현정부의 출범은 한미동맹 조정과 본격적 국방개혁으로 이어졌다. 2001년 9·11테러 이후 미국의 해외주둔군전략 조정과 2002년의 효순·미선 양 사건은 양국 모두에게 동맹 조정의 필요성을 제기했다. 미국정부는 용산기지 이전을 포함한 주한미군 기지 재배치와 군사역할 조정을 요구했고, 그 뒤 이라크전쟁 발발과 전황 악화를 이유로 주한미군 감축까지 제시했다. 한국정부는 '협력적 자주국방' 기조에 따라 미국과 적극 협의했고 2006년까지 어려운 협상 끝에 거의 합의에 이르렀다. 특히 주한미군의 전략적 유연성과 한국군의 전시작전통제권(전작권) 전환문제가 난제였는데, 미국은 자신의 행동을 제한하지 않겠다면서도 한국의 지역분쟁 불연루 입장과 전작권 환수 방침을 수용했다.

한국정부는 군구조 개편을 포함한 국방개혁도 서둘렀다. 2003년에 장기 군사력 건설과 국방운영혁신, 한미동맹 조정을 결합한 포괄계획이 마련됐고, 이를 기본 뼈대로 한 최초의 국가안보전략지침도 그해 12월에 처음 채택됐다. 2004년에 '국방개혁 2020' 초안이 작성된 뒤, '군사계획법'을 채택하여 군사력을 정비한 프랑스의 경험을 참조하여 2006년에 국방개혁의 지속적 추진을 위한 '국방개혁에 관한 법률'(이하 국방개혁법)이 제정됐다. 전력 정예화가 절실한 상황에서 과감한 국방비 투입과 획기적 군비 현대화를 통해 병력을 절감하는 동시에 한국군의 주도적 작전 수행 여건도 확보하기 위한 적극적 노력이 이루어졌다. 국방획득 체계의 개선을 위한 방위사업청과 국방기술품질원도 이때 설립됐다. 바야흐로 변화와 조정을 전제로 하는 자주국방 제2기였다.

2008년 이후 이명박, 박근혜정부에서 국방개

혁은 진전이 없었고 당초 수립된 계획은 마냥 미루어졌다. 초기부터 남북관계가 다시 악화되는 가운데 예산 절감만 강조됐고, 군사위협 평가와 중장기 전망에 기초한 장기 군비투자를 할 만한 의지가 부족했다. 결국 2020년까지의 군구조 개혁이 군비 현대화 지연으로 2030년까지로 10년 늦춰진 가운데 전력운영비 절감을 통한 국방운영 혁신방안이 우선 추진되었다. 2010년 천안함 폭침과 연평도 포격사건을 계기로 '국방계획307' 방안이 마련되어 주로 군 상부 지휘구조를 개선하기 위한 국방개혁 수정법안이 제기됐지만, 입법화에 실패했다.[13]

결국, 북한의 핵개발 지속에 따라 대량살상무기 위협이 증대하고 남북 간 군사적 충돌 위험도 심화되면서 미국과 주한미군에 대한 의존이 더 심해졌다. 그 결과 2012년 4월에 예정된 전작권 전환은 2015년 12월로, 그 뒤 다시 조건부 전환으로 미루어졌다. 국방개혁 2020도, 한미동맹 조정도 모두 요원한 과제였던 상황은 문재인정부 출범 이후 국방개혁 2.0 추진과 전작권 전환조건 조기 확보 노력으로 이어졌다.

3. 국방정책의 기본 방향

국가안보 목표와 전략기조

한국의 국방정책 방향을 이해하기 위한 최상위의 문서는 국가안보전략지침이다. 이는 대통령의 상시적 지시사항인 대통령훈령(대외비 문건)으로 되어 있는데, 청와대 국가안보실에서 작성하여 해당 정부의 임기 동안 기본 지침으로 작용한다. 참고로, 이 지침의 상위 개념으로 해당 정부의 임기를 넘어서는 국가이익 또는 국가목표는 헌법에 기초하여 도출할 수 있다. 2004년 처음 발간된 국가안보전략지침에서는 국가이익을 △ 국가안전보장, △ 자유민주주의와 인권 신장, △ 경제발전과 복리증진, △ 한반도의 평화적 통일, △ 세계평화와 인류공영에 기여로 정한 바 있다.[14]

문재인정부는 국가안보전략서(공개본)에서 국가비전을 '국민의 나라 정의로운 대한민국'으로 하고, 외교·통일·국방을 아우르는 안보 관련 국정목표로 '평화와 번영의 한반도'를 선정하였다. 또 대내외 도전과 기회 속에서 국익을 증진하고 국가비전을 달성하기 위해 국가안보 목표로서 △ 북핵문제의 평화적 해결 및 항구적 평화정착, △ 동북아 및 세계평화·번영에 기여, △ 국민안전과 생명을 보호하는 안심사회 구현을 설정하였다.[15] 국가안보전략 기조는 국가안보 목표를 달성하기 위한 것으로 국방분야는 '책임국방으로 강한 안보 구현'으로 설정되어 있다. 보다 세부적인 국방 관련 지침은 전략과제인 "한미동맹 기반 위에 우리 주도의 방위역량 강화"를 위한 △ 굳건한 국방태세 확립으로 한반도 평화를 뒷받침, △ '국방개혁 2.0'을 통한 정예화된 강군 건설, △ 우리 군 주도의 한미 연합방위체제 구축, △ 국민과 함께하는 국군 육성, 그리고 전략과제 "한반도 비핵화 및 항구적 평화정착 추진"을 위한 △ 군사적 신뢰구축 및 군비통제 추진 등이다.[16]

국방목표와 정책 기조

국방분야의 기본 목표는 국방목표로서 국방부(군무회의)에서 제정한다. 앞에서 언급한 대로 탈냉전 직후인 1994년에 최종 정리된 국방목표는 외부의 군사적 위협과 침략으로부터 국가를 보위하고, 평화통일을 뒷받침하며, 지역의 안정과 세계평화에 기여하는 것이다.

　　문재인정부는 앞에서 기술한 국가비전을 참조하여 한국군이 달성해야 할 국방비전으로 "유능한 안보 튼튼한 국방"을 설정하였다. 또한 국방비전을 구현하기 위한 일관된 정책방향으로 다음과 같이 6대 정책 기조를 선정하여 추진하고 있다.[17]

① 전방위 안보위협 대비 튼튼한 국방태세 확립: 북한은 물론 잠재적 위협으로부터의 도발을 억제하고 도발 시 즉각적이고 단호하게 대응할 수 있는 전방위 군사대비태세를 유지한다. 동시에 사이버공격, 테러, 각종 재난에 대한 대응능력을 강화하고 민·관·군·경 통합방위태세 발전을 통해 국민의 안전과 생명을 보호한다.

② 상호보완적이고 굳건한 한미동맹 발전과 국방교류협력 증진: 굳건한 한미동맹의 기반 위에 우리 군이 주도하는 연합방위체제를 구현하기 위해 전작권 조기 전환을 안정적으로 추진한다. 또한 한미동맹을 상호보완적인 관계로 발전시키고, 국방교류협력 강화 및 해외파병 성과의 확대·발전을 통해 우리에게 우호적인 전략환경을 조성할 것이다.

③ 국방개혁의 강력한 추진을 통해 한반도 평화를 뒷받침하는 강군 건설: 급변하는 안보환경과 전방위 안보위협에 능동적으로 대처하고 한반도의 평화와 번영을 강한 힘으로 뒷받침하기 위해 국방개혁 2.0을 강력하게 추진한다. 이를 통해 첨단과학기술 기반의 효율적이고 정예화된 강군을 건설함으로써 우리 스스로 국방을 책임지는 '책임국방'을 구현한다.

④ 투명하고 효율적인 국방운영체계 확립: 사회여건 변화와 국민의 요구에 부응할 수 있도록 국방운영체계 전반의 효율성, 개방성, 투명성을 강화하고, 이를 통해 정책과정에 대한 국민의 참여를 지속적으로 확대한다. 또한 방위사업 비리 근절 대책을 수립하여 적극 시행하고, 국방운영의 효율화를 통한 국방비 절감 노력도 강력히 추진한다.

⑤ 국민과 함께하고 국민으로부터 신뢰받는 사기충천한 군 문화 정착: 장병이 전투 임무에 전념할 수 있도록 장병의 인권을 강화하고 복무여건을 획기적으로 개선하여 사회 변화에 부합하는 선진 병영문화를 정착시켜 나간다. 또한 국민의 편익을 증진하고 국가적 재난에 대한 적극적인 지원을 통해 국민과 함께하고 국민의 신뢰와 지지를 받는 군대를 육성한다.

⑥ 남북 간 군사적 신뢰구축 및 군비통제 추진으로 평화정착 토대 구축: 북핵문제 해결과 한반도의 항구적 평화정착 여건을 조성하기 위해 남북 간 군사적 긴장완화와 신뢰구축 조치를 추진한다. 남북 간 교류협력 사업의 진전과 연계하여 안정적인 군사적 보장 조치를 추진하고 비핵화와 평화체제 구축 진전에 따라 실질적인 군비통제 방안을 모색한다.

　　이상의 국방비전과 정책 기조는 문재인정부 5년간의 국방정책 방향으로 출범 초기에 설정되었

한국의 안보 및 국방 관련 주요 문서체계는 도표 15.1과 같이 구성된다. 각 정부 초기에 청와대(국가안보실)가 작성하는 국가안보전략지침(회계연도 기준 정부 출범 첫해부터 5년 뒤까지, F~F+5년)과 이를 받아 국방부가 작성하는 국방기본정책서(F+1~F+15년), 그리고 합참이 작성하는 합동군사전략서(F+1~F+15년)가 핵심 문건이다.

도표 15.1   한국의 안보 및 국방 관련 주요 문서체계 도식화

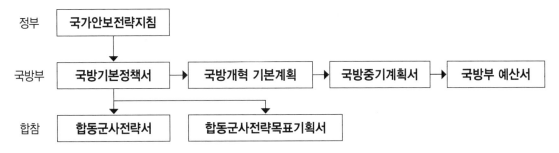

고, 2018년 남북정상회담 개최 및 9·19남북군사합의 이행 등 상황 변화를 고려하여 일부 보완되어 시행되고 있다.

4. 국방정책의 핵심 의제(1): 동맹과 대외협력

호혜적 한미동맹 발전

오랜 기간 한미동맹은 한국안보의 버팀목이 되어 왔다. 유례없이 확고한 동맹관계와 한미연합 방위체제를 근간으로 전쟁 재발과 외부 군사위협이 억제되면서 한국의 경제성장과 국가발전에 기여한 것이 사실이다. 그러나 이제 한국의 국력과 독자적인 방위역량이 성장한 만큼 이를 기반으로 한반도의 평화와 번영을 뒷받침하고 한미동맹은 호혜성에 입각하여 미래지향적으로 발전해 나가야 한다.

1990년대 전반부터 한국방위의 한국화와 뒤이은 협력적 자주국방의 기치 아래 한미동맹 조정이 추진되어 왔다. 한국군의 평시 작통권 환수와 군사역할 확대, 방위비분담 증대, 주한미군 기지 재배치 및 병력 감축 등이 이미 진행되었다. 문재인정부는 한국의 국력과 군사력에 걸맞은 책임국방을 실현하기 위해서는 한국군이 한미연합 방위체제를 주도할 수 있는 능력을 구축하여 전시작전통제권을 행사할 필요가 있다고 보았고, 2017년 한미 정상회담을 통해 전작권의 조속한 전환에 공감하고 '조건에 기초한 전작권 전환의

조속한 추진'을 위해 노력하기로 합의한 바 있다. 한국과 미국이 2014년에 이미 합의한 전시작전통제권 전환조건은, ① 연합방위 주도를 위해 필요한 군사적 능력, ② 동맹의 포괄적인 북한 핵·미사일 위협 대응능력, ③ 안정적인 전작권 전환에 부합하는 한반도 및 역내 안보환경 등이다.[18]

2018년 제50차 한미 안보협의회의(SCM)에서 양국 국방장관은 전작권 전환을 위한 여러 이행과업의 추진 현황을 점검하고 전작권 전환 이후 강력한 연합방위태세를 보장하기 위해 공동으로 발전시킨 연합방위지침 등 주요 전략문서에 합의하였다. 이에 따르면 전작권 전환 이후의 한미연합방위체제는 현재의 CFC체제가 유지되는 가운데 한국군 장성이 사령관, 미군 장성이 부사령관을 맡는 것으로 하였다. 한미 양국은 2019년에 한국군 주도의 연합방위체제에 대한 기본운용능력(IOC) 평가를 시행했고, 2020년 이후 완전운용능력(FOC) 및 완전임무수행능력(FMC) 평가를 거쳐 전작권을 전환할 예정이다. 장차에도 CFC체제를 유지하는 것은 2006년 7월 전작권 전환계획 발표 당시 한미 양국 군이 병렬적 지휘를 받되 협조가 필요한 분야에 대해 CFC 대신 동맹군사협조본부(AMCC)를 둔다고 한 데 대해 '동맹 해체'라며 국내 보수진영의 반발이 컸던 상황과 견주어 국내적 공감대 확보와 여론의 지지에 일정한 도움이 될 것으로 판단된다.

한국군 전작권의 조속한 전환을 위해서는 한국의 동맹 주도 및 북한 핵·미사일 초기대응 능력 확보가 우선 중요하다. 한국군은 재래식 및 전략적 대응능력 구비를 위해 그동안 노력해 왔고,

특히 문재인정부 들어 매년 7%가 넘는 국방비 증액을 통해 군사력을 확충해 왔다. 핵전력은 없지만, F-35A 전투기 등 각종 첨단 군사장비와 천궁 2 개량형, 현무2 미사일 등 미사일 전력이 확보되고 있다. 미국도 감시정찰 및 미사일 대응 등 보완전력(bridging capability) 제공을 통해 이를 뒷받침할 것이다.

최근 전작권 전환과 관련하여 유엔사의 역할이 새삼 주목되고 있다. 전환 이후 미국이 자국이 주도할 수 없는 CFC체제에 만족하고 적극 관여할 것인가에 대한 의구심이 논란의 출발점이다. 장차 주한미군사령관이 한미 연합전력 통제에서는 부사령관이지만 유엔군의 전시 확충 시 이를 관리하는 유엔사 사령관이라는 점에서 추가 논의의 여지가 있지만, 지금이 과연 70년 전처럼 미국 이외 유엔 회원국 군대의 지원을 받을 상황인가와 더불어 설령 유엔 회원국의 지원이 있다고 해도 유엔사를 꼭 통해야 하는가를 판단해 보면 현실성이 떨어진다. 이 문제는 장차 한반도 평화체제 구축과정에서의 집중적 협의와 더불어 유사시 한미의 외교협조를 통해 풀어가면 될 것이다.

현재 한미 군사협력과 관련하여 또 다른 중요한 이슈로 방위비분담 협상과 반환 미군기지 환경치유 문제가 있다. 방위비분담금은 주한미군의 안정적 주둔 여건을 보장하기 위해 한국정부가 주한미군 주둔 경비 일부를 분담하는 것으로, "주한미군의 주둔 경비를 미국이 부담한다"는 SOFA 제5조에 대한 예외 조치인 특별협정 형태로 이루어지고 있다.[19] 방위비분담금은 인건비, 군사건설비, 군수지원비의 세 항목으로 구성되는

데, 최근 미국은 트럼프 대통령의 의지에 따라 연 1조 원 규모의 한국 부담이 작다면서 대규모 증액을 요청하고 그 근거로서 역외 미군의 장비전개 및 훈련비 등도 제시하고 있는 것으로 알려져 협상에 난관이 조성되어 있다.

반환 미군기지 환경치유 문제는 용산기지 이전과 함께 한강 이북 미군부대 재배치 사업이 추진되면서 대두된 것이다.[20] 총 80개의 대상 기지 중에 2019년까지 58개가 반환되었고 22개가 남아 있는데, 이들 대부분은 SOFA 및 부속문서에 따른 미군기지 환경오염 치유의 기준과 비용 부담에 대한 양국의 견해 차이에 따른 것이다. 반환기지의 대부분이 지방도시의 중심 지역에 위치하고 있어 지역발전에 애로가 조성되었고 해당 도시에서는 미군 책임론과 함께 조기 반환론이 제기되어 관계법상 처리 절차로 난관이 컸다. 2019년 이후 정부가 조기 반환에 박차를 가하면서 새로운 전기가 조성되고 있다.

한미동맹과 대외 국방협력의 병행발전

냉전 당시 한국의 대외 국방전략은 미국과 한미동맹 중심, 대북 억제 및 공산권 봉쇄로 비교적 단순했으나, 탈냉전 이후 북방외교와 북한 변화 등으로 선택지가 다양화된 가운데 중국의 위상 강화와 국제 역할 확대로 이미 변화해 왔다. 향후 중국의 위상과 미중관계, 북한체제의 향방과 군사위협, 러일의 국력 및 정책변화, 동북아 다자안보협력, 한국의 글로벌 역할 확대 등이 주요 변수로 작용할 것이다.[21]

무엇보다 중국의 국력 상승에 대한 미국의 견제와 이로 인한 미중갈등이 한국이 직면하고 있는 가장 구조적인 변화라고 할 수 있다. 미국 트럼프 행정부에서 미중관계가 갈등과 교착을 거듭하고 있고, 그동안 경제 및 무역 마찰에서부터 최근에는 코로나19 같은 국제감염병에 대한 책임 문제로까지 번지고 있어 귀추가 주목된다. 현재까지는 미중 간 전략적 경쟁에도 불구하고 2040년 무렵까지는 미국의 압도적 군사우위가 지속될 것으로 보는 전망이 우세하나, 경제 면에서 중국의 구매력지수(PPP) 기준 GDP는 이미 미국을 추월했고 시장환율 기준 GDP도 2020년대 중반이면 미국보다 앞설 것으로 보인다.

냉전 당시 한미동맹은 대북 억제를 통한 공산권 봉쇄의 일역을 자동적으로 담당했지만, 탈냉전 이후 동맹의 지역 역할은 중요한 문제로 부상했다. 과거 이 논의는 지역안보동맹론 또는 앞에서 언급한 '주한미군의 전략적 유연성' 이슈로 등장했으나, 현재 이를 그대로 받아들이기는 쉽지 않다. 지역안보동맹론은 한미동맹이 지역안보 문제에 직접 개입하도록 체제와 전력을 정비해 가자는 것이고[22] 주한미군의 전략적 유연성 문제는 동북아에서의 지역분쟁 발생 시 주한미군이 개입할 수 있도록 사전 협의 내지 동의체계를 갖추자는 것이었으나, 현실적으로도 한계가 있고 법적으로도 한미상호방위조약 규정상 수용이 힘들다. 한미일 3국 안보협력 문제도 중러 협력과의 균형, 한일관계 등과 관련하여 군사 면에서 마냥 강화하기엔 어려운 상황이다. 또한 북한 비대칭위협 증대에 대한 한미의 군사적 대응 역시 사드 배치 당시와 같이 중국의 반발 등 지역적 파장이 커질 우려가 있으며, 북한체제의 불안정과 급변사태 시에도 한미의 공동 군사행동에 대한 중국의 강력 대응 가능성이 농후하다.

결국 중장기적으로 볼 때 향후 대외 국방협력의 기본 방향은 포괄적 병행전략이다.[23] 우선 기존의 안보자산인 한미동맹은 지속적으로 유지·발전시키되 협력의 수준과 범위는 전략적으로 선택해 나간다. 이와 관련하여 그동안 추구해온 '포괄적 전략동맹' 또는 한미동맹의 지역 역할을 보다 엄밀하게 판단하고 조정해 나가면서, 한반도 방위동맹과 글로벌 전략동맹을 결합한 형태로 나아가는 것이 바람직할 것이다. 이와 동시에 중국과의 국방협력은 한중관계 및 미중관계와 중국정책 동향 등을 고려하여 다양한 스펙트럼에서 강화해 나가고, 일본 및 러시아 등과의 대주변 국방협력도 한미동맹과 한중협력, 지역다자안보의 틀 안에서 함께 증진해 나간다. 흔히 한미동맹과 한중협력을 양자택일 차원에서 논의하지만 동시에 함께 모색하여 한미 복합동맹과 지역국가 간 복합그물망을 추진하자는 것이다.[24] 현재 중국 및 일본과는 국방장관회담이 주로 다자회의 계기에 수시로 개최되고 있으며, 중국 및 러시아와는 차관급 국방전략대화 등 고위급 정례회의가 합의되어 있다. 또 한미일 간에는 3각 안보대화가 진행 중이지만, 한중일 3국 정상회담 후속 조치로 설치된 한중일협력사무국에서 안보나 국방 관련 대화는 아직 이루어지지 않고 있다.[25]

주지하다시피 중국과는 사드갈등, 해양영토 및 EEZ분쟁 가능성이 있고, 일본과도 역사문제와 연결된 해양 영토분쟁과 무역분규, EEZ분쟁 가능성 등이 있다. 중러는 매년 수십 건 이상의 한국방공식별구역(KADIZ) 무단출입을 자행하고 있고, 2018년 12월에는 일본 초계기 사건, 2019년 7월에는 러시아 군용기의 독도영공 침범 사건이 있었다. 이를 감안할 때 한국의 입장에서 지역 다자안보협력은 한반도 안보상황 관리뿐 아니라 지역안보 차원에서 필요한 부분으로 판단된다.[26] 지역국가 간 힘의 균형 상황 고려 시 지역다자안보협력의 주도적 추진에 한국이 상대적으로 적합한 입장에 있으며, 단계적·전략적 접근으로서 우선 지역안보대화 기제의 회복에 주력하고 이를 기반으로 상설 대화기구 결성 및 안보협력체 결성 등의 수순으로 나아갈 필요가 있다. 이를 위해서는 한국정부가 지속적으로 추구하고 있는 동북아 소다자대화 또는 서울안보대화(SDD) 등의 활성화를 적극 도모해야 할 것이다.

5. 국방정책의 핵심 의제(2): 국방개혁 2.0 추진

국방개혁 2020과 국방개혁 2.0

한국의 국방개혁은 1989년 합참의장의 군령권 보유와 합동군제를 가능하게 한 8·18계획, 1993년 하나회 해체와 군 인사개혁, 그리고 1998년 국방개혁위원회 설치와 일부 운영혁신 방안을 거쳐 2003년 이후 '국방개혁 2020'으로 본격화한다.[27]

당초 국방개혁 2020은 자주국방의 토대 구축

과 함께 군사력 건설의 효율성을 증진하고 군 전력의 정예화와 통합성 강화를 도모하기 위해 추진되었다. 노무현정부(참여정부)는 국가안보전략지침(공개본)에서 "명실상부한 자주국방의 토대를 마련하기 위해 군 구조를 개편하고 국방운영의 효율성을 제고하는 등 국방개혁을 지속적으로 추진할 것이다. 국방개혁은 한미동맹 발전과 유기적으로 연계하여 군사력 건설, 조직 및 운영체계, 획득 및 군수지원체계, 인사 및 교육훈련 체계 등 제반 분야에서 효율화를 추구한다"라고 천명했다.[28] 당시 국방개혁에서 특히 중점을 둔 것은 병력감축 및 과학기술군 기조 하의 부대구조 정예화, 합동성·통합성 제고와 전력 건설 및 인사 면에서의 3군 균형발전, 그리고 문민통제였으며, 국방개혁안의 주요 내용을 법제화하여 정부 임기 만료 이후에도 지속적으로 개혁이 이루어지도록 했다.

국방개혁 2.0은 2008년 이후 국방개혁 추진이 지지부진하고 계속 지연되었으며 2014년에는 전작권 전환도 무기한 연기되어 개혁의 의지와 동력이 사실상 상실된 상황에서 입안되었다. 국방부는 국방개혁 2.0이 개혁의 시급성에 대한 인식을 배경으로 기존의 국방개혁과 달리 실행력을 강화했다는 점을 강조한다. 즉 정부 출범 초기에 계획을 수립하여 추진 동력을 확보했고 전력 증강 등에 소요되는 예산을 반영하였으며, 국방개혁과 관련된 법령의 제·개정을 추진하고 있고 국민적 지지와 공감대 확보를 위한 노력을 강화해 나간다는 점에서 과거의 개혁안과 차별성이 있다는 것이다.[29]

국방개혁 2.0의 시급성은 안보환경 및 국방 여건 측면에서 모두 확인할 수 있다. 안보위협 측면에서 북핵이나 재래식 군사력뿐 아니라 다양한 전방위 위협이 대두할뿐더러 불확실성이 증가하고 있다. 주변국 간 영향력 확대를 위한 노력과 군비경쟁의 심화로 잠재적 위협이 증가하고 극단주의 이념 확산, 정보화 속도 증가, 기후변화로 인한 자연재해 빈발 등으로 초국가적·비군사적 위협이 확산되고 있다. 국방 여건 측면에서도 인구절벽으로 인해 2022년 이후 병역자원의 부족현상이 심화될 것이고, 경제 여건 고려 시 충분한 국방재정 지원이 어려울 전망이다. 인권과 복지개선 요구가 확대되는 가운데 군의 정치관여, 방산비리 등으로 군에 대한 국민적 신뢰가 저하됐고, 4차 산업혁명 시대의 과학기술 발달로 미래 전장환경의 급변도 예상된다. 한 마디로 국방개혁 2020이 마련됐던 2006년에 비해 변화가 더 커지고 빨라졌다고 할 수 있다.[30]

국방개혁 2.0의 추진 기조와 방향

국방개혁 2.0은 국방개혁법에 기초하여 참여정부 이후 지속적으로 추진되어 온 국방개혁의 정신과 기조를 유지한 가운데 새로운 안보환경 및 사회 여건의 변화를 반영해 마련한 문재인정부의 국방개혁 실행 계획이다.[31] 국방개혁 2.0의 목표는 평화번영을 힘으로 뒷받침하는 강한 군대를 조기에 구현하는 것이다. 강한 군대란, ① 전방위 안보위협에 주도적 대응이 가능한 군, ② 첨단 과학기술 기반의 정예화된 군, ③ 선진화된 국가에

걸맞게 운영되는 군을 의미한다.[32)]

국방개혁의 추진 기조는 첫째, 주도적 방위역량 확충을 위한 체질과 기반을 강화하는 것이다. 미래 전장환경의 변화에 효율적으로 대응하기 위해 군의 균형발전을 추구하고 국방부의 문민화를 지속 이행하며 전작권 전환에 대비하여 핵심 역량을 체계적으로 확보한다. 둘째, 자원제약 극복과 미래 전장환경 적응을 위한 4차 산업혁명 시대의 과학기술을 적극 활용하는 것이다. 빅데이터, 인공지능, 네트워크 등 기술 기반의 유·무인 복합체계, 지능화된 감시-타격체계, 과학화 훈련체계, 스마트 병영관리 시스템을 구현하고 국방 전 분야의 효율성을 개선한다. 셋째, 국가 및 사회 요구에 부합하는 개혁 추구로 범국민적 지지를 확보하는 것이다. 인구문제에 대응하고 과학기술 선도와 방위산업 증진 등으로 국가경제 활성화에 기여하며, 국민 눈높이에 맞는 인권 및 복지구현과 국방 전반에 대한 개방성 제고 등을 통해 국민의 신뢰를 회복한다.

국방개혁 2.0은 군구조, 국방운영, 병영문화, 방위사업 등 4개 분야, 15개 대과제 및 40여 개 추진과제를 담고 있는 방대한 계획이다. '국방개혁 2.0 기본계획'은 기존의 '국방개혁 2014~2030 기본계획(수정1호)'(2017년 2월 대통령권한대행 재가)를 수정한 것으로, 국방개혁법에 따라 2018년 7월에 대통령에게 초안이 보고되고 2019년 1월에 재가를 거쳤다. 국방개혁 2.0은 전문이 군사비밀로 되어 있으며 국방부의 대국민 설명 책자와 발표 당시 보도자료를 통해 내용을 대체로 확인할 수 있다.[33)]

먼저 군구조분야는 현존 위협을 포함한 다양한 안보위협에 동시에 대비할 수 있는 첨단 과학기술 기반의 미래지향적 군 구조로 발전시키는 데 중점을 두고 개혁을 추진하되, 한반도 안보상황의 변화에 따라 현존 위협의 현저한 증감이 가시화되는 상황에도 대비한다. 지휘구조는 전작권 전환을 위한 필수능력을 조기에 확보하여 한국군이 주도하도록 개편을 추진한다. 부대구조는 육군은 병력 감축과 연계하여 4차 산업혁명 기술에 기반한 병력절감형 부대구조로 축소 개편하되 지상작전사령부를 창설하고, 해군은 기동전단과 항공전단을 확대 개편하고 해병사단의 능력을 보강하며, 공군은 정찰비행단을 창설하고 국방부 직할부대는 축소 개편한다. 전력구조는 현존하는 북한 핵미사일 위협 대응전력을 계속 구축하되 감시·정찰전력 및 한국형 미사일방어체계 등 전략적 억제 능력을 지속적으로 확보한다. 병력구조는 2018년 현재 61만 8,000명인 상비병력을 2022년까지 50만 명으로 조정하고 민간인력을 대폭 확충한다.

국방운영분야는 국민과의 소통을 강화하고 국방부의 실질적 문민화를 구현하며, 3군의 균형발전을 제도적으로 확립하고 군의 정치적 중립이 확고히 준수되도록 제도 및 의식을 개선한다. 아울러, 병 복무기간 단축, 여군 비중 확대 및 장군 정원 감축 등 국방인력 운영 구조를 개선하고, 급변하는 첨단 과학기술을 적시에 접목하여 스마트 국방, 디지털 강국을 통해 전투력 저하 방지와 예비전력 내실화, 방위산업 경쟁력 강화 등을 구현한다. 병영문화분야는 사회발전과 국민의 눈높이에 부합하는 인권 및 복지를 구현하며, 개인의 희생을 강요하지 않고 국가에 봉사하면서도 개인의 미래를 설계하는 군 복무가 되도록 개선해 나간다. 군 사법제도 개혁, 병 봉급 인상, 병사의 평일 일과 이후 외출 확대와 휴대전화 사용 허용을 추진하며, 사회정착을 위한 취업지원 강화, 군 의료체계 개선 등을 추진한다. 방위사업분야는 비리·부실의 근본 원인을 원천적으로 차단하고 안보환경과 기술의 변화에 즉응할 수 있는 진화적 국방획득을 구현하며, 국방 R&D 역량과 방산 경쟁력 강화를 위한 방위사업법 전면 개정 등 법적 정비와 함께 복잡한 절차의 간소화와 과감한 규제 개선, 방위사업청 조직 개편 등 방위사업시스템 전반을 혁신해 나간다.

국방개혁 2.0은 국가 재정부담도 적지 않고 현실적 필요성도 절실한 국방개혁과 관련하여 10여 년 만에 국방개혁 2020을 대체·계승한 새로운 버전으로서 국민적 기대가 컸다. 정부의 적극적 관심과 재정적 뒷받침으로 이미 성과도 나오고 있다. 무엇보다 병력감축과 부대감편, 첨단장비 도입과 전력 현대화, 병 복무기간 단축과 봉급인상, 병영문화 혁신 및 방위사업 개혁 등 과거보다 훨씬 속도감 있는 가시적 조치가 나오는 것이 인상적이다. 그러나 몇 가지 이슈에서는 추가적 설명과 이해가 필요한 것도 사실이다.[34]

첫째, 안보위협 평가 및 대응과 관련하여 전방위 위협을 언급하는 것이 북한의 직접적 위협을 간과한 것이라는 주장이 있다. 다른 한편으로 2018년 남북관계 개선 이후 북한의 군사위협이 상대적으로 줄었는데 막대한 재정부담이 소요되는 군비투자를 하는 것이 불필요하다는 지적도 있다. 여기에 대해서는 국방개혁 2.0의 위협 판단이 유연하고 포괄적인 평가와 대응을 담고 있다는 점을 강조하고자 한다. 북한의 핵미사일 위협과 재래식 군사력에 대한 대응은 주변 군사강국의 군사력에 대한 일정한 대비의 의미를 갖고 있으며, 이를 굳이 구분하여 노력을 분산할 필요가 없다는 것이다. 북한의 장차 위협 감소 가능성에 대해서도 그 이후 불확실한 주변 위험 대응 필요성을 무시해서는 안 된다는 점을 함께 생각해야 할 것이다.

둘째, 한국의 경제 여건과 전망이 녹록지 않은 상황에서 막대한 국방비 투자가 부담된다는 주장도 적지 않다. 국방부는 국방개혁 2.0 이행에 필요한 중기 소요 재원으로 '2019~2023 국방중기계획'에서 5년간 270조 7,000억 원이 소요된다고 추산하고 있으며, 이 중 전력운영비는 176조 6,000억 원, 방위력개선비는 94조 1,000억 원이 소요될 것으로 판단된다. 이는 연평균 7.5%의 국방비 증가율을 기준으로 편성한 것으로 적잖은 재정부담이 드는 것이 사실이다. 그러나 정부는 이와 같은 소요 재원의 확보 노력과 병행하여 국방운영 효율화, 전력증강 사업의 최적화, 인건비 및 전력운영사업비 절감 등 자체적인 국방비 절감 노력을 지속해 나갈 것이라고 설명하고 있다.[35] 국방개혁이 국방운영 전반의 효율화를 수반하도록 관심을 가질 필요가 있는 것이다.

셋째, 병력 감축과 군부대 감편이 군에 커다란 부담을 주므로 원천적으로 반대하는 의견도 있다. 병 복무기간 단축과 봉급 인상, 일과 후 핸드

폰 사용 등이 군 기강에 부정적 영향을 준다는 일각의 인식도 있다. 군 사법제도 개혁과 인권보장 조치에 대해서도 과거 관행에 비추어 과하다는 생각을 제기하는 경우도 있다. 또한 부대 감편이나 장병 위수지역 폐지 등으로 전방지역 경제에 악영향을 준다는 현실적 이유로 반대하는 입장도 있다. 모두 일면 타당하기는 하나, 인구절벽에 대한 대응이나 인권보장 등 보다 커다란 변화를 생각할 때 부득이할뿐더러 오히려 더욱 적극적인 선제적 조치가 필요다가는 점을 생각해야 할 것이다.

넷째, 앞으로의 과제와 관련하여 향후 안보환경 및 국방 여건의 변화가 계속되는 만큼 후속 과업이 필요하다고 본다. 여기에는 북한 비핵화 협상의 향배가 가장 중요할 것이며, 앞으로 비군사비통제를 본격 추진할 것인가, 핵무장화한 북한의 위협에 본격 대응할 것인가가 핵심 과업이 될 것이다. 이와 더불어 트럼프 이후 미국 대외전략의 변화 가능성과 미중 전략경쟁의 중장기적 향배, 아베 이후 일본 정치안보의 우경화 추세에 대해서도 주목해야 한다. 국내 여건으로 인구 상황 악화와 잠재 경제성장률 하락 위험, 4차 산업혁명과 기술혁신 주도의 성패 여부도 중요한 관건이다. 이를 감안하여 국방개혁 2.0 성과에 따른 후속 작업 역시 필요하다. 향후 2~3년간 예산·입법 조치하의 집중 작업과 더불어 분야별 후속 목표를 설정하고 이를 달성할 필요가 있다. 한국경제의 잠재성장률(2% 내외) 감안 시 고수준의 국방비 지출이 지속가능한가에 대한 공감대의 확보가 무척 중요할 것이다.[36]

6. 국방정책의 핵심 의제(3): 남북군사합의 이행과 군비통제

남북군사합의와 군사적 신뢰구축

남북 정상은 2018년 4월의 '판문점선언'에서 그동안 북한의 핵개발 등으로 격렬한 군사적 대치를 거듭해 오던 한반도에서 군사적 긴장상태를 완화하고 전쟁위험을 실질적으로 해소하기 위한 공동의 노력을 경주할 것에 극적으로 합의하였다. 판문점선언에는 군사적 긴장완화 및 전쟁위험 해소를 위한 실질적 조치로서 일체의 상호 적대행위 중지와 비무장지대(DMZ)의 평화지대화, 서해 북방한계선(NLL) 일대 평화수역화 및 우발적 충돌 방지조치, 군사당국자회담 수시 개최 등이 포함되었다.[37]

그 뒤 남북 군사 당국은 2018년 6월 제8차 남북장성급군사회담을 개최하여 2004년 서해 해상에서의 우발적 충돌 방지를 위한 6·4합의서 복원과 동·서해지구 군 통신선 복구에 합의했고, 그해 7월의 제9차 남북장성급군사회담과 9월의 제40차 남북군사실무회담을 개최하여 판문점선언의 군사분야 합의사항 이행을 위한 추가적인 협의를 진행하였다. 그동안 남북군사회담이 NLL 등 민감한 군사 이슈를 놓고 성과없는 치열한 설전으로 거의 일관한 것에 비추어 비교적 짧은 대면 회담과 장시간, 수차례의 문서교환 방식으로 이루어진 이 회담은 의미있는 합의를 도출하였다.

2018년 9월 남북 국방장관은 '9월 평양공동선언'의 부속합의서로서 '판문점선언 이행을 위한 군사분야 합의서'(이하 남북군사합의서)를 체결하였다. 남과 북은 지상, 해상, 공중 등 모든 공간에서 상대방에 대한 일체의 적대행위를 전면 중지하기로 하면서, 군사분계선 일대에서 상대방에 대한 각종 군사연습을 중지하고 비행금지구역을 설정하며 우발적인 무력충돌이 발생하지 않도록 공통의 작전 수행절차를 적용하기로 하였다. 쌍방은 DMZ를 평화지대로 만들어나가기 위한 실질적인 군사적 대책을 강구하기로 하고, DMZ 안의 감시초소(GP)를 전부 철수하기 위한 시범적 조치로서 근접 초소의 완전 철수, 판문점 공동경비구역(JSA) 비무장화, 시범적 공동 유해발굴, 역사유적에 대한 공동조사·발굴과 관련한 군사적 보장대책 협의 등에 합의했다. 남과 북은 서해 NLL 일대 평화수역으로 만들어 우발적인 군사적 충돌을 방지하고 안전한 어로활동을 보장하기 위한 군사적 대책을 취해 나가기로 하고, 2004년 6·4합의서의 전면 복원·이행, 서해 해상에서의 평화수역과 시범적 공동어로구역 설정, 해당 수역에 출입하는 인원·선박에 대한 안전보장과 함께 불법어로 차단 및 어로보장을 위한 남북 공동순찰 등에 합의했다. 또한 쌍방은 교류협력 및 접촉·왕래 활성화를 위해 남북관리구역에서의 통행·통신·통관, 동·서해선 철도·도로연결과 현대화, 한강 하구 공동이용 등에 대한 군사적 보장대책을 각각 강구하기로 하는 한편, 상호 군사적 신뢰구축을 위한 다양한 조치를 강구해 나가기로 하였다.

남과 북은 군사적 신뢰구축과 관련하여 남북 군사당국자 사이에 직통전화 설치 및 운영문제를 계속 협의하기로 했고, 남북군사공동위원회 구성 및 운영과 관련한 문제를 구체적으로 협의·해결함으로써 남북 군사당국 간 채택한 모든 합의를 철저히 이행하고 그 이행 상태를 정기적으로 점검·평가하기로 하였다. 남북군사공동위원회에서는 상대방을 겨냥한 대규모 군사훈련 및 무력증강 문제, 다양한 형태의 봉쇄·차단 및 항행 방해 문제, 상대방에 대한 정찰행위 중지문제, 군사적 긴장해서 및 신뢰구축에 따라 단계적 군축을 실현하기 위한 다양한 실행 대책들을 협의하는 한편, 평화수역과 시범 공동어로구역의 구체적 경계선 확정, 북측 선박들의 해주 직항로 이용과 제주해협 통과문제 등도 협의하기로 하였다.

남북군사합의서는 남북 간 군사적 긴장완화와 신뢰구축에 실질적으로 기여함은 물론 한반도에서 전쟁위험을 실질적으로 해소하기 위한 계기를 마련한 것으로 평가된다. 양측은 일체의 적대행위 중단과 그 구체적 이행방안에 합의하고, 남북군사공동위원회 구성·운영을 통해 단계적 군축 등 다양한 군사현안의 실행 방안을 실효적으로 협의하기 위한 토대를 구축했다. 또 양측은 정전협정 체결 이후 65년 만에 최초로 DMZ를 평화지대화하여 우발적 군사충돌을 방지하고 새로운 평화와 협력의 공간으로 전환할 수 있는 군사적 조치도 마련하였다. 나아가 양측은 군사적 긴장완화 및 신뢰구축을 위한 실효적 조치의 추진 여건도 일단 확보하였다. 적대행위 중지는 그 자체로 실질적인 군사적 긴장완화 조치이며, DMZ와 NLL 일대에서의 상호 조치를 통해 군사적 신뢰구축이 이루어질 수 있는 기반이 마련된 것이다.[38]

이 합의서에 따라 남북 군사당국은 후속 조치

를 서둘렀다. 2018년 10월 중 남, 북, 유엔사 3자 협의체 회의를 통해 JSA 비무장화 조치를 이행하고 점검하였으며, 11월 1일부로 상대방에 대한 일체의 적대행위를 전면 중지하였다. 또 그해 12월까지 GP 시범철수가 완료되고 이를 검증하는 절차를 마쳤으며, 공동유해발굴을 위한 지뢰제거 및 도로개설도 이루어졌다. 한강 하구 공동이용을 위한 수로조사도 같은 시기 마무리되어 그 결과인 해도(海圖)를 2019년 1월 쌍방이 공유하였다.

다만, 2018년의 변화가 그 뒤 추가적인 성과로 이어지지 못한 점은 무척 아쉬운 대목이다. 북한은 2019년 들어 하노이 북미정상회담 성과를 기대한다면서 2월 이후 남북 군사당국 간 접촉과 대화를 외면해 왔다. 그해 2월과 4월에 각각 있어야 할 시범적 공동유해발굴을 위한 공동유해발굴단의 구성 및 운영은 무기 연기됐고, 4월부터 시행되기로 한 한강 하구 공동이동수역에서의 선박 통행도 무산되었다. 남북군사합의 이행을 위해 설치하기로 한 남북군사공동위원회는 2018년 12월 구성·운영에 관한 합의서 초안이 교환됐지만, 후속 협의가 전혀 진행되지 않았다.

평화체제와 군비통제 합의의 복원

남북정상은 판문점선언에서 정전협정 체결 65년이 되는 2018년에 종전을 선언하고 정전협정을 평화협정으로 전환하며 항구적이고 공고한 평화체제 구축을 위한 남북미 3자 또는 남북미중 4자 회담 개최를 적극 추진해 나가기로 하였다. 또 남북군사합의서는 군비통제의 첫 단계인 군사적 신뢰구축을 위한 제반 조치들을 담고 있으며, 단계적 군축을 실현해 나가기로 합의한 판문점선언을 구현하기 위해 다양한 실행 대책들을 계속 협의하기로 합의함으로써 향후 실질적인 군비통제로의 진전 가능성에도 문을 열어 놓았다.

한국전쟁을 종결하고 한반도의 평화와 안정을 보다 공고하게 보장하기 위한 평화체제의 구축은 한국안보의 오랜 과업이었다. 1954년의 제네바 정치회담이 결렬된 뒤 북한은 1974년부터 주한미군 철수와 북미평화협정 체결을 요구해 왔고, 이에 대해 한국은 1996년의 4자회담 제의를 통해 남북한이 우선 합의하고 미중 등이 보장하는 한반도 평화체제를 모색했다. 2005년 베이징 6자회담에서의 9·19공동성명은 직접 유관국들이 적절한 포럼에서 평화체제 협상을 갖기로 합의했고, 이때 북한은 한반도의 군사적 실체(military reality)로서 한국의 참여를 용인했다. 2007년 10·4남북정상선언에도 직접 관련된 3자 또는 4자 정상들이 한반도 지역에서 만나 종전을 선언하는 문제를 추진하기 위해 협력해 나가기로 한 바 있다. 특히 10·4선언의 규정은 한국의 평화협정 참여와 남북 협력을 처음 공식화한 것이었으나, 미중의 소극적 입장으로 실현되지 못했다.

한편, 그동안 남북 간에는 북한의 전면적 군축 주장과 한국의 단계적 군비통제 방안이 서로 교차하는 가운데 1992년의 남북불가침부속합의서나 2007년 제2차 남북국방장관회담 합의문 등 제반 군사합의들이 거의 이행되지 못하였다. 2019년 2월의 하노이 북미정상회담 결렬 이후 남북군사합의 이행도 일부 지체상태에 있지만,

정부는 향후 대화 복원과 평화 논의 진전에 맞추어 남북 간에 군사적 신뢰구축이 진행되는 가운데 단계적으로 군비통제문제를 협의할 예정이다. 국방부도 이러한 정부의 입장에 따라 주변 안보환경의 변화와 남북 간 군사적 신뢰구축 조치의 이행 정도를 고려하면서 운용적 군비통제와 구조적 군비통제(군축)를 위한 제반 조치를 준비해 나갈 것임을 천명하고 있다.[39]

다만, 남북군사합의서의 일정한 실효적 성과에도 불구하고 일각에서는 북한 비핵화에 대한 실질적 진전이 없고 남북정상의 의지와 합의 이외에 실질적 신뢰가 아직 부재한 상황에서 한국군의 공중정찰과 접경지역 군사활동 등 재래식 작전능력을 제한함으로써 안보를 저해한다고 주장한다.[40] 그러나 이 합의에 따른 여러 제한 조치는 비핵화가 진행되지 않는 상황에서도 일정 부분 한반도의 안보와 평화에 기여할 수 있다. 북한의 핵능력은 재래식 군사력과 결합함으로써 더욱 현실적이고 직접적인 위협이 되며, 재래식 군비통제가 이행되고 군사적 신뢰구축이 이루어진다면 실질적 비핵화가 더디게 진행된다고 해도 심각한 군사위기의 발생 가능성은 낮아질 것이기 때문이다. 결국 북한의 핵과 재래식 군사력의 복합 위협을 끊고 한반도의 평화 정착과 안정을 확보하기 위해서는 우선 재래식 군사대결 상태를 해소하거나 약화시켜야 할 것이다.[41]

아마도 일부 우려를 해소하기 위해서는 후속적인 협의와 조치가 진행되어야 할 것이다. 2018년 세 차례의 남북정상회담에도 불구하고 당국 간 대화는 아직 정례화되지 않고 있다. 판문점선언에 따라 2018년 9월 남북공동연락사무소가 설치됐지만 실질 협의가 제대로 안 되고 있고 남북고위급회담도 그해 10월 열린 뒤 개최되지 않았다. 앞에서 언급했듯 평양공동선언에서 군사합의 이행을 위해 우선 설치하기로 한 남북군사공동위원회도 구성되지 않고 있고, 판문점선언에서 합의한 대로 종전선언과 평화체제 구축을 위한 3자 또는 4자회담에 대한 논의나 준비도 전혀 실현되지 못했다.[42]

2020년 6월 북한이 일부 탈북민단체의 대북전단 살포에 강력 반발하면서 남북공동연락사무소를 폭파하고 남북군사합의서 파기 의사를 천명하는 등 대남 위협을 제기하고 있어 크게 우려되는 상황이다. 북한군 총참모부는 6월 17일 '대적(對敵) 군사행동 계획'으로 △ 금강산관광지구와 개성공업지구에 연대급 부대와 화력구분대(포병부대) 전개, △ DMZ 민경초소(감시초소) 재전개, △ 전 전선에 1호 근무근무체계 격상과 접경지역 군사훈련 재개, △ 대남 전단 살포의 군사적 보장 등을 천명했다. 6월 23일 당중앙군사위 예비회의에서 이 계획의 보류를 일단 결정했지만, 이 계획이 실제 이행될 경우 남북군사합의서의 훼손이 불가피해 귀추가 주목된다.

이럴 때일수록 초심으로 돌아가 핵문제 해결을 위한 북미의 태도 변화 촉구와 함께 문제 해결을 위한 스스로의 대안 마련에 집중할 필요가 있다. 북미 핵협상이 난관에 빠진 만큼 한국이 더욱 적극적으로 나서서 한미 및 한중 등 전략대화를 통해 핵문제 해결과 평화체제 구축 논의를 재개하기 위해 수용 가능한 창의적 방안을 충분히 만들어야 한다. 고위급회담이나 군사회담 등의 동력이 떨어진 상황에서 남북 간에도 정상의 교감과 이해를 되살리는 노력도 해야 할 것이다. 남북정상회담이든 고위급 특사 파견이든 정상 수준의 깊이 있는 전략대화가 필요하며, 교감이 회복되면 정상회담 및 당국 간 회담 정례화부터 실천해야 한다. 군사적 긴장완화와 신뢰구축, 그리고 후속적 군비통제를 위해서는 국방장관회담 정례화 및 핫라인 개설과 더불어 남북군사공동위원회의 구성·운영이 무엇보다 절실하다.[43]

7. 국방정책의 결정 및 집행체계

국방정책의 결정과정

한국국방정책의 구조로부터 역사적 전개과정, 안보전략과 국방정책 추진 기조, 주요 현안으로서 한미동맹과 대외 국방협력, 국방개혁 2.0, 남북 군사합의와 군비통제에 관해 살펴보았다. 국방정책의 이해와 평가를 위해 이제 이와 같은 국방정책들이 어떻게 결정되고 집행되는지를 추가로 살펴본다.

안보전략이나 국방정책은 국가 안위에 중요하고 위기 상황도 상존하는 만큼 상대적으로 체계적으로 결정된다. 국가안보전략은 국가안보전략지침 같은 대통령훈령으로도 정해지지만 국가안전보장회의(NSC) 또는 NSC 상임위원회 결정 및 건의로도 규정될 수 있다. NSC 회부 안건은 사전에 특정되지는 않으며, NSC 운영 규정에는 심의

사항으로서 대통령이 자문한 사항과 위원이 특히 필요하다고 인정하여 제안하는 사항으로 한다고 되어 있다.[44] 국방부장관은 NSC 상임위원으로서 회의에 참석하여 입장을 개진하지만, 관련 정책을 독점적으로 결정할 수는 없다. 국방정책, 특히 중요 획득사업이나 국방개혁 기본계획, 주요 작전계획 등 중요한 사항은 사전에 대통령 재가 또는 보고를 거치도록 되어 있다. 앞에서 언급한 국방기획관리제도에 따라 국방기본정책서와 국방중기계획 등은 사전에 대통령 재가를 필히 거치도록 별도 규정되어 있다.

국방정책은 무척 많은 분야가 망라되어 있다. 위로부터 한미동맹과 대외 국방협력, 그리고 국방개혁, 남북 군사관계 같은 분야는 군 통수권자인 대통령의 주된 관심 사항이다. 최근에는 장병 인권 및 병영문화, 군 사법제도, 방위사업 및 획득 제도도 대통령이 관심을 갖는 경우가 많다. 상대적으로 국방부가 일상적으로 하는 국방제도와 부대 관리, 예산 획득 등 분야, 합참이 수행하는 군사전략 수립 및 군사력 건설 방향 제시 등 분야, 각 군 본부가 수행하는 군부대 지휘통솔, 장비 및 병력 운용분야, 방위사업청이 주도하는 각종 획득사업은 해당 부서가 직접 또는 주도적으로 수행한다.

국방정책과정(policy process)은 도표 15.2에 나타나 있다시피 문제 식별로부터 정책의제 설정, 정책분석(목표설정, 대안 탐색 및 개발, 대안 비교 및 평가), 정책결정(최적의 정책 대안 선택), 정책집행, 정책결과 및 평가의 단계로 구분할 수 있다.[45]

도표 15.2　국방정책과정

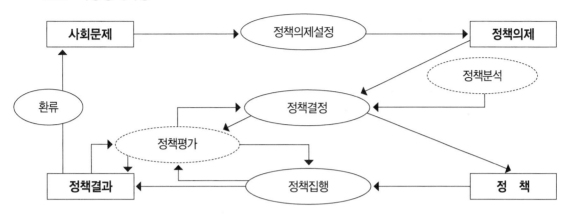

한국의 국방정책결정과정에 관해 포괄적으로 서술한 연구에 따르면, 한국의 국방정책은 몇 가지 특징을 갖고 있다.[46] 첫째, 정책의제 설정 단계에서 대통령 또는 국방부장관이 이를 거의 독점해 왔다. 둘째, 목표설정 단계에서는 문제를 제대로 파악하기 이전에 목표와 대안을 제시하려고 서두르는 경향이 보인다. 셋째, 문제분석에서 체계적인 접근이 부족하다. 넷째, 결정과정에서 논리적인 일관성과 계속성이 부족하다. 다섯째, 결정과정에 수많은 집단이 참여하게 되면서 갈등이 많이 발생하고 있으나, 전문성과 권위를 가진 정책결정자들이 이를 통제하고 관리할 수 있는 역량과 기능이 부족하다. 여섯째, 관료정치모델에 따라 결정과정에 참여하는 고위 당국자들 간에 합리적 타협보다 정치적 논리에 의해 최종 대안이 선택된다. 일곱째, 정책결정자와 집행자들의 유기적인 연대와 소통이 부족하고 결정단계에서 문제점을 예견하지 못해 집행과정에서 의도했던 정책목표를 달성하지 못하는 경우도 있다.

효율적 정책과정을 위한 제언

국방정책의 복잡한 결정과정을 한 마디로 규정하기는 힘들다. 안보전략 및 주요 국방정책의 경우 대통령의 지침이나 지시사항, NSC 또는 NSC 상임위원회 결정 및 건의, 그리고 이를 사전에 규정한 국가안보전략지침에 의해 대체적으로 규율되고 그 틀 안에서 구체적인 정책이 수립된다고 할 수 있다. 물론 대통령의 지시사항이나 국가안보전략지침 등도 대통령이 주재하는 NSC 본회의나 안보관계장관회의, 국방부장관 등 관련 부처의 보고, 관계 고위당국자 및 실무자와의 토의를 통해 결정될 수 있는 만큼 일방적이라고 할 수는 없다.

대통령 수준의 검토와 판단, 결정이 이루어지지 않는 정책 이슈는 국방부장관 또는 위임전결규정에 따라 차관 등 국방부의 각급 공무원, 합참의장 및 부서원, 각 군 참모총장과 해병대사령관 등 군부대 요원에 의해 검토되고 결정된다. 최근에는 국방 및 군사 관련 사항이 무척 복잡해지고 대국민 관계 등 정무적 판단이 중요한 사안이 많아지면서 국방부 및 합참, 각군 관계관이 참여하는 회의를 통해 검토되는 경우도 잦아졌다.

한국의 국방정책결정에서 보다 효율적인 과정이 진행되기 위해서는 앞에서 언급한 정책결정과정의 한계 내지 단점을 해소하기 위한 다음과 같은 노력이 무엇보다 절실하다.[47]

첫째, 대통령, 국방부장관, 합참의장 또는 각군 참모총장들은 의제설정 단계부터 숙의(熟議)하는 과정이 무엇보다 필요하다. 고위 당국자든 실무자든 해당 사안을 잘 아는 관계자들과의 격의없는 토론이 중요하며, 시간 절약을 위해서는 NSC 실무조정회의와 상임위원회 등 단계적 회의 과정을 제대로 거칠 필요가 있다.

둘째, 목표설정 및 분석단계에서도 외부 자문과 과제 부여 등 전문적 의견을 활용하는 적극적이고 체계적인 접근이 필요하다. 결정의 마지막 단계까지도 실무 전문가 및 법리적 의견 검토 등이 함께 이루어지도록 제도화가 있어야 한다. 또한 최근 국방부 갈등관리협의회, 국방옴부즈만, 양성평등위원회 및 현안 발생 시 민군협의회 운영 등이 이루어지고 있지만, 결정과정에서 다른 부서나 시민단체 등과의 의견 교류와 갈등 수렴이 제대로 이루어지도록 하는 체계적 노력도 중요하다.

셋째, 관료정치모델을 극복하고 효과적인 정책집행이 이루어지기 위해서는 정책결정과정 및 집단 간에 역시 숙의가 적극적으로 이루어질 필요가 있다. 고위 당국자가 결정하고 하급 관계자가 이를 실행만 하는 구조에서 제대로 된 정책이 나오기 힘들다. 이는 국방부뿐 아니라 정부 부처 전반의 변화와 함께 이루어져야 하는 과업이기도 하다.

넷째, 폐쇄적이고 일부 독선적인 조직문화 자체를 극복하기 위한 노력 역시 중요하다. 국방개혁을 통해 현역 군인의 국방부 주요 직위 근무는 줄어들었지만, 주요 정책과 홍보분야 등에서 조직 장악에만 주력하던 잔재는 일부 남아 있다. 현역과 군 출신, 공무원과 외부 전문가들이 어우러져 시너지를 창출하는 복합적 조직문화가 만들어져야 한다. 합참 등 군조직이 군사전문직업주의에 따라 더욱 전문화하면서 이를 통합 조정하는 국방부의 문민화 노력이 앞으로도 지속되어야 하는 이유이다.

❖ 주

1) 길병옥, "전통적 국가안보 개념의 형성과 전개," 함택영·박영준 (편),『안전보장의 국제정치학』(서울: 사회평론, 2010), p. 17.

2) 황병무,『한국안보의 영역·쟁점·정책』(서울: 봉명, 2004), p. 103.

3) 한용섭,『국방정책론』(서울: 박영사, 2012), pp. 81-82.

4) 한용섭 (2012), p. 108.

5) 서주석,『한국의 국가체제 형성 과정: 제1공화국 국가기구와 한국전쟁의 영향』(서울: 한국학술정보, 2008), pp. 148-149.

6) 서주석 (2008), p. 179.

7) 서주석 (2008), pp. 197-200 참조.

8) 한용원,『한국의 군부정치』(서울: 대왕사, 1993), pp. 157-167 참조.

9) 한용섭, "한국 국방정책의 변천과정," 차영구·황병무 (공편),『국방정책의 이론과 실제』(서울: 오름, 2002), pp. 80-82.

10) 한용섭 (2002), pp. 84-88; 서주석,『한·미 안보협력 50년의 재조명』(서울: 한국국방연구원, 1996), pp. 108-111.

11) 한용섭 (2002), pp. 88-92.

12) 노태우정부 국방정책에 대해서는 심세현, "노태우 정부의 자주국방담론과 국방정책,"『국방연구』제60권 1호 (2017); 이미숙, "한국 국방개혁과 '8·18계획'의 교훈,"『군사』제106호 (2018) 등 참조.

13) 이명박정부 국방개혁의 배경과 내용에 대해서는 권영근 (2013), pp. 384-435; 조남훈, "국방개혁 기본계획 2011~2030," 한국국제정치학회 안보국방학술회의 발표문 (2011.08); 김태효, "국방개혁 307계획: 지향점과 도전요인,"『한국정치외교사논총』제34집 2호 (2013), pp. 361-369; 이양구, "이명박 정부의 국방개혁 정책결정과정과 지배적 권력중추의 역할,"『군사』제93호 (2014.12) 등 참조.

14) 국가안전보장회의(NSC) 상임위원회,『평화번영과 국가안보: 참여정부의 안보정책 구상』(서울: 국가안전보장회의 사무처, 2004), p. 20.

15) 국가안보실,『문재인 정부의 국가안보전략』(서울: 국가안보실, 2018), pp. 24-25.

16) 국가안보실 (2018), pp. 35-78.

17) 국방부,『2018 국방백서』(서울: 국방부, 2018), pp. 35-36.

18) 국가안보실 (2018), p. 73.

19) 국방부 (2018), p. 128 참조.

20) 국방부 (2018), pp. 127-128.

21) 서주석 외,『국방전략 2035: 미래 국방과 전략적 대비 방향』(서울: 한국국방연구원, 2016), pp. 111-112.

22) Jonathan D. Pollack & Young Koo Cha, et al, *A New Alliance for the Next Century: The Future of U.S.-Korean Security Cooperation* (California: Rand Corporation, 1994) 참조.

23) 서주석 외 (2016), pp. 125-130.

24) 하영선, "21세기 복합동맹: 형성과 전개," 하영선 (편),『21세기 신동맹: 냉전에서 복합으로』(서울: 동아시아연구원(EAI), 2010), pp. 30-31.

25) 이에 관해서는 국방부 (2018), pp. 135-137 참조.

26) 한미동맹과 지역 다자안보협력체 추진에 관한 최근의 논의로 이수형,『중추적 중견국가로서 한국의 '외교안보전략 3.0'』(서울: 국가안보전략연구원, 2019), pp. 146-149 참조.

27) 한국의 국방개혁에 대한 포괄적 접근으로 권영근,『한국군 국방개혁의 변화와 지속』(서울: 연경문화사, 2013) 참조.

28) 국가안전보장회의 상임위원회 (2004), pp. 44-45.

29) 국방부 (2018), p. 38.

30) 국방부 (2018), p. 37.

31) 국가안보실 (2018), p. 70.

32) 이하 국방부 (2018), pp. 38-39.

33) 이하 국방부,『국방개혁 2.0』(서울: 국방부, 2019); 국방부, "문재인 정부의 '국방개혁 2.0': 평화와 번영의 대한민국을 책임지는 '강한 군대', '책임 국방' 구현," 보도자료(2018.7.27) 참조.

34) 국방개혁 2.0에 대한 기대와 반응에 관해서는 홍규덕·김성한, "국방개혁의 청사진," 한반도선진화재단,『선진화정책 시리즈』(2017), pp. 37-61; 노훈·조관호, "국방개혁의 향후 방향과 과업," 한국전략문제연구소,『KRIS 창립기념 논문집』(2017.10.), pp. 635-658; 차두현, "'국방개혁 2.0'의 의미와 과제: 설득력이 부족한 '2.0'으로의 변신," 아산정책연구원,『이슈 브리프』(2018); 참여연대 평화군축센터, "문재인 정부의 '국방개혁 2.0 평가'," 참여연대,『이슈 브리프』(2018) 등 참조.

35) 국방부 (2018.07.27).

36) 서주석 외, 『미래 국방비전과 국방개혁 2.0』 (서울: 한국국방연구원, 2019), pp. 191-192.

37) 이하 국방부 (2018), pp. 211-212.

38) 국방부, "판문점선언 이행을 위한 군사분야 합의서" 해설자료(2018. 9.19), pp. 3-4.

39) 국방부 (2018), p. 214.

40) 김태현, "남북한 재래식 군비통제: 평가와 발전방향," 『한국군사』 제4호 (2018.12), pp. 23-24; 한용섭, "군비통제 관점에서 본 9.19 남북군사합의의 의의와 전망," 『국가전략』 제25권 2호 (2019), pp. 22-23.

41) 한용섭 (2019), p. 26 참조.

42) 한반도 평화체제에 관한 최근의 논의로 전봉근, "북미 정상회담 평가와 한반도 비핵·평화체제 추진 전략," 정성장 (편), 『한반도 비핵·평화의 길: 북한의 협상 수용 배경과 한국의 전략』, 세종연구소 (2018), pp. 37-80; 서보혁 외, 『한반도 평화체제 관련 쟁점과 이행방안』 (서울: 통일연구원, 2019) 참조.

43) 서주석, "남북간 군사적 긴장완화를 위한 해법," 『민족화해』 제102호 (2020), pp. 14-15.

44) "국가안전보장회의 운영 등에 관한 규정," 대통령령 제29770호(2019. 5.31.), 제4조.

45) 한용섭 (2012), pp. 92-103.

46) 한용섭 (2012), pp. 103-108.

47) 국방정책결정과정 개선에 관한 연구로 박휘락, "정책결정 모형에 의한 국방개혁 2020 추진방향 분석," 『국가전략』 제15권 2호 (2009), pp. 49-55; 이근표, "효율적인 군사력 건설을 위한 국방의사결정체계 발전방향: 국방부의 역할과 중기계획 실효성 강화방안을 중심으로," 『국방정책연구』 제34권 1호 (2018 봄), pp. 24-33 등 참조.

❖ 참고문헌

1. 한글문헌

국가안보실. 『문재인 정부의 국가안보전략』. 서울: 국가안보실, 2018.

국가안전보장회의(NSC) 상임위원회. 『평화번영과 국가안보: 참여정부의 안보정책 구상』. 서울: 국가안전보장회의 사무처, 2004.

국방부. 『2018 국방백서』. 서울: 국방부, 2018.

_____. 『국방개혁 2.0』. 서울: 국방부, 2019.

_____. "문재인 정부의 '국방개혁 2.0': 평화와 번영의 대한민국을 책임지는 '강한 군대', '책임 국방' 구현." 보도자료(2018.7.27).

_____. "판문점선언 이행을 위한 군사분야 합의서." 해설자료(2018.09.19).

권영근. 『한국군 국방개혁의 변화와 지속』. 서울: 연경문화사, 2013.

길병옥. "전통적 국가안보 개념의 형성과 전개." 함택영·박영준 (편). 『안전보장의 국제정치학』. 서울: 사회평론, 2010.

김태현. "남북한 재래식 군비통제: 평가와 발전방향." 『한국군사』 제4호 (2018.12).

김태효. "국방개혁 307계획: 지향점과 도전요인." 『한국정치외교사논총』 제34집 2호 (2013).

노훈·조관호. "국방개혁의 향후 방향과 과업." 한국전략문제연구소. 『KRIS 창립기념 논문집』 (2017.10).

박휘락. "정책결정 모형에 의한 국방개혁 2020 추진방향 분석." 『국가전략』 제15권 2호 (2009).

서보혁 외. 『한반도 평화체제 관련 쟁점과 이행방안』. 서울: 통일연구원, 2019.

서주석. "남북간 군사적 긴장완화를 위한 해법." 『민족화해』 제102호 (2020).

_____. 『한국의 국가체제 형성 과정: 제1공화국 국가기구와 한국전쟁의 영향』. 서울: 한국학술정보, 2008.

_____. 『한·미 안보협력 50년의 재조명』. 서울: 한국국방연구원, 1996.

서주석 외. 『국방전략 2035: 미래 국방과 전략적 대비방향』. 서울: 한국국방연구원, 2016.

_____. 『미래 국방비전과 국방개혁 2.0』. 서울: 한국국방연구원, 2019.

심세현. "노태우 정부의 자주국방담론과 국방정책." 『국방연구』 제60권 1호 (2017).

이근표. "효율적인 군사력 건설을 위한 국방의사결정 체계 발전방향: 국방부의 역할과 중기계획 실효성 강화방안을 중심으로." 『국방정책연구』 제34권 1호 (2018 봄).

이미숙. "한국 국방개혁과 '8.18계획'의 교훈." 『군사』 제106호 (2018).

이수형. 『중추적 중견국가로서 한국의 '외교안보전략 3.0'』. 서울: 국가안보전략연구원, 2019.

이양구. "이명박 정부의 국방개혁 정책결정과정과 지배적 권력중추의 역할." 『군사』 제93호 (2014.12).

정성장 (편). 『한반도 비핵·평화의 길: 북한의 협상 수용 배경과 한국의 전략』. 세종연구소 (2018).

조남훈. "국방개혁 기본계획 2011~2030." 한국국제정치학회 안보국방학술회의 발표문 (2011.08).

차두현. "'국방개혁 2.0'의 의미와 과제: 설득력이 부족한 '2.0'으로의 변신." 아산정책연구원. 『이슈 브리프』(2018).

참여연대 평화군축센터. "문재인 정부의 '국방개혁 2.0 평가'." 참여연대. 『이슈 브리프』(2018).

하영선. "21세기 복합동맹: 형성과 전개." 하영선 (편). 『21세기 신동맹: 냉전에서 복합으로』. 서울: 동아시아연구원(EAI), 2010.

한용섭. 『국방정책론』. 서울: 박영사, 2012.

_____. "한국 국방정책의 변천과정." 차영구·황병무 (공편). 『국방정책의 이론과 실제』. 서울: 오름, 2002.

한용원. 『한국의 군부정치』. 서울: 대왕사, 1993.

홍규덕·김성한. "국방개혁의 청사진." 한반도선진화재단. 『선진화정책 시리즈』(2017).

황병무. 『한국안보의 영역·쟁점·정책』. 서울: 봉명, 2004.

2. 영어문헌

Pollack, Jonathan D., & Young Koo Cha, et al, *A New Alliance for the Next Century: The Future of U.S.-Korean Security Cooperation*. California: Rand Corporation, 1994.

16장

대북/통일정책

김계동(건국대 초빙교수)

1945년 제2차 세계대전이 끝나면서 한반도는 일본의 식민통치로부터 해방되었으나, 미국과 소련의 분할점령을 받으면서 분단국가가 되었다. 세계 냉전의 부산물로 분단이 고착된 남북한은 군사적이고 이념적인 대결상태를 이어 갔고, 한국전쟁을 거치면서 남북한의 적대감은 더욱 심화되었다. 이러한 분단 상태의 지속은 남북한 모두의 발전을 저해했고, 안보적인 불안 속에서 외세에 의존해야 하는 결과를 초래했다.

1989년 세계 냉전이 종식되면서 대부분의 공산주의 국가들이 민주화되었고, 북한도 체제위기에 처하게 되었다. 민주화와 경제발전을 이룬 남한은 체제경쟁에서 북한을 압도하면서 북한과의 화해를 모색했다. 1980년대까지 냉전시대의 대북정책은 강경한 적대정책을 기반으로 했지만, 냉전종식 이후의 대북정책은 북한과의 교류와 협력을 하여 북한을 변화시키는 데 초점을 맞추었다. 북한이 안보위기를 탈피하기 위해서 핵무기 개발을 시작한 이후 남북한관계도 상승과 하강을 반복하면서 불안정한 모습을 보이고 있다.

이 장에서는 한국의 대북정책이 어떠한 기조로 시작되어 어떠한 변화를 해 왔는지 이론에 기초한 분석을 하고, 대북정책이 어떠한 메커니즘에 의해서 결정이 되고 집행이 되고 있는지를 자세히 살펴볼 것이다. 중단기적인 대북정책을 분석한 후 장기적인 시각에서의 통일정책을 이어서 연구를 한다. 한국의 통일정책을 시대별로 분석을 하고, 한반도 통일에 어떠한 한계와 장애 요인이 있는지에 대해서 탐구한다.

1. 대북/통일정책의 기본방향

한국정부의 대북정책은 대화부터 시작하여 교류와 협력을 통하여 평화적 공존을 이룩한 후 궁극적으로 통일까지 나아가는 것이다. 이러한 점에서 한국정부의 대북정책은 점진적이고 단계적인 성격을 지니고 있다고 할 수 있다. 1945년 미국과 소련에 의한 분할점령, 1948년의 분단정부 수립, 1950년부터 1953년까지 한국전쟁을 거치면서 남북한의 대립과 갈등의 골은 깊어졌으며, 1960년대 말까지 서로가 흡수 또는 무력통일을 모색했다. 1970년대부터 세계적으로 데탕트가 시작되었고, 남북한의 지도자들인 박정희와 김일성이 권력강화를 모색하면서 의도적으로 대화를 시작했다.

북한과의 적대적인 상황을 해소하기 위해 한국정부는 우선적으로 적십자회담, 이산가족 상봉, 경제교류와 협력 등 비정치적인 분야부터 시작하여 궁극적으로 정치분야의 대화로 나아가는 방식을 활용했다. 다시 말해서, 한국의 대북정책은 교류와 협력을 바탕으로 관계개선을 추구하면서 최종적으로 통일까지 이어지게 하는 점진적인 방식을 채택하고 있다. 이러한 접근방식은 유럽통합을 이론화한 기능주의와 신기능주의 통합이론과 연결된다.[1]

기능주의는 세계적인 평화체제를 만들기 위하여 국가 간의 파트너십이 필요하고, 이 방안이 국가 사이의 전쟁을 피할 수 있는 가장 유효한 방안이라는 생각으로부터 시작된다. 국가 간의 갈등과 대립을 줄여 전쟁을 방지하기 위해서는 국가체제를 단일화 하여야 한다는 연방주의 이론과 대치되는 기능주의 이론은 각 민족국가는 주권을 향유하고 있으며, 이 주권을 단일화된 초국가기구에 쉽게 포기하지 않을 것이라는 전제하에 제시된 이론이다.

구체적인 방식에 있어서 기능주의는 국가들이 공동의 번영과 평화를 증진시키는 최선의 방법은 사회와 경제 등 비정치적 분야에서 협력하는 것이라고 주장한다. 비정치적인 분야에서의 상호거래, 교류, 커뮤니케이션의 증대는 상호의존과 협력으로 발전되면서 각 부문 간의 기능적 통합을 유발하고, 한 부문에서의 기능적 통합이 다른 부문으로 파급(spill-over)되는 과정을 거쳐서 부분통합은 전체통합으로 발전하게 된다. 다시 말해서, 이데올로기를 배제하면서 경제와 기술 같은 비정치적 분야에서의 기능적 협력이 발전 및 확산되면, 그것이 사회보장이나 교통·통신, 그리고 우편 및 금융분야 등의 협력에 대한 필요성을 증대시키고, 또 이러한 분야들의 협력은 궁극적으로 정치분야까지를 포함하는 타 분야의 협력을 조장하게 된다고 주장한다.[2]

이와 같이 국가에 있어서 중요한 부분, 즉 정치, 외교, 군사 등에 대한 통합을 초기 단계에서 배제하기 때문에 기능주의 통합과정에서 국가의 생존과 정체성은 그대로 유지된다. 따라서 통합을 위한 기능주의적 접근방법은 통합의 마지막 단계 이전까지 국가의 주권과 행동할 수 있는 법적 권리를 보존한 채 추진될 수 있다. 교류와 협력이 순조롭게 진행되면, 국가 간의 결속은 증대되고 결국 국가 간의 긴밀한 협력은 최후의 순간에 국가들이 보유한 주권을 초국가기구에 전환시킴으로써 통합이 완성된다. 이것이 통일이다.

한국정부가 기능주의적 대북정책을 추진한 사례를 들어 보자. 1989년 노태우정부 시절 북한과 처음 교류를 시작할 때 경제교류부터 시작했다. 그 이전 1970년대와 1980년대의 대북정책도 기능주의 성격을 지녔다. 한국정부는 정치적인 분야의 대화보다는 적십자회담 및 이산가족찾기 등 비정치적인 분야에 치중했고, 이에 반해서 북한정부는 남북한의 군대를 10만 명으로 줄이자는 제안을 하는 등 매우 공세적이고 정치적인 성격을 보였다.

1998년부터 시작된 김대중정부의 대북 포용정책도 기능주의 접근으로부터 시작되었다. 이전 정부인 김영삼정부의 대북정책 실패로 남북한관계가 극도의 대립상태가 된 상황을 타개하기 위해서 김대중 대통령은 정경분리 원칙에 입각한 대북정책을 추진했다. 남북한의 대치상태에서 정치적인 대화는 불가능하기 때문에 정치와 경제를 분리하여 경제교류를 우선으로 하는 대북정책을 추진한 것이다. 경제교류도 당국자가 주도하는 것이 아니라 민간 주도의 교류를 추진하도록 했다.[3]

기능주의의 단점을 보완하기 위해서 신기능주의가 등장했다. 신기능주의는 기능주의를 바탕으로 제시되었지만, 정치문제에 대해서는 기능주의

와 견해를 달리하고 있다. 기능주의는 정치문제를 해결하기 위한 비정치적인 접근방법이라고 할 수 있는 반면, 신기능주의는 통합에 있어서 정치적 요소를 중요시한다. 신기능주의의 핵심은 기능주의에 의한 비정치적인 분야에서의 점진적 교류와 협력이 자동적으로 정치통합으로 확산되지 않기 때문에 기능적 교류·협력과 정치통합을 연결하는 '파급효과의 정치화'로 기능적·정치적 통합을 이룰 수 있다는 이론이다. 국가 간의 협력과정에 내재하고 있는 정치적 장애를 초기부터 제거함으로써 향후 정치연합을 형성할 국가들에게 공동으로 이득이 될 수 있도록 하는 것이다. 따라서 신기능주의 이론은 기능주의의 소극성을 벗어나기 위하여 제시되었다고 할 수 있다.[4]

신기능주의에 따르면, 교류와 협력이 가지는 파급효과(spill-over)는 정치적 타결이 따르지 않을 경우 역류효과(spill-back) 또는 지체효과(spill-around)의 위험이 있다고 경고한다. 따라서 신기능주의는 정치문제의 의식적인 해결을 통한 파급효과의 확산을 주장하고 있다. 이러한 측면에서 신기능주의는 '파급효과의 자동성'이라는 기능주의적 가설을 부정하고 파급을 이끌어내기 위한 파급효과의 정치화, 즉 관료의 역할, 조직이데올로기, 정치·행정엘리트의 창조적 창출을 중시한다. 신기능주의자들은 통합을 추진하는 주체가 득이 된다고 판단할 경우 공동체를 구성하여 초국가주의 접근방법으로 통합을 추진한다고 주장한다.

신기능주의 접근방법은 정치분야를 축으로 하여 통합을 이루는 방식인데, 정치는 갈등이 가장 쉽게 조장될 수 있는 분야이기 때문에 정치가 통

합의 장애 요인이 될 가능성을 배제할 수 없다. 신기능주의 방식에 의한 통합에 있어서 이러한 잠재적인 장애 요인에도 불구하고 통합이 추진되기 위해서는 다음과 같은 조건들이 필요하다. 첫째, 단위체들 간의 균형, 특히 경제적 균형이 필요하다. 둘째, 통합 참여국 엘리트 간 가치관의 차이가 크게 나지 말아야 한다. 셋째, 다원주의에 대한 지지가 있어야 한다. 넷째, 참여국들의 적응력과 책임성이 높아야 한다.

신기능주의에 의한 통합은 다음과 같은 과정을 거치면서 이루어진다. 첫째, 정치화 과정이다. 이 과정에서 통합에 연관되어 나타나는 문제점들과 이익의 충돌이 해결되고, 통합의 결과로 얻게 될 이득에의 기대가 통합에 대한 지지를 확고하게 할 수 있도록 확대된다. 둘째, 재분배의 과정인데, 통합이 추진되면서 통합에 참여한 국가들의 통합체 내에서의 지위, 권한, 경제적 이익이 재조정되는 과정을 겪게 된다. 이러한 재분배 과정에서 파생될지도 모르는 불이익은 통합 이후 통합체 전체의 이익이 증대됨에 따라 보상받게 된다. 셋째, 통합이 진전되면서 정책결정자들은 통합의 차원과 범위를 확대하라는 압력을 받게 된다. 넷째, 외부와의 관계설정(externalization) 과정을 겪게 된다. 통합에 참여하는 국가들은 비참여국들과의 문제에 대하여 공동입장을 발전시키게 된다. 특히 비참여국들의 통합에 대한 반발 또는 적대감을 해소해야 하는 문제에 직면하게 된다.

한국의 대북정책은 신기능주의로 시작한 경우는 거의 드물고, 대체로 기능주의에서 시작했다가 신기능주의로 발전했다. 1989년 노태우정부는 북한과의 경제교역을 처음으로 시작했다가, 다음 해인 1990년부터 총리를 대표로 하는 남북 고위급회담을 개최했다. 총리라는 최고위직의 관료가 중심이 된 정치적 협상이었고, 1991년 5차 회담에서 채택된 기본합의서는 남북 사이의 화해, 불가침 및 교류협력에 관한 합의서로서 정치·군사적인 내용을 포함하고 있었으며, 1992년에는 남북 비핵화공동선언도 채택되었다.

앞서 언급한 대로 김대중정부는 1998년부터 정경분리 원칙에 기반한 기능주의적 대북정책을 추진했다. 이러한 정경분리의 대북정책은 2년 뒤인 2000년에 정치분야까지 포함되는 신기능주의로 발전하여 남북한 정상회담을 개최했다. 6월 15일 발표된 공동선언은 교류협력의 내용뿐만 아니라 통일에 대한 내용도 포함되는 정치적 성격을 가졌다. 이후 장관급회담, 특히 국방부장관회담이 개최되는 등 정치·군사적인 협력이 이어졌다.

2018년에 문재인정부는 이전의 이명박, 박근혜정부 시절에 거의 단절되었던 남북한관계를 새롭게 개선하였고, 세 차례의 정상회담도 개최했다. 이 관계개선은 2018년의 평창 동계올림픽이 계기가 되었다. 스포츠라는 비정치적 분야의 교류가 새로운 대화의 장을 연 것이다. 그러나 평창 동계올림픽 참여 이외에 다른 비정치적 교류와 협력, 특히 경제교류와 협력이 이루어지지 않고 곧바로 정상회담으로 이어졌기 때문에 화해를 위한 기반이 부족한 상황에서 신기능주의적 접근이 이루어졌다. 결국은 세 번의 정상회담에도 불구하고 목적했던 성과를 거두지 못하고 교착상태에 빠지게 되었다.

2018년 세 번의 정상회담을 개최하는 등 남북한관계의 획기적인 개선이 이루어질 것으로 기대했으나 다시 원점으로 돌아가 대립과 갈등관계가 지속되고 있다. 가장 큰 이유는 기능주의적 대북정책이 스포츠 한 분야에 국한되었고, 가장 중요한 경제교류와 협력이 이루어지지 않았기 때문이다. 북한의 핵무기와 탄도미사일 실험에 대해 유엔 및 미국의 경제제재가 포괄적으로 이루어지고 있기 때문에 한국정부가 북한과 경제교류와 협력을 하려 해도 국제사회의 대북제재에 저촉되기 때문에 시행하기가 어려운 실정이다.

특히 이명박과 박근혜정부가 그 이전에 시행되던 남북한의 교류와 협력을 원천봉쇄했기 때문에 남북한의 교류와 협력이 진전을 이루기가 불가능했다. 2010년 천안함 침몰 사건이 북한의 소행으로 발생했다는 결론을 내린 한국정부는 5·24조치를 발표하여 남북한의 교역을 사실상 중단시켰고, 2016년 박근혜정부는 개성공단 사업마저 중단시켜 남북한의 경제교류와 협력을 위한 메커니즘이 모두 사라지게 되었다.

문재인정부 들어서 남북한관계에 비핵화 이슈를 포함한 것은 진일보한 측면이 있는 반면, 이는 남북한관계의 진전에 걸림돌이 되는 측면도 무시할 수 없다. 과거 북한은 자신들의 핵문제는 미국과 협상할 문제라고 하며 남북한 협상에서 이 문제를 다루는 데 대해서 거부반응을 보였다. 그러나 한국정부의 입장에서 북한의 핵무기 개발은 한국의 안보와 직결되는 문제이기 때문에 남북한 협상에서 다루려는 시도를 꾸준히 해 오다가 문재인정부에 들어서서 비핵화문제를 남북한 이슈에 포함하는 데 성공했다. 그러나 이 문제는 북미관계와 밀접하게 관련되는 복합적인 문제이기 때문에 남한정부가 단독으로 해결하기가 어려운 한계에 봉착하고 있다. 특히 미국의 대북정책은 한국의 대북정책과 성격과 내용을 달리하기 때문에 한미, 북미, 남북한관계를 조화시키면서 동시에 발전시키기 어려운 상황이 전개되고 있다.

2. 대북/통일정책의 결정 및 집행체계

중요한 대북정책과 통일정책은 청와대 안보실에서 주도적인 결정을 한다. 청와대 안보실의 조직은 안보실장 산하에 두 명의 차장이 있다. 제1차장은 국가안전보장회의(NSC)의 사무처장을 겸직하고 있으며, 산하에 안보전략비서관, 국방개혁비서관, 사이버정보비서관을 두고 있다. 제2차장 산하에는 평화기획비서관, 외교정책비서관, 통일정책비서관이 있다. 따라서 대북정책과 통일정책 수립의 실무는 안보전략실의 제2차장실 내 통일정책비서관이 담당하고 있다.

국가에 긴급한 안보적 위협이 가해지거나 장기적인 안보정책이 필요할 경우 NSC가 개최되어 논의와 결정을 하게 된다. NSC는 대통령이 의장이며, 국무총리, 통일부장관, 외교부장관, 국방부장관, 국정원장, 대통령비서실장, 그리고 대통령이 임명하는 일부 위원들로 구성된다. 회의는 필요할 경우 관계부처의 장관과 비상기획위원회 위원장, 합참의장 등을 회의에 참석시켜 발언하게 할 수 있으며, 관계부처로 하여금 필요한 자료를 제출하도록 하는 등 협조를 지시할 수 있다. 국가정보원은 안보와 관련된 정책을 결정할 수 있도록 정보를 수집, 평가, 분석하여 회의에 보고하는 의무를 지니고 있다. 통상적으로 국가안보에 대한 중요한 정책을 국무회의에서 결정하기 전에 청와대 국가안전보장회의에서 심의를 거치게 된다.

형식적이고 제도적인 측면에서 국가에서 통일을 관장하는 주무 부처는 통일부이지만, 실제로 대북정책이나 통일정책을 수립하는 데 있어서는 통일부보다 청와대와 국가정보원의 역할이 더 크다. 통일부에는 정책을 수립하고 집행하는 주요 부서로 통일정책실, 정세분석국, 교류협력국, 인도협력국이 있다. 통일정책실이 있지만, 거시적인 통일정책을 수립한다기보다는 청와대 국가안보회의 또는 안보실에서 결정된 큰 줄기의 정책을 집행하기 위한 세부적인 정책을 수립하는 역할에 제한되어 있다. 통일부에 정세분석국도 있지만, 청와대 안보실에서 결정되는 대북정책이나 통일정책은 통일부 정세분석국의 정보보다는 국가정보원 북한국 분석보고서의 정보를 바탕으로 결정되는 경우가 더 많다.

대북정책의 집행은 통일부가 하는 것이 원칙이지만, 정상회담 등 주요 대북협상은 국가정보원이 주도하거나 국가정보원과 통일부가 협력하여 진행하는 경우가 많다. 남북한 문제가 점차 국제문제와 연관되면서 대북정책이 외교문제와 연관되는 경우가 많은데, 이 경우 외교부가 집행을 주도하기도 한다. 예를 들어, 북한의 핵문제로 6자회담이 개최되었을 당시 회담 대표단장과 주

요 역할을 외교부가 주도했다. 외교부에는 한반도 평화교섭본부가 있으며, 이 본부 내의 북핵외교기획단은 북핵협상과와 북핵정책과로 구성되어 있다. 남북한 문제가 국제문제와 밀접하게 연관되어 있기 때문에 통일부가 보다 국제화되어야 한다는 요구가 점차 늘어나고 있다.

이러한 점에서 현재 통일부의 주요 대북 업무는 북한과의 회담, 교류와 협력, 또는 인도적 지원에 치중하고 있는 실정이다. 이 업무들은 통일부의 교류협력국과 인도협력국이 맡고 있으며, 남북대화 업무를 수행하기 위해서 남북회담본부를 소속기관으로 별도로 두고 있다. 남북회담본부는 직접적으로 남북회담을 주도하는 기구라기보다는 경제, 스포츠, 문화 등 다양한 종류의 남북회담을 지원하는 성격을 지니고 있다.

남북대화가 통일부의 주요업무 중의 하나이지만, 남북대화에 있어서 통일부는 제한적인 역할만 수행하고 있다. 남북한 정상회담의 경우 현재는 주로 국가정보원이 주도적 역할을 하고 있다. 정보기구는 정책을 수립하기 위한 정보를 제공하는 역할에 그쳐야 하는데, 집행까지 하면 정보기관에서 생산되는 정보보고서가 왜곡될 수 있다는 우려가 일부 나오고 있다. 정보의 실패 또는 정보의 정치화가 우려된다는 주장이다. 남북한관계의 특수성, 국정원의 막강한 세력, 또는 그동안의 전통적 관습 때문에 남북한 정상회담을 국정원이 주도하고 있다.

때로는 정상회담을 청와대에서 직접 주관하는 경우도 있다. 예를 들어, 2018년 4월 27일의 판문점 정상회담을 앞두고 청와대는 3월 15일 임종

석 대통령비서실장을 위원장으로 하고 여러 부처가 참여하는 범정부 추진체제로서 남북정상회담 준비위원회를 구성하고, 산하에 3개 분과(의제, 소통 홍보, 운영지침)를 두었던 적이 있다. 위원으로는 청와대 안보실장, 청와대 정책실장, 외교부장관, 국방부장관, 국정원장, 국무조정실장이 참여했고, 통일부장관이 총괄간사를 맡았다. 정상회담이 아닌 각 분야의 회담도 관련 부처가 주관하고, 통일부는 일종의 옵서버와 같은 자격으로 참여하는 경우도 있다. 예를 들어, 올림픽 공동참가 등 체육분야의 남북대화 대표단장은 대체로 관련부처 또는 체육인들이 맡고, 경제, 문화, 예술 등 각 분야의 담당자 또는 전문가들이 주도한다. 통일부는 이러한 전문성이 필요로 하는 분야 이외의 회담을 주도한다.

대북정책의 한 단계 상위 개념인 거시적인 통일정책의 수립도 청와대 또는 국정원이 주도하거나, 여러 기관들이 합동으로 하며, 통일부가 단독으로 하는 경우는 많지 않다. 통일부라는 이름이 무색할 정도로 통일정책의 대강을 통일부에서 주도하지 못한다. 예를 들어, 1990년 독일 통일 이후 수립된 북한 급변사태 시 대비책도 당시 안기부가 정부 각 부처의 의견을 모아서 수립했고, 김대중정부 이후에는 안기부, 청와대, 통일부 등이 합동으로 수립한 경험이 있다.

국가 차원에서 대북/통일정책을 수립하고 추진하는 데 기여하고, 대내외적으로 홍보하기 위한 민주평화통일자문회의(민주평통)가 존재하고 있다. 유신시대에 대통령을 간접적으로 선출하던 통일주체국민회의가 박정희 암살 이후 폐지되고, 전두환의 신군부세력이 새롭게 조직한 대통령 직속 헌법기관이다. 민주평통의 의장은 대통령이 직접 맡고 수석부의장은 부총리급 대우를 받는다. 자문위원은 지방의회의원, 지방자치단체의 지도급 인사·이북5도 대표·재외동포 대표 등 국내외 각 지역에서 민족의 통일 의지를 대변할 수 있는 인사, 정당의 대표와 국회의원이 추천한 지도급 인사, 주요 사회단체 및 직능단체의 대표급 인사 등으로 구성된다.

민주평통의 주요업무는 통일에 관한 국내외 여론 수렴, 통일에 관한 국민적 합의 도출, 통일에 관한 범민족적 의지와 역량의 결집, 기타 대통령의 평화통일정책에 관한 자문·건의를 위하여 필요한 사항을 마련하는 것을 포함한다. 민주평통은 대통령에 대한 통일정책자문기구로 되어 있는데, 그 의장을 대통령이 맡고 있는 모순점, 그리고 이 방대한 조직의 예산과 인력 낭비에 대한 비판이 나오고 있다.

남북한은 기본적으로 적대적이고 대화가 부족한 상황이기 때문에 공식적인 차원이 아니라 민간 차원의 교류와 협력이 이루어지는 경우가 적지 않다. 이러한 경우에 기업 또는 사회단체가 주요 역할을 하게 되는데, 과거 현대그룹의 아산재단이 이 역할을 많이 수행했다. 가장 큰 규모의 사회단체로는 민족화해협력범국민협의회(민화협)가 있다. 민화협은 통일문제에 대한 국민적 합의를 이끌어내고, 민족화해협력과 평화를 실현하며, 민족 공동번영을 이루어 나가기 위해 1998년 9월 3일 정당, 시민단체가 함께 모여 결성한 통일운동 상설협의체이다.

민화협의 기원은 북한으로부터 시작되었다. 1998년 6월 북한은 통일을 희망하는 남북 및 해외단체 및 인사들과의 접촉과 왕래, 협력강화를 목적으로 민간 교류협의체인 민족화해협의회를 결성한 이후 평양에서 정당, 단체 대표자 회의를 열고 같은 해 8월 15일 판문점에서 민족의 화해와 단합을 위한 대축전을 개최할 것을 남한에 제의했다. 당시 김대중정부는 이 제안을 긍정적으로 검토하여, 1998년 7월 민족의 화해, 평화, 통일을 위한 대축전 본부를 결성했다. 이 본부를 결성할 당시 일부 보수 정당과 사회단체가 포함되지 않았다는 비판 여론이 제기되면서 진보, 보수 사회단체와 정당을 모두 포괄하는 민족화해협력범국민협의회의 결성을 추진하여 1998년 9월 정당, 보수, 진보, 시민단체를 망라한 통일운동 상설협의체로서 민화협이 창립되었다.

3. 대북정책의 변천

한국정부의 대북정책은 정부가 교체될 때마다 새로운 정부 또는 집권세력의 정치 이념적 성향에 따라 차이를 보여 왔다.

초대 이승만정부의 대북정책은 북진(北進), 멸공(滅共), 승공(勝共)을 통일의 방식으로 하는 대립적이고 공세적인 대북정책을 펼쳤다. 이승만 대통령은 1948년 대한민국 정부수립 이후 한국전쟁 발발 이전부터 북진통일을 공공연하게 주장했다. 한국전쟁 발발 이후 유엔군이 1950년 9월 15일 인천상륙작전에 성공하고 38선에 도달했을 때

38선 이북으로의 진격을 주장했으며, 유엔군이 한국전쟁 초기 북한의 남진을 막아내고, 반격을 하여 38선 이북으로의 진격을 위한 국제법적 근거를 마련하기 위해서 유엔 결의안을 준비할 때, 이를 무시하고 10월 1일 단독으로 한국군을 북진시켰다.

1951년 7월 휴전회담이 시작되자 이승만 대통령은 공산주의자가 북한지역에 한 명이라도 남아 있는 상태에서의 휴전을 결사반대하며 미국이 휴전협상을 계속 진전시키면 한국군이 단독으로 북진하겠다는 엄포도 놓았다. 결국 미국은 휴전협정에 대한 이승만의 협조를 받아내기 위해서 한미동맹을 체결해 주면서, 한반도에 새로운 전쟁이 발생하더라도 한국을 보호하겠다는 약속을 해야 했다.[5]

학생들의 시위로 이승만정부가 1960년 4월 19일 붕괴된 이후 의회제(의원내각제)를 권력구조로 하여 등장한 제2공화국은 다음 해 5월 16일 군사쿠데타로 붕괴되는 단명한 정부였다. 이승만정부 시절에는 북한과 대화를 해야 한다는 주장을 하면 반공법에 저촉되어 처벌받을 정도로 강경한 대북정책을 구사했으나, 이승만정부를 붕괴시킨 학생들 중심의 진보세력은 판문점에 가서 북한과 평화협상을 하자는 주장을 공공연하게 했다. 새로운 장면정부는 비교적 전향적인 대북정책을 추진했으나, 기본적으로는 선 경제건설, 후 남북대화의 소극적 대북정책의 기조를 유지했다. 당시 경제 등 모든 면에서 북한에 뒤진 상황에서 북한과 대화를 하면 북한의 남조선 적화전략에 말려들지도 모른다는 우려를 한 것이다.

1961년 5월 16일의 군사쿠데타에 의해서 1963년에 수립된 제3공화국의 박정희정부도 장면정부의 선 경제건설, 후 통일논의 정책기조를 유지했다. 우선적으로 산업화에 치중한 박정희정부는 군 출신들이 권력을 장악한 정부답게 강력한 보수색채를 보이며, 경제 등 모든 분야에서 북한을 추월하기 위한 국가건설을 모색했다. 그러나 1972년부터 시작된 세계적인 데탕트의 분위기와 박정희 자신의 독재권력 강화를 위해서 남북대화를 활용했다. 1972년 이후락 정보부장이 비밀리에 방북하여 김일성과 만나 협상을 하고, 그 반대로 북한의 박성철 부수상이 방남하여 박정희 대통령과 회담을 했다. 그 결과 7월 4일 남북한관계 개선을 위한 7·4공동성명을 발표했다. 이 공동성명은 자주·평화·민족대단결의 통일원칙을 포함하고 있었으며, 이 성명에 의하여 남북한 조절위원회가 구성되어 관계개선 협상을 시작했다. 그러나 기본적으로 세계가 화해와 협력모드로 나가기 때문에 거기에 마지못해서 끌려간 측면이 있었고, 박정희와 김일성이 이 협상을 권력강화를 위하여 정치적으로 활용할 목적이 컸기 때문에 근본적인 남북한관계의 개선이 이루어지지 않았다.

1970년대와 1980년대에 남북한은 그 이전보다는 대립관계가 비교적 완화된 상태였으나, 획기적인 관계개선의 계기를 마련하지 못하고 그저 공존하는 상태가 유지되었다. 그러다가 1980년대 후반 들어서 상황은 급변했다. 1989년 세계 냉전이 종식되면서 북한의 우호국이었던 공산주의 국가들이 붕괴되었고, 소련도 민주화된 러시아로 교체되었다. 1970년대 초반부터 역전되어 남한이 앞서던 경제력의 격차가 더욱 커졌고, 북한은 심각한 경제난에 처하게 되었다. 세계적 탈냉전에 의한 화해와 협력의 분위기를 탄 한국정부는 88서울올림픽을 앞두고 세계 모든 국가들의 참석을 유도하기 위해서 공산권에 대한 북방외교를 적극적으로 추진하는 데 반하여, 북한은 올림픽을 방해하기 위해서 KAL858기 폭파 등 테러행위를 자행하며 국제적으로 테러지원국으로 지명되면서 제재를 받았다. 이러한 모든 요인들이 북한으로 하여금 체제위기에 처하게 하고, 스스로 붕괴되지 않기 위해서 대외적으로 유연한 정책을 펼치지 않을 수 없게 되었다.

체제경쟁 면에서 자신감을 가지게 된 한국정부는 1988년 7월 7일, 북한에 대한 인식과 통일·외교정책 방향의 일대 전환을 의미하는 '민족자존과 통일번영을 위한 특별선언(7·7선언)'을 발표했다. 이 선언은 이전의 북한 고립화정책에서 탈피하여 남북한 화해·협력의 새 시대를 주도하고, 북한도 이에 동참하도록 유도하는 목적에서 발표되었다. 7·7선언은 남북한의 주요 인사 및 이산가족의 교류를 적극 확대하고, 남북 간 교역의 문호를 개방하고 남북 간 교역을 민족 내부교역으로 간주하며, 비군사적 물자에 대해서 한국의 우방국들이 북한과 교역을 하는 데 대해서 반대하지 않으며, 한반도 평화를 위하여 북한이 미국·일본 등 한국의 우방과의 관계를 개선하는 데 협조할 용의가 있으며, 한국도 소련·중국을 비롯한 사회주의 국가들과의 관계개선을 추구한다는 내용을 포함했다.

7·7선언과 더불어 한국정부는 북한과의 고위

급회담을 제안했고, 북한이 이를 수용하여 1990년 9월부터 총리를 대표로 하는 고위급회담이 서울과 평양을 오가며 개최되었다. 1991년 12월 15일 서울에서 개최된 제5차 고위급회담에서 '남북 사이의 화해와 불가침 및 교류·협력에 관한 합의서(기본합의서)'가 채택되었다. 이 합의서는 분단 이후 남북한 정부 당국 간에 이루어진 최초의 공식합의로서, 구체적인 실천방안과 기구 구성까지 명시하고 있어 남북관계 정상화는 물론, 통일을 향한 획기적 이정표가 될 것으로 평가되었다.

훌륭한 내용으로 구성된 남북한 기본합의서였지만, 이행에 실패해서 사문화되었다. 1992년부터 시작된 분과위원회 협상이 난항에 처한 가운데, 북한은 남한이 연례적으로 진행하던 군사훈련실시계획을 문제 삼았다. 북한 당국은 남한이 군사훈련들을 계획대로 실행할 경우 고위급회담 및 기본합의서 실행을 위한 분과위원회 회담을 더 이상 개최할 필요가 없다고 선언했다. 남한

글상자 16.1　남북 사이의 화해와 불가침 및 교류·협력에 관한 합의서(기본합의서)

기본합의서는 전문과 25개 조항의 본문으로 구성되어 있다. 서문은 남북한이 정치·군사적 대결상태를 해소해 민족적 화해를 이루고, 무력에 의한 침략과 충돌을 막고 긴장완화와 평화를 유지하며, 다각적인 교류·협력으로 민족공동의 이익을 도모한다고 밝히는 한편, 남북 쌍방의 관계는 나라와 나라 사이의 관계가 아닌 통일을 지향하는 과정에서 잠정적으로 형성되는 특수관계라고 규정했다.

본문은 화해, 불가침, 교류·협력 등 3개 범주로 구성되어 있다. 남북화해와 관련해서는 상호체제의 인정과 존중, 내정불간섭, 비방중지, 상대방에 대한 파괴·전복행위 금지, 정전상태의 평화상태로의 전환 등이 규정되었다. 남북불가침과 관련해서는 무력침략 금지, 분쟁의 평화적 해결, 현재의 경계선과 관할구역 존중, 군사당국자 간의 직통전화 설치 등이 규정되었다. 교류·협력과 관련해서는 경제교류·협력을 비롯한 여러 분야의 교류·협력 실시, 자유왕래 접촉실현, 이산가족 왕래실현, 철도·도로 연결 및 항로 개설, 우편 전기통신 교류시설의 설치, 국제무대에서의 상호협력 등이 규정되었다.

기본합의서 채택 이후 남북한은 1991년 12월 31일 핵무기 시험·제조·접수·사용금지, 핵의 평화적 이용, 핵재처리 농축시설 보유금지, 핵사찰 등의 내용으로 구성된 '한반도의 비핵화에 관한 공동선언'을 채택했다.

남북기본합의서는 원칙적인 사항들만을 내포하고 있고, 원칙적인 사항들의 구체적인 실행방법들은 내포하지 않은 상징적인 문서였다. 기본합의서가 실질적인 의미를 가지려면 정치분과위원회, 군사분과위원회, 교류협력분과위원회, 핵통제공동위원회 등 4개 분과위원회에서 기본합의서에 내포된 원칙적 사항들의 구체적 이행방법에 관한 합의가 이루어져야 했다. 구체적 이행방법을 마련하기 위해 남북한은 고위급 본회담과 병행하여 분과위원회별로 협상을 진행했다. 1992년 3월부터 12월까지 각 분과위원회별로 적게는 7회, 많게는 13회에 걸쳐 협상이 진행되었으나 구체적 이행방법에 관한 합의는 이루어지지 않았다.

은 1992년 11월 초 예정대로 '화랑훈련'을 실시했고, 그와 더불어 한미연합 '독수리훈련'을 실시했다. 그리고 일시 중단을 선언했던 '팀스피리트' 한미합동군사훈련을 1993년부터 재개하겠다고 발표했다. 그러자 북한은 1992년 12월 하순 서울에서 개최하기로 합의되었던 제9차 고위급회담의 개최를 취소한다고 발표했다. 이에 따라 남북기본합의서는 구체적 이행방법을 갖추지 못한 상징적인 문서로만 남게 되었다.

1993년 3월 북한이 핵확산금지조약(NPT)에서 탈퇴한다는 선언을 하여 북한의 핵무기 개발 의혹이 증폭되면서 남북한관계는 적대관계로 회귀되었다.[6) 이후 국제사회는 북한의 핵무기 개발에 대해서 강력하게 비난을 했고, 미국은 당근과 채찍전략을 구사하면서 북한을 NPT체제 내에 남겨 놓으려는 노력을 했다. 당시 김영삼정부는 핵-경협연계원칙을 발표하며 핵문제가 해결될 때까지 북한과의 거의 모든 교류와 협력을 중단시키겠다고 언명했다. 북한의 핵문제에 대해서 미국과의 공조를 내세우면서 한국정부는 관여를 거의 하지 않았다. 북한 핵문제의 해결을 미국에 맡기고 한국정부가 스스로 배제되는 정책은 북한으로 하여금 한반도의 거의 모든 문제를 미국과 협상하도록 하여 한국정부는 한반도 문제에서 소외되는 결과가 초래되었다. 당시의 북한의 정책은 소위 통미봉남(通美封南)정책으로 불렸다. 미국과만 통하고 남한은 봉쇄한다는 의미였다. 이 과정에서 북한의 핵문제는 1994년 10월 21일 제네바합의에 의해서 일단 일단락되었다.

앞서 언급한 바와 같이, 1998년부터 김대중 정부는 김영삼정부 시기에 원점으로 회귀된 남북한관계를 복원하기 위해서 정경분리 원칙에 의한 대북 포용정책을 추진했다. 한반도 문제를 북미관계가 아니라 남북한관계에서 결정하기 위해서 남북한관계의 개선을 모색했다. 금강산 관광이 시작되어 남한 주민들이 북한 땅을 밟을 기회가 생겼고, 남북한의 철도와 도로를 잇는 사업이 시작되었다. 남북한 경제교류가 급격하게 증가했을 뿐만 아니라, 남북한 경제협력 사업을 위한 개성공단의 조성을 시작했다.

김대중정부의 정경분리 원칙에 의한 기능주의적 접근은 2000년 6월 13일부터 15일까지 남북한 정상회담이 개최되면서 신기능주의 접근으로 전환되었다. 1990년 고위급회담이 개최된 지 만 10년 만에 역사적인 정상회담이 개최되었다. 정상회담의 결과 6·15남북공동선언이 발표되었다. 공동선언은 자주통일을 하고, 남한의 연합제 안과 북한의 낮은 단계 연방제 안의 공통성을 인정하는 방향에서 통일을 지향하기로 했다. 또한 이산가족 교환 방문 및 비전향장기수 문제 등 인도적 문제를 조속히 해결하고, 경제협력과 사회, 문화, 체육, 보건, 환경 등 제반 분야의 협력교류를 활성화하도록 했다.

김대중정부의 대북 포용정책은 노무현정부에 의해 계승되었다. 그러나 2002년 10월부터 제2차 북핵위기가 등장함에 따라 남북한관계도 원점으로 회귀할 위기에 처하게 되었다. 그럼에도 불구하고 노무현정부는 북한의 핵문제와 남북한관계를 분리하여 추구함에 따라 김대중정부 시절부터 추진해 오던 교류와 협력을 지속하면서 개성공단을 완성시킬 수 있었다. 북한도 자신들의 핵문제에 대해서 남한과 협상할 생각을 전혀 가지고 있지 않았다. 북한은 핵문제에 대해서 남한이 거론하는 데 대해서 거부감을 가지며 이 문제는 미국과 협상할 문제라고 못 박았다.

노무현정부도 북한이 남한과의 협상을 꺼리는 핵문제는 미국 또는 국제사회에서 다루도록 넘겨 놓고, 오로지 교류와 협력에 매진했다. 이러한 북한과의 비정치적 관계의 개선이 핵문제의 해결에도 도움이 될 것이라는 철학을 가지고 대북접근을 했다. 과거 제1차 핵위기 당시에 김영삼정부가 핵-경협연계원칙을 수립했던 것과는 다른 정책을 모색한 것이다. 특히 2001년 미국 공화당의 부시가 대통령으로 당선되면서 북한을 악의 축으로 규정하는 등 북미관계가 최악의 상황이 되었음에도 불구하고 노무현정부는 북한과의 교류와 협력을 중단시키지 않았으며, 개성공단 완성에 박차를 가했다. 그 결과 베이징에서 진행되던 북핵해결을 위한 6자회담도 어느 정도 순조롭게 진행되었고, 남북한은 개성공단을 완성하는 동시에 정상회담도 개최하는 성과를 거두었다.

2008년 이명박정부가 들어서면서부터 남북한관계는 최악의 상황으로 전개되었다. 이명박정부의 대북정책은 '비핵개방 3000'으로, 북한이 비핵화하면 북한의 국민소득이 3,000달러가 되도록 경제지원 및 교류·협력을 하겠다는 정책을 수립했다. 그러나 이는 자신들의 핵문제는 남한과의 협상에서 다룰 대상이 아니라는 북한의 주장에 정면으로 배치되는 것이었기에 북한은 이러한 남한의 정책에 대해서 전혀 반응을 보이지 않고

적대감까지 보였다. 그나마 6자회담에서 가까스로 합의한 2007년의 10·3선언도 남북한관계가 틀어지게 되면서 이행될 수 있는 동력을 잃게 되었다. 검증 등 다른 문제도 있었지만, 이명박정부의 비현실적인 대북정책도 핵문제 해결이 무산되는 결과를 초래했다.

이명박, 박근혜 등 보수정권 시대에 남북한관계의 진전이 없음은 물론, 기존에 진행되고 있던 다양한 형태의 교류와 협력도 중단되었다. 2010년 3월 26일 남한의 초계함인 천안함이 침몰하여 해군 46명이 사망했다. 남한정부는 조사 결과 이 침몰이 북한에 의한 폭침으로 결론을 내렸다. 북한은 부인했으나, 남한정부는 5월 24일 대통령의 대국민 담화를 통해 북한 선박의 남한 해역 운항 전면 불허, 남북교역 중단, 남한 국민의 방북 불허, 북한에 대한 신규투자 불허(개성공단 제외), 인도적 차원의 대북지원사업 원칙적 보류 등의 조치인 5·24조치를 시행했다.

2016년 박근혜정부는 개성공단 사업마저 중단시켜 남북한의 경제교류와 협력을 위한 메커니즘이 모두 사라지게 되었다. 2월 7일 북한이 장거리 미사일을 발사하자 한국정부는 2월 10일 국가안보회의 상임위원회를 개최하여 개성공단 전면 중단을 결정했다. 박근혜정부는 개성공단 자금이 북한의 미사일 개발에 이용되는 것을 막고, 남한 기업들이 희생되지 않도록 하기 위해 개성공단을 전면 중단하기로 결정했다고 밝혔다. 남한정부는 개성공단을 통하여 2015년 말까지 5억 6,000만 달러(약 6,160억 원)의 현금이 북한에 유입되었고, 2015년 한 해만도 1억 2,000만

달러(약 1,320억 원)가 유입되었다고 밝혔다. 그리고 정부와 민간에서 총 1조 120억 원의 투자가 이루어졌는데, 그것이 핵무기와 장거리 미사일을 고도화는 데 사용됐다고 주장했다. 박근혜정부가 개성공단 사업을 전면 중단하는 조치를 취하자 북한은 다음날 남한 측 인원을 모두 추방했다.

2016년 5월 문재인정부 들어선 이후 남북한관계는 별 진전이 없다가 2018년 평창 동계올림픽에 북한이 공동으로 참여하면서 획기적인 발전이 이루어졌다. 이후 4월 27일 북한의 지도자가 처음으로 남한 땅을 밟는 판문점 정상회담이 개최되고 판문점선언이 발표되었다. 판문점선언의 내용은 크게 남북한관계 개선과 발전, 남북 간 군사적 긴장완화와 전쟁 위험의 실질적 해소, 한반도의 평화체제 구축을 위한 협력으로 구분할 수 있다. 남북 간 협력을 위해 남북공동연락사무소를 개성지역에 설치하기로 했으며, 8·15를 계기로 이산가족과 친척 상봉을 진행하기로 합의했다. 남북한 경제협력을 위해 동해선과 경의선 철도 및 도로를 연결하고 현대화하는 내용도 포함됐다. 남북 간 군사적 긴장 상태 완화를 위해서 일체의 적대행위를 중단하기로 했다. 이에 따라 2018년 5월 1일부터 군사분계선 일대에서의 확성기 방송과 전단살포 등을 중지하기로 했고, 서해 북방한계선 일대를 평화수역으로 만들어 우발적인 군사충돌을 방지하기 위한 실제적 대책을 세워가기로 했다.

2018년 9월 19일 평양에서 개최된 정상회담에서 발표된 평양공동선언은 4월의 판문점선언보다 남북경제협력의 내용을 보다 구체화했다.

남북경제 협력의 목표를 '민족경제의 균형적 발전'에 두고, 모두 네 개 항의 경제협력을 합의하였다. 네 개 항은 철도 및 도로 연결을 위한 착공식 거행, 개성공단과 금강산 관광의 조건이 마련되는 데 따라 우선 정상화한 후 서해경제공동특구와 동해관광공동특구 조성, 환경협력 및 산림분야 협력, 전염병 방지를 위한 방역 및 보건과 의료분야 협력 등을 포함했다. 비핵화에 대한 논의도 있었다. "한반도를 핵무기와 핵위협이 없는 평화의 터전으로 만들어나가야 하며 이를 위해 필요한 실질적인 진전을 조속히 이루어나가야 한다"고 밝혔다. 김정은은 "조선반도를 핵무기도 핵위협도 없는 평화의 땅으로 만들기 위해 적극 노력해 가기로 확약했다"고 강조했다.

2018년의 남북한관계 개선은 북미관계의 진전과 함께 더욱 순조롭게 이루어지는 듯이 보였다. 6월 12일 싱가포르에서 열린 북미 정상회담에서 트럼프와 김정은이 서명한 공동성명의 전문은 "트럼프 대통령은 북한에 대해 안전보장을 제공하기로 약속했고, 김정은 위원장은 한반도의 완전한 비핵화라는 확고한 약속을 재확인했다"고 되어 있다. 정상회담 합의문은 양국이 평화와 번영을 위한 새로운 관계를 수립하고, 한반도에서 지속적이고 안정적인 평화체제를 구축하기 위해 노력하며, 2018년 4월 27일 판문점선언을 재확인하며, 북한은 한반도의 완전한 비핵화를 위해 노력한다를 주요 내용으로 했다.

이 공동성명에는 미국의 안전보장 제공 방법과 한반도의 완전한 비핵화를 위한 북한의 이행 의무와 절차가 구체적으로 담겨 있지 않았다. 따라서 합의 내용을 구체적으로 실천하기 위해서는 불완전한 내용을 보완할 수 있는 후속 합의가 필요했다. 이를 위해서 2019년 2월 하노이에서 제2차 북미 정상회담이 개최되었으나, 아무런 합의도 하지 못한 채 끝났다. '하노이 노딜' 이후 북미관계는 악화되었고, 이에 따라 남북한관계도 경색국면에 돌입했다.

2018년 세 차례나 정상회담을 한 김정은은 북미관계의 악화 이후 남한에 대해서도 노골적으로 불만과 적대감을 나타냈다. 김정은은 "남조선엔 어떤 기대도 할 게 없다", "굶어 죽더라도 남조선에 구걸하지 말라"고 하는 등 남한에 대해 불신과 적대감을 수시로 내비쳤다. 이러한 감정은 무력행사로 이어져서 13차례 방사포와 미사일을 발사했다. 그리고 금강산 남측 시설 철거를 요구하는 등 문재인정부에 대한 불만과 비난을 이어갔다.

4. 대북정책의 주요 이슈: 비핵화, 평화체제

한국정부의 대북정책의 기조는 교류와 협력으로부터 시작하여 정치·군사분야까지 확대시키는 점진적이고 단계적인 방안이다. 그러나 최근 들어 남북한의 교류와 협력이 북한의 핵과 미사일 개발에 따른 국제사회의 대북제재 때문에 중단되어 재개되지 못하고 있다. 따라서 북한의 비핵화가 이루어져야 국제제재가 해제되어 남북한의 교류와 협력이 가능하게 되었다. 한반도 평화체제는 북한 비핵화의 조건이면서 결과가 되기도 하

는 매우 밀접한 관계를 지니고 있다. 휴전상태인 한국전쟁을 종식시키기 위해서 평화협정이나 평화체제가 요구되고 있다.

비핵화

북한의 핵무기 개발 의혹은 1993년 3월 북한이 핵확산금지조약(NPT)에서 탈퇴하겠다는 성명을 발표하면서부터 시작되었다. 중국 등 일부 공산국가들을 제외하고 국제사회 거의 모든 국가들이 북한을 비난했고, 특히 미국이 나서서 북한을 NPT체제 내에 잔류시키기 위해서 채찍과 당근 정책을 구사했다. 핵개발 의혹 지역인 영변에 대한 폭격 등 군사공격 또는 유엔 결의안에 의한 북한에 대한 전면 봉쇄 시도 등을 내용으로 하는 채찍정책이 효과를 거두지 못하자 미국은 1993년 6월 북한과 차관보급의 고위협상을 개최하여 북한체제를 인정하고 내정간섭을 하지 않을 것이며 불가침을 약속하는 등 체제안전보장을 하여 북한을 NPT체제 내에 잔류시키는 데 성공했다.

1994년 7월 김일성이 사망하였음에도 불구하고 북한과 미국 사이에는 비핵화 협상이 계속되었고, 결국 1994년 10월 21일 제네바에서 기본합의를 하여 북한 핵문제를 일단락지었다. 북한이 현재와 미래의 핵을 동결하는 대신, 북한에 경수로 원자로 2기를 건설해 주고 매년 50만 톤의 경유를 지원하기로 합의했다. 북한이 핵무기 개발하는 데 필요한 플루토늄의 추출이 용이한 흑연감속로 원자로를 폐기하는 대신 플루토늄 추출이 거의 어려운 경수로 원자로를 건설해 주기로 한 것이다.

북한에 제공하는 경유는 미국이 부담하고, 경수로 건설을 위해서 한반도에너지개발기구(KEDO)를 설립하고, 함경남도 신포에 경수로 원자로 건설을 시작했다. 건설비용은 한국이 75%를 제공하고, 나머지는 일본 및 EU 등 국제사회에서 부담하기로 했다. 한국이 경수로 건설비용의 75%나 제공하지만, 북한과의 협상과정에 전혀 참여하지 못했고, 한국정부가 북한 과거 핵에 대한 내용, 즉 북한이 핵무기를 개발하여 보유하고 있는지에 대해서 밝혀야 한다는 요구가 미국이나 북한에 의해서 묵살되었다. 그 결과 한국은 북한과의 관계에서 거의 발언권을 가지지 못했고, 한반도 문제 대부분이 북한과 미국의 협상에 의해서 이루어지는 결과가 초래되었다.

2001년 미국정권이 민주당 클린턴정부에서 공화당 조지 W. 부시정부로 교체되었고, 그 결과 북한과 미국의 관계가 최악의 상황으로 치달았다. 2002년 10월 북한을 방문한 미국의 켈리(James Kelly) 동아태차관보가 제기한 우라늄 핵무기 개발에 대해서 북한이 부인하다 다음날 인정하며 북한의 제2차 핵위기가 시작되었다. 부시정부는 완전하고 검증가능하고 되돌이킬 수 없도록 폐기하여야 한다(CVID)는 비핵화의 요건을 제시했다. 이 요건을 충족시키기 전에 북한과 대화를 하지 않겠다는 강경한 태도를 보였다.

북한의 핵카드는 미국을 대상으로 한 것이었다. 북한이 당면한 체제위기를 극복하고 외부로부터의 위협을 막아내기 위해서 미국으로부터의 체제보장이 필요했다. 1993년의 제1차 핵위기가 미국의 양보에 기초한 타협에 의하여 이루어진

점을 복기하며 북한은 핵카드를 활용하여 북한에 대해서 강한 적대감을 보이는 부시정부와의 협상을 모색한 것이다. 그러나 부시정부의 태도가 1993년 클린턴정부와 달리 매우 강경해서 대화가 거의 불가능한 상황이었고, 국력이 많이 향상된 중국이 중재에 나서고 김영삼정부와 달리 노무현정부도 북한과 미국 사이의 중간역할을 하게 됨에 따라 북핵 해결을 위한 다자적 접근이 이루어졌다.

2005년부터 남북한, 미국, 중국, 러시아, 일본이 참여하는 6자회담이 개최되어 북한 핵문제 해결을 위한 대화를 시작했다. CVID만이 북핵문제 해결의 열쇠라고 강조하면서 북한이 먼저 핵포기를 해야 대화를 하겠다던 미국도 국제압력에 굴복하여 결국 6자회담에 참여했다. 한국정부는 6자회담에서 적극적인 역할을 하는 동시에, 남북한관계와 북핵문제를 별도로 다루면서 북한과의 관계발전을 모색했다. 경제교류 및 금강산 등 관광사업을 계속했으며, 김대중정부가 시작한 개성공단 조성사업을 완성시켰다. 과거 같으면 북한과 미국이 적대적인 사이가 되면 남북한관계도 거의 자동적으로 적대적인 상황이 되었지만, 노무현정부 시절에는 북미관계와 남북한관계의 별도 관리에 성과를 거두었다.

표 16.1에서 보는 바와 같이 6자회담은 시일이 걸리기는 했지만, 북한의 비핵화에 대한 합의를 이루어냈다. 2006년 9월 19일의 합의는 한반도 비핵화라는 지붕을 북핵 포기와 상응조치라는 두 개의 기둥이 떠받치는 내용으로 구성되었다. 합의의 주요 내용은 다음과 같다.

제1조 북핵 폐기 및 북한의 안보 우려 해소
- 북한의 모든 핵무기와 현존 핵프로그램 포기
- 미국의 북한에 대한 핵무기 혹은 재래식무기 공격 의사 보유하지 않음
- 북한의 평화적 핵 이용 권리 보유
- 적절한 시기에 경수로 제공 문제 논의

제2조 관계정상화
- 북·미 상호 주권존중, 평화공존, 관계정상화 조치
- 북·일 관계정상화 조치

제3조 대북 국제적 지원
- 에너지, 교역 및 투자분야 경제협력 증진
- 대북한 에너지 지원 제공 용의 표명
- 한국은 200만KW 전력 공급 제안 재확인

제4조 한반도 및 동북아 안정과 평화비전 제시
- 직접 당사국 간 별도 포럼에서 한반도 평화체제 협상 개최
- 동북아 안보협력 증진 방안 모색

제5조 이행원칙
- '공약 대 공약', '행동 대 행동' 원칙에 입각 단계적으로 상호 조율된 조치

6자회담에서 북한의 비핵화 절차에 대한 합의가 있었지만, 실제로 비핵화는 이루어지지 않았다. 북한은 비핵화를 위한 6자회담에 임하면서도, 한편으로는 핵무기 개발과 생산을 진선시키고 있었다. 2005년 2월 북한은 핵무기 보유 선언을 했고, 2006년 10월에는 제1차 핵실험을 했다. 2005년 9월 19일 비핵 공동선언(9·19선언)이 미

표 16.1 6자회담의 전개 상황

구분		개최기간	결과
제1차 회담		2003.8.27~29	한반도 비핵화, 대화를 통한 평화적 해결 원칙에 대한 공감대 형성
제2차 회담		2004.2.25~28	한반도 비핵화, 평화적 해결 원칙 재확인
제3차 회담		2004.6.23~26	한반도 비핵화를 위한 초기조치의 필요성, '말 대 말', '행동 대 행동'의 단계적 과정의 필요성에 대해 공감대 형성
제4차 회담	1단계 회의	2005.7.26~8.7	9·19공동성명 채택
	2단계 회의	2005.9.13~19	
제5차 회담	1단계 회의	2005.11.9~11	9·19공동성명의 전면적 이행 의지 확인
	2단계 회의	2006.12.18~22	9·19공동성명 이행 의지 재확인 및 이행을 위한 조율된 조치를 취해 나가기로 합의
	3단계 회의	2007.2.8~13	9·19공동성명 이행을 위한 초기조치 합의(2·13합의)
제6차 회담	1단계 회의	2007.3.19~22	9·19공동성명 이행을 위한 2단계 조치 합의(10·3합의)
	2단계 회의	2007.9.27~30	

국의 북한에 대한 방코델타아시아(BDA: Banko Delta Asia) 돈세탁 의혹으로 북한의 자산을 동결하면서 이행이 되지 않자 북한은 핵실험을 감행하여 대응에 나선 것이다.

2007년 10월 3일과 4일은 북한의 비핵화와 남북한관계가 밀접하게 연관되어 있다는 점을 보여 주는 날들이었다. 10월 3일에는 6자회담에서 9·19공동성명 이행을 위한 2단계 조치 합의인 10·3합의가 이루어졌고, 10월 4일에는 남북한 정상회담 공동성명이 발표된 날이다. 북한의 핵문제는 남북한관계에서 직접적인 협상을 하지는 않았지만, 남북한관계의 개선이 북한의 비핵화 합의에 영향을 미쳤다는 점을 나타냈다. 그랬기 때문에 2008년 이명박정부가 들어서서 '비핵개방 3000'정책을 펼치며 한국정부가 대북정책에 북한의 핵문제를 포함시켰을 때, 이러한 남한의 입장 때문에 북한의 비핵화 합의도 이행되지 않게 되는 원인이 되었다. 북한은 6자회담에서의 합의들을 파기하면서, 북한이 핵보유국이기 때문에 미국과 핵군축회담을 해야 한다는 주장을 펼쳤다.

이후 북한은 핵실험을 되풀이하고, 장거리 미사일도 계속 개발함에 따라 유엔과 미국 등 국제사회로부터 포괄적인 제재를 받기 시작했다. 최근 들어 미국의 트럼프 대통령 등장 이후 미국은 북한에 대한 군사적 제재까지 고려하는 최악의 상황으로 치달았다. 그러나 평창올림픽을 계기로 남북한관계가 급진전되면서 한국정부의 중재로 북미관계도 우호적으로 되기 시작했다. 그러나 트럼프와 김정은 간의 세 차례 정상회담 개최에도 불구하고 양측의 입장 차이를 좁히지 못하고

있다. 북한은 비핵화를 시작하는 조건으로 북한에 대한 미국과 국제사회의 경제제재를 완화하거나 일부 해제하기를 요구하고 있으나, 미국은 비핵화가 되기 이전에 제재를 축소시킬 생각을 별로 갖고 있지 않아서 양측의 협상은 평행선을 달리고 있는 상황이다.

한반도 평화체제

한반도 평화체제는 남북한의 갈등 및 적대관계 해소와 평화공존의 제도화를 의미하며, 이를 통하여 화해·협력·평화가 보장되는 체제이다. 이를 위해서는 남북한이 상호행위에 있어서 적대감을 최소화할 수 있는 인식, 규범 등에서 공동의 양식이 있어야 한다. 절차적인 차원에서 일단 교류·협력을 하면서 상호이해의 폭을 넓혀야 하고, 다음으로는 전쟁의 위험이 증가되는 상호간의 안보적 위협을 억지시킬 수 있는 제도를 강구해야 한다. 마지막 단계에서는 군사적 갈등을 야기하는 군비증강을 억제하고 군사력과 무력사용을 제한하는 군비통제를 실시해야 한다.

남북한이 안정적이고 지속적인 평화를 이루기 위해서는 몇 가지 조건이 필요하다. 첫째, 남북한이 교류와 협력을 본격적으로 추진하여 상호의존성을 심화시킬 수 있는 제도적 장치를 구축해야 한다. 둘째, 오해나 불신에 의한 우발적인 충돌이 대규모의 무력대결로 확대되는 것을 사전에 방지할 수 있는 신뢰구축이 이루어져야 한다. 셋째, 남북한 군사력의 균형이 이루어져 서로가 적대적 행위를 하지 못할 수준의 효과적인 억지상

태가 이루어져야 한다. 넷째, 공세적인 군사력 보유, 배치나 운용을 제한할 수 있는 군비통제가 이루어져야 한다.

한반도의 평화를 이루기 위해서는 남북한이 상대방의 위기나 불행이 자신의 기회와 행복이라는 인식과 자신의 이익을 상대방에 강요하거나 굴복시키는 것과 같은 제로섬(zero-sum)적인 논리에서 벗어나, 자신의 이익뿐만 아니라 상대방의 이익도 존중하면서 상호이익을 최대화하는 포지티브섬(positive-sum) 접근방식을 택해야 한다. 이러한 철학을 바탕으로 수립되는 한반도 평화체제는 민족의 동질성을 회복하기 위한 상호교류와 협력체제, 그리고 군사안보적 대치상태를 해소하기 위한 군사적 신뢰구축을 기본으로 하여 이루어져야 한다.

이러한 점에서 평화는 전쟁이 없는 상태이고, 한국전쟁이 종전되어야 한반도의 평화가 이루어졌다고 할 수 있다. 한국전쟁은 1953년 7월 정전협정을 체결함으로써 군사적 적대행위가 중단되었지만, 종전이 아니라 정전이기 때문에 법적으로 아직 한국전쟁은 끝난 것이 아니라 중단된 상태에 있다. 군사적 적대행위를 일시적으로 중단시킨 휴전체제를 끝내고 법적으로 전쟁을 종식시키기 위해서는 평화협정을 체결해야 한다. 정전협정은 양측의 군사령관이 체결하였던 군사적 성격의 협정인 반면, 평화협정은 국가원수가 체결하는 포괄적인 정치적 의미의 조약이며 비준을 필요로 한다.

평화협정의 내용은 한국전쟁의 종결선언과 남북한의 상호불가침 및 우호관계의 회복, 주변국의 평화보장을 위한 법적·제도적 장치 마련, 우발사태시 당사국 간 협의 및 국제협조, 협정위반 국가에 대한 국제제재 조치 강구, 해당국의 군비 배치 전환 및 군축 등이 포함될 수 있을 것이다. 평화협정에서는 정전협정에서 다루지 못한 분야에 대한 보완이 필요한데, 특히 해상 군사분계선에 대한 언급이 요구되고 있다. 정전협정은 해상 군사분계선을 설정하지 않았고, 유엔군 사령부가 일방적으로 서해에 북방한계선(NLL: Northern Limited Line), 동해에 군사분계연장선(Extension Line of the Military Demarcation Line)을 선언하였고, 북한은 1973년 12월 1일 제246차 군사정전위원회에서 서해 5도(백령도, 대청도, 소청도, 연평도, 우도)에 대한 북한의 영유권을 일방적으로 선언한 바 있다. 1991년 체결된 기본합의서에서 '해상불가침 경계선'에 대하여 남과 북은 계속 협의하도록 한 바 있으며, 이에 따라 이 문제는 평화협정에서 반드시 다루어져야 할 것이다.

남북한관계에서 전쟁상태를 종식시키기 위해서 평화협정을 체결하여 정전협정을 대체하자는 주장은 1972년 1월 김일성이 일본『요미우리신문』기자와 대담하는 과정에서 처음으로 제기되었다. 김일성의 주장은 진정한 한반도의 평화를 위한 측면도 있었지만, 평화가 이루어지면 미군의 남한 주둔 명분이 없어진다고 판단했던 측면도 있었던 것으로 보인다. 이러한 북한의 주장에 대해서 한국정부는 1974년 1월 남한의 군사력을 무력화하려는 시도라 하며 공식적으로 거부하면서, 남북 불가침협정을 역제안했다.

1974년 3월 북한의 최고인민회의는 평화협정

의 당사자를 남북한에서 북한과 미국으로 변경했다. 이후 북한은 지속적으로 북미평화협정을 체결하여 한국전쟁을 법적·제도적으로 종식시키자는 주장을 했다. 북한은 휴전협정 체결에 참여하지 않았기 때문에 한국정부가 정전협정의 당사자가 아니며, 이에 따라 평화협정의 당사자가 아니라고 강조했다. 중국은 정전협정에 서명했지만, 한국전쟁에 참전한 중국군은 형식상 중국의 정식 군대가 아닌 의용군이었으며, 중국이 정전협정에 서명한 당사자라 해도 중국이 북한에 권한을 위임하면, 중국의 참여 없이 북한과 미국이 평화협정을 체결함으로써 전쟁상태를 종식시킬 수 있다는 논리였다.

이에 대해서 한국정부는 한국정부가 휴전협정의 당사자는 아닐지라도 한반도 평화의 당사자이기 때문에 한반도 평화협정에 한국정부도 참여해야 한다는 논리를 전개하고 있다. 평화협정은 과거의 한국전쟁을 종식시키는 목적이 있지만, 향후 한반도의 평화를 정착시키고 유지시키는 역할도 해야 하는 미래지향적 목적도 지녀야 하기 때문에 한국정부도 평화협정에 참여해야 한다는 주장이다. 이와 더불어 한반도의 평화가 이루어지고 난 이후 이에 대한 국제적 보장을 하기 위해서 중국이 참여해야 한다는 주장도 나오고 있다. 이 경우 평화협정이라기보다는 평화체제의 접근이라 할 수 있다.

한반도 평화체제는 북한의 비핵화와 깊은 연관을 갖고 있으며, 특히 북한의 비핵화가 한반도 평화체제의 가장 중요한 선결조건이기도 하다. 제2차 핵위기를 해결하기 위해 6자회담이 진행되던 2005년 7월 북한은 외무성 대변인 담화를 통해 "조선반도에서 정전체제를 평화체제로 전환하게 되면 핵문제의 발생 근원으로 되고 있는 미국의 대조선 적대시정책과 핵위협이 없어지는 것으로 되며 그것은 자연히 비핵화 실현으로 이어지게 될 것"이라고 주장하며, 평화체제와 비핵화를 교환하는 방식을 제안했다. 6자회담에서 북한이 평화체제란 용어를 본격적으로 사용하기 시작했고, 결국 2005년의 9·19공동선언에는 "직접 관련 당사국들은 적절한 별도 포럼에서 한반도의 항구적 평화체제에 관한 협상을 가질 것"이라는 문구가 포함되었다.

2018년 4월 판문점에서 남북정상은 한반도에 더 이상 전쟁은 없을 것이라고 선언했으며, 한반도에서 "비정상적인 현재의 정전상태를 종식시키고 확고한 평화체제를 수립하는 것"을 더 이상 미룰 수 없는 역사적 과제로 규정했다. 이를 위해서 남북미 3자 또는 남북미 중 4자회담 개최를 추진하기로 합의했다. 평화의 가장 큰 걸림돌이 되고 있는 핵문제의 경우 "완전한 비핵화를 통해 핵 없는 한반도를 실현한다"는 공동의 목표를 확인했다. 2018년 6월의 북미 정상회담에서 양국은 새로운 북미관계 수립과 한반도에서의 '항구적이며 공고한 평화체제 구축'을 위한 노력에 합의했고, 북한은 판문점선언을 재확인하면서 한반도의 '완전한 비핵화'를 공약했다. 2019년 2월 하노이 북미정상회담에서의 노딜 이후 한반도 비핵화 협상이 교착단계에 놓여 있지만, 향후 협상이 재개되어 진전이 이루어지면 비핵화와 평화체제에 대한 논의가 본격적으로 이루어질 것으로 보인다.

5. 통일정책 및 통일방안의 변천

"대한민국은 통일을 지향하며, 자유민주적 기본질서에 입각한 평화적 통일정책을 수립하고 이를 추진한다." 대한민국헌법 제4조다. 따라서 통일은 한국정부의 최대목표 중의 하나다. 한국의 통일정책은 완전한 국토통일, 민족통일, 제도통일을 실현하는 것을 목적으로 추진되고 있다. 다시 말해서 통일은 한반도와 그 부속도서에 하나의 헌법 아래, 하나의 정부가 수립되는 단일 주권국가의 건설이라고 할 수 있다. 민족 차원에서 통일은 정치, 경제, 사회, 문화 등 모든 영역에서 민족공동체를 형성하여 고도의 자유민주복지국가를 실현하는 것이다.

　대한민국 정부수립 시기부터 한국정부는 평화적이면서도 상당히 공세적인 통일정책을 펼치기 시작했다. 1948년 6월 12일 한국의 제헌국회는 북한지역에서 자유선거를 실시하여 한국국회에 공석으로 남겨둔 100석의 의석을 채우도록 촉구했다. 제헌국회 의석은 300석이었으나 통일을 예상하여 100석은 남겨두고 남한지역에서 200명만 선출했다. 정부수립 이후 한국의 통일정책의 기조는 미국이 주축이 된 서방진영과 유엔을 활용하여 통일을 모색하는 외세의존적 성격을 지니고 있었다. 당시 유엔은 서방진영이 지배하고 있었기 때문에 유엔을 통한 통일은 남한이 유리한 방향으로 이루어질 수 있는 상황이었다.

　1953년 한국전쟁 휴전 이후에도 한국정부가 선택한 통일정책은 유엔 감시 하의 남북한 총선거 방식이었다. 내면적으로 북진통일을 정치구호화 하여 통일문제를 미수복 지역에 대한 수복의 개념으로 보고 통일의지를 고취시키던 한국정부는 휴전협정 제4항에 의거하여 1954년 개최된 제네바 정치회담에서 최초로 평화적 방법에 의한 통일방안을 제시했다. 그 주요 내용은 유엔 감시 하에 한국의 헌법 절차에 의거한 남북한 총선거를 실시하고 인구비례에 의해 국회를 구성하는 것을 원칙으로 하고 있었다. 이후 이승만정부는 1960년 4월 학생 시위에 의하여 붕괴될 때까지 유엔 감시 하의 남북한 총선거에 의한 통일을 정책기조로 했다. 그러나 남한인구의 절반 밖에 안 되는 북한이 남한의 선점적 우위를 보장하는 이 통일안을 받아들일 리가 없었다.

　경제력을 비롯한 전체적인 국력이 열세인 상태에서 북한과의 협상에서도 저자세의 입지를 면하기 어려웠던 1960년대의 한국정부는 '선 경제건설 후 통일논의'를 통일정책의 기본원칙으로 정하였다. 이승만정권의 붕괴 이후 장면 총리가 주도하는 제2공화국 민주당 정부도 제1공화국의 통일정책을 그대로 계승하여 북한을 국가로 인정하지 않으면서 인구비례에 따른 남북한 총선거를 제의하였다. 장면정부의 통일정책이 이승만정부의 통일정책과 다른 점이 있다면 북진통일론을 공식적으로 부인한 것이다. 이승만정권을 몰락시킨 주역인 학생들과 혁신계 정당 등 진보세력은 중립화 통일론을 주장하면서 남북협상, 남북교류론, 남북서신왕래 등을 제시했다. 진보적 시각에 의한 통일논의가 시작되자 장면정권은 '통일기피'라고 할 정도로 소극적인 통일정책을 견지했다. 이에 따라 경제적 열세에 놓여 있던 입장에서 북한을 압도하기 이전까지는 통일논의를 유보하고 경제건설에 치중해야 한다는 '선 건설 후 통일론'이 민주당 정권의 정책기조가 되었다.

1961년 5월 16일 군사 쿠데타에 의해 수립된 박정희정부는 민주당정부가 채택한 '선 경제건설 후 통일논의' 정책을 계승했다. 민주당의 정책은 통일논의를 회피하기 위한 소극적 방어적 성격이었으나, 박정희정부의 선 건설 후 통일론은 적극적인 힘에 의한 승공통일 정책에 기초하였다. 다시 말해서 박정희는 이승만의 승공통일론을 기반으로 하되 북한을 압도할만한 국력을 건설할 때까지 통일논의를 유보하는 동시에 통일을 위한 역량의 배양에 힘쓰는, 이른바 통일역량 배양정책을 추진했다.

1970년대 들어 경제력에서 북한을 추월하기 시작한 한국은 보다 적극적인 통일정책을 추진하기 시작했다. 더구나 국제정세의 변화가 한국으로 하여금 보다 적극적인 통일정책을 추진하게 했다. 1970년대 초 미국과 소련이 전략무기제한협정(SALT I)을 체결하고 미국과 중국의 관계개선이 이루어지는 등 동서진영 간의 데탕트가 진행됨에 따라 화해적인 국제정세의 여파가 한반도에 파급되어 남북한관계 개선 및 통일추진에 큰 역할을 한 것이다.

1970년 8월 15일 기념연설에서 박정희 대통령은 북한의 유엔 참여를 인정하며 '개발과 창조의 경쟁'을 제안함으로써 북한의 정치적 실체를 인정하는 입장을 보였다. '8·15평화통일구상선언'으로 불리는 이 연설에서 박정희는 평화적 방법에 의한 통일을 위하여 남북한 간에 쌓인 불신과 적대감을 해소할 수 있는 대화의 장을 마련해야 한다는 점을 제시했다. 이 선언은 분단 이후 남북한의 특수한 관계를 현실로 인정하고 통일에 접근해 가려는 의미를 갖고 있었다. 내부적으로는 서로 국가로 인정할 수 없는 특수한 관계이면서, 국제적으로는 북한을 사실상 하나의 국가로 인정하는 기점이 되었다.

1970년대 들어 체제의 열세에서 벗어난 한국정부는 뚜렷한 통일정책을 선언하거나 통일방안을 제의하지 않았지만, 대북정책에 있어서 주도권을 장악하기 위한 방법을 모색하기 시작했다. 북한의 실체를 인정하여 통일협상의 일방으로 인정하기 시작했고, 유엔에 의존한 통일정책에서 벗어나 남북한 당사자 간의 직접적이며 평화적인 대화를 통하여 통일문제에 접근했다. 1973년 6월 23일 박정희정부는 '평화통일을 위한 외교정책 특별선언(6·23선언)'에서 북한을 보다 더 공식적으로 인정했다. 이 선언의 주요 내용은 남북한 상호 내정불간섭, 남북한 국제기구 동시참가 및 유엔 동시가입, 호혜평등 원칙하에 모든 국가에 대한 문호개방 등이었다. 북한을 미수복 지구로 규정했던 인식을 전환하여 사실상 2체제 2국가관계를 선언한 것이었다.

이어서 박정희는 1974년 1월 18일에 남북불가침협정 체결을 제의하였고, 8월 15일에는 평화정착, 문호개방과 신뢰회복 및 통일성취라는 평화통일 3대 기본원칙을 천명하였다. 3대 기본원칙은 ① 한반도에 평화를 정착시켜야 하며, 이를 위해 남북한은 상호불가침협정을 체결하여야 한다. ② 남북 간에 상호문호를 개방하고 신뢰를 회복해야 하는 바, 이를 위해서는 남북대화를 성실하게 진행시키고 다각적인 교류·협력이 이루어져야 한다. ③ 이 바탕 위에서 공정한 선거관리와 감시하에 토착인구 비례에 의한 남북 자유 총선거를 실시하여 통일을 이룩한다는 내용을 포함하고 있었다. 이와 같이 1970년대 중반 이후 북진통일 또는 무력통일의 기조는 완전히 포기되고 평화통일의 기조를 유지했다.

한국정부가 처음으로 제시한 공식적 통일방안은 1981년 3월 출범한 전두환정부가 1982년 1월 22일 제의한 민족화합 민주통일 방안이다. 이 방안은 "통일은 민족자결의 원칙에 의거하여 겨레 전체의 의사가 골고루 반영되는 민주적 절차와 평화적 방법으로 성취되어야 한다"는 기본 원칙에 입각하여, 통일헌법의 제정으로부터 남북총선거를 통한 통일 민주공화국 완성에 이르는 일련의 과정을 구체적으로 제시했다. 신기능주의적 성격을 지닌 이 통일방안은 점진적이고 단계적 접근방법에 의한 구체성과 실현성에 중점을 둔 선 평화후 통일의 원칙에 기초를 두고 있다. 첫째, 남북 쌍방주민을 대변하는 남북한 대표로 민족통일협의회의를 구성하며 이 협의회의에서 민족, 민주, 자유, 복지의 이념을 촉구하는 통일헌법을 마련하고, 이 통일헌법이 정하는 데 따라 총선거를 실시하여 통일국회와 통일정부를 구성한 후 통일민주공화국을 수립한다. 둘째, 민족화합에 의한 통일을 이룰 때까지의 과도적 조치로서 '남북한 기본관계에 관한 잠정협정'을 체결하여, 양측의 신뢰를 조성하고 통일저해 요인을 제거하며 통일헌법 제정 작업을 순조롭게 촉진한다는 것이었다.[7]

전두환정부가 제시한 통일안은 통일을 이루는 과정이 별로 정교하지 못했으며, 당시는 세계적으로 신냉전이 시작되는 시기였기 때문에 별로 주목을 받지 못했다.

1980년대 후반 이후 대외정세가 한국에 유리한 방향으로 전환되었고, 한국이 체제 면에서 자신감을 가지기 시작하게 되면서 한국이 대북관계에서 주도권을 장악하게 되었으며, 이에 따라 새로운 통일안도 제시하게 되었다. 한국정부는 북한을 봉쇄하고 붕괴시키려는 전략보다는 북한을 동반자로 인식하고 대승적인 입장에서의 접근을 해 나갔다. 이러한 측면에서 발표된 것이 1989년 9월 11일의 '한민족공동체 통일방안'이었다. 이 통일방안의 골자는 남북 양측에 이질적인 두 체제가 존재함을 인정하고, 이 같은 현실을 바탕으로 개방과 교류·협력을 넓혀 신뢰를 구축해야 하며, 궁극적으로 민족 공존공영의 토대 위에서 남북한이 '연합'하여 단일민족사회를 지향하여 단일민족국가를 건설하자는 것이었다.

국가 간의 연합은 국제조약에 의해 주권을 보유한 복수의 독립국가들이 결합하는 것을 의미하며, 연합은 구성된 주권국가에 대하여 어떠한 권한도 가지지 못한다. 전반적인 외교권은 국가연합의 구성국이 가지며 중앙조직은 예외적으로 조약이 인정한 범위 내에서의 외교능력만을 가진다. 국가연합의 구성국은 주권을 국가연합에 이양하지 않은 상태에서 결합하기 때문에 구성국은 완전한 주권국가의 지위를 유지한다. 따라서 구성국들은 별개의 헌법을 보유하게 된다. 따라서 1민족 내부 2체제 연합형태를 지향하는 남북연합은 '연방'의 개념과는 달리 통일을 지향하는 과도적이고 특수한 결합 형태이다. 이러한 점에서 북한이 제시하는 통일방안인 고려연방제통일방안과 차이점이 존재한다.[8] 다시 말해서 남한의 통일방안에서 제시하는 연합은 하나의 국가가 이루어지기 전의 과정이고, 북한이 주장하는 연방제의 연방 개념은 하나의 국가로 된 결과라고 할 수 있다. 연합과 연방의 차이점은 표 16.2를 보면 자세히 알 수 있다.

남북연합 안에서 남과 북은 각각 주권국가로 남게 되지만, 국제법상의 관계가 아닌 국내법에 준하는 특수한 법적 유대관계를 가지게 된다. 남

북연합은 통일을 위한 과도기적 조치로 정상회담에서 민족공동체헌장을 채택, 공포하고, 이 헌장에 따라 남북연합을 위한 기구들을 창설한다. 국가 간의 조약이 아닌 국내법적 협정의 성격을 가진 민족공동체 헌장은 통일원칙과 기구설치에 대한 합의이며, 통일국가를 건설할 때까지의 남북한관계를 규율하고 정치공동체 형성의 기반인 사회·문화·경제적 공동체를 실현시키는 장전이다. 따라서 민족공동체 헌장에 포함될 내용으로는 평화와 통일을 위한 기본방안, 상호불가침에 관한 사항, 남북연합기구의 설치·운영에 관한 남북 간의 포괄적인 합의의 규정 등이다.

표 16.2 국가연합과 연방국가의 비교

	국가연합		연방국가	
	국가연합	구성국	연방국가	구성국
주권보유	X	O	O	X
국제법인격	X	O	O	X
대내적 통치(1): 주민 통치권 및 과세권	X	O	O	O
			* 양자 간 권한배분문제 발생	
대내적 통치(2): 군사권 및 통화발행권	X	O	O	X
대외적 통치권	△	O	O	X
	* 국가연합도 제한적인 외교권 행사 및 군사적인 통일행동 가능		* 조약체결의 경우 예외 존재 (미국, 독일 등)	
국제 책임	X	O	O	X
결합 근거	조약(국제법)		연방헌법(국내법)	
존속의 안정성	한시적·잠정적·과도적 결합		영구적 또는 반영구적 결합	
주민의 국적	구성국의 개별국적 보유		연방국가의 단일국적 보유	
구성국 간 무력충돌	전쟁		내란	

통일국가의 미래상은 민족성원 모두가 주인이 되는 하나의 민족공동체로서 각자의 자유·인권·행복이 보장되는 민주국가를 건설하는 것이다. 통일민주공화국의 정책기조는 ① 민족성원 전체의 참여와 기회균등이 보장되고, 다양한 주의·주장의 표현이 보장되는 민주공화체제, ② 민족성원 모두의 복지 증진, ③ 민족의 항구적 안전과 세계평화에의 기여, ④ 모든 나라와 선린우호관계 유지 등이다.

김영삼정부는 노태우정부의 한민족공동체 통일방안을 바탕으로 하여 통일정부의 체제성격을 보다 구체적으로 명시한 '민족공동체 건설을 위한 3단계 통일방안'을 1994년에 제시했다. 이 통일방안이 제시된 이후에 새로운 통일방안이 제시되지 않았기 때문에 현재 한국정부의 공식적인 통일방안은 1994년의 민족공동체 3단계 통일방안이고, 그 모태는 1989년의 한민족공동체 통일방안이라고 할 수 있다. 1994년의 통일방안은 자주·평화·민주의 3원칙을 바탕으로 화해·협력 단계와 남북연합 단계를 거쳐 자유와 복지, 인간의 존엄성이 구현되는 완전한 통일국가를 건설하자는 방안이다.

제1단계인 화해·협력 단계는 남북한이 이념대결과 적대관계를 청산하고 신뢰 속에서 관계를 발전해 가는 단계이다. 남북한이 상호체제를 인정하는 가운데 분단 상태를 평화적으로 관리하면서 경제, 사회, 문화 등 각 분야의 교류협력을 확대해 가는 단계이다. 사회·문화분야에서는 관광교류, 학술 공동연구, 예술 및 스포츠교류, 교육·문학·보건·출판·종교·노동분야의 정보 교환 및

기술협력, 남북 자유 왕래·접촉 등을 모색한다. 경제교류는 자원의 공동개발 및 물자교류, 남북교통로 신설, 과학·기술·환경분야의 교류와 협력, 우편·전기·통신 교환 및 기술협력, 국제경제무대에서의 협력 및 해외시장 공동 진출 등을 포함한다. 이 단계는 남북한이 비정치적 분야의 화해와 협력을 통하여 민족의 동질감을 회복하면서 그 파급효과를 통하여 정치통합의 여건을 성숙시켜 나가는 기능주의적 접근이라 할 수 있다.

제2단계인 남북연합단계는 통일국가 실현을 위한 법적·제도적 장치를 마련하는 단계이다. 이 과도적 단계는 남북이 서로 다른 체제와 정부하에서 통일지향적인 협력관계를 통해 통합과정을 관리해 나가는 단계이다. 이 단계에서 남북한은 민족 동질화를 추진하고 민족 공동생활권을 형성한다. 이 단계에서 남북한은 각기 대외적 주권을 유지하되, 남북정상회의, 남북각료회의, 남북평의회, 남북공동사무처 등 제도적 장치를 마련하게 된다. 남북한은 국가 간의 관계가 아닌 민족 내부의 특수관계로 발전하게 하며, 국가통합을 위하여 남북 의회대표들이 통일헌법안을 마련한다, 휴전체제를 평화체제로 전환하고, 남북 군축회담을 추진한다. 궁극적으로 군사적 신뢰가 구축되어 한반도의 평화가 정착되고 경제협력과 사회 문화분야에서 교류협력이 심화되어 민족공동체가 형성될 것이다.

마지막 단계인 통일국가 완성단계는 연합단계에서 구축된 민족공동의 생활권을 바탕으로 남북한 두 체제를 완전히 통합하여 정치공동체를 실현하는 것으로서 1민족, 1국가, 1체제, 1정부의

형태로 통일국가를 완성하는 단계이다. 남북 의회대표들이 마련한 통일헌법에 의한 남북한 총선거로 통일정부와 통일국회를 구성하고, 남북한 두 체제의 기구와 제도를 통합하여 통일을 완성한다. 통일한국은 개개인의 자유와 복지와 인간 존엄성이 구현되는 자유민주주의 국가로 완성된다. 통일국가는 동아시아의 평화와 번영을 위해 주도적인 역할은 물론 인류의 발전에 기여한다.

앞서 언급했다시피, 북한의 연방제 통일안과 비교하여 민족공동체 통일안의 특징은 과도체제로서 국가연합의 형태인 남북연합을 제시한 것이다. 남북연합의 구성에 있어서 남한은 인구 면에서의 절대우위에도 불구하고 남북한 동수대표로서 남북연합 기구들을 구성할 것을 제의했다. 남북연합은 최고의결기구로 남북정상회의를 두고 쌍방 정부대표로 구성되는 남북각료회의와 남북 국회의원으로 구성되는 남북평의회를 두며, 이를 위한 실무적 문제를 관장하는 공동사무처를 두고 서울과 평양에 상주 연락대표부를 파견하는 것이다. 따라서 남북연합은 최고결정기구, 집행기구, 대의기구, 하위의 실무기구를 모두 구성할 수 있는 것이다.

한국정부는 남북연합이 통상적으로 언급되는 국가연합과는 차이가 있다고 주장한다. 남북연합 기간에 남북한정부는 '민족내부의 특수관계'를 유지하면서 대화와 협력의 범위를 넓혀가기 때문에 남북연합은 독립된 국가 간의 관계를 가정하고 있는 일반적인 의미의 국가연합과 다르다는 것이다.

민족공동체 통일방안은 점진적인 통일방식을 지향하고 단계별 과정을 제시하였다는 점에서 논리적이라는 평가를 받을 수 있으며, 정치선전적이고 평화공세적인 차원이 아닌 체계적이면서 객관적이라는 긍정적인 평가를 받고 있으나, 다른 한편 "북한의 실정과 남북한관계의 현실을 도외시한 이론적 구상"에 지나지 않기 때문에 진보·보수 어느 진영으로부터도 적극적인 반응을 받지 못하는 취약점을 보이고 있다는 평도 함께 받고 있다.[9] 궁극적으로 마지막 단계인 통일국가의 형성에 대하여 너무 단순한 형태만을 고수할 필요가 없다는 주장도 제기되고 있다. 즉, 제1, 2단계를 거쳐 민족 동질성을 회복한 통일국가는 단일제이건, 연방제이건 선택의 여지를 열어 놓을 필요가 있다는 것이다. 북한의 통일방안이나 남한에서 제시된 김대중 3단계 통일안을 비롯한 일부 통일안은 남북연방을 제시하고 있으나 남한과 북한지역을 기본 단위로 연방을 구성하는 '거시 연방'은 불안정하며, 캐나다나 독일 같이 남북한을 10여개 주로 구성하는 연방제가 바람직하다는 견해도 있다. 거시 연방제에서는 남과 북의 두 자치정부가 대치할 경우 이를 조정·중재할 수 있는 완충지대가 없기 때문에 폭력적 대결과 체제 붕괴로 이어질 가능성이 매우 크기 때문에 보다 많은 수의 지방정부를 만들자는 의견이다.

마지막으로 통일을 대비하여 북한의 통일안에 대해서 남한의 통일안과 비교해 볼 필요가 있다. 북한은 1980년 10월 10일 제시한 고려민주연방공화국 창립방안이 지금까지의 최종 통일방안이다. 그러나 이 통일방안은 북한이 어느 정도 체제적인 자신감을 가지고 대남적화전략의 차원에서 제시한 공세적인 통일방안이었지만, 1990년 이후 체제위기에 처하게 되면서 연방제 통일방안의 내용을 조금씩 달리 하고 있다. 1991년 김일성 신년사에서 북한은 연방제 통일을 하되 초기 단계에서는 남북한정부에 보다 많은 권한을 주었다가 점진적으로 중앙연방정부의 권한을 높여가는 점진형 연방제 통일방안을 제시했다. 급격한 완성형의 연방을 하면 오히려 북한이 남한에 흡수될지 모른다는 우려감이 내재되어 있는 것이다.

이러한 입장은 2000년 6·15공동선언의 제2항에서도 표현되고 있다. 그 조항은 남한의 연합제와 북한의 낮은 연방제 통일안의 공통점을 찾아서 통일을 추진하자는 내용이다. 여기서 '낮은 단계의 연방제'라는 표현이 중요한 의미를 가진다. 2000년 10월 9일자 『로동신문』은 "련방제통일방안은 가장 정당하고 현실적인 통일방도"라는 제목의 논평기사에서 낮은 단계의 연방제안은 "북과 남에 존재하는 두 정부가 정치, 군사, 외교권을 비롯한 현재의 기능과 권한을 그대로 가지게 하고, 그 위에 민족통일기구를 내오는 방법으로 민족공동의 리익에 맞게 북남관계를 통일적으로 조절"해 나가는 것이라고 밝혔다.[10] 이에 따르면 낮은 단계의 연방에서 하위정부가 가지는 권한은 주권을 의미하며, 따라서 낮은 단계의 연방은 실질적으로 '연합'을 의미함을 알 수 있다. 이러한 점에서 남북한이 제시하는 통일방안은 시대와 상황의 변화에 따라 내용이 바뀔 수 있으며, 실제로 통일이 다가오면 이 통일방안들이 무시될 수도 있다는 점을 나타내고 있다.

6. 한반도 통일의 가능성과 한계

제2차 세계대전이 끝나면서 1940년대 후반부터 시작된 세계냉전의 부산물로 분단된 국가들 중에 한반도만 제외하고 독일, 베트남, 예멘은 이미 통일되었다. 통일의 유형인 합의통일, 흡수통일, 무력통일 모두를 경험하며 분단국들이 통일되었다. 어떠한 시기에 어떠한 원인으로 어떠한 방식으로 통일이 되었든지 통일과정은 대체로 고통스러운 것이었고, 실패한 경험도 있다.

무력통일은 동족상잔의 내전의 과정을 겪기 때문에 국가와 민족 모두가 황폐화되면서 통일이 된다. 수많은 인명과 재산 피해를 감수해야 한다. 그렇기 때문에 통일방안으로 무력통일방안을 제시하는 사람들은 아무도 없다. 다음으로 흡수통일의 경우에도 어느 한편이 무슨 이유와 방식에 의해서건 붕괴가 되는 것을 전제로 하기 때문에 별로 바람직하지 않는 방식으로 인식되고 있다. 가장 합리적인 방식으로 합의통일이 거론되고 있다. 그러나 합의통일의 경우에는 양쪽이 적대감을 버리고 화해와 협력을 통해서 동질성을 회복한 이후에야 가능하기 때문에 많은 시간과 복잡한 절차를 필요로 하는 단점을 지니고 있다. 민족 전체가 하나가 되어서 통일을 하지 않으면 억지로 통일이 된 이후 다시 분열되어 통일이 실패할 수 있다는 우려도 제기된다.

예멘이 합의통일을 했다가 실패한 사례를 보여주고 있다. 예멘은 1990년에 합의통일을 했다. 이 합의통일은 1989년 세계냉전이 종식되면서 갑작스럽게 이루어졌기 때문에 체계적인 준비를 하지 못하고 이룩한 합의통일이었다. 이데올로기적으로 상극이었고 군사적으로 대치상태에 있던 남북예멘은 단시일 내에 제도적으로 하나가 되기에는 너무 다른 체제를 유지하고 있었고, 정치사회적으로 다른 제도 하에서 살던 예멘 국민들의 동질성 회복도 이루어지지 않은 상태에서 지도자들 간의 합의에 의해서 조급하게 통일이 이루어진 것이다.[11]

결국 1990년의 합의통일은 4년 뒤에 실패로 돌아가서 재분단되었다. 실패한 이유에는 여러 가지가 있었다. 우선 남북예멘의 국력격차가 있었는데, 이 격차를 무시하고 50 대 50으로 통일을 했다가 남북예멘 출신 정치인들 간에 지분 싸움이 발생했다. 정치엘리트들이 갈등을 겪게 되자 동질화되어 있지 않던 남북예멘의 국민들도 과거 지도자들의 편을 들며 분열되었다. 분단 당시 적군으로 대치하고 있던 남북예멘 군대의 신뢰구축이 이루어지지 않았기 때문에 지도자와 국민들이 분열할 때 군대 간의 적대감도 고조되었다. 결국 재분단은 내전으로 이어져서 북예멘이 남예멘을 무력으로 통일했다. 따라서 예멘의 통일 사례는 합의통일이 매우 어렵고 많은 시간과 과정을 필요로 한다는 점, 그리고 합의통일이 실패할 경우 통일 이전보다 갈등이 심화되어 전쟁까지 발생할 가능성이 있다는 점을 보여주고 있다.

남북한이 제시한 통일안들은 모두가 합의통일을 전제로 한 통일방안들이다. 따라서 통일방안에는 남북한이 서로에 대해서 접근하는 방식에 대한 철학이 담겨져 있다. 남한의 경우 통일정책에 대해서 내부적으로 진보와 보수의 시각에 차이가 있다. 대체로 진보세력은 남북한이 교류와 협력을 하여 화해를 한 후 평화적인 방법으로 합의통일하기를 바라는 반면, 보수세력은 체제위기에 처한 북한이 머지않아 붕괴될 것이고 이에 따른 흡수통일의 기회가 올 것이라고 주장한다. 북한이 핵개발을 하고 인권탄압을 하는 한 남한이 북한과 교류 또는 협상을 할 필요가 없고, 봉쇄하여 붕괴를 유도해야 한다는 생각을 하고 있다.

흡수통일에 대해서는 1990년대 초반부터 북한이 식량난, 경제난 등 체제위기에 처하면서 많은 논의가 되었고, 특히 1990년 동독이 붕괴되어 서독에 흡수통일 되는 사례를 보고, 북한도 멀지 않아 붕괴될 것이라는 가정 하에 흡수통일에 대비하는 정책적 준비를 했다. 그러나 북한이 체제위기를 견디지 못하고 붕괴되더라도 남한이 북한을 흡수통일하는 데 있어서 많은 난관이 존재한다는 주장이 나왔다. 이 경우 가장 중요한 점은 대한민국정부의 관할권문제이다. 특히 북한의 붕괴 시 국제법적으로 남한정부가 북한을 흡수통일할 수 있는가에 대해서 부정적인 시각이 대두되었다.

먼저 1948년 8월 15일 대한민국정부가 수립된 이후 국제사회가 대한민국을 어떻게 승인하였는지에 대해서 살펴 볼 필요가 있다. 1948년 12월 12일 파리에서 개최된 제3차 유엔총회에서 48 대 6(기권1)으로 한국 승인에 대한 결의문이 채택되었다. "(유엔)임시위원단이 감시하고 협의할 수 있었고 전체 한국인의 과반수가 살고 있는 한국의 한 부분 위에 효과적인 통치와 관할권을 갖는 합법 정부가 수립되었다(there has been established a lawful government ··· having effective control and jurisdiction over that part of Korea where the Temporary Commission was able to observe and consult and in which the great majority of the people of all Korea reside)"고 되어 있다. 이어서 "한국에 그러한 정부는 하나밖에 없다(the only government in Korea)"라고 선언하였다.[12] 다시 말해서 유엔은 대한민국 정부를 한반도 전체를 대표하는 합법정부가 아니라 단지 남한지역에서의 합법정부로 인정을 하고, 38선 이북지역은 국제법에서 통용되는 무주지(無主地)로 남겨 두었다.[13] 이 조항은 한반도 통일의 국제적 승인과정에서 논란의 대상이 될 수 있을 것이다. 특히 남한이 북한을 일방적으로 흡수통일을 할 경우 이 논리에 의거하여 국제적인 견제가 이루어질 것으로 예상된다.

이 문제를 확인할 수 있는 기회가 한국전쟁 기간에 발생했다. 전쟁 기간 유엔군의 반격이 성공을 거두어 유엔군에 의한 통일을 눈앞에 두었던 1950년 10월 한국정부는 북한지역에 대하여 유엔 감시 하의 선거를 하여 한국국회 설립 시 남겨두었던 국회의석 100석을 보충하여 통일하자는 제의를 하였다. 그러나 미국을 비롯한 참전국들은 이를 받아들이지 않았다. 유엔 참전국들은 유엔군이 한반도 전체를 점령하더라도 북한지역을 대한민국정부에 흡수시키는 것이 아니라, 유엔을 통한 국제관리 하기를 원하였다. 1950년 10월 12일 유엔 총회는 유엔한국통일부흥위원단(UNCURK)을 구성하여 이 기구가 북한지역을 통치하도록 하는 결의안을 채택하였다. 이 기구가 조직될 때까지는 유엔 사령부가 북한지역을 통치하도록 함으로써 이승만정부의 북한 관할권에 대하여 인정하지 않았다.[14]

만약 북한이 붕괴되었을 때 한국정부가 흡수통일을 하지 못하면 어떻게 되는 것인가? 독일의 경우 같은 문제가 있었다. 국제사회가 인정하는 서독정부의 영토는 서독지역에 국한되었기 때문에 동독이 완전히 붕괴되어 힘의 공백상태가 되더라도 서독이 흡수통일을 하기 어려울 수도 있다는 점이 제기되었다. 이에 따라 서독은 동독이 완전히 붕괴되지 않도록 하고, 붕괴되어 가는 동독지역에 개입한 이후 총선거를 실시하게 하여 서독과 통일을 할 수 있는 드 메지에르 개혁정부를 동독지역에 탄생시켰다. 그리고 나서 서독정부가 이 정부와 통일조약을 체결하여 통일을 완성했다. 내부적으로는 흡수통일이었지만, 대외적으로는 합의의 형식으로 통일을 했기 때문에 국제사회의 국제법적 제한을 피해갈 수 있었다.

북한이 붕괴될 가능성이 높아질 경우 한국정부도 서독정부가 한 것처럼 북한지역에 개혁정부를 탄생시켜서 합의형 흡수통일을 시도하면 독일 같이 통일을 할 수 있을 것이다. 그러나 서독의 경우에는 1970년대 초반부터 서독이 동방정책을 펼치면서 동독사회와 주민들을 변화시켰기 때문에 동독지역에 개혁정부를 탄생시키는 것이 가능했지만, 북한의 경우 남한과의 적대감이 지속되어 왔기 때문에 체제가 붕괴되더라도 남한과 합의하여 통일을 할 정부를 탄생시키기 어려울 것이다. 이 경우 북한지역은 남한이 흡수통일 하지 못하고 국제관리에 들어갈 가능성이 크다.

북한이 붕괴되어 흡수통일의 기회가 왔을 때 북한지역에 대한 국제관리를 피하면서 북한에 개혁정부를 탄생시키기 위해서는 지금부터라도 북한과의 교류와 협력을 확대하여 북한주민들이 남한에 대한 인식을 전환시키도록 해야 할 필요가 있다. 북한과의 교류와 협력을 심화·확대하면 북한의 주민들에 의한 체제변화 요구가 증대될 것이고, 북한체제의 변화가 이루어질 때 주민들이 개혁적인 성향으로 변화를 주도할 수 있을 것이다. 이러한 점에서 북한의 국가가 소멸하거나 체제가 붕괴될 때 북한 주민들이 어떠한 선택을 하느냐가 통일에 중요한 요인이 된다.

결론적으로 분단국이기 때문에 통일이 되어야 하고, 통일을 모색하는 것은 당연한 일이다. 그러나 시간이 지날수록 대내외적으로 통일의 장애요인이 점차 심화될 것이다. 국제적으로 주변국들은 한반도의 통일을 적극적으로 원하지 않기 때문에 통일에 비협조적일 가능성이 크다. 특히 남한이나 북한과 동맹을 체결하고 있는 미국이나 중국이 통일에 걸림돌이 될 수 있다. 국내적으로 분단 이후 몇 세대가 지나가면서 통일에 대한 열기가 식어가고 있는 것이 사실이다. 특히 통일은 왜 하냐고 의문을 가진 젊은 사람들이 증가하고 있으며, 북한을 이웃국가로 인식하고 교류나 하면서 서로 이익이 되는 방향으로 사는 것이 좋지 않으냐는 시각을 지니고 있다. 또한 남한에서의 기득권 세력도 변화에 대한 두려움을 갖고 통일에 대해서 소극적인 태도를 보이고 있다. 통일은 국가의 주요 목표 중의 하나지만, 그 목표는 점차 성취하기 어려운 것으로 되어 가고 있다.

❖ 주

1) 유럽통합을 위하여 제시된 통합이론은 김계동, 『현대유럽정치론: 정치의 통합과 통합의 정치』(서울: 서울대학교출판부, 2008), pp. 468–497 참조.
2) 기능주의 이론에 관해서는 David Mitrany, *A Working Peace System* (Chicago: Quadrangle Books, 1966); A. J. R. Groom and Paul Taylor, *Functionalism: Theory and Practice in International Relations* (London: University of London Press, 1975) 참조.
3) 김계동, "남북한 체제통합: 이론과 실제," 『국제정치논총』 제36집 2호 (1996).
4) 신기능주의에 대해서는 Ernst B. Haas, *The Uniting of Europe* (Stanford: Stanford University Press, 1958); Walter Mattli, *The Logic of Regional Integration: Europe and Beyond* (Cambridge: Cambridge University Press, 1999), p. 23; Ben Rosamond, *Theories of European Integration* (New York: St. Martin's Press, 2000), p. 55 참조.
5) 김계동, 『한국전쟁: 불가피한 선택이었나』(서울: 명인문화사, 2014), pp. 348–413.
6) 북한의 핵위기와 해결방안 모색에 대해서는 김계동, 『북한의 외교정책과 대외관계: 협상과 도전의 전략적 선택』(서울: 명인문화사, 2012), 제7장 벼랑끝 외교, pp. 101–188 참조.
7) 김계동, 『남북한 체제통합론: 이론·역사·정책·경험』(서울: 명인문화사, 2006), pp. 165–166.
8) 북한의 고려연방제 통일방안에 대해서는 김계동 (2006), pp. 200–205를 참조.
9) 유석렬, "남북한 통일 정책의 요지·쟁점과 전망," 한국정치학회 주최 『남북한 관계의 분야별 현황과 과제: 쟁점과 대책』 학술회의 발표논문, 1997년 11월 8일, p. 6.
10) 『로동신문』, 2000년 10월 9일.
11) 예멘의 통일 사례는 김계동 (2006), pp. 274–324 참조.
12) UN General Assembly, *Official Records: Third Session, Part I, Resolutions*, pp. 25–27.
13) 김계동, 『한반도 분단, 누구의 책임인가?』(서울: 명인문화사, 2012), pp. 206–207.
14) 이승만의 통일정책과 미국의 북한지역 통치계획에 대하여는 김계동 (2012), pp. 344–359를 참조할 것.

❖ 참고문헌

1. 한글문헌

국토통일원.『국가연합사례연구』. 1986.

김계동.『남북한 체제통합론: 이론·역사·정책·경험』. 서울: 명인문화사, 2006.

_____.『북한의 외교정책과 대외관계: 협상과 도전의 전략적 선택』. 서울: 명인문화사, 2012.

_____. "지역통합이론 연구: 유럽통합을 중심으로." 『세계정치연구』제1권 2호 (2002년 1월).

_____.『한국전쟁: 불가피한 선택이었나?』. 서울: 명인문화사, 2014.

_____.『한반도 분단, 누구의 책임인가?』. 서울: 명인문화사, 2012.

_____.『한반도의 분단과 전쟁: 민족분열과 국제개입·갈등』. 서울: 서울대학교출판부, 2000.

_____. "한반도 평화체제 구상."『국방정책연구』제61호 (2003년 가을).

_____.『현대유럽정치론: 정치의 통합과 통합의 정치』. 서울: 서울대학교출판부, 2008.

김근식. "연합과 연방: 통일방안의 폐쇄성과 통일과정의 개방성: 6·15 공동선언 2항을 중심으로."『한국과 국제정치』제19권 4호 (2003년 겨울).

김학준. "민족공동체와 남북한체제연합 연구."『통일문제연구』제1권 3호 (1989).

남궁영. "남북정상회담과 통일방안의 새로운 접근: 연합제와 낮은 단계의 연방제."『한국정치학회보』제36집 1호 (2002).

유석렬. "남북한 통일 정책의 요지·쟁점과 전망." 한국정치학회 주최『남북한 관계의 분야별 현황과 과제: 쟁점과 대책』학술회의 발표논문. 1997년 11월 8일.

임채완·장윤수. "연방제와의 비교를 통해 본 남북연합의 형성조건."『한국동북아논총』제28집 (2003).

장명봉. "국가연합에 관한 연구."『국제법학논총』제33권 2호 (1988).

제성호.『한반도 평화체제의 모색』. 서울: 지평서원, 2000.

2. 영어문헌

Groom, A. J. R., and Paul Taylor. *Functionalism: Theory and Practice in International Relations.* London: University of London Press, 1975.

Haas, Ernst B. *The Uniting of Europe.* Stanford: Stanford University Press, 1958.

Harrison, Reginald J. "Neo-functionalism." in A. J. R. Groom and Paul Taylor (eds.). *Frameworks for International Co-operation.* London: Pinter Publishers, 1990.

Kim, Gye-Dong. *Foreign Intervention in Korea.* Aldershot, England: Dartmouth Publishing Company, 1993.

Lindberg, Leon N., and Stuart A. Scheingold. *Regional Integration: Theory and Research.* Cambridge: Harvard University Press, 1971.

Mitrany, David. *A Working Peace System.* Chicago: Quadrangle Books, 1966.

Nye, Joseph S. "Comparative Regional Integration: Concept and Measurement." *International Organization* 22-4 (1968).

Rosamond, Ben. *Theories of European Integration.* New York: St. Martin's Press, 2000.

Schmitter, Philippe. "Three Neo-Functional Hypotheses About International Integration." *International Organization* 23-1 (1969).

Taylor, Paul. "Functionalism: the approach of David Mitrany." in A. J. R. Groom and Paul Taylor. (eds.). *Frameworks for International Cooperation.* London: Pinter Publishers, 1990.

찾아보기

저자소개

김계동 (kipoxon@hanmail.net • 1, 16장)

연세대학교 정치외교학과 졸업
영국 옥스퍼드대학교 정치학 박사

현 건국대학교 안보·재난관리학과 초빙교수
　　군사편찬연구소 자문위원

연세대학교 국가관리연구원 교수
국가정보대학원 교수(교수실장)
한국국방연구원 연구위원
한국전쟁학회 회장/한국정치학회 부회장/국가정보학회 부회장/국제정치학회 이사
국가안보회의(NSC)/민주평통 자문회의/국군기무사 자문위원
연세대, 고려대, 경희대, 성신여대, 국민대, 숭실대, 숙명여대, 동국대,
　　통일교육원 강사 역임

주요논저

Foreign Intervention in Korea (Dartmouth Publishing Company)
『남북한 체제통합론: 이론, 역사, 정책, 경험, 제2판』(명인문화사)
『북한의 외교정책과 대외관계: 협상과 도전의 전략적 선택』(명인문화사)
『한반도 분단, 누구의 책임인가?』(명인문화사)
『한국전쟁: 불가피한 선택이였나』(명인문화사)
『현대유럽정치론: 정치의 통합과 통합의 정치』(서울대학교출판부)
『현대 한미관계의 이해』(공저, 명인문화사)
『국가정보: 비밀에서 정책까지』(역서, 명인문화사)
『국제관계와 세계정치』(역서, 명인문화사)
『동북아정치: 변화와 지속』(역서, 명인문화사)
『정치학의 이해』(역서, 명인문화사)
『현대 유럽의 이해』(역서, 명인문화사) 외 다수

김 욱 (wkim@pcu.ac.kr • 10장)

연세대학교 정치외교학과 졸업
미국 아이오와대학교 정치학 박사

현 배재대학교 행정학과 교수
　　한국사회과학데이터센터 부소장

스웨덴 남스톡홀름대학교 교환교수
한국선거학회 회장 역임

주요논저
『정치참여와 탈물질주의』(집문당)
『미국정치와 정부』(역서, 명인문화사)
『민주주의국가이론』(역서, 명인문화사)
『다문화주의와 페미니즘』(공저, 한울)
『한국의 사회변동과 탈물질주의』(공저, 오름) 외 다수

박명호 (mpark@dongguk.edu • 5장)

동국대학교 정치외교학과 졸업
미국 위스콘신대학교-밀워키 정치학 석사
미국 미시건주립대학교 정치학 박사

현 동국대학교 정치외교학과 교수
　　민주시민교육학회 회장
　　선거관리위원회 자문위원

한국정당학회 회장/법무무 정책위원
경실련 정치개혁특위 위원장 등 역임

주요 논저
Northeast Asia: Ripe for Integration? (편저, Springer)
"정당법 10년과제와 성과" (의정연구)
"OECD 국가의 로비제도 현황과 유형화" (입법과 정책)
"2012 총선의 공천유형과 정치적 결과" (아태연구) 외 다수

박재욱 (jopark@silla.ac.kr • 11장)

연세대학교 정치외교학과 졸업
연세대학교 정치학 석사
연세대학교 정치학 박사

현 신라대학교 행정학과 교수
　　통일부 통일교육위원
　　부산시 인사위원회 위원

한국지방정부학회 및 한국지방정치학회 회장
한국정치학회 및 한국지방자치학회 부회장
행정안전부 정책자문위원/대통령직속 지역발전위원회 정책기획위 전문위원
5·7·9급 공무원 공채시험 출제위원 및 면접위원 등 역임

주요 논저
『지방정치와 동북아 도시거버넌스』(집문당)
『大都市圏がバナンスの檢證: 大阪. アジアにみる統治システムと住民自治』(공저, ミネルヴァ
　　書房)
『새한국정부론』(공저, 대영문화사)
『정치학으로의 산책』(공저, 한울)
『지방정치학으로의 산책』(공저, 한울) 외 다수

박형준 (hjpark72@skku.edu • 7장)

연세대학교 행정학과 졸업
연세대학교 행정학 석사
미국 플로리다 주립대 행정학 박사

현 성균관대학교 행정학과·국정전문대학원 교수
　　성균관대학교 국정평가연구소 소장
　　아시아 행정학회(AGPA: Asia Group of Public Administration) 사무총장

한국정책학회 연구위원장/총무위원장
한국행정학회 국제협력위원장/한국행정연구원 부연구위원
기획재정부 공공기관 경영평가위원/국무총리실 자체규제 심사위원회 위원
국무총리실 정부업무평가위원회 평가전문위원/행정안전부 정책자문위원 역임

주요 논저

Collaborative Governance in East Asia: Evolution Towards Multi-stakeholder Partnerships. (공저, Dae Young MunHwa Publishing Co)

『함께 풀어가는 사회문제:갈등과 협력사례』(공저, 윤성사)

『2017 대통령의 성공조건』(공저, EAI)

"2008 Is the World 'Flat' or 'Spiky'? Rethinking the Governance Implications of Globalization for Economic Development" (공저, *Public Administration Review*)

"2019 The Dynamics of an Interorganizational Emergency Management Network: Interdependent and Independent Risk Hypotheses" (공저, *Public Administration Reivew*) 외 다수

배종윤 (jybae1@yonsei.ac.kr • 14장)

연세대학교 정치외교학과 졸업
연세대학교 대학원 정치학 석사
연세대학교 대학원 정치학 박사

현 연세대학교 정치외교학과 부교수
　연세대학교 통일연구원 원장/연세대학교 통일학협동과정 주임교수

주요 논저

Handbook of Korean Politics and Public Administration (편저, Routlege)

The SAGE Handbook of Asian Foreign Policy, 2 vols. (편저, Sage)

"한국의 대북정책 및 남북한 합의의 국회 입법화 요인에 대한 연구" (공저, 입법과 정책)

"한국의 대외정책결정과 절충적인 정치적 타협: 이라크전 2차 파병 결정을 중심으로" (공저, 국제정치논총)

『한일관계 50년의 성찰』(편저, 오래) 외 다수

백승현 (shbaek@khu.ac.kr • 3장)

경희대학교 정치외교학과 졸업
미국 일리노이 주립대학교 정치학 석사
미국 루이지애나 주립대학교 정치학 박사

현 경희대학교 정치외교학과 명예교수

한국정치학회 부회장/편집이사/섭외이사
시민정치학회 회장
한나 아렌트학회 회장 역임

주요 논저
『서양정치사상: 중세』(고온)
『서양정치사상: 근대초기』(고온)
『서양정치사상: 플라톤과 아리스토텔레스』(고온)
『정치와정치사상』(경희대학교 출판국) 외 다수

서주석 (cssuh0@naver.com • 15장)

서울대학교 외교학과 졸업
서울대학교 정치학 석사 및 박사

현 한국국방연구원 책임연구위원
　　국가안보실 제1차장
　　경남대 극동문제연구소 초빙연구위원
　　한국정치학회 이사

국방부 차관/대통령비서실 통일외교안보정책수석비서관
국가안전보장회의(NSC) 사무처 전략기획실장 역임

주요 논저
『북한의 체제와 정책』(공저, 명인문화사)
『한국의 국가체제 형성과정 : 제1공화국 국가기구와 한국전쟁의 영향』(한국학술정보)
『국방전략 2035』(한국국방연구원 연구보고서)
Understanding North Korea: Indigenous Perspectives (공저, Lexington Books) 외
　　다수

양재진 (jjyang@yonsei.ac.kr • 13장)

연세대학교 행정학과 졸업
연세대학교 행정학 석사
미국 럿거스대학교 정치학 박사

현 연세대학교 행정학과 교수
    한국정책학회 연구위원장, 사회보장학회 부회장, 사회정책학회 부회장
    사회보장위원회 평가위원장, 경제사회노동위원회 공익위원

주요 논저
『복지의 원리: 대한민국 복지를 한눈에 꿰뚫는 10가지 이야기』 (한겨레출판)
The Political Economy of the Small Welfare State in South Korea (Cambridge
    University Press)
The Small Welfare State: Rethinking Welfare in the US, Japan and South Korea
    (편저, Edward Elgar) 외 다수

이종수 (bodenlee@yonsei.ac.kr • 2장)

연세대학교 법학과 졸업
연세대학교 법학 석사
독일 콘스탄츠(Konstanz)대학 법학박사(Dr. jur.)

현 연세대학교 법학전문대학원/법무대학원 교수
    헌법재판소 헌법 및 헌법재판제도 연구위원회 자문위원
    법제처 법령해석심의위원회 위원

한국공법학회/한국헌법학회 부회장/한국헌법판례연구학회 회장
헌법재판소 헌법연구위원/헌법재판연구원 초빙연구위원
중앙선거관리위원회 선거자문위원
교육부 사학분쟁조정위원회 위원 역임

주요 논저
『독일통일의 법적 조명』 (공저, 박영사)
『통일과 헌법재판 [2]』 (공저, 헌법재판연구원)
『헌법재판 주요선례연구2』 (공저, 헌법재판연구원)
『헌법주석(I)』 (공저, 박영사)
『헌법판례 100선』 (공저, 법문사)
『현재의 판결, 판결의 현재 – 판결비평 2015~2019』 (공저, 북콤마) 외 다수

이준한 (junhanlee@inu.ac.kr • 9장)

서울대학교 문학사

서울대학교 정치학 석사

미시간주립대 정치학 석사, 정치학 박사

현 인천대학교 정치외교학과 교수

국회의장 자문위원회 위원

국회의장 직속 헌법개정특별위원회 자문위원회 위원(정당선거분야 간사)

국회의장 직속 미래전략 자문위원회 위원/국회의원선거구획정위원회 위원

국회의장 직속 국회운영제도개선 자문위원회 위원 역임

주요 논저

『개헌과 동시선거: 선거주기의 효과에 대한 비교연구』(인간사랑)

『개헌과 민주주의: 한국적 정치제도의 비교연구』(한울)

"Partisan Effects of Voter Turnout in Korean Elections, 1992-2010" (공저, *Asian Survey*)

"Who Votes and Why in Korea?" (*International Journal of Public Opinion Research*)

"Primary Causes of Asian Democratization: Dispelling Conventional Myths" (*Asian Survey*) 외 다수

이헌환 (hhlee@ajou.ac.kr • 8장)

서울대학교 법과대학 졸업

서울대학교 대학원 법학석사

서울대학교 대학원 법학박사

Univ. of Wisconsin Law School, East Asian Legal Studies Center, Visiting Scholar

현 아주대학교 법학전문대학원 교수(헌법전공)
　　대법원 상고제도개선특별위원회 위원장

한국공법학회 회장/법과사회이론학회 회장

대법원 법관인사위원회 위원/사학분쟁조정위원회 위원장 등 역임

주요논저

『대한민국 헌법사전』(박영사)

『법과정치』(박영사)

『법치주의란 무엇인가』 (역서, 박영사)
『사법권의 이론과 제도』 (유원북스) 외 다수

조영호 (yhcho@sogang.ac.kr • 4장)

한양대학교 졸업
한양대학교 국제학 석사
미주리 주립대학교 정치학 박사

현 서강대학교 정치외교학과 부교수
   한국선거학회 대외협력이사

주요 논저

"박근혜 정부시절 메르스(MERS) 사태와 정부신뢰 하락." (한국정치연구)

"Cultural Foundation of Contentious Democracy in South Korea" (공저, *Asian Survey*)

"Procedural Justice and Perceived Electoral Integrity: The Case of Korea's 2012
   Presidential Election" (공저, *Democratization*)

"How Well Are Global Citizenries Informed about Democracy?" (*Political Studies*)
   외 다수

조진만 (jmcho7777@hanmail.net • 6장)

인하대학교 정치외교학과 졸업
연세대학교 정치학 석사
연세대학교 정치학 박사(비교정치)

현 덕성여자대학교 글로벌융합대학 사회과학부 정치외교학 전공 교수
   한국정당학회 차기회장/한국정치학회 총무이사
   중앙선거여론조사심의위원회 위원
   경제정의실천시민연합 정치개혁위원장
   의회발전연구회 연수위원장
   한국연구재단 인문사회연구본부 사회과학단 책임전문위원

한국정당학회 부회장/한국정당학회보 편집위원장
사이버커뮤니케이션학회 부회장
거버넌스연구회 회장 역임

주요 논저

"국회의원-지역구민 이념적 일치도가 선거정치에 미치는 영향 분석" (미래정치연구)

"의회의 운영시간 결정요인에 대한 교차국가분석" (한국정치학회보)

"의회의 집합적 의사결정과 신뢰: 한국의 현실과 선택" (의정연구)

"정치체계의 특성과 의회의원의 법안 발의: 31개 민주국가 교차분석" (의정연구)

『견제와 균형: 인사청문회의 현재와 미래를 말하다』 (공저, 써네스트)

『대한민국 국회제도의 형성과 변화』 (공저, 푸른길)

『한국 국회와 정치과정』 (공저, 오름) 외 다수

한규섭 (kyuhahn@snu.ac.kr • 12장)

스탠포드대학교 언론학 (정치커뮤니케이션 전공) 박사

현 서울대학교 언론정보학과 교수

UCLA 교수 역임

주요 논저

『복지정치의 두 얼굴』 (공저, 21세기 북스)

『빅데이터로 보는 한국정치 트렌드』 (공저, 한울아카데미)

"Economic and Cultural Drivers of Support for Immigrants" (공저, *British Journal of Political Science*)

"Quantifying Discrepancies in Opinion Spectra from Online and Offline Networks" (공저, *PLoS ONE*)

"Red Media, Blue Media: Evidence of Ideological Polarization in Media Use" (공저, *Journal of Communication*) 외 다수

▎명인문화사 정치학 관련 서적 ▎

정치학 분야

정치학의 이해
Roskin 외 지음 / 김계동 옮김

정치학개론: 권력과 선택, 15판
Shively 지음 / 김계동, 민병오, 윤진표, 이유진, 최동주 옮김

비교정부와 정치, 제10판
Hague, Harrop, McCormick 지음 / 김계동, 김 욱, 민병오,
윤진표, 이유진 옮김

정치학방법론
Burnham 외 지음 / 김계동 외 옮김

정치이론
Heywood 지음 / 권만학 옮김

정치 이데올로기: 이론과 실제
Baradat 지음 / 권만학 옮김

민주주의국가이론
Dryzek, Dunleavy 지음/ 김욱 옮김

신자유주의   Cahill, Martijn Konings 지음 / 최영미 옮김

정치사회학   Clemens 지음 / 박기덕 옮김

복지국가: 이론, 사례, 정책   정진화 지음

포커스그룹: 응용조사 실행방법
Krueger, Casey 지음 / 민병오, 조대현 옮김

문화로 읽는 세계
Gannon, Pillai 지음 / 남경희, 변하나 옮김

거버넌스의 정치학: 한국정치의 새로운 패러다임 모색
김의영 지음

한국현대사의 재조명   한국전쟁학회 편

성공하는 리더십의 조건
Keohane지음 / 심양섭, 이면우 옮김

여성, 권력과 정치   Stevens 지음 / 김영신 옮김

국제관계 분야

국제관계와 세계정치
Heywood 지음 / 김계동 옮김

국제정치경제
Balaam, Dillman 지음 / 민병오 외 옮김

국제관계이론
Daddow 지음 / 이상현 옮김

국제기구의 이해: 글로벌 거버넌스의 정치와 과정, 제3판
Karns, Mingst, Stiles 지음 / 김계동, 김현욱,
민병오, 이상현, 이유진, 황규득 옮김

현대외교정책론, 제3판
김계동, 김태효, 유진석 외 지음

외교: 원리와 실제
Berridge 지음 / 심양섭 옮김

세계화와 글로벌 이슈, 제6판
Snarr 외 지음 / 김계동, 민병오, 박영호,
차재권, 최영미 옮김

세계화의 논쟁: 국제관계 접근에서의 찬성과 반대논리, 제2판
Haas, Hird 엮음 / 이상현 옮김

현대 한미관계의 이해
김계동, 김준형, 박태균 외 지음

글로벌 환경정치와 정책
Chasek, Downie, Brown 지음 / 이유진 옮김

핵무기의 정치   Futter 지음 / 고봉준 옮김

비핵화의 정치   전봉근 지음

비정부기구(NGO)의 이해
Lewis, Kanji 지음 / 최은봉 옮김

한국의 중견국 외교
손열, 김상배, 이승주 외 지음

자본주의   Coates 지음 / 심양섭 옮김

지역정치 분야

동아시아 국제관계
McDougall 지음 / 박기덕 옮김

동북아 정치: 변화와 지속
Lim 지음 / 김계동 옮김

일본정치론 이가라시 아키오 지음 / 김두승 옮김

현대 중국의 이해, 제3판
Brown 지음 / 김흥규 옮김

현대 미국의 이해
Duncan, Goddard 지음 / 민병오 옮김

현대 러시아의 이해 Bacan 지음 / 김진영 외 옮김

현대 일본의 이해 McCargo 지음 / 이승주, 한의석 옮김

현대 유럽의 이해 Outhwaite 지음 / 김계동 옮김

현대 동남아의 이해, 제2판 윤진표 지음

현대 아프리카의 이해
Graham 지음 / 김성수 옮김

현대동아시아의 이해
Kaup 편 / 민병오, 김영신, 이상율, 차재권 옮김

미국정치와 정부
Bowles, McMahon 지음 / 김욱 옮김

미국외교정책: 강대국의 패러독스
Hook 지음 / 이상현 옮김

세계질서의 미래 Acharya 지음 / 마상윤 옮김

알자지라 효과 Seib 지음 / 서정민 옮김

일대일로의 국제정치 이승주 편

중일관계 Pugliese & Insisa 지음 / 최은봉 옮김

북한, 남북한 관계분야

북한의 외교정책과 대외관계: 협상과 도전의 전략적 선택
김계동 지음

북한의 체제와 정책: 김정은시대의 변화와 지속
체제통합연구회 편

북한의 통치체제: 지배구조와 사회통제 안희창 지음

남북한 체제통합론: 이론·역사·경험·정책, 제2판
김계동 지음

한국전쟁, 불가피한 선택이었나 김계동 지음

한반도 분단, 누구의 책임인가? 김계동 지음

한류, 통일의 바람 강동완, 박정란 지음

안보, 정보 분야

국제안보의 이해: 이론과 실제
Hough, Malik, Moran, Pilbeam 지음 / 고봉준, 김지용 옮김

전쟁과 평화
Barash, Webel 지음 / 송승종, 유재현 옮김

국제안보: 쟁점과 해결
Morgan 지음 / 민병오 옮김

전쟁: 목적과 수단
Codevilla 외 지음 / 김양명 옮김

국가정보: 비밀에서 정책까지
Lowenthal 지음 / 김계동 옮김

국가정보의 이해: 소리없는 전쟁
Shulsky, Schmitt 지음 / 신유섭 옮김

테러리즘: 개념과 쟁점
Martin 지음 / 김계동 외 옮김

명인문화사

Tel 02)416-3059 / Fax 02)417-3095
E-mail: myunginbooks@hanmail.net
주   소: 서울시 송파구 백제고분로 36가길 15 미주빌딩 202호